U0062636

江南历史名人年谱丛刊（第一辑）

周绚隆　著

陈维崧 年谱

复旦大学出版社

本书由上海文化发展基金会图书出版专项基金资助出版

出 版 说 明

唐宋以来，江南一直是中国的经济中心和文化中心，名人辈出。了解江南历史人物的生平、学术与思想，年谱是必不可少的工具书。为此，我社将陆续推出"江南历史名人年谱丛刊"，第一辑共收录江南地区清代历史名人年谱十二种。诸谱以时间为坐标、史实为切面，以编年的形式，真实而全面地叙述了谱主一生的行迹，保存了江南地区名人珍贵的历史文化遗产和思想学术资源，对谱牒学和江南区域文化的研究，具有重要的意义和价值。

由于各谱主生活时代不同，著作旨趣有异，因而各谱作者撰述方式亦各有侧重。为体现年谱的学术性，各谱自为凡例，自成体系，不强求体例统一。各谱作者长期致力于该人物的研究，有着较深厚的学术功底。此次集中将江南地区历史名人研究的新成果展示出来，以期继承和弘扬江南地区传统文化乃至中国传统文化。

复旦大学出版社

2020 年 11 月

目　　录

序

袁世硕

绚隆十馀年来于人文社编辑工作之馀暇，留心清代大词人陈维崧的著作及有关其人其事的文献，广泛阅览，细心爬梳剔抉，日积月累，作成一部新的《陈维崧年谱》。绚隆曾经跟我学习，他的博士学位论文就主要研究陈维崧的词，在年谱写作中亦时而有所交流商讨，文稿初成我有先读之快，也就难逃推毂之责了。

为名人编写年谱，逐年记出谱主一生的经历、行事、交游、著述，是为完整、深入认识、评论其人的功德、业绩、历史地位，提供出一份坚实的事实依据。按梁启超的说法，属于史学工作。为主要以文学创作而著称于当时和后世的文学家作年谱，虽然仍重在记出谱主一生的事迹，但却要侧重其文学创作的情况，记出若干重要作品的写作年月，以便于联系当时的时事和谱主的处境，理解作品的意旨、意义，中国的年谱肇始于宋人为韩愈文、杜甫诗进行编年，就是这个道理。另一方面，文学家的一生往往是比较平淡无奇，无缘参与国事，没有做出过值得称道的事业，而关系到其人的生存状况、生命历程的事情，又往往蕴含于文学作品里，要发掘出来。文学作品里蕴含的人事，有的比确知其生卒年月，仕历、游历的具体状况，还更为重要，对了解作为文学家的谱主更有意义。所以，为文学家编写年谱，既要尽力搜求有关的文献史料，也要研读谱主的诗文，揭示出其中蕴含的人事和谱主的心理心态，这才能够丰富、深化对谱主其人的认识。

绚隆作此《陈维崧年谱》，于文献资料的搜求上是很用心费力的，谱后所附"参考书目"多达千种，谱中都有所征引，便说明了这一点。其中有的是以前研究者没有参考引用过的书，如传本极少的《亳里陈氏家乘》、以前研究者没有使用过的《迦陵词》手稿本、民国抄本《商丘县续志资料》，绚隆都假之稽考出有意义的内容。如亳里陈氏世系表的绘制,对陈维崧祖、父两代人的记述,由陈维崧的《贺新郎·弓冶弟万里省亲,三年旋里,于其归也,悲喜交集,词以赠之,并怀卫玉叔暨汉槎吴子,用赠柳敬亭原韵》词,抉出其族叔陈玉铸受南闱科场案或通海案株连而流放宁古塔的事情,就是依靠这部在陈维崧的家乡宜兴找到的书做出的。《商丘县续志资料》等几部河南的地方志,使绚隆开拓了对陈维崧在河南漂泊生涯的考察,更有意义的是加深了对宜兴陈氏与商丘侯方域家族至为密切的关系的了解。这是已往研究者不甚关顾的事情。

《迦陵词》的刊本都是以词调为类分别编排的,许多篇什作期不明。绚隆找到了基本上以写作时间为序的《迦陵词》手稿本,这便使许多作期不明的词作的作期得以确定下来,分别系入各个年月中,有助于对词作的理解和诠释。如《水龙吟·咏杜鹃花》,载于《迦陵词全集》卷二十三,作期不明。此词在这部手稿本中载于第八册,下面紧接的一首是《夏临初·本意》,题下注:"癸丑三月十九日,用明杨孟载韵。"癸丑是康熙十二年(1673),三月十九日为明末帝崇祯忌日,玩味词之本意,是假伤春暮而抒悼明亡之哀思。《水龙吟·咏杜鹃花》下阕有云:"距料年年,每当开日,便成春暮。"词末又有评语云:"是花?是鸟?是蜀帝灵光?惝恍不可捉摸。"实则是让人"捉摸"所咏花、鸟、蜀帝个中的意思,不可停留在字面上的花、鸟及其作为典故的蜀帝上。可见此词也是寄托遥深,与作于作为明亡之重要标志的崇祯帝忌日的《夏临初·本意》所抒之情是一样的,也当为同一年的暮春所作。

绚隆汇集的有关陈维崧的材料非常繁富,于其自述和他人所记其行迹外,又注重从其自作诗、词、文和友人所赠答诗词文勾稽出其行事和身心状态,遂使这部年谱的内容延展得很宽,记述到的人物多达上千人,把谱主陈维崧的家世、一生经历行迹和文学创作的情况,依时序记载得空前的细致、具体,展示出了一个真实、完整的历史文化名人的一生实况。

《年谱》记出陈维崧在明末成年前后,便曾随其父陈贞慧到南京,认识了那群以意气名节相矜持的复社文人,不独受其感染,还先后从吴应箕学制艺文,从陈子龙学诗,侯方域在明清易代之际,为避难曾躲在宜兴陈家,也曾与之研讨文章。清兵渡江,吴应箕、陈子龙先后殉国难,更对他造成沉痛的心灵创伤,成为终生抹不掉的痛苦回忆。这便不难理解,到了康熙十二年(1673)，他已经在努力谋求出仕的时候，还记得崇祯帝的忌日，"蓦然却想，三十年前，铜驼恨积，金谷人稀。划残竹粉，旧愁写向阑西"，作《夏初临·本意》等词，抒写内心兴亡之悲。

陈维崧在明末是进了学的，入清曾绝意进取，放弃了诸生籍，而后来又恢复了学籍，并且日益迫切地谋求出路。这个中缘故，如果只归因于清王朝已经巩固，社会安定了下来，作为封建文人的功名心改变了原来的人生价值取向，固然不错，但却失于笼统，缺乏陈维崧个人生命历程的实际内容。《年谱》中记载了他入清后遭遇的多种灾难，如家族矛盾，强人的绑架勒索，族人的侵产夺舍，仇家(与之有世仇的周延儒家)的生衅滋事，受亲戚周镳谋反案株连，父亲陈贞慧及二弟陈维嵋曾被捕入狱，家产损毁殆尽，又时时受到官府的威胁，不得不经常外出依人。他最初恢复诸生籍，如陈维嵋所说，是由于"邑中有仇者乘隙构难端"而采取的自我保护措施。因为这样可以表示与新王朝无异心，还可以享受到做秀才的一些优待。然而，情况没有发生改变，到"科场""通海""奏销"三案发生，多位亲友受株连，有的被杀，有的被流放，自己也受到威胁、迫害，有赖在扬州做推官的王士禛致书常州推官毕忠吉予以照抚，方才免于追查。此后，为了寻求个安身立命之所，才认真地去应乡试，乞求相识的朝官提携、援引，个中包含了许多的辛酸、无奈，是不可以用功名利禄心说明得了的。

陈维崧是文学家，以词和骈文成为文学史研究论著中不可不论及的人物。由于他出身于当时文风极盛的江南地区和甚有名望的家族，一生结识的文化人众多，而且多是文学史上往往要论及的大小文学名流。早年师从的陈子龙、侯方域，先于他的文学重镇吴伟业、龚鼎孳，都曾称扬其文才。同辈的诗人朱彝尊、王士禛、施闰章、宋琬、汪琬、杜濬、尤侗，稍后的纳兰性德等，与他都有深浅不同的交往。《年谱》也势所必然但又应当说是甚为用心地，记出陈维崧与他们的关系和交际情况，并且记载得颇为周到、具体，其中就有已往一般研究者习而不察、语焉不详、不甚知其所以然的事情。

与陈维崧关系最深的是父执冒襄。冒襄笃于与陈贞慧的同志至交之情，邀生存艰难的陈维崧来住家中，八年间照拂周至。陈维崧也是由这位饶有清名的父执的携带，进入了文学圈子，结识了王士禛、龚鼎孳等文学名家，成为了名士。陈维崧不安于长久地依赖这个境况也日益衰落的家庭,欲离去自谋出路,冒襄曾写信给在扬州的王士禛,请其加以劝阻;陈维崧离开冒家后,冒襄还一直关注着他的行藏。康熙七年(1668),陈维崧去北京营谋,龚鼎孳设法为之谋得河南学政幕宾一职,特地驰书向冒襄做说明、解释。后来陈维崧病卒于北京,冒襄于如皋定惠寺设位哭之,悼诗披露之情至深至痛,就包含着诗句没有尽能表现出来的意思。

《年谱》记出陈维崧从少年时候便以诗文受到前辈的称赞。如果说,陈子龙、李雯等人的称扬还含有对后生的勉励意味,而到陈维崧盛年时候,遗老姜垓读其诗集赞不绝口,说"黄门(陈子龙)后一人也",并为之作序;吴伟业在江南十郡士子大集会期间,称他与吴兆骞、彭师度为"江左三凤凰";龚鼎孳在南京广宴宾客,限韵赋诗,见陈维崧作诗先成,叹赏掷笔,心折定交,后来还誉之为"天人才"。这表明陈维崧确有过人的文学天赋,诗是写得极好的。王士禛在扬州做官期间颇欣赏其人其诗,饮宴唱酬,甚相得,后来编《感旧集》收其诗33首,在全书所载人物中属于篇什最多的一类,便可以说明。依据这种情况,研究、评述清初的诗,就不应该忽视陈维崧,以他词坛盛名掩盖了他的诗歌成就。

清初文学的一个突出现象是词的复兴。《四库全书》收《十五家词》,《总目提要》说存此"以见国初诸人文采风流之盛"。当时与陈维崧并称的朱彝尊,曾约略地说明词复兴的原因。《年谱》记出陈维崧作词和与其他词人交往唱酬情况,可以大体看出陈维崧作词和清词复兴的历史轨迹。陈维崧少年时便染指于词,多绮丽语,入清后十余年间,曾与常州喜填词的邹祗谟、董以宁相倡和。由于他吟咏倡酬喜用诗,于词并不专注,虽时有所作,却如朱彝尊后来所说:当时"予未解作词,其年亦未以词鸣"。顺治末康熙初,他参加了王士禛在扬州发起的倡酬活动,词友邹祗谟与王士禛以词相交,选辑《倚声初集》,孙默选刻《国朝名家诗馀》(后来题名《十五家词》),他亦有"红桥倡和词"之作和《乌丝词》之结集。可见此时填词者已众多,反映出词在清代复兴之初相。此后,陈维崧也不再主要倾情于诗,而是诗、词兼行,词之境界也扩大起来。到康熙十二年(1673)之后,更是倾力于词,诗则少有所作,一切感怀遣兴、赠答倡酬都付之于词,篇什爆出,词名鹊起,先后之词作者纷纷请其品题作序。康熙十七年(1678)进京应博学词科试前后,为其《迦陵填词图》题词者多达数十家,其中多是文学名流和著名词人,如王士禛、朱彝尊、彭孙遹、尤侗、曹贞吉、纳兰性德等。

此事表明当时文学界共尊陈维崧为词坛圭臬,个中也可以想见那个时段词坛的盛况。如果联系此后不久,陈维崧、纳兰性德便相继谢世,数十家为陈维崧一像题词之际,该是清词复兴的高潮。

在这中间,《年谱》记载了孙默编刻《国朝名家诗馀》,首批为邹祗谟、王士禛、彭孙遹三家,第二批为曹尔堪、王士禄、尤侗三家,第三批为陈世祥、陈维崧、董以宁、董俞四家,第四批为吴伟业、龚鼎孳、梁清标、宋琬、黄永、陆求可六家,凡十六家。又记龚鼎孳《香严词》是陈维崧在康熙十二年(1673)校过寄给孙默的。可知《国朝名家诗馀》是孙默历时十多年分批刻出,第四批书卷首邓汉仪序署康熙十六年(1677)作,刻成当在其后一二年间。此书后来收入《四库全书》,题名《十五家词》,缺龚鼎孳《香严词》,编次亦不依原刻顺序。《年谱》据中国历史档案馆编《纂修四库全书档案》查得,因龚鼎孳所著全集业经销毁,不应复存此词,故抽毁之,改为《十五家词》。这便辨明了此书之名称、所收家数之变易的问题。

《年谱》记入的人事极多,或许应当做些剪裁。然而,其中一些不关谱主大体者,却有使我感到兴趣的人事。譬如,我考察《聊斋志异》作者蒲松龄生平时,了解其坐馆三十年之久的馆东毕际有,也曾在文中写到蒲松龄曾代毕际有作《代毕刺史际有答陈翰林书》一文,文采斐然,足与毕、陈两家身份相副,却没有深究两家的关系。《年谱》记出毕际有官南通州知州时,陈维崧为避通海案、奏销案的株连,曾一度寓居毕际有的官署中;毕际有罢官过扬州,宴别故老友好,陈维崧亦与会,并为之作《归田倡和序》。是以陈维崧举博学鸿词官翰林院检讨之初,即致书毕际有以通问候,遂有蒲松龄代作答书之事。更有趣的是中间还推出了一位小人物刘孔集。刘孔集是蒲松龄在宝应县孙蕙衙门中的幕友,我在考察蒲松龄南游做幕的文章中,曾讲及他与刘孔集惺惺相惜,蒲松龄还乡后,还有怀念、悼亡之诗,我却不知其名及里籍。《年谱》记载到他也是毕际有这次宴集中的一位,而且他还单独招陈维崧去酒楼饮酒晤谈。陈维崧称他为“山东刘孔集大成”,他当名大成,字孔集,山东人,他也当与陈维崧前已相识。由此推断刘孔集是随毕际有做幕的,他与陈维崧相交是在陈维崧寓居南通州署中时,毕际有罢官归里后数年,又应毕际有的同邑人孙蕙之聘,到了江苏宝应,与蒲松龄成了幕友。

我读《陈维崧年谱》有这种意外收获,我想别的研究清初文学的人也会从中发现有兴趣的材料。譬如《年谱》康熙十三年(1674)目下,记载到陈维崧和杜濬同赋《贺新郎》词自嘲不善点戏,接着杜濬讲述了一位官员观演闯王攻破北京,兵部尚书某跪地迎降的戏剧,剧中的兵部尚书其实就是那位观戏的官员,弄得他好不尴尬的故事,陈维崧又赋《贺新郎》一首咏其事。此官员显然就是曾经资助李渔刊行《无声戏二集》的张缙彦,小说中有段张缙彦在闯王破北京时间自缢获救,自称"不死英雄"的情节或话头,张缙彦便被人弹劾,说他伪造历史,遂流放宁古塔。杜濬所讲的故事当是由张缙彦之事附会生发出来的。研究李渔的小说者,对此事会感到兴趣的。再如,《年谱》记载到陈维崧与西方传教士的交往,对康熙十七年(1678)葡萄牙进贡黄狮子群臣皆有称贺一事,做了认真考证,更具有多个方面的参考价值。

2011 年 2 月 20 日

凡　例

一、本年谱以考证陈维崧生平、交游为主,并尽可能对其创作进行编年。

二、年谱所依据之谱主作品,主要为顺治十八年在扬州初刻之《湖海楼诗稿》、康熙二十八年陈宗石患立堂所刻之《陈迦陵文集》、乾隆六十年陈淮浩然堂所刻之《湖海楼全集》和手稿本《迦陵词》。蒋景祁天黎阁刻本因错讹较多,只作参考之用。《陈迦陵文集》包括:《陈迦陵文集》六卷、《陈迦陵俪体文集》十卷、《湖海楼诗集》八卷、《迦陵词全集》三十卷。《湖海楼全集》包括:《湖海楼文集》六卷、《湖海楼俪体文集》十二卷、《湖海楼诗集》十二卷、《补遗》一卷、《湖海楼词集》二十卷。由于两个版本的诗集同名,为便于区别,凡引患立堂本的,只标《湖海楼诗集》字样,引浩然堂本的,则标《湖海楼全集·湖海楼诗集》。

三、本年谱之编排,悉依时间为序。一年之内,日月可考的,以日月为序;仅详于月份的,系于每月之末;仅详于季节的,系于各季之末;仅详于年份的,系于各年之末。有些材料,年月日或俱不详,但结合谱主生平,可以确定其最早或最末年限,为了完整地再现谱主生平,则将其系在该材料可能产生的最早或最末一年。

四、本年谱纪时皆为阴历,于关键事件需要标注公历的,则于阴历后用括号注出。凡朔闰变化及与公历之对照,均依据陈垣《中西回史日历》。节令时日换算,则据张培瑜所编之《三千五百年历日天象》。

五、本年谱征引文献多经汰选。对谱主作品,凡与事实考证、作者心态有关者,只择要摘录。集外遗文经首次发现者,则尽可能全录,以存文献。

六、谱主少年成名,交游广泛,然因晚遇,所与来往多下层沉沦之士,部分现已难以确考。故在考证其交游时,于名公巨卿,生平尽量从简,布衣寒士,则力求详尽。

七、本年谱所涉及之人物小传,仅对其生平作概括介绍,故不大量征引各种原始文献。小传所据文献,优先选择传主本人之碑传、行状、墓志铭、年谱和家谱本传,在以上文献缺乏的情况下,始考虑使用方志材料。为了读者阅读方便,人物小传尽可能标注生卒年。人物生卒年,除了少数系笔者考证所得外,其馀主要依据江庆柏先生所著《清代人物生卒年表》。

八、本年谱不专设时事一目,然于明清历史之重大事项,特别是对谱主人生有影响者,随正文偶作穿插介绍。

九、安徽、江苏在明代同属南直隶,入清改称江南省;湖南、湖北原同属湖广省;陕西、甘肃原同属陕西省。康熙六年全国分省后,以上省份始一分为二。本年谱凡涉及具体的行政区划,均依分省后的实际所属标注。

十、本年谱所涉及的具体地名,凡古今同名的,不另外标注今地名;凡古今异名的,则于括号内标注今地名或今属地。

亳里陈氏世系表

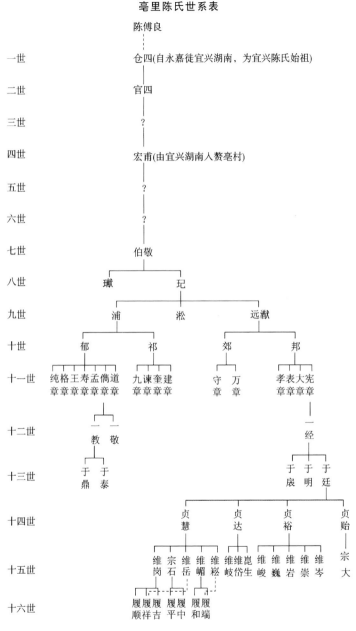

说明:① 本表系据《亳里陈氏家乘》编绘,因《家乘》残缺不全,三世、五世、六世失考。
　　② 虚曲线表示过继关系。

明天启五年　乙丑(1625)　一岁

十二月初六(公元 1626 年 1 月 3 日)出生。是年恰逢祖父陈于廷称六十觞,因名之曰"维崧",取《诗经·大雅·崧高》首句"崧高维岳,骏极于天"之意。父贞慧时年二十二岁,母汤氏十八岁。父辈兄弟五人,为贞贻、贞裕、贞达、贞慧、贞白。贞贻、贞裕为嫡祖母张氏出,贞达、贞慧为庶祖母王氏出,贞白生最晚,所出不详。

《亳里陈氏家乘》(以下简称"《家乘》")卷三。

《陈迦陵文集》卷五《敕赠征仕郎翰林院检讨先府君行略》云:"乙丑少保公称六十觞,维崧生,因名之曰崧。"

按,据《家乘》卷三,陈于廷生于嘉靖四十五年(1566)十一月十九日,故维崧出生时,其已满六十岁。

陈于廷(1566—1635),字孟谔,号中湛,又号湛如、定轩。陈一经长子。万历二十二年举人,次年成进士。初授光山县令,以丁忧归。服除,补秀水令。以治最授福建道监察御史。天启四年晋礼部侍郎。寻因得罪阉党,以大不敬罪削籍。崇祯改元,起为南京都察院左都御史。崇祯四年,迁北京都察院左都御史,加太子少保衔。不久,以事削籍。卒谥端毅。生平详吴应箕《楼山堂集》卷十八《太子少保左都御史陈公传》、侯方域《壮悔堂文集》卷十《明都察院左都御史太子少保赠少保陈公墓志铭》。

陈贞贻(1590—1619),字孙谋,别号澹慧居士。文章有名于当世,有才子之目。著有《大全性理纂注》及《当垆度世》诸传奇。

陈贞裕(1595—1675),字孙绳,号雪林。天启四年中应天举人。后与弟贞慧因家庭矛盾,几至操戈入室。后嗣似亦绝少往来。

陈贞达(1602—1644),字则兼,号青溪。为陈于廷第三子。以恩荫入仕,初任南京太仆寺主簿,改应天府通判,复改南京工部都水司主事,后为北京户部陕西司主事,以直言谪顺天府知事。崇祯十七年三月二十五日死节。生平详《家乘》卷三本传。又陈贞慧《山阳录·伯仲篇》云:"叔也长余二稔,少同嬉,长同学。"又云:"兄则兼生而俊颖,美丰容。……十八补弟子员,历甲子、丁卯试,旋以家君任入太学。初补南太仆主簿,为冏长邹匪石先生赏识,转南水部。……己卯补任民部尚书郎,触珰下诏狱。……后珰以不法遭显戮,烈皇帝知前之诏狱冤也,洗濯之。随补顺天知事,无何而有甲申之变,骂不屈贼,贼创之甚,骂益力。贼碎其首,弃尸马粪中。三日后,有晋陵陈锦衣者,怜其忠,具棺殓焉。"

陈贞慧(1605—1656),字定生,别号道人。崇祯三年中乡试副榜。少聪慧,有才名,尤喜交游,与冒襄、方以智、侯方域有"晚明四公子"之目。好以名节自持,为复社中坚,曾参与起草《留都防乱公揭》,打击阉党徐孽阮大铖。弘光朝,阮大铖得势,被捕入狱,经多方营救被放归。从此隐迹乡里以终。著有《山阳录》《书事七则》《秋园杂佩》等。生平详《陈迦陵文集》卷五《敕赠征仕郎翰林院检讨先府君行略》。

陈贞白(1633—?),生平不详。《家乘》及吴应箕《太子少保左都御史陈公传》、侯方域《明都察院左都御史太子少保赠少保陈公墓志铭》俱未著录,惟《家乘》卷二十陈于廷《析箸质语》略有提及。贞白或为王安人所生,安人于其初生当年病故,次年陈于廷撰《析箸质语》时,贞白尚在世。不久,其亦当夭亡。

本年,先于陈维崧出生而后来与其关系密切的人物:邵潜四十五岁,林古度四十四岁,孙承泽三十四岁,吴应箕三十二岁,张采三十岁,方拱乾三十岁,张自烈二十九岁,李映碧二十八岁,顾梦游二十七岁,张溥二十四岁,王崇简二十四岁,顾开雍二十二岁,傅山二十岁,沈寿民十九岁,姜埰十八岁,黄锡朋十八岁,陈子龙十八岁,李雯十八岁,吴伟业十七岁,冯溥十七岁,纪映钟十七岁,白楠十七岁,曹忱十七岁,黄宗羲十六岁,徐开任十六岁,杜立德十五岁,吴玫十五岁,玫丹生十五岁,徐邻唐十五岁,陈宗大十五岁,宫伟镠十五岁,史可程十五岁,黄周星十五岁,冒襄十四岁,方以智十四岁,陈台孙十四岁,杜濬十四岁,雷士俊十四岁,金是瀛十四岁,李长祥十四岁,周亮工十三岁,曹溶十三岁,方文十三岁,孙默十三岁,侯方岳十三岁,程康庄十三岁,冯班十二岁,姜垓十二岁,宋琬十二岁,陆圻十二岁,侯洵十二岁,龚鼎孳十一岁,周肇十一岁,盛符升十一岁,吴淇十一岁,张拱乾十一岁,余怀十岁,胡介十岁,吴百朋十岁,徐作肃十岁,柴绍炳十岁,吴国对十岁,阎修龄九岁,魏裔介九岁,邓汉仪九岁,曹尔堪九岁,毛重倬九岁,徐崧九岁,宋征璧九岁,陆元辅九岁,董黄九岁,陆求可九岁,方孝标九岁,侯方域八岁,宋征舆八岁,尤侗八岁,施闰章八岁,吴嘉纪八岁,葛芝八岁,刘体仁八岁,任源祥八岁,万廷仕八岁,顾茂伦七岁,吴绮七岁,张丹七岁,章在兹七岁,钱肃润七岁,孙枝蔚六岁,梅磊六岁,宗元鼎六岁,侯

涵六岁,陆嘉淑六岁,梁清标六岁,周季琬六岁,毛先舒六岁,王嗣槐六岁,何㘖六岁,曹胤昌六岁,宋曹六岁,潘江六岁,龚贤六岁,黄与坚六岁,黄云五岁,黄永五岁,戴本孝五岁,任绳隗五岁,顾景星五岁,宋实颖五岁,丘钟仁五岁,丁澎四岁,张恂四岁,金镇四岁,徐喈凤四岁,张锡怿四岁,陈允衡四岁,梁熙四岁,李之芳四岁,房廷祯四岁,曾畹四岁,高咏四岁,刘雷恒三岁,梅清三岁,毕际有三岁,毛奇龄三岁,严绳孙三岁,史鉴宗三岁,范国禄三岁,王日藻三岁,董文骥三岁,汪琬二岁,彭师度二岁,魏禧二岁,程可则二岁,潘高二岁,陆进二岁,叶封二岁。

天启六年　　丙寅(1626)　　二岁

阉党四处追捕东林党人,祖于廷避入宜兴南部山中。留二伯贞裕、三伯贞达与父贞慧守宅。本年,魏忠贤再兴大狱,遣缇骑逮高攀龙、周起元、周顺昌,激起苏州民变。高攀龙投水自尽,陈于廷作吊古诗十首悼之。

《家乘》卷十一高世泰《崇祀东林道南祠中湛先生传》有云:"未几缇骑四出,诸君子就逮,先忠宪公亦及于难。先生拟吊古十首悲之。先生得免者,以先生撄祸独先也。"

高攀龙(1562—1626),字云从,改存之,号景逸。江苏无锡人。万历进士,授行人。万历二十一年,因劾首辅王锡爵,谪广东揭阳县典史。不久归里,家居三十年,讲学于东林书院。遂成东林党魁。天启元年,起为光禄寺少卿。四年官至左都御史。因忤魏忠贤,被削籍归。天启六年,阉党遣缇骑逮之,闻讯后投水自尽。著有《周易简说》《春秋孔义》《高子遗书》等。

天启七年　　丁卯(1627)　　三岁

阉党欲遣缇骑逮祖于廷,适熹宗朱由校于八月驾崩,乃止。熹宗弟信王朱由检即位,是为明思宗。下令明年改元,年号为崇祯。

侯方域《壮悔堂文集》卷十《明都察院左都御史太子少保赠少保陈公墓志铭》:"丁卯,遣缇骑逮陈公,适熹庙崩,乃止。"

祖于廷以杨涟、左光斗诸人冤死,久不得昭雪,作《七歌》志愤。

见《启祯两朝遗诗》卷四。

十一月初八，邹祗谟生。

邹树滋《武进邹氏家乘》卷十二邹祗谟传云其："生明天启七年丁卯十一月初八日。"

同月，崇祯帝敕命安置魏忠贤于凤阳。魏忠贤自知罪孽深重，于途中自缢。

《明史·庄烈帝一》。文秉《烈皇小识》。

崇祯元年　戊辰（1628）　四岁

正月，戮魏忠贤及其党崔呈秀尸。本年因西北连续干旱，发生饥荒，灾民纷纷起义。

《明史·庄烈帝一》。文秉《烈皇小识》。张穆《顾亭林年谱》。

祖于廷授南京都察院左都御史，掌南察。

侯方域《明都察院左都御史太子少保赠少保陈公墓志铭》。吴应箕《太子少保左都御史陈公传》。

族叔祖于鼎举进士。

《家乘》卷六陈于鼎传。

陈于鼎（1600—1661），字尔新，号实庵。一教次子，于泰胞弟。崇祯元年进士。考选翰林院庶吉士，授编修，官至左春坊左庶子。后因里中家奴激起民变，震动朝廷，被罢职。明亡后，卜居镇江。顺治十七年五月，张煌言水师陷镇江，兵败后陈于鼎为王于玉所陷，以通海罪被逮至京师，弃于长安市上，溽暑无收之者。故奴李彦夜窃其尸，购其首，刓而载归，葬于穷山中。《家乘》卷六本传及卷十一顾予咸《翰林院左春坊左庶子陈公墓表》述其生平甚详。

崇祯二年　己巳（1629）　五岁

是年，陈维崧已能吟诗。

陈宗石《湖海楼诗集跋》云："伯兄生而颖异，五六岁即能吟，吟即成句，先大父暨先大人钟爱之。"

正月,祖于廷赴官南都察院,曾禁官吏饮游秦淮,以止颓风。

吴应箕《太子少保左都御史陈公传》云:"己巳正月,力疾赴院。……南都风习靡丽,居官者亦多长夜拿酒游秦淮间,至荒厥职。公约法数章,尤勒饮游之戒。"

张溥举复社成,父贞慧入社,参加在吴江的首次大会。

《复社纪略》《复社姓氏传略》。

张溥(1602—1641),字乾初,改字天如,号西铭。江苏太仓人。与同里张采齐名,号"娄东二张"。崇祯二年,集郡中名士结复社,相与兴复古学。四年成进士,授庶吉士,以葬亲乞归。著有《七录斋稿》等。《复社事实》云:"复社始于戊辰,成于己巳。其盟书曰:'学不殖将落,毋蹈匪彝,毋读匪圣书,毋违老成人,毋衿己长,毋形彼短,毋以辩言乱政,毋干进丧乃身。嗣今以往,犯者小用谏,大者摈。'金曰诺。"

八月二十一日,朱彝尊生。

杨谦《朱竹垞先生年谱》(见《天风阁丛书》本《曝书亭词》)。

朱彝尊(1629—1709),字锡鬯,号竹垞,别号金风亭长,晚号小长芦钓鱼叟。浙江秀水(今嘉兴)人。曾祖朱国祚曾任万历朝宰辅。生有异秉,读书过目不忘。家贫,十七岁赘于岳家,长期游幕四方。康熙十八年中博学鸿词试,授检讨,与修《明史》。二十年充日讲官,典江南乡试。二十二年入值南书房。次年以事罢官。二十九年复原职,三十一年再度被罢,遂归。朱彝尊为清初重要的作家兼学者。在诗、词、古文方面均有不凡的成就,诗为浙派祖师,词开浙西词派先河。另在经、史、目录学方面也有"通才"之誉。著有《曝书亭集》《腾笑集》《静志居诗话》《经义考》《日下旧闻》,编有《明诗综》《词综》等。生平详杨谦《朱竹垞先生年谱》、陈敬亭所撰墓志铭。

崇祯三年　　庚午(1630)　　六岁

本年三月,陕西农民军入山西,势力渐成。八月,袁崇焕以"谋叛"罪在京被凌迟处死。十二月,朝廷为对付农民军及满洲的威胁,再增民间田赋。

《明史》《烈皇小识》。

父贞慧初聘陈子龙来亳村为维崧启蒙,盘桓月馀而去。

嘉庆《宜兴县志》卷十《侨寓》云:"陈子龙……崇祯初,邑人陈贞慧以千金聘至亳村浩然堂,为其六岁子维崧启蒙,觞咏月馀而去。"

陈子龙(1608—1647),字卧子,又字人中,号大樽。江苏华亭(今上海)人。曾与夏允彝等创几社,以倡经世致用之学。崇祯十年进士,初任绍兴府推官。弘光朝任兵科给事中,旋辞归。清兵南下,在松江起兵抵抗,事败,隐于嘉兴、松江等地。后结太湖兵,欲与南明海上武装取得联系,共举大事。事泄被捕,乘间投水自尽。陈子龙诗文俱有极高成就,诗词均为明代殿军。著有《陈忠裕公全集》,辑有《皇明经世文编》。生平详其自撰年谱及王沄续谱、《侯岐曾日记》、朱东润《陈子龙与他的时代》。

六月十四日,弟维嵋生。

《家乘》卷三陈维嵋传。

陈维嵋(1630—1672),庠名文鹭,字半雪。笃学力行,以孝友称,性坦直,能诗嗜酒,不事家人生产,屡试不举,贫困以终。著有《亦山草堂遗稿》。妻周氏为金坛周镳女,生子二人,名履端、履和,履端后出继陈维崧。生平详陈维岳《仲兄半雪传》。

八月十七日,万树生。

万树(1630—1688),字红友,又字花农,号山翁,又别署卟豆村山人。宜兴人。监生。才名藉甚,与陈维崧为中表兄弟。吴兴祚任两广总督,爱其才名,尝招入幕府,令代笔札。精研词律,工词,长于戏剧。民国五年木活字本《万氏宗谱》卷十一万树本传云其:"字考承,号红友,太学生,候选州同。生崇祯庚午八月十七,卒康熙戊辰三月十四日,享年五十九。兄复古三子笏嗣。著《左传论文》、《诗律》二十卷、《璇玑图锦》二卷、《堆絮集》、《花农集》、《香膳诗》三卷、乐府十六种。邑志列'文苑',艺文有传。配吴氏,崇祯癸未进士户部主事贞毓女。子:笏;女一,适太学生议叙同知吴承学。"按,《诗律》当为《词律》之误,《香膳诗》当为《香胆词》之误。《宗谱》卷二十万树堂弟万夔辅有《从兄红友公传》。

父贞慧中乡试副榜。

《家乘》卷三陈贞慧传。

崇祯四年　辛未(1631)　七岁

春,族叔祖于泰举进士,殿试第一,授修撰。

《家乘》卷六陈于泰传。

陈于泰(1596—1649),字元长,一字大来,号谦茹。一教长子。由郡廪生入国学,天启七年顺天乡试中举,崇祯四年举进士,殿试第一,授修撰。后以家奴不法,激起民变,与弟于鼎同时罢归。鼎革时,披缁南京天界寺,叫号悲咤。经岁至苏州,按抚两荐,无地可匿迹,乃归卧荒庄复壁中,以病卒。生平详《家乘》卷十一吴伟业《翰林院修撰陈公墓志铭》。按,该文《吴梅村全集》未收。

七月,祖于廷迁北都察院左都御史,应召入京,陈维崧随父送至扬州。

《湖海楼诗稿》卷九《冬日广陵杂感八首》之二末注云:"庚午,大父赴召入都,余侍家君过此。"

按,侯方域《陈公墓志铭》云:"辛未,迁北都察院左都御史,公辞,不许。"又据吴应箕《陈公传》,于廷之应召入都实在本年。注云"庚午",盖为误记。

崇祯五年 壬申(1632) 八岁

三月,祖于廷诏赠太子少保。八月,御史祝徵、毕佐周以答武弁忤旨。于廷抗言为之辩护,认为天下方有事,将骄卒悍,若不加约束,难免尾大不掉,不主张皇帝摧挫法吏以助长其气焰。崇祯帝因正欲大用武人,不听。于廷力持之。崇祯凡五宣谕而五不奉诏,遂削其籍。陛辞后,即日就道,归营草堂,额署"赐逸"。

侯方域《明都察院左都御史太子少保赠少保陈公墓志铭》。吴应箕《太子少保左都御史陈公传》。

父贞慧在里中,益发奋读书,倾家财结宾客。

董以宁《正谊堂文集》之《陈定生先生墓表》。

维崧时已熟读《史记》《汉书》等书。

《湖海楼诗稿》卷三《古诗十首》之三云:"忆余八九岁,熟读史汉编。"

夏,东南大旱。

《归庄集》卷十《上城隍神书后记》云:"崇祯壬申之夏,东南大旱,民不堪命,有司祷请无有效,余有忧焉。"

崇祯六年　癸酉（1633）　九岁

正月初八，从曾祖一教家人于收租时勒索侵逼，激起民变。一教田庄多处被焚，祖坟被掘。此案引起朝廷震动，下令严查。最后一教被削爵，子于泰、于鼎被罢职。

《祁彪佳文稿》卷一《宜焚全稿》略云："陈宦一教、徐廷锡田庄近南刘、河桥等处，陈奴周文爌、张瑞、刘宁等，徐奴樊士章、张凤池等，收租勒耗，翻债取盈，甚至锁拷而逼写田地，计陷而吞占子女"，因此激起民变，"旋举陈宦之河桥、亳村、川埠、蜀山、涧北诸庄，尽付一炬"，"并掘陈宦祖坟一冢，大为惨烈"。"此发难于正月之八日，抚定于二月之中旬"。巡按御史祁彪佳"途次遥闻此变，疾驱受事，于二月之二十五日莅任"，"六月初四入境受事"，六月二十七日向朝廷汇报处理结果，七月二十三日奉旨进一步查明陈一教、徐廷锡"贪横实迹"。

《家乘》卷十一钱谦益《中大夫参政陈公墓志铭》云："癸酉之春，佃丁与庄奴争馀逋升合，拿斗不解，致啸聚多人，皆负租恶少，白棓烈焰，庄居遂毁。其时被灾者四宦之庄，知县骆天闲承权奸之指，独揭一门。而台使张大其事，奏称池潢弄兵，上干君怒。二嗣君尚在翰林，而公扶筇就理，感愤不胜，以之成疾，殁于舟中。"按，该文《钱牧斋全集》未收。

《家乘》卷十一吴伟业《翰林院修撰陈公墓志铭》云：陈于泰"家难起，遂丁外艰。有旨留任，坚辞不许。而台使以豪奴激变事上闻，兄弟遂削籍"。

陈一教（1564—1633），字函三，号硐云。幼孤。维崧曾祖一经抚而诲之，使与其子于廷同学。万历二十九年中进士，初任户曹，典京仓。后历任岭东兵巡副使，迁金衢道，进阶参政，迁山西布政使。后辞归。两子于泰、于鼎皆举进士。崇祯六年，因家奴激起民变，震动朝廷，下旨严查。七月北上就理，二十八日病亡于舟中。生平详《家乘》卷六本传及钱谦益《中大夫参政陈公墓志铭》。

春，复社举行虎丘大会，刊《国表社集》。

按，张溥于崇祯五年乞假南归，遂于本年春举虎丘之会。陆世仪《复社纪略》云："癸酉春，溥约社长为虎丘大会。先期传单四出，至日，山左、江右、晋、楚、闽、浙以舟车至者数千馀人，大雄宝殿不能容，生公台、千人石鳞次布席皆满。典庖司酝，辇载泽量，往来丝织，游人聚观，无不诧叹，以为三百年来未尝有也。"

祖于廷本年生第五子贞白。

《家乘》卷二十《析箸质语》云："溯甲寅至癸酉，先人襄事及廿年，余复生第五子贞白，黾拨恒产，仅拨大街生祠数椽与居住。是子色笑不凡，或他日以创兼守自成立也。俗情无涯，天命有定，听之而已。"

按，陈贞白生日不详。若其为王安人所出，则不晚于八月。

八月二十九日，祖母王氏病故，享年五十岁。

《家乘》卷三陈于廷传。

《陈迦陵文集》卷五《敕赠征仕郎翰林院检讨先府君行略》。按，王安人生于万历十一年十二月十三日，为陈于廷次室。

本月，后金掠山海关。

《明史纪事本末补遗》卷六《东兵入口》。

祖于廷为贞达迎养于金陵，租居成贤街，日徜徉于金陵名胜间，著《前后归来草》，吴应箕后为之作序。陈维崧时亦随之金陵。

《陈迦陵文集》卷一《留都见闻录》云："余年八九岁，祖父挈来金陵，僦宅成贤街莲花桥下。后随先大人省试，率三岁一至以为常。"又卷三《金陵游记序》云："忆余八九岁时，家鸡鸣埭下，时先少保尚在。"

吴应箕《太子少保左都御史陈公传》云："癸酉，叔子水部君迎养南都。徜徉名胜，有《前后归来草》。"《楼山堂集》卷十六有《陈中湛归来草序》。

按，陈贞达本年迎养其父之金陵，似当为避家乡之民乱。

十一月，高迎祥、李自成起义军入河南。

文秉《烈皇小识》。

崇祯七年　甲戌（1634）　十岁

三月，山西、河南大旱。

文秉《烈皇小识》。

本年夏，陈继儒避暑畲山，父贞慧相访于山中，陈继儒以宋代端砚一方相赠。

《湖海楼诗稿》卷五《文杏斋五友歌·书砚》有云："文人之砚美人镜，

相需不离若性命。眉公先生为此言,至今流传见吟咏。犹忆前明甲戌年,先生避暑栖畲山。我父青鞋特相访,绿阴之下浮舼船。因出藏砚共相赏,举一以赠志息壤。……砚旁镌镂共十字宋元祐二年学生蔡珏制,古雅绝肖秦汉隶。"按,畲山当即佘山,在上海松江镇西北,旧属青浦。今为国家森林公园。

陈继儒(1558—1639),字仲醇,号眉公。江苏华亭人。诸生。屡被荐举,坚辞不就。工诗文书画,与董其昌齐名。著有《陈眉公全集》。

七月,后金兵入尚方堡,至宣州,尚可喜降金。

《明史纪事本末补遗》卷六《东兵入口》。

代祖父于廷作《杨忠烈像赞》。

《陈迦陵俪体文集》卷十《杨忠烈像赞》题下自注云:"代大父少保公,时崧年方十岁。"

祖于廷感风疾,少暇即强起自删平生所著书。秋,为子孙分产。十一月,疾再发。

吴应箕《楼山堂集》卷十八《太子少保左都御史陈公传》。

《家乘》卷二十《少保公析箸书引》末署:"崇正甲戌秋日,亦山老农书于松柏斋。"《又题》末署:"甲戌秋,亦山主人中湛氏又书。"

崇祯八年　乙亥(1635)　十一岁

正月二十日,弟维岳生。

《家乘》卷三陈维岳本传。

二月,农民起义军入侵凤阳,焚毁皇陵。

文秉《烈皇小识》。张穆《顾亭林先生年谱》。

五月二十九日,祖于廷闻流贼震陵,不胜叹愤,告其子曰:"此卿大夫之耻也,吾无可报国矣,汝曹勉之。"言竟而卒,享年七十岁,谥端毅。按其遗嘱,四子在其卒后各分田百亩。

《家乘》卷三陈于廷本传。同书卷二十《析箸质语》。

吴应箕《楼山堂集》卷十八《太子少保左都御史陈公传》。

陈维崧《敕赠征仕郎翰林院检讨先府君行略》。

八月初一,嫡祖母张氏卒,享年六十九岁。

《家乘》卷三。

《敕赠征仕郎翰林院检讨先府君行略》。按，张氏生于隆庆元年十二月初九日，育有二子一女，贞贻、贞裕即其所出。

本年后金重编蒙古诸旗。五月，建州兵入河套等地，略五台。七月出宣府境。十一月，李自成农民军攻陷陕州，围攻洛阳。

《明史纪事本末补遗》卷六《东兵入口》。文秉《烈皇小识》。

崇祯九年　丙子（1636）　十二岁

七月，清兵入塞，袭昌平、沙河、宝坻等地，大肆剽掠，八月始东归。

《明史纪事本末补遗》卷六《东兵入口》。文秉《烈皇小识》。

是年，奸民陆文声赴京告复社倡乱天下，事久不解。

《明史》列传第一百七十六《张溥传》："里人陆文声者，输资为监生，求入社不许。采又尝以事抑之。文声诣阙言：'风俗之弊，皆原于士子。溥、采为主盟，倡复社，乱天下。'温体仁方柄国事，下所司……严旨穷究不已。……至十四年，溥已卒而事犹未竟。刑部侍郎蔡奕琛坐党薛国观系狱，未知溥卒也，讦溥遥握朝柄，己罪由溥，因言采结党乱政。诏责溥、采回奏。采上言：'复社非臣事，然臣与溥生平相淬砺，死避网罗，负义图全，谊不出此。念溥日夜解经论文，矢心报称，曾未一日服官，怀忠入地。即今严纶之下，并不得泣血自明，良足哀悼。'当是时，体仁已前罢，继者张至发、薛国观皆不喜东林，故所司不敢复奏。及是，至发、国观亦相继罢，而周延儒当国，溥座主也，其获再相，溥有力焉。故采疏上，事即得解。"

崇祯十年　丁丑（1637）　十三岁

春，宣城梅朗中读书于陈家，维崧以"汉宫春晓"扇索其题诗。

陈贞慧《山阳录》云："朗三诗文书画，不愧风流；痛饮歌骚，居然名士。丁丑之岁，与余同砚。西园觞叹，邺院琴歌，春月酒阑，紫箫红幔。而赋牡丹十韵，才情欲绝，仿佛青莲也。"

《天启崇祯两朝遗诗》卷九"梅朗二诗"有《题六宫春晓画扇为陈其年二首》云："晓烟淡淡柳丝风，十二楼开绣幕红。笑说杏林双燕子，一枝衔出上阳宫。""玉殿朝妆各出嬉,紫墩夜宴索新诗。它年好句传宫禁,花钿依然满袖遗。"

《湖海楼诗集》卷一《天逸阁歌赠梅子长兼示季升》有云:"先君慕义比原尝,上客称诗辄颜谢。明珠绣段结相于,异得书淫有鹿车。白帢登山齐蜡屐,乌皮隐几对翻书。"其后注云:"丁丑,朗三先生读书予家。"又云:"我时最小心能识,往事回环系胸臆。蜡凤曾嬉伏挺堂,涂鸦记丐元长墨。"其后注云:"余年十三,记曾以'汉宫春晓'扇索先生三绝句。"卷七《送梅耦长还宛陵》亦云:"瞿硎先生我父执,联篇脱泻如奔涛。岁之丁丑我乎馆,二老翰墨供盘敖。""瞿硎先生"后有原注云:"耦长尊公朗三先生。"

梅朗中(?—1642),字朗三。安徽宣城人。诸生。梅鼎祚孙。善诗古文辞及书画,好西洋算法。《复社姓氏传略》卷四有传。其卒年系据沈寿民《姑山遗集》卷十七《祭梅朗三文》考得。

父贞慧与周镳、梅朗中同至太仓访张溥。

陈贞慧《山阳录》记张溥云:"崇祯丁丑,余与仲驭、朗三诗酒娄上,见其宾客辐辏,幨帷如云。"

周镳(?—1644),字仲驭,号鹿溪。江苏金坛人。崇祯元年进士。授南京户部主事,改礼部郎中。因直言,忤旨镌职。崇祯十五年起北京礼部郎中,十六年颁诏江南。次年京师陷,滞留南京。因议立潞王,与马士英不和,被诬逮下狱,勒令自缢。生平详民国《金坛县志》卷九之一《人物志·忠节》。

十月,李自成入川。

文秉《烈皇小识》。

崇祯十一年　戊寅(1638)　十四岁

吴应箕至宜兴,陈维崧日从其课艺。应箕见其才而赏之,出其文遍赞诸座客,为之延誉,期间有诗相赠并为其诗集作序。另有诗题陈贞达《渔隐图》。

《陈迦陵文集》卷三《吴子班〈读史漫衡〉序》云:"忆岁戊寅从余师游,余才年十四耳。记一日者,余以制举艺呈先生,题为《叶公语孔子》及《太师挚适齐》《邦君之妻》诸全章,先生喜,掀髯抵几,立饮尽一斗,曰:'子异日良史材也。'出其文遍赞诸坐客,复以陈生文赞之邹臣虎先生,于是陈生名一日而满大江南北。……盖先生平日于书无所不窥,而尤精熟于史,其教维崧也亦必令其精熟于史。"

嘉庆《宜兴县志》卷十《侨寓》载:"吴应箕,字次尾。贵池人。崇祯十一年读书陈贞慧家,会无锡顾杲至,三人遂作《留都防乱公揭》。杲字子方,时皆客贞慧家,盘桓于其所谓文杏斋者。"

《楼山堂集》卷二十三《阳羡歌为陈其年作》云:"定生有子年十三,神明秀澈映秋潭。不知胸中何所似,下笔顷刻布云岚。我来十日九课艺,尺幅无多时异势。步骤三日馨王艮,撤席吾将避其锐。"此云陈维崧年十三,盖举其实龄也。诗中所记之事与陈维崧的回忆是完全吻合的,故不应将其单系于上一年。同卷《渔隐图为陈青溪贞达水部题》亦当作于本年。

吴应箕(1594—1645),字风之,后更字次尾。安徽贵池人。贡生。为人轻脱率意,慷慨负气节,读书有本末,喜言当世事,不以经生自处。曾与复社诸子共举《留都防乱公揭》声讨阮大铖,以防其再起。明亡后,聚义抗清,事败被俘,不屈而死。著有《楼山堂集》。生平具查继佐《国寿录》卷二《诸生吴子传》、计六奇《明季南略》卷四刘城所撰《贵池吴应箕传》、《明史》本传、夏燮《忠节吴次尾先生年谱》及刘世珩《吴次尾先生年谱》。

邹之麟,字臣虎,号白衣,自号逸老、昧庵老人。江苏武进人。万历三十八年进士,官工部主事等。万历四十年,因科场舞弊案,谪上林典簿。弘光朝,官都御史。明亡归里。工书画,善文辞,尤长于小品。年八十馀卒。著有《先朝佚事》《女侠传》等。生平详乾隆《武进县志》卷十《文学》。

七月,顾杲至,与父贞慧、师应箕草《留都防乱公揭》,公讨阮大铖。

《陈迦陵文集》卷五《敕赠征仕郎翰林院检讨先府君行略》、嘉庆《宜兴县志》卷十《侨寓》吴应箕传。

顾杲(1607—1645),字子方。江南无锡人。顾宪成从孙。明诸生。明亡后起兵抗清,被乡人误杀。事具《明史稿》卷二五八、《明人小传》卷四、《南明史》卷一百一《忠义一》和光绪《无锡金匮县志》卷二十三。

阮大铖(1587—1646),字集之,号圆海,又号石巢、百子山樵。安徽怀宁人。万历四十四年进士,授行人。性豪迈,有才子之誉,颇负重望。天启四年,为争夺吏科都给事中职位,背叛东林,暗投魏阉。后又畏东林攻己,曾两度辞归。崇祯元年起为光禄卿,旋被劾罢官。次年定逆案,论坐徒三年,赎为民。此后虽屡谋起复,终为东林所阻。北都陷,与马士英拥立福王于南京,任兵部尚书兼右副都御史。南都覆亡,逃至浙江。次年降清,从攻仙霞关,死于途。生平详钱澄之《阮大铖本末小纪》。

陈维崧是年始称诗里中,日与徐腾蛟、吴帝赉、任源祥游,相知恨晚。因其与腾蛟、帝赉皆髯(络腮胡),里中人以三髯呼之。

《陈迦陵文集》卷一《徐唐山诗序》:"始余十四五称诗里中,里中先余而称诗者数人,徐君德蚩其一也。……徐君亦雅善余,与里中吴君传星、任君王谷朝夕为诗,恨相知晚也,欢甚。"又云:"独忆予与德蚩、传星、王谷称诗里中,时德蚩、传星与余三人者皆髯也,里中人以三髯呼之。"

徐腾蛟,字德蚩,又字文光,号默庵。宜兴人。博学工诗文。顺治九年恩贡。廷试授内阁中书。以随征湖南功,顺治十五年任分守湖北道(驻辰州)。两年后因忤上官罢归。生平详道光《续纂宜荆县志·人物志》。

任源祥(1618—?),初名元祥,字王谷,号善权子,学者称息斋先生。宜兴人。明末诸生,入清弃之。曾入州县幕府理刑名钱谷以糊口。诗文俱有成就,颇为时人所重。曾直接指出迦陵诗的不足是仓促取办,有才无情,好何、李、云间而不师老杜(见《清史列传》本传)。著有《鸣鹤堂诗集》和《鸣鹤堂文集》。生平详嘉庆《宜兴县志》卷八《人物·文苑》。

吴帝赉,字传星。《湖海楼诗集》卷四《感旧绝句》之五《吴秀才传星》末尾注云:"秀才讳帝赉,文笔兀兀,意气甚豪。生平以诗酒自命,客死山左,邑人惜之。"

九月,清兵大举入塞,侵入明朝腹地。十月,京师戒严。十一月,略良乡、高阳、涿州。十二月犯巨鹿,宣大总督卢象升率军拒敌,因孤立无援,最后战死。吴伟业有《临江参军行》咏其事。

《明史纪事本末补遗》卷六《东兵入口》。

卢象升(1600—1639),字建斗、斗瞻、介瞻,号九台。宜兴人。天启进士。授户部主事,擢员外郎,迁大名知府。崇祯朝,历官右参议、右金都御史、右副都御史、兵部右侍郎、左侍郎,在镇压农民起义军过程中,累立战功。九年,总督宣大山西军务。十一年,晋兵部尚书。不久又夺其衔,降为侍郎。十二月,率部五千与建州兵战于巨鹿,因孤军无援,力战而死。著有《卢忠肃集》。生平详《明史》卷二六一《卢象升传》。

崇祯十二年　己卯(1639)　十五岁

正月,清兵入济南,执德王朱由枢,二月始北归,明军尾随其后,无人敢拦截。

《明史纪事本末补遗》卷六《东兵入口》。李清《三垣笔记》。

春,伯父贞达补任户部主事。父贞慧送至镇江,临别咽不成语,目断长江,黯然神伤。不料此别竟成永诀。

陈贞慧《山阳录·伯仲篇》。

李雯过宜兴,陈维崧出其自作《昭君曲》示之,李大为叹赏,并飞书陈子龙以告之。

《陈迦陵文集》卷一《宋楚鸿古文诗歌序》:“因忆向者余亦年十五,李舍人过阳羡,余出《昭君曲》示之,徘徊叹赏不去口实,既飞书会稽陈黄门,实有潘江之目。”

李雯(1608—1647),字舒章。江苏华亭(今上海)人。明末诸生。曾倡立几社,与夏允彝、陈子龙、周立勋、徐孚远、彭宾相唱和,人称“云间六子”。诗与陈子龙齐名,尤工词。李自成入京,父逢申殉难。时李雯适在北京,为父守丧。清军入城,经曹溶荐入内院,官翰林弘文院诰敕撰文中书舍人。著有《蓼斋集》。生平见《国朝耆献类征初编》卷一三九、《渔洋山人感旧集》。

秋,父贞慧至金陵应乡试,陈维崧随至金陵,寓于宋之绳鸥天别馆,遂得拜见方以智、冒襄、侯方域等。约是年前后,从陈子龙学诗。

《陈迦陵文集》卷一《方田伯诗序》云:“己卯,余识先生(按:指田伯之父方以智)于金陵。先生与处士公称莫逆交。犹记一日者处士公他出,先生过访于金陵邸舍,余儿时从屏间窃窥之,犹昨日事也。”

同卷《许漱石诗集序》:“忆余十四五时,学诗于云间陈黄门先生,于诗之情与声十审六七矣。”《湖海楼诗稿》卷四《酬许元锡》有云:“忆昔我生十四五,初生黄犊健如虎。华亭叹我骨格奇,教我歌诗作乐府。”

同卷《与宋尚木论诗书》云:“年十四,随家君后侨寓大桁,得以典谒诸先生长者,而一时才哲如云间、皖桐诸君,车骑骈罗,声采辐凑,窥其往来赠答实皆有诗,于时心私好之,问学为诗,忽忽不能工也。”

卷三《金陵游记序》云:“己卯,余年十五,寓白塔巷宋园。壬午,年十八,寓鹫峰寺,俱随处士公。一时名士如密之、舒章、朝宗,人各据一水榭,每当斜阳暧暧,青帘白舫,络绎縠纹明镜间,日以为常。"

卷五《敕赠征仕郎翰林院检讨先府君行略》云:"明年为己卯,府君射策陪京,寓溧阳宋宪副园中。当是时,金沙周鹿溪先生方以议礼家居。宛陵沈耕岩先生以诸生辟召,首揩击杨相夺情,归卧敬亭不起。秋浦吴先生则主持清议于南中。一时名德如芑山张尔公、吴门钱吉士、龙眠方密之、归德侯朝宗、如皋冒辟疆、嘉善魏子一诸先生,无不云集石城。府君顾盼其间,自大司马范公、司业周公以下,皆虚左引重之。每当车骑阗集,冠盖络驿,命酒征歌,辄呼怀宁乐部。仰天耳热,复与诸先生戟手骂怀宁不止,灌夫之祸,始于膝席矣。"

《同人集》卷九"哭陈其年太史倡和诗"冒襄《定惠寺哭和其年旧诗二首后,秋雨卧病,泪凝枕上,杂拉复和十八首。幽抑怨断,付之鸥弦铁拨,当知其哀也》之十一自注云:"尊公定生、令师卧子、次尾,皆余至交。己卯,其年从游秦淮,所谓'见君刚覆发'也。"同卷《往昔行跋》云:"己卯,陈定生应制来金陵,携发覆额之才子其年在寓,其年方负笈从吴次尾。侯朝宗入雍,以万金治装求友,才名踔厉。与顾子方、梅朗三、方密之、张尔公、周勒卣、李舒章及余定交,气谊非复恒情。"

方以智(1611—1671),字密之,号鹿起。安徽桐城人。明崇祯进士,授翰林院编修。明亡参与抗清,后出家为僧。改名宏智,字无可,别号药地。又称墨历、大可、浮山、智可、无道人等。能诗,工书画,通物理。著有《博依集》《通雅》《物理小识》《浮山文集》《方密之诗抄》等。生平参任道斌《方以智年谱》。

冒襄(1611—1694),字辟疆,号巢民、朴巢。江南如皋(今属江苏)人。少游董其昌之门,善书法。崇祯十五年中副榜贡生。入清后长期隐居,家有水绘园,擅池沼亭馆之胜,四方名士至者无虚日。著有《影梅庵忆语》《朴巢诗集》《朴巢文集》等多种,并编选刊行了收有其六十年师友诗文的《同人集》。生平详冒广生《冒巢民年谱》、《冒氏宗谱》卷四卢香《巢民先生传》。

侯方域(1618—1654),字朝宗,号雪苑。河南商丘人。明末诸生。入清后,受当道胁迫,于顺治八年应河南乡试为副贡生。侯方域以散文名家,时人将其与魏禧、汪琬目为"国初三大家"。著有《壮悔堂文集》《四忆堂诗集》等。生平详邵长蘅《青门麓稿》卷十三《侯方域传》。

　　按，《金陵游记序》中所指的宋氏指宋之绳。据宋之绳自撰《柴雪年谱》，崇祯十二年春，之绳读书鸥天馆，六月北上入都。是年夏，陈维崧随父来南京，即寓于其鸥天馆。

　　宋之绳（1612—1669），字其武，号柴雪，江南溧阳（今属江苏）人。宋劼子。崇祯十六年进士，廷试第二，授编修。李自成入京师，剃发缁衣，誓死不屈。清兵入都，得南还。南都陷，隐于孝丰龙坞山。清廷诏举隐逸，授编修，充日讲官。顺治十四年迁右春坊右中允，主顺天乡试，以呈误夺五级，降补检讨。以年例，外补江西参议，分守南瑞道。康熙六年裁缺归。康熙八年卒，年五十八。性直爽，工书，善画兰竹。著有《载石堂诗稿》《尺牍》等。生平详计东《改亭文集》卷十六《清故江西布政使司参议分守南瑞道宋公行状》。

乡试结束后，父贞慧与吴应箕等在金陵举国门广业社。参加者有冒襄、侯方域、张自烈、黄宗羲、梅朗中、沈士柱等。

　　黄宗羲《南雷文定》卷七《陈定生先生墓志铭》："崇祯己卯，金陵解试。先生、次尾举国门广业之社，大略揭中人也。昆山张尔公、归德侯朝宗、宛上梅朗三、芜湖沈昆铜、如皋冒辟疆及余数人，无日不连舆接席。酒酣耳热，多咀嚼大铖以为笑乐。"

　　董以宁《正谊堂文集》之《陈定生先生墓表》。

　　黄宗羲（1610—1695），字太冲，号南雷。浙江馀姚人。入清后专心学术，清廷多方利诱，屡经征召，坚不为动。终成为一代著名学者和思想家。著有《南雷文案》《南雷文定》《南雷诗历》《明夷待访录》《明儒学案》《宋元学案》等。

　　张自烈（1597—1673），字尔公，号芑山，江西宜春人。明亡，隐居庐山，累征不就。晚主讲白鹿书院，以著述自娱。著有《芑山先生文集》《四书大全辨》《正字通》等。生平详《清史稿》卷六十六《儒林传》。

　　沈士柱（？—1659），字昆铜，安徽芜湖人。贡生。《复社姓氏传略》云其"读书明敏，下笔千言。……后以李大生事逮系南都之大内，年馀始解。有前后《宫词》二十四首，思致绵邈，情怀悱恻，得风人劝戒之旨"。顺治十四年，以西通李定国再被执，十六年清明被杀。妻妾皆自杀，惟一妾得脱为尼。温睿临《南疆逸史》卷四五称其"师事南昌万茂先，为诗古文词，诸老师宿儒不能过也"。邓汉仪《诗观三集》卷一云其著有《土音集》。生平详钱海岳《南明史》卷一〇二《忠义二》。按，李大生即李之椿。

侯方域寓桃叶渡，日夜召故人饮酒，有厨师忤其意，挝杀之，投尸秦淮河中，无人敢问者。

汪琬《钝翁前后类稿》卷四七《题壮悔堂文集》有云："予又闻朝宗尝游金陵，挈其橐数千金，寓桃叶渡上，日夜召故人善酒者，挟妓弹琵琶纵饮，所治盘馔甚盛，费辄不赀。有膳夫忤意，急叱出挝杀之，投其尸秦淮水中。是时侯氏势方张，见者皆咋舌不敢问。"杨钟羲《雪桥诗话馀集》卷六引宋于廷《清溪杂诗》自注云："后钝翁自刻文集，删去此篇，亦为朝宗讳也。"

在金陵识方文。

方文《嵞山续集》卷一有《赠陈其年》诗云："君年十四五，读书来南国。假馆宋氏园，乃在清溪侧。若翁好结交，车马纷如织。金沙与秋浦，左右为羽翼。我随三子后，黾勉崇令德。"诗中的金沙指周镳，秋浦指吴应箕。

方文（1612—1669），字尔止，号嵞山。安徽桐城人。为方以智族叔。明诸生，入清不仕，隐居金陵。著有《嵞山集》《嵞山续集》等。生平详李圣华《方文年谱》。

吴应箕出示其所撰《国玮集》，陈维崧读后叹其"经术畅茂，搜葺详雅"。该书后不传。

《陈迦陵文集》卷四《与张芑山先生书》："崧昔年石城数从次尾师游，出所撰《国玮集》相示，绝叹为经术畅茂，搜葺详雅。无何而触机蹈故，此书不传。"

将去金陵，侯方域有诗送之。

《壮悔堂诗集》卷二《送陈生归义兴》："宛水中央一去船，清秋细草尚绵芊。东江族望多才俊，不及平原作赋年。"彊善堂本该诗题下贾开宗注云："谓陈大其年也。"陆机曾官平原太守，时有陆平原之称。杜甫《醉歌行》诗有"陆机二十作《文赋》，汝更年小能缀文"之语。因本年陈维崧年方十五，故云"不及"。

秋，历览简编，有感于楚中人才之盛。

《迦陵词全集》卷二十五《沁园春·题王山长小像》："己卯之秋，余甫成童，流观简编。见诸省贤书，楚材最妙；中杰作，数子尤传。"

同里吴湛时授徒于内弟任源祥家，陈维崧因得与之游。

《陈迦陵文集》卷五《吴湛传》："吴生此时则授生徒于内弟家,因得时时脱身从之游。吴生年二十馀,负盛名。维崧者,年仅十五六耳。见则称吴先生,吴生则否,不以年齿骄余也。"

《湖海楼诗集》卷四《感旧绝句》之八《吴秀才又邺》题下自注云："秀才名湛,吾邑中高材生也。申、酉间以诗酒自废,淡泊历落,酷似晋人。与余交最善。卒后一女,嫁余犹子。"此犹子即后来出嗣陈维崧的维嵋长子陈履端。

吴湛(1613—1650),字济明,一字又邺。宜兴人。崇祯九年副榜,明亡弃去。生平为人淡泊,主张作诗应以自喻适志为目的,而不复言开元、大历。不幸早卒,年仅三十八岁。妻任氏,为任源祥姊。

崇祯十三年　庚辰(1640)　十六岁

父贞慧延宣城诗人昝质至家教维嵋读书。昝质对维崧之诗甚为欣赏,同时作《中湛陈公像赞》二则。

《陈迦陵文集》卷一《石汀子诗序》："石汀子姓昝名质,字无疑,江南宣城昝村人。庚辰,石汀馆余家,授余仲弟书。是年余十六,骏稚好弄,闲则从里中儿为意钱、白打、弹棋、格五、赌跳诸杂戏。余虽未执贽师石汀,石汀顾以师自负。每见余戏,数且骂至头颈尽赤。然余是时又已窃为小诗,石汀偶见之,又大以为工,提余所为诗笑歌去。"

《家乘》卷十五收昝质所作《中湛陈公像赞》二则。

约本年秋,宜兴举"秋水社",维崧与焉,年最少。本年始与蒋永修交。

蒋永修《陈检讨迦陵先生传》："吾邑中订秋水社,罗诸文士择其尤,吴其雷清闻、卢象观幼哲、黄羲时宓公与焉。是时独其年齿最少,余始与为同社,交甚欢。"(《碑传集》卷四五)又《湖海楼全集》之《湖海楼诗集补遗》有《赠徐南高姑丈三首》,其二注云："记庚辰、辛巳文社留连事。"所指当系"秋水社"事。

吴其雷,字清闻,号遹客。顺治二年拔贡,入闽,授兵科给事中。升御史中丞,督抚两粤。卒于广西柳州。著有《清闻诗集》。事具《湖海楼诗集》卷四《感旧绝句》之十二《吴遹客清闻》自注。

卢象观(?—1645),字幼哲。象升弟。崇祯进士,曾官中书。明亡后,举兵抗清,战死在太湖。象观妻为陈维崧二叔祖陈于明第三女。生平详任源祥《鸣鹤堂文集》卷四《卢中书传》、陈维崧《感旧绝句》之二《卢进士幼哲》原注。

黄羲时,字宓公。顺治八年举人。著有《待庵文稿》。嘉庆《宜兴县志·文苑传》载其事。

蒋永修(?—1682),字慎斋,一字纪友,号日怀。顺治二年举人,四年成进士,初授应山知县。举卓异,擢刑科给事中。出知贵州平越府。康熙十七年,擢湖广提学副使。升陕西参政,未赴任卒。著有《蒋慎斋遇集》五卷等。

崇祯十四年　辛巳(1641)　十七岁

正月,李自成陷河南,执福王,杂鹿肉同食之,号"福禄酒",同时自称闯王。本年连克数州县,使人心恐慌。八月,明军在松山战败,损失惨重。从此关外无兵可恃,东北渐已难支。

谷应泰《明史纪事本末》卷八七《李自成之乱》。《明史纪事本末补遗》卷五《锦宁战守》。

去年三月,祁彪佳有丧母之痛,父贞慧往吊。本年春夏之交,彪佳有书谢之。

祁彪佳《里中尺牍》"辛巳春夏季"《与陈定生》云:"向者先严受知于太老师台,不孝亦得从台班之末,奉令承教,从来知己感恩,父子相继,恐求之于古,亦不多见。乃太老师乘箕委化,不孝竟不及执绋奠刍,疏失之罪,百口莫文,而先慈反叨盛奠,光溢九原。以不孝之疏失如此,乃当此隆情厚念,真令人铭佩之馀,更愧仄无地也。太老师四朝元老,无罪去国,司马洛下,安石东山,人人共此想望。不意赐环之典,竟靳生前,谓宜遄加褒恤,而昆玉且叠罹风波,致旷典尚有待也,太老师得毋有深恫乎?所喜世丈家学克传,天资绝颖,早登名士之坛,久长国门之价,他时扬徽继微,属之有道一身矣。尊奠下颁,方惭莫图寸报,何敢又叨雅贶?惟是远念殷殷,惧于自外,敬领一事,佩德已侈。明秋棘战准拟骞翀,尚当修贺。先严小刻二种并行实、山志,缘忝在通雅,知蒙玄鉴,敢附呈之。谦刺谨璧。外具一函,以复吴、刘二丈,贱柬并乞叱致诸兄。临楮不尽,驰注。"

祁彪佳(1602—1645),字幼文,一字弘吉,号世培。浙江山阴(今绍兴市)人。明天启进士,授兴化府推官。崇祯四年任福建道御史,六年三月受任苏松巡按御史。七年九月以病告归,奉母居家。十三年三月丁母忧。福王时任右佥都御史,巡抚江南。清兵下江南,忧愤绝食自尽。著有《祁忠敏公集》《远山堂曲品》等。

五月,张溥卒。随周镳至太仓致祭,并拜谒了张采。又因张采而结识了昆山的葛芝、吕云孚、柴永清、徐桓鉴诸人。

《陈迦陵文集》卷一《叶九来诗集序》云:"余儿时已识葛瑞五先生,忆是年实为庚辰。余之来鹿城也,以张受先礼部故。是年西铭太师初殁,天下文士知与不知,争集于娄。余随金沙周先生来,则日与瑞五暨吕石香、柴集勋、徐惠朗诸子游,置酒楼船,临流作赋。……当是之时,忽然不自知其乐也。"

《湖海楼诗稿》卷四《夜饮葛瑞五斋中作歌以赠》有云:"昔游玉峰年十五,逢君白皙好眉妩。"所指即本年事。

张采(1596—1648),字受先。江苏太仓人。为复社领袖,与张溥齐名,号称"娄东二张"。著有《知畏堂文存》。生平详葛芝《卧龙山人集》卷十《故礼部员外张先生行状》。

葛芝(1618—?),一名云芝,字瑞五,号龙仙。江苏昆山人。张溥高足,张采婿,曾名重一时。入清后弃诸生,日以著述为事。《卧龙山人集》卷六《五十初度自题小像》序云:"丁未冬,余五十初度。"可知其生于万历四十六年冬。著有《卧龙山人集》十四卷。

吕云孚(?—1645),字石香。太仓人。乙酉清兵南下,云孚侍母守舍,为乱兵杀死。事迹具《复社姓氏传略》卷二。

徐桓鉴(?—1647),字惠朗。江苏华亭(今上海)人。与陈子龙善。子龙死,与王沄往收其尸,忧悸出游,客死桐城。事具《复社姓氏传略》卷三及王沄续《陈子龙年谱》。

柴永清(1620?—1658?),字集勋。江苏昆山人。明诸生,少精敏好学,喜唐顺之、归有光文,年三十九卒。葛芝《卧龙山人集》卷八有《柴集勋文集序》。其生平详《卧龙山人集》卷十《柴集勋墓志铭》。陆林《清初戏曲家叶奕苞生平新考》(《文学遗产》2007 年第 3 期)对其生卒年有考。

十二月,与储氏成婚。

《湖海楼全集·湖海楼文集》卷六《赠孺人储氏行略》:"辛巳,母汤孺人复患咯血,病中谓府君:'吾病殆将不起,吾亟欲一见冢妇然后瞑也。'府君遂以是岁十二月为余成婚。"储氏乃乙丑进士储昌祚孙女、太学生储懋学女,母陈氏为陈维崧三叔祖陈于宸女。储氏生于天启四年九月初六,长陈维崧一岁。

本年侯方域为陈维崧文集作序。

《壮悔堂文集》卷二《陈纬云文序》:"吾曩序维云之兄其年之文,其年年十七。"

崇祯十五年　壬午(1642)　十八岁

本年二月,建州克松山、锦州。九月,李自成陷开封。十一月,建州连克畿辅州县。

谷应泰《明史纪事本末》卷八七《李自成之乱》。《明史纪事本末补遗》卷五《锦宁战守》、卷六《东兵入口》。

正月在江阴参加童子试,获第一,补诸生。二十一日母殁,未能相见。

《湖海楼全集·湖海楼文集》卷六《赠孺人储氏行略》:"辛巳……明年正月余母见背,余时补博士弟子,在澄江,母殁不及见。"澄江乃江阴的古称。

《迦陵词全集》卷十一《满江红·何明瑞先生宴上作》题下自注云:"辛巳岁,先生在阳羡令幕中,拔余童子第一。"光绪《丹徒县志》卷五三《艺文八·诗馀》收有该词,题为《京口何明瑞先生宴上作。辛巳岁先生在阳羡令幕中,拔余童子试第一》。

徐乾学《陈检讨维崧墓志铭》云:"先是,君十七岁时,补博士弟子员。后随侍赠公栖止山村野寺,绝仕进意。"(《碑传集》卷四五)

何明瑞,江苏丹徒人。本名未详。时在宜兴令宋东璧幕中,参与阅文。

宋东璧,山西安邑人。崇祯十三年进士,十四至十五年任宜兴知县。

四、五月间,父贞慧以田百亩授之,令自立门户。

《赠孺人储氏行略》:"余娶妇未半载,府君辄命余曰:'汝妇贤,作人持大体。今授汝田百亩,俾汝妇秉之,勿再溷乃公为也。'"

间日与周季琬等人结社,饮酒赋诗。

《湖海楼诗集》卷三《哭故友周文夏侍御五言古一百韵》:"余年十八九,狷性喜跳跃。出语每排詈,作人鄙文弱。君时贵公子,交游重然诺。长余四五龄,矫矫云中鹤。邑中坛墠盛,间日必饮醵。"卷四《感旧绝句》之七《周御史文夏》自注云:"侍御少与予同学,以文社相流连。"即指此事。

周季琬(1620—1668),字禹卿,号文夏。江南宜兴人。明工部尚书周鼎幼子。顺治九年进士,选庶吉士。出为浙江道监察御史,巡按湖广。归后游燕台,卒于京邸。工词,善绘画。著有《寻烟草》《致远堂文集》《梦墨轩词》。生平详《陈迦陵文集》卷二《周文夏稿序》、嘉庆《宜兴县志》卷八《人物·治绩》。

李雯再来宜兴,与陈维崧论诗。

《陈迦陵文集》卷四《与宋尚木论诗书》:"壬午,舒章来阳羡,酒间极论,考究金石,出入宫徵。时虽爱居,骤闻钟鼓,未尝不私相叹赏,至于罢酒。"

秋,再随父至金陵应试,住抄库街鹫峰寺。继续从吴应箕学,应箕时寓邹典节霞阁。本年父仍不第。

《陈迦陵文集》卷三《金陵游记序》:"壬午,年十八,寓鹫峰寺。"

《陈迦陵文集》补集《留都见闻录序》:"夫子(引者按:指吴应箕)则寓邹满子阁子,崧寓鹫峰寺者,壬午秋也。"

卷五《敕赠征仕郎翰林院检讨先府君行略》云:"壬午春,余母汤孺人病殁,府君哭之恸。秋,复应省试,复不第。"

邹典,字满字。吴人,客金陵,遂家焉。工画,善花卉,兼长山水。盛叔清《清代画史增编》卷二三有介绍。

梅朗中卒。

沈寿民《姑山遗集》卷十七《祭梅朗三文》。

　　　　崇祯十六年　　癸未(1643)　　十九岁

本年春,建州兵入山东。夏四月,折道向北,入畿内。五月,张献忠破武昌,自称西王。八月初九,皇太极去世。二十六日,皇太极第九子福临即皇帝位,是为清世祖,以次年为顺治元年。十月,李自成破潼关,入西安。

谷应泰《明史纪事本末》卷八七《李自成之乱》、卷七七《张献忠之乱》。《明史纪事本末补遗》卷六《东兵入口》。《清史编年》第一卷"顺治元年"。

二月初五,弟宗石生。

《家乘》卷三陈宗石传。

夏,侯方域因中原战乱,携妻儿来依,父贞慧常与之读书于文杏斋。侯有《世事》等诗。

参谢桂荣、吴玲《侯方域年谱》(见何法周主编《侯方域集校笺》上册)。

六月初三,侯方域妻常氏于宜兴生女,此女后嫁宗石。

《家乘》卷三陈宗石传。谢桂荣、吴玲《侯方域年谱》。

九月,侯方域至南京。重阳节登雨花台,有《九日雨花台》诗五首。

参谢桂荣、吴玲《侯方域年谱》。

十一月二十九日,长女生。

《湖海楼全集·湖海楼文集》卷六《赠孺人储氏行略》:"忆癸未冬,府君在亳村将举四十觞。余妻在城内母家,生长女甫及旬。"按,陈贞慧生日为农历十二月初九,去十天正好为十一月二十九日。

自本年后,父贞慧绝意功名,然其好宾客来往如故,致家道日落。

《陈迦陵文集》卷五《敕赠时太孺人先庶母行略》云:"始处士公喜宾客。癸未以后,处士公既誓墓不出,绝不与户外通。家亦日益落,或至不足以供饘粥,然其喜宾客如故。"

中

崇祯十七年,清顺治元年　甲申(1644)　二十岁

本年正月,李自成于西安称王,国号大顺,改元永昌。三月十九日陷北京,思宗自缢于宫中万寿山巾帽局。三月二十八日,吴三桂向清朝乞兵。四月初七,清朝派摄政王多尔衮出师。二十日,李自成率军与吴三桂战于山海关,大败回京。二十九日,于武英殿称帝。三十日,弃北京西走。

谷应泰《明史纪事本末》卷八七《李自成之乱》。

三月,三伯贞达被李自成军俘虏,不屈而死。

陈贞慧《山阳录·伯仲篇》。

四月初八,父贞慧以时局动荡,道路之口惊传不一,北来消息难以确证,满怀惊恐地至南京。

陈贞慧《书事七则·书甲申南中事》。

五月初二，多尔衮入京。并传令自初六日起，为故明崇祯帝设位哭临三日。

《清史编年》第一卷"顺治元年"。

十五日，福王朱由崧即位南都，以明年为弘光元年。

《三藩纪事本末》卷一《三藩僭号》。

父贞慧在南京为祖于廷请恤。

《敕赠征仕郎翰林院检讨先府君行略》："至甲申而遂有三月十九日之难。主事公小臣死之，府君则益日涕泣，方图与云间、金沙诸先生共襄祖逖、刘琨之举，而怀宁骤用事矣。是岁也，弘光帝立，府君则走之南中，蒲伏阙下，为少保公请恤上书。"

在金陵，复与昚质相见，互读其所作诗，颇多感慨。

《陈迦陵文集》卷一《石汀子诗序》："后五年为甲申，余粗涉世事，益日夜发愤为诗。曾与石汀一再相见石城，互读其所为诗，读已，哭，既笑曰：'已矣，今世谁知我两人者！'"

在金陵，与新进士宋征璧游。征璧曾戏咏雪狮子。

《湖海楼诗稿》卷四《宋舍人尚木惠予南曲，诗以酬之》有云："金陵一别心茫然，凤舸龙舟不计年。轻烟楼上红锦袖，杨花如雪小垂手。流苏不怕汝南鸡，叵罗颇耐新丰酒。君家玉骨何昂藏，雪狮咏罢神清扬。"

宋征璧（1617—？），原名存楠，字尚木，号幽谷朽生。江苏华亭（今上海）人。崇祯十六年进士。入清，荐授秘书院撰文中书，后以从征舟山有功，升潮州知府，卒于任。著有《抱真堂诗稿》等。事具嘉庆《松江府志》卷五。

在金陵，为宋存标题其所撰传奇，有诗。

《湖海楼诗稿》卷四《题宋子建传奇》题下注云："合演宋玉高唐、陈思洛妃二事。"诗中有句云："我扬彩帆来白纻，登君之堂与君语。……君不见陈生二十犹落魄，俛颜河上垂杨碧。亦有心伤韩重歌，可怜魂断青溪宅。"

宋存标，字子建，号秋士。华亭人。崇祯十五年中副榜，授南京翰林院待诏。国变后归隐东田。工诗文，亦善戏曲。陈子龙誉其与从兄宋征舆、宋征璧为"云间三宋"。尝刻几社古文为《壬申文选》。著有《翠虞阁集》《棣萼集》《秋士香词》等。生平见嘉庆《松江府志》卷五。

七月前,陈子龙给弘光帝上《荐举人才疏》,以陈于鼎名上。

陈子龙《兵垣奏议·荐举人才疏》云:"庶吉士陈于鼎,英姿壮志,见累门阀,既以不阿乡衮,浮沉至今。""见累门阀",当指家奴激起民变事。"不阿乡衮",当指其不依附周延儒。

九月十四日,父贞慧以前《留都防乱公揭》案被阮大铖逮系狱中。恰逢侯方域至,仓皇出金,乞旧锦衣卫刘侨代为设法,又面求兵部侍郎练国事,国事驰诣马士英,乃得免。狱解后,蹜屬归里,日郁郁不乐。此案同时被逮者另有雷演祚、周镳,二人后俱死狱中。

陈贞慧《书事七则·留都防乱公揭》。《敕赠征仕郎翰林院检讨先府君行略》。

马士英(?—1646),字瑶草,明贵阳人。万历进士,授南京户部主事。崇祯五年,累官右佥都御史,巡抚宣府。因擅取公帑行贿,坐遣戍。流寓南京。十五年复起,任兵部右侍郎兼右佥都御史,总督庐州、凤阳军务。十七年,拥立福王于南京,任东阁大学士兼兵部尚书,重用阮大铖,排斥异己,独揽朝纲,打击东林、复社人士。弘光元年,在太湖被清军所杀。

十九日,顺治帝至北京,自正阳门入宫。十月初十,颁诏全国,定乡会试之制。

《清史编年》第一卷"顺治元年"。

地方不宁,与姑丈徐荪等一起避难。

《湖海楼诗集补遗》之《赠徐南高姑丈三首》其二自注:"记甲申同避难事。"

徐荪,字湘生,一字南高,宜兴人。邑庠生。著有《峡猿词》。《荆溪词初集》有著录。其所娶为陈维崧三叔祖陈于宸第三女。

顺治二年　乙酉(1645)　二十一岁

正月,侯方域复至宜兴探其妻儿。时有一王姓御史顺阮大铖意,令浙、直督府缉捕之,遂于陈家就逮。父贞慧为方域安排家事,并送其全家至舟中,临别为宗石定婚。

《壮悔堂文集》卷二《赠陈郎序》:"陈郎者,余幼婿也,名宗石,字曰子万。……乙酉春正月，有王御史者，阿大铖意，上奏责浙直督府捕余。余时居定生舍，既就逮，定生为经纪其家事。濒行，送之舟中，而握余手曰：'子此行如不测，故乡又未定，此累累将安归乎？吾家世与子之祖若父、子之身，无不同者，今岂可不同休戚哉！盍以君幼女妻我季子？'余妻遂与陈夫人置杯酒定约去。是时，余女方三岁，陈郎方二岁尔。"按，关于宗石妻侯氏与宗石的年龄，此文所记与有关材料的记载不同，笔者疑侯方域记述有误。

《家乘》卷三陈宗石传。

四月二十五日，清兵破扬州，下令屠城，杀人无遗类。

王秀楚《扬州十日记》。

五月十日，弘光帝去国，清兵下南京。二十二日，弘光帝在芜湖被执。

《清史编年》第一卷"顺治二年"。计六奇《明季南略》。

自后，陈贞慧坐卧村中一小楼，足迹不入城市。并命其二子弃去诸生。

《敕赠征仕郎翰林院检讨先府君行略》："乙酉之后，府君念家门世受国恩，非平流寒畯者比。又念一时同类散佚略尽，捐躯绝脰，半登鬼录。于是凿坏不出，坐卧村中一小楼，足迹不入城市者二十年。惟以嫁女之役，一至松陵境上；会葬友人，一至兰陵道中。"

《侯方域集笺校》卷六《倪云林十万图记》："道人名贞慧，明少保陈公于廷之子。自乙酉金陵变后，绝迹不入城市，更命其二子弃去诸生。其亦云林不忘至正之意耶！"

六月十五日，清廷下令剃发，百姓惊恐。江南士绅纷纷起兵抵抗。

《清史编年》第一卷"顺治二年"。

闰六月初七，唐王朱聿键在福州称监国。二十七日，即帝位，改元隆武。

计六奇《明季南略》。《黄梨洲行朝录》卷一《隆武纪年》。《清史编年》第一卷"顺治二年"。

同月，业师吴应箕倾家募士起兵，奉唐王正朔，受命为池州推官监纪军事。

查继佐《国寿录》卷二《诸生吴子传》。刘城《贵池吴应箕传》（见计六奇《明季南略》）。夏燮《忠节吴次尾先生年谱》及刘世珩《吴次尾先生年谱》。

友人卢象观起兵茅山，后退入太湖，战败身死。堂叔陈贞禧从死。

任源祥《鸣鹤堂文集》卷四《卢中书传》详载其事。

陈贞禧(1605—1645),字寿先。陈维崧三叔祖陈于宸长子。著有《梅花梦》传奇。其长女适吴本嵩。侧室母子遭兵失所,遂无后。生平详《家乘》卷三、嘉庆《宜兴县志》卷八《忠义》。

冬,业师吴应箕在离城九十里泥湾山中练兵,为仇家侦得,向清兵告密,遂被执,从容就死。陈维崧后曾作《哭次尾师》组诗悼之。

夏燮《忠节吴次尾先生年谱》。

《湖海楼诗稿》卷四《哭次尾师》小序云:"乙酉之变,我师次尾先生驰军遇难。门人崧悼招魂之无从,痛知音之难遇。阳春自苦,亦为天实怜才不尽。因自戊寅以至乙酉,阐扬梗概,汇为薤露数章。绝操人间,悲风千古。"按,这组诗的作期无考。

南都失守后,族叔祖陈于泰披缁白门天界寺,叫号悲咤。抚按两荐,俱不应。无地可避,乃归卧荒庄复壁中,食饮缘墙而下。

《家乘》卷六陈于泰传。卷十一吴伟业《翰林院修撰陈公墓志铭》云:"南都不守,前此皆梦中呓矣。公遂不归,披缁于白门天界寺,叫号悲咤,禅众以为不祥。经岁来吴门,与熊愚山、姜如农、薛谐孟、万永康诸人晨夕相往还。按抚两荐,无地可匿迹。在荒庄,卧复壁中,食饮缘墙而下。"

顺治三年　丙戌(1646)　二十二岁

三月十五日,清廷首次举行殿试。

《清史编年》第一卷"顺治三年"。

父贞慧作《过江七事》。

陈贞慧《过江七事》自序。

八月二十四日,清兵弑隆武帝于福州。十一月初五,其弟唐王聿鐭在广州称监国,改元绍武。十二月十五日,清兵至,又弑之。十一月十八日,桂王朱由榔即帝位于肇庆,以明年为永历元年。

《清史编年》第一卷"顺治三年"。计六奇《明季南略》。

约本年后,与顾贞观、任源祥邀同郡能文之士结国仪社。

瞿源洙《任源祥先生传》有云:"乙酉留都溃,次尾、子方皆握节死,定生伏处村舍,先生亦弃诸生服,以诗文自娱。而定生子其年、子方侄梁汾

及同郡能文之士,共邀先生为国仪之社。诗酒往还,舟车络绎。"(见《鸣鹤堂文集》附)

按,诸人结国仪社的具体时间不详,要当在乙酉之后,故系于此。

顾贞观(1637—1714),字华峰,一字平远,号梁汾。江苏无锡人。康熙十一年举人,官内阁中书。康熙十五年再至京师,尝馆于太傅明珠家,与其子纳兰性德善。吴兆骞因科场案流戍宁古塔,力恳纳兰设法赎还。诗见赏于龚鼎孳,词有一代名。著有《栌塘诗集》《弹指词》等。

顺治四年　丁亥(1647)　二十三岁

春,李雯请假葬父,自北来,访陈子龙于富林居庐,相见而泣,即别去。

王沄续《陈子龙年谱》。

蒋永修成进士。

江庆柏《清朝进士题名录》。

四月,清松江提督吴胜兆谋与南明海上义师联络,师陈子龙与其事。后因信使不密,事败。清师借机打击三吴知名之士,穷治其狱,逮系多人。五月,陈子龙被执,在押解途中,乘看守不备,投水自尽。

王沄续《陈子龙年谱》。《侯岐曾日记》。

李雯闻吴胜兆事发,恐连及自身,遂抱疾北上,于冬日卒于北京。

宋征舆《林屋文稿》卷十《云间李舒章行状》。

在亳村,弃诸生籍,日与同里吴湛、蒋睿、许肇篯游处,狂放自任。

《湖海楼全集·湖海楼诗集》卷一《追昔游仿长庆体》题下自注云:"悼吴四湛、蒋二睿、许三肇篯也。"诗云:"丁亥戊子岁……世事已横流,举国忧心悢。而我四五人,狂态殊沾沾。束书归仓颉,掷笔还江淹。自除博士籍,不受文章箝。"

蒋睿,字瞻武。如奇次子,父子俱善书法,时有二王之目。后以忧卒。事具陈维崧《感旧绝句》之六《蒋公子瞻武》自注。

许肇篯,字埙友。少负才不偶,后沉湎于赌博,尝连战十昼夜,负债百万,遂获疾卒。生平见《陈迦陵文集》卷五《许肇篯传》。

秋,与吴湛同宿吴氏云起楼,联榻夜话。

《陈迦陵文集》卷五《吴湛传》云:"忆丁亥秋,与余夜宿吴氏云起楼西舍。漏三下,两人籍草据梧坐。吴生起,自循其发曰:'余年几何,发已种种矣。'……则又蹴余曰:'人生几何? 朝闻能几?'聆其言,心怦怦动也。嗟乎,余负生也。"按,云起楼为陈维崧姑父吴洪裕的别墅名。

吴洪裕,字问卿,号枫隐。为宜兴著姓,家饶法书名画和园林别墅。其中元代画家黄公望的《富春山居图》即曾为其所藏。其城内别墅云起楼,中有亭台池沼之胜;郭外园林南岳山房,则遍植名花多至千馀树。万历四十三年举人。南京亡后卒。无子,临终舍南岳山房为枫隐寺。生平见陈维崧《感旧绝句》之一《吴孝廉问卿》自注及《南明史》卷一〇九《隐逸一》。按,洪裕妻为陈维崧嫡祖母张氏出。

本年有诗寄常州杨廷鉴。

《湖海楼诗稿》卷四《寄毗陵杨静山太史》有句云:"惊心故国三年月,回首春宫第一花。……丈夫行年正五十,吹罢玉笙秋月明。"明亡至本年正好三年,故系于此。

杨廷鉴,字冰如,号静山。江苏常州人。崇祯十六年进士第一,授翰林院编修。明亡后归里隐居,热心地方之事。后出为江宁府学教授。工诗,善书法,通经术。著有《东皋华堂集》等。只有《静山诗》一卷尚存,李兆洛刻入《旧言集》中。

顺治五年　戊子(1648)　二十四岁

春,有太湖盗潜至亳村,劫父贞慧以去。卒以家实贫,无所获,得放归。

任源祥《鸣鹤堂文集》卷八《陈定生处士行状》。

暮春,与任源祥、蒋睿等集周季琬梦墨轩,行令赋诗。

任源祥《鸣鹤堂文集》卷四《梦墨轩新集序》:"戊子春暮,同人再集周子所,适周子轩成,故有此题。……是日任子后至,更有牡丹赋乐府诸题。同人者十数人,酒间以将军为令,分一席为两行,若楚汉然。"该序末尾云:"未几,宾玄及多故;又未几,而其年之尊公及多故;又未几,而瞻武及多故。"从文意看,以上诸人皆应参与了本次集会。

父贞慧避居亳村,间曾一入城市。馀时著《秋园杂佩》。

陈贞慧《书事七则·书癸巳毗陵事》《秋园杂佩小引》。

顺治六年　　己丑(1649)　　二十五岁

正月,昝质以诗获罪,被捕入狱,后死狱中。

《陈迦陵文集》卷一《石汀子诗序》:"己丑正月,石汀子诗狱起,在狱中挟《史记》一编,日夜读,旁若无人者。群狱囚相顾吓曰:'囚何得读书?'石汀怒且詈,益疾读不止。"又云:"其死也,以诗故,死于狱。"

吴铤《浮筠轩遗稿》有《哭昝无疑》五首,即为其所作。

六月二十一日,族叔祖陈于泰病故。

《家乘》卷六陈于泰传。

自受田以来,一切支出,皆仰给百亩。由于遭遇丧乱,加以逋赋,生活日见窘迫,常变卖妻之嫁妆以供旦夕之用。

《湖海楼全集·湖海楼文集》卷六《赠孺人储氏行略》。

再致书侯方域,为诗集求序,侯有书报之。

《壮悔堂文集》卷二《陈其年诗序》:"往余居梁园,去义兴千馀里,其年再以书来,属余为序。余报之曰:'风雅之道,于今绝矣,得子诚未易,此非可卒卒笔墨尽也。行将渡江,为吾子言之。'后三年而余至。……"按,此序作于顺治九年,考见后文。

顺治七年　　庚寅(1650)　　二十六岁

三月,在扬州,与龚鼎孳、张恂、祁豸佳、王猷定、许承宣、许承家同看玉兰。

龚鼎孳《定山堂诗集》卷二十《同祁止祥、张稚恭、王于一、许力臣、师六、陈其年看玉兰》有句云:"鹤径芳樽引兴遥,醉吟已过百花朝。"

宗元鼎《芙蓉集》卷七"七言近体上"《庚寅春日,同太常龚孝升先生饮吴茵次玉琴斋,时太常将还京师》《庚寅夏日,送奉常龚孝升先生还朝》。

据董迁《龚芝麓年谱》,龚鼎孳顺治三年夏因父丧归里。本年正月至扬州,暮春与诸人同看玉兰。夏日北返。陆勇强《陈维崧年谱》亦断其为本年事。

龚鼎孳(1615—1673),字孝升,号芝麓,安徽合肥人。明崇祯七年进士,授兵部给事中。李自成进京,曾迎降。清兵入关,复降清,累官至礼部尚书。卒谥端毅。生平好汲引俊才,以诗词古文鸣世,与吴伟业、钱谦益并称"江左三大家"。著有《定山堂集》《香严词》。生平详董迁《龚芝麓年谱》。

张恂(1622—?),字稚恭,又字壶山,号讷庵。陕西泾阳人,先世以业盐定居扬州。崇祯十六年进士。入清后曾官中书舍人,以科场案被戍。归后闭门不出,自定润例,卖画自给。张恂天才隽逸,山水初法董源,并善用渴笔,后变以己意,而墨法苍浑,具古淡天真之致。其画在当时士人中享有盛誉。生平详冯金伯《国朝画识》卷一、《国朝耆献类征初编》卷四七七。

祁豸佳,字止祥,号雪瓢、云瓢。浙江山阴(今绍兴市)人。彪佳弟。明天启七年举人,以教谕迁吏部司务。入清后隐于梅市。工书画,精音律,善谱曲,尤喜戏曲。周亮工《读画录》、张岱《陶庵梦忆》均有较高的评价。生平详民国《萧山县志稿》卷二十一《寓贤》、《国朝耆献类征初编》卷四七一。

王猷定(1598—1662),字于一,别号轸石。江西南昌人。明拔贡生,入清为遗民。以诗古文词鸣于时。书法亦擅一时名。为人偶傥自豪。晚寓杭州僧舍卒。著有《四照堂集》。生平详《清史列传》卷七十。

许承宣(?—1685),字力臣,号筠庵。安徽歙县人,寓居江苏江都(今扬州市)。顺治七年在扬州交王猷定。康熙十五年进士,官工科给事中,二十年曾典陕西乡试。后假归,卒于家。著有《金台集》《西北水利议》等。

许承家,字师六,号来庵。许承宣弟。康熙二十四年进士,改庶吉士,授翰林院编修。康熙三十年,充会试同考官。以兄老里居乞归。著有《猎微阁诗集》等。生平详民国《歙县志》卷七《人物志·文苑》。

与邹祗谟、董以宁、任绳隗填词唱和,是时天下填词家尚少。

《陈迦陵文集》卷二《任植斋词序》:"忆在庚寅、辛卯间,与常州邹、董游也,文酒之暇,河倾月落,杯阑烛暗,两君则起而为小词。方是时,天下填词家尚少,而两君独矻矻为之放笔不休,狼藉旗亭北里间。其在吾邑中相与为倡和,则植斋及余耳。"

《湖海楼诗稿》卷十《秦淮寓中寄文友用杜陵寄贾司马、严使君五十韵》有句云:"班荆逾七载,失怙竟同年。"该诗作于顺治十四年(考见该年),上推七载,则其与董以宁相识在本年。

邹祗谟(1627—1670),字讦士(家谱云其字"黍士"),号程村。江南武进人。顺治十一年举人,十五年成进士。与陈维崧、董以宁、黄永称"毗陵四子"。工词。著有《程村文选》《邹讨士诗选》《丽农词》,另与王士禛合选《依声初集》。生平详《武进邹氏家乘》卷十二本传及沙先一《邹祇谟生平与著述考论》(《中国韵文学刊》2007 年第 4 期)。

董以宁(1629—1669),字文友,号宛斋,武进人。诸生。少负文誉,工诗词。著有《正谊堂诗集》《正谊堂文集》和《蓉渡词》等。

任绳隈(1621—?),字青际,号植斋,宜兴人。顺治十四年举人,十八年以奏销案褫革。善诗词,著有《直木斋全集》等。生平详嘉庆《宜兴县志》卷八《人物·文苑》。

吴县叶襄以《红药堂诗稿》见寄。维崧见姜垓所作序,心颇好之,乃求姜垓为《湖海楼诗》作序,垓未报札。

《陈迦陵文集》卷六《祭姜如须文》:"忆自庚寅,吴县叶文学襄寄仆以《红药堂诗稿》,其序乃先生所作,仆心好之。……即致一函于先生,索先生为《湖海楼诗序》,先生未报札,即序未脱稿也。"

叶襄(?—1655),字圣野。少颖敏,锐志经籍,有声诸生间。入清后隐居不出。生平具《苏州府志》及李浚之《清画家诗史》。孙枝蔚《溉堂集·溉堂前集》卷四有乙未年所作《挽叶圣野》五律一首,可考其卒年。

姜垓(1614—1653),字如须,号明室潜夫。山东莱阳人。崇祯十二年进士,授行人。入清不仕,流寓吴县。著有《浏览堂残稿》。生平具魏禧《莱阳姜公偕继室傅孺人合葬墓表》。另据顾禄《桐桥倚棹录》载,"姜行人垓寓舍","在山塘,额曰'山塘小隐'"。

患瘵几死,赖道士蒋函九教以炼气法,始得愈。

《湖海楼诗集》卷四《感旧绝句》之十四《蒋道士函九》自注云:"道士少曾为诸生,精服食之术。庚寅岁,余患瘵几死,道士授余以炼气之法,遂愈。"

友吴湛卒,作《吴湛传》。

《陈迦陵文集》卷五《吴湛传》:"死之时,岁庚寅,年三十八。"

　　　　　顺治八年　　辛卯(1651)　　二十七岁

春末,许楚来游宜兴,宿通真道院。时逢牡丹盛开,陈维崧、邹祇谟、董以

宁相约饮于花下,许楚以病阻,未能与会,后有诗次韵相答。

　　许楚《青岩集》卷五《青岩诗集·白华堂诗》有《邹讦士、董文友、陈其年饮丽人牡丹下,予以病阻,索予次韵》。按,从本集诗的排序看,许楚本年在宜兴的时间颇长,其前面有一首题为《客阳羡通真道院,庭中雪球盛开,命奴子剃草洗石,跌坐花下,会谢献庵明府有豚饼之饷》。另,许楚本年在宜兴所作之诗共有八首,这组诗前面的一组在时间上也自成序列,其中一首题为《庚寅七月自西兴舟至郡郭宿友人郊居》,可作为判断时间的依据。

　　许楚,字芳城,号青岩。安徽歙县潭渡后许人。少入复社,入清隐居。年七十二卒。工于制墨,擅书画。著有《青岩集》《偶影阁草》。

春间,林古度、黄周星来宜兴,与许楚往来甚多,陈维崧当与之有交往。

　　许楚《青岩集》卷五《青岩诗集·白华堂诗》有《喜林茂之先生至,即席酬赠》《潘芳野以名酒见饷,促予与黄九烟作诸洞之游》《同九烟出西郭访绪良家叔,饮程云友溪阁》《徐二玉庭葵盛放,有五光十色之奇,同九烟赋》《九烟先生卜居城南溪角,同茂之、献庵、驭六赋赠》。以上诸诗前后相接,紧排在《邹讦士、董文友、陈其年饮丽人牡丹下,予以病阻,索予次韵》后。

　　林古度(1582—1666),字茂之,号那子。福建福清人。流寓金陵,以遗民终。晚甚贫,卒后其子不能葬,周亮工为葬之钟山下。林古度与钟、谭友善,万历间即以诗名,至清初,为文坛耆宿。以贫故,无力梓其诗作。曾以诗贻王士禛求为删定,王因惧祸,乃尽删其天启四年以后诗,成《林茂之诗选》二卷。生平详《清史列传》卷七十。

　　黄周星(1611—1680),字景虞,号九烟。湖南湘潭人。初育于周氏,名周星。后复本姓黄。崇祯十三年进士,官户部主事。入清不仕,自称黄人,字略似,号半非,别号圃庵等,隐居江南。康熙十九年,自撰墓志并作《解脱吟》,于端午日投水死。其诗文、书画、篆刻皆工。著有《九烟先生遗集》及传奇《人天乐》等。生平详陈乃乾《黄九烟年谱》。

七月,经任源祥介绍,到杭州与陆圻相见,为其文集作序。

　　任源祥《鸣鹤堂文集》卷三《与陆丽京书》:“丽京足下,自甲申握手,于今七稔。惊风动地,飘蓬入云,岁月几何,宛如隔世。……敝邑同志者有陈子其年,今来湖上,得奉光麈。仆恨不能偕,以一诗见志。惠而教我,幸甚,幸甚。"

《陈迦陵俪体文集》卷六《陆丽京文集序》云:"仆年齿壮盛,智术芜落。有越石绕指之讥,抱颜远贫贱之叹。丽京弘我以鸿藻,开我以骏烈。我思古人,此意良厚。间者羁旅惛怛,百卉俱腓;四节悲凉,适与事会。撰序至此,沾脸弥襟。又何遽以文举之知刘备,玄晏之序左思,用加标榜,巧为缘借也。"

陆圻(1614—?),字丽京,一字景宣,号讲山。浙江钱塘人。明贡生,入清后,以庄廷钺史案受牵,合家被逮,卒得白。遂弃家出游,不知所终。康熙六年尚在世。为"西泠十子"之一。著有《威凤堂文集》等。其生平详清人节庵所辑《庄氏史案本末》。另据云,陆圻《榴庵随笔》、陆莘行《秋思草堂笔记》两书对其家事记载颇详,惜未能寓目。

张丹闻其至杭州,过湖上相访,未遇。后过南屏邂逅于浦口,有诗相赠。

张丹《张秦亭诗集》卷三《湖上访陈其年不遇,过南屏于浦口相值》云:"绿萝生西风,凉露降清湤。侵晓过湖滨,言访陈氏子。秀色已在眼,恨不搴兰芷。素琴时与弹,可以听流水。浦口忽邂逅,把袂且色喜。人行烟寺深,鸟响芰荷里。欲去复回顾,三叹不能止。落日南屏峰,钟鸣徒徙倚。"

南屏山在杭州西南,为西湖名胜处。

张丹(1619—1687),初名纲孙,字祖望,号秦亭山人,又号竹隐君。浙江钱塘人。后因体弱多病,信道家服气之术,更今名。美髯。工诗古文词,为"西泠十子"之一。布衣之士,持志以殁。著有《张秦亭诗集》。生平详王嗣槐《桂山堂文选》卷七《张秦亭先生传》、《清史列传》卷七十本传。

同吴百朋、张丹、毛先舒、吴振宗饮西湖酒楼,有诗。另有诗分别赠张丹、毛先舒。

《湖海楼诗稿》卷五《同吴锦雯、张祖望、毛驰黄、吴兴公饮西湖酒楼》有云:"钱塘七月秋风早,橐驼骎骎嘶白草。美人招我登酒楼,玉缸溶溶向余倒。"

《湖海楼诗集》卷一《广陵赠陆景宣》有云:"昔年见子西陵陲,吹箫挟弹相追随。吴质雅能好声伎锦雯,毛苌只解谈声诗驰黄。钱塘门外北风大,四人踏臂上床卧。……吴毛一别八九年,传闻落魄真可怜。"

《湖海楼诗稿》卷二《酬毛驰黄》有云:"维时凉初秋,雄谈迈恒轨。蟾宿辉冷冷,绛河澹弥弥。"同卷《酬张祖望》有云:"于役扪丛薄,击汰溯清沔。轻霞冠澄裔,绪风扇柔觯。我行遘之子,蕴情获摅展。"

毛先舒《思古堂集》卷二《答陈其年书》云:"阔别者二十载,每怀昔游。与足下偕锦雯、祖望西湖之楼,脱略盘薄,辩锋互起。旁坐者惊以为哄斗,已乃相视而笑,命酒如初。"

吴百朋(1616—1670),字锦雯,号朴斋,别号石霜。浙江钱塘人。崇祯十五年举人。顺治十四年谒选任苏州推官,后遭谗罢归,久乃得雪。康熙三年,再任广东肇庆司李,后改南和县令,卒于官。一子早亡,身后仅馀一幼孙。百朋为"西泠十子"之一。博物洽闻,才思敏捷。著有《朴庵集》。生平详孙治《孙宇台集》卷二十四《亡友吴锦文行状》。

毛先舒(1620—1688),字稚黄,一字驰黄,号蕊云。浙江仁和人。为"西泠十子"之一,又与毛奇龄、毛际可并称"浙中三毛"。著有《思古堂文集》《东苑文抄》《东苑诗抄》《诗辨坻》等。生平详毛奇龄《西河集》卷九十九《毛稚黄墓志铭》。

吴振宗,字兴公。浙江杭州人。父斯盛,崇祯末官山东邹县丞。时天下不宁,郡县望风而逃,邹无令,以丞摄令。斯盛与两子振宗、亢宗(字次公)分疆划界,誓以死守,后以谗去官。吴振宗为名诸生,豪宕感激,好与奇才剑客游。后客死邳州。董俞有《赠西陵吴兴公》、钱谦益有《送吴兴公游下邳兼简李条侯》、朱用纯亦有《同吴兴公、徐季重、葛瑞五东山玩月限赋十韵》诗。陈瑚《赠吴兴公》诗云:"我非陈孟公,君乃吴季子。千金重一诺,结交有始终。仗剑作远游,欲为报仇死。惜哉时不遇,长叹归故里。其事虽不成,其名满人耳。"可知其为人。《国朝杭郡诗辑》卷三有传。

识徐继恩长子徐汾,有诗赠之。

《湖海楼诗稿》卷八《赠徐武令》题下自注云:"世臣长君。"诗有云:"秋阴不散双峰树,朔气偏蒸八月涛。与尔江干同怅望,钱塘门外已蓬蒿。"

徐继恩,字世臣。浙江仁和人。少擢茂才异等,举明经。遭乱不仕,于竺乾山出家。更名净挺,字俍亭。著有《俍亭和尚云门语录》。生平见王晫《今世说》卷二、温睿临《南疆绎史》列传第十一。

徐汾,字武令。继恩长子。工词,著有《碎琴词》。蒋景祁《瑶华集词人》有著录。

与丁漼、丁景鸿游。同丁漼饮于杭州酒楼,有诗赠之。

《湖海楼诗稿》卷八《酬丁素涵》有云:"牢落他乡旅鬓新,登楼对酒一逡巡。……相携日暮休回首,闻道西湖起战尘。"同书卷十二有《戏赠丁弋云》二首。

丁景鸿,字弋云。浙江仁和人,居盐桥。为丁澎仲弟。与兄澎、弟潆有"盐桥三丁"之目。顺治五年举人。善画工诗书。曾就选吏部,至苏州病死。生平详民国《杭州府志》卷一四五《人物八·文苑》。

丁潆,字素涵,号天庵。为丁澎季弟。闭户读书,有卓识。著有《青桂堂集》《秉翟词》。生平见《国朝杭郡诗辑》卷十。

同钱价人、钱缵曾、任绳隗观西湖闸飞瀑有作。

《湖海楼诗稿》卷八《同钱瞻百、允武、任青际观西湖闸飞瀑》。

钱价人(?—1662),字瞻百。浙江归安(今为湖州市)人。父元悫,为明天启五年进士,曾劾魏忠贤,后以太仆少卿致仕。价人少工文词,曾立孚社,与遗民唱和。后于康熙元年六月因魏耕、钱缵曾通海案牵连被杀。弟虞仲、方叔、丹季俱流放尚阳堡。生平略详于钱海岳《南明史》卷一百六《魏耕传》所附简介及《全祖望集汇校集注·鲒埼亭集内编》卷八《雪窦山人坟版文》杨凤苞注。

钱缵曾(?—1662),字允武。浙江归安人。诸生。家饶于赀。明亡后与魏耕散财结客,密接海上义师,图谋恢复。因为人告发被逮,康熙元年六月与魏耕、钱价人同日被磔于杭州。生平略详于钱海岳《南明史》卷一百六《魏耕传》所附简介及《全祖望集汇校集注·鲒埼亭集内编》卷八《雪窦山人坟版文》杨凤苞注。

在杭州游西湖,作《西湖杂咏八首》《湖心亭晚眺》等。

《湖海楼诗稿》卷八《西湖杂咏八首》其六末有注云:"追忆侯子智含也。"侯智含即侯玄㳆,卒于顺治七年。故可证本诗作于本年。

八月,在钱塘江观浴马,作《钱塘浴马行》。

《湖海楼诗稿》卷五《钱塘浴马行》:"杭州八月秋风蚤,极目江头皆白草。"

同吴百朋、毛先舒夜宿陆圻斋中,极论陈子龙遗事。当日恰值杭州火药局失火,烧死九百馀人,作《火药局行》纪其事。

《湖海楼诗稿》卷五《火药局行》有云:"钱塘陆圻于我厚,为我馀杭兑美酒。维时飒飒号秋风,武林门外尽枯柳。欲倾未倾双玉觞,青轩琐阁浩茫茫。忽闻一声若裂帛,日色哀澹沙尘黄。众宾罢酒悉不乐,一望城头昏漠漠。须臾九衢银钥收,知是局前失火药。辽西健儿如游龙,秃衿红袜斜当胸。马上捉人去救火,尔曹饱饭何从容。……可怜九百十三人,同日随风化青燧。"同书卷八《同吴锦雯、毛驰黄夜宿陆丽京斋中》有注云:"是夜极论大樽先生遗事","是日火焚药局殆尽"。

约此时,识陆彦龙、柴绍炳、陆堦。

《湖海楼诗稿》卷二《四子诗·武林陆丽京》有云:"王家三年少,战国四公子。武林尽佳冶,江表莫与比。骧虎锦梯伦,一一皆清绮。"其下自注云:"骧武、虎臣、锦雯、梯霞也。"锦雯即吴百朋。

陆彦龙,字骧武。浙江仁和人。弱冠务博学,工文词。补邑诸生,累试辄高等。意气爽迈,饶姿致,修长白皙,举止娴雅。居平负才狎使,人或目为狂生。与同郡陆圻、培、堦兄弟及朱革新、徐继恩、吴百朋、陈廷会、孙治诸子者最相友善。明亡,尝至福建拜唐王,上"勘乱六策"。唐王败,遁迹武夷山中。后闻父丧,仓促归里,旋以疾卒,年仅三十六岁。身后无子,仅一女。陆圻、孙治佐乃弟云龙为经纪其后事,并为刊定遗著如《燹馀稿》及《征君集》行世。生平详柴绍炳《陆征君彦龙传》(《碑传集》卷一二三)。

柴绍炳(1616—1670),字虎臣,号省轩,别号翼望山人。浙江仁和人。潜心理学,长于音韵之学。康熙十七年荐博学鸿词,以老病辞。为"西泠十子"之一,而文名最著。著有《省轩文抄》《省轩诗抄》《白石轩杂稿》《考古类编》《柴氏古韵通》等。生平详周清原《崇祀理学名儒柴先生绍炳传》(见《柴省轩先生文抄》卷首附)。

陆堦,字梯霞。少与兄陆圻、陆培齐名,有"陆氏三龙门"之称。入清,陆培自缢死,陆圻出游,堦独自种田打鱼,奉母隐居。庄氏史案起,陆圻被逮至京,堦尝赴京师营救。事平,自京师归,教书讲学,声名日高,门徒极众。曾应浙江巡抚之邀主讲于万松书院。年八十三卒。著有《四书大全》《白凤楼集》。生平详毛奇龄《西河集》卷一〇五《陆三先生墓志铭》。

识孙治,各有诗相赠。

《湖海楼诗稿》卷五《赠孙宇台》。

孙治《孙宇台集》卷三十四《赠陈其年》为两人缔交之作,中有"梦魂偃蹇十馀年,何日歌呼共杯酒?忽然访我城之隅,容貌乍接情欢愉。素冠憔悴须眉苍,风神澹荡真吾徒。相逢岂得怨迟暮,执手踟蹰抒情愫。久要为指湖中水,同心愿比西陵树"之句。

孙治,字宇台,号鉴庵。浙江仁和人。顺治间诸生。家贫力学,与陆圻、陈廷会等友善,为"西泠十子"之一。精于易学,工诗文。著有《孙宇台集》。生平详《清史列传》卷七十及毛际可《西陵五君子传》。

本年秋,侯方域应河南乡试,中副榜。

参谢桂荣、吴玲《侯方域年谱》(见何法周主编的《侯方域集校笺》上册)。

继续与邹祗谟、董以宁、任绳隗以词唱和。

《陈迦陵文集》卷二《任植斋词序》。

十二月三十日,有诗抒怀。

《湖海楼诗稿》卷八《辛卯除夕》。

顺治九年　　壬辰(1652)　　二十八岁

正月初一微雨,有诗抒怀。

《湖海楼诗稿》卷八《壬辰元日》。

二月,送弟维嵋游扬州兼俟侯方域南来。

《湖海楼诗稿》卷四《送仲弟半雪游广陵兼俟侯朝宗》有云:"东吴二月春风作,柳花垂垂拂衣落。……此行画角随风长,江南江北旌旗凉。只需携手邹枚辈,痛哭当年玳瑁梁。留者阿兄行者弟,扁舟屈指侯嬴至。"

春,周季琬成进士。

江庆柏《清朝进士题名录》。

春,张自烈至金陵,父贞慧自宜兴致书,与衡论今古诗文,并邮陈维崧少作属序。张自烈有书报之,陈维崧有回书。

张自烈《芑山文集》卷十四"序四"《陈其年诗集序》云:"今年春……定生贻余书,衡论古今诗古文,邮其年少作属余序。"该序末署:"壬辰仲秋月既望。"

《陈迦陵文集》卷四《与张芑山先生书》有云:"崧自结发以来,谬叨奖掖,猥蒙齿牙,已十四载矣。……春间跪捧素书,扇头珠玉之赠,并读《芑山文集》,剖函发纸,周恻蔼至。又闻有《国朝古文》之选,言之欢忭。诚经国大业,不朽盛事也。……何日来阳羡一领教益,不然秋间从家君后,当过白门图晤也。"

按,陈维崧初识张自烈在崇祯十二年,至本年刚满十四年。又,从信中语气看,当作于夏日。

秋日前,分别有诗寄宋存标、顾开雍。在给顾开雍的诗中,相约深秋相见。

《湖海楼诗稿》卷四《寄云间宋子建并令嗣楚鸿》《寄顾伟南》。其中《寄顾伟南》末云:"相约秋深凫雁飞,与君痛饮还携手。"

按,这两首诗的作期原不明,但从陈维崧的行踪看,似应成于本年。因为本年秋冬之际,其曾随侯方域至松江。

宋思玉,字楚鸿,号棣萼。江苏华亭(今上海)人。存标长子。幼擅才名,见赏于吴伟业。长而不遇,以诸生终。著有《棣萼轩词》。

顾开雍(1604—1676),字伟南。江苏华亭(今上海)人。康熙九年贡生。与陈子龙、宋征舆、宋征璧、宋存标等交好,同入几社。《留都防乱公揭》公布,亦曾一同列名。顺治十一年,与杜登春等另立原社。顺治十三年著《丙申日记》。另有《滇南纪事》。生平略见《明清江苏文人年表》。

八月十六日,张自烈为陈维崧诗集作序成。

张自烈《芑山文集》卷十四《陈其年诗集序》末署日期为"壬辰仲秋月既望"。

九月初四,弟维岗生。小名阿龙。

《家乘》卷三陈维岗传。

《陈迦陵文集》卷五《敕赠时太孺人先庶母行略》云:"壬辰,弟维岗生。"按,陈维岗为陈贞慧妾时氏生,为宗石同母弟。

秋,随侯方域登江阴君山,有诗。

《湖海楼诗稿》卷八《登江阴君山同侯朝宗赋》首联云:"清秋万壑路漫漫,极目层宵望里寒。"

十月,侯方域自南京到宜兴访陈贞慧,见吴应箕遗稿,作《楼山堂遗集序》。读维崧诗,为作序。并为贞慧作《秋园杂佩序》、《倪云林十万图记》。

参谢桂荣、吴玲《侯方域年谱》(见何法周主编的《侯方域集校笺》上册)。

《壮悔堂文集》分别收有《楼山堂遗集序》《陈其年诗序》《任王谷诗序》《陈纬云文序》《赠陈郎序》《秋园杂佩序》《倪云林十万图记》诸文。《楼山堂遗集序》云:"壬辰来阳羡,陈子果出其所藏《楼山遗集》,完好如初。"又《陈其年诗序》云:"余与其年别八载。"按,以两人的行踪判断,他们最后一次见面的时间为顺治二年,相别八年即为顺治九年。另《任王谷诗序》云:"侯子过阳羡,望见山水之胜,叹曰:'美哉,泱泱乎!此中有人,则惟陈子其年足以当之矣。'已而,私念曰:'少保公荫其后且十世,又济以处士之隐德,岂关山水?阳羡即无山水,而陈氏之有其年可知也。彼铜官、两湖之耸峙而环流者,岂能终郁郁不一吐其奇哉?余必更访之。'而任子王谷果特出。"由此语可知,此乃两人初次见面。四部备要本《壮悔堂文集·赠陈郎序》尾有注云:"细记壬辰冬十月。"

为侯方域作《赠侯朝宗》,表示愿意随其至松江一游。

《湖海楼诗稿》卷四《赠侯朝宗》末云:"君今来自莫愁家,便宜扁舟问馆娃。不寻女伎终轻薄,未必才人免狭斜。片帆愿附游吴越,更与谈诗论风骨。"

作《与宋尚木论诗书》。

《陈迦陵文集》卷四《与宋尚木论诗书》云:"近益与莱阳姜垓、钱塘陆圻、吴县叶襄、同郡龚云起、任元祥研阐体格,简练音律,深叹诗家渊源,良有定论。"按此时间,正在已识陆圻、姜垓之后,而姜垓未卒之前。另从信的口气看,乱离后两人似尚未相见。考虑到随后作者即有松江之行,故将其断于此时。

龚云起,字仲震,号成山,亦号懒道人。江苏武进人(武进与宜兴清代同属常州府,故曰"同郡")。早年曾入匡社。嗜酒工诗,诗尚少陵。明亡,父殉节粤中,云起方随侍,以身卫之,五指断,颧骨被斫,几死而复苏,收父遗骨千里归葬。由是弃诸生,浮沉江海间,一意于诗。乙酉间江南起义兵,目击时事,有感于中,尝上书钱谦益。顺治十八年到康熙元年间,同郡有《毗陵十子诗》之刻,首推龚云起。编集已成,但毁于火,未得流传。云起乃自订其集曰《成山诗选》,其生平诗不多,仅三百馀首。生平详陈玉璂《学文堂集》序七《龚仲震成山诗选序》、汤修业《赖古斋文集》卷二介绍。

随侯方域过苏州,谒姜垓,垓赞其能步陈子龙后尘。不久别垓至松江,旋自松江归,再谒姜垓,则《湖海楼诗序》已撰成。知《湖海楼诗稿》约于此时开编。

《陈迦陵文集》卷六《祭姜如须文》:"去冬过吴门,一谒先生。先生坐未定,则手仆诗一册,吟咏不绝口,且曰:'陈黄门后一人也。'……无何别去,居数日,白云间归,再谒先生,先生则已为仆序,扬扢雅颂,考据渊旨。"

《湖海楼诗稿》卷八《过吴门赠姜如须》。

按，陈维崧此次行色匆匆，当是由于一路陪同侯方域，故不得自由行事。侯方域在苏州作《章皇帝御笔歌》有云："看画(引者按:指明宣宗所绘《三老图》)未毕心如缕，整衫下拜头空俯。同时拜者有陈生，更有吴幕周少府。区区两生两小臣，泣洒奎章何所补?"可证陈维崧是一路随行的。

十一月，随侯方域至松江，宋存标馆之幸舍。日与存标、征璧批怀畅谈。识存标子思玉，思玉时年十五，存标以其所作诗文相示，为作《宋楚鸿古文诗歌序》。并有诗赠思玉、思宏兄弟。

《湖海楼诗稿》卷四《云间宋子建、张子固、冯水甄、董德仲、彭古晋、张洮侯、汉度、陆文饶、朱天襄、乔殿卿、张悦九招饮德聚堂，诗以纪事》首句云："我来云间城，寒冬十一月。"同卷有五古《赠宋楚鸿、汉鹭》。卷六另有《赠宋楚鸿》五律一首。

《陈迦陵俪体文集》卷六《宋楚鸿文集序》："仆与高门久叨密契，记托纪群之雅，实惟壬癸之交。爰以薄游，言过上郡。……尊公爱客，开绿野以盘旋;贤从怜才，飞锦笺而赠答。"又《陈迦陵文集》卷一《宋楚鸿古文诗歌序》云："云间宋楚鸿，秋士先生长君，而尚木、辕文诸先生从子也。年十五，浩博瑰丽，古文诗歌下笔数千言。一时文人学士艳称之。今年余来云间，秋士先生馆予幸舍，尽出楚鸿撰著授予读之。……今者薄游云间，辱秋士、尚木两先生批怀投分，适馆授餐，追思陈李已不可得，今因撰楚鸿序而蝉联及之，亦以见年岁之不可追。"由两条材料综合考之，本次云间之行当在本年年末，而《宋楚鸿古文诗歌序》也应作于本次来云间时。所谓"尊公爱客"与"秋士先生馆予幸舍"，所言当为一件事。

按，陈维崧此行未晤宋征舆，因其已于顺治四年成进士，时官福建提督学政使。故侯方域此行有《寄宋学使征舆》诗。相反，宋征璧此时仍在家中，知其尚未出仕。而其从征舟山，最早也当在顺治十年以后。

宋思宏，字汉鹭。存标次子。诸生。工词曲。所作见于《棣萼轩唱和诗馀》。生平详光绪《华亭县志》卷十六。

宋存标、张安苞、冯瑞振、董黄、彭师度、张彦之、张宪、陆庆裕、朱锦、乔殿卿、张锡怿招饮德聚堂，有诗纪事。

《湖海楼诗稿》卷四《云间宋子建、张子固、冯水甄、董德仲、彭古晋、张洮侯、汉度、陆文饶、朱天襄、乔殿卿、张悦九招饮德聚堂，诗以纪事》。

张安苞,字子固,号再庵。华亭人。顺治五年诸生,以岁贡考授知县。

冯瑞振,字振仲,号水甄。华亭人。父冯玠为前明进士。顺治中岁贡生。

彭师度(1624—?),字古晋,号省庐。华亭人。彭宾子。崇祯十一年,吴下文人在虎丘举行千英会,年仅十五岁的彭师度崭露头角,即席成《虎丘夜宴同人序》,一夕成名。吴伟业以之与吴兆骞、陈维崧并称为"江左三凤凰"。工诗古文。著有《省庐集》。

张彦之,初名悫之,字洮侯。华亭人。幼有文名,长而隐居穷巷,以诗酒自废。生平见嘉庆《松江府志》卷五十六《古今人传八》。

张宪,字汉度。张彦之弟。诸生,著有《丽瞻轩诗草》。

陆庆裕,字文饶。华亭人。顺治中岁贡,候选知县。

张锡怿(1622—1691),字越九,号弘轩。上海人。顺治八年举人,十二年进士。官山东泰安知县。会校秋闱,以原卷改字被议归。著有《南归》《涉江》《漫游》等稿。今存《啸阁馀声》。

董黄(1617—?),字律始,又字得仲,号白谷山人。江苏青浦(今上海)人。入清隐居,筑东山草堂。著有《白谷山人诗集》。周茂源《鹤静堂集》卷四有《赠董律始》。《陈迦陵俪体文集》卷六《董得仲集序》略述其生平云:"云间董得仲者,顾陆名家,阮嵇逸侣。遥遥华胄,史既名狐;烨烨词宗,毛还称凤。生值太平之日,地当吴会之冲。胜友如云,清言何绮。花飞南陌,谁家宋玉之钗?莺哢西城,何处陈遵之辖?……俄焉人哭秦庭,鬼谋曹社。杞侯不复,郇子无归。羌廓处以长愁,荃闲居兮不乐。玉颜已变,何心华屋之游?金灶难传,息意神仙之术。狥烟霞而不返,结泉石以终身。盖李都尉之途穷箭尽,事业可知;亦向子期之人去垆存,生平已矣。既而剑合无期,河清难俟。仰嗟时命,遂溷迹于秦关;俯恤田园,聊勉餐夫周粟。刘越石化为绕指,悲不自胜;曹子桓身作转蓬,泣将何及。……属于建业之城闉,获诵胶东之著述。吟谣靡已,披赏极多。嗟乎俗忌孤芳,世疵文雅。经传蒙吏,庚子嵩讥为了不异人;赋炼左思,陆士衡诮以此间伧父。才高司马,遇杨意以何年?博甚子云,遘桓谭而奚日。行矣董君,勉旃自爱。不遇知音之辈,且食蛤蜊;倘逢识曲之人,定呼龙凤。"此序作年待考。但从文意看,应为康熙初,盖其时复明无望(故云"剑合无期,河清难俟"),董黄漂泊于南京,与陈维崧相遇,请其为序。董黄尝与陶悫等辑《云间棠溪诗选》。

乔殿卿俟考。

在张安苞席上有诗赠张彦之。

《湖海楼诗稿》卷八《张子固席上赠张洮侯》。

宋征璧以南曲相赠,有诗酬之。

《湖海楼诗稿》卷四《宋舍人尚木惠予南曲,诗以酬之》、卷八《赠宋尚木》。

有诗呈许誉卿。

《湖海楼诗稿》卷八《上许霞城先生》。

许誉卿,字公实,号霞城。江苏华亭(今上海)人。万历四十四年进士,授金华推官。天启三年征拜吏科给事中。因直言弹劾魏忠贤大逆不道,被镌秩归。崇祯元年起为兵科给事中,因具疏争吏部尚书王永光素附阉珰,仇东林,应入逆案。都给事中薛国观以己亦珰孽,遂讦誉卿及同官沈惟炳结党乱政,誉卿上疏自白,即日引去。七年,起故官,历工科都给事中。卒以言事削籍归。福王立,起光禄卿,不赴。国变剃发为僧,久之卒。生平详《明史》卷二五八本传。

识孙晋,有诗呈之。

《湖海楼诗稿》卷八《上孙鲁山先生》。

孙晋,字明卿,号鲁山。安徽桐城人。天启五年进士,历官南乐、滑县令,工部给事中,大理寺卿,官至兵部侍郎、宣大总督。入清隐居。生平详康熙《相城县志》卷四《仕绩》、马其昶《相城耆旧传》卷五。自清初黄容《明遗民录》始,多署其名为孙震。

与蒋平阶定交。

手稿本《迦陵词》第二册卷首蒋平阶《陈其年词集序》云:"予与其年壬辰定交。"

蒋平阶,原名阶,一名雯阶,字驭闳,号中阳子。后更今名,字大鸿,一字斧山。江南华亭(今上海)人。明诸生,诗词均有名于时,尤工堪舆之学。著有《水龙经》《地理辨正》。生平详光绪《嘉善县志》卷二十四《文苑》、《清史稿》卷五〇二、《全清词抄》卷一。

识周积贤,后有书信往来。

《陈迦陵俪体文集》卷二《答周寿王书》:"忆昔携李,共相缔结。刻核文史,考据经术。孙龙坚白之辨,晰其源流;白虎同异之解,阐其堂奥。"

周积贤,字寿王。华亭人。早慧。年仅三十卒。曾师事蒋平阶。与蒋平阶合著有《支机集》。《明词综》选其词,《江苏诗征》卷八十二收其诗。

与蒋平阶、金是瀛、冯瑞振、卢元昌、彭师度、周积贤、周纶、钱德震、钱芳标、王宗蔚、莫次筵、陶圣从、董枑集董黄寓楼,分韵赋石城怀古诗二首。约在此前后,为董枑诗集作序。

《湖海楼诗稿》卷八《集董得仲寓楼同蒋驭闳、金天石、冯水甄、卢文子、彭古晋、周寿王、鹰垂、钱武子、宝汾、王峡文、莫次筵、陶圣从、董少楹分赋石城怀古二首》。

《陈迦陵俪体文集》卷五《董少楹诗集序》有云:"时则城名白纻,独数董公;系本乌衣,尤推德仲。申包胥倚墙七日,毛修之亡命三年。蚤岁声华,便如潘陆;壮龄遭际,略类庾徐。令子少楹,居然俊物。羡北朝之甲第,父是崔悛;问南国之门风,儿称孙策。杨梅作对,传是童年;鹦鹉成篇,由于半刻。铜盘会食,炊金馔玉之家;丸髻行歌,换羽移商之伎。"

周纶(1637—1688),字鹰垂。华亭人。周茂源子。娶王广心女,生子稚廉。生平略见叶梦珠《阅世编》卷五。《陈迦陵俪体文集》卷五有《周鹰垂诗集序》。

金是瀛(1612—1675),字天石,号蓬山。华亭人。明诸生。清兵南下,曾参与抵抗。与吴骐、王光承倡东皋诗社,引掖后进甚广。工诗词,为文简净有法。《陈迦陵俪体文集》卷七有《金天石、吴日千二子词稿序》,或当作于此时。

卢元昌(1616—?),字文子,号半林居士。华亭人。诸生,以奏销案黜。有诗名。尝操选政数十年。以寿终。选有《杜诗阐》《唐宋八家文选》,著有《思美庐半林稿》《鼓离稿》。生平详《国朝诗人征略初编》卷五、《颜氏家藏尺牍·姓氏考》。

钱芳标(?—1678),原名鼎瑞,字宝汾,一字葆酚,号莼鲛。华亭人。康熙五年举人,官内阁中书。十七年应博学鸿词荐,以丁忧未与试。芳标风神秀异,弱冠即以诗名,朱彝尊亟称之。尤工词。著有《湘瑟词》《金门稿》。关于其卒年,见本书康熙十八年正月的相关考证。

王宗蔚(?—1669),字峡文,号汇升。华亭人。曾与夏完淳同学。入清后为岁贡生。康熙八年中秋夜饮徐朗璇幕,无疾而终。著有《蓉墅楼稿》。生平详《国朝松江诗抄》卷六。

董枡,字少楣。董黄子。诸生,有诗名。《国朝松江诗抄》卷十有传。

莫次筵、陶圣从,俟考。

识陆庆曾,雪夜集陆氏宅中,有诗。时陆庆曾新纳妾,诗中及之。

《陈迦陵文集》卷一《宋楚鸿古文诗歌序》有云:"一日同云徐合,皓雪已举。诸君高会于子玄之宅,予时心手既调,景会适凑;声伎未奏,仰而赋诗。盖有'好将陌上河边粉,持赠香奁咏絮才'之句,为子玄新聘茂陵,用相调谑。"

《湖海楼诗稿》卷四《雪夜集陆子玄宅》诗末注云:"时子玄新纳姬。"应即当日所作。又,《湖海楼诗稿》卷三《五哀诗·陆子玄庆曾》有云:"忆昔交结初,朔风太凄厉。大雪飞墓田,楼台夜亏蔽。千金买窈窕,新声迭更递。此乐曾几何,一往鹰隼逝。……亦有所爱妾,绿瞳善斜睇。岂无最幼子,白皙擅姿制。"

陆庆曾,字子玄。华亭(今上海)人。祖树声为松江名士,家世显贵,门第鼎盛。陆庆曾素负才名,年五十馀,以贡走京师,慕名者皆欲罗致门下。丁酉科场,以关节获售。后因北闱案发,下图圄,被拷掠无完肤。卒戍尚阳堡,业医自给以终。因其出关在顺治十五年十二月,故陈维崧《五哀诗》有云:"寒天十二月,百草飒凋敝。坚冰断人须,黄沙污人袂。"

在徐致远宅中识嘉定侯椟,有诗相赠。时徐致远将赴金陵幕府,有诗送之。

《湖海楼诗稿》卷六《哭侯武功八首》之四云:"昨岁徐陵宅武静也,明灯共此留。行杯飞素雪,绞袖对青楼。一面平生尽,重来节物遒。五茸城下月,濯濯为君愁。"

同书卷八《舟次赠侯武功并示研德》云:"十月清江桂楫斜,尊前今夜倚兼葭。才逢公子肠先断,但说贤门泪已赊。合浦卖珠人变姓武功时变姓张,兰田种玉客无家武功,西铭先生东床,常居娄东,莫言年少偏遭乱,知尔能方邓仲华。"

同书卷八《送徐武静赴金陵幕府》。

徐致远(1614—1669),字武静,华亭人。徐孚远弟。有所居曰生生庵。

侯椟(1639—1653),字武功。江苏嘉定(今上海)人。为侯岐曾仲子侯玄泃子,母夏淑吉为夏允彝女。清兵下江南,侯、夏两家皆参与抵抗,夏允彝、完淳父子,侯峒曾、岐曾及峒曾两子侯玄演、玄洁俱先后殉节。侯玄泃早亡,夏淑吉在国破家亡之后埋葬亲人,独立抚孤。檗少有才,时有神童之目,惜其不寿,年十七而亡。所著有《侯伯子诗文集》。夏淑吉于悲痛之馀,亦削发为尼。

约在此时,与侯涵定交。

《陈迦陵俪体文集》卷十《嘉定侯掌亭先生诔》云:“与余握手,壬癸之交。”

侯涵(1620—1664),初名玄泓,后改今名,字研德,号掌亭。江苏嘉定人。侯岐曾少子。清兵下江南,侯氏一门受祸最烈,曾因家难被执,后得释。顺治间,与宋实颖、汪琬、顾有孝、吴兆骞游。有诗名。生平详汪琬《尧峰文抄》卷十三《贞宪先生墓志铭》。

青浦道上,有诗怀陈子龙。

《湖海楼诗稿》卷六《青浦道中追感陈黄门先生》。

有诗赠王承光之父。

《湖海楼诗稿》卷八《赠王玠右尊公》。

王光承(1606—1677),字玠右。江苏华亭(今上海)人。弱冠补诸生,弘光时贡入太学。入清不入城市三十年。工书法。

从松江返,途遇袁骏,作长歌志喜。

《湖海楼诗稿》卷五《江上晤吴门袁重其长歌志喜》有云:“我家高楼对芳树,君来楼上十日住。此时陈生方年少,髻挽两丸著红裤。尔来一别心茫然,金凫银雁飞满天。……今年贼子最辛苦,北风烂醉春申浦。钗挂臣冠袖拂衣,留髡芗泽为髡舞。黄皮作褶明月刀,道逢一客何其豪。熟视始知丈人是,灯前握手繁星高。将余之须君绝倒,袁丝袁丝尔亦老。”按,从诗中所述看,明末时袁骏尝至宜兴住陈家,陈维崧早年即与之相识。入清后,此当为初次见面。

袁骏(1612—?),字重其。江苏长洲(今苏州市)人。三岁父溺水死,母吴夫人苦节抚育成人,佣书养母。以贫故,母节不得旌,乃征海内名士题咏,曰《霜哺篇》,多至数百轴。遂以孝子名。后母老不能行,庭前花开时,尝负母看花,并请人绘《负母看花图》,乞题咏亦数十轴。杜桂萍《袁重其和〈霜哺篇〉略考》(《文献》2007年第4期)对之有详细介绍。

从无锡望亭乘船往苏州,有诗。

《湖海楼诗稿》卷二《早发望亭》有云:"水宿弭旅情,挂席怂宾钱。泄云映寒浃,绪风扇轻艑。瞑增梁溪深,霁觉胥台缅。……远望姑苏城,绮罗若在眼。"

按,在《湖海楼诗稿》中,此诗排在《四子诗》《嘉禾道中酬王谷》之间。依其行踪及季节来推断,当作于本年。

二十五日游苏州虎丘剑池,有诗。

《湖海楼诗稿》卷四《十一月二十五日游剑池》有句云:"富贵繁华不可留,十年戎马暗江洲。"可证为本年事。

十二月至嘉禾,道上有诗酬任源祥。

《湖海楼诗稿》卷二《嘉禾道中酬王谷》云:"我行指季冬,倏忽岁云暮。"

按,在《湖海楼诗稿》中,以下三首诗紧排在《早发望亭》后,时间相连,故应作于同时。

在嘉兴识琵琶高手陆君旸,相聚于南湖,陆氏现场演奏,众皆泣下。

《湖海楼诗稿》卷四《赠陆君旸》有云:"先皇全盛十七年,江东琵琶谁第一。嘐城陆生最有名,高手能传教坊术。……陆生老大更鸣邑,酒间笑着黄皮褶。鸳鸯湖上弹一声,红袖青衫尽沾湿。"

陆君旸,本名曜,字君旸,后以字行。江苏嘉定人。为一代琵琶高手。初尝学吴弦于吴门范昆白,得其技,已而尽弃不用。尝著《三弦谱》,欲传后。会清兵入吴,遁于三江之浒。清世祖闻其名,御书红纸曰:"召清客陆君旸来。"既入,御便殿赐坐,令弹。陆乃弹元词《龙虎风云会》曲,称旨,得赐金。董俞《春从天上来·赠陆君旸》有句云:"当年禁廷宠召,喜子夜瀛台,天语峥嵘。"自是,贵邸巨室争邀致之。或欲使隶太常,弗屑也。年七十,尚能作遏云之逸响。尝过上海,上海名家子张均渌慕其技,君旸亦独奇均渌,视为知己,尽授其技,作《传弦序》一篇。《国朝松江诗抄》卷十三蒋宾《练川陆子行》题注云:"陆子字君旸,善弦索。"

十五日夜望月有作。

《湖海楼诗稿》卷二《腊月十五夜望月》。

十六日夜望月有作。

《湖海楼诗稿》卷二《十六夜望月》。

二十九日,次康范生韵有诗。康范生时将就婚金陵,路过宜兴,有卜居之意。

《湖海楼诗稿》卷八《壬辰除夕次康小范韵》题下注云:"小范将就婚白下,余适返棹云间,故篇中及之。"诗云:"忽忽悲歌岁又回,春风今夜到寒灰。谁人建业求凤去,有客华亭听鹤来。画阁沉沉开翠柏,金堂漠漠放江梅。明年倘遂秦楼约,再上燕昭百尺台。"按,本年二十九日除夕。

周在浚《赖古堂名贤尺牍新抄》二选《藏弆集》有陈维崧《与余澹心》书云:"小范初拟卜居阳羡,近因徐淑之书,遂泛鸥夷之棹。"

康范生,字小范。江西安福人。崇祯十二年举人。淹贯经史,为文千言立就。与姚希孟、艾南英、徐世溥齐名。生平刚毅自持,见义勇为。晚家金陵,授徒自给。后以渴疾归里,旋卒。生平详同治《安福县志》卷十一《儒林》。

本年,同人公宴侯方域,有诗纪事。

《湖海楼诗稿》卷二《公宴诗》题下原注云:"饯梁园侯朝宗也。"按,该诗具体作于何地及何月,今无考。但可定为本年作。

董以宁之襄阳,有诗送之。

《湖海楼诗稿》卷八《送文友之襄阳》。按,该诗创作年月无明确记载。但在《湖海楼诗稿》卷八,其排在《余访子建东回而王谷从朝宗西去,赋寄一首》、《舟次赠侯武功并示研德》和《壬辰除夕次康小范韵》之间,似应为本年作,要当在秋日前。

顺治十年　癸巳(1653)　二十九岁

正月初一,有诗赠康范生。

《湖海楼诗稿》卷八《癸巳元日赠康小范》末注云:"小范将往金陵。"

初七日,送康范生往金陵就婚。

《湖海楼诗稿》卷八《人日送康小范之金陵就婚》首云:"昨岁辞家苦问津,今朝送别又逢春。"

周季琬荣归故里,见陈维崧受仇家威逼,为之愤然,乃挈其外出避难。二月十五至嘉兴。

《湖海楼诗集》卷三"戊申"诗《哭故友周文夏侍御五古一百韵》云:"犹

忆癸巳春,鄙人益落魄。仇家肉视我,张吻誓咀嚼。适君昼锦归,切齿碎龈腭。挈我亡命游,俾我罕惊愕。吴山越水间,捽头免人提。"按,此处所谓的仇家当指周延儒家,延儒子周奕封也于顺治九年与周季琬同榜中进士,此时正省亲还家。由于地位的变化,周氏或欲借机修怨。

《陈迦陵文集》卷四《答康小范书》:"犹记扁舟祖饯,浃日追随。君为岐路之吟,仆作河梁之曲。……弟浪迹风尘,掉头乡里。仲春之望,作客嘉禾。"

二十四日,姜垓卒。

《陈迦陵文集》卷六《祭姜如须文》:"后数日,闻先生病,然松陵吴兆骞言先生虽病,必娓娓陈生诗。又数日,闻先生死。"

据魏禧《魏叔子文集外编》卷十八《莱阳姜公偕继室傅孺人合葬墓表》,姜垓卒于本年二月二十四日。

为赴江南十郡大会,至苏州,有诗哭姜垓,并为文祭之。

《陈迦陵文集》卷六《祭姜如须文》:"仆来吴门,则先生果死矣。"

《湖海楼诗稿》卷八《哭姜如须先生》云:"皋桥一望一伤心,忆昔论文共赏音。岂忆有人埋白骨,翻悲无药铸黄金。十年沈炯思乡疏,永夜钟仪越客吟。知尔招魂原不易,吴王城外朔云深。"

吴伟业作为大会盟主,时已到苏州,有诗上之。

《湖海楼诗稿》卷八《上吴梅村先生》。

吴伟业(1609—1672),字骏公,号梅村,又号鹿樵生。江苏太仓人。崇祯四年一甲二名进士。历任翰林院编修、东宫讲读官、南京国子监司业。崇祯十四年挂冠归。弘光朝,尝被召为少詹事,在位仅两月即辞归。入清后,清廷强征其出仕,乃于顺治十年秋赴京,次年授秘书院侍读,十三年转国子监祭酒,同年底以嫡母丧告归。此后不复出。吴伟业为清初著名诗人,与钱谦益、龚鼎孳号称"江左三大家"。其诗长于歌行,别成一家,号梅村体。亦工词善曲,所作戏曲有名于时。对其仕清经历,痛悔馀生。临终遗命以僧服入殓,墓石作圆碣,上题"诗人吴梅村之墓"。著有《梅村集》《梅村家藏稿》《梅村词》《复社纪事》《绥寇纪略》及传奇《秣陵春》、杂剧《临春阁》《通天台》等。生平详冯其庸、叶君远著《吴梅村年谱》。

过饮叶襄红药堂。作《姑苏杂感》八首,末首有忆宋德宏。

《湖海楼诗稿》卷六《姑苏杂感》八首其三末注:"饮叶圣野红药堂。"其八末注：“时畴三卧病。”

宋德宏（1630—1663），字畴三。江苏吴县人。德宜弟。少负才名，出两兄上。尝与诸文士倡慎交社。顺治十八年中顺天乡试。不幸早卒。生平详计东《改亭集·改亭文集》卷十六《宋畴三行状》。

三月三日，慎交社与同声社在虎丘举行大会，推吴伟业为盟主，是即所谓十郡大会。当日，陈维崧同彭师度即席赋《上巳篇》。期间，吴伟业誉其两人与吴兆骞为“江左三凤凰”。

《湖海楼诗稿》卷四《上巳篇》题下自注云：“吴门舟中大会，即席同彭古晋赋。”

按，关于本年江南十郡大会的详情，可参谢国桢《明清之际党社运动考·几社始末》及冯其庸、叶君远《吴梅村年谱》的相关记载。同声社与慎交社的前身均为苏州沧浪会，成立于顺治初年。但其内部人物之间渐起分歧，形成了两派，遂于顺治六年分别成立了同声社与慎交社。据沈彤《震泽县志》，同声社由章在兹、叶方蔼创立，慎交社为宋实颖及吴兆骞兄弟所创立。嗣后两社互为水火，隔阂日深。期间虽有人欲为调解，终未奏效。顺治八年，钱谦益曾致书吴伟业（《钱牧斋尺牍》卷上《与吴梅村书》第三篇），劝其出面调和两社之积衅，以免白马之祸，于是有了本年的虎丘之会。据王抃《王松巢年谱》：“是年（引者按：即顺治十年）上巳，郡中两社俱大会于虎丘，慎交设席在舟中，同声设席在五贤祠内。次日，复于两社中拔其尤者，集半塘寺订盟。四月中，复会于鸳湖。归途在弘人斋中宴饮达曙，此后始稍得宁息。两社俱推戴梅村夫子，从中传达者，研德、子俶两君，专为和合之局，大费周折。”程穆衡《吴梅村诗集笺注》卷五《癸巳春日禊饮社集虎丘即事》注云：癸巳春社，“九郡同人至者五百人，先一日慎交为主，慎交社三宋为主：右之德宜、畴三德宏、既庭实颖，佐之者尤展成侗、彭云客珑也。次一日同声为主，同声社主之者章素文在兹，佐之者赵明远炳、沈韩偀世奕、钱宫声中谐、王其偉长发也。吾娄王维夏昊、郁计登禾、周子俶肇，则联络两社者。”又云：“会日，以大船廿馀，横亘中流，每舟置数十席，中列优唱，明烛如繁星。伶人数部，歌声竞发，达旦而止。”

在苏州舟中识叶方蔼。

叶方蔼《叶文敏公集》卷八《答陈其年书》：“仆自癸巳、甲午间遇足下金阊舟中。嗣后他处一再相见。”

叶方蔼(1629—1682),字子吉,号㤅庵。江苏昆山人。顺治十六年中一甲三名进士。授编修,迁礼部侍郎。康熙间充讲官,官至礼部尚书。康熙十八年任翰林院掌院学士,与张玉书同充明史馆总裁。康熙二十一年卒,谥文敏。生平详《吴中叶氏族谱》卷四十二、卷五十四。

在虎丘,第二次与葛芝相见,在葛氏斋中夜饮,并作诗相赠。

《陈迦陵俪体文集》卷二《与葛瑞五书》:"得与足下一晤于鹿城,再见于虎阜,岂非乱离之快事,知己之美谈乎?"

有诗赠钱中谐、章静宜。同时与钱锈、沈世奕、尤侗、章在兹等游处。

《湖海楼诗稿》卷一二《赠钱宫声、章湘御》云:"作客三春信马蹄,百花洲对越来溪。遥思联臂行吟处,才挽青丝日又西。"

《湖海楼诗集》卷二"乙巳"诗《赠王升吉兼怀吴中诸旧游》有云:"呜呼吴中别来久,畴昔贤豪今在否?当时叱咤三都赋,此日飘零一杯酒。章生素文宋子既庭、右之真大才,记同骑马姑苏台。两家小弟半黄土畴三、湘御,旧游欲说心先哀。眼中之人钱炼百、宫声与沈韩倬,何日高歌还痛饮。疏狂人更说汪若文尤展成,踪迹频年都未审。君归倘遇诸故人,为言陈生益苦贫。梅花雪压浪花碧,我当一作吴中客。"

钱中谐(1635—?),字宫声,号庸亭。吴县人。顺治十五年进士,康熙十八年举博学鸿词科,授检讨,与修《明史》,后乞假归。诗文明敏,然多散失。著有《三吴水利条议》《篚裀集》《湘耘编》等。

章静宜,字湘御。吴县人。顺治中诸生。康熙五年前卒。为章在兹弟。尝从学于宋实颖,又与吴伟业酬赠。著有《吾好遗稿》一卷。生平详《国朝诗人征略》卷一四、《四库全书总目》卷一八二《集部·别集类存目九》。章静宜妻为沈世奕庶妹。

钱锈,字炼百。吴县人。中谐兄,诸生。少受业于徐沂,家居孝友。年八十卒。生平详民国《吴县志》卷六十六《列传四》。

沈世奕(1625—1685),字韩倬,号青城。江苏长洲(今苏州)人。顺治十二年进士,官编修。后归里卒。尝识尚书韩菼于其未遇之时,有识人之能。著有《留馀堂集》。《江苏诗征》卷一一八收其诗一首。生平详民国《吴县志》卷六十六《列传四》。沈昌龄等纂《沈氏族谱》"守斋公后继岩公支"第十三世,民国抄本。

尤侗(1618—1704),字展成,一字同人,号悔庵、艮斋、西堂老人。长洲人。明末诸生。顺治间拔贡,曾任永平推官,旋罢去。康熙十八年举博学鸿词,授检讨,与修《明史》。后告老还乡,家居二十年而卒。尤侗善诗文,长于制曲,为有清一代重要作家。著有《西堂全集》《馀集》及戏曲《读离骚》《吊琵琶》等。生平详见其自撰《悔庵年谱》及朱彝尊所撰《翰林院侍讲尤先生墓志铭》(见《曝书亭集》卷七十六)。

章在兹(1619—1673),字素文。吴县人。顺治十四年中副榜,入太学。方谒选,病卒。有诗名。为清初吴中著名选家,所选制艺,风行海内。生平略见于尤侗《西堂杂组三集》卷八《祭章素文文》。另,尤侗《看云草堂集》卷七有《哭章素文二首》其二末注云:"三日前贻予札,以先集见鸠。"

有诗赠杨焯。

《湖海楼诗稿》卷一二《示俊三》末云:"如何不见杨修面,一月姑苏搅客怀。"

杨焯(1631—1653),字俊三。吴县人。杨廷枢子。娶吴兆骞妹。

有书致余怀。

周在浚《赖古堂名贤尺牍新抄》二选《藏弆集》有陈维崧《与余澹心》书云:"客冬浪游三泖,子建、尚木诸子,俱勤言念。每当文酒之会,衣裳之集,衔杯奋袖,仰而赋诗,未尝不思念淡心足下也。仆年来落拓萍踪,幽忧奇疾。……姑苏三月,花飞草长。平乐之酒十千,当垆之姬三五。如圣野、如须辈,慨焉畴昔。……小范初拟卜居阳羡,近因徐淑之书,遂泛鸥夷之棹。足下得一良朋,弟辈失一胜友,能无妒乎?"

余怀(1616—1695),字澹心,一字无怀,号鬘翁,又号鬘持老人。福建莆田人,侨寓江宁。与杜濬、白梦鼐齐名,时称"鱼肚白"(谐"余杜白")。工诗词,善谱曲。所著甚多,计有《砚林》《宫闺小名录》《板桥杂记》《味外轩文稿》《研山堂集》《秋雪词》等。生平详《清史列传》卷七十及《国朝耆献类征初编》卷四二八。

将离苏州,有诗别梅磊。

《湖海楼诗稿》卷六《别梅杓司》有云:"与尔吴门棹,栖迟又浃旬。相看无一事,携手过三春。"

梅磊,字杓司,号响山。安徽宣城人。梅朗三从弟。少负诗名,久试不遇,遂浪游山水。著有《响山初稿》《七日稿》《放情编》等。

在常州,有诗赠董以宁。

《湖海楼诗稿》卷四《赠董文友》有云："江南落花飞不歇，客子出门愈一月。江南故人尽倾倒，就中董生最交好。……归来慷慨复长叹，此时陈生正多难。为我还开白玉堂，感君欲赠红锦段。……劝予痛饮不须卧，尔纵还家春已过。"

在常州，同金堡送万日吉归楚。

《湖海楼诗稿》卷四《同金道隐送万允康归楚》有云："金子不得归，万子不得住。兰陵城头乌夜啼，明星自照东西路。万子不住金子愁，手持玉觞倾且留。那知陈生亦作客，为君客舍弹箜篌。此时落花落未已，迢迢君指亲闺里。"

金堡(1614—1680)，字道隐，号性因。浙江杭州人。崇祯十三年进士。顺治五年诣肇庆谒永历帝，授礼科给事中。因抗直得罪，下诏狱，为瞿式耜疏救得免。桂林破，削发为僧，名今释，字澹归，号跛阿师，驻锡韶州丹霞寺。晚隐平湖卒。著有《遍行堂集》。生平详《南明史》卷五十九。据张慧剑《明清江苏文人年表》，本年"金堡以澹归和尚名自粤北行，走常州与唐献恂会"。金堡此行是否别有使命，今不可考。但周镳案发时，其未受牵连。

万日吉，字允康。湖北黄冈人。崇祯九年吴伟业典试湖广，日吉中举。曾任昆山知县。十六年四月，以忤大吏且得罪，寻调去。

三月初八，同弟维嵋、任源祥至嘉兴访烟雨楼，并询吴昌时故居，有诗。

《湖海楼诗稿》卷八《寒食日同王谷、弟半雪访烟雨楼，并问吴来之吏部故园》有云："一别关河成异代，十年花月却重游。"

吴昌时(?—1643)，字来之。浙江秀水人，一说为嘉兴人。明崇祯七年进士，官至吏部郎中。后依附周延儒。因与董廷献狼狈为奸，把持朝政，被御史蒋拱宸弹劾，崇祯帝亲自审问。崇祯十六年冬被斩首示众。吴伟业《鸳湖曲》即写其事。

侯棨病卒，赋五律八章哭之，并及陆元辅、夏淑吉。

《湖海楼诗稿》卷六《哭侯武功八首》其一有云："一门增旅榇_{上谷如几}道、云俱、文中、智含俱早逝，三党失孤儿_{武功，广成先生冢孙，璨公先生甥，西铭先生婿也}。"其二末注云："武功尚未乘龙。"是知其未成婚。其五末两联云："三月桃花落，千家燕子飞。斯人今寂寞，相对旧芳菲。"知其卒于三月。其六尾联云："卖珠垂十载，辛苦是王成。"末注云："谓陆翼王也。"其八有句云："兰摧终似舅_{存古没时亦年十七},玉立渐无人。……谢家新妇在,泪下落花频_{武功母夫人也}。"按,侯檠生卒年即据本诗考知。本诗实为其生平之小结。

本诗注中诸人,几道、云俱、智含分别为侯峒曾子侯玄演、侯玄洁、侯玄瀞字,文中乃侯檠父侯洵字。其中侯玄瀞卒最晚,为顺治七年(参江庆柏《清代人物生卒年表》)。广成乃侯岐曾字。瑗公即夏允彝。

陆元辅(1617—1691),字翼王,号菊隐。江南嘉定(今上海)人。少师事里中黄淳耀、侯岐曾,与同学诸子结直言社,黄淳耀极称之。明亡后,侯氏一门被祸尤烈,陆元辅曾为力保遗孤,并收岐曾遗稿。家贫,长期设帐太仓王氏、昆山徐氏、叶氏及苏州宋氏。后徐乾学趋之入都,受知于王崇简、孙承泽、魏象枢等。康熙十七年应博学鸿词荐,然不欲违初心,与试时诡不入格,遂罢归。著有《十三经注疏类抄》《续经籍考》《菊隐集》等。

夏淑吉(1620—1661),字美南。江南松江(今上海)人。夏允彝女,能诗。适侯岐曾仲子,早寡,抚周岁孤檠。侯岐曾被杀,祖母龚氏赴水死,淑吉独为营葬。檠死后,出家为尼。据《侯岐曾日记》,淑吉母夏夫人此前亦出家。

同姜垓、陈素、俞汝言、朱茂昉、朱茂暟、严临、计东、俞恭藻、余怀、蒋平阶、金是瀛、周积贤、沈亿年、宋实颖、宓、蒋玉章、徐继恩、任源祥宴集嘉兴南湖,有诗纪事。

《湖海楼诗稿》卷四《南湖宴集同姜如农、陈澹仙先生、俞右吉、朱子葆、子蓉、严览民、计甫草、俞恭藻、余澹心、蒋驭闳、金天石、周寿王、沈幽祈、宋既庭、御之、蒋篆鸿、徐世臣、任王谷赋》有云:"我今落魄吴越间,一时豪杰争往还。南朝宫体许共作,西陵玉藕期共攀。昨朝高宴俞郎宅,轻车宝马书相索。客子秃衿起弹筝,黄门胡床促行炙。今晨更集鸳鸯湖,轻阴画舫城南隅。……自言三十当太平,盘旋屡作马稍状。"本年陈维崧二十九岁,"三十"乃概言之。同书卷八《莺脰湖》亦为同时作。

《檇李诗系》卷二十六朱茂暟《南湖醉歌呈姜给事采及诸同座》云:"湖南美景白日徂,相呼共泛城南湖。湖中酒客十四五,纵饮不数高阳徒。吴门诸宋最年少,剧狂谑浪任与俞。金陵余怀擅词曲,陆生君旸播丝竹。转忆当时度曲人,停歌宛转思相续。世事浮云何足奇,兴亡大略姜公知。屈指间关凡几载,满目风尘伤别离。陈孟声传已破家,鲁朱本是偏怜客。壮士沉吟空叹嗟,萍浮浪梗随天涯。尊前有酒且尽醉,城头黯淡悲鸣笳。"该诗应作于同时。

按,毛奇龄《西河集》卷九十八《骆明府倪孺人合葬墓志铭》云:"君骆姓,讳复旦,字叔夏。山阴人。越中当顺治初年好为文社,每会集八县合百馀人,钟鼓丝竹,君必为领袖。进退人物,人物亦听其进退,不之难。尝同会稽姜承烈、徐允定、萧山毛甡赴十郡大社,连舟数百艘,集于嘉兴之南湖。太仓吴伟业、长洲宋德宜、实颖、吴县沈世奕、彭珑、尤侗、华亭徐致远、吴江计东、宜兴黄永、邹祇谟、无锡顾宸、昆山徐乾学、嘉兴朱茂暉、彝尊、嘉善曹尔堪、德清章金牧、金范、杭州陆圻,争于稠人中觅叔夏,既得叔夏,则环而拜之,越三日乃歃血定交去。"对本次南湖之会有简单介绍。

姜埰(1608—1673),字如农,号敬亭山人、宣州老兵。山东莱阳人。崇祯四年进士,初授密云知县,后由仪征知县行取礼科给事中,以建言廷杖下狱,谪戍宣城卫,未至而北都破。入清不仕,与弟姜垓同卜居吴门以终。学者私谥贞毅。著有《敬亭集》。生平详冷士嵋《江泠阁文集》续集卷上《明处士莱阳姜仲子墓表》、魏禧《魏叔子文集外编》卷十七《明遗臣姜公传》、姜安节《府君贞毅先生年谱续编》。

陈素,字澹仙。江苏丹阳人。

俞汝言(1614—1679),字右吉。浙江秀水人。诸生。身矮善谈谑,自称渐川老人。游燕、赵、韩、魏、宋、卫、闽、粤之乡,越云中、雁门。归而闭户著述。所著有《渐川集》及《先儒语要》《京房易图》等多种。坐是两目失明,然犹口授著书,使人以笔记之,遂病而卒。生平详魏禧《魏叔子文集》卷十八《处士俞汝言墓表》及《清史列传》卷六十八《儒林传》。

朱茂昉(1615—1685),字子葆,号山楼。秀水人。承父大启荫入太学,好结客,所居山楼,四方名士多宴集其中。著有《山楼诗稿》。生平详《秀水朱氏家谱》"世系表三·少保公长房南门第一支"。

朱茂暉(1624—1690),字子蓉,号东溪。秀水人。茂昉弟。邑庠生。陶情诗歌,专学太白,亦工书法。著有《镜云亭诗集》《松溪唱和诗》及《东溪草堂诗馀》。生平详《秀水朱氏家谱》"世系表三"。

严临,字览民。秀水人。严勋弟,贡入国子监。康熙三年考授中书舍人,卒于官。

计东(1625—1676),字甫草,号改亭。江苏吴县人。嘉兴籍拔贡。顺治十四年举人,四年后以奏销案除名,遂绝意仕进,游食四方。著有《改亭文集》和《改亭诗集》。

沈亿年,字豳祈,又字秬承。浙江嘉兴人。受学于蒋平阶,与蒋平阶、周积贤合撰《支机集》,其所作为第三卷。生平见《倚声初集》卷二《爵里二》。

宋实颖(1621—1705),字既庭,号湘尹。江苏长洲(今苏州)人。顺治十七年举人,曾官兴化县教谕。康熙十七年举博学鸿词,放归。博通经史,工诗。著有《读书堂集》《老易轩文抄》等。

宋宓(1625—1686),初名德宽,改名德宸,后更今名,字御之,别字俭斋。长洲人。宋德宜长兄。康熙十六年顺天举人。与弟德宜、德宏少有"三宋"之目。著有《存笥稿》《玉壶堂诗集》等。生平详《王士禛全集·蚕尾续文集》卷十三《诰赠光禄大夫刑部陕西清吏司主事御之宋公墓志铭》。

俞周炜,字恭藻。秀水人。顺治十八年举人。善文辞,有美志而少无师友。求为张履祥弟子而未果。

四月,在武进,为黄永《函青集》撰序。

《陈迦陵俪体文集》卷六《黄云孙诗古文函青集序》云:"辛壬新制,遍属华缯;甲乙囊函,偏亲翠匣。"知所序为其辛丑、壬辰之作。此序又见黄永《艾庵存稿》卷首,末署"顺治癸巳四月同学弟陈维崧撰"。

黄永(1621—?),字云孙,号艾庵。江苏武进人。顺治十二年进士。官至刑部员外郎。以奏销案罢归。黄永与陈维崧、邹祇谟、董以宁有"毗陵四子"之目。有《南溪词》二卷、《艾庵存稿》四卷、《黄云孙诗选》等。事迹具张维骧《清代毗陵名人小传》。陈维崧曾为其《函青集》作序。

春夏间,为周季琬文集作序。

《陈迦陵文集》卷二《周文夏稿序》:"余友周子文夏给假省亲南还,暇日挈余同游槜李。会贾人请其临场新艺行世,文夏属余点定。集既成,且属余序。……文夏既已贵,而余者家居田猎久,又横遭世口语,作客吴越间。文夏念故人,携之广柳车,所以慰劳周旋者如同姓然。"

为陈济生题《问月图》。

《湖海楼诗稿》卷八《题陈皇士问月图》。

按,此诗作期不明,但在《湖海楼诗稿》中,其排在《寒食日同王谷、弟半雪访烟雨楼,并问吴来之吏部故园》和《同俞右吉、朱子容、锡鬯、任王谷饮朱子葆山楼》之间。故暂系于此。

陈济生(1618—1664),字皇士。吴县人。少从黄道周、刘宗周学。以荫官太仆寺丞。明亡后,隐居奉母,著述以终。编有《启祯两朝遗诗》。卒年四十七岁。门人私谥节孝先生。生平详《苏州府志》。

有诗赠沈亿年。约同时,沈亿年因病中学服气之术,三日不语,有诗嘲之。

《湖海楼诗稿》卷八《赠沈幽祈》末云:"茂陵甲帐成摇落,为报思乡沈侍中。"同书卷一二《沈幽祈偶抱微疾,学服气之术,三日不语,诗以嘲之》三首末注:"幽祈不语,以笔代舌,故以戏之。"

在嘉兴识推官彭舜龄,有诗赠之。

《湖海楼诗稿》卷四《赠彭容园司李》有云:"忆昨大梁侯公子,言君英迈苦无比。陈生多难侯生归,出门五月惊篷飞。……仙吏晨陪吴苑客,官钱夜醉越城春。布衣落魄来檇李,酒酣耳热无知己。"

彭舜龄,字孝先,号容园。河南夏邑人。崇祯十二年贡太学。顺治二年举人,六年成进士。顺治七年至十一年任嘉兴府推官。生平详任源祥《鸣鹤堂集》卷五《赠彭容园序》及《夏邑县志·人物志》。

五月初五,在嘉兴。

《迦陵词全集》卷一《望江南·宛城五日追次旧游漫成》十首之六云:"重五节,记得在嘉兴。也共朱郎朱子蓉茂晞湖上饮,菖蒲花底醉难胜。别后见何曾?"

有诗赠蒋平阶。

《湖海楼诗稿》卷四《赠蒋驭闳》有云:"十载未识君,识君在檇李。檇李轻花落锦湍,蒙蒙画舸征衣寒。邂逅美人矜独立,药房蕙带山之端。玉缸溶溶为余倒,自言结交苦不早。……君不见姜垓愁死侯繁天,鸳鸯湖上百花早。他日应为紫府游,眼前莫放朱颜老。"卷六《与驭闳》。

按,陈维崧上年冬初识蒋平阶,其密切交往则始于本年夏。故两人所记定交时间不一致。

识蒋玉章,为其题像。时玉立兄弟三人为父庆六十寿,有诗贺之。

《湖海楼诗稿》卷四《题蒋篆鸿像》。卷五《寿魏塘蒋亭彦、鸣大、篆鸿尊公六十》有云:"魏塘春水红桥口,丝丝摇曳千杨柳。况值玉缸酒初熟,东风轻暖当窗牖。此时先生何所为,行年六十姑射姿。紫髯自映白鹤氅,玄言欲落青松枝。君家哲嗣那能匹,青葱玉树三花出。贱子鸳湖遇篆鸿,翩翩更羡凌云笔。"

蒋玉立，字亭彦（光绪《嘉兴府志》作"辛彦"）。浙江嘉善人。少从张溥游，讲求实学。顺治十一年拔贡，名满长安。以孝称。诗文峭厉，力追正始。有《泰茹堂集》。生平详光绪《嘉兴府志》卷五十五《嘉善文苑》。《今词苑·今词苑姓氏》亦有著录。

蒋云翼，本名会贞，字鸣大。由府庠中顺治十一年举人，康熙十九年任安徽泾县知县。《倚声初集》有著录。

蒋玉章，一名璚，字篆鸿，号禹书。与兄玉立皆有时名。顺治八年中副榜。著有《三径草》《灵威集》。生平见《携李诗系》卷二十五。

识屠炉，有诗相赠，并有诗寿其母。

《湖海楼诗稿》卷六《赠屠阖伯处士》。同书卷八《寿屠阖伯处士母》。

屠炉，字阖伯，嘉兴梅里人。诸生，从游甚众。客游，死于粤。著有《勘斋稿》。

与朱彝尊初次相识，有诗相赠。临别前，朱有诗送之。

《湖海楼诗稿》卷六《赠朱锡鬯》。

朱彝尊《曝书亭外集》有《醉歌送陈维崧归宜兴》云："问君三十何能尔，白皙鬣鬣已如此。"三十云云乃概言之。另《曝书亭集》卷四十《陈纬云红盐词序》云："其年与余别二十年，往来梁宋间。……方予与其年定交日，予未解作词，其年亦未以词鸣。"此序作于康熙十二年，上溯二十年当为顺治十年无疑。

同俞汝言、朱茂晭、朱彝尊、任源祥饮于朱茂昉山楼，有诗抒兴亡之感，身世之怀。

《湖海楼诗稿》卷八《同俞右吉、朱子容、锡鬯、任王谷饮朱子葆山楼》云："雕甍飞阁枕江干，翠巘丹崖面面看。十载暮云词客老，万家春雨霸图残。依人王粲归何日，伤乱刘琨啸转难。倚醉群公休北望，只今何处是长安？"

为俞汝言诗集作序。

《陈迦陵文集》卷一《俞右吉诗集序》云："嘉禾为吴越之冲，邑岩而偪，势所必争。甲申、乙酉间天下风尘起，禾中人士流离感慨，弃其诸生者甚众，余盖往往闻俞先辈右吉云。右吉俶傥好奇，负大略，居恒意气激扬，自许管乐，然性沉毅。遇王公贵人，时或滑稽任诞，佐以排调；当其处侪辈，缔生死交，出肺腑相示，恳恳如骨肉也，诚非偶然者。今年维崧客游禾，流连五十日,越日必过右吉谈。右吉居东门外某氏园,面大河,背崇墅,绝不闻道上车马声。暇则饮于朱公子家楼,朱公子茂昉者,亦维崧友也。时与酒徒数人,醉后大呼,脱帽掷地,一时皆以为狂生狂生。"

识陶恽,有诗酬之。

《湖海楼诗稿》卷八《酬陶冰修孝廉》颈联、尾联云:"雨歇由拳龙自挂,风高澉浦雁初闻。""谁怜越客归心切,徒步淹留只为君。"

陶恽,字冰修。嘉善人。顺治举八年人,十七年官天台教谕。尝刻《棠溪诗选》。生平详光绪《嘉善县志》卷二十四《文苑》、阮元《两浙輶轩录》卷一。

嘉善曹尔坊连纳双姬,索诗,赋七律一首赠之。钱继章亦有词。

《湖海楼诗稿》卷八《嘉善曹子闲连纳双姬,索作诗以赠》。

《瑶华集》卷五有钱继章《南乡子·子闲连纳双姬》。

曹尔坊,字子闲。浙江嘉善人。曹尔堪弟。有诗名,善绘画。与钱继振(字尔玉)、钱继章(字尔斐)、钱楠(字彦林)、沈文火、曹子顾、钱棻(字仲芳)、倪曼青、钱熙(字漱广)、钱默(字不识)有"武塘十友"之目。生平详光绪《嘉善县志》卷二十四《文苑》。

钱继章,字尔斐,号菊农。浙江嘉善人。崇祯九年举人。入清后以词名于世,为柳州词派的重要作家。著有《雪堂自删集》《玉霍亭诗》《菊农词》。陈维崧此词为今天了解钱继章生平创作的重要材料。其生平详光绪《嘉善县志》卷二十四《文苑》。

六月,父贞慧至常州,日与金堡、杨珽、庄保生等人往来。

陈贞慧《书事七则·书癸巳毗陵事》云:"其时有澹上人从匡庐来,肩瓢笠,日托钵于市。"

《湖海楼诗稿》卷四《急难行赠毗陵杨四丈逢玉》。

澹上人即金堡。

杨珽,字逢玉,号砥斋。武进人。杨惟寅子。崇祯九年乡试副榜。国变后,杜门谢客,筑匪石山房,倡明儒理,精研《易》学,著述自娱。著有《周易观玩偶抄》四卷、《匪石山房文抄》三卷、《匪石山房诗抄》三卷。

庄保生(?—1654),一名宝,字尔定。江苏常州人。恩贡生。入清后,不忘故国。初奉鲁王之招,授兵部司务,迁中书舍人。后永历遣使至江南以蜡丸诏招诸义士,庄保生与之相结,谋举事,未几事泄。顺治十年闰六月二十三日被逮,十一月二十八日被杀。生平见《武进县志·忠节传》及《毗陵庄氏族谱》。

不久,周镳谋反案发。父贞慧归未及一月,庄保生等被逮。七月初九,父贞慧与弟维崧因受牵连,被逮至镇江,后因力辩得释。

陈贞慧《书事七则》。

任源祥《鸣鹤堂文集》卷八《陈定生处士行状》:"癸巳秋,周镳弟镳得重辟,词连处士,被系至镇江,以从容辨理得无恙。"

周镳(?—1653),字继序。江苏金坛人。明诸生。南京亡,曾起兵复句容,因战不利,城破。再从攻南京神策门,兵败。乃欲募山东忠义,谋再起事,被清间谍欧君重侦得。事发被逮死。生平详《南明史》卷一百一《忠义一》。

闰六月,嘉兴阖郡士民募建罗天大醮,超度易代之际死于非命的亡灵,陈维崧为作募疏。

《陈迦陵俪体文集》卷九《为嘉禾阖郡士民募建罗天大醮疏》云:"窃见乙酉年闰六月,金戈北断,绵缆南浮,岁号龙蛇,旗翻乌雀。檇李尤属战争之地,江南皆为戎马之场。鸳鸯湖上,长集戈船,烟雨楼中,横罗锋镝。昆冈失火,璆琳与燕石俱焚;沧海无波,鱼鳖与蛟龙同尽。……伤哉若辈,抱恨黄垆;独有斯人,衔冤白昼。王琳殒首,不逢毕命之辰;郭璞縻躯,难遇临刑之日。不意九年三闰,又见双飞六月之霜;忍令万姓千人,终是独宿九京之下。因是广延名羽,静结珠幢。法雨长霏,洒金钿于龙女;仙花永吐,霭绛鬟于灵妃。用设八关之斋,以济三途之苦。"按,据张培瑜《三千五百年历日天象》,继顺治二年闰六月后,顺治五年、八年、十年皆有闰,且本年亦闰六月,与文中"九年三闰,又见双飞六月之霜"的描述相合。

在嘉兴,有诗赠徐继恩并示蒋平阶。

《湖海楼诗稿》卷四《赠徐世臣并示蒋驭闳》有云:"檇李城中多故人,云间蒋生情最亲。檇李城西多上客,武林徐郎交莫逆。六萌之车七宝鞭,南湖布席明秋天。……徐郎太息哀王孙,十年之事愁心魂。""十年"云云,可证当为本年。

舟次常熟,有诗呈钱谦益并其子孺饴。

《湖海楼诗稿》卷六《舟次虞山呈钱宗伯牧斋先生并示令子孺饴

二首》。

钱谦益(1582—1664),字受之,号牧斋,晚号蒙叟,曾筑绛云楼,又自称绛云老人、东涧遗老等。江南常熟人。万历三十八年探花及第,授翰林院编修。次年五月,丁父忧归里,里居十年之久。天启间,曾与东林党休戚与共。曾两次被起用,又两次遭贬谪。崇祯元年入阙,旋因会推,被排挤出局。弘光朝,曾谗事马、阮。清兵南下,又降清,仕为礼部侍郎,《明史》副总裁。五月后,因不甘心降志辱身,再辞归,秘密从事抗清活动。顺治四年,因资助海上义兵,曾入狱四十馀日。此后未再出仕。钱谦益为明末清初文坛领袖,好奖掖后进,与龚鼎孳、吴伟业共称"江左三大家"。其于经、史、释、道俱有研究,所著极富。著有《初学集》《有学集》《投笔集》《苦海集》等,另选有《列朝诗集》等。生平详金鹤冲《钱牧斋先生年谱》。

钱孺饴(或作贻),字孙爱。钱谦益独子。顺治三年举人。为人文弱,不能自振。

六月底返宜兴。

《陈迦陵文集》卷四《答康小范书》:"孟秋之前,始归阳羡。"

七月,友人杨焯卒。作诔文祭之。

《陈迦陵俪体文集》卷十《杨俊三诔》:"维年癸巳七月某日,余友杨文学俊三卒。"

八月十五日,与严临、侯玄涵、计东、宋实颖、宋德宜、宋德宏、陆寿名、汪希汲等于虎丘宴集,有诗。

《湖海楼诗稿》卷八《中秋虎丘宴集》题下自注云:"同严览民、侯研德、计甫草、张孚公、宋既庭、右之、畴三、陆处实、汪君万、自远、俞恭藻。"

陆寿名,字处实,号芝庭。长洲(今苏州)人。顺治八年举人,九年进士,十三年官宁国府教授,次年丁艰去。著有《治安文献》《芝瑞堂稿》《芝瑞堂诗》《续太平广记》等。生平详民国《吴县志》卷六十八《列传六》。

汪希汲,原名厦,字均万,一作君万。长洲人。崇祯九年举人。历任沂州知州。张世伟《自广斋集》卷五有《汪君万行卷序》。生平见汪琬《苏州汪氏族谱·研山公次房来虞府君下一支》。

张孚公、汪自远,皆俟考。

秋日舟次丹阳有作。

《湖海楼诗稿》卷六《舟次丹阳》云:"萧飒丹阳郭,栖栖复此行。有坡皆赭色,无日断车声。烛短孤舟泊,途长古驿横。年年离别地,春草不须生。"从诗意看,其系一路行来,且季节为秋日。

舟次镇江有作。

《湖海楼诗稿》卷六《舟次京口》有云:"连夜篷窗宿,弥深旅客情。泊船愁日暮,解缆及秋晴。"

在镇江。适逢吴伟业应清廷之召北上,与之相遇,吴氏招饮舟中。赋《吴骏公先生招饮京口舟中,时先生将渡江北上》诗。

冯其庸、叶君远《吴梅村年谱》"顺治十年"条。

《湖海楼诗稿》卷四《吴骏公先生招饮京口舟中,时先生将渡江北上》有"十年风调玉扇轻,耻与田窦相纵横"之句。可证为本年。

年底前,康范生有书相讯,并寄来画作,有书答之。

《陈迦陵文集》卷四《答康小范书》:"所幸吹箫无术,击筑有徒;半载羁宾,五湖同调。澹心、篆鸿诸子,屡偕邸寓,尤辱周旋。每当斗鸡之会,牵犬之辰,未能一日忘足下也。倾接芳风,慰兹良讯。知我康生,镜边双笑,遂尔成婚;帐底偕栖,宛焉得侣。玉台倡和,丹扇逢迎,令我陈思,弥殷嘉羡。大篇远赋,逾稔隆情;更玩丹青,叹深多艺。初不晓足下擅此伎俩,岂近作管夫人弟子耶? 寓公不苦弹铗乎? 弟辈忝为地主,徒令足下餐绛仙眉黛,言之靦然。"

本年有书致张自烈。

《陈迦陵文集》卷四《与张芑山先生书》:"崧自结发以来,谬承奖掖,猥蒙齿牙,已十四载矣。……春间跪捧素书……"按,陈维崧初识张自烈是崇祯十二年在南京,过十四载即为本年。

本年,曾代父贞慧为陈济生作《皇士卧游记序》。

《陈迦陵文集》卷三《皇士卧游记序》题下自注云:"代家大人。"又序中有句云:"仆老矣,五十之年行已过之。追思旧游,邈不可得。"按,陈维崧后曾为陈济生《望远曲》作序,见《陈迦陵俪体文集》卷七,题为《家皇士望远曲序》。该序作年俟考,大致应在本年后到康熙三年之间。

约本年,作《四子诗》,分别致姜垓、侯方域、曹胤昌、陆圻。

《湖海楼诗稿》卷二《四子诗》分别为:《莱阳姜如须垓》《雪苑侯朝宗方域》《楚黄曹石霞胤昌》《武林陆丽京圻》。在《湖海楼全集》本中,"胤昌"因避雍正帝讳作"允昌"。

按,本年陈维崧与这四人中的三人来往密切,惟有曹胤昌为"三载阙相报,念之涕难收"。故组诗作于本年的可能性最大。

曹胤昌,一作应昌(亦当为避讳),号石癖,又号石霞。湖北麻城人。崇祯十二年举乡试第一。十六年成进士,授嘉定令。放怀诗酒,不修吏治。左迁闽盐官首领。值鼎革,解绶归里。洪承畴入楚,檄致军中,以佯狂被遣归。其父于明末官永昌,顺治十七年云南平,始闻讣。乃负病奔丧,卒于昆明,年五十三。著有《蔬堂集》。生平详《碑传集补》卷三十五《曹应昌传》。

约本年前后,南京友人拟为周镳、雷演祚立祠。陈贞慧曾致书吴伟业,乞其为撰碑记。书由陈维崧代笔。

《陈迦陵俪体文集》卷二《与吴骏公书》题下自注云:"代家大人。"书中有云:"昔年白下,洛阳叹羡于舒章;今适吴阊,琵琶服膺于圣野。又何异拍洪厓之肩,把浮丘之袖符其霞举乎?仆丁辰不偶,遘遇孔艰。沈约带围,自怜憔悴;徐陵宗族,何处飘蓬?然而见铜雀之花飞,不无述作;值南皮之云散,间著篇章。所望明公相为赓叹,则彦升之感,不擅襄时;虞翻之伤,永消今日矣。又近者石城诸友为雷、周二公立祠于正学先生墓侧,端恳名篇,一为碑记。庶几莫愁湖上,时来堕泪之人;金陵县前,长种还魂之草。数行仰渎,笔与神俱。"按,此文作期未明,但从信中"今适吴阊"等语来看,应该作于本年。因为陈贞慧入清后唯一一次出远门即是本年。

顺治十一年　甲午(1654)　三十岁

弟维嵋补诸生。

陈维岳《仲兄半雪传》:"兄既与余同应童子试,甲午兄一试补博士弟子员。"(见《亦山草堂遗稿》附)

父贞慧著《书事七则》。

陈贞慧《书事七则自序》。

八月,在南京。方以智时在雨花台高座寺看竹轩为僧。维崧常与之游,并两过竹关,恳其为诗以寿其父。每至必蒙赏饭,深感方氏生活之艰苦。时

以智长子中德也在寺中,因得往来。

《陈迦陵文集》卷一《方田伯诗序》:"先生之为僧长干也,崧常过竹关从先生游,时田伯亦在关中。崧再过竹关而先生念崧故人子,必强饭之,饭皆粗粝,半杂以糠秕,蔬菜尤俭恶,为贫沙门所不堪者,而先生坐啖自若,饭辄尽七八器。"

方以智《浮山后集》卷四《建初集》有《陈其年请寿其尊君》诗,当作于本年。陈贞慧本年庆五十寿。任道斌《方以智年谱》将此事系于顺治十二年下,不确。

方中德(1632—1716),字田伯,号依岩。安徽桐城人。方以智长子。生平见道光《桐城续修县志》卷十五。所著有《古事比》等,诗见方于谷《桐城方氏诗辑》。

与方中德、周积贤相邀听曲倡楼。

《湖海楼诗稿》卷五《甲午除夕》有云:"今年八月游台城,宫槐自碧江水清。龙眠方郎善谈笑_{方田伯},密之先生长公,云间周子能纵横_{寿王}也。平头奴子持履箱,相邀醉听倡楼笙。"

在南京遇冒襄。冒襄怜其衣衫单寒,以囊中装赠之。晤冒襄长子冒嘉穗。

《湖海楼诗集》卷一《赠谷梁》:"甲午之秋我三十,台城城下一逢君。"

《湖海楼诗稿》卷五《赠冒巢民先生》:"往事金陵都不似,只认金陵一江水。甲午河亭记值君,吾父飘零已老矣。怜余辄解囊中装,感恩泣下故人子。"

冒嘉穗(1635—?),字谷梁,号珠山。冒襄长子。诸生,考授主簿。冒广生为辑有《寒碧堂诗辑》。

在南京寻访故游,作《皇城琉璃瓦歌》《教坊行》《报恩寺塔灯歌》,极写兴亡之感。

《湖海楼诗稿》卷五《皇城琉璃瓦歌》《教坊行》《报恩寺塔灯歌》。《教坊行》有云:"十馀年来市朝徙,临风阁外只江水。"《报恩寺塔灯歌》有云:"岂惟宫殿无颜色,如来十载香灯黑。""十载"云云,应指入清的时间,可知为本年作。

九月在南京,与松江钱德震等聚饮,有诗酬别。

《湖海楼诗稿》卷五《酬别云间钱武子》有云:"金陵九月秋风作,寂寂城中望仙阁。白衣渐离称上宾,熟视金盘只大嚼。谁何年少弹琵琶,捎头入破翻家麻。嘉定陆曜高弟子,散声嘈杂飞檀沙。颍川儿郎忽不怿,醉夺琵琶向人掷。此音哀琐何为乎,吾辈置身原坦白。……十年旧事哪便忘?此人三十遭兴亡。……长干一月红烛贵,照尽应刘之彩笺。"

钱德震,字武子。江苏华亭人。诸生。贫困以终。李良年《秋锦山房外集》卷一《与钱武子先生》有云:"戊申,都下得亲杖履。"知其曾至京师。又吴绮《林蕙堂全集》卷十九《赠钱武子德震》云其"无家每就门生宿,有句争为过客传"。可略见其生平大概。丁绍仪《清词综补》卷三及《江苏诗征》卷三十五均收其作品。蒋景祁《瑶华集词人》表中亦有著录。

约秋末前后,在苏州遇潘某,有诗相赠。

《湖海楼诗稿》卷五《赠潘生》有云:"乌啼城上晓星碧,潘生老作江南客。酒酣嗟暗心悲哀,飘然侠骨头半白。自言畴昔方年少,意气直欲凌幽燕。……今年五十犹岸帻,慷慨啸取珊瑚掷。……君不见颍川陈生三十尚落魄,眼看长安道上轻薄皆诸侯?"

潘生,其人不详,陈诗中有"潘生流寓数十载,往往避逅寻常人"之语。可知其长期流寓在外。

十二月十二日,纳兰性德生。

张任政《纳兰性德年谱》(见《天风阁丛书》本《饮水词》附录)。

纳兰性德(1655—1685),本名成德,以避废太子讳而更名性德,字容若,号楞伽山人。满洲正黄旗人。太傅明珠长子。康熙十二年举人,出徐乾学门下。十五年成进士,官至一等侍卫。性敏慧,好读书。诗主性情,词则一洗雕饰,纯任性灵,有五代北宋之风。著有《通志堂集》。生平详徐乾学《纳兰君墓志铭》、韩菼《纳兰君神道碑》(俱见康熙刻本《通志堂集·附录》),及张任政《纳兰性德年谱》(见《天风阁丛书》本《饮水词》附录)。

十三日,侯方域卒。

谢桂荣、吴玲《侯方域年谱》(见何法周主编的《侯方域集校笺》上册)。

二十九日,有诗抒怀。

《湖海楼诗稿》卷五《甲午除夕》。

许肇篪卒。

《鸣鹤堂文集》卷八《祭陈定生文》:"许肇篪以甲午没。"

顺治十二年 乙未（1655） 三十一岁

代邹之麟作冒起宗墓志铭。

《陈迦陵文集》卷五《中宪大夫嵩少冒公墓志铭》："甲午冬某月某日，如皋中宪大夫嵩少冒公卒于家。……越岁乙未，襄复渡江，千里泣拜且言曰：'先大夫之弃藐孤一载矣。惟兹遗命，将以某年月日葬先大夫于祖茔之昭，墓门片石，冀所以不朽先人者，惟在先生也。愿先生赐之志而系以铭，襄幸甚，先大夫亦幸甚。'"

按，此文题下原标有"代"字，惟不知所代何人。陆勇强《陈维崧年谱》考得嘉庆《如皋县志》卷二十一"艺文一"载有此文的节选，署名为邹之麟。

冒起宗（1590—1654），字宗起，号嵩少。江苏如皋人。冒襄父。崇祯元年进士。曾官南京吏部考功司郎中、山东按察司佥事、督理七省漕储道等，有直声。入清不仕。著有《万里吟》《拙存堂逸稿》等。

在镇江族叔祖陈于鼎宅中作《滕王阁赋》，颂巡抚蔡士英重修滕王阁事。并应蔡士英之命作诗题之。

《陈迦陵俪体文集》卷一《滕王阁赋》有云："盖我蔡公，实以御史大夫出领豫章，为一时名节度使焉。时则四境无虞，一军多暇。陶侃之姿制慷慨，羊祜之标期儒雅。溯畴曩而神伤，顾景物而心写。抚灵构于前人，嗣神工于来者。眷斯阁以徘徊，独蕴情而潇洒。爰乃召输般，征梗楠，不烦将作之匠，宁费水衡之钱。……仆本恨人，遭逢苦辛。潘岳骑省之年，尚馀一岁；陆厥凋零之日，已过三龄。未躬逢夫燕会，徒驰想夫风云。王门养炬，抽笔于茂弘之座；谢家览举，挥毫于安石之庭。"自注云："茂弘、安石，谓五叔祖实庵太史也。"

按，潘岳《秋兴赋序》云："晋十有四年，余春秋三十有二，始见二毛。以太尉掾兼虎贲中郎将，寓直于散骑之省。"而南朝齐人陆厥卒时为二十八岁。陈维崧赋中言自记比潘岳寓直骑省晚一年，比陆厥之死晚三年，正是三十一岁。

《湖海楼诗稿》卷十《题滕王阁》题下注云："应淮抚蔡公教。"

冒襄《巢民诗集》卷四《题督府大司马蔡公抚江重建滕王阁八首》。

据《江西通志》卷三十八《古迹一》云，滕王阁"国初毁于兵，顺治甲午巡抚蔡士英重建"。

蔡士英(?—1674),字魁吾。隶汉军正白旗,辽宁锦州人。顺治元年从军入关,助剿抚山东及山西太原等处,又从定浙江、福建。顺治九年任江西巡抚,本年二月迁漕运总督兼凤阳巡抚。平定江西土寇杨文等,并疏免遭赋。卒谥襄敏。生平可参《巢民诗集》卷二《二哀诗》之一《光禄大夫兵部尚书谥襄敏三韩蔡公》诗引。

年底,有诗赠宋之普。

《湖海楼诗稿》卷五《上宋今础先生》有云:"先生出守兰陵时,为政风流良在兹。花明露冕牧之榭,柳碧搴帷季札祠。清尊玉盖映江浒,银黄之绶五色组。宾从能歌杨柳枝,官僚解唱黄金缕。崧也蹉跎扬子云,秋冬射猎南山前。今岁到生零落日,明春潘令鬓毛年。……如公知我我不恨,独不见古来烈士郁郁南山冈。"据潘岳《秋兴赋序》"余春秋三十有二,始见二毛",故知此诗成于本年,且从诗意看,宋之普时已解职。

《湖海楼诗稿》卷一〇《上明府宋今础先生》应作于同时前后。

宋之普(1602—1669),字则甫,号今础。山东沂州(今苍山县)人。明崇祯元年进士。历官礼科给事中、户部左侍郎。顺治九年任常州府知府,十二年归(之普为其弟宋奇玉所作《海沂诗序》云"余乙未归田")。著有《云成阁集》十卷。生平详钱海岳《南明史》卷一百二十《畔臣三》。

本年曾至华亭。

《湖海楼诗稿》卷六《至日丹阳作三首》其二云:"前年渡扬子,昨岁醉春申。"按,该诗作于顺治十三年,考见下一年。

顺治十三年   丙申(1656)   三十二岁

二月,董以宁入京省亲,有诗送之。

《湖海楼诗稿》卷八《送文友入京省亲》云:"玉河垂柳正堪攀,君去从亲二月间。……尔到京华非失意,他乡莫遣鬓毛斑。"该诗作于本年,考见下文。

三月至苏州。次日,陈济生招同胡介、梅磊、陈孝则、陈三岛、袁骏过饮,即席有诗送陈孝则归松江。诸同人诗成,胡介为作序。

《湖海楼诗稿》卷五《余至吴门之二日,家皇士招同宛陵梅杓司、云间家孝则、郡中家鹤客、袁重其过饮,即席送孝则归云间,兼怀云间诸子》有云："明星欲堕犹未堕，鸡鸣喔喔春风前。"卷六《酬家孝则》云："飞扬三十载，今始受君怜。乡国饥难着，妻孥老更牵。悲笳昏白日，春草上青天。何限城南北，苍茫一骑穿。"

胡介《旅堂文集》有《送陈孝则还云间诗序》，为同时作。

胡介(1616—1664)，字彦远，号旅堂。浙江钱塘人。《西湖志》卷二十一"名贤三"引《钱塘县志》说他"幼颖异，为博士弟子，性高介，锐意而行，后隐于河渚，蓬门萝屋，与其妻翁氏笑傲山间，……夫妇唱和，欣欣自得。介工于诗，死后十年，淮东黄之翰刻以行世。"著有《旅堂诗文集》。生平详卷首所附陆嘉淑传。

陈三岛(1626—1659)，字鹤客。江苏长洲(今苏州市)人。崇祯末为诸生，有声。入清后隐迹授徒，然黍离之感，不去于怀。与魏耕、张宗观、朱士稚为莫逆交。顺治十六年，张煌言水师入长江，三吴义士谋应之，陈三岛与焉。事败后，于本年以忧愤卒。年仅三十四岁。所著有《雪圃遗稿》。生平详《全祖望集汇校集注·鲒埼亭集内编》卷八《雪窦山人坟版文》杨凤苞注、钮琇《觚賸》卷一"吴觚上"。

陈孝则，江苏松江人。名号生平俟考。朱鹤龄《愚庵小集》卷四有《人日云间陈孝则过访蒙惠新诗次韵奉答》，卷五有《送陈孝则还云间》。

有诗赠梅磊、胡介。

胡介《旅堂诗集》之《梅杓司与陈其年过从述怀》云："三月花飞点敝裘，哀时极目共登楼。逃名今日逢梅福，道广由来识太丘。高厚已非回项领，乾坤不尽有沧洲。飞扬跋扈终无赖，好傍长松耐白头。"按，此诗原未标明作年。但从其前后诸作所显示的行踪来看，此时胡介在苏州。且其后相隔两首为《吴门同人招集含绿堂牡丹花下分韵》。据《湖海楼诗集》卷五"壬子"诗《侯六丈宅看牡丹五首》其三陈维崧自注云："丙申春，同吴门诸子看花于薛伟楚含绿堂。"由此可知其作于本年。

另，胡介《旅堂文集》之《为懋叟书有字诗跋尾》云："此巳、午之岁与懋叟同客燕市时作也。其后二年，遇叟于吴下，风雨信宿，重属书是诗。时楚黄万康留、宣城梅杓司、宜兴陈其年、吴门施又王、袁重其皆来集邸舍。明日叟与杓司去京口，予亦随家大人南还。""巳、午"指癸巳、甲午两年，即顺治十年、十一年，两年后即本年。

《湖海楼诗稿》卷五《响山歌赠梅杓司》有云："亦得今年同我来姑苏，

嶙峋玉面人最都。……我今潦倒已失势,尔更落魄真吾徒。"同书卷六《同梅杓司夜泊河桥二首》应作于同时。

《湖海楼诗稿》卷五《赠胡彦远》有云:"苏台柳花吹满衢,玉缸溶溶春夜徂。南城绮窗七十二,胡郎住处称最都。樱桃树下迎碧玉,韭花帖上临官奴。与余邂逅便须结,倾倒剧与他人殊。怜我翩翩王谢儿,胡为弹铗歌乌乌。怜我十年蹈海人,胡为椎髻眠氍毹。弹铗非无因,椎髻大有故。君不见人生本末难具陈,王孙夜泣官河路。"

与陈廷会饮于苏州城南酒楼,有诗相赠。

《湖海楼诗稿》卷五《赠际叔》有云:"阊闾城南大酒楼,美酒作池糟作丘。与君欲饮便须饮,掉鞭且脱千金裘。"

陈廷会(1618—1679),字际叔,号鹁客。浙江钱塘人。明诸生。入清后隐居不出。以授书自给,不与当道往还。康熙十七年诏举博学鸿辞,有人欲以之荐,力辞。工诗。著有《瞻云诗稿》。生平详《清史列传》卷七十。《陈迦陵俪体文集》卷三有《与陈际叔书》。

时逢牡丹盛开,尝与胡介、魏耕、陈三岛、朱士稚等看花于薛伟楚含绿堂,魏耕、胡介有诗纪之。

《湖海楼诗集》卷五"壬子"诗《侯六丈宅看牡丹五首》其三自注云:"丙申春,同吴门诸子看花于薛伟楚含绿堂。"

魏耕《雪翁诗集》卷十《含绿堂牡丹盛开,集胡介、陈维崧、朱士稚、陈三岛诸子作二首》。

胡介《旅堂诗集》卷一《吴门同人招集含绿堂牡丹花下分韵》。

魏耕(?—1662),原名时珩,又名璧,字楚白、白衣。入清后更名耕,又名甦,字野夫,号雪窦居士、白衣山人。浙江慈溪人。幼随父侨居归安,为明诸生。明亡,曾参与浙东抗清义师,并力劝张煌言、郑成功以舟师入长江,事败入山。后往来吴越间,续图恢复大计,为人告密被逮,磔于杭州。著有《雪翁诗集》。生平详全祖望《雪窦山人坟版文》(《全祖望集汇校集注·鲒埼亭集内编》卷八)及钱海岳《南明史》卷一百六本传。

朱士稚(1614—1661),字伯虎,更字朗诣。浙江山阴(今绍兴市)人。祖赓曾为明太子太师、吏部尚书、文华殿大学士,父为雷州知府。明亡后散财结客,因受魏耕通海案牵连,被系狱论死。友张宗观(字朗屋)为募重赀赂狱吏,得免死放归。卒后,门人私谥贞毅先生。生平详朱彝尊《贞毅先生墓表》(《曝书亭集》卷七十二)。

薛篝,字伟楚。长洲人。

春暮,在杭州,徐继恩为之设榻。与毛先舒、吴百朋、陆圻等游。

《陈迦陵俪体文集》卷十《祭侯仲衡先生文》:"丙申春暮,余客西兴。"西兴即西陵渡,在萧山。因钱镠忌陵字,改西兴。

《迦陵词全集》卷十二《满江红·寿武林徐世臣贤配邵孺人六十》上阕云:"曾在西泠,徐稚下陈蕃之榻。记当日、湖山浓淡,宾徒杂沓。夜雨对眠灵隐寺,春帆竞掠雷峰塔。"按,陈维崧上一次来杭州在秋天。"春帆"云云,可证其为本年作。

春夏之交,侯方岳、姚宗昌、沈寿民至宜兴访陈贞慧。贞慧喜,连日会饮,并令维崧诸弟诵《卜居》,满座为楚歌,以抒其遗民之痛。由于情绪过分激动,不久即一病不起。

《陈迦陵文集》卷五《敕赠征仕郎翰林院检讨先府君行略》:"丙申,侯仲衡方岳至自睢阳,姚瑞初宗昌至自吴门,沈高逸寿民至自宛陵。府君喜,则与为十日饮,无何为五日醉,后令维崧诸弟诵屈大夫《卜居》,满座为楚歌。府君闻而悲之,越数日病,病遂不起。"

侯方岳(1613—1669),字仲衡。河南商丘人。侯恪子,与方域为从兄弟。明末以明经除桃源令,遇乱弃官。生平任侠尚义,好吟咏。事具《偶更堂文集》徐作肃所撰行状。

姚宗昌,字瑞初。江苏吴县人。明末诸生,工诗。著有《荃斋文稿》及《诗稿》。《江苏诗征》卷三十九收其诗一首。

沈寿民(1607—1675),字眉生,又字耕岩。安徽宣城人。明诸生。明亡,以死拒征,足不入城市。学者私谥贞文先生。工诗,著有《姑山遗集》等。生平详光绪《宣城县志》卷十五《儒林》。

四月,舟次苏州,董俞、钱芳标留饮,顾贞观适至,即席分赋,作《水调歌头》。

《迦陵词全集》卷十四《水调歌头·初夏吴门舟次,董樗亭、钱葆酚留饮,顾梁汾适至,即席分赋》云:"往事细如雨,新水滑于罗。十年一会面,不饮欲如何。雪抑松江银鲈,黄铸洞庭卢橘,酌以小红螺。仆素不胜酒,醉态亦傀俄。　　相乐也,复相泣,起婆娑。眼中之人老矣,春后落花多。休管谁家龙凤,不若狗儿吹笛,伴取胆娘歌。小别数日耳,榴月复经过。酒间樗亭偶语董龙事,葆酚云:'君家有龙,犹寒宗有凤也。'一座大笑。元微之诗云:'狗儿吹笛胆娘歌。'"从该词末两句看,当为本年作。

董俞(1631—1688),字苍水,一字樗亭,别号莼乡钓客。江苏华亭(今上海)人。顺治十七年举人,以奏销案被除名。康熙十七年应博学鸿词荐,北上至淮北遇盗,被伤。次年春始至北京,试未中。工诗,与钱芳标齐名,有"钱董"之目。又与兄董含并称"二董"。著有《玉凫词》《樗亭诗稿》《南村渔舍诗草》《浮湘草》《度岭草》等。

五月初五,在苏州。

《湖海楼诗稿》卷五《五日感怀》:"去年今日吴城东,儿为辞亲滞客中。"该诗作于次年端午,考见后文。

十九日,父贞慧病故,享年五十三岁。

《陈迦陵文集》卷五《敕赠征仕郎翰林院检讨先府君行略》。《家乘》卷三陈贞慧传。

在吴越一带四处流离,并与侯方岳在苏州相遇,旋又仓促泣别。

《陈迦陵俪体文集》卷十《祭侯仲衡先生文》云:"翁访吾翁,扁舟是乘。……吾翁见背,是年夏月。孤子流离,狂奔吴越。遇翁武丘,别翁仓促。溃血交颐,衔哀次骨。"武丘,即苏州。

六月,在苏州读书,于徐崧宅识宋德宜。为徐崧文《续瞩庵集》作序。

《湖海楼诗稿》卷五《送宋右之太史北上》有云:"忆昔与君交结初,尔时城北徐公宅。平原置酒会众宾,君也领袖称绝伦。门内半顷入洛客,坐中时有避秦人。石奋家风多长者,周瑜器量雅能醇。西台忠孝营丘事,南国风流宋玉邻。姑苏城下碧草秋,邀我读书同唱酬。早贵偏知穷鸟士,作人不问烂羊侯。君时读礼归田墓,余亦葛衣人不顾。红烛双衔怙恃悲,白衣共走东西路。……今君入直金庐上,故人原拟车尘傍。感君别君君自知,长安宫阙还参差。"

《陈迦陵俪体文集》卷六《续瞩庵集序》:"仆与松之,交非一日。居虽异县,难忘者城北徐公;生幸同名,差别者小冠子夏。五湖在望,碧鲈红豆之庄;百岁非遥,白发黄鸡之曲。君如不达,前欢已属乎爽鸠;仆尚能来,异日宁虞其题凤。"该序作期无考,暂系于此。

徐崧(1617—1690),字松之,号瞩庵。江苏吴江人。生平喜山水,爱交游,尤以选诗为乐,辑有多种同时代人的诗歌总集,保存了大量的珍贵文献。著有《瞩庵诗稿》,收其诗百馀首。另辑《百城烟水》一书,其中附录己作约三百首。

宋德宜(1626—1687)，字右之，号蓼天。江苏长洲(今苏州市)人。历任刑、兵、礼、吏部尚书，拜文华殿大学士。生平详徐乾学《光禄大夫太子太傅吏部尚书文华殿大学士加一级宋文恪公德宜行状》(《憺园集》卷三十三)。按，据行状，宋德宜顺治五年中江南乡试，凡三试礼部，乃中式，赐进士出身第三人，改庶吉士。是其中进士在顺治十二年。旋以本生母丧归葬，服阕，乃至京师，授翰林院编修。

与侯涵、计东同宿宋德宜家，乞侯涵为其母撰墓志铭。识潘隐如，为潘隐如制艺文作序。

《湖海楼诗稿》卷三《五哀诗·潘逸民隐如》："昔于丙申岁，读书长洲县。章华宋大夫宋德之德宜，相与共笔砚。"卷五《大梁署中春暮寄怀宋蓼天学士》有云："忆昔读书学士家，书轩恰傍长洲斜。绿帆细掠包山雨，白帽闲看邓尉花。此日吴天词赋盛，计甫草侯研德诸子知名姓。……我时高咏在江东，抶瑟鸣筝事事工。皂荚桥头春寂寂，枇杷树下雨蒙蒙。"

《陈迦陵俪体文集》卷十《嘉定侯掌亭先生诔》云："我读我书，菂溪之涘。同舍三人，维侯与计。……当时介我，狂狷之间。邓尉山头，白公堤上，蘋叶初齐，苔花大放。君弄轻航，时摇细浪。画毂半笺，绿蓑一桁。……所极难忘，小人失母。马鬣虽封，鸡碑曷有？君惠大文，畁之不朽。"

计东《改亭文集》卷五《赠陈子万归宜兴省兄其年序》："丙申岁，予与阳羡陈子其年读书于今司业宋家。"

《陈迦陵俪体文集》卷六《刘逸民学经草堂制艺序》有云："当我吴市吹箫之日，正子燕台买骏之辰。问善恨于文通，仆真其选；求定文于敬礼，世有其人。"潘隐如本名刘逸民。按，该序作年不明，但考虑到潘隐如于本年七月北上参加北闱乡试，而此序有预祝其成功之意，故应作于本年临别前。

潘隐如(？—1662)，字逸民，本姓刘(潘为榜姓)。吴县人。曾与宋德宜为邻。顺治十四年北闱举人，即因科场案被流放尚阳堡，遇盗，夫妇皆被难。事具《清诗别裁集》。尤侗《看云草堂集》卷五《伤刘逸民夫妇》题下注云："逸民死尚阳堡，其妇为盗所害。"该诗紧排在《赠孙赤崖二首》后，此消息盖系从孙旸口中初闻。又，潘隐如卒年系据陈之遴《浮云集》卷八《子见初度日感赋》考得，陈诗作于康熙二年，时潘已亡故。

有诗寄家乡诸弟。

《湖海楼诗稿》卷六《寄诸弟》二首其一云："石榴花始放，见此倍堪怜。我岂同张俭，人谁效鲁连。无心挥白麈，何物慰黄泉。骨肉艰难日，休言正少年。"其二云："汝兄今作客，流寓阊闾城。多病哀童仆，无家累友生。卖歌非得已，弹铗岂忘情。慎莫耽嬉戏，天涯泪眼明。"从诗意看，时值其父贞慧去世后，故有"慰黄泉""骨肉艰难"之语。当为本年作无疑。

在宋德宜席上与汪琬同醉。

《湖海楼诗稿》卷四《载鹤歌为汪苕文赋》有云："忆昔七年之前何所作，与君同醉章华座。皎皎琼筵最后来，风流披氅王恭过。"按，该诗成于顺治十八年，"七年"实为概数。另，陈维崧初识汪琬应在顺治十年十郡大会上，当时汪琬为慎交社中人。

汪琬(1624—1691)，字苕文，号钝翁，晚年隐居太湖尧峰山，学者称尧峰先生。江苏长洲(今苏州市)人。顺治十二年进士，官至刑部郎中。顺治十八年以奏销案罢官，降补北城兵马司指挥。康熙九年冬归隐。十八年召试博学鸿词，授编修，与修《明史》，旋告归。汪琬敏于为文，与侯方域、魏禧合称清初散文三大家。为人性狷急，好诋诃，交游罕善终。著《尧峰文抄》《钝翁类稿》等。生平详陈廷敬《翰林编修汪钝翁墓志铭》及赵经达《汪尧峰先生年谱》。

有诗怀董以宁。

《湖海楼诗稿》卷八《怀文友》云："三月仙槎北去时，一江春水亦堪思。青骊未唱肠先断，白雪当歌调转悲。君自燕台称赋客，我从吴市作孤儿。从亲官舍应多暇，倘念相知一赋诗。"按，结合前引《送文友入京省亲》看，这两首诗应作于同年，时间上先后可以衔接。送别诗中未言自己居丧，怀文友诗中有"君自燕台称赋客，我从吴市作孤儿"之句，则知其父死于董以宁到京后。另诗中所述时间、地点均与本年行踪相合，可断为本年作无疑。

七月，潘隐如辞家上京，当系准备明年北闱乡试，同人为之饯行。

《湖海楼诗稿》卷三《五哀诗·潘逸民隐如》有云："吴城七月秋，别我赴京甸。同门八九人，联袂临流饯。"

八月十五夜，至虎丘看月，有词。

《迦陵词全集》卷二十八《贺新凉·中秋前一夕坐月虎丘》自注云："余

自丙申中秋看月虎丘，今已二十一年矣。"

九月初八，刘雷恒、霖恒兄弟招同宋德宜集七业堂分韵赋诗，有作。

《湖海楼诗稿》卷八《重阳前一日刘震修、沛玄招同宋右之集七业堂分赋》。

刘雷恒(1623—?)，字震修，号易台。江苏无锡人。康熙十九年贡生。官常州府学训导，累擢六安知州。以文行著称。生平详《梁溪诗抄》卷二十二。

刘霖恒，字沛玄，为避康熙帝讳更字沛元。雷恒弟，文名与兄齐，时人有"二刘"之目。著有《吾与堂诗集》。生平详《梁溪诗抄》卷二十二。

初十日，同魏耕、胡介、施谞、陈三岛宴集薛罃宅。

《湖海楼诗稿》卷八《重阳后一日同魏雪窦、胡彦远、施又王、陈鹤客宴集薛楚伟含绿堂分赋二首》。

施谞，字又王，后名谭先。长洲人。顺治七年曾与陈济生、钱肃润等入惊隐诗社。康熙二年与彭士望、顾有孝、陈济生会于苏州。曾与陈济生、归庄等撰《游洞庭诗》，与程棵合编《鼓吹新编》十四卷今存。《江苏诗征》卷五收其诗一首。

十月初，在南京，与方育盛、方膏茂游。

《陈迦陵文集》卷四《与方与三、敦四书》有云："犹记丙申秋杪，青溪白石之间，与两君缱绻流连，披衿浃素。谭谐晏谑，靡减风人；文酒围棋，俱臻妙境。当斯时也，足下既高预贵游，右之亦厕参华选。吴下王孙，弥工排调；金陵鲁子，雅善滑稽。"

《湖海楼诗稿》卷九《送方谦六之燕兼为坦庵先生阊门入关志喜二首》其二末有注云："予与二方游，记在冶城，时丙申十月也。"

方育盛(1624—1689)，字与三。安徽桐城人。顺治十一年举人，方拱乾三子。工诗赋。有《栲舟诗集》和《天目诗集》。

方膏茂(1626—1681)，字敦四，号寄山。顺治五年举人，方拱乾四子。有《馀垒集》。二人事迹具道光《桐城续修县志》之《文苑传》。

冬，在丹阳，识蒋清云、眭思永、贺裳。曾同蒋清云、汤寅过访贺裳，贺裳留饮，即席分韵赋诗，有作。为蒋清云诗集作序。

《陈迦陵文集》卷一《蒋冷生诗序》云："丙申冬，余来游其地，始获交蒋冷生清云。……又余闻丹阳尚有眭修年思永、贺黄公裳，咸能诗。修年恨余未及数见,仅道上一揖。黄公则酒间谈论,娓娓数四,其所著《载酒园诗话》,余所尤喜云。"

《湖海楼诗稿》卷二《同蒋冷生、汤谷宾过访贺黄公,因留小饮,即席分赋,以"夜阑更秉烛,相对如梦寐"为韵,余得"烛"字》有云:"行子怊涉冬,绿溪歌采芙。朔风搅隆思,羁禽乱心曲。沿月造幽榭,扪萝觌芳瞩。"在《湖海楼全集·湖海楼诗集》卷一,该诗题为《同蒋冷生、汤谷宾过访贺黄公,因留小饮,即席分赋得"烛"字》。

蒋清云,字冷生。江苏丹阳(今属镇江)人。诸生。事迹具道光《重修丹阳县志》之《文苑传》。

眭思永,字修年。丹阳人。明亡,兄明永殉难。思永遂以隐居终。工诗善画,精于理学。著有《郁麓斋诗文集》。

贺裳,字黄公,号檗斋。丹阳人。诸生。工词。著有《蜕疣集》《红牙词》《皱水轩词筌》《载酒园诗话》等。

汤寅(?—1678),字谷宾,号渔客。丹阳人。诸生。厌弃举子业。博闻强记,工诗古文词,当时推为一代作手。著有《高咏堂集》,已佚。生平详乾隆《镇江府志》卷三十七本传和《曲阿诗综》卷十八小传。

夜宿何絜宅中,有词。

《迦陵词全集》卷四《西江月·夜宿何雍南斋中》上阕云:"一榻奇书缭绍,三间老屋欹斜。天寒沽酒拨琵琶,消尽丹徒客夜。"从末两句看,该词作于冬天,以其行踪判断,当成于本年。

何絜(1620—1696),字雍南,号晴江,江苏丹徒人。啸傲江湖,著书终老。著有《晴江阁集》。事迹具光绪《丹徒县志》卷三十三《文苑》。

与程世英在江楼饮酒,醉后作《点绛唇》抒怀。

《迦陵词全集》卷一《点绛唇·江楼醉后与程千一》。在手稿本第八册《乌丝词三集》中,该词接抄在《西江月·夜宿何雍南斋中》后。故系于此。

程世英,字千一。安徽歙县人。诸生。著有《晓山诗集》。事迹具民国《歙县志·遗佚》及光绪《丹徒县志》卷三十三《文苑》。

曾宿周扬洪斋中,与汤寅夜话。

《迦陵词全集》卷八《下水船·暮次丹阳宿周丹申斋中同汤谷宾夜话》上阕云:"风吼庬亭树,曛黑难投逆旅。径诣君家呼酒,喃喃尔汝。此间路,一派涛轰沙莽,几阵烟凄风苦。"

周扬洪,字丹申。丹阳人。顺治十一年拔贡。性耽诗。生平详民国《丹阳县志补遗》卷十。

同蒋清云、汤寅过访贺复征,观其所藏书画册并听小童弦索,至夜分大雪始还。

《湖海楼诗稿》卷五《同冷生、谷宾过访仲来,观书画册兼听小童弦索,因观剧至夜分大雪始还》有云:"冬十一月北风作,麻衣透体若穿锷。……酒徒蒋济吾葛疆,老大只欲为癫狂。清晨拉访浣花叟,入门大叫呼索郎。"

《曲阿诗综》卷十三贺复征《冬日陈其年同蒋冷生、汤谷宾过斋头阅书画,因留观剧,至夜分大雪漫赋》。

贺复征(1600—?),字仲来,号卷人。丹阳人。父纳贤曾任广西按察副使。明天启时恩贡。家富藏书,因自号卷人。曾应荐修熹宗实录,事毕即归,著述自娱。著有《白门诗草》《吴吟》《纪游》《烟鬟堂集》等,均佚。选有《文章辨体汇选》。《京江耆旧集》卷一选其诗、《曲阿诗综》卷十三亦有其诗和小传。生平详参陆林《〈文章辨体汇选〉"四库提要"辨误》一文(《文学遗产》2008 年第 3 期)。

在丹阳,有诗赠姜鹤俦。

《湖海楼诗稿》卷六《赠姜子鬵》有云:"之子忽相见,苍然动客思。入门残雪夜,剪烛北风时。"

姜鹤俦,字子鬵,初名彦,初字子恂。江苏丹阳人。明诸生,性豪放,有俊才。清初,尝被狱难,得江宁顾梦游力为营救得脱。工诗画,作山水小景,颇具倪、黄丘壑。徐珂《清稗类抄·侠义类》载其事。《曲阿诗综》卷十七、《京江耆旧集》卷二收其诗。

计东将游中州,过丹阳,与之别于姜鹤俦宅中。

计东《改亭文集》卷五《赠陈子万归宜兴省兄其年序》:"丙申岁,予与阳羡陈子其年读书于今司业宋公家。……岁冬十月,予别其年于丹阳姜氏。"

十一月初六日冬至,在丹阳有诗。

《湖海楼诗稿》卷六《至日丹阳作三首》其二云:"节尽常为客,冰霜我自亲。前年渡扬子,昨岁醉春申。风急乡心乱,衾寒夜语频。飘零今亦得,家少望归人时先人方见背。"从诗末注文可知该诗作于本年。

风雪行丹阳道中,有词。

《迦陵词全集》卷十二《满江红·风雪行丹阳道中》。该词具体作期不明,但按所写景象推之,当在本年冬。

在句容逆旅遇倪灿,有诗相赠。

《湖海楼诗稿》卷六《赠倪阇公》有云:"句曲千山路,西风匹马时。相逢皆旅店,一笑读君诗。"按,句曲山在江苏句容。该诗收在《湖海楼诗稿》卷六,其前后皆为本年作,故系于此。

倪灿(1626—1687),字阇公,号雁园。江苏上元(今南京市)人。顺治八年乡试中副榜,后屡试不遇。康熙十六年以岁贡至京师,中北闱举人。十八年中博学鸿词第二名,授检讨,与修《明史》。卒于任。倪灿工书法,著有《雁园集》。生平详乔莱所撰《倪检讨灿墓志铭》(见《碑传集》卷四十五)。

本年冬,游杭州,与同寓杭州之侯雍居所相近,时相往来。

《陈迦陵俪体文集》卷一《侯硕肤诗序》云:"侯公子硕肤侨寓湖上……陈生者,东吴之鄙人也,亦游钱塘。素与公子善,且居又相近。"又云:"仆不幸,罹于大痛,新废蓼莪。邴根矩孤露之悲,盛孝章永年之叹。"按陈贞慧卒于五月,据"新废蓼莪"之语知序作于本年冬。

侯雍,字硕肤。顺天(今属北京)人。明驸马侯拱辰孙,袭锦衣卫指挥使。工吟咏。明亡,往来江南各地,后家六安。

在杭州,乞孙治为亡父撰墓碑文。

孙治《孙宇台集》卷二十九"尺牍"《与陈其年》:"湖头握手,倏逾数载。落月屋梁,欣若暂对。伫想之劳,想当同之。向承面嘱先尊君老伯碑记,卒卒未有以报命。实缘弟所知者止于林宗之人伦,渊明之高节,其它细行芳规,必有更仆难述者,乞仁兄详示,使弟旦夕构成,即可以了此夙愿。伫望,伫望。"同书卷二十一《荆溪陈定生先生碑文》有云:"治与维崧,情敦兄弟之好,意在父事之列,当与谋所以勒石者以不朽于先生。"

乞雷士俊为亡父作传,乞董以宁为撰墓表。

雷士俊《艾陵文抄》卷九《陈处士传》末云:"艾陵居士曰:其年世推工诗。其年者,维崧字也。所作五七言古及律雄浑铿锵,入唐人之室。为余道其先德如此,故论撰焉。"

董以宁《正谊堂文集》有《陈定生先生墓表》。

按,陈维崧何时乞雷士俊、董以宁为亡父撰传及墓表,其传及墓表撰成于何时,今已不可考,暂据现有材料,一并系于此。

雷士俊(1611—1668),字伯吁。其先世为泾阳人。后徙居江都(今属扬州),晚居江都之艾陵,世称艾陵先生。初为诸生,后弃去。贫老负气以殁。著有《艾陵文抄》。

岁暮,舟次桐乡有诗抒怀。雪中舟次语儿溪,有词。

《湖海楼诗稿》卷六《舟次崇德》有云:"作客年空老,依人气未平。"

《迦陵词全集》卷四《浪淘沙·雪中舟次语溪》下阕云:"寒气逼空舱,客梦初醒。乱帆又过语儿亭。我与六花同一例,随路飘零。"

按,浙江桐乡旧名崇德,靠近嘉兴。语儿溪又名语儿中泾,又名沙渚塘,在桐乡东南,流入运河。陈维崧本年冬曾至杭州,面恳雷士俊为其亡父作传,后经桐乡过嘉兴至松江。

冬在松江练塘滞留一月,将归,有诗留别魏塘诸友人。

《湖海楼诗稿》卷六《将归留别练塘诸子三首》其一有云:"岂不思吾土,将归反觉愁。亲亡增友重,身病悔浮名。"其二有云:"有子衣边雪,慈亲地下心。都将苴杖血,进作苦寒吟。"其三有云:"张佑门前路,匆匆匝月过。"

按,练塘今属上海青浦区。从诗中所写"亲亡""慈亲"等语看,该诗作于陈贞慧去世的当年。

十二月三十日,有诗抒怀。

《湖海楼诗稿》卷六《丙申除夕》云:"三十功名薄,亲亡又岁除。偷生成鸟兽,失计溷樵渔。我作妇人泣,谁看孝子书。江梅浑自绽,怜尔欲何如。"

本年,作《文杏斋五友歌》。

《湖海楼诗稿》卷五《文杏斋五友歌》序云:"先君曾命崧作《五友歌》,卒卒未果。今先君见背,物亦飘散。苦块之次,追惟先命。吮毫饮泗,恭赋表哀。言不成文,览者亮其情,闵其志可也。"文杏斋为其祖所构,乃其父读书处。

按,诗中所咏五友分别为"白定垆""宋拓黄庭经""书砚""仇十洲雪舫图""白定折杯"。

顺治十四年　丁酉(1657)　三十三岁

正月初一,有感于父死后兄弟离散,家门单弱,赋诗述哀。

《湖海楼诗稿》卷二《丁酉元日述哀诗》其一末云："愍予构天祸,玄壤弗遑践。魂神怆以悲,忧思轸蝉媛。"其三云："根株一以分,判隔如飙尘。流尘寡返期,回飙乏还因。下顾同根生,仰瞻无圣亲。中路噬相背,我岂非生民。"其四末云："孝积家屡危,忠构志愈愍。"其六有句云："家门继单弱,一线诚孤危。"构天祸指其遭父丧。

十五日夜,在宋德宜斋中,有诗。

《湖海楼诗稿》卷八《元夕》二首其二末句云："今日故园妆阁在,萧萧潘岳鬓如丝。"潘岳三十二岁而生二毛,此处用典应为确指。另从本年诗的相对排序看,该诗处在丙申秋后、丁酉秋日前。故应为本年作。

卷九《戊戌元日》后另有《元夕》二首,当作于次年元夕。其二末有原注云："去年是夕在右之斋中。"

春末,董以宁以父丧北京,抚柩归里,陈维崧至武进慰之。

《湖海楼诗稿》卷六《与文友》云："与子经年别,相逢仔细看。可怜红蜡烛,都照白衣冠。蜀魄悲何极,金铜泪未干。当时诗谶在,开箧已泛滥。"诗后原注云："送文友诗曾有'同为人子吾多感'之句。"卷八《过文友二首》其一云："二子麻鞋天地间,三春花鸟尽愁颜。……极北名王朱帐动,江南公子白衣还。与君同是伤心客,才唱乌生鬓已斑。"

按,董以宁父亦卒于顺治十三年。《湖海楼诗稿》卷十《秦淮寓中寄文友用杜陵寄贾司马、严使君五十韵》有句云："班荆逾七载,失怙竟同年。"可证。

四月二十九日,方文自桐城有书寄之。五月初陈维崧得书,有诗赋感。

《湖海楼诗稿》卷五《得桐城方尔止先生四月二十九日书感赋,兼怀密之先生》首云："鲤鱼风打江潮利,五月荆州估船至。船载沙门宝月师,附得枞阳故人字。"诗中另有"我家茔庐同鸡栖,负薪昼夜孤儿啼。开函伸纸未及半,申胡觱栗声酸嘶"之语,知其父时已去世。

五月初五,在常州,有诗感怀。

《湖海楼诗稿》卷五《五日感怀》云："去年今日吴城东,儿为辞亲滞客中。今年今日兰陵北,儿为思亲归不得。斜风细雨逐天涯,岁岁蒲觞不在家。麻衣有泪浑成血,不是灵符系绛纱。"

旋至苏州,时宋德宜服阕北上,专往送之。

《湖海楼诗稿》卷五《送宋右之太史北上》有云："青丝作绳玉作壶,送客尽至闾门隅。金鞭须缓酒须益,有客筵前论畴昔。……今君入直金庐上,故人原拟车尘傍。感君别君君自知,长安宫阙还参差。……玉壶酒尽清夜徂,众宾归去啼栖乌。黄尘一望三千里,独送相知鲍大夫。"

　　按,宋德宜为顺治十二年进士,旋以本生母丧归里,服阕北上,当在本年。此诗创作的季节不清楚。但结合《湖海楼诗稿》卷九《送宋畴三计偕北上》、《寄宋右之编修二首》等诗看,宋德宜北上当在本年前季。又陈维崧本次陪送一直到镇江(参《寄宋右之编修二首》,下文有引),其五月十九日在丹阳,即系送行路过。

十九日,为亡父忌辰。时因送宋德宜至丹阳,感赋五律十首,以述一年来的遭际。宋德宜曾劝其随行北上,但因家人生计无着,双亲未葬,未能成行。

　　《湖海楼诗稿》卷六《先君忌辰感赋十首》其一有云:"已矣复行道,亲亡竟一年。世宁宽白璧,儿已累黄泉。"其二云:"一载中间事,难令地下知。何人工取卵,有泪到燃萁。悔作崔卢裔,难追少壮时。为兄殊不易,况乃是孤儿。"其三云:"岂为无枝借,鹪鹩不敢栖。身充几上肉,人看道旁啼。飒飒心长破,荒荒首重低。惊魂还四顾,霜色一庭凄。"其四云:"四弟偏羸瘦,娇憨不识愁。忽闻身作赘,也复双泪流。父殁书杂读,家贫食未周。睢阳千里路,群盗正矜秋。"其八云:"细雨丹阳道,良朋劝北装。故人情自重,愁客语难详。八口尘生釜,双亲榇在堂。榜师篷外立,为我亦彷徨。"从"何人工取卵,有泪到燃萁"之语可知,其伯父贞裕仍不放过孤侄。《亳里陈氏家乘》卷十一陈行山《桂林府别驾虞初公传》云:"当少保公既薨,季弟万涵继殒。孝廉孙绳公操入室戈,视孤侄庶弟如几上肉。定生公欲披发入山,张二无先生等致札谆谆,以寻戈煎豆为戒,盖岌岌乎有覆巢毁卵之虞矣。其后卒获安全,知公之调护深也。"按,虞初名于明(1576—1652),字仲赓,虞初乃其号。为陈一经次子,廪例恩贡生,曾选任广西桂林府通判。孙绳为陈贞裕字。

　　同书卷九《寄宋右之编修二首》其二有云:"万岁楼头挽子衣,吕蒙宅后别君归。孤城自叹时名误,浊酒真怜壮志违。"按,万岁楼在丹阳。从此诗可知其最后送至镇江始分手。

　　又,据《送宋右之太史北上》中"今君入直金庐上,故人原拟车尘傍",和《先君忌辰感赋十首》其八中"细雨丹阳道,良朋劝北装"等语看,宋德宜似一直劝其随同北上,陈维崧因家累太重,两亲未葬,未能成行。

秋,在南京,本年为乡试之年,陈维崧因丁外艰未与试。

《湖海楼诗稿》卷七《龚芝麓先生枉和前韵再成一首》末注:"时余以外艰不预省试。"

关于陈维崧首次参加乡试的时间,有关材料并无明确记载。不过其在《赠孺人储氏行略》(《湖海楼全集·湖海楼文集》卷六)中说过"余七试省闱不遇"。康熙十四年为陈维崧最后一次参加乡试(十七年春夏之交,他已动身北上,无暇应试),往前推,每三年一次,到本年正好是七次。查其年谱中的行踪,此后每逢子、卯、午、酉乡试之年,他必定要回至江南,均应与此有关。故以情理推之,本年乡试他很可能已报名,只是因丁艰未能与试。

龚鼎孳因上一年奉使颁诏粤东,本年夏秋之季回京时路过南京,寓武定桥油坊巷之市隐园。龚氏上一年南下时曾在扬州停留,与冒襄有重会之约,故冒襄也于八月初到达南京。

董迁《龚芝麓年谱》。

《同人集》卷九"哭陈其年太史倡和诗"冒襄《定惠寺哭和其年旧诗二首后,秋雨卧病,泪凝枕上,杂拉复和十八首。幽抑怨断,付之鸥弦铁拨,当知其哀也》之八自注云:"丁酉余应泚水先生之约始至秦淮。时其年诸子从游甚众,尚不欲出见贵人。"

八月九日,与梅磊、戴本孝、吴孟坚、沈泌、周瑄、陈堂谋、刘汉系、方中德、方中通等冒雨访冒襄于金陵寓所,时冒襄方卧病,同人集会,饮酒榻前,限韵赋诗竟日。

冒襄《巢民诗集》卷三《丁酉八月九日余卧病秦淮,梅杓司、陈其年、戴务旃、吴子班、沈方邺、周式玉、陈大匡、刘王孙、方田伯、位伯冲泥过访,谭饮榻前竟日,即席同禾、丹两儿限韵》。

《同人集》卷六梅磊《八月九日巢民先生卧病秦淮,偕陈其年、戴务旃、吴子班冲泥过访,谭饮榻前竟日,即席限韵》。

同卷有陈维崧《和梅杓司〈八月九日巢民先生卧病秦淮,偕陈务旃、吴子班冲泥过访,即席限韵〉》组诗三首。《湖海楼诗稿》卷七《同梅杓司、戴务旃、吴子班集冒巢民先生寓中》的前两句与这组诗的第一首相同,后六句《同人集》作"老应逃白社,病不唱黄鸡。月上帝城北,秋高战马西。铜街沾湿极,欲去重栖栖",《湖海楼诗稿》作"乾坤横独鸟,壁垒正连鸡。少日便成老,东流宁复西。君看打鼓者,城上又乌栖"。

《湖海楼诗稿》卷九《集冒巢民先生寓楼》首云:"金陵八月秋雨新,桃叶渡头行少人。"

戴本孝(1621—?),字务旃,号鹰阿山樵,又号梅屋。安徽和州(今和县)人。戴重子。一生隐逸不仕,以布衣终。善诗画,曾以鬻画为生。著有《馀生诗稿》《不尽诗稿》等。生平略见《明遗民诗》卷七。

吴孟坚(1635—1718),字子班,号小山。安徽贵池人。吴应箕子。生平尚气节,好交游,能诗文。著有《偶存草》《雁字和韵诗》《一草亭读史漫笔》等。生平详光绪《贵池县志》卷三十《孝友》。

沈泌,字方邺。安徽宣城人。诸生。性落拓,跌宕文酒,不拘细行。生平详光绪《宣城县志》卷十八《文苑》及《渔洋山人感旧集》卷十六。

周瑄,字式玉,号桂岑。安徽桐城人。康熙副贡生。诗古文词,旁及书画,无不工。颜其居曰甪居。康熙十年江南大旱,曾倡议赈灾,乡里称为长者。著有《秋怀诗》《甪居集》。生平详道光《桐城续修县志》卷十六《文苑》。

陈堂谋,字大匡。安徽桐城人。蒋景祁《瑶华集词人》有著录。

刘汉系,字王孙,又字江祖,号豹奴。安徽贵池人。著有《江祖诗集》。《渔阳山人感旧集》卷十六收其诗七首。邓汉仪《诗观二集》卷七收其诗一首。

方中通(1634—1698),字位伯,号陪翁。安徽桐城人。诸生。方以智次子。能承其家学,于天文、律历、音韵之学,俱有研究。著有《数度衍》《律衍》《音韵切衍》《篆隶辨认》《陪集》等。生平详道光《桐城续修县志》卷十四《理学》。

有诗赠吴孟坚。与冒襄、方中德同观吴孟坚所携吴应箕《甲乙遗诗》册子,冒襄为之题识。

《湖海楼诗稿》卷八《赠吴子班》首联云:"白门城上夜啼乌,有客单衣向路隅。"

上海图书馆藏吴应箕《甲乙遗诗》传抄本(外题《大明吴楼山先生诗钞》)有冒襄题识云:"丁酉仲秋,令子子班过秦淮访旧,惓惓于余,因出此册,同其年、旧伯诸子共观,血泪墨痕,仿佛当日抵掌掀髯时。异日合其家藏楼山诗文手札册子为双璧,日月忠孝,淋漓笔间,余得附其后,幸矣。水绘庵同学弟冒襄拜手识。"(周兴陆《吴应箕钞本〈甲乙遗诗〉考》,《文献》2013 年第 6 期)

八月十三日,龚鼎孳于冒襄寓楼读诸人八月初九日诗,为和一首。陈维崧依韵再和一首。是日龚鼎孳因杜濬有招,不得久留,乃赋诗与定再过之盟。陈维崧作《上龚芝麓先生书》。

冒襄《定惠寺哭和其年旧诗二首后,秋雨卧病,泪凝枕上,杂拉复和十八首。幽抑怨断,付之鸲弦铁拨,当知其哀也》之八自注云:"一日泌水过访云:'床头有真英雄,忍不令余见?'大索出之。"

《同人集》卷六龚鼎孳《中秋前二日过辟疆老盟翁寓楼下留饮,读八月初九日社集诗,是日于皇招饮凤轩,不得久留,因用前韵纪事一首,且与其年定再过之约也。辟老方病不能书,略与余同》。

《湖海楼诗稿》卷七《龚芝麓先生枉和前韵再成一首》。

《陈迦陵文集》卷四《上龚芝麓先生书》有云:"维崧顿首献书芝麓先生阁下。嗣顷玉树歌残,黄旗气黯,西京掌故,南朝文笔,便已散失,都无哀次。音辞所寄,惟在阁下。维崧东吴之年少也,才智诞放,骨肉躁脱。当途贵游,目之轻狂。向者粗习声律,略解组织。雕虫末技,猥为陈黄门、方简讨、李舍人诸公所品藻。岁月不居,二十年于兹。徒以杨子幼之门第,花毂不少;王茂弘之子孙,青箱遂多。"

杜濬(1611—1687),字于皇,号茶村。湖北黄冈人。明崇祯副贡生,入清后隐居金陵。著有《变雅堂文集》和《变雅堂诗集》等。生平详汪士沦、王葆心《杜茶村先生年谱》。

十五日,龚鼎孳在其南京宅广宴诸客,酒间限韵赋诗,陈维崧诗先成,龚氏叹赏掷笔,遂与缔心交。当日同集者有许宸、王献定、杜濬、杜芥、纪映钟、余怀、冒襄、唐允甲、梅磊、邓汉仪、丁日乾。陈维崧另有诗赠杜濬。

冒襄《定惠寺哭和其年旧诗二首后,秋雨卧病,泪凝枕上,杂拉复和十八首。幽抑怨断,付之鸲弦铁拨,当知其哀也》之八自注云:"次日中秋广宴,酒半停剧,限清溪中秋四韵七言律。泌水即席赌诗,八叉立就。此夕其年四律先泌水成,先生叹赏掷笔,遂缔心交。"

《陈迦陵俪体文集》卷二《与龚芝麓先生书》曾回忆到这次集会:"奚图下走亦遇明公,依刘于石子岗头,御李于莫愁湖上。"《迦陵词全集》卷十七

《念奴娇·龙眠公坐上看诸客大合乐,记丁酉中秋曾于合肥公青溪宅见此,今又将十年矣。援笔填词,呈龙眠公并示楼冈太史、邵村侍御、与三孝廉》。

《湖海楼诗稿》卷八《青溪中秋社集,同龚芝麓、许菊溪、王于一、杜于皇、苍略、纪伯紫、余澹心、冒巢民、唐祖命、梅杓司、邓孝威、丁汉公赋四首》为当日所作,此即冒襄诗注中提到的四律。

《湖海楼诗稿》卷七《赠杜于皇二首》之二有云:"昨从谢傅饮,只叹杜陵才谓孝翁先生也。便从城北过,得闲应再来。"

纪映钟(1609—1681后),子伯紫,也作伯子,号戆叟,自称钟山遗老。江南上元(今江苏南京)人。明诸生,入清后弃去。曾客龚鼎孳处十年。龚卒后,复南归,卒于仪征。著有《戆叟诗抄》。

许宸,字素臣,号菊溪。河南内乡人。崇祯十三年进士。顺治二年授丹阳县令,八年抚治陕西商洛道,顺治十三年任江南按察使,十四年告归。卒后于顺治十八年祀乡贤。生平详《河南通志》卷五十九《人物》及康熙《内乡县志》卷九《艺文志下》所收之高佑釲《许按察使传》。

杜岕(1617—1693),一名绍凯,字苍略,号些山。湖广黄冈(今属湖北)人。诸生。杜濬弟。明崇祯七年,与杜濬避乱金陵。性孤介。著有《些山集》。生平详《渔洋山人感旧集》卷十二。

唐允甲,字祖命,号耕坞,一号山茨,晚号握椒老人。安徽宣城人。明季官中书舍人,国变后喜读释氏书,法名大剑,自称宣城羼提汉。生平详光绪《宣城县志》卷十八《文苑》及《皇清书史》卷十八。

邓汉仪(1617—1689),字孝威,一字旧山。江苏泰州人。少颖悟,博洽通敏,尤工于诗。吴伟业、龚鼎孳皆与之唱和,执选政者数十年。康熙十八年召试博学鸿词,因年老授内阁中书。归寓扬州董子祠,执经问业者不断。著有《官梅集》《慎墨堂全集》等多种,编有《东皋诗存》《诗观》等。生平详《道光泰州志》卷二十四《文苑》。

丁日乾,字谦龙,号汉公。江苏泰州人。顺治二年举人。以亲老不赴公车。工画人物,擅诗。著有《渔园集》。邓汉仪《诗观二集》卷十一收其诗十四首。生平详《江苏诗征》卷七十七、《淮海英灵集》甲集卷一。

十九日,与方中德、吴孟坚、刘汉系、黄虞稷、沈二允因雨宿于冒襄寓所,即席限韵赋诗,兼送吴孟坚归里。

《湖海楼诗稿》卷五《中秋后四日同戴务旃、方田伯、黄俞邰、周式玉、沈二允雨宿冒巢民先生寓中，兼送吴子班归秋浦》。该诗又见《同人集》卷六，题为《和戴务旃〈中秋后四日陈其年、方田伯、吴子班、刘王孙雨宿巢民老伯秦淮寓馆，即席限韵分赋〉诗》。

冒襄《巢民诗集》卷四《丁酉中秋后四日陈其年、方田伯、吴子班、刘王孙同两儿雨宿秦淮寓馆，即席限韵》。

黄虞稷(1629—1691)，字俞邰。江苏上元(今南京)人。康熙十七年荐举博学鸿词，以母丧未与试。后被召入明史馆，参与修史。著有《千顷堂书目》《我贵轩集》等多种。

沈二允，俟考。

有诗赠周瑄。

《湖海楼诗稿》卷五《酬周式玉同务旃作用原韵》："谁料西风八月间，两人结交乃在此。"

与戴本孝、黄虞稷、周瑄、方中德、方中通、吴孟坚、刘汉系、石洴、沈泌诸人在冒襄金陵寓馆修昆季之礼，沈泌有诗纪之。此会陈维崧为首倡。

《同人集》卷六沈泌《丁酉八月同戴务旃、陈其年、黄俞邰、周式玉、方田伯、位伯、吴子班、刘王孙、石月川诸君子修昆季之礼于冒老伯金陵寓馆漫赋》。

同书卷九冒襄《哭陈其年太史》之二诗末原注云："丁酉夏，余会上下江亡友子弟九十四人于秦淮，其年首倡斯集，时应制者少，咸为余至。"

方中通《陪诗》卷一《迎亲集·丁酉秋日父执冒朴巢大会世讲于白门》题下原注有与会者姓名。

石洴(1641—1669)，字月川，号熊耳山人。江苏如皋人。诸生。曾受学于陈瑚。天资颇高，诗具功力。著有《石月川遗集》。生平详嘉庆《如皋县志》卷十七《列传二·文苑》。

冒襄携具招龚鼎孳、王猷定、杜濬、姜鹤侪、梅磊等人过姜廷干秦淮水阁聚饮。陈维崧当日先游雨花台等处，归来后参与聚会，即席有诗赠姜廷干，饮至夜深方散。

龚鼎孳《定山堂集》卷四十《绮季水阁同于一、于皇、子翼、杓司、其年小饮，和伯紫壁间韵四首》。该诗又见《同人集》卷六，题为《秋日集绮季秦淮水阁，辟疆社盟长携具过饮甚欢，醉后和憨叟壁间春日四韵》。其一末云:"即今高阁秋风里,灯火书声聚一窗。"其三有云:"残夜帘钩倚碧溪,玉箫风过亦含凄。"

《湖海楼诗稿》卷七《社集姜绮季水阁用少陵水阁遣兴韵二首》其一云:"未赴群公会,青溪屐已赊。是日余先游雨花台、木末诸处。楼台高夜色,江汉滚风花。酒尽明河落,诗成椽烛斜。偶思江总辈,斜笔动官家。"同书卷一二有《即席同龚芝麓先生赠姜绮季》。

姜廷干,字绮季。浙江山阴(今绍兴市)人。明礼部尚书姜逢元子。能诗善画,尤工山水花鸟。曾为叶方蔼作《渔樵耕牧图》四幅,咏者甚众。汪琬为之作序(见《钝翁前后类稿》卷二十五《渔樵耕牧图序》)。周亮工《读画录》卷二有传。

徐釚招同龚鼎孳、王猷定、杜濬、纪映钟、余怀、姜廷干、姜鹤侪、陈允衡、许友、蒋易、陈玉璂于寓园社集,分韵赋诗,有作。

《湖海楼诗集》卷二《社集长干寓园,同龚芝麓、王于一、杜于皇、纪伯紫、余澹心、姜绮季、陈伯玑、许有介、蒋前民赋得"飙"字》有云:"凉秋八九月,城下起寒飙。我友有徐子,盛服相游邀。"在《湖海楼全集·湖海楼诗集》卷一,该诗题为《社集长干寓园,同徐电发、王于一、杜于皇、纪伯紫、余澹心、陈伯玑赋得"飙"字》。据此可知,诗中的"徐子"当指徐釚。

龚鼎孳《定山堂诗集》卷一《秋夜同王于一、纪伯紫、杜于皇、余澹心、陈伯玑、冒辟疆、蒋子久、姜绮季、子翥、陈其年、椒峰,饮徐氏寓园,分得"洗"字》。

陈允衡(1622—1672),字伯玑,号玉渊。江西建昌人。父陈本之为明御史。少从遗老游。顺治十一年赴乡试,既而悔之。工诗。著有《爱琴馆集》《勤外堂愿学集》等。

许友,初名宰,字有介,一字瓯香。福建侯官(今福州)人。清诸生。为许㻞族弟。父豸为崇祯四年进士,曾官浙江绍宁道提学副使。许友曾师事倪元璐。工书画,有诗名。酷爱米芾,构米友堂祀之。著有《米友堂诗集》。生平详陈寿祺《许友传》(见《碑传集》卷一百三十八)。

蒋易,字子久,一字前民。江苏江都人。与杜濬、王猷定友善。工五言律诗,兼善画。著有《石间集》。生平详《清画家诗史》甲集卷上。

陈玉璂(1639—?),字赓明,号椒峰。江苏武进人。康熙六年进士,官内阁中书。十八年应博学鸿词试,未中。三十八年后居里。与董以宁、邹祗谟、龚百药有"毗陵四子"之名。著有《学文堂集》。陈维崧曾为其《诗经稿》作序(见《陈迦陵俪体文集》卷六《椒峰弟诗经稿序》),又为其诗集作序(见《学文堂集》卷首,该文未收入《陈迦陵文集》)。其五言古诗《癸丑元旦述怀》自述早年经历。生平详《清史列传》卷七一、《国朝耆献类征初编》卷一四一。

同龚鼎孳、冒襄、杜濬、余怀、王猷定、姜鹤侪、顾梦游、纪映钟过许宸紫苔山房聚饮。

龚鼎孳《定山堂集》卷四《许菊溪紫苔山房醉歌行,同于皇、澹心、于一、子翽、其年诸子作》。

冒襄《巢民诗集》卷三《丁酉秋夜集许菊溪宪长紫苔山房,同芝麓大宪、于一、与治、于皇、伯紫分赋四首》、卷一二《菊溪招同诸子集紫苔山房》五律四首。

顾梦游(1599—1660),字与治。江苏江宁人。幼有神童之目。工诗词,善行楷。崇祯十五年岁贡生。入清后杜门不出。著有《偶存稿》《顾与治诗》等。

雨中,曾与纪映钟、姜廷干、吴孟坚同集徐去泰寓所,当夜姜廷干携被宿之。

纪映钟《戆叟诗抄》"补遗"《稼公寓斋小集,绮季携被宿陈其年,吴子班继至》:"日日秋阴雨细飞,夕葵开落傍柴扉。幽人襆被移书榻,古寺钟鱼度翠微。漂泊酒杯逢李燮,疏狂诗句见元晖。板桥新水添三尺,衰柳依依送客归。"

徐去泰,字次履,号五伦穷人。安徽宣城人。生平见《诗源初集》之《吴风》后所附小传。稼公当为其别号。吴绮《林蕙堂全集》卷十四《送稼公南归》有"君家代住麻姑山,万里楼开碧玉阑"之句,卷十五有《题姑山草堂赠稼公》。《江西诗征》卷六十五王猷定《姑山草堂歌》有云:"我乡麻姑之山四百里,上有百道神功之飞泉,奔流盱江岷江势乃止。十年仗剑不得游,波涛砑断蛟龙愁。今秋徐子顾我邗水傍,曰余家在姑山之草堂。噫吁哉!尔乃得有姑山之草堂,使我听之神徬皇。"据此可知姑山草堂为稼公宣城故里堂名,而且其人姓徐。同书同卷陈允衡《至宣州题姑山草堂》有注云:"同俞去文、孙直公为徐次履作。"则知徐字次履。据嘉庆重修《宁国府志》卷六《选举表》:孙曰绳,字直公,宣城人,顺治十三年县学生。俞去文名绥,亦宣城人。许楚《青岩集》卷二有《得俞去文二月书赋答,并怀稼公》，可证。

九月初，乡试发榜，友人吴兆骞、潘隐如、陆庆曾、任绳隗等中举(后三人均北榜)。此前已识吴兆骞。别后有书报之，并约定来年春天过吴江。

嘉庆《宜兴县志·选举志·举人》。

《陈迦陵俪体文集》卷二《与吴汉槎书》有云："仆怀此恨，积有岁年。何图今日，遂见作者。嗟乎汉槎，上下数千年，屈宋以来，徐庾而后，虽鸿文丽制不绝于时，而亮节惊才罕闻于世。仆既幽懑惑溺，浮沉芜秽，久歇性灵，长辞篇翰。而一二海内名贤，黄门兰摧，舍人玉折；方检讨吹箫而乞食，吴祭酒挟瑟以阳狂。纵有音容，几于星散。其它姓氏，靡不蓬飘。吁其悲矣，心伤悴矣。然而德邻不孤，伊人尚在。魏交让发藻于海隅，侯武功蜚声于江表。华亭年少，大有才情；西陵诸子，都饶风格。方今戎马蹂躏，人物散失。每遇一贤，何常不叹？况我足下，素爱王充之论，极怜庾信之哀。仆所以愿同深诣，共扶绝业者矣。冬间别后，准拟即过松陵，而到处淹留，旋归桑梓。斗鸡之社，日相牵挽；会猎之约，未遂心期。总俟春间，定成良晤。临文寄意，不尽愿言。"按，此书具体作期不明。但因其中有"黄门兰摧，舍人玉折；方检讨吹箫而乞食，吴祭酒挟瑟以阳狂"之句，知其不会早于本年。因陈子龙、李雯俱卒于顺治四年，吴伟业顺治十三年二月六日任国子监祭酒，十月因嫡母张氏之丧辞官，十四年二月归里。另书中"会猎之约，未遂心期"之语，当指本年陈维崧因父丧未能参加乡试之事。又顺治十四年十月，江南科场案发，吴兆骞被系，其后直至流放宁古塔，即未再得自由，故知此书当作于本年秋冬之际。

吴兆骞(1631—1684)，字汉槎。江苏吴江人。出身世家，幼擅才名，吴伟业将其和彭师度、陈维崧共目为"江左三凤凰"。顺治十四年举人，以科场案被流放宁古塔，后得纳兰性德、徐乾学、顾贞观等人相助，得捐赀赎还。著有《秋笳集》。

魏允楠，字交让。浙江嘉善人。魏大中孙。博极群书，以孝闻。著有《维风备忘抄》《诗玉》《诗彀》。生平详光绪《嘉善县志》卷二十一《孝友》。

有诗赠龚鼎孳。

《湖海楼诗稿》卷八《赠龚芝麓先生二首》其二有句云："三秋纵酒陶彭泽，十载行歌庾子山。"

在南京识周岐，有诗赠之。

《湖海楼诗稿》卷八《赠周农父先生》有云："由来吴市还堪隐,不信函关竟可封。翘首龙眠秋色里,明月长望最高峰。"该诗紧排在《赠龚芝麓先生二首》后,创作地点为"吴市",季节也是秋季,可断为本年。

周岐,字农父。安徽桐城人。崇祯八年荐辟,官河南开封府推官,后曾以按察佥事衔参史可法军。国变后归筑土室,吟卧其中。著有《孝经外传》《执宜集》《烬馀稿》。生平详潘江《龙眠风雅》、康熙《安庆府志》卷十九《文学》、马其昶《桐城耆旧传》卷六。

吴孟坚将归贵池,在冒襄寓馆作诗送之。

《同人集》卷六陈维崧《巢民老伯寓馆长歌纪事,兼送吴子班归秋浦》。

《巢民诗集》卷五《赠别吴子班四首》其一云："秦淮秋别系遥心,忽地蓬蒿紫气临。"其四云："阳羡书生六载同,今年奔走叹飘蓬。到来良会成凤约,相聚寒庐总爨桐。无事可为聊潦倒,莫言不遇逐西东。愿君别去磨冰雪,记取千秋一寸衷。"

石渠《石月川遗集》卷二有《赠别吴子班》二首,当作于本年。

在秦淮寓中有五言排律寄董以宁,董以宁后有诗答之。

《湖海楼诗稿》卷一〇《秦淮寓中寄文友,用杜陵寄贾司马、严使君五十韵》有云："牢落今秋最,轻华此地偏。……班荆逾七载,失怙竟同年。往事劳悲咤,馀生好弃捐。秋来邀笛步,霜落种瓜田。"

董以宁《正谊堂诗集》"五言排律二"《答和其年江宁见怀,用少陵五十韵之作》有云："芜城犹绮丽,邗水故潺缓_{时其年已客扬州}。……浮名随过隙,任达竟忘年。梁栋材何有,兰椒佩肯捐。石头慵送客,地肺卜耕田。……道穷真已矣,游倦盍归焉。满日风翻浪,防秋矢扣弦。南塘新悍卒,北府旧营迁。邀笛军声乱,观涛阵气联。半生途欲尽,两地路均邅。踟蹰匡时晚,优游卒岁便。云中双白鹄,矫矫共高骞。"

两诗韵相同,虽然各人所言之地不同,但应为同一事。

离开金陵前,有诗酬别姜廷干。

《湖海楼诗稿》卷五《酬别姜绮季》末云："秋星下照庾家墓,明日辞君出城去。"

十月,有诗赠王日藻。

《湖海楼诗稿》卷九《赠王印周农部》有云："石城山色落明霞,粉署清阴亦可夸。……碧城菼葭三江雨,白石芙蓉十月花。"

王日藻(1623—1700),字印周,号闲敕、却非,一号无住道人。江苏华亭人。顺治十二年进士,授工部主事,累官至河南巡抚,擢刑、户部侍郎,拜工部尚书,后转户部,任纂修《赋役全书》总裁。后因事被削职。擅书法,亦工诗文,著有《秦望山庄集》《梁园草》。

北闱科场案发,友潘隐如受牵连入狱。

王先谦《东华录》。孟森《明清史论著集刊正续编·科场案》。谢国桢《明末清初的学风·清初东北流人考》。

十月、十一月,北、南闱科场案先后发,方拱乾父子及吴兆骞、潘隐如等被牵连入狱。

王先谦《东华录》。孟森《明清史论著集刊正续编·科场案》。谢国桢《明末清初的学风·清初东北流人考》。

方拱乾(1596—1667),字肃之,号坦庵,又号甦庵。安徽桐城人,居江宁(今南京市)。崇祯元年进士,官谕德。入清后,荐补翰林学士,寻除少詹事。顺治十四年,以子章钺罹江南科场案牵连,逾年与子孝标、亨咸俱戍宁古塔。十七年,捐赀赎还。但既老且贫,无家可归,只能流寓扬州等地,靠卖字为生。拱乾工为诗,著有《白门集》《出关集》《入关集》等。

十一月十七日冬至,有诗抒怀。

《湖海楼诗稿》卷九《长至感怀二首》其二有云:"空堂伏腊自凄其,两载思亲岁暮时。"陈贞慧卒于上一年,故"两载思亲"云云,可证为本年作。

十二月,宋德宏赴京准备会试北上,有诗送之,并有诗寄宋德宜。

《湖海楼诗稿》卷九《送宋畴三计偕北上》首联云:"层冰积雪正嵯峨,客有狐裘夜渡河。"紧排其后的《寄宋右之编修二首》其一首云:"宋子三冬走马时,汉宫飞雪正参差。"

本月归家,过陈贞达园亭,感赋五律十首。

《湖海楼诗稿》卷七《冬日过先农部伯父园亭感赋十首》之九有云:"太息窥园客,麻衣倍可怜。千秋离粟赋,两载蓼莪篇。"从诗中所述,可知为本年作。

因池上寒梅早开,追念亡父,同三弟维岳怆然有作。

《湖海楼诗稿》卷九《余读书池上寒梅早开,追念先君同纬云弟怆然成咏》。该诗排在《长至感怀二首》和《丁酉除夕》中间,故系于此。

周季琬父周鼎卒,家乡举行公祭,陈维崧为作祭文。

《陈迦陵俪体文集》卷十《公祭大司空在调周公文》末云："维余小子，辱公提撕。夙与季君，埙箎相依。同人絜酒，命为芜词。湛醴申椒，灵其鉴之。"据孙光祀《胆馀轩集》第五册"墓志"《原任资政大夫总督河道工部尚书兼都察院右副督御史在调周公墓志铭》，周鼎卒于顺治十四年，具体月日缺载。

周鼎(1569—1657)，字实甫，号在调。江苏宜兴人。万历四十一年进士。累官至工部尚书左副督御史。督河有功，立朝有大节。万历四十三年以目病乞休。归里后箧笥萧然，被服淡素，日键户课子弟。申严家训，约束童仆。生平详孙光祀《周公墓志铭》。

按，周鼎初娶蒋氏，先卒。继娶吴氏，为周季琬生母，卒年不详。据孙光祀云，周鼎墓志铭是顺治十八年秋应周季琬之请而作的，当时吴氏"杖履尚健"。故知吴氏至少应卒于顺治十八年以后，陈维崧亦曾为其撰祭文。《陈迦陵俪体文集》卷十《祭周侍御母夫人文》末云："呜呼哀哉！某等诸人，曩偕侍御，梓泽南皮，流连笑语。交同班范，谊甚雷陈。翳维大母，截发留宾。曾几何时，感难去臆。"

二十九日，接毛先舒来信，有诗抒怀，并忆四弟宗石。

《湖海楼诗稿》卷九《丁酉除夕》有两条自注云："是日接毛驰黄札"，"时四弟滞宋城"。

本年冬，因父亡后家计日艰，不得已，遣老仆送四弟宗石入赘商丘，并作书与侯晓，托其照拂。宗石行前带走父贞慧所著《皇明语林》《雪岑集》《山阳录》《书事七则》《秋园杂佩》诸稿。

《陈迦陵文集》卷一《四弟子万诗序》："余弟生十三而孤，十四岁而赘婿睢阳。"

《湖海楼诗稿》卷六《送弟宗石之归德二首》道出了具体的季节，诗云："麻衣头晕日(《湖海楼全集》本作'霜肃候')，古道弟行时。萧飒一(全集本作'二')千里，伶仃十五儿。黄河风正怒，白日命如丝。莫道为兄易，涕痕仗汝知。""忆尔趋庭日，飞扬气食牛。只今饥拾橡(全集本作'贫到骨')，无那月当头。索饭怜犹小，还家好趁秋。辛勤惭老仆，扶汝至(全集本作'到')商丘。"

《陈迦陵文集》卷四《与侯彦室书》云："崧罪孽深重，忽遭先府君大变，神魂溃越，血肉荒迷。即拟奔讣梁园，缘会蹉跌，途路有局，遂成阔阻，五内纡结。忽接远唁，惝仄奚似？四弟宗石，先府君在时，屡以羸弱致失教诲，今兹孤露，益复芜废。弟槮又以家业颓破，糊口四方，顾此幼孺，中心如割。足下谊切葭莩，情钟亲串，绸缪卵翼，奚俟赘言。但念此子幼龄多病，便如百药；成童丧父，略类邴原。畴为人兄，乃令至此。今以先府君灵梽在堂，马鬣未封，阖门惝遽，踌躇进退，万难为怀。遂令十四龄稚子，伶仃千里外。兴言及此，足下谅为心恻也。"

陈宗石《秋园杂佩跋》："丙申遭先君大故，宗石年甫十三，四壁无存，饥驱渡江，赘雪苑侯公甥馆。孑然一身，仅守先大人所撰《皇明语林》《雪岑集》《山阳录》《书事七则》《秋园杂佩》诸稿。"

又彊善堂本《宜兴陈氏家言》第三册陈维岳《患立堂后记》后附陈宗石跋云："丁酉至商丘妇家，诸奴诮之曰：此一贫如洗之新婚也。"

侯晓（1637—？），字彦室。侯方域长子。

约是年，为邓汉仪《过岭集》作序。

《陈迦陵俪体文集》卷五《邓孝威诗集序》云："才人失职，幼即辞家；烈士依人，长而去国。三秋作客，徒悲峡里之黄牛；五夜思乡，难忘关前之白雁。况复燕昭台畔，犹有遗宫；嬴政山头，非无疑冢。……嗟乎，兰因芳殒，膏以明煎。自古文人，皆婴此患。羁雌啁哳，岂有意于讴吟；怨鸟萧骚，聊自言其辛苦。属以风高铜柱，同使者以乘槎；月冷珠江，共客星而泛棹。听蛮方之秦吉，食炎徼之槟榔。《过岭》一编，乃孝威之近集也。"按，邓汉仪于顺治十二年至京，十三年随龚鼎孳奉使粤东，本年一同北返，《过岭集》即其本次使粤途中所作，陈维崧本序实为《过岭集》而作。故序中所谓"三秋作客"，乃实指也。此事可参董迁《龚芝麓年谱》。

顺治十五年　戊戌（1658）　三十四岁

正月初一，有诗抒怀。

《湖海楼诗稿》卷九《戊戌元日》。

初二日在镇江，时陈于鼎称六十觞，为作《太史五叔祖集唐序》。

《陈迦陵俪体文集》卷六《太史五叔祖集唐序》云："（按，自北都失守后，陈于鼎）遂拂衣而请退，爰解职以归耕。卜宅金山，结邻铁瓮。宋文帝赋诗之所，啸傲忘年；刘穆之射马之堂，优游用老。居惟皂帽，管幼安绰有高名;坐满白衣,陶泉明凤矜亮节。盖甲申变后,久薄冠缨;而丁卯桥头,尤工吟咏。今正二日,适届六旬。时则东吴问字之人,西蜀好奇之士。竹林耆旧,歌菊水以延龄;莲社宾朋,画桃源而献寿。汇为一卷,不啻百城。……崧也人惟落拓,差有门风;性极清狂,不娴世法。王公膝下,人每言此子之超;谢傅庭前,尊不以常儿相畜。虽张充之臂鹰牵犬,馀习未忘;而王籍之饮酒弹棋,胜情不减。命书末简,以质群公。"

按,据《家乘》卷六,陈于鼎生于万历二十八年庚子正月初二,卒于顺治十八年辛丑六月初六日。至本年为五十九岁,提前庆六十寿。

十五日夜,有诗二章述怀,并忆宋德宜。

《湖海楼诗稿》卷九《元夕》二首其二有云:"吴城昨夜忆联镳,同舍相携乐事饶。……知尔天坛祠太乙,彩云高处念渔樵。"末注云:"去年是夕在右之斋中。"该诗紧排在《戊戌元日》后。

正月,北闱科场案结,潘隐如等被流徙尚阳堡。

王先谦《东华录》。孟森《明清史论著集刊正续编·科场案》。谢国桢《明末清初的学风·清初东北流人考》。

三月,南闱科场案结,方拱乾父子及吴兆骞等被流徙宁古塔。

王先谦《东华录》。孟森《明清史论著集刊正续编·科场案》。谢国桢《明末清初的学风·清初东北流人考》。

作《暮春杂感四首》述怀,兼怀吴兆骞、方中德、冒嘉穗、丹书兄弟。

《湖海楼诗稿》卷九《暮春杂感四首》其二首联云:"自着麻衣守垩庐,有时行役度居诸。"其三末注:"怀汉槎也。"其四末注云:"怀方田伯、冒谷梁兄弟也。"

在常州,与白楠同车,有诗赠之。

《湖海楼诗稿》卷九《赠白让木》有云:"异代雅工幽鞫赋,同车况值暮春时。……正是江南花落后,清狂相对即相知。"

白楠(1609—1660),字让木。江苏武进人。白氏为常州望族,多显宦。然白楠三代皆不仕,惟纵酒自豪,以蒙童为生。与陈玉璂交善。好为诗。顺治十七年,陈玉璂将走京师应试(见其《癸丑元旦述怀》),向其辞行,白时已卧病,自言将不久于人世,乞为其撰墓志铭。及陈玉璂次年归来,白果卒,享年五十有二。生平详陈玉璂《白让木墓志铭》(《学文堂文集》"墓志铭一")。

邹祗谟中进士。

《明清进士题名碑录》顺治十五年榜。

六月初八，庶母时氏殁。四弟宗石闻丧自商丘归，五弟时方五岁，寄养于曹氏姑母家。

《家乘》卷三陈贞慧传。

《陈迦陵文集》卷五《敕赠时太孺人先庶母行略》。

彊善堂本《宜兴陈氏家言》第三册陈维岳《患立堂后记》末附陈宗石跋云："戊戌，先太孺人见背，五弟方五岁，寄养于曹姑母家。宗石闻丧，岳母常夫人出二十金，石妇出三十金，并毁簪珥，归里竭力襄葬事。"

因事在苏州，冒襄有书邀其至如皋，有书答之，定于事毕归家后即践前诺。书中提到欲访吴伟业于太仓。

《陈迦陵俪体文集》卷二《答冒辟疆先生书》有云："桃叶渡头，莫愁湖上，论心浃月，把臂连宵。申之风雨之盟，重以云天之谊。虽汉室公卿，莫怜王粲，而长安故旧，犹问何戡。以至追陪庾亮之楼，出入石崇之谷。池台欢燕，则陆孔连镳；歌舞游从，则庾徐并辔。身虽离乱，快极生平；一别经年，何常不叹？念江淹于天末，似有罗人；眷谢朓于云中，微闻弋者。旋知康吉，奚俟欣荣。……适因他事，滞迹吴门。猥荷隆情，枉烦蓬使。忆昔歌骊之日，亭曰劳劳；睠言执手之时，誓成旦旦。临岐一恸，行路为悲。崧实有心，敢忘凤诺？即如今岁，心结成言。学虞卿之著书，缠怀闭户；愧长卿之作赋，息意行游。徒坐管宁之床，未设马融之帐。况当命至，能不神驰？只以娄子江边，欲访东山之墅；阖庐城内，尚淹北海之樽。朝旋里门，夕发邗上。断不稍延晷刻，屡积訾尤也。"按，书中所云"娄子江边""东山之墅"，当代指吴伟业。

七月初七日，在武进赋《七夕篇》，并同巢震林、黄永、毛重倬等集董以宁斋送毛重倬之燕。

《湖海楼诗稿》卷九《七夕同巢五一、黄云孙、毛卓人、曹渭书、家彀仲集文友斋送毛卓人之燕》。同书卷五有《七夕歌》应作于同时。

巢震林（？—1665），字五一，号兼山。江苏武进人。顺治十二年进士。官至礼部郎中。工诗。著有《鹊印堂文集》《鹊印堂诗集》等。

毛重倬（1617—1685），字卓人，号劬轩，又号补庵。武进人。顺治二年应乡试，因文休怪异被拘禁。八年寓杭州，与吴百朋、孙治、陆圻、毛先舒、丁澎结社唱和。九年考选太湖教谕,十三年因母丧归。十六年补太仓学正。康熙元年迁浙江石门知县。七年降补江西赣州府经历,三载辞归。著有《乐志堂诗集》《卓人词》,均佚。辑有《二十名家古文选》。生平详毛志锴《先府君年谱》。

曹渭书,宜兴人。名号生平俟考。毛师柱《端峰诗选》"五言律"有《寄荆溪曹渭书》。

陈弢仲,名号生平俟考。为陈玉璂胞弟。《迦陵词全集》卷十三《满庭芳·题徐武贻小像》题注云:"武贻,文贞后人,椒峰、弢仲母舅。旧许为之题像,今翁已没,始追补成之。"可知弢仲与陈玉璂为同胞兄弟。

同蒋钺坐黄永小阁谈诗竟日,限韵有作。

《湖海楼诗稿》卷九《同蒋驭鹿坐黄云孙溪边小阁谈诗竟日限韵》。

蒋钺(1625—?),字驭鹿,一字玉渊。武进人。皇太极第六子镇国公高塞居奉天,礼聘天下贤士,蒋钺膺其选。康熙三十六年自京赴滇,就官大理。著有《蒋玉渊诗选》。与翁介眉合辑《清诗初集》十二卷,于康熙二十年由蒋钺首刻。生平略见于道光《武阳合志》卷三十三。

八月十五日有诗抒怀,并怀念因科场案入狱的陆庆曾、潘隐如等故友。

《湖海楼诗稿》卷九《中秋二首》其一首云:"苦忆秦淮事渺茫,昨秋曾过汉宫墙。"末注:"忆大会芝麓先生斋中。"其二末云:"凤城明月如相识,应有清光照楚囚。"其后注云:"怀子玄、逸民诸子。"

九月初九,董文骥邀与黄永等过饮,听武进先达杨惟和故歌儿青儿弹琵琶,作《青儿弦索行》。

《湖海楼诗稿》卷五《青儿弦索行》序云:"青儿故杨中丞家歌人也,归文友家监奴。夏夜过玉虬宅,青儿适在此间。玉虬令屏风后鼓琵琶一再行,杂以吴歌。座客坚坐听之,悲风飒飒从帘前来。因作歌以纪事,名曰《青儿弦索行》。"

《毗陵诗录》卷一有黄永《青儿弦索行》云:"董郎邀醉重阳酒,萧槭空斋季心友。酒后惊闻弄弦索,梧叶西风动帘幕。……"诗后有注云:"儿本邑先达杨公家姬,后为董子文友青衣妇。"按,该诗又见《诗观初集》卷六。

邓汉仪《诗观二集》卷十一邹祗谟《青儿弦索行》引云:"青儿者,杨中丞家姬也。杨故后,诸姬各散,姬遂为文友家仆妇。酒酣间使隔屏度曲,董子玉虬因言杨家姬有宠于吴中某钜公者。姬闻呜咽,曲未终而亡。因思……人生因果，亦复何常？云孙曰：念及青儿，行自念也。因作《青儿弦索行》，余补和之。"

董以宁《蓉渡词》之《愁春未醒·青儿曲》引云："青儿者，邑先达杨中丞家妓也。今作予家仆妇，嗟哉，憔悴矣，然犹记旗亭旧曲。适文夏、右文、艾庵、程村诸子，同渠旧主人东起过饮，因索清歌，觉有羞见江东之意。其音瑟瑟，似听浔阳江上声。词以伤之，还恐才人老大，都如是耳。"

董文骥（1623—1685），字玉虬，号易农，又号云和、云痴。江苏武进人。顺治六年进士，由行人官江南道御史。康熙七年，外迁陇右道参议，未赴任而乞休归。汪琬《董玉虬五十寿序》云："玉虬既忤权贵人，径阴借外转出诸陇右，遂中道投劾去。"著有《微泉阁集》。生平详邓之诚《清诗纪事初编》卷四、《清代毗陵名人小传》卷一。

杨惟和，万历四十一年与周延儒同榜进士，官至工部主事。后因结附阉党，升右副都御史。崇祯朝定逆案，被削职。生平略见乾隆《武进县志》、文秉《先拔志始》卷下《钦定逆案·交结近侍又次等》。

有诗赠白楠、范帜。同时与陈士益相往来。

《湖海楼诗稿》卷五《赠白让木》《赠范赤生学博》应作于同时。其中《赠白让木》有云："兰陵白让木，豪宕略堪比。……行年五十无不有，犹向人间觅杯酒。苦逢曲蘖必癫狂，醉逐儿童也飞走。……晚年酷爱陈生诗，口吟手写心不辞。昨朝和我青儿歌，江州白傅同嗟咨。"《赠范赤生学博》有云："银河烂烂垂百尺，兰陵美酒倾一石。主人挽客起行酒，客挽主人论畴昔。……今年五十会宾客，铜盘绛蜡围罗巾。……陈郎三十自言老，范子致身年尚早。"

《迦陵词全集》卷十八《念奴娇·秋夜携姬人稚子借宿椒峰东园，追忆与白生让木、叔氏虞掌读书此间，已十七年矣。今二子已亡，而余重复经此，不胜今昔之感，词以怆旧》。按，该词作于康熙十四年秋陈维崧自中州接得妾与幼子南还时（考见康熙十四年），上推十七年正为本年。因同为秋季，故有是感。

陈士益，字虞掌，自号桃坞居士。江苏武进人。诸生。四应乡试而不举。后因奏销案起，被黜。先天体弱，如不胜衣。性喜静，不苟言笑。生平详陈玉璂《学文堂文集·墓志铭一·陈宣周陈虞掌合传》。

范帜，字赤生。江苏江宁人。顺治贡生，十三年任武进训导，十八年升湖南绥宁知县。

秋,过太仓,吴伟业宴之,在席上识许旭。

《陈迦陵文集》卷一《许九日诗序》:"戊戌秋,余过娄上,吴祭酒宴余于梅村。宾客麋集,座中一人简默而飞扬。祭酒顾余言曰:'子亦识其人乎?此即所谓许九日也。'余越席而揖,因与定交去。"

许旭(1620—1689),字九日,号秋水。江苏太仓人。诸生。工诗。著有《秋水集》。

十一月,庶母时氏下葬。弟宗石将返商丘,行前乞维崧为其母撰行略。

《陈迦陵文集》卷五《敕赠时太孺人先庶母行略》有云:"岁戊戌,四弟宗石自商丘闻生母讣,奔丧以归,并以是冬十一月葬母于里中之新阡。行有日矣,宗石泣且言曰:石兄弟五人,不幸处士公见背,魂魄溃裂。今石与弟岗复罹生母大痛,又因处士公殁后入赘异乡,故母之殁也,衾绖含敛不获一视。兹者马鬣将封,并不得一言以为母不朽,其若为人子者何? 兄其为石纪之,用乞当世之大君子立言能文章者。"按,此行略初成于本年,后陈维崧去世,陈宗石在为其刻集时有所增补,其题名中的赠衔,乃康熙二十三年所获,此时陈维崧已去世三年。

初七日,至如皋,冒襄馆之于宅东之留耕堂。

《陈迦陵文集》卷一《小三吾倡和诗序》:"戊戌十一月,陈子自娄江拿舟访先生,先生馆于小三吾,而日与赋诗饮酒焉。"又《同人集》卷六陈维崧《己亥赠冒巢民先生为太母七十寿》诗云:"昨岁仲冬日初七,陈胜蹑屩初入门。"由此可知其来如皋的具体时间。

《湖海楼诗稿》卷九《赠冒巢民先生》末云:"今日凄凉依父执,乌衣子弟几家存?"此诗或为本次见面时作。

《冒氏宗谱》卷四陈维崧《宗起公副室刘孺人传》云:"忆余十二年前,以通家子访巢民先生于东皋,先生馆余宅东之留耕堂。留耕堂者,盖先是宪副公所筑,以居其仲子无誉也。后筑一堂曰爱日,则季子爱及居之。余读书两堂之间,无誉才十五六,爱及甫数岁耳。"

初九日,冒襄在得全堂宴集同人,为其接风,席间出歌童演剧,维崧即席赋诗,以报知己。此会如皋同人参加且可考者有李国赞。

冒襄《巢民诗集》卷四《戊戌仲冬九日陈其年初过寒庐,宴集同人,即席限韵分赋四首》。

《同人集》卷六陈维崧《戊戌冬日过雉皋访冒巢民老伯,宴集得全堂,同人沓至,出歌童演剧,即席限韵四首》。

《东皋诗存》卷十李国煑《置酒行》题下自注云:"戊戌冬日,同东皋诸子、吾乡陈其年饮冒辟疆得全堂观剧分赋。"

《淮海英灵集》丁集卷一冒褒《陈其年至自阳羡伯兄招宴即席限韵》(该诗又见《诗观三集》及《铸错轩诗辑》)。

李国煑,字玉如,号耐庵。江苏武进人。清初避乱如皋,遂家焉。有《陶隐诗稿》。生平略见于《东皋诗存》卷十。

冒褒(1644—1726),字无誉,号铸错,又号铸错老人。冒襄庶母弟。一生十应乡试皆不中。能诗。今存《铸错轩诗辑》一卷,收入《如皋冒氏丛书》中。另曾为陈维崧《妇人集》作注。生平详《如皋县志》卷十七本传。

冒褒招集同人夜集爱日堂,即席限韵赋诗。此后冒褒在其生母刘孺人的教导下,对陈维崧在生活上关切备至。

冒褒《铸错轩诗辑》有《冬夜同诸子招陈其年集爱日堂,即席限韵》云:"又见同人聚,相邀还杖藜。霜依衰草白,月过小墙低。满目悲戎马,关心动鼓鼙。从今频握手,日夜得招携。"(该诗又见《东皋诗存》)

《冒氏宗谱》卷四陈维崧《宗起公副室刘孺人传》云:"二子既以兄事余,相友爱,每至寒夜篝灯,虽深更漏下三鼓,酒醪粢醓诸物,不呼悉具;或时已假寐,无誉辄窥之曰:得无寒耶?潜以缊袍拥之而去。其他事类如此。余问之二子,则曰:'噫!此皆吾母刘孺人之教也。……'"

在如皋,识张坦授、李仙原、邵潜诸人。

《陈迦陵文集》卷一《张孺子诗序》:"戊戌冬,陈生初至如皋,冒巢民先生谓曰:'此间有张孺子者,可不一识乎?'维崧喜,亟从之游。"

《陈迦陵文集》卷一《李延公诗序》:"陈子客岁来如皋,常与李生为兄弟交,生之尊人慢庵先生又最爱余,今再来而慢庵先生已不能即相见,仅时时与生周旋。"

《陈迦陵文集》卷三《邵潜夫先生八十寿序》:"陈生之来如皋也,客有短邵先生于陈生者。……陈生则窃从邵先生游。"

张坦授,字孺子,号茗柯,一号白发词人。江苏如皋人。诸生。清初母为乱贼所害,遍访其仇不可得,痛饮终身。性喜洁,家贫无子。著有《茗柯集》。生平详嘉庆《如皋县志》卷十七《列传二·隐逸》。

李鼎(1606—?),字吾鼎,号慢庵。江苏如皋人。冒襄姊夫。因其伯父李之椿、堂兄李旦暗通鲁王,顺治十五年为内奸所揭。案发时李鼎与父之柱同时被捕至江宁。后李之椿绝食死,李旦等四十八人于此年三月同斩于南京。经冒襄全力营救,李之柱、李鼎父子得脱。然家道自此中落。李鼎出狱后改名张李鼎。关于李之椿通海案,沙元炳《志颐堂诗文集》文集卷中《明礼部侍郎李公备传》述之较详,可参。

李仙原,字延公。如皋人。李鼎子。生平详冒襄《巢民文集》卷二《题水绘庵学诗诸子诗小序》之六并冒广生跋。此人曾参与编选陈维崧早期诗作为《湖海楼诗稿》十二卷。

邵潜(1581—1665),字潜夫,自号五岳外臣。江南通州人,寄居如皋。明末布衣,入清以气节自高,性急善骂。贫不自给,然不枉受人馈赠。善籀篆八分书,工字学。著有《邵山人诗集》。生平详范方《默镜居文集》卷四所作传及嘉庆《如皋县志》卷十七《列传二·流寓》。

二十二日,畲启美、石宝臣、许邺招宴于冒氏得全堂,即席赋诗。

《湖海楼诗稿》卷九《冬至前五日畲公佑、石尚卿、许子公招集巢民先生得全堂,即席分得一东二首》(该诗又见《同人集》卷六,题为《冬至前五日畲公佑、石尚卿、许子公招宴得全堂即席赋》,个别文字有差异)。

《同人集》卷六收石宝臣、许邺、畲启美《冬至前五日小集,同社诸子饮其年于辟翁斋中》同题诗,可互参。

冒襄《巢民诗集》卷四《冬至前五日畲公佑、石尚卿、许子公、两舅氏招同诸子陪宴陈其年于得全堂,即席分韵五微得二首》。

本年十一月二十七日冬至。

畲(县志作"佘")启美,字公佑。江苏如皋人。崇祯十四年岁贡,志学幼子。《东皋诗存》卷六收其诗。《同人集》亦有著录。

石宝臣,字尚卿。如皋人。《东皋诗存》卷六收其诗。《同人集》亦有著录。

许邺,字子公。如皋人。《东皋诗存》卷十五收其诗。《同人集》亦有著录。

不久,马世乔、李仙原等再次招宴于冒氏得全堂,即席赋诗三首。

《同人集》卷六陈维崧《冬日马迁于诸子招宴巢民先生得全堂,即席限韵三首》(《湖海楼诗稿》卷七收其第一首,题为《冬日马迁于、李延公诸子招宴,即席限韵》)。同卷还收有石宝臣、畲启美、许邺三人以《迁于诸君集辟疆斋头邀陪其年,即席限韵》为题的同题唱和诗,可互参。

马世乔,字迁于。江苏如皋人。为冒襄中表兄弟。《陈迦陵文集》卷一《小三吾倡和诗序》中提到的冒氏中表兄弟有马迁于和许嗣隆。卷五《马羽长先生传》中有云:"先生兄元方翁、弟季宣翁、姊则吾巢民先生母太夫人,皆六七十岁馀,甚友爱。犹子数人,独世乔工文章为诸生,与余善。"从名字互训的角度看,迁于即世乔字。

十二月十四日夜,月下同冒襄限韵赋诗。

冒襄《巢民诗集》卷四《十四夜月下同其年限韵》末句云:"依去不留无限恨,薄衾霜拥正孤冬。"是知为冬末之十四日。

十五夜,同冒襄泛月,仍次前韵。

冒襄《巢民诗集》卷四《次日泛月同其年仍次前韵》末句云:"石桥冰兴梅花影,小立天街踏暮冬。"

按,以上两首诗后一首为《己亥人日喜禾儿举子弥月》。

同诸友过水绘庵作五律八首。

《湖海楼诗稿》卷七《冬日同诸子过水绘庵八首》。

水绘庵读书诸人招冒襄陪陈维崧小饮,席间限韵赋诗,陈维崧心有所私,诗稍后成,冒襄赋诗嘲之。时冒裔、冒褒、嘉穗、丹书在座。

冒襄《巢民诗集》卷三《冬夜水绘庵读书诸子招陪其年,时小季、无誉、禾、丹两儿在侍,即席限韵三首》其三末云:"每惊风雨句,今日减轻狂。"其下自注云:"其年时有所昵,今晚诗成稍后,故云。"按,此处所云之有所昵者,当即歌童徐紫云,即所谓云郎是也。前引石宝臣《迁于诸君集辟疆斋头邀陪其年即席限韵》其二末句云:"徐郎水绘咏,古秀逼松筠。"可参证。

徐紫云(1644—1675),字九青,号曼殊,人称云郎。为冒氏家班中的演员,以善舞著称,其色艺冠绝流辈,大得王士禛等人的称赏。冒广生曾裒集陈维崧与徐紫云的故事编为《云郎小史》。《同人集》卷六收有陈维崧所作的《徐郎曲》,对其才艺和表演有生动描写。另,陈维崧在如皋期间,经常得徐紫云侍奉,两人感情极深。陈维崧曾请陈鹄为画《九青小像》(见冒广生《云郎小史》),遍请名流题赞,时多有调之者,词颇艳冶,一时传为美谈。近人张涵锐(1909—1968,字次溪)辑有《九青图咏》行世。常熟瞿氏抄录本《迦陵先生填词图题辞》后亦附有《紫云图题诗》。《九青小像》原本今存大连旅顺博物馆,该馆副馆长房学惠女士《简析〈紫云出浴图〉卷》(《东南文化》2006年第1期)对其流传过程及画面内容描述甚详。陆心源《穰梨馆过眼录》卷四十录有其全部题词,张次溪《九青图咏》卷首附有摹本。

冒裔(1647—?),字爱及。江苏如皋人。冒襄庶弟,冒褒胞弟。幼孤,与兄褒俱抚于冒襄。成年后为家产事曾与冒襄争讼。后贫困以终。

同蔡潜、冒丹书访张圮授不遇,有诗记之。

《同人集》卷六有陈维崧《同孟昭、青若过访孺子不遇》。

冒襄《巢民诗集》卷三《其年、孟昭同丹儿践孺子茶约不值,留诗而返。余拟偕往不克赴,次韵一首》。

蔡潜(1606—1685),初字云起,后字孟昭。江苏吴县人。与冒氏父子祖孙四世相交六十年,老而无子,止一女名含,归冒襄,因依冒襄而居。

冒丹书(1639—1695),字青若,号卯君,又号西堂。冒襄次子。能诗,所作多散佚。冒广生辑有《枕烟堂诗存》,见《如皋冒氏丛书》。

作《杂诗》十首、《冬日过水绘园作》、《湘中阁望雪》二首。

《湖海楼诗稿》卷三《杂诗》《冬日过水绘园作》。同书卷九《湘中阁望雪二首》。

按,《杂诗》作期本无明确记载,但《同人集》卷六"水绘庵题咏"中收有此诗,题为《杂诗寓水绘庵作》,排在弘知《丁酉春日》后。以理推之,当为本年作。

冬日曾至扬州,作《冬日广陵杂感八首》述怀。

《湖海楼诗稿》卷九《冬日广陵杂感八首》其七有云:"城角苍凉耿不收,一年节尽此淹留。路迷铁甲金戈外,泪落黄云碧海头。自昔梁鸿原有案,谁知苏李本无裘。故园思妇应相忆,人在萧家太子楼。"诗末注云:"此首专忆内子。"其八云:"睢阳风雪剧纵横,稚子单衣汝独行。兄弟可怜双作客,别离无奈一关情。慈乌失母寒难傍,老马思乡夜每惊。两地岁时虚伏腊,今年椒酒若为倾。"此诗为宗石而作。

有诗寄陈玉璂。

《湖海楼诗稿》卷九《寄弟赟明》有云:"熟知令弟耽佳句,定忆羁人赋远游。……两年把袂连床地,回首兰陵迥白头。"

有诗寄妻储氏并维嵋、维岳两弟。

《湖海楼诗稿》卷九《寄内》首云："别汝真成此暮冬，天涯何事逼征烽。"同卷《寄半雪纬云弟》后半云："百年兄嫂支离日，双眼乾坤惨淡中。自是此心翻倒极，早随春色到江东。"

读方育盛、膏茂兄弟狱中书有诗赋感并呈李鼎。

《湖海楼诗稿》卷九《读友人狱中诗有感呈慢庵先生二首》其一末云："我自避人深夜读，果然风雪到幽州。"其二有云："元臣绝粒野沙黄，小阮惊闻只影藏。雪里有诗怜弟侄，草间何客说兴亡。"

诗题中所谓友人并无明确指向，但"元臣"云云应指方拱乾。故疑方氏兄弟在狱中有书寄水绘园。

有诗赠石泖。

《湖海楼诗稿》卷九《赠石月川》首云："石家才子真年少，忆与论交是昨年。"该诗排在《戊戌雉皋除夕》前。又，陈维崧与石泖论交是上年在南京时。故知该诗作于本年。

二十五日，于冒襄斋头畅谈竟夕，张玘授诗先成，同诸人共次原韵。是夜，有家信至。

《同人集》卷六陈维崧《次张玘授_{孺子}〈除夕前五日小饮巢民先生斋头，瓶花炉篆，楚楚袭人，与诸子畅谈竟夕用赋二首〉韵》其二云："抱得屏风热，听来檀板幽。此生原是误，何计不言愁。忽见家书到，那禁客泪流。万金闻道似，抵此讵相侔。"诗下自注云："是夜余家信到。"按，该诗又见《湖海楼诗稿》卷七，题为《除夕前五日小饮巢民先生斋头和张孺子韵》。

冒襄《巢民诗集》卷三《除夕前五日同其年诸子小饮，孺子诗成，共次原韵》其一"忽寄一枝雪"句下注云："灯下其年家信至。"

二十九日，同张玘授诸人与冒襄茶话唱和，得诗六首。

《同人集》卷六陈维崧《次张玘授_{孺子}〈除岁前一日重过巢民先生，炉香茗碗，位列尤佳，即席唱和二章〉韵六首》。按，此诗又见《湖海楼诗稿》卷七，题为《除夕前一日重集巢民先生得全堂，孺子诗成，即席递为倡和二首》《再次前韵二首》。《同人集》中该诗为两组各三首，《湖海楼诗稿》所选为各组之前两首。

冒襄《巢民诗集》卷三《除夕前一日同其年、孺子诸君茶话，孺子诗成，即席递为唱和得三首》。

三十日夜，有诗呈冒襄，感谢其多年来的关心和照顾。

《同人集》卷六维崧《戊戌雉皋除夕呈巢民先生》。

《湖海楼诗稿》卷九《戊戌雉皋除夕》有云:“转忆闽中林进士,相同守岁浩然堂。……此际江天亲作客,当年花月耿难忘。”

林进士,疑为林嗣环。

本年底作《小三吾倡和诗序》。

《陈迦陵文集》卷一《小三吾倡和诗序》云:“戊午十一月陈子自娄江挐舟访先生,先生馆于小三吾,而日与赋诗饮酒焉。小三吾倡和所由名也。……先君子之弃崧也亦已逾三年,今崧独以故人子千里蹑屩,从小三吾倡和。”小三吾乃冒襄水绘园中亭名。

识许纳陛,许有诗相赠。

《湖海楼诗稿》卷四《酬许元锡》有云:“晚交许子怀抱开,看尔不合长悲哀。手提一诗来赠我,十幅错落红玫瑰。我年三十馀,清狂爱儿戏。旁人见我笑不休,安知我有填膺事。”

许纳陛,字元锡,号雪庵。江苏如皋人。康熙二十五年贡生。工诗。康熙间曾与修《如皋县志》。《东皋诗存》收有其诗六十馀首。生平详嘉庆《如皋县志》卷十六《列传一》,《江苏诗征》卷一〇〇亦有传。

约本年底,作《秦箫曲》《徐郎曲》《杨枝曲》。

《湖海楼诗稿》卷四《秦箫曲》《徐郎曲》《杨枝曲》。按,这三首诗又见于《同人集》卷六“小三吾倡和”诗中,紧排在《戊戌雉皋除夕呈巢民先生》之后。

秦箫亦名秦青,徐郎即徐紫云,与杨枝均为冒襄家歌童。其中秦箫善歌,能度北曲,杨枝善舞。杨枝之父本为阮大铖家班中成员,明亡后加入冒氏家乐。

顺治十六年　己亥(1659)　三十五岁

正月初一在如皋,有诗抒怀。

《湖海楼诗稿》卷九《己亥元日》有云:“屈指吾生三十五,今年元日在如皋。”

初七日,冒襄孙满月,赋诗志喜,颇有自伤之意。冒襄读后深有所感,乃力任买妾,并令其两儿让产,然旋为遥制所阻。

冒襄《巢民诗集》卷四《己亥人日喜禾儿举子弥月》。

《同人集》卷六陈维崧《巢民先生文孙以己亥人日弥月长歌志喜》,诗末曰:"如余蹭蹬日逼侧,安得小妇生枚皋。"(该诗又见《湖海楼诗稿》卷四,题为《人日为巢民先生文孙弥月赋赠》)同书卷九"哭陈其年太史倡和诗"冒襄《定惠寺哭和其年旧诗二首后,秋雨卧病,泪凝枕上,杂拉复和十八首。幽抑怨断,付之鹍弦铁拨,当知其哀也》之十六自注云:"己亥人日,穗儿生溥孙弥月,其年汤饼诗结句'安得小妇生枚皋',余任买妾,且令两儿让产,旋为遥制所阻。"

十三夜试灯,和冒丹书韵有作。

《湖海楼诗稿》卷九《十三夜试灯即事和青若韵》。

按,古时以正月十三夜为试灯夜,为两日后元宵灯节之准备。《清平山堂话本·刎颈鸳鸯会》:"捻指间,又届十三试灯之夕。"

十六日,赋诗酬答许纳陛。

《湖海楼诗稿》卷四《酬许元锡》末云:"许子赠诗逾一月,念欲报之久不发。昨宵饱看冒家灯,一寸管城老龙渴。掀髯狂作许生歌,食纸春蚕响不歇。明朝归客正扬舲,海色苍茫青更青。"

十七日,戴本孝至如皋。

《同人集》卷六戴本孝《己亥元夕后二日至雉皋访巢民年伯,即事三十韵,兼示谷梁、青若》。

二十二日,冒襄招同诸人陪戴本孝于水绘庵欢饮达旦,即席分赋。时将归宜兴。

冒襄《巢民诗集》卷四《历阳戴务旃过访,上元后七日同其年招集诸子于水绘庵灯饮达旦,即席分得"六鱼"》其一末句云:"蓬门两启为陈戴,斯世何人射大鱼?"

《湖海楼诗稿》卷九《巢民先生招陪戴务旃社集水绘庵,即席分韵"一先"二首》其二有两条夹注云:"时余将归江南""先生于元夕后七日张灯悬溜山房,极一时之盛"。

石渖《石月川遗集》卷二《春日冒巢民招同历阳戴务旃、阳羡陈其年即席分韵,得"麻"字二首》。

冒襄约同戴本孝等乘舟过朴巢并访影梅庵,有诗。

《湖海楼诗稿》卷九《春日巢民先生挐舟约同戴务旃诸子过朴巢并问

影梅庵》。按：朴巢在如皋城南龙游河畔，冒襄尝于古树朴枝上筑巢。

水绘园连日置酒欢会，作《置酒行》。

《湖海楼诗稿》卷三《置酒行》。按，在《湖海楼诗稿》中，该诗排在《酬别冒谷梁》《酬别冒青若即用前韵》后，且诗末有云："况我同门人，宁不怀东西。请为清夜游，莫待霜晨飞。"盖此时陈维崧已有南归的打算，故有是言。

丁确祖父圣瑞招饮同人，即席分赋。是夜秦青、徐紫云唱曲，同集者有冒襄、许纳陛、戴本孝等。约同时，为作征八十寿言启，盖其本年八月庆八十大寿也。

《湖海楼诗稿》卷三《丁圣瑞丈人招饮即席分赋》有云："如皋丁太公，耆旧斯人最。游戏杯酒间，跌宕公卿外。行年值八旬，苍然若松桧。膝下五丈夫，趋跄俨朝会。长孙我石交，文章擅崔蔡。其馀尽虎豹，英姿发幽籁。今夜开高堂，邀我西园旆。金罍饮我酒，雕盘食我脍。况有秦青歌，歌声入查请。徐郎更倾城，我见愁无赖。是夕泥滑滑，灯花半明昧。鹰阿吾酒徒，挥毫飒绽缋。朴巢我父行，老笔多悲慨。许讯自纵横，满纸出珠贝。""查请"两字疑误。按，在《湖海楼诗稿》中，此诗排在《置酒行》与《和戴务旃韶相杜陵体奉别巢民先生兼示务旃》之间（其中"韶"当为"韵"、"相"当为"用"）。虽然其具体排序不一定完全按作期先后，但可证明大概为同一时期。另，因戴本孝正月下旬始来，故此会应在正月下旬以后。

《陈迦陵俪体文集》卷三《为丁太公征八十寿言启》有云："谨启同社：丁子硈兄尊大父秦望先生，系出双丁，年高六甲。里称通德，人传长者之名；台筑怀清，邑擅素封之号。……解纷排难，宗族恃为长城；乐善好施，乡国呼之祭酒。陶潜之五男可乐，聊自赋诗；陆抗之三世多才，何妨纵酒。……今年八月，齿届八旬。某等于子硈交比云霞，心同椒桂。射如皋之雉，幸见斯人；观广陵之涛，正逢今日。登堂而拜，事有赖于群公；核实以书，谊难辞夫片语。"

丁确，字子硈，号石仓。江苏如皋人。诸生。曾与许纳陛同修康熙《如皋县志》。著有《云园集》，另辑有《东皋诗汇》。其祖父字秦望，号圣瑞，名不详。

二月，将离如皋归乡，行前有诗奉别冒襄并示戴本孝，另有诗赠冒嘉穗、冒丹书、冒褒。冒褒、龠垄、石泂有诗送之。戴本孝为写小影，冒襄有诗题之。

《同人集》卷六陈维崧《和务旃即事三十韵，用杜陵体，奉别巢民先生兼示务旃》末云："我惜独将别,海风浩悠悠。"按,该诗又见于《湖海楼诗稿》卷三,题为《和戴务旃韶相杜陵体,奉别巢民先生兼示务旃》)。

《湖海楼诗稿》卷三《酬别冒谷梁》有云："我昔与君游,明月照东京。追陪悉哲士,顾盼流英名。倏忽逾三年,惨怛怀酸辛";"酸辛亦何为,离合固难常。仲冬发西湫西湫,阳羡水名,宁虑道路长";"行乐未及终,归舟及春时"。同卷《酬别冒青若即用前韵》有云:"仆夫授良绥,能不怀人伦。念当暂判袂,惆胠徒京京。惆胠亦何聊,我别非无名。故乡多骨肉,亦复时苦辛";"百日相欢乐,夜游以为常。顾我岂无愆,赖子录我长";"谓弟毋涟洏,我行岂久辞。浃月即来归,践此隔岁期"。按,从诗意看,这两首诗当为陈维崧来如皋后第一次正式离别时作。所谓"仲冬发西湫",是指上年冬事。"百日相欢乐",则指从上年十一月到眼下离别这段时间。

《湖海楼诗稿》卷四《赠别冒无誉》有云:"冒家小季年十七,作人英迈性缤栗。犀角崚嶒已成长,不让王骞与张率。今年二月歌桃天,银缸照人春雪消。……众宾促坐进一石,恨余独作江南客。"

《东皋诗存》卷十畚耷《春日送陈其年还阳羡》云:"春晖南浦一樽同,目送归帆挂晓风。别绪依依千古谊,文名奕奕百城雄。久瞻剑气高横斗,何虑蛾眉晚入宫。莫为故园松菊恋,只今旗鼓望隆中。"(该诗又见邓汉仪《诗观初集》卷十)

冒襄《巢民诗集》卷二《其年暂返阳羡,出戴梅屋新画小像索赞,即席走笔题赠》。

石沪《石月川遗集》卷二《别陈其年》云:"江上春光长绿莎,相看无那别离何。正愁此日关山远,况复经宵风雨多。"

畚(一作"佘")耷,号默庵。江苏如皋人。著有《柳园堂诗抄》。另有《复圃逸我吟》一卷,冒襄序。生平不详。

临别,蔡潜送之出城南,并于酒间自道平生。

《湖海楼诗稿》卷四《舟次海陵,有怀吴门蔡生孟昭》有云:"蔡生欲住不得归,陈生欲归不得住。殷勤送我出城南,白浪如山此归路。道旁柳丝十尺长,土城小妇买索郎。蔡君五十复加二,仆亦蹉跎三十强。春风向客沙禽笑,布席明湖仰天啸。酒酣为我说生平,铁色荒江莽奔峭。"

按,《同人集》卷十一《丙辰嘉平奉祝巢民先生蔡夫人三十序》云:"今年腊月八日,为夫人三十初度。其尊人孟昭先生亦年届古稀,父女合称百岁。"据此推算,蔡潜本年正好五十二岁。

本年春,王摅有诗和其为徐紫云题像二首。

　　王摅《芦中集》卷一《和陈其年题紫云小影二首》。按,该诗前一首为《和吴汉槎就讯刑部口占韵》,后隔一首为《闻汉槎谪戍宁古塔》。按,吴兆骞之离京在本年闰三月十六日,故该诗应作于此前。

　　王摅(1635—1699),字虹友,号汲园。江苏太仓人。著名画家王时敏第七子。曾受业于陈瑚。工诗文,为吴伟业、王士禛等所赏。吴伟业曾刻其诗入《太仓十子诗选》。著有《芦中集》。生平详《国朝耆献类征初编》卷四二五、《国朝先正事略》卷三八。

闰三月十五日,方拱乾携子孝标、亨咸、育盛、膏茂、章钺及家眷数十人赴戍宁古塔。

　　方拱乾《何陋居诗集自序》:"老人以己亥闰三月十五日出关,迄辛丑十月十八日生还,凡一千日。"

五月,郑成功、张煌言水师大举入长江。六月,连克瓜洲、镇江诸城,近逼南京。七月,郑成功攻南京失利,退还海上。此次复明之举实有许多江南士人从中内应,故清廷随即兴大狱,追查地方"通海"之事,株连甚广。此即清初三案中的"通海案"。

　　《清史编年》第一卷(顺治朝)"顺治十六年"。

　　冷士嵋《江泠阁诗集》卷三《海天别》云:"江南七月飘风发,海上艨艟走吴越。乘波直指京江来,快橹轻帆恣超乎。官军屡战时郁蒸,骁骑三千一时没。江头枕藉纷如麻,流血青郊蔽枯骨。扬帆直上抵龙关,盛气凭陵欲拔山。岂料前军先失利,万艘飞下一时还。夜半杀声城外起,城里纷纷出城死。两岸人家百万馀,尽被戈兵拥都市。京江焚劫夜如朝,烈焰腾空照江水。奔号投窜城东西,万姓仓皇火焰里。斯须掳尽三山空,满舶良家少年子。海天一去何时归,死别生离断乡魂。父兮叫号母兮啼,欲归无归哭江涘。纵横涕泗出如流,不敢相亲只相视。"诗前序云:"己亥之难,余郡惨焉。揽涕兴怀,因感《无家别》等作而成。"诗中所述即这场战争给沿江一带所带来的灾难。

族叔祖陈于鼎因通海被捕。

　　《家乘》卷六陈于鼎传。同书卷十一顾予咸《翰林院左春坊左庶子陈公墓表》。

夏,再至如皋,日与张坭授、李仙原游,有诗赠张坭授,为李仙原诗集作序。

《陈迦陵文集》卷一《张孺子诗序》:"己亥夏,陈生再至如皋,适江南海警,陈生道梗不得归,益日与孺子歌。"《陈迦陵文集》卷一《李延公诗序》云:"陈生再至如皋,读书巢民先生家,而李生亦无家,久依舅氏,故两人朝夕得相见。"按,维崧再至如皋为本年夏。

《湖海楼诗稿》卷七《如皋道中有感二首》其一有句云:"渐觉孤城出,那禁万感缠。"其二有句云:"再来悲李燮,前路已波涛。"诗后自注云:"末句怀延公也。"盖其时李之椿、李旦通海案发,李仙原祖、父均被牵连入狱,故有是语。

有诗赠冒裔。

《湖海楼诗稿》卷七《赠冒爱及》有云:"此客何其秀,依然童子鸿。推梨居座末,怀桔入庭中。"

与李仙原同赋新月,有诗。

《湖海楼诗稿》卷七《夏夜见新月同延公赋》。

有诗赠朱音仙。

《湖海楼诗稿》卷七《赠朱音仙》。

朱音仙,亦称贺老。昆曲曲师,苏州人。明天启年间,流寓金陵,为阮大铖家班曲师。清顺治六年,阮大铖坠马死于仙霞岭,家班解体,朱音仙投奔如皋,加入冒襄家乐班,参与培养了冒家乐班自徐紫云至金菊等三代演员。朱音仙擅南北曲,冒氏家班上演的《燕子笺》《春灯谜》《清忠谱》《秣陵春》《空清石》《渔阳弄》诸戏,均由其教习。冒襄逝世后,朱音仙仍从事度曲生涯。其善操琵琶,陈维崧《望江南》词曰:"江南忆,最好是清歈,一曲琵琶弹贺老,三更弦索响柔奴,此事艳东吴。"《诗观三集》卷六李子谷《长干行》引云:"朱子音仙为阮怀宁梨园子弟,以声技得授游击将军。怀宁败,薄游滇粤,复归长干。壬戌人日,相识于冒巢民先辈家。酒坐既酣,听说平生时事,感而赋此。"该诗颇详其生平。

李仙原父李鼎因受伯父李之椿、堂兄李旦通海案牵连入狱,关押在南京。有诗怀之。

《湖海楼诗稿》卷九《秋日怀慢庵先生二首》其一云:"百二山河极望残,一门群从尽南冠。……银铛夜宿昭阳殿,疑作西宫月影看。"该诗末注云:"先生系处即南朝大内。"其二云:"秋色苍茫上佩刀,故人消息梦魂劳。

石城剧报收袁粲,鲁国惊闻捕孔褒。"

有诗赠冒寰玮,时冒以李鼎家族事再入南京。

《湖海楼诗稿》卷七《赠冒天季,时天季以陇西事再入石城》有云:"妻孥俱不别,肝胆更谁同。六月三江口,孤身万马中。"按,"陇西事"当指李氏通海事,汉代李广为陇西人,故此以陇西代指李氏,盖为避祸故也。

冒寰玮(1615—?),字天季,晚年自号信天翁。与冒襄为兄弟行。邓汉仪《诗观三集》有冒起霞《月夜同天季侄看菊》诗。冒广生《如皋冒氏丛书》之《冒氏诗略》卷五冒起霞传中附有简介。又据《冒氏宗谱》卷首《五世世系图》,冒寰玮本为冒调元次子,后出继堂伯冒起年。嘉庆《如皋县志》卷十六有传,云其"字季昭,贡生"。

七月初七夜,同李仙原、冒丹书同作五律二首。

《湖海楼诗稿》卷七《七夕同延公、青若赋二首》其一有句云:"风俗馀瓜果,乾坤正甲兵。"该诗后之《秋夜闻蟋蟀同延公、青若赋二首》应作于同时。

十四日夜,于定惠寺追荐亡父,有诗。

阮元《广陵诗事》卷十。

《湖海楼诗稿》卷七《七月十四夜定惠寺附荐先人,赋谢巢民先生二首》其一云:"亦是中元节,踌蹰泪万行。海声号殿角,夜色犯衣裳。悄悄怜游子,凄凄问法王。今宵烟月底,人鬼总他乡。"

在水绘庵观荷,有诗抒怀。

《湖海楼诗稿》卷七《水绘庵看荷花二首》其二尾联云:"飞腾那易遂,瞪眼视秋城。"

八月十五,丁确祖父丁太公庆八十寿,有诗贺之。

《湖海楼诗稿》卷十《赠丁太公》云:"八十丁光禄,家声在建章。……文孙才更健,英藻孰相当。……只今逢介寿,相与必登堂。"

另,《为丁太公征八十寿言启》有云:"今年八月,齿届八旬。……射如皋之雉,幸见斯人;观广陵之涛,正逢今日。"广陵观涛,用枚乘《七发》"将以八月之望,与诸侯远方交游兄弟,并往观涛乎广陵之曲江"之典。因本年八月为大月,故望日指十五日。

有诗赠张圮授。

《湖海楼诗稿》卷九《赠张孺子二首》其二有云:"穷海人家吹晓角,荒城客子劈秋螯。"盖其时海警刚过,故诗中言之。

与许纳陛兄弟游处颇密,多有诗酬赠。

《湖海楼诗稿》卷九《许元锡招饮看菊,同冒谷梁、青若赋》《赠许元文》《夜集许元锡家楼,同宗裔承分赋》均应作于同时前后。《夜集许元锡家楼,同宗裔承分赋》诗后有注云:"时初闻友人徐公肃南宫大魁捷音。"按,徐元文(字公肃)为顺治十六年进士,殿试第一名。

许石陛,字元文。江苏如皋人。许纳陛弟。诸生。事母孝。陈维崧《赠许元文》题下注云:"元文,元锡弟也。曾割股疗亲,故有此作。"生平详嘉庆《如皋县志》卷十六《孝友》。

宗裔承,俟考。

约本年秋,作《白秋海棠赋》。

《陈迦陵俪体文集》卷一《白秋海棠赋》序云:"巢民先生斋中有白秋海棠花,余爱其姿制娟静,而神理柔楚,乃为兹赋。"

按,该赋具体作期不明,但最早当在本年。

秋,曾随冒襄至南京,识叶奕苞。

《同人集》卷六"水绘园题咏"有叶奕苞《逸园放生池歌》云:"陈生其年湖海客,紫髯似戟双眼白。两年忽作雉皋游,巢民先生视犹侄。……乃携狂髯来白门,江天杀气如云屯。道旁握手相闻讯,谓予今日难具论。"从"两年忽作雉皋游""江天杀气如云屯"等语看,当为本年事。

葛芝《卧龙山人集》卷九《冒巢民先生五十寿序》有云:"余闻雉皋冒子之名几三十年,客岁薄游白门,访冒子于邸舍,不遇。既而冒子折简招余,余病不能赴也。"该序作于次年春,可证冒襄本年曾至南京。

按,冒襄本年秋当为营救李鼎至南京。

叶奕苞(1629—1686),字九来,一字凤雏,号二泉,又号群玉山樵。江苏昆山人。叶国华仲子。工诗,好词曲,善书法。家有茧园。国华死后,与兄奕荃二分之,号半茧园。曾应康熙十七年博学鸿词荐,被摈归。著有《锄经堂集》。陈维崧尝为作《半茧园赋》(见《陈迦陵俪体文集》卷一)。其生平详陆林《清初戏曲家叶奕苞生平新考》(《文学遗产》2007 年第 3 期)。

十一月初七,冒襄为其母马恭人庆七十大寿,有诗祝之。此前维崧曾与戴本孝力劝冒襄条述马氏生平,令世盟诸子颂歌之,冒襄遂作《马恭人七十乞言》。

《同人集》卷六陈维崧《己亥冬日赠冒巢民先生为太母七十寿》。

冒襄《巢民文集》卷七《老母马恭人七十乞言》有云："今冬,先君倏已见背六载,老母七十之辰,正当先君大襄后,又姊丈方履忧患。老母达大义,伤畴昔。……阳羡陈子其年、历阳戴子务旃修世讲之雅,咸来与儿辈读书水绘庵,悉老母孝慈才德,各臻其至。两君进而为襄计曰:'太母今之女贤母师也,公即焚砚以质事太母,何忍不举其懿美休嘉,令世盟诸子赓歌扬言之?'"

赵而忭因葬母南还,同高晫折道至如皋游水绘园,与维崧等即席赋诗。临别,维崧送至扬州,与谈允谦、冒嘉穗等有诗。

《同人集》卷六有赵而忭《己亥冬日同高元中游水绘庵,即席限韵次其年韵》。

《湖海楼诗稿》卷四《和许景先新柳篇送赵友沂还楚,同谈长益、冒谷梁赋》。同卷《送赵友沂入都,兼怀龚芝麓先生,用张步青韵》首云:"去年君向潇湘去,为君一渡邗沟关。今年君向滹沱去,为君再登平山寓。"赵友沂入都在顺治十八年,可参后文。卷九《赠赵友沂还楚二首》其一有云:"乾坤大有吾徒在,无那逢君又别筵。"

赵而忭,字友沂。湖南长沙人,流寓江都。赵开心长子。顺治三年举人,官中书。著有《虎鼠集》。

高晫,字苍岩、元中。山西襄陵(今属襄汾)人。顺治十五年进士。历任曲靖推官、徽州同知、苏州知府。《国朝诗人征略二编》卷三有著录。著有《滇游草》《新安近咏》。雍正《平阳府志》卷二三《文苑》有传。

谈允谦(?—1669),字长益。江苏丹徒人。明诸生。其人身材短小,制行严毅。喜出游,工诗文,诗多至数千首,然多散失。明亡后,往来京师、湖广等地。晚归故里,以著述自遣。妻钱敬淑亦工诗。谈允谦生年不详,其卒年系据陈维岳《柬兄其年》一文考得。著有《李贺诗注》《山海经注》《树萱草堂集》等。生平详光绪《丹徒县志》卷三十二《儒林》。

本年,陈宗石携幼弟维岗至商丘,殚心教养。

《宜兴陈氏家言》第三册陈维岳《患立堂后记》后附陈宗石跋云:"己亥,携五弟之商丘,殚心教养,天日临之。"

顺治十七年　庚子(1660)　三十六岁

正月十五日前,叶奕苞有诗相寄。

叶奕苞《锄经堂诗》卷四《寄陈其年用花信诗韵》。该诗前隔一首为《庚子除夕》，第二首为《人日呼德下、顾苟若、陈承吉、方约之、马殿闻诸公、叶岳心先生集锄经堂分得"骚"字》，后一首为《元夕》，从其排列顺序看，应作于正月初七至十五之间。

陈玉瑾将北上赴北闱乡试，有诗送行。

《湖海楼诗稿》卷二《拟古三首送赓明弟北上》其二有云："三月盛潢潦，杞棘罗中逵。道逢负羽儿，辽左正参差。弟其爱玉体，保此珪璋姿。"其三末云："金门虽窈窕，和璧终见收。君其采刍荛，奚必念同帱。秋风阳鸟来，愿子驾归辀。"

陈玉瑾《学文堂集》"序十三"《送弟赴顺天乡试序》有云："庚子春，予赴京兆试。""五言古一"《癸丑元旦述怀》亦云："庚子春王月，遂复执鞭弭。"

二月，在太仓，请吴伟业、葛芝为冒襄撰五十寿序，并与许旭相会。同时拜访胡周鼒，为其作序。

《梅村家藏稿》卷三十六《冒辟疆五十寿序》云："今年辟疆偕其配苏孺人春秋五十，二子谷梁、青若介阳羡陈生其年以余言为请。"此序又见于《同人集》卷一，题为《祝冒辟疆社盟翁先生双寿序》。

葛芝《卧龙山人集》卷九《冒巢民先生五十寿序》有云："今春陈子其年来，知冒子五十初度之辰，仓促赋一诗，托其年致瑕辞焉。顷陈子确庵复游雉皋归，为余道冒子友朋诗酒园亭歌舞之乐甚盛也。且曰：'冒子得子之诗，张之堂中，而意犹未厌也。盍为文以寿之？'"

《陈迦陵文集》卷一《许九日诗集序》亦云："庚子春，予再过娄上。"《陈迦陵俪体文集》卷六《胡黄门其章先生〈葵锦堂集〉序》云："崧以春中，获游珂里。三吴草长，访张嵊之名园；二月花飞，过王珣之别业。猥荷先生，命为兹序。"

胡周鼒，字其章，号卤臣。江苏太仓人。明崇祯十三年进士，授刑科给事中，以言事罢归。明年复起，以亲老辞。明亡后，家居以终。著有《恒素堂集》《诗刻二集》。生平详嘉庆《直隶太仓州志》卷二七。

不久，之金陵，遇李长祥，受邀至秦淮酒楼聚饮。

《湖海楼诗稿》卷四《赠李研斋太师》有云："去年石头城，道遇李谪仙。手持白玉麈，囊之青铜钱。一言称意白不愁，邀我直上秦淮之酒楼。城南杨花白如雪,一一乱扑胡姬裓。……此时二月粉水香,巴僮巴女发浩倡。"
在《湖海楼诗稿》中,该诗排在《载鹤歌为汪苕文赋》后,当为顺治十八年作
(考见次年)。故"去年"云云应指本年。

李长祥(1612—1679),字子发,号研斋,一号石井道人。四川达州(今
达县)人。崇祯初曾以诸生练乡勇,与张献忠战。崇祯十六年进士,选庶
吉士。未几北京破,乃间道南奔。福王立,改监察御史,巡浙江盐政。鲁
王立,加右佥都御史,督师西行。兵败,将残部据浙东,欲与浙东海上义兵
联络举事,不幸事泄而败。后至舟山,为张名振所不容。舟山破,乃亡命
江淮间。在京口,为总督陈锦所捕,旋释之,乃走大江南北。晚见天下大
定,遂居常州。著有《天问阁集》。生平详全祖望《前侍郎达州李公研斋行
状》(见《全祖望全集·鲒埼亭集外编》卷九)及周采泉《李长祥年谱》。

**三月十五日,冒襄夫妇庆五十双寿,作《奉贺冒巢民老伯暨伯母苏孺人五
十双寿序》。主持这次庆寿活动的,江北是戴本孝、方中德,江南是魏允
楠、彭师度、陈维崧。**

《同人集》卷二陈维崧《奉贺冒巢民老伯暨伯母苏孺人五十双寿序》。

《湖海楼诗集》卷七"庚申"诗《寿冒巢民先生七十》开首云:"先生庚子
届五秩,我适来捧金屈卮。娄东作序字碗大,砑缭绫上蟠蛟螭。"据冒广生
《巢民先生年谱》,冒襄生日为三月十五日。"娄东"当指吴伟业。

春末将南还,有诗赠别李鼎。

《湖海楼诗稿》卷七《赠别慢庵先生二首》其一末云:"我来床下拜,风
格最嶙峋。"其二有云:"欲返荆溪棹,尊前敢细论。……两地翻波及,三年
阁泪痕。"按,李之椿、李旦通海案发于顺治十五年,故"三年"云云当指
本年。

约此时,有诗上常州通判谢良琦,并为谢良琦《醉白堂集》作序。

《湖海楼诗稿》卷一〇《上谢献庵先生》有云:"春城桃李夜,为政最风
流。碧雨山前落,红泉廨里收。"

冒广生辑《湖海楼文集拾遗》有《谢景韩〈醉白堂集〉序》,应作于此时。

谢良琦(1626—1671),又名石臞,字景韩,号献庵。广西全州籍,江西
安福人。明崇祯十五年举人。入清后,历淳安、蠡县知县。两为常州、延
平(康熙六年任)通判,皆以谗去。据嘉庆《宜兴县志》卷五载,其摄常州通
判任在顺治十七年,十八年由徐日藻接替(按:康熙《常州府志》则云其顺

治十五年任,康熙元年离任)。著有《醉白堂诗文集》。王士禛《香祖笔记》卷四记其事迹。

夏,陈瑚携其门生瞿有仲从太仓至如皋。陈维崧适南还,未得一晤。瞿有仲有诗记之。

《同人集》卷六瞿有仲《庚子夏,余从确庵师游维扬。迂道之山阳,复折而过海陵,至雉皋访巢民先生,得识谷梁、青若两道兄。相见如故识,开樽分韵,剪烛论文,以至听歌观舞,极一时快事。记观剧之夜,红烛高烧,白月初上,奏丝竹之清音,征春雪之妙伎。酒数行,青若忽叹久之,曰:恨其年不在耳。其年者,阳羡名士,余素慕其才且景其为人。时适南旋,不获一晤,相与叹息。……得诗六首,其末一首即酬青若所赠之作也》。

瞿有仲《焚馀集》卷一《冒巢民先生五十荣寿序》亦云:"庚子夏,余从确庵师游广陵,迂道访先生于东皋。先生开园张宴,出家乐侑酒,欢洽酣嬉,流连二十日不忍去。"卷二《朴树歌为冒巢民赋》《醉后口号别冒巢民》《留别冒谷梁、青若》皆为同时作。

陈瑚(1613—1675),字言夏,号确庵,又自号无闷道人。江苏太仓人。崇祯十六年举人,入清不仕。少与陆世仪交,以经学名世,学者私谥安道先生。亦工诗文。著有《确庵诗抄》《确庵文抄》《顽潭诗话》等。生平详《清史列传》卷六十六、瞿有仲《焚馀集》卷一《祭确庵陈夫子文》。

瞿有仲,号健谷。江苏常熟人。瞿师周弟。工诗。著有《焚馀集》《瞿有仲集》等。雍正《昭文县志》卷七有传。

八月,在金陵参加乡试,复遇许旭,为许旭诗集作序。

《陈迦陵文集》卷一《许九日诗集序》云:"(庚子)八月间,秋深矣,许生、陈生复相聚语于金陵。两人之来金陵,非两人志也;且两人之来金陵,俱非以诗故。然两人遇,则相与言诗。"序中虽未明言为何而来金陵,但从词意看,应为参加乡试。

方中德以书属黄虞稷,托其请陈维崧为自己诗集作序。

《陈迦陵文集》卷一《方田伯诗序》云:"庚子秋,余与田伯别三年矣。一日田伯以书属黄子俞邰曰:不腆敝帚,子其为我索陈子一言。并致书陈子索之者再。"

在金陵时,为编《今文选》,曾向陆元辅、彭师度、黄虞稷等征稿。

陈维崧《今文选·凡例》云:"去秋石城,陆子翼王、彭子古晋、黄了俞郐,俱许惠我名篇,辅予不逮。"按,该凡例作于顺治十八年,考见后文。

八月十五日,再至如皋,与同人宴集冒襄斋中,兼送其叔父南还。

《湖海楼诗稿》卷七《中秋同诸子宴集巢民先生宅,兼送家叔还南三首》其三云:"兵里来看我,愁中又别人。莫嫌无泪下,何物似情真。江阔蛟龙喜,秋高虎豹嗔。吾生漂泊日,难忘是天伦。"该诗又见于《同人集》卷六,收在上引瞿有仲诗后,下接施闰章庚子秋冬之际赠冒襄诗,故可定为本年作。

识如皋知县李振奇,与之共话侯方域往事,并有诗赠之。

《湖海楼诗稿》卷九《赠东皋令李平子二首》其一有云:"使君两载绾银黄,闻道单车自洛阳。"其二末注云:"时共话梁园前辈侯朝宗旧事。"

据《江南通志》卷一百八《职官志》,本年任如皋县令的是河南商水人李振奇,字平子。顺治十三年拔贡,顺治十六年赴任,康熙元年离任。民国《商水县志》卷十七《人物志》有传。从陈维崧诗中"两载绾银黄"之语可知,该诗作于本年。嘉庆《如皋县志》卷十五亦有传。

同邓汉仪集于许纳陛之雪庵,有诗。

《湖海楼诗稿》卷三《同孝威集元锡雪庵仿康乐体》有云:"萧晨憩高斋,水木叠清映。……仆类次公狂,近效长卿病。……曛黑宁知疲,玉衡渐西柄。"从诗中所写看,季节当在秋季。

作《银杏树中观音像歌》。

《湖海楼诗稿》卷四《银杏树中观音像歌》小引云:"离如皋城若干里,地名马塘。里人赵姓者家有银杏树,虬枝铁干,翳日梢云,传是数百年物也。庚子秋,江南大修战舰,沿伐此树。鸠工邪许,锯削莫入。匠师获梦,引绳而中辟之,得观音像二。……崧敬睹斯像,因作是歌。"

石浀《石月川遗集》卷二《银杏树中观音像歌》序曰:"己亥秋,海上方棘,命郡国大修战舰。鸠工葺材,往来如织。皋东马塘刘氏银杏树大十围,伐送郡城,匠石剖之,得观音像二。一留芜城,置广福寺。慈容天然,不施雕绘。予感而为是歌。"

冒襄《巢民诗集》亦有刘氏双银杏树歌。

以上两序一言庚子秋,一言己亥秋;一言赵氏,一言刘氏。具体时间俟再考。

秋冬之际,施闰章卧病扬州僧舍,冒襄携其两儿过访,施有诗赠之,兼怀陈

维崧。

《同人集》卷六施闰章《庚子秋冬之际,辟疆先生过访广陵僧舍,兼携谷梁、青若出诗相赠,聊作短歌纪相见岁月,兼怀其年,病中不能一一,幸教之》有云:"陈生别来岁月久,年少才雄称八斗。芜城搔首雉皋远,安得清吟同击缶?"

施闰章(1618—1683),字尚白,一字屺云,号愚山,又号蠖斋、矩斋。安徽宣城人。顺治六年进士,十八年由刑部主事升至江西布政司参议,分守湖西道。康熙十八年中博学鸿词,授侍讲,与修《明史》。二十二年转侍读。不久病逝京师。施闰章生于理学世家,兼工诗古文词。与宋琬有"南施北宋"之称。著有《施愚山集》。生平详高咏《施愚山先生行状》、毛奇龄《诰授奉政大夫翰林院侍读加一级施君墓表》、汤斌《翰林院侍读前朝议大夫愚山施公墓志铭》,及何庆善、杨应芹《施愚山年谱简编》(以上俱见何庆善、杨应芹点校之《施愚山集》附录)。

十月,在扬州,与王士禛、盛符升等人游,作《历山歌赠济南王阮亭》,同时有和《秋柳》诗四首,次王士禛、彭孙遹倡和原韵十二首。

盛符升《诚斋诗集》(稿本)卷首陈维崧序云:"始庚子、辛丑间,余在维扬,日与王先生阮亭游。时珍示新举省试,出王先生门。一时同出其门者,正求、元式、我建、不雕诸子,皆吴中俊望也。日与览平山、红桥诸胜,酒酣乐作,仰而赋诗,颇极杯酒唱酬之盛。"

《湖海楼诗稿》卷四《历山歌赠济南王阮亭》应作于此时。按,在《湖海楼诗稿》中,该诗紧排在《银杏树中观音像歌》后,此应为陈维崧与王士禛缔交之作。又,在《湖海楼全集·湖海楼诗集》卷四,该诗题为《历山歌赠王贻上》。

《湖海楼诗稿》卷九《秋柳四首和王贻上韵》《无题次彭骏孙王贻上倡和原韵十二首》。按,《秋柳》四首又见《日下倡和诗》中。

王士禛(1634—1711),字子真,又字贻上,号阮亭,晚号渔阳山人。山东新城(今桓台市)人。顺治十五年进士,次年出任扬州推官。在扬州五年,倡导倚声,为清词中兴开启风气。康熙三年入为礼部主事,累官至刑部尚书。康熙四十三年罢归。乾隆时补谥文简。王士禛早年以《秋柳》诗一举成名,入京后随其学殖日富,声望日高,标举"神韵"之说,主盟诗坛数十年。著述极富,有《带经堂全集》《渔阳诗话》《池北偶谈》

《居易录》《香祖笔记》等。生平详《渔阳山人自撰年谱》及今人蒋寅《王渔阳事迹征略》。

盛符升(1615—1700),字珍示,号诚斋。江苏昆山人。顺治十七年举人。康熙三年进士,授内阁中书,补礼部主事。二十八年,官广西司御史,旋罢归。著有《诚斋诗集》。

吴之颐(?—1676),字正求。江苏太仓人。顺治十七年举人。康熙六年进士,官河南荥阳知县,卒于任。储方庆《储遁庵文集》卷十二《追悼吴正求》序云:"甲寅夏选,同年与者五人。予与正求俶居密迹,朝夕过从。嗣后天各一方,音问遥隔。丙辰秋,于邸报中知正求弃世。予既哭之官舍,而俗吏心苦,不能有所抒写,以记悲哀。"

王朱玉,字元式。昆山人。顺治十七年举人,授池州府教授,官至国子监博士。著《百感篇》一卷。

王立极,字我建。昆山人。顺治十七年举人。康熙十六年任相城教谕,康熙二十七年任山西曲沃知县。

崔华(1632—1693),字不凋,又字蕴玉、莲生。太仓人。顺治十七年举人。中举后不仕。工书画。著有《樱桃轩集》。

冬,识许承钦于如皋,许氏教其作诗当以意为主。为许承钦诗集作序。应邀夜饮许氏宅中,分韵赋诗。

《陈迦陵文集》卷一《许漱石诗集序》:"庚子,余读书东皋,邂逅许先生。暇日从许先生游,先生被酒跌宕,目光闪闪如岩下电。……忆余十四五时学诗于云间陈黄门先生,于诗之情与声十审其六七矣。今先生又告我以意,我且将叹望洋哉。"

《湖海楼诗稿》卷三《冬夜同友人饮许漱石先生寓中,时六铢校书在座,赋得"暂醉佳人锦瑟旁"得"醉"字》。

许承钦(1605—?),字钦哉,号漱石,又号漱雪。湖广汉阳人。崇祯三年举人,十年成进士,次年任江南溧阳知县。十四年任兴化推官,次年迁户部主事。明亡寓居泰州(按:其先世即泰州人,洪武初至汉阳)。著有《粘影轩词》《漱雪词》。尤侗《西堂杂组二集》卷三有《许漱石粘影轩词序》。生平详张斐《莽苍园文稿馀》之《农部许公传》。

同邓汉仪、许纳陛登如皋望江楼,有诗感怀。

《湖海楼诗稿》卷九《登望江楼同邓孝威、许元锡赋》云:"与子单衣诉倦游,北风同上望江楼。螯霜直扑千家邑,鲸日争抛万里流。落照齐梁添客恨,昨年金鼓作边愁。艨艟长鬣归何早,剩有摊钱百斛舟。""昨年"云云所述为张煌言水师进攻失败事,诗当作于本年。

望江楼,在如皋儒学东南城上,即文昌庙,俗称望江楼,一名文峰阁。《如皋冒氏丛书》之《冒氏词略》有冒襄《鹊桥仙·己巳九日扶夜招同闻玮诸君城南望江楼登高,演阳羡万红友〈空青石〉新剧,〈鹊桥仙〉三阕绝妙,剧中唱和关键也,余即倚韵和之,以代分赋》。

吴宾王、石璜、刘文起、吴世式招同邓汉仪等宴集,有诗。

《湖海楼诗稿》卷九《吴宾王、石夏宗、刘文起、吴国表招同邓孝威诸子宴集,和宾王韵》有云:"百年残腊惟诗卷,万事新春有战袍。"

石璜,字夏宗,号匏庵。江苏如皋人。善骑射,明诸生,曾入复社。家贫,以授徒自给。冒襄《巢民诗集》卷五《挽石夏宗四首》其三有"廿年二子附门墙"之语,可证其二子曾从之学。著有《匏庵先生遗集》。生平详嘉庆《如皋县志》卷十七《列传二·文苑》。

吴世式,字国表,晚自号竹庄老人。如皋人。明诸生。工古文辞,尤善歌行。生平详嘉庆《如皋县志》卷十七《列传二·隐逸》。

吴宾王、刘文起,俟考。

本年为张圮授诗集作序。

《陈迦陵文集》卷一《张孺子诗序》。该序中言其三至如皋的时间分别为戊戌、己亥、庚子,末尾专门提到"余三年来所与孺子同游之人"为曹绣、许嗣隆、顾炜。从语气上看,该序应作于本年。

顾炜,字仲光。江苏如皋人。著有《墨澹斋草》。

本年邵潜满八十岁,作《邵潜夫先生八十寿序》贺之。

《陈迦陵文集》卷三《邵潜夫先生八十寿序》。按,邵潜生于万历九年,至本年刚届八十。

计东有诗寄怀冒襄,并讯及陈维崧。

《同人集》卷六"杂赠之三"有计东《寄怀巢民先生兼讯陈子其年》。

约本年前后,作《五哀诗》,怀念因科场案被流放东北的友人陆庆曾、吴兆骞、孙旸、潘隐如、方育盛。

《湖海楼诗稿》卷三《五哀诗》。按,这组诗的具体作期不明,但考虑到方氏出关在顺治十六年,顺治十八年末即放还,故暂系于此。

顺治十八年　辛丑（1661）　三十七岁

正月初七夜，顺治帝薨。初九日，玄烨即位，下令以明年改元，年号康熙。

《清史编年》第一卷（顺治朝）"顺治十八年"。

十五日前，叶奕苞有诗相寄。

叶奕苞《经锄堂诗》卷四《寄陈其年用花信诗韵》云："隔岁寻花度早春，黯然此际独伤神。卷中脉脉愁中句，画里姗姗梦里人。小榭云停描舞影，高梁风袅送歌尘。最怜家住吴淞畔，双鲤无由寄笑颦。"按，该诗前隔一首为《庚子除夕》，第二首为《人日呼德下、顾荀如、陈承吉、方约之、马殿闻诸公、叶岳心先生集经锄堂，分得"骚"字》，后一首为《元夕》。根据以上顺序可断其作于辛丑年正月十五前。另据《经锄堂诗·别集·花信诗》之《花信倡和》小序云："辛丑春，和刘震修、顾华峰《无题》七言律十九首后更得二首，南村吴丈摘前章落句题曰《花信》，辱诸公和教，随到付梓，故无伦次。"其二首之第一首与寄陈维崧诗同韵。

六月初三日，清廷兴"奏销案"，以抗粮为名，对苏、松、常、镇四府绅衿大肆褫夺，施以威压。陈维崧友人有多人涉案。王士禛致书冒襄，替邹祗谟、董以宁、黄永等感到遗憾，并问讯维崧之境况。维崧因常州赋额稍轻，未被蔓及。

《清圣祖实录》卷三顺治十八年六月："庚辰，江宁巡抚朱国治疏言：苏、松、常、镇四府属并溧阳县未完钱粮文武绅衿共一万三千五百一十七名，应照例议处。衙役人等二百五十四名，应严提究拟。得旨，绅衿抗粮，殊为可恶。该部照定例严加议处。"关于此案的具体情况，孟森《心史丛刊初集·奏销案》论述极详，可参看。

王士禛信见《同人集》卷四。

吴伟业《吴梅村全集》卷五十九《与冒辟疆书^{甲辰}》有云："毗陵赋额稍轻，故其年在潭府屡岁，尚可不生内顾。"

秋末，同冒襄赴扬州，舟中应邀为冒姬吴湄兰作传。

《陈迦陵文集》卷五《吴姬扣扣小传》云："姬姓吴氏，小字扣扣，名湄兰，字湘逸。真州人，久家如皋。冒巢民先生侍儿也。今年中秋后二日，绮岁正十九，先生将为饰孔翠，傅阿锡，备小星嘉礼焉。而先期一月姬遂病，病一月遂死，先生哭之恸。顷与余同载广陵舟中，秋水霜天，凄其无色,寒鸦沙雁,与先生伤逝之声相历乱。予亦言愁欲愁,苦不成寐,先生抚枕为余言曰:……先生言竟,哽咽摧藏;余亦泫然,不知所出。江风大作,蓬月忽低,援笔为吴姬小传。"

在扬州识吴国对,时吴有事至扬州。

《湖海楼诗集》卷三"戊申"诗《赠吴默岩先生》云:"南谯夫子今健者,与我相见平山堂。……别来忽复七八载,星星鸿爪难遗忘。"

吴国对(1616—1680),字玉随,号默岩。安徽全椒人。顺治十五年探花及第,与王士禛同榜。时任编修。康熙五年典试福建,升国子司业,翰林院侍读,提督顺天学政。工诗赋,善书法,著有《赐书楼集》。王士禛《香祖笔记》记之云:"余官扬州时,尝与共客仪真。一日过余,客园置酒,酒间作擘窠大字及便面数事,皆即事漫兴之语,令人解颐。"又《阮亭诗选》卷十六《新秋十二夜吴玉随编修附余舟归广陵,醉后题诗素版壁上,作字斗大,凤跋龙拏。余卷袖濡笔,起题其后曰:此复何异吾家右军书门生裴几时耶。因和其韵,兼寄二冒子》。据蒋寅《王渔洋事迹征略》考证,渔洋此诗作于顺治十八年七月二十五日,是则《香祖笔记》所记两人交往事亦应在此前后。另,陈维崧此诗作于康熙七年,因诗中有"别来忽复七八载"之语,故可推断其与吴氏"相见平山堂"应在同时。

八月,周亮工遇赦南还至扬州,陈维崧与之相识,为序相赠。当日同座者有邓汉仪、程邃。

《陈迦陵文集》卷三《赠周栎园先生序》云:"栎园先生颂系之五年,天子怜其冤,事大白,于是先生既脱狱南还。至扬州,扬人士识与不识,闻先生至,无不大喜,争执牛酒贺。陈生维崧适游扬,亦欲一见先生。……如皋冒辟疆,余父执也,一日自外至,语维崧曰:'栎园先生知陈生,亟欲一相见,子无误。'陈生闻是言窃自喜,旦夕谒先生,则先生已枉车骑,迹陈生于市中,以故左。日已晡,复上谒先生,则揖陈生入,置酒食。陈生摄衣就坐,醉则歌先生所为诗。先生击唾壶和之,一座尽惊。……座客孝威邓氏、穆倩程氏曰:今年先生正五十,扬人士思有以觞之。即以子言为先生寿可乎?先生大笑,为陈生尽一觞。"

《陈迦陵俪体文集》卷八《贺周栎园先生南还广陵序》云:"先生遇赦,实顺治十八年正月初七日也。凉秋八月,南下广陵,于是郊迎郭伋,皆为骑马之儿;人识叔敖,知是斩蛇之客。竹西士女,竞献壶浆;官阁宾朋,咸摛词赋。某以不才,适逢斯会。"

《湖海楼诗稿》卷一二《题周元亮先生秦淮图画册》当作于同时。

周亮工(1612—1672),字元亮,号栎园。河南祥符(今开封市)人。崇祯十三年进士。官山东潍县知县,迁浙江道监察御史。入清后历任盐法道、兵备道、按察使、布政使、户部右侍郎等,曾屡被劾论,又遇赦。仕途颇为坎坷。康熙元年起为山东青州海道、江安储粮道。工诗,书画、篆刻无不精。善鉴赏,富收藏。著有《赖古堂全集》《书影》《闽小记》《印人传》《读画录》等。生平详钱陆灿《调运斋文抄》之《清故嘉议大夫江南布政使司参议原任户部右侍郎都察院左副督御史栎园周公墓志铭》及《赖古堂集》后所附之《周栎园先生年谱》。

程邃(1605—1691),字穆倩,号垢区,一号朽民、青溪,别号垢道人、江东布衣等。安徽歙县人,占籍江宁(今南京市),晚寓扬州。明诸生。工诗文,博学好古,精鉴别考证,书画金石,收藏甚富。尤擅画山水,喜用渴笔焦墨。著有《会心吟诗集》《萧然吟诗集》。生平详《国朝耆献类征初编》卷四七七等。

张坛会试下第过扬州,有诗赠陈维崧。

张坛《东郊草堂集抄》"五言绝句"《寄其年》云:"对酒情不欢,登高日已暮。同是江南人,却在江北住。""七言绝句"《送陈其年归义兴》云:"弹铗怜君归去来,相逢且尽酒中杯。春申门下萧条尽,况是任公旧钓台。"

按,《寄其年》前一首为《重九前一日送谷梁还如皋》。从其前后诸作看,该诗似应作于扬州。陈玉璂《学文堂集》祭文一《张孝廉哀辞》云:"辛丑,予与步青皆下第。"宗元鼎《芙蓉集》卷六"五言近体下"《辛丑重阳》后隔一首为《冬夜张步青将返杭州,赋赠》二首,后一首为《喜少司寇周栎园先生南还,遥和龚芝麓先生原韵十首,时辛丑十月晤于邗上》。同书卷八"七言近体下"《辛丑初冬口占寄龚芝麓先生》后一首即《文选楼赠张步青孝廉》。此皆可证张坛游扬州是在本年九、十月间。其寄陈维崧诗极可能作于此时。

作《广陵秋暮》五首述怀。

《湖海楼诗稿》卷九《广陵秋暮五首和西陵张步青韵》其二有云:"极天毡帐动清波,节镇南征此上游。秦帝童男争入海,隋宫采女竞操舟。百年豺虎翻高卧,九派鱼龙悉稳流。辛苦诸公教水战,昆明池在古扬州。"其四有句云："前朝殿阁斜阳里,近海人家野烧中。"其后注云："时沿海人家一时内徙,室庐焚毁一空。"

据《清圣祖实录》卷三十三,顺治十八年三月,郑成功誓师出征台湾。八月,清廷颁布迁界令,要求山东、江苏、浙江、福建、两广沿海居民一律内迁三十里,以彻底禁绝与海上往来。居民迁走后,清兵将其原来的屋庐放火焚毁。

张坛(1629—1667),字步青。浙江仁和(今杭州市)人。顺治十七年举人,后屡试不第。康熙六年夏卒于京师。著有《东郊草堂集抄》。生平详陈玉璂《学文堂集》祭文一《张孝廉哀辞》、《两浙轺轩录》卷四及《东郊草堂集抄》中有关诗作,乾隆《杭州府志》卷九四有传。

登文选楼,有诗。

《湖海楼诗稿》卷九《秋日登文选楼》题下注云："楼在旌忠寺内,中坐维摩,昭明居左。"

过天宁寺,望寺后迷楼、蜀冈一带遗址,有诗。

《湖海楼诗稿》卷九《重过天宁寺》有句云："三年两度曾经此,太息浮生逐转蓬。"该诗题下原注云："己亥夏余曾过此。"己亥为顺治十六年,过三年为本年。另,天宁寺国内原有多处,但该诗夹注有云："寺为东山遗宅。"是知其为扬州天宁寺无疑。

《湖海楼全集·湖海楼诗集》卷一《从天宁寺后望迷楼、蜀冈一带遗址》云："秋原何淡泊,荒溪莽相互。"该诗作期不明,据其行踪暂系于此。

张恂子湛儒将出关省亲,有诗送之。

《湖海楼诗稿》卷九《送张若水出关》二首其二云："祖母秦州父锦州,卢家少妇又邗沟。百年骨肉抛三地,万死悲哀拼九秋。欲赠愧无金络索,将离怕听钿筝簌。汉庭早晚流人赦,望尔归鞭度陇头。"该诗题下自注云："若水稚恭先生子也。"

按,从陈维崧诗意看,其时张湛儒祖母在秦州,父在锦州,妻在扬州,又诗中有"汉庭早晚流人赦"之句,可知张恂时被流至东北。据王先谦《东华录》,顺治十四年北闱科场案发,张恂曾因交通考官"贿买关节,紊乱科场",而被责四十板,流徙尚阳堡。至于其何时被赦还,已不可考。孙旸《孙蔗庵先生诗选·沈西草》之《甲辰除夕》后隔一首为《送张稚恭先生归里》。考虑到康熙五年陈维崧曾在其席上观剧,知其还扬州当在甲辰、乙巳之间。邓汉仪《诗观初集》卷六收张恂诗五十首,多关外所作。其中《野烧次韵》后有邓汉仪评云:"觉斯(按,王铎字)论诗必以生创为上,稚恭出关诸作,恨不令孟津见之。"

张湛儒,字若水。张恂子。能继其父业。善绘事。《明代千遗民诗咏》卷九张恂传后有著录。

识丛中蕴,有诗赠之。

《湖海楼诗稿》卷九《赠丛含英孝廉》。

《湖海楼诗集》卷二"丙午"诗《赠丛含英孝廉五十韵》回忆本次见面情况云:"当代推人物,如君信可传。家声雄阮曲,才调压甘泉。一代琼枝秀,三秋桂子圆。维扬歌吹路,淮海孝廉船。下杜回珠勒,长楸跃锦鞯。金张皆结纳,潘陆雅周旋。是日人如璧,于时月正弦。登楼盈士女,侧帽艳神仙。"

丛中蕴(1637—1671?),字含英。如皋人。顺治十四年举人。官淮安府教授,以疾卒于官。详见嘉庆《如皋县志》卷十六《列传一》及《江南通志》卷一百三十一《选举志》。又据同治《山阳县志》卷六,丛中蕴为顺治朝最后一任教授,康熙朝第一任徐元美为康熙十一年到任,故疑丛中蕴卒于康熙十年(1671)。

九月十一日,如皋教谕谢懋树招饮署中,有诗奉和。

《湖海楼诗稿》卷九《九月后二日谢广文招饮署中,风物清嘉,菊花环列。晚间复偕步月桥门,谢诗枉示,余亦奉和一首》诗后注云:"东皋学宫前规制颇雅丽,仿佛秦淮贡院前风景。"

谢懋树,字震生。安徽泗州(今泗县)人。康熙《泗州志》卷八《科举志》云其为顺治七年岁贡,任山阳训导。光绪《泗虹合志》卷十《诸贡年表》云其为顺治五年贡生,初任舒城训导,升山阳教谕。据嘉庆《如皋县志》卷十二《秩官表》,其于顺治末任如皋儒学训导。著有《肩山堂集》。生平详康熙《泗州志》卷十《人物志·文苑》、光绪《泗虹合志》卷十一《人物志上·文苑》。

秋,与冒嘉穗、丹书编《今文选》初成。

冒襄《巢民文集》卷二《今文选序》云:"戊戌迄辛丑,陈子在吾皋四载矣。每见其巾箱中有《今文选》一书,朱墨狼籍,缱绻稠杂。取而读之,则此四载中陈子与两儿朝夕选集者也。……因不揣鄙固,间为参酌。历几岁月,益尔完好。济南王阮亭使君见而称之,誉均隋璧。文奏之暇,复加甄汰。得文八卷,赋序诸体共如干篇。余乃鬻负郭田付梨枣焉。"

冒丹书《今文选序》云:"辛丑秋,《今文选》成。"

陈维崧《今文选·凡例》云:"兹选维崧原拟偕兰陵董子共事,历载客游,逡巡未果。三年以来,与禾、丹兄弟读书水绘园,晨夕析疑,寒暑罔辍。绿函赤帙,裒集遂多。王阮亭先生见而悦之,巢民先生因以负郭上奂市金,命登梨枣。"又云:"今秋,邓子孝威、刘子字宫、张子步青,亦云尽寄隋珠,用弘兹选。"是知此凡例当作于本年秋日,时已识张坛。

按,《今文选》当刻成于康熙元年。冒襄原序题下注有"壬寅"两字,当为开刻成之时。

唐念祖卒,有诗哭之。

《湖海楼诗稿》卷九《哭唐髯孙二首》其一注云:"髯孙祖命先生子。"该诗排在奉和谢懋树诗后,又《湖海楼诗稿》所收均为顺治十八年以前作品,故当为本年作。

唐念祖,字髯孙。安徽宣城人。允甲子。明诸生,入清隐居。事迹见《定山堂古文小品》卷上《唐髯孙诗序》。

吴绮因事系北狱,有诗怀之,时其两人尚未定交。

《湖海楼诗稿》卷九《怀吴茜次二首》其二云:"传闻汉殿尽韶年,我为飞蓬未敢前。岂意西宫矜绝代,也叫北寺困呼天。凤凰池好应遭夺,鹦鹉才高岂受怜。赦后祝君无别语,五侯虽贵不如旋。"按,该诗排在《哭唐髯孙二首》后,故当为本年作。

吴绮(1619—1694),字茜次,号听翁,别号红豆词人。安徽歙县人,后寓居江都。顺治十一年贡生,时官兵部。康熙五年任浙江湖州知府,八年以事罢归。工诗,善词曲。有"把酒祝东风,种出双红豆"之句,人称"红豆词人"。著有《林蕙堂集》《扬州鼓吹词》等。生平详沙张白《吴茜次传》、王方岐《吴茜次后传》、民国《歙县志》卷七《人物志·文苑》、《清史列传》卷七一。

十月十八日,方拱乾因纳赎获准自宁古塔放还。

方拱乾《何陋居诗集自序》:"老人以己亥闰三月十五日出关,迄辛丑十月十八日生还,凡一千日。得诗九百五十一首,名曰《何陋居诗集》。……纵观史册,从未有六十六岁之老人,率全家数十口,颠连于万里无人之境,犹得生入玉门者。"又,《甦庵集·十月十八日得召还信》其一云:"驿骑传何语? 生还竟是真。"

赵而忭服阕还朝,路过扬州。冒襄携陈维崧等至扬州与之相会,陈维崧有诗相送。欢饮四日,赵忽卒,陈维崧有诗哭之。

《湖海楼诗稿》卷四《送赵友沂入都兼怀龚芝麓先生用张步青韵》有云:"淮河十月朔风发,鲤鱼大者如陵阙。"可知其时间。

《湖海楼诗集》卷一"辛丑"诗《哭赵舍人而忭》其二云:"君愁真赋鹏,我到为歌骊(注云:予以送友沂北上来邗,讵意遂成永诀也,伤哉)。"其六注云:"全首为赵洞门先生也。"有句云:"潞河风雪夜,音信抵京无?"

按,关于赵而忭卒年,据冒襄《巢民诗集》卷三《哭陈其年太史倡和诗》其六注云:"癸卯冬,赵友沂葬母自长沙返邗。时服阕还朝,飞书特使四至,必欲别余,且亟欲一见其年。比到邗,欢饮四日,友沂忽赴玉楼。……其年挑灯作五字十律,倚韵哭和。"癸卯为康熙二年。但而忭父赵开心有《得儿讣音简孝升同年》诗云:"十月霜风天正寒,书来未拆已心酸。……可怜伯道堪同调,天意人情两问难。"(见《国朝诗的》"湖广卷"之一)据王岱《了庵文集》卷四《赵洞翁墓志铭》记载,开心卒于康熙二年九月。故当该年"十月霜风天正寒"时,其已不可能有诗给龚鼎孳。另据《湖海楼诗集》卷一,陈维崧哭赵而忭诗编在顺治十八年。又,冒襄《巢民诗集》卷三《哭赵友沂十首,次其年元韵》其二云:"十四年来事,交情迥不迷。萍踪盟白石,风雪命青骊(注云:戊子冬,与友沂定交,后尊大人同友沂冲雪三百里过余)。"知其与而忭定交在顺治五年,过"十四年"即是顺治十八年。故知所谓"癸卯冬"云云,盖记述有误。王士禛《渔洋诗集》卷十二"辛丑稿二"有《答赵友沂长沙书》一首,排在《清明曲》后,知本年春赵尚在长沙。以上考证参见李圣华先生《方文年谱》"顺治十八年"条。

汪琬以诸弟递赋讹误,罢官南归,路过扬州停留三日。王士禛与冒襄、陈维崧为之饯行,临别,以其署中二鹤相赠。汪琬有文记之,后乞米汉雯书之。陈维崧为赋载鹤歌。

冒襄《巢民诗集》卷一《赠汪苕文邗江载鹤诗》云:"扁舟潞河来,十月雷塘住。……三日忽言别,牵挽浩不顾。使君谓汪君,子归且无遽。空庭鹤一双,翩翩弄毛羽。爱彼凌霄姿,不随雁与鹜。特以持赠君,君其善相遇。"

汪琬《钝翁类稿别录》卷二《扬州王使君赠鹤记》云："予至扬州三日，王使君贻上既饮之酒，复谋于其友冒子辟疆、陈子其年曰：'扬州之鹤甲天下，吾法曹之庭有其十焉，愿撤二以赠汪子。汪子气介而骨高，高者宜翔翔乎寥廓，而介者宜容与乎丘樊，此固鹤之伦也。非汪子，孰慰此鹤者！'众皆曰：'然。'予愀然变色，趋而辞之曰：'是物也，吾先世之私讳在焉，其敢拜使君之赐？'……予犹固辞，陈子复起曰：'《诗》不云乎：鹤鸣于九皋，声闻于天。今吾子辱在左官之列，濩落偃蹇，辟之于鹤，势必敛其文翮，晦其好音，以俟主人之后命。幸而天子欲摩切风俗，思得一二高介之士，翔集左右，则声闻固可竢也。使君之赠，殆为吾子兆之矣。'言未既，予遂拜受于其侧，出而笼置诸舟，揖以上宾之礼，盖悉如冒子所戒云。"

《赖古堂名贤尺牍新抄》三选《结邻集》卷十三有汪琬《与米紫来求书赠鹤记书》。

《湖海楼诗稿》卷四《载鹤歌为汪苕文赋》云："王侯赠尔一双鹤，矫如银涛恣喷薄。汪郎爱鹤苦入神，走向陈生大笑咄。入门便索赠鹤诗，一尺红烛欢相持。"

《王士禛全集·渔洋诗集》卷十二《赠鹤歌与汪苕文》《送苕文归苏州》均系于"辛丑稿四"下。

《朱秋厓诗文集·文集》有《书汪苕文扬州赠鹤记后》云："今年汪苕文以族人逋赋诖误左迁，过邗沟归扬州，会贻上于官舍。贻上赠以二鹤，苕文作《扬州赠鹤记》谢之，贻上作《赠鹤歌》以答。吴玉随、冒辟疆皆有诗。"**与汪琬论六朝文颇惬，始称知己。约本次临别前，乞汪琬为父陈贞慧撰墓表，汪琬归里后撰之。**

汪琬《说铃》云："义兴陈处士与余论六朝之文，词雄旨洽，钩入深微，多出诸贤寻常之外。时冒朴庵（襄）在坐，倾听不置。陈遽掀髯谓予曰：'与子纳交十年，今日始称知己。'"按，汪琬与陈维崧相识在顺治十年（参该年条），至本年应为九年，十年为概言之。

汪琬《钝翁前后类稿》卷四十二"文稿三十"《宜兴陈处士墓表》。

按，陈贞慧卒于顺治十三年，黄宗羲《陈定生先生墓志铭》云"维崧以先生卒后六年十一月葬于亳村新阡"。汪琬是年冬返长洲，明年春北上。故墓表当作于本年冬。

灯下赋绝句四首，分别怀念冒襄、冒丹书、嘉穗、杨枝、徐紫云。

《湖海楼诗稿》卷一二《灯下绝句》四首其三有句云："作客雷塘十月时,零风碎雨作相思。"组诗第一首末注："怀无誉也。"第二首末注："怀谷梁、青若也。"第三首末句云："不见樽前杨柳枝。"第四首有句云："徐郎相见即提亲。"按,这组诗作年不太确定,应为顺治十七、十八两年间,但最晚不会晚于本年,故系于此。

王士禛戏代陈维崧作杨枝、紫云曲。

《王士禛全集·渔洋诗集》卷十二"辛丑稿四"《杨枝、紫云曲戏代其年二首》。

为王士禛题扬州女子余韫珠所绣诸图。

《迦陵词全集》卷十四《水调歌头·题余氏女子绣〈西施浣纱图〉为阮亭赋》、卷二十《高阳台·题余氏女子绣〈高唐神女图〉为阮亭赋》、卷二十二《潇湘逢故人慢·题余氏女子绣〈柳毅传书图〉为阮亭赋》、卷三十《多丽·题余氏女子绣〈陈思洛神图〉为阮亭赋》。

邓之诚《骨董琐记》卷五《女子善绣》云："清代女子工绣者,广陵余氏女子韫珠,年甫笄,工仿宋绣。绣仙佛人物,曲尽其妙,不啻神针。曾为阮亭绣神女、洛神、浣纱诸图,又为西樵作须菩提像,皆极工。"

《王士禛全集·渔洋诗集》卷十二"辛丑稿二"有《题余氏女子绣浣纱、洛神图二首》,排在《清明曲》《答赵友沂长沙书》后,应作于春末。陈维崧题词应不晚于冬日。

董以宁《蓉渡词》、彭孙遹《金粟词》、彭桂《初蓉词》均有相关题咏。

僧寄寄相访于扬州。

《湖海楼诗集》卷四《感旧绝句》之十五《僧寄寄》注云："寄寄俗姓蒋,字仲质,名尔文,新安人也。少时携万金谒选都门,为平康狭斜游。不数岁,斥废略尽,惭愤不愿归,客余家者垂三十年。久之,为僧于吾邑之西庵。岁辛丑,年八十有二矣。是时余读书广陵,寄寄冲寒过访,曰:'余年八十三当死,此来欲与君作别耳。'归一载果死。"

约十一月初复至如皋。与方奕箴在水绘园得方育盛、膏茂兄弟书,知其将得赎南归,有书报之,并与冒襄有诗送方奕箴之燕相迎。时方奕箴在水绘园居住已过两月。

《陈迦陵文集》卷四《与方与三、敦四书》末云："适闻佳耗,正与六兄相聚水绘时也。宵中启信,喜不自持。统候归艎,忙看春水。献岁青阳,南部烟花,吾三人正可重问耳。"

《湖海楼诗稿》卷九《送方谦六之燕,兼为坦庵先生阖门入关志喜二首》其二有句云:"黄沙古障三年戍,白月长城万仞墙。此日归来人未老,旧游还在秣陵旁。"

冒襄《巢民诗集》卷五《水绘庵送方谦六之燕,喜坦庵年伯、伯母及诸世兄入关。客夏小阮长文过我五旬,今与谦六又共岁寒两月。病子支离之苦,与衰门诟谇之状,曾入见闻。趋庭之暇,当为及之》(《如皋冒氏丛书·朴巢诗选》卷五题作《水绘庵送方谦六之燕,喜坦庵年伯全家入关》)。

方奕箴,字谦六,安徽桐城人。方拱乾幼子。

按,方拱乾一家得赎后,于顺治十八年十一月初动身南归,至第二年春始入关。《同人集》卷六方拱乾《癸卯八月邗上寓馆喜冒谷梁、青若兄弟过访寄柬辟疆》有句云"昨春初入关"。《癸卯十月喜晤辟疆年世兄》亦云"入关两载才相见"。另吴兆骞《上父母书(四)》则透露了其动身的具体时间:"正月十九日儿兆骞百拜父母两亲大人膝下:顷十一月初方年伯南归,儿寄有家信,想必不浮沉。"(见麻守中校点本《秋笳集》附录)可知方拱乾一家动身南归在顺治十七年十一月初。从陈维崧回书中"伫看春水""献岁青阳"等语看,其时间也应在冬季,当距其南归不远。

十一日,龚鼎孳有书致冒襄,问及陈维崧。

《同人集》卷四龚鼎孳辛丑年致冒襄书有云:"来春得请南还,一切定图面罄。其年天下才,频年相依,与令弟公郎可云檀树瑶林,芳华相映,并此统致拳切之怀。"该信末注云:"长至后十日。"按本年十一月初一冬至。

十二月,吴三桂率清兵追桂王至缅甸,大兵临城,要求缅方交出桂王。初二日,桂王被执,永历政权亡。

李天根《爝火录》卷三十一。《清史编年》第一卷(顺治朝)"顺治十八年"。

十五日前,离如皋南还,冒襄有诗送之。

孙翔辑《崇川诗集》卷七冒襄《送别陈其年》有云:"城角苍凉夜如水,江干北风一千里。故人驾言欲遄征,薄暮呼童具行李。慷慨握手出城隅,欲别不别歌骊驹。酒酣相顾各叹息,仰天熟视西飞乌。……去年惜别寒江畔,今年又作送君词。君归勿复伤迟暮,世人谁爱扬雄赋。铜官山头百草枯,好向霜天猎狐兔。"(该诗又见《诗观三集》卷十一及《铸错轩诗辑》)

按,从内容看该诗当作于冬季。又据现有材料,陈维崧上年末曾回过宜兴,故诗中有"去年惜别寒江畔"之语。据此可断其作于本年。其具体送别时间可参下文所考。

过武进访陈玉璂。陈玉璂读其新诗,有诗纪之。王士禛作《岁暮怀人绝句》,诗中及之。

陈玉璂《学文堂集》"七言律二"《喜其年兄归自如东,快读新诗》云:"经年旅食自艰辛,闻说归来信果真。乍听尊前乌鹊喜,忽惊人到鬓华新。蔽裘风雪诚多感,好句池塘别有神。细味长吟饶容思,为君中夜一沾巾。"按,该诗后隔一首为《立春》,题下自注云:"辛丑春恭遇大行之变,故篇中及之。"按,本年十二月十五日立春,顺治帝于正月初七驾崩。故知陈维崧至武进当在十二月中旬。

《王士禛全集·渔洋诗集》卷十二"辛丑稿四"《岁暮怀人绝句三十首》之二十末注云:"陈秀才维崧、黄比部永、邹进士祗谟、董秀才以宁,昔雪夜同饮讦士宅观剧也。"

不久,由武进归宜兴,王士禛有诗送之。

《湖海楼诗集》卷一"辛丑"年最末一首《雨发延令道中》有云:"潇晨遵修途,挥袂谢宾饯。授绥阳已微,于野雨初泫。仆夫告况瘁,羁子疲登践。弥节一踌躇,川原旷以缅。……岁序聿云暮,怀归绪辗转。"按,"延令"又作"延陵",为武进的古称,春秋时为季札的封地。另,泰州古时也称"延令"。但从陈维崧本年的行踪看,本处的"延令"当指武进。

《王士禛全集·渔洋诗集》卷十二"辛丑稿四"《送陈大其年归宜兴》有云:"雪霰毗陵道,烟霞阳羡天。"知为冬日。

是年,如皋县令李振奇任满,陈维崧为作启征诗,颂其政绩。

冒广生辑《湖海楼文集拾遗》有《为如皋李邑侯征诗启》有云:"人思借寇,漫言平子之归田;众愿依刘,岂忍泉明之解组。"可知其时李振奇任满将归。

据《江南通志》卷一百八《职官志》,李振奇本年任满,康熙元年范承先代之。李振奇之离任实在康熙元年初秋。梁熙《暂次斋稿》附录王士禛致梁熙书一封云:"一别慈颜,倏已两更寒暑,今忽忽又初秋矣。……今有李平子年翁旋里,附候起居,小诗即书便面。"此书作于康熙元年。

是年,作《读史杂感》二十首。

《湖海楼诗集》卷一"辛丑"诗《读史杂感》。

本年,如皋同人为刻《湖海楼诗稿》。

《湖海楼诗集》陈宗石跋云:"丙申五月,遭先大人之变,兄弟饥驱,糊口四方。如皋诸君子为伯兄重刻《湖海楼稿》,其板在中表曹渭公处。又刻《射雉集》于维扬,属予师王宫詹阮亭先生手定,今二十馀年,其存否亦不得问。"

按,《湖海楼稿》即《湖海楼诗稿》,共十二卷,系李仙原选定,所收均为顺治十八年以前诗。其原刻本今已很难觅得,今所见者为康熙六十年陈履端重刻本。陈履端重刻识语云:"先大人检讨公诗,自顺治十八年辛丑,至康熙二十一年壬戌,农部四叔父已付梓,与古文词汇成一集。辛丑以前十馀年诗,向刻于如皋冒巢民先生家,数十年来,雕板无存。先大人去世后,史云臣先生以旧刻原本湖海楼诗付履端收藏,不敢失。年来履端备员山阳校官,节啬月俸,依原本翻刻,一如旧观。原本卷首有云间蒋大鸿先生序文。"末署时间为"康熙六十年岁次辛丑立秋后一日闰六月十七日"。蒋平阶原序今已不存。

康熙元年　壬寅(1662)　三十八岁

三月三日,庭中牡丹盛开,与弟维嵋有诗咏之。

《湖海楼诗集》卷一"壬寅"诗《三月三日庭中牡丹盛开,同家半雪赋》。

春日,登故宅南楼,见鸟为猫所捕食,感而赋诗。

《湖海楼诗集》卷一"壬寅"诗《见鸟为狸奴攫食而叹之,用梅村集中松鼠韵》首有"春日升南楼,课仆芟柴棘"之句。

四月,周亮工葬其父母于金陵麒麟门外锁石村,陈维崧作《瑞木赋》颂之。

《陈迦陵俪体文集》卷一《瑞木赋》序云:"《瑞木赋》者,阳羡陈维崧之所作也。壬寅夏四月之吉,少司农周栎园先生葬其太翁如山先生、太母朱太夫人于钟山北锁石之阳。轺车既驾,虞歌将阕。司农痛音容之杳邈,眷庐墓以踌躇。凄恋徘徊,抚视备至。见太夫人柩底异纹郁起,作奇石状。其上卉木蓊蔚,樛枝萦拂,嘉条攒布。观者万人,咸称灵瑞。维崧乃殚思抒虑,撰为斯赋。以俟采风者录焉。"

十五日,吴三桂将永历帝缢死于云南。

李天根《爝火录》卷三十一。《清史编年》第一卷（顺治朝）"顺治十八年"。

五月，王士禛致书冒襄，告之已托常州推官毕忠吉关照陈维崧和董以宁。并寄去所作两部，一部给冒襄，一部给陈维崧、冒嘉穗、丹书。其时诗集虽已刻成，但陈维崧、钱谦益、赵进美三家序刚付刻，未及收入。

《同人集》卷四王士禛"壬寅五月"致冒襄书云："《渔洋》拙集，寄去二部，一奉先生，一其年、谷梁同青若览观。牧斋、韫退、其年三序，昨始发刻。李水部顷已相托，渠言谊切同门，无不照拂，今想同道台将至雉皋矣。毕淄湄昨过此，再以其年、文友嘱之，渠极留心。"

毕忠吉（1635—1685），字致中，号铁岩，又号铁岚。山东益都人。《倚声初集目次》"小令"类卷端有"益都毕忠吉淄湄参定"字样，是知毕忠吉又号淄湄。顺治十四年举人，次年成进士。除江南常州府推官。历任蠡县知县、刑部主事、员外郎、贵州提学，官至云南参议，分守永昌。卒于任。生平详张贞《参议毕公忠吉传》（见《碑传集》卷八十）。

六月十五日，至扬州，与王士禛、张养重、袁于令、杜濬、丘象随、朱克生、刘梁嵩、陈允衡、蒋平阶等泛舟红桥，王士禛赋《浣溪沙》三首，诸人和之。

按，这次活动据《渔洋山人自订年谱》卷上记载为本年春，参与者有"杜于皇濬、丘季贞象随、蒋釜山阶、朱秋崖克生、张山阳养重、刘玉少梁嵩、陈伯玑允衡、陈其年维嵩"。而其后所引之《红桥游记》则云："壬寅季夏之望，与箬庵、茶村、伯玑诸子，偶然漾舟，酒阑兴极，援笔成小词二章，诸子倚而和之。"当以后者为准。

王士禛《衍波词》卷上《浣溪沙·红桥同箬庵、茶村、伯玑、其年、秋崖赋》三首。《倚声初集》卷三收其第一首，其后依次为杜濬、丘象随、袁于令、蒋阶、朱克生、张养重、刘梁嵩、陈允衡、陈维崧诸人和作。

张养重（1620—1680），字子瞻，号虞山，别号椰冠道人。江苏淮安人。有《古调堂集》。生平详光绪《淮安府志》卷二十八《人物一》、《扬州画舫录》卷十。

袁于令（1592—1672），原名韫玉，又名晋，字令昭，一字凫公，号箬庵，又号幔亭、白宾等。江苏吴县人。明末岁贡，因事被革。顺治二年，因替地方绅缙草降表得功，授荆州太守，十馀年未得升迁。顺治十年因得罪上官免归。晚居会稽。工曲，著有杂剧《双莺传》和传奇九种（合称《剑啸阁传奇》),其中以《西楼记》最著名。另有通俗小说《隋史遗文》。生平详徐朔方《袁于令年谱》(《浙江社会科学》2002年第5期)。关于其卒年,年谱起初认定为康熙十三年(1674),一年后徐先生又发表《袁于令没有活到八十三岁》一文(同上2003年第4期),修订了先前的看法。

丘象随(1631—1701),字季贞,号西轩。江苏淮安人。拔贡生。康熙十八年举博学鸿词,官太子洗马。著有《西轩纪年集》。生平详《国朝耆献类征初编》卷一一五、《清史列传》卷七〇。

朱克生(1631—1679),字国桢,一字念莪,号秋厓。江苏宝应(今属扬州)人。国学生。幼承家学,肆力为诗。尝从兄克简之燕之闽,历名山大川。王士禛、汪琬皆器之。著有《毛诗考证》《秋舫日记》《明代宝应人物志》等。汪琬曾为《秋厓集》作序(见《钝翁前后类稿》卷二十九《秋厓集序》)。今有《朱秋厓诗文集》行世。生平详《朱秋厓诗文集》卷首朱百琦《六世祖行略》。

刘梁嵩(?—1675),一名次山,字玉少。江苏江都人。康熙三年进士,官江西崇义知县。卒于官。与吴绮、宗元鼎、宗观并称"咸园四子"。见邹祇谟为宗元鼎《芙蓉集》所作序。雍正《扬州府志》卷二十九《人物二》有传。

蒋阶,蒋平阶本名阶,后更名平阶,字釜山。见本年谱"顺治九年"介绍。

七月,在如皋,泛舟水绘园洗钵池,有诗。

《湖海楼诗集》卷一"壬寅"诗《秋日泛水绘园洗钵池》。

程可则奉亡父灵柩归岭南,道经扬州,在王士禛官舍晤冒嘉穗。冒嘉穗次日归如皋,冒襄随即携冒丹书、陈维崧作诗册相赠,程氏有诗作答。

程可则《海日堂集》卷一《答如皋冒辟疆见寄》小序纪其事云:"壬寅秋,奉先人灵旐归岭表,道经广陵,获与令子谷梁相见于王阮亭官舍。越日,谷梁先我还雄皋。辟疆同仲子青若、陈子其年作诗册遗余。"

程可则(1624—1673),字周量,一字彦揆,号石臞。广东南海(今佛山)人。顺治九年会元,历官户部主事,擢兵部郎中。出为桂林知府,月馀而三藩乱作,以忧卒于全州。工诗,广交游。著有《海日堂集》。生平详《国朝耆献类征初编》卷二一七、《清史列传》卷七一。

初七日后,将离如皋,赋诗二十首留别徐紫云。另有《长相思》词一首赠别杨枝,龚鼎孳有和作。张圯授有诗送之。

《湖海楼诗集》卷一"壬寅"诗《惆怅词二十首别云郎》之一云："作客天涯四载馀，江城灯火倍愁予。一枝琼树天然秀，映尔清扬（按，原作'杨'）照读书。"之十四云："归棹原期七夕前，维摩因病暂相牵。哪知看过穿针会，无数伤心到眼边。"据此可知，陈维崧原本打算七夕前离开如皋，但因病拖到了七夕后。

《迦陵词全集》卷一《长相思·赠别杨枝》云："漱金卮，阁金卮，不是樽前抵死辞，今宵是别离。　捻杨枝，问杨枝，花蕚楼前踠地垂，休忘初种时。"

《瑶华集》卷一有龚鼎孳《长相思·和陈其年赠杨枝》一首，当为后来所作。

《东皋诗存》卷十一张妃授《送陈其年归阳羡》云："百年吾老沧江上，千里君归阳羡城。满地于今犹野哭，空囊何事独宵征。幅巾佩剑穿山路，匹马冲泥带雨声。此去故园萤已乱，谁同秋月一经行。"（该诗又见邓汉仪《诗观初集》卷十一）按，该诗具体作于何时，难以确考。然从诗意看，陈维崧已有彻底离开水绘园的打算，故系于此。

八月二十八日，王士禛庆二十九岁生日。陈维崧携冒襄贺仪至扬州，与王士禛明烛连茵，流连三四日，颇极欢洽之致。王士禛为致书毕忠吉，托其照拂。并令致意宜兴县令，使其格外遇之。

《同人集》卷四王士禛"壬寅九月"致冒襄书云："贱辰乃劳远忆，且辱多仪，何以得此！其年到此流连三四日，明烛连茵，颇极缠绵之致。又为作一字与毕淄老舍亲，俾其照拂，并令致宜兴令格外遇之。"据《渔洋山人自撰年谱》卷上，王士禛生于崇祯七年闰八月二十八日。

按，据《江南通志》卷一百七《职官志》，时任宜兴县令的是临川举人徐日藻，其于顺治十八年到任，康熙二年离任，接任者为李元华。

在扬州遇蒋平阶，有诗赠之。

《湖海楼诗集》卷一"壬寅"诗《赠蒋氏》云："银烛澹瑶天，金尊敞别筵。如何未及发，忽见渡江船。船头载蒋生，船尾袅秋烟。手持绿玉杖，口诵青霞篇。……君欲到淮南，我欲辞江北。载汝上舻艎，同汝还乡国。我家罨画溪，久废蓼莪诗。两亲犹未葬，双泪自然垂。待卜青乌宅，烦镌黄绢碑。人生重相见，相见莫相离。"

按，在《湖海楼诗集》中，该诗排在《惆怅词二十首别云郎》与《方竹杖歌为莱阳董樵赋》之间,又《惆怅词二十首别云郎》后附有蒋平阶序,故诗中所赠之蒋氏应为蒋平阶无疑。

董樵来扬州,与之游,有诗相赠。

《湖海楼诗集》卷一"壬寅"诗《方竹杖歌为莱阳董樵赋》。

董樵,字亦樵。一名鹨,字樵谷。山东莱阳人。明诸生,入清后绝意仕进。著有《西山诗存》等。事迹具徐鼒《小腆纪传》卷十九、《渔洋山人感旧集》卷四、姜垓《敬亭集》卷九《董樵传》。

九月,将离扬州,孙默追至江边相送,作诗赠之。

《湖海楼诗集》卷一"壬寅"诗《将发邗关,舟中赠黄海孙无言》有云:"凉秋九月杂烟雨,木叶萧萧下江渚。客缆犹迟隋苑潮,归心已到瓜洲树。孙郎追饯出城边,邀我高吟黄海篇。"

孙默(1623—1678),字无言,号桴菴。安徽休宁人。长身高足,深目朗眉。终生不事生产,喜交接四方文士。诸文士多有《送孙无言归黄山》诗文赠之,几盈数千首。尝集诸名家词,期足百人为一选,然未果,仅刻得十六家,为《国朝名家诗馀》(又名"十六家诗馀")。后以穷老死。生平见汪懋麟《孙处士墓志铭》(《百尺梧桐阁集》卷五)。

同戴本孝、戴移孝、范国禄登南通州五狼山,有诗。

《湖海楼诗集》卷一"壬寅"诗《登五狼同戴务旃、无忝、范女受赋》。

戴移孝(1630—1706),字无忝,号笭山,别号碧落后人。安徽和州(今和县)人。本孝弟。父戴重为明湖州推官,清兵下湖州,中箭洞腹,走死鹰阿山中。移孝与兄俱布衣终老。著有《碧落后人诗集》。陈维崧曾为其诗集作序,见《陈迦陵俪体文集》卷三《戴无忝诗序》。

范国禄(1623—1696),字汝受("女"通"汝",故陈诗作"女受"),号十山。江南通州(今南通市)人。父允临与陈于廷为同榜进士,为著名书法家。家富藏书,竭十年力,饱览群籍,以诗文名震一时。著有《十山楼集》等。生平见《通州直隶志》卷十三《人物志下·文苑》。

十一月,由冒襄资助,合葬父母于亳村新阡。

《陈迦陵文集》卷五《敕赠征士郎翰林院检讨先府君行略》:"壬寅仲冬,既谨奉先府君与先姒汤孺人合葬于亳村之新阡。"

《湖海楼诗集》卷一"癸卯"诗《将发如皋留别冒巢民先生》有云:"我父与先生,秦淮旧兄弟。有子葬未能,腼颜类狗彘。先生为助之,墓门得以闭。"

庄廷钺明史案起,友陆圻被牵连入狱。

庄氏史案详细经过可参节庵辑《庄氏史案本末》,关于陆圻被逮经过及其一家的遭遇,其女陆莘行述之甚详,此不赘述。另,毛奇龄《西河集》卷一〇五《陆三先生墓志铭》也有详细记述,可参。

徐喈凤自云南归,至常州访邹祗谟,见其几上有《倚声初集》,遂动填词之兴。

徐喈凤《荫绿轩词》卷首所附《荫绿轩词证》云:"余素来不读词,亦不作词。壬寅冬,自滇南归,访邹程村于远志斋,见几上有《倚声集》。……遂跃然动填词之兴。"

徐喈凤(1622—1689),字竹溪,又字鸣岐,号竹逸,晚自号荆南山人、荆南墨农。宜兴人。顺治十五年进士,官云南永昌推官。十八年,以奏销案降调,次年辞官归里。后曾两次被荐举,皆不就。工词。著有《荫绿轩词》正、续集。生平详嘉庆《宜兴县志》卷八《人物·治绩》。

十二月,水绘园艳月楼腊梅盛开,冒襄招同邓汉仪、杜世农一同赏花赋诗。

冒襄《朴巢诗集》卷五"壬寅"诗《艳月楼腊梅盛开与孝威、其年、辍耕诸子即席分韵》。

杜世农,字湘民,一字辍耕。湖北黄冈人。杜濬长子。性孝友。弟世厦(字柏梁)早夭,赋《断雁吟》哭之。陈维崧曾为作《杜辍耕哭弟诗序》(见《陈迦陵文集》卷一)。生平详光绪《黄冈州志》卷二十五《隐逸》。

王士禛致书冒襄,希望陈维崧年底归宜兴过扬州时,能相会洽谈。

《同人集》卷四王士禛"壬寅冬"致冒襄书云:"其年与弟交,若有夙因。其淡漠之情,缠绵之致,别后令人梦寐不忘。岁杪归阳羡,幸必取道邗江,一申契阔。"

《今文选》由冒襄鬻田付梓。

《巢民文集》卷二《今文选序》,该序所标之年为"壬寅",故系于本年。

本年,为宋思玉文集撰序。

《陈迦陵俪体文集》卷六《宋楚鸿文集序》云:"思君千里,别子十年。更披燕市之新编,益触吴天之昔梦。既百端之交集,且一语以相宽。须知书成《吕览》,定悬市上之金;谁云璞献荆王,长韫椟中之玉。"按,陈维崧顺治九年初识宋思玉,过十年即为本年。

康熙二年　癸卯(1663)　三十九岁

三月十五日,冒襄五十三岁生日,蔡孟昭携其所藏唐寅四十岁自寿诗画相赠,陈维崧和唐寅韵赋诗祝之。

冒襄《巢民诗集》卷五《癸卯季春望日余齿五十又三,老友蔡孟昭携六如先生四十自寿诗画涉江见存,务游重临长幅,其年和唐韵为祝,余亦自寿》。按,唐寅自号六如居士。

在扬州别范国禄。

《湖海楼诗集》卷一"癸卯"诗《赠范女受,时女受年四十》有云:"三月春城与君别,山茶花红啼百舌。"

孙默将之海盐访彭孙遹,有诗赠之。时孙默将刻《国朝名家诗馀》,首批三家为邹祇谟、王士禛、彭孙遹,次年刻成。

《湖海楼诗集》卷一"癸卯"诗《送孙无言由吴阊之海盐访彭十骏孙》有句云:"孙郎语竟杯已干,陈生送客春将残。"该诗题下自注云:"时无言刻程村、骏孙、阮亭三家词,特过海盐索骏孙小令。"

王士禛《渔洋诗话》卷上云:"康熙癸卯,……孙无言默欲渡江往海盐访彭十羡门。人问有何急事,答曰将索其《延露词》,与阮亭《衍波》、程村邹祇谟《丽农词》合刻之。陈其年维崧赠以诗云。"

按,据《四库全书总目提要·十五家词提要》,该书第一批三家集刻成于康熙三年,初名为《国朝三家词》,杜濬为之序。《国朝名家诗馀》至康熙十六年共刻成十六家(故又称《国朝十六家诗馀》),次年孙默去世,未竟其足百人之初志。后至乾隆朝修《四库全书》时,因"书内有龚鼎孳所著词一种。查龚鼎孳所著全集业经销毁,不应复存此词,应一律抽毁,改为《十五家词》"(见中国第一历史档案馆编《纂修四库全书档案》第2066页)。

彭孙遹(1631—1700),字骏孙,号羡门。浙江海盐人。顺治十六年进士,授中书。康熙十八年中博学鸿词第一名,授翰林院编修,官至礼部左侍郎兼翰林掌院学士。工诗词。著有《松桂堂全集》《延露词》《金粟词话》等。生平详《清史稿》卷四八四、《国朝耆献类征初编》卷五九。

五月,为徐紫云侄书扇,有诗。

《湖海楼诗集》卷一"癸卯"诗《书小徐郎扇》云:"旅舍萧条五月馀,菖蒲花下独踟蹰。宴前忽听莺喉滑,此是徐家第几雏?"该诗题下原注云:

"云郎侄也。"

约在此前后，徐紫云完婚，为赋合卺词。

《迦陵词全集》卷二十六《贺新郎·云郎合卺为赋此词》下阕云："六年孤馆相依傍。最难忘、红蕸枕畔，泪花轻扬。了尔一生花烛事，宛转妇随夫唱。努力做、藁砧模样。只我罗衾浑似铁，拥桃笙、难得纱窗亮。休为我，再惆怅。"

按，从"六年"云云来看，当作于本年。又，该词下一首题为《贺阮亭三十》，而王士禛本年正满三十岁。冒广生《云郎小史》、陆勇强《陈维崧年谱》俱云当作于康熙三年春，似可商榷。

六月，邹祗谟招潘江、李长祥、董以宁等集其斋。

潘江《木厓集》卷一三《邹讦士招同李研斋、郭凌海、蒋玉大、陈其年、方象山、董文友过集》云："高会天涯少，冲泥着屐过。雨飘罗幔净，凉入绮宴多。歌板愁中剧，觥章醉后苛。林端才月上，莫问夜如何。"按，该诗排在《壬寅冬为先君营葬事毕示儿子仁树》《初至毗陵访方象山道院即宿其寓斋》《萤》《赠邹讦士、董文友》后（《赠邹讦士、董文友》末有注云："时方有诗馀之选。"），后隔两首为《方尔止自虞山归，舟过毗陵过访寓斋，酣谈竟夕》，其中有"凉月窥檐隙，深杯恋夜分"之句，诗注云："时予赴毕淄湄司李之招，闻尔止至，未终席而返。"可断其作于康熙二年（癸卯）六月。

潘江（1619—1702），原名大漳，字蜀藻，号耐翁。安徽桐城人。明崇祯诸生，入清隐居。著有《木厓集》《怀古轩诗抄》等。生平详民国铅印本《木厓文集》所附传、《桐城耆旧传》卷七。

蒋扶，字玉大。江苏金坛人。顺治十八年进士，官中书舍人。

郭凌海、方象山，俟考。

七月十五日，龚鼎孳如夫人顾媚卒于京，陈维崧闻讣后为赋哀辞。

《陈迦陵俪体文集》卷十《顾夫人哀辞》。按，据董迁《龚芝麓年谱》考证，顾媚卒于本年七月十五日。

顾媚，又名眉，字眉生，又字横波，号善持。出身烟花队中，为明末金陵"秦淮八艳"之一。为人性格豪爽，识局朗拔，通文史，尤善画兰蕙。时人推为南部第一。崇祯十六年归龚鼎孳，深为所眷。龚氏原配夫人因不愿离开合肥，惟有顾媚长期陪伴在京。顾媚卒后，龚鼎孳有诗悼之。其生平可参余怀《板桥杂记》及陈维崧《妇人集》。

八月，为应乡试至南京，与曹亮武、方文游，方文有诗相赠，哀其所遇不幸。

《湖海楼诗集》卷一"癸卯"诗《赠别渭公》。

方文《嵞山续集》卷一"癸卯"诗《赠陈其年》后半部分云："君少挺英姿，才名震南北。蹉跎二十春，所遇何蹇塞。今秋逐队来，青溪访旧识。"本年为大比之年，"今秋逐队来"一句可证实陈维崧此行的目的。

曹亮武（1637—？），原名璜，字渭公，号南耕。江苏宜兴人。与陈维崧为中表兄弟，有诗名。著有《南耕草堂诗稿》《南耕词》。清杲亭刻本《南耕词》卷五末有陈纬云跋云："南耕及仆中表兄弟也，南耕仅小仆二岁。少日共读书南山中，相得欢甚。"可考知其生年。生平详嘉庆《宜兴县志》卷八《人物·文苑》。

应方文之招，与林古度、潘江、董以宁、陈允衡过集其寓中。

潘江《木厓集》卷十三《方尔止招同林茂之、陈伯玑、董文友、陈其年过集》。

与曹亮武在南京分手，有诗赠之。

《湖海楼诗集》卷一"癸卯"诗《酬别渭公》有云："回首金飙拂御沟，与君俱作石城游。锁闱红烛玲珑夜，驿路青枫窈窕秋。乱后功名同瀍落，归来风雨对淹留。只今烂醉登高酒，重话南朝八月愁。"

九月初，榜发，复下第。

冒襄《朴巢诗集》卷五《六集和其年留别原韵兼寄阮亭先生》诗序云："其年读书水绘庵七载，昨岁下第，决计游燕。"

十月，访陈世祥于南通，陈世祥招琵琶名手白珏为之弹奏。临别，陈世祥有《念奴娇》词相送。

《湖海楼诗集》卷一"癸卯"诗《过崇川访家善百，善百作长歌枉赠，赋此奉酬》中有句云："君归病向故园卧，军山山下北风大。长髯忽报客非常，小弟翻然却相过。开门喜极喜欲狂，脱巾大叫惊两旁。据案酌酒头尽没，海天一夜成青苍。城西白生红锦靴，邀来为我弹琵琶。"可知时令应为冬季。又，该诗后一首《赠范女受》有"十月寒江又遇君"之句，可知时间为初冬。

陈世祥，字善百，号散木。江苏南通州人。崇祯十二年举人。入清任直隶新安知县。乞归。著有《含影词》二卷。《五山耆旧集》卷十五收其诗九十八首。

白珏(1621—?),字璧双。江苏南通州人。生于书香兼音乐世家,为清初琵琶第一手。徐珂《清稗类钞》"音乐类"《白璧双之琵琶第一手》云:"白璧双,名珏,苏州人。顺治初,琵琶称第一手。尝售技于南北,吴梅村《琵琶行》为白作也。当时名流多有赠诗,王西樵曰:'四弦谁破夕烟昏,恰是香山老裔孙。国手那推贺休智,妙音直压康昆仑。''移时寂历鸣沙雁,一摘崩腾断峡猿。不是狂奴能作达,此中应有泪千痕。'陈其年曰:'玉熙宫外缭垣平,卢女门前野草生。一曲红颜数行泪,江南祭酒不胜情。''十载伤心梦不成,五更回首路分明。依稀寒食秋千影,帘幕重重听此声。''纵酒狂歌总绝伦,曾将薄艺傲平津。江南江北千馀里,能说兴亡剩此人。''醉抱琵琶诉旧游,秃衿矫帽脱峭头。莫言此调关儿女,十载夷门解报仇。'邓孝威曰:'北极诸陵黯落晖,南朝流水照乌衣。都来写入《霓裳》里,弹向空园雪乱飞。''白狼山下白三郎,酒后偏能说战场。飒飒悲风飘瓦砾,人间何处不昆阳。'"冒襄《巢民诗集》卷一有《听白璧双弹琵琶即席书赠》、卷二有《己酉榴月白璧双正五十,过余弹琵琶数日,于其归,索诗寿其母夫人八十,即席放歌赠之》,可略知其生平。按:陈维崧原诗题为《听白生弹琵琶八首》,见《湖海楼全集》之《诗集》卷十二,文字与《清稗类抄》所引四首略异。

在南通重遇范国禄,时国禄年满四十,有诗相赠。

《湖海楼诗集》卷一"癸卯"诗《赠范女受_{时女受年四十}》有云:"十月寒江又遇君,雪花欲下白纷纷。"

十一月,在通州知州毕际有官署,作《陆放翁砚歌为毕载积使君赋》,并为毕际有评《赠别王四甥皞迪归里》诗。

《湖海楼诗集》卷一"癸卯"诗《陆放翁砚歌为毕载积使君赋》。

《迦陵词全集》卷二十五《沁园春·怀毕载稷_{山东淄川人,旧通州守}》中有"忆与公游,在癸卯冬,余方数奇"之句。次年春,毕际有即罢官北上。故该词下阕又云:"入春又赋将离。怅别绪、茫茫不自持。正魂销去国,燕泥刚坠;神伤饯客,柳带将垂。记得微波,送君淮浦,依棹偏于漂母祠。臣老矣、念王孙一饭,欲报何时。"

毕际有《存吾草》之《赠别王四甥皞迪归里》诗有陈维崧评语,其后一首为《和陈其年即席元韵》。因后一首诗作于初九日,故诗评当作于陈维崧初至时。

冒襄《巢民诗集》卷二《毕载积使君古砚歌》。

毕际有(1623—1693)，字载积，号存吾。山东淄川人。为王士禛从姑丈。顺治二年拔贡生，知山西稷县，后擢江南通州知州。居二载，以诖误归。著有《存吾草》。生平详《淄川毕氏世谱》。

在南通遇吕师濂，有诗相赠，并怀钱霍。时吕师濂将游山东，钱霍正在淮南做幕，故托其路过淮阴时致意。

《湖海楼诗集》卷一"癸卯"诗《赠山阴吕黍字兼怀钱去病》云："杜陵与我交不薄，常道吕生及钱霍。吕也栖栖江表游，钱兮贩贩淮南幕。寒冬海水吹枯桑，吕生相见官舍旁。主人爱客客笑乐，片言契合神飞扬。"从本诗在编年集中的位置及诗中的"官舍""主人"等语可知，诗应作于南通无疑。

吕师濂(1626—1669)，字黍字，号守斋，又号何山草堂。浙江绍兴人。明太子太保、文渊阁大学士吕本曾孙。性豪爽，喜交游，有文才。著有《何山草堂诗稿》《守斋词》等。

钱霍，字去病，号荆山。浙江绍兴人。贡生。著有《望舒楼诗集》及《文集》。生平见《诗观二集》卷十三、乾隆《绍兴府志》卷五四。

初九日，与吕师濂、王昆、罗惟悦在毕际有官署共读吕师濂诗，有诗纪事，毕际有有诗和之。同时有诗赠王昆。

《湖海楼诗集》卷一"癸卯"诗《仲冬九日崇川署中即事》二首其二云："隋苑罗生能卖药罗惟悦，銮江王叟妙弹棋王仲超。与君酒绿灯黄夜，坐读山阴调笑诗时共读吕生绝句。"同卷《赠王仲超》云："江左萧萧老画师，酒酣双鬓渐成丝。十年曾看巴陵景，含墨空斋写楚辞。"

毕际有《存吾草》之《和陈其年即席元韵》与陈维崧《仲冬九日崇川署中即事》二首其一同韵，为同时作。

王昆，字仲超。江苏仪征人。工画。

罗惟悦，扬州人。名号、生平俟考。

在南通，访前明兵部尚书顾养谦后人，作歌相赠。

《湖海楼诗集》卷一"癸卯"诗《顾尚书家御香歌》有云："猎猎朔风翻毳帐，营门紫马屹相向。陈生醉拗珊瑚鞭，蹀躞闲行朱雀桁。顾家甲第高于天，顾家父子真好贤。开门揖客客竞入，留客不惜青铜钱。"

顾养谦(1537—1604)，字益卿，号冲庵。江苏通州(今南通)人。嘉靖四十四年进士,任户部郎。历官至蓟辽总督,兼经略,作战有胆识。因与当道不合求归,坚卧不出。卒赠兵部尚书,谥襄敏。著有《冲庵顾先生抚辽奏议》《益卿集》等。顾氏后人中,其孙顾国琬与子顾道含均工诗文。陈维崧所访者或即顾国琬父子。

有诗赠陈鹄。

《湖海楼诗集》卷一"癸卯"诗《赠陈菊裳》题下注云:"陈精绘事。"

陈鹄,字菊裳。江南通州人。清初著名画家。善人物花草。

在南通识孙模,为赋《五山酒人歌》。

《湖海楼诗集》卷一"癸卯"诗《五山酒人歌赠孙楷人》有云:"陈生一月江北坐,眼中不见倡家楼。登徒好色愁欲死,孙郎贪饮无曲米。"可知其本年在南通滞留一月。

孙模,字楷人,自号五山酒人。江苏通州人。明诸生。性嗜酒。尝自题其诗集名《悲烟秋日集》。《五山耆旧集》卷十九收其诗十一首。

本年,初会大汕和尚,然未缔深交。

《大汕和尚集·离六堂集》卷四《过毗陵哭陈其年太史》有云:"忆昔与君良会日,君年三九我廿七。"

大汕(1633—1704),字广翁,又字石濂。本为吴人。康熙初在广州长寿寺为僧。工诗善画,喜接纳名士。曾下海兴贩,其所主寺院岁租颇丰,故称富厚。后陷于狱,死于押解途中。著有《离六堂集》《潮行近草》《海外纪事》等。生平详缪荃孙《艺风堂文集续集》卷二《石濂和尚事略》。

康熙三年　甲辰(1664)　四十岁

正月十六日,次康与之韵作《宝鼎现》词,抒其失意之怀。

《迦陵词全集》卷三十《宝鼎现·甲辰元夕后一日次康伯可韵》。

康伯可,名与之。洛阳人。南宋词人,曾依附秦桧。著有《顺庵乐府》,今不传。

二十日,季弟维岳三十生日,与仲弟维嵋和维岳韵有词。

《迦陵词全集》卷十七《念奴娇·纬云弟三十作此词,因和其韵同半雪赋》。

二月初八,与弟维嵋、维岳在故宅浩然堂看梅,联句赋诗,得二十韵。时欲

至青州访周亮工。

　　《亦山草堂遗稿》卷五《甲辰二月八日浩然堂看梅，即席同兄其年、弟纬云联句二十韵，时其年将之青州》，维崧有句云"槛外梅全放"，维岳有句云"马首向淄青"。按，陈维崧去青州的主要目的是为了访周亮工，但此行未果。主要证据是《迦陵词全集》卷十一《满江红·乙巳除夕立春》之二中的"山左未寻周栎下，广陵且觅王贻上"两句。周亮工时任山东青州海道。

三月初三，与弟维岳同至扬州。时维岳将往商丘，有词送别。

　　《迦陵词全集》卷二十四《沁园春·广陵客邸送纬云弟之归德》云："客里送行，萧统楼头，且尽一杯。正节近清明，柳丝渐长；时逢上巳，燕子将来。兄往淮阴，弟游河北，两地翻飞。立马催斜阳外，见各天鸿雁，顾影徘徊。　　市楼轰饮如雷，笑我辈岂常贫贱哉。奈花号将离，尔心欲碎；地名芜苑，我赋偏哀。此去睢阳，也知怀古，有日经过古吹台。还应问，有兔园上客，狗肆奇才。"按，该词作期不明，但从陈维崧兄弟的行踪判断，当成于本年。

至如皋向冒襄辞行，作七言古诗留别冒襄，解释自己因两战两败，心情沮丧，欲上京另谋出路。诗中对冒襄数年来的照顾表达了由衷的感谢。

　　《湖海楼诗集》卷一"癸卯"诗《将发如皋留别冒巢民先生》后半云："嗟予业未精，岁月忽以逝。两战两不收，霜蹄一朝蹶。我闻长安街，连云矗扶荔。金张许史家，敝裾尚堪曳。逝将舍此去，愿言一谒帝。阳春二三月，渌水正溶漾。扁舟过先生，话别去燕冀。……男儿重感恩，泪落连珠坠。"按，诗集中此诗的编年与实际有出入，当入"甲辰"诗。另按，此诗又见于《同人集》卷六，题为《春暮将发如皋留别巢民老伯》。

　　冒襄《朴巢诗集》卷五《六集和其年留别原韵，兼寄阮亭先生》序云："其年读书水绘庵七载，昨岁下第，决计游燕，坚留不得。"该诗亦可证陈维崧原诗作于本年。

同水绘园诸子在冒襄宅中观剧，各得四绝句。时去意已决，冒襄挽留不得，惟邀其北游归来仍还如皋。

　　《湖海楼诗集》卷一"甲辰"诗《同诸子夜坐巢民先生宅观剧，各得四绝句》其四云："人当临别歌偏妙，曲为言愁韵转和。正是客心凄断处，漫天丝雨不须多。"

　　冒襄诗见《如皋冒氏丛书·水绘庵诗集》卷六，题为《与其年诸君观剧各成四绝句》,其一末云:"并州东返当还乡。"

有诗赠别冒丹书、冒嘉穗。

《湖海楼诗集》卷一"癸卯"诗《赠别冒青若》《赠谷梁》均应作于本年,原刻编年有误。

冒寰玮本年满五十,有《沁园春》词贺之。

《迦陵词全集》卷二十四《沁园春·冒天季五十书赠》。

初九日清明,王士禛招林古度、张纲孙、程邃、许承宣、许承家、孙默、孙枝蔚、吴嘉纪、汪楫等修禊红桥。陈维崧时在如皋,未能与会。

《渔洋山人自撰年谱》康熙三年云:"在扬州。春,与林古度茂之、杜濬于皇、张纲孙祖望、孙枝蔚豹人诸名士修禊红桥,有《冶春诗》,诸君皆和。"

孙枝蔚《溉堂前集》卷九《清明王阮亭招同林茂之、张祖望、程穆倩、许力臣、师六、家无言泛舟城西,酒间同赋冶春绝句二十四首》题下原注云:"甲辰清明作。"

吴嘉纪《陋轩诗》卷二《冶春绝句和王阮亭先生》题下原注:"甲辰清明作。"

汪楫《悔斋诗》之《春郊绝句》二十首亦注云:"甲辰清明同野人作。"

按,以上诸诗中均未提及陈维崧。另,王士禛《香祖笔记》卷七云:"余少在扬州赋《冶春诗》,其年后至,赠余诗曰:'玉宴山上颓唐甚,意气公然笼罩人。'"亦可证陈维崧当时不在扬州。

汪楫(1636—1699),字舟次,号悔斋。江苏仪征人,祖籍安徽休宁。岁贡生,少即知名,与吴嘉纪、孙枝蔚并称。康熙十六年任赣榆教谕,十八年应博学鸿词试,举一等,授检讨,与修《明史》。二十一年出使册封琉球。后出知河南府。升福建按察使,寻迁布政使。病于内擢途次,归里卒。著有《悔斋集》。生平详唐绍祖所撰墓志铭(《改堂文抄》下)。

不久,离开如皋至扬州,冒襄及冒丹书托其致书王士禛,同时还捎有闺中所制的纨扇约履。约在同时,冒襄正为陈维崧刻《射雉集》,王士禛回书索之。

《同人集》卷四王士禛"甲辰"年致冒襄的第一封书云:"其兄来,拜台札及青若见慰书,何其恳恻缠绵,一至于此?三复洒泪,惟有感衔。……又辱雅惠,不翅琼瑶。纨扇约履,更出闺制。知先生爱注深矣。……其年《射雉集》刻成,专望惠寄十馀本。……"按,《同人集》中收有王士禛在甲辰年给冒襄的两封书,第二封注明了是作于"甲辰夏",第一封只注了"甲辰"两字。但从两信中谈到的王士禄狱案的进展情况来看,其先后顺序是正确的。

与林古度、刘体仁饮于扬州红桥。次日,林古度有诗相赠,陈维崧有诗奉答。刘体仁为题《九青小像》。

王秋生《刘体仁年谱》"康熙三年"条(见王秋生校点之《七颂堂集》附录)。

《湖海楼诗集》卷一"癸卯"诗《招林茂之先生、刘公勇比部小饮红桥野园,越日茂之先生赋诗枉赠,奉酬一首》有句云:"水上管弦三月饮,坐中裙屐六朝人。"该诗编年有误。

《迦陵词全集》卷七《定风波·怀颍川刘公勇,记与茂之、公勇小饮红桥几一年矣,故有此作》上阕云:"昨岁行歌古竹西。广陵三月柳绵飞。谁更扶筇郊外走,林叟,开元遗事说依稀。"

张次溪辑《九青图咏》收刘体仁题诗一首,末云:"莺啼芍药正开时。"该诗署名为"颍上阿勇"。

刘体仁(1617—1676),字公勇,号蒲庵。河南颍川卫(今安徽阜阳)人。顺治十二年进士,官吏部考功郎中。后因家难,请告归。体仁性疏旷,多才艺。工诗词,喜绘画,善操琴。在京师时,与王士禛、汪琬相善,共持风雅。辞官后,又从孙奇峰问学。有《七颂堂集》。"七颂"者,乃因其慕成连、陆贾、司马徽、桓伊、沈骥士、王绩、韦应物之为人,各为作颂,并以名堂。生平详王秋生《刘体仁年谱》。

陈玉璂因会试落第南还,路过扬州,于王士禛席上与陈维崧等同和其《冶春绝句》。玉璂有诗题《九青小像》。

《湖海楼诗集》卷一"癸卯"诗《和阮亭〈冶春绝句〉同茂之、于皇、祖望、豹人、澹心、椒峰》。该诗编年有误。

张次溪辑《九青图咏》于"玉璂"名下注云:"叶本'玉'字上有'弟'字,注有:'为大兄其年题于邗沟逆旅。'"

陈玉璂《学文堂文集》卷十《甲辰诗跋》云:"甲辰下第,复至维扬,方得一晤。先生官寮置酒,招同颍川刘比部公勇,而家兄其年亦从雉皋来。斯时先生方作《冶春诗》成,席间出示,诗不一章,章不一格。"同卷之《刘公勇梁溪诗序》亦云:"甲辰春,相晤于扬州,时王阮亭官司理,日招四方名流,赋诗饮酒为乐。"陈玉璂和诗即《学文堂诗集》"七言绝句"《和王阮亭冶春诗》二十四首。

与孙枝蔚、林古度父子、钱肃图、杨文沇、王雅、蒋韵、吴嘉纪、程邃、孙默、梵伊、陆介祉、连俊、郜璉等宴集，席间联句。

孙枝蔚《溉堂文集》卷一《广陵唱和诗序》云："甲辰之春，八闽林茂之、鄞县陆淳古、钱退山（按：钱肃图，字肇一，学者称退山先生，鄞县人）、杨瀣仙、王正子、宜兴陈其年、钱塘蒋别士（按：蒋韵，字别士）、海陵吴宾贤、新安程穆倩、孙无言、梵伊，皆聚于江都，会海陵陆无言，亦适奉两尊人至，寓于天宁兰若之旁，遂招诸君开筵，春夜联句。"

《四明清诗略》卷首陆介祉《甲辰春日之广陵，陆无文招同闽中林茂之、三原孙豹人、吾乡钱退山、杨瀣仙、王麟友、阳羡陈其年、新安程穆倩、孙无言、王湛若、西泠蒋别士、东皋郜方壶、东鲁连旦庵、海陵吴野人、王眉双、上人梵伊、闽中林租远茂之子大会赋诗》。

孙枝蔚（1620—1687），字豹人，号溉堂。陕西三原人。明亡时尝参与抗清。后南下江都业盐，遂致富。乃弃商读书，日渐贫困，不得已而乞食江湖。康熙十八年应博学鸿词荐，以年老不与试，授内阁中书衔。著有《溉堂集》。生平详《清史列传》卷七十。

王雅，据胡维藩、朱枚补刊《道光泰州志》卷二十七《人物志·流寓》载："王雅，字正子，宁波人。先世多显达，奉母避乱居扬州，又迁泰州。母席晓经史，识大义，躬自课子，雅故博通群籍，工诗古文词。与吴江包咸善，咸于康熙间为泰州校官，雅来依以居焉。后游燕齐，复至粤东，遂卒于粤，母犹居泰。所著有《闲居》《客游诗稿》。"按，王雅生平，泰州旧志不载，仅见于《道光泰州志》。另，《江苏诗征》卷四十八收其诗六首，并云其"字正之"。按，从陈维崧《送王正子之粤东三水幕》（《湖海楼诗集》卷八）等诗题来看，当以作"正子"为是。

钱肃图（1617—1692），字肇一，号退山，又号东谷。浙江鄞县人。明亡，以诸生倡义，受职为监察御史。后归里卒。生平详全祖望《鲒埼亭集外编》卷五《明监察御史退山钱公墓石盖文》。

杨文沇，字瀣仙。浙江鄞县人。杨德周孙，入清为隐士。生平可参张玉书《张文贞集》卷四《杨瀣仙心庐集序》。

吴嘉纪（1618—1684），字宾贤，号野人。江苏泰州人。初为科举，后弃去，闭门穷居，苦吟不辍。工诗，善为危苦严冷之词。著有《陋轩诗》。生平具汪懋麟《吴处士传》(《百尺梧桐阁集》卷五)。

陆介祉，字纯嘏。浙江鄞县人。明诸生。顺治三年后弃去。工画，喜画古松老柏，以见寓意。其画得文人三昧，不在画家之列。生平见《两浙輶轩录》卷一、《鄞县志》全祖望辑《续耆旧》卷七十五《淳古翁陆介祉》。

连俊，字旦庵。江苏山阳人，家江都。著有《映春堂诗》。生平详《江苏诗征》卷一五七及魏禧《魏叔子文集外编》卷十《赠连旦庵迁居序》。

邰琏，字方壶，号绿天主人。江苏如皋人。仕为台州参军。善鼓琴，工画，喜山水花卉。著有《八音图考》(中国国家图书馆藏有抄本)。生平详嘉庆《如皋县志》卷十六《列传一》。《陈迦陵俪体文集》卷十《邰方壶像赞》。

林古度为题《九青小像》。

张次溪辑《九青图咏》于"乳山八十五叟林古度"名下注云："汪本注有：'甲辰初夏，为其老道兄题九青小照。'"

在扬州，有诗和吕师濂红桥诗，时初识姜廷梧。吕师濂、姜廷梧均为题《九青小像》。

《湖海楼诗集》卷一"癸卯"诗《和吕黍字红桥诗》。该诗原刻编年有误。

《湖海楼诗集》卷一"甲辰"诗《酬赠姜桐音兼怀吕黍字》有句云："山阴吕郎侠者流，偕我三月来邗沟。杨花乱扑倡家楼，红桥放歌百不愁。江南茧纸滑似油，楷字不惜双银钩。题诗掷赠安陵侯，醉翻酒桦污貂裘。此时逢君坐上头，一笑且干红玉瓯。"该诗作于本年十月在宣城，时已与吕师濂分手。

张次溪辑《九青图咏》收吕师濂题诗二首、姜廷梧题诗一首。于吕师濂名只标"濂"字，其下注云："叶本'濂'字上有'师'字。汪本注有：'泛舟红桥，为其兄题九青照。'"

姜廷梧(1627—1668)，字桐音。浙江会稽(今绍兴市)人。自幼才思敏捷，长于辞赋，声噪于江淮间，尝受知于陈子龙等人。父姜一洪曾任明太仆卿，唐王即位，又任吏部右侍郎。清兵下福建，一洪殉节，廷梧遂绝意仕进。著有《芳树斋诗草》。生平事迹见毛奇龄《姜桐音墓志铭》(《西河集》卷九十一)。

有诗赠杜濬,并为孙枝蔚题像。

《湖海楼诗集》卷一"癸卯"诗《歌赠杜于皇》有云:"杜陵老大不得志,头白只向江头哀。蜀冈柳絮正堪把,逢君扬州古城下。扬州酒价不肯低,眼看高楼泪如泻。"同卷有《题孙豹人小像》七绝一首。按,这两首诗原刻本编年均有误。

有诗为王士禛题《秦淮春泛图》和唐寅《绿杨红杏图》。

《湖海楼诗集》卷一"癸卯"诗《为阮亭题秦淮春泛图》《题唐六如〈绿杨红杏图〉,阮亭属赋》均作于此时。这两首诗原刻本编年有误。

毕际有罢官归,北上过扬州。行前连日阴雨,天忽放晴,遂招同诸子宴集于扬州依园。此日雅集,众人晨出暮返,席间有梨园弟子演剧。同集者有林古度、杜濬、龚贤、孙默、吕师濂、刘大成、陈鹄、李遴等十七人。隔日,毕际有令陈维崧作记、陈鹄作图,图成,诸人各系以诗。

《陈迦陵文集》卷六《依园游记》云:"出扬州北郭门百馀武为依园。依园者,韩家园也。……甲辰春暮,毕刺史载积先生觞客于斯园。行有日矣,雨不止。平明天色新霁,春光如黛,晴绿胃人。急买小舟由小东门至北郭,一路皆碧溪红树,水阁临流,明帘夹岸,衣香人影,掩映生绡画縠间。……同集者,闽中林那子先生古度,楚黄杜于皇濬,秣陵龚半千贤,新安孙无言默,山阴吕彖字师濂、山左刘孔集大成、曲智仲动,吴门钱德远梦麟,真州王仲超昆,崇川陈菊裳鹄、李瑶田遴、张麓述翥、徐春先禧,秦邮李次吉乃纲,舍弟天路骞暨崧,共十有七人。"按,据《淄川毕氏世谱》,毕际有"以通州所千总解运漕粮,积年挂欠,变产赔补不及额,罢归",是在康熙二年,盖本年春夏间始归乡。

又按,依园为扬州著名的私家园林之一,其主人为韩长源。孙枝蔚有诗题为《游韩长源园林有赠》,诗中所咏即为依园。另,陈维崧题诗收在《湖海楼诗集》卷一"癸卯"诗中,题为《毕刺史招同诸子宴集韩园歌以纪之》,其开首云:"广陵城头花正飞,广陵郭外春欲归。山东太守大置酒,遍招城南诸布衣。"从诗中所记与游记中的描述来看,所指应是同一事。可知其诗集编年并不完全可靠。

龚贤(1619—1689),字岂贤,一字半千,号野遗,别号柴丈。江苏昆山人。布衣。清初著名山水画家。生平详《国朝耆献类征初编》卷四七七、《皇明遗民传》卷三。

　　刘大成,字孔集。其人详细情况待考。《蒲松龄集·聊斋诗集》中与之唱和之作甚多。《聊斋诗集》卷一有《寄刘孔集》七律三首。卷二《赠刘孔集》云:"同居经岁月,关切似埙篪。千里孤帆外,联床夜雨时。癖情惟我谅,狂态恃君知。甘苦神相共,金兰志不移。壮心常见许,病骨竟先衰。无复濠梁兴,空存蒲柳悲。儿孙原似赘,鬓发况如丝。事业因循误,襟怀老病欺。鬖鬖已若此,琐琐欲何为?过眼皆成悔,回头自觉痴。加餐为善药,痛饮即良师。王谢人焉在?贪嗔戒可持。生前一乐足,世上百年谁?块垒浇能下,家庭忍更宜。花开时纵酒,客至夜弹棋。蓬顶今能远,桃源即在兹。拟登缑岭上,同学玉笙吹。"同卷《伤刘孔集》云:"我每游世上,人人嫌我疏。髯翁吾老友,意气凌太虚。千里莲花幕,连床经岁馀。相将共杯酌,豪饮能十壶。识见一何卓,帷幄赞高谋。安宜每相爱,谓是我凤雏。所恨时数乖,求一佳儿无。崛强性之累,竟以伤其躯。哀哉人琴去,良马空骥都。忽闻讣音至,惊坐涕涟洳。四座寂无声,哀风冷四隅。"同卷《忆刘孔集》云:"忆彼苍髯叟,生平志四方。藏金不终夕,挥霍意慷慨。明珠何暗投,逢人而桂姜?昔智非今愚,所际诚不臧。心偏天地窄,触目成刺芒。欲以己才慧,律其膝下郎。忧长数以短,命乖而心强。造化焉可梗?己身徒受殃。生为裘马客,殁无隔宿粮。但觉宇宙间,君去遂无光。年年惟柳翠,良友为悲伤。"综合以上文字,大致可以推知,刘大成与蒲松龄曾同随孙蕙做幕。其人性豪而烈,脾气倔强,生儿不如其意,家庭矛盾较大,生活贫困,郁郁以终。陈维崧与之订交在本年。

　　李遴,字瑶田。江苏南通州人。著有《小山遗稿》。

刘大成招饮扬州酒楼,有《沁园春》词赠之。

　　《迦陵词全集》卷二十四《沁园春·山东刘孔集招饮广陵酒家,系故郭石公宅》。

为毕际有《归田倡和诗》作序。毕际有为《九青小像》题诗。

　　《陈迦陵俪体文集》卷五《归田倡和诗序》云:"贝丘毕载积先生,青社名家,乌衣巨阀。……两年惠政,人思以贾姓名儿;一郡仁声,众共曰杜公吾母。讵民命之不犹,值君门之甚阻。谤生一箧,谁明良吏之冤;衅起二桃,孰辨远臣之枉?先生乃失马不惊,掇蜂无惧。珠生字里,淮南招隐之篇;霞蔚行间,平子归田之赋。传之官阁,播此通衢。凡兹食息之伦,畴忘生成之感?或邺都耆宿,素蒙鲍叔之知;或吴国英年,久动蔡邕之叹。或金闺贵客,手题慕德之碑;或石户逸民,口诵衔恩之作。或金张许史之姓,庇宇车前;或东西南北之人,担簦阁下。甚至谈风论月,休上人之才情;绣虎描鸾,曹大家之述作。人为四咏,绪有百端。某以菲才,辱公隆遇。珠枯苍海,久无照乘之期;玉碎昆冈,永断偿城之望。幸高轩之不弃,乃下士之俱收。爰于兹集之成,重命鄙人为序。"序中述毕氏罢官之由,有人为倾陷之迹。

张次溪辑《九青图咏》有"贝丘毕际有"题诗,当作于此时。

《巢民诗集》卷五《和崇川守毕载积归田元韵四首》。

四月二十四日,尤侗生日,赋《满江红》两阕自题小影,陈维崧有词和之。

尤侗《悔庵年谱》前《年谱图诗》之《竹林晏坐图》下注有"甲辰"字样,并有尤侗《满江红》词二阕,题名"生日自题小影"。其后"和词"中有陈维崧所作两首。按,据年谱,尤侗生于万历四十六年闰四月二十四日。年谱本年有云:"海盐彭骏孙孙遹寓南园,其客张子游远为予图小像甚似,适予生日,调《满江红》二阕题其后,自梅村而下和者数十人。"陈维崧词又见《迦陵词全集》卷十一,题作《题尤悔庵小影次韵》。唯第一首中"红烛",在《年谱图诗》中作"桦烛"。

杜濬、唐允甲、孙枝蔚、孙默、吴嘉纪等皆有诗为题《九青小像》。

张次溪辑《九青图咏》收有"茶村杜濬""孙枝蔚""天都孙默""野人吴嘉纪"诗各一首,"握椒老人唐允甲"诗二首。杜濬诗末注云:"时其年北上"。唐允甲诗末注云:"时其年将北征。"从其题诗的总体排序及诸人本年行踪看,所谓"北上"云云,其实最后并未实现,考见下文。

冒襄有书致王士禛,请其劝阻陈维崧北上。经王士禛反复努力,陈维崧终于放弃了北上的念头。王士禛致书冒襄告知结果。

《同人集》卷四王士禛"甲辰夏"致冒襄书云:"端午远辱存注,草草一函报谢,知达青览。……其兄在此流连极欢,无日不相见。顷接手教,力尼其河北之行,劝其仍留东皋,且可了未尽之缘。其年遂幡然首肯,辍北辕而首东路矣。此虽苏、张之舌,何以过耶?笑笑。"从信中所讲的情况来看,此信定写于端午以后。因为端午之信,已有"草草一函报谢"。而此信则是对其端午之后的另一封信的回复。

冒襄接王士禛信,知陈维崧已放弃北上的念头,喜甚。后曾有诗纪其事。

陈烈《田家英与小莽苍苍斋》第16页冒襄《别陈其年兼致阮亭使君》:

"王恭书至落银河,劝尔东来喜若何。蓬榻重开仍数载,邗江密迩更频过。鉴空毫发冰壶澈,吟动微茫水事多。若到法寂烦(按:原书释文作'繁',但从手迹影印件看应作'烦')大手,为言凝望莫蹉跎。"该诗又见《巢民诗集》卷五,题为《六集和其年留别原韵兼寄阮亭先生》,此为第一首(其文字与手稿略有不同)。诗前有序,可参后文所引。

在扬州,作《贺新郎》赠程邃。

《迦陵词全集》卷二十六《贺新郎·赠程穆倩时年六十》上阕有云:"痛饮芜城夜,喜春秋甫当六十,词场雄霸。"按,程邃生于万历三十三年,今年正满六十岁。

分别效西昆体、长庆体次王士禛诗韵作排律二首。

《湖海楼诗集》卷一"甲辰"诗《偶效西昆体次阮亭集中韵》《效长庆体次阮亭集中韵》。

六月,再至如皋,快聚月馀,作《水绘园杂忆歌》。临别,冒襄录其倡和诸诗寄王士禛。

《湖海楼诗集》卷一"甲辰"诗《水绘园杂忆歌》末云:"我今税驾复来此,园林夏日何陶陶。诸君河朔盛文燕,我亦负弩随鞬櫜。怅然怀旧念所历,愁如鹍鹗求其曹。西轩一雨凉不歇,极目江海凝秋毫。"

冒襄《巢民诗集》卷五《六集和其年留别原韵兼寄阮亭先生》序云:"其年读书水绘七载,昨岁下第,决计游燕。坚留不得,过邗江,王阮亭先生适馆数月,力劝仍返东皋。书来云几竭苏、张之舌。快聚月馀,与学诗诸子屡日一倡和,今仍从邗上暂归阳羡。因录诸诗付其年寄阮亭评阅。世交知己,古雪白心。如余三人,正未易多得耳。"

八月十五,饮于孙枝蔚之溉堂,归而赋《贺新郎》一首。

《迦陵词全集》卷二十六《贺新郎·甲辰广陵中秋,小饮孙豹人溉堂归,歌示阮亭》。

弟宗石将携维岗南还,计东时在商丘,有诗送行。

计东《改亭集·改亭诗集》卷二《别陈上舍送至白下》云:"与子聚首已百日,南枝相依自相惜。三秋炎蒸往返难,感君惠顾情逾密。游梁词赋我未成,羡君年少方知名。少保家风看未堕,对扬贤父随诸兄。君今八月旧京去,莫愁湖畔秋风清。伯氏云霄振六翮,珠盘广会高才生。小弟相从殊不恶,簌吹参差相间作。乘风南下阖闾城,诗篇磊落夸河岳。唱酬皆吾同心侣，寄语予怀转萧索。我今北渡漳河流，铜台荒草怅新秋。但得生逢曹吉利，深水高山百不愁。"

再遇周季琬于扬州，周怜其生计艰难，为作书与龚鼎孳。后因北行未果，此书没能投出。

《湖海楼诗集》卷三"戊申"诗《哭故友周文夏侍御五古一百韵》有云："甲辰客芜城，秋寺极宽绰。萍踪复相聚，坚坐听宵柝。拔剑斫觥肩，敲火制鸡臛。悯我衣无绵，念我稌少获。作书向长安君为余作合肥公书，交谊比花萼。……北行虽未成，此札恒在握。"

观王士禛游金陵诸记，为作《金陵游记序》，并题其《青溪遗事》画册。

《陈迦陵文集》卷三《金陵游记序》末云："今观阮亭先生诸记，明窈而屑瑟，青溪三十六曲，曲曲俱在笔端。嗟乎，先生殆移我情矣。秋日过广陵，先生出此索余跋，掩抑摧藏，泫然书此。"按，陈维崧所序之游记，见于《王士禛全集》（三）之《渔洋文集》卷四，系一组文章。第一篇题为《游鸡鸣山、乌龙潭诸胜记》，开篇云："康熙甲辰六月闰，立秋酷暑。二十日稍凉，遂发兴寻鸡鸣山、乌龙潭诸胜。"详细可参蒋寅《王渔洋事迹征略》。冒襄《巢民文集》卷五有《王阮亭金陵游记题辞》，注明作于"甲辰"。又，《金陵游记序》，在《湖海楼全集》本中作《金陵游记跋》。

另据《渔洋山人自撰年谱》卷上，王士禛顺治十八年三月有事至金陵，馆于布衣丁胤（字继之）家，丁为其缕述秦淮南曲遗事，王士禛遂"掇拾其语入《秦淮杂诗》中"，"又属好手画《青溪遗事》一册，阳羡陈其年维嵩为题诗。山人复成小词八阕，摹画坊曲琐事，尽态极妍，诸名士和者甚众。"

《湖海楼诗集》卷一"甲辰"诗末有《为阮亭题〈青溪遗事〉画册》七首。

《迦陵词全集》卷二《菩萨蛮·题〈青溪遗事〉画册同邹程邨、彭金粟、王阮亭、董文友赋》八首亦成于此时前后。

过高淳湖，有诗吊邢昉。

《湖海楼诗集》卷一"甲辰"诗《过高淳湖吊邢孟贞先生》。

邢昉（1590—1653），字孟贞，号石湖。江苏高淳（今属南京）人。明季诸生，曾入复社。入清后弃举子业，筑室石臼湖滨，鬻酒自给。为诗清真古淡，深受王士禛推重。著有《石臼前后集》。生平详《国朝耆献类征初编》卷四二八、汤之孙《邢孟贞先生年谱》（《石臼前后集》附）。

十月初，至宣城访沈寿民于耕岩草堂，沈出其《姑山事录》相示，并告以丧

乱以来避难情形,长谈至漏下。明日作《耕岩草堂歌》。此次在宣城留连十日。

　　《湖海楼诗集》卷一"甲辰"诗《耕岩草堂歌》小序云:"甲辰秋闱,过访草堂。先生念故人子远来,唏嘘握手,肯牵一宿。灯下出《姑山事录》一卷示余。……展卷既讫,先生复追述遭乱以来,崎岖金华山中事,因漏下,不成寐。"又同卷《送半雪弟之宛陵,求沈耕岩先生为先府君作传》开首云:"孟冬十月北风怒,我来宛陵十日住。"

　　《迦陵词全集》卷七《渔家傲·宣城道上》有句云:"三秋摇落悲游子,一鞭自囊西风里。"季节相合,应作于同时。

访梅庚、梅超中于天逸阁,作《天逸阁歌赠梅子长兼示季升》,梅庚为题《九青小像》。

　　《湖海楼诗集》卷一"甲辰"诗《天逸阁歌赠梅子长兼示季升》开首云:"君家高阁十馀丈,我来踟蹰不得上。酒酣一歌天逸阁,歌终酒罢色惆怅。"

　　《九青图咏》收"柏枧山人梅庚"题诗四首。按,在《九青图咏》中,本诗及吴铤、沈泌、沈寿国题诗接排在一起,吴铤诗排在最前面,故知应作于同时。

　　梅庚(1640—?),字耦长,一字子长,号雪坪,又号听山居士。安徽宣城人。梅鼎祚玄孙,梅朗中子。幼颖异,有诗名。曾游于王士禛之门,并与陆嘉淑、邵长蘅、陈维崧等唱和。康熙二十年举人,官浙江泰顺知县。著有《天逸阁集》《玉笥游草》《知我录》等。光绪《宣城县志》卷十八《文苑》有传。

　　梅超中,字季升,朗中弟。生平事迹不详。著《历代宦官传》。

沈泌邀饮,作长歌一首相赠,沈泌为题《九青小像》。

　　《湖海楼诗集》卷一"甲辰"诗《饮方邺斋中复作长歌一首》。

　　《九青图咏》有"姑山沈泌"题诗十二首。

遇姜廷梧于宣城,有诗相赠,兼怀吕师濂。

　　《湖海楼诗集》卷一"甲辰"诗《酬赠姜桐音兼怀吕黍字》有云:"朔风十月吹暮秋,别君忆君何日休。敬亭迭嶂谁雕镂,宛溪沙鸨鸣啾啾。乘兴便放沙棠舟,道逢一客跨紫骝。熟视讵是姜子不?果然伯约来宣州。"

托姜廷梧赠诗山阴张梧。

《湖海楼诗集》卷一"甲辰"诗《酬赠山阴张雏隐》。

张梧,字雏隐。浙江山阴(今绍兴市)人。《九青图咏》收其所题绝句一首,署"鉴湖张梧"。其后一首为罗简题诗,题下注云:"叶本注有'和雏隐韵'。"罗简诗与张梧诗同韵,亦可证张梧字雏隐。邓汉仪《诗观二集》卷八收其诗一首。

与吴铤、沈寿国登宣城城楼,眺敬亭山,有诗纪之。吴铤、沈寿国分别为题《九青小像》。

《湖海楼诗集》卷一"甲辰"诗《同吴若金、沈冶先登城楼眺敬亭》。

《九青图咏》分别收有"宛上吴铤""筑岩沈寿国"题诗各一首。

吴铤(?—1668),字若金。安徽宣城人。郡庠生,制艺与沈寿民齐名,时有"吴沈"之目。诗尤清拔,著有《浮筠轩集》。今存世仅《浮筠轩遗稿》一卷,卷首阮尔询序及卷末其子吴参公题识,略述其生平。盖其兄弟五人,明末皆为诸生,入清后弃举子业,隐于宛溪,以馆谷自给。与其弟吴坰尤以诗文名世(坰著有《季野文集》)。与顾梦游、施闰章交游颇多。顺治十七年,以邑令笞士失律,生员聚议闹事,当事借机罗织,以折三吴士气,仇者乘机陷之,被连入狱数年。事白,家已荡析。长子在其被难时,携其旧稿出亡,后不归,其生平所作遂多散佚。其卒年系据《浮筠轩遗稿》末吴参公题识考得。

沈寿国,字冶先,号竹崖。沈寿民弟。康熙元年恩贡生,能诗工书,生平笃于友谊。事具黄宗羲《思旧录》、施念曾《宛雅三编》卷九、吴山嘉《复社姓氏传略》卷四。

十日后自宣城归里。相隔半月后,复遣弟维嵋至宣城求沈寿民为亡父作传。

《湖海楼诗集》卷一"甲辰"诗《送半雪弟之宛陵,求沈耕岩先生为先府君作传》有句云:"我归宛陵未半月,弟也严装今又发。"

宗石将携维岗返商丘,有《念奴娇》词送之,并令其馀诸弟同和。另有《减字木兰花》词送维岗,有诗寄侯方岩。

《迦陵词全集》卷十七《念奴娇·送子万弟携五弟之睢阳,并令二弟、三弟、四弟同和,他日一展齐纨,便成聚首也》,其后附有陈维嵋、陈维岳、陈宗石和韵之作。陈宗石词下阕云:"幸喜故国重来,对床风雨,细把离情说。毁卵破巢多少恨,赢得孤身天末。倏忽春深,无端秋尽,看尽枫成血。

扁舟江上,可怜明又将发。"陈维嵋词另见《亦山草堂词》卷下,题为《念奴娇·甲辰初冬送四弟子万同五弟之梁园,和大兄韵》。另,《迦陵词全集》卷二《减字木兰花·送五弟阿龙》云:"阿龙最小,失母随兄偏了了。四岁离乡,今日重逢断我肠。"末注:"阿龙年四岁即随四弟子万居商丘。"

《湖海楼诗集》卷一"甲辰"诗《寄赠侯叔岱》有云:"今岁广陵城,小弟睢阳至谓四弟子万。相逢蹋臂说侯生,白月明明照天地。"从诗中可知陈宗石回乡时曾先至扬州,与陈维崧相会。

侯方岩,字叔岱,号据梧子。河南商丘人。侯恪第三子。为人倜傥放达,风神散朗。李自成陷河南,曾联合乡勇自卫,保障乡邑。有司闻其名,召置麾下,署为都督,令帅一军以扼淮泗。后知事不可为,乃解去,隐迹乡里。生平详《续修商丘县志资料》。

冒襄得扬州友人信,知陈维崧时已返家,有诗怀之。

冒襄《巢民诗集》卷三"甲辰"诗《怀其年》其一云:"前月扬州信,闻君归亳村。萧骚任行李,浩荡返家门。"其二有句云:"初秋原有约,特使致殷勤。"从"初秋"句推断,该诗应作于秋末冬初,或即本月。

十一月复至扬州,时王士禄亦来扬,有诗赠之,并为其《炊闻卮语》作序。王士禄为题《九青小像》。

《陈迦陵文集》卷二《王西樵炊闻卮语序》:"甲辰春三月,礼部王先生以蜚语下羁所。越数月,事大白。先生南浮江淮,出其诗若干篇、词若干篇令维崧读之,词则所谓《炊闻卮语》者是也。"按《王考公年谱》康熙三年载:"以礼部捃摭试文语句,指为有疵。考官例夺俸三月。而是时功令加峻,遂下君礼部。五月,移刑部。……至十月三日,太皇太后万寿节,事果得白。……十一月,至扬州。士禛以舟逆于秦邮,……天曙,已达广陵,竟不成寐也。署中有屩提阁,君乐其深靓,遂居之。每晨夕定省之暇,辄居阁中读书。"

《湖海楼诗集》卷一"甲辰"诗《赠王司勋西樵》。

王士禄《十笏草堂辛甲集》卷七《为其年题紫云卷兼呈辟疆四首》属"上浮甲集",原目录后自注云:"《上浮甲集》,甲辰冬诗。"

王士禄(1626—1673),字子底,号西樵山人。王士禛伯兄。顺治十二年进士,选莱州教授,迁国子监助教,擢吏部主事。康熙二年,以吏部考功员外郎典试河南,以事下狱,年馀得雪。居数年,以原官起。母丧,以哀毁卒。私谥节孝先生。工诗善词。著有《十笏草堂集》《炊闻词》等。生平详叶方蔼《叶文敏公集》卷五所撰墓志铭及王士禛所撰《王考功年谱》。

为方拱乾赋宣德铜炉,作长歌。

《湖海楼诗集》卷一"甲辰"诗《宣铜炉歌为桐城方坦庵先生赋》。冒襄《巢民诗集》卷二《宣铜炉歌为方坦庵年伯赋》,应作于同时。

至贵池,作长歌为吴应箕夫人贺七十寿。为吴孟坚作《〈读史漫衡〉序》。

《湖海楼诗集》卷一"甲辰"诗《长歌为秋浦吴太母作》题下自注云:"太母余师楼山先生配也。"诗末有句云:"行年七十正强健,我愧门徒身尚贱。"

《陈迦陵文集》卷三《吴子班〈读史漫衡〉序》云:"今先生(按,指吴应箕)殁二十年矣,愧余将老而无成,伶伶俜俜,箧中仅仅保守《楼山堂集》数卷。"按,吴应箕于顺治二年被捕就义,过二十年即为本年。又,吴孟坚《一草亭读史漫笔》卷首收有此序,末署"甲辰仲冬阳羡同学世盟弟陈维崧拜题"。可知其作于本年十一月。

十二月初六,四十岁生日。适逢陆圻获释后来游扬州,遂邀陆圻、崔华饮于广陵酒家,醉后作《玉楼春》词题壁,并有诗赠之。陆圻有诗题《九青小像》。弟维嵋有《贺新郎》词贺其生日。

《迦陵词全集》卷五《玉楼春·生日邀陆景宣、崔不雕饮广陵酒家,醉后题壁》末句云:"四十今年余竟得。"

《湖海楼诗集》卷一"甲辰"诗《广陵赠陆景宣》有云:"昔年见子西陵陲,吹箫挟弹相追随。吴质雅能好声伎锦雯,毛苌只解谈声诗驰黄。钱塘门外北风大,四人蹋臂上床卧。夜半鸡鸣非恶声,吾为楚歌若且和。吴毛一别八九年,传闻落魄真可怜。陆生药囊提在手,杖头亦少青铜钱。陈郎连岁客江浒,乞食为佣更辛苦。……人生离别心自伤,鹡鸰鸿雁参差翔。相逢今夕此何夕,会须一饮城南冈。揖君下马指君口,此口只今止宜酒。……相逢何必怀百忧,眼前故人谁白头。不见昔年蜚语日,先生几类南冠囚。幸然稗史一朝白,不尔菹醢随通侯。陆生大笑催酒筹,陈郎更起弹箜篌。"

张次溪辑《九青图咏》收有"杭南陆圻"题诗二首。

陈维嵋《亦山草堂词》卷下《贺新郎·寿大兄其年四十初度》。

冬,曾至如皋。时毛师柱来如皋坐馆,同聚于水绘园,并应陈维崧之请题

《九青小像》。吴伟业有书致冒襄,托其对毛师柱加以推扬,并告以春来无暇,未及答陈维崧诗札。

毛师柱《端峰诗选》卷二《忆旧游怀东皋诸同学》序云:"余自庚子后,数往来维扬间,而流连最久,无过乙巳七月。……时余客馆如皋,至丁未秋乃始还里。计此三年中,招邀宴赏,殆无虚日。而良辰觞咏,集水绘园者居多。皋中英俊,靡不过从,讲道论文,乐可知也。"同卷《客夜读陈其年检讨诗集,感叹旧游,怅然有作》亦云:"往事悠悠尽到心,两人三载东皋客。"

张次溪辑《九青图咏》收有"娄东毛师柱"题诗二首。于其名下注云:"叶本注有:'□辰冬,客游如皋,其年长兄出诸名家题九青画卷索句。漫题二绝,以博一粲。'"缺字当为"甲"字。

《吴梅村全集》卷五十九《补遗·与冒辟疆书》七通之二云:"毛亦史感知己之爱,今远涉江湖,所恃惟翁力加推扬,俾主人知为重客耳。濒行深用念之,特以为托。春来鹿鹿无暇,不及答其年诗札,潜夫先辈名流,辱其先赐书,统候之毛兄家邮后信。"按,原信题下注有"甲辰"字样。

毛师柱(1634—1711),字亦史,号端峰。江苏太仓人。曾从陆世仪修程朱之学。初为诸生,后因奏销案被除名。家贫,游食四方,资馆谷以养亲。工于诗。著有《端峰诗选》《端峰诗续选》等。生平详沈受宏所撰《端峰先生传》(见《端峰诗续选》卷首附)及其外孙陈陆溥所撰《端峰公文学传》(见《端峰诗选》卷首附)。

岁暮,在扬州,相与游处的除王士禛兄弟外,尚有孙枝蔚、雷士俊、孙金砺、魏祥、邓汉仪、宗元鼎等人。

《陈迦陵文集》卷六《祭王西樵文》:"斯时余每携豹人、伯吁、介夫、善伯、孝威、定九诸子过先生为狎宴。"

孙金砺(?—1669),字介夫。浙江慈溪人。事迹具《今世说》卷三。孙金砺生年未详,其卒年系据康熙九年陈维岳《柬兄其年》书中"前接兄札,云谈长益、方尔止、孙介夫一时俱逝"一语考得。据李圣华《方文年谱》,方文卒于康熙八年秋。陈维岳是书详见"康熙九年"条。

魏祥(1620—1677),更名际瑞,字善伯,号伯子。江西宁都人。顺治十七年岁贡生。魏禧兄。著有《魏伯子文集》等。生平详魏禧《先伯兄墓志铭》(见《魏叔子文集》卷十八)。

宗元鼎(1620—1698),字定九,又字书云,号梅岑,别号小香居士。江苏江都人。七岁咏梅,为先达所赏。所居地多柳,龚鼎孳榜曰"新柳堂"。后隐于城东数十里宜陵之南,仍名其堂曰"新柳堂",有芙蓉别业。一时名流如周亮工、曹溶、王士禛兄弟等皆重其才名。工诗古文词。与从弟元豫、元观,从子之瑾、之瑜有"广陵五宗"之名。康熙十八年贡太学,部考第一,铨注州同知,未仕。著有《新柳堂诗集》《芙蓉集》《小香词》等。事迹具《国朝耆献类征初编》卷四二三、《清史列传》卷七〇、《扬州画舫录》卷十。

年底接家信,知妻女冻馁,遂乘运租船返家,王士禛有诗送行。

《湖海楼诗集》卷一"甲辰"诗《赠王司勋西樵》诗末有云:"我时正作蜀冈客,大叫额手呼苍穹。运租船上家信至,妻女冻馁愁无穷。"《哭故友周文夏侍御五古一百韵》也有"节尽返衡庐"之句。

《王士禛全集·渔洋诗集》卷十六"甲辰稿"《陈生行戏送其年归阳羡》有云:"陈生陈生,尔既不能入渊斩长蛟,又不能登山射猛虎,复不能亡赖作横苦乡里,十载哦诗守环堵。……昨日渡江来,今复渡江归。运租船上苦憔悴,高风浪涌横江矶。朝来寄我新词句,明月无情蝉鬓去。五湖归去伴渔竿,枫岸芦汀不知处。"

还乡后,王士禛曾有诗相寄。

《王士禛全集·渔洋诗集》卷十六"甲辰稿二"《寄其年》云:"陈生湖海士,摇落更相思。……太息铜官下,迎寒葺旧茨。"

铜官山,在宜兴县治之南,接壤溧阳。

三十日,与弟维嵋赋《洞庭春色》,有怀王士禛、王士禄兄弟。

《迦陵词全集》卷二十四《洞庭春色·甲辰除夕怀西樵司勋、阮亭主客》。

陈维嵋《亦山草堂遗词》有《洞庭春色·甲辰除夕》。

约本年前后,为孙枝蔚《溉堂集》作序。

《陈迦陵文集》卷一《孙豹人诗集序》有云:"今年来广陵,与秦人孙枝蔚歌诗。……今年孙子年四十馀……"检孙枝蔚《溉堂集》,于卷九"甲辰"年始有《抄陈其年新诗》一首,为可以考知的两人交往的最早记录。故断该序作于本年。

约本年前后,为徐尧章诗集作序。

《陈迦陵文集》卷一《徐唐山诗序》有云:"唐山既久僦居吴陵,余亦客游东皋七八载反，皆以轻去其乡，故乃得时相往来。"按，陈维崧初至如皋为戊戌年秋，过七载即为本年，故系于此。

徐尧章，字唐山。宜兴人。幼受业于高攀龙，精濂洛之学。与族兄徐腾蛟、同里陈维崧号称"荆溪三子"。著有《清荣堂文集》。《江苏诗征》卷三收其诗三首。

本年，为亡父作行略。

《陈迦陵文集》卷五《敕赠征仕郎翰林院检讨先府君行略》有云："呜呼哀哉，先府君之弃不孝孤九年于兹矣。九年之中，形貌黧黑，精魄溃佚，哀号皇遽。谋欲厘次先府君生平大节，用丐当世立言大君子以图不朽，不幸神理瞀惑，甫一追忆而语塞且气绝者，又数数也。壬寅仲冬，既谨奉先府君与先姊汤孺人合葬于亳村之新阡，乃殡宫已闭，而窆石未镌。念先府君恒以文笔过属不孝孤，今不孝孤粗有文笔，而俾先府君后先遗行沦没不传，不孝孤即腼焉若禽兽哉，异日者何以见府君于地下？谨收泪吮笔，用述先府君大略，以俟采择。"按，陈贞慧卒于顺治十三年，过九年即为本年。又，该行略虽初成于本年，但后来仍有续补。如题名中陈贞慧的赠衔，即是陈维崧中博学鸿词后，康熙二十年朝廷封赠的。另外行略末尾有云："又于康熙二十三年，季子宗石恭遇覃恩，再赠处士公文林郎安平县知县，母汤氏再赠太孺人。"其时距陈维崧去世已三年，其本人显然不可能有此一段叙述，故知其当为陈宗石后来刻集时所补。

本年，侯涵卒，为诔悼之。侯涵子开国为其父撰年谱并辑录其文稿，乞陈维崧为之编次。

汪琬《尧峰文抄》卷十《贞宪先生墓志铭》载，侯涵长于汪琬四岁，卒年四十五岁。据此可推知其卒于本年，然具体月份及时日无考。

《陈迦陵俪体文集》卷十《嘉定侯掌亭先生诔》云："君之哲嗣，家驹国宝。祖德是遵，先畴是保。葺君年谱，编君文稿。命余排次，属余搜讨。"

　　　　康熙四年　　乙巳（1665）　　四十一岁

正月初一，作《八节长欢》，弟维嵋依韵有作。

《迦陵词全集》卷十五《八节长欢·乙巳元日》。

陈维嵋《亦山草堂遗词》有《八节长欢·乙巳元旦依韵》，与陈维崧词同韵。

初三日,积雨初晴,与蒋平阶、史惟圆在南城散步,再赋《八节长欢》一首。

《迦陵词全集》卷十五《八节长欢·元日后二日积雨新晴,偕大鸿、云臣散步城南,望铜官一带翠色,眷恋久之,不克游南岳而返》。此词紧接在上一首之后,时间前后相承,故系于本年。

史惟圆,原名策,一名若愚,字云臣,号蝶庵,别号荆水钓客。江苏宜兴人。工词。著有《蝶庵词》。

十五日夜,赋《绛都春》第二体一首述怀。

《迦陵词全集》卷十七《绛都春第二体·乙巳元夜》。

二月初,赴如皋,夜宿黄桥店,遇范国禄之仆,知范已于当日离如皋,赋二绝句寄赠。

《湖海楼诗集》卷二"乙巳"诗《黄桥客店夜遇范女受仆,知女受便以今日离东皋矣,为之怅然,却寄二绝句》其一有"春晓寒重梦难成"之句。另据下文所引冒襄《水绘庵修禊记》,更可知时间当为二月初。其二末尾自注云:"时女受将游豫章。"

约二月初旬,王士禄游镇江,陈维崧得讯,有词寄之。

王士禛《王考功年谱》康熙四年云:"二月,自广陵渡江往京口,登三山,访鹤林诸寺。"

《迦陵词全集》卷七《渔家傲·闻西樵方为京口三山之游却寄》上阕有句云:"晴日南徐风景异,蒲帆饱趁春涛驶。"

王士禄《十笏草堂上浮集》卷一"乙巳诗一百八首"中有《瓜洲眺望》《金山妙高台同无言、伟男、道子》等题,当是本年春游京口所作。另据下文,王士禛赴如皋时已取得王士禄《南徐游览集》刻样数纸,回程舟中又接得新刻成之《南徐游览集》。故按正常进度推算,王士禄游京口应在二月初旬前后。

十五日,在如皋候毛师柱不至,有诗念之。

《湖海楼诗集》卷二"乙巳"诗《花朝待毛亦史不至》、《迦陵词全集》卷四《忆馀杭·东皋客舍待毛亦史不至》,均应作于同时。

毛师柱《端峰诗选》卷二《花朝待陈其年不至》:"东皋二月梅花时,客愁如柳垂烟丝。去年花朝君已至,看花忆我曾题诗。今年江北吾潦倒,君偏留滞江南道。两过花朝踪迹分,可怜俱向风尘老。眼满花枝泪满巾,客中相忆倍伤神。怀君且读君诗句,微雨萧萧愁杀人。乙巳花朝,其年待余不至,有诗云:一树辛夷开又谢,夜来微雨更潇潇。"知该诗作于康熙五年春。

作《定风波》词怀刘体仁,纪去岁与林古度、刘体仁邀饮红桥事。

《迦陵词全集》卷七《定风波·怀颍川刘公勇,记与茂之、公勇小饮红桥几一年矣,故有此作》下阕云:"时序飙流惊又换,春半,风光虽似旧游非。绿到江南清颍尾,春水,潺湲好为寄相思。"

不久,毛师柱至,同读书水绘园。

《巢民文集》卷四《水绘庵修禊记》云:"乙巳仲春,阮亭先生以书讯予曰:'其年已来,潜夫无恙,今年三月当过洗钵池作洛水戏也。'盖钵池春水,实闻此言。无何,闻先生来,不果。居数日,复闻先生来,又不果。如是者三。二月杪,先生忽来,喜甚,亟出郊迎之。……时毛生亦史则从娄东持梅村祭酒诗文至,与其年读书庵中半月矣。"

十九日清明,有诗念诸弟。

《湖海楼诗集》卷二"乙巳"诗《清明》有云:"新蒲细柳吞声处,把酒看花忆弟时。"

二月底,王士禛按部如皋。冒襄出郊相迎,并邀其当夕至水绘园相聚。王士禛以夜深泥滑,不便打扰辞之,且以新刻己作及王士禄著作三种相赠,请冒襄与陈维崧正之。

《同人集》卷七冒襄《水绘庵修禊记》。

《同人集》卷四王士禛《乙巳三月按部下邑六集水绘荒庵八札》之一云:"适劳台旌远迓,分不敢承。本拟即夕抠衣,只以夜深泥滑,不敢复惊动定,再荷雅意。当于明早盥沐拜老年伯母尊前,兼握悉别绪种种也。家兄及弟近刻三种,先请大教,并呈其年正之。笥中所携甚少,灯下草草先复。"

三月初一,同王士禛在冒襄宅观剧赏曲。

《同人集》卷四王士禛《乙巳三月按部下邑六集水绘荒庵八札》之二云:"昨夕畅聆乐君之论,不独声色丝竹之妙也,谢谢!"按:该书作于初二日,考见下一条。

三月初二,王士禛以小像二帧请冒襄、陈维崧题之。

《同人集》卷四王士禛《乙巳三月按部下邑六集水绘荒庵八札》之二云:"连日簿牒如山,稍一料理,以便明日赴曲水之招,甘金谷之罚。今日万不能蹑屐,奈何? 如与其年暇一见过,当专候耳。小像二,即烦同其年一题。"按,"明日曲水之招"指上巳修禊事。

初三日,与王士禛、冒襄、邵潜、冒嘉穗、冒丹书、毛师柱、许嗣隆等修禊于水绘园。此会人各有诗,凡得诗共三十八首,后刻为《水绘园修禊诗》一卷,由陈维崧作序。是日晚,诸人游洗钵池,陈维崧又赋《洗钵池泛月歌》。当日,里中友人万树、曹亮武、吴本嵩等亦至石亭修禊,万树有词纪事。

《同人集》卷七冒襄《水绘庵修禊记》。

《陈迦陵文集》卷一《水绘园修禊诗序》末署:"乙巳之暮春三日云。"

《湖海楼诗集》卷二"乙巳"诗《水绘园三月三日修禊》五首题下自注云:"同邵潜夫、王阮亭、冒巢民先生暨毛亦史、许山涛、冒谷梁、青若。"其第五首末注:"西樵渡江,计是日抵姑苏。"同卷有《洗钵池泛月歌》。

冒襄《巢民诗集》卷三《乙巳上巳,王阮亭先生同其年、亦史、山涛及禾、丹两儿修禊水绘庵,即席分体限韵》。

毛师柱《端峰诗选》卷六《乙巳三月三日水绘园修禊同王阮亭、邵潜夫、冒巢民先生暨陈其年、许山涛、冒谷梁、青若》。卷五《水绘泛月同阮亭、巢民、其年、山涛、青若》。同卷《湘中阁望雨丛含英孝廉招同阮亭诸公》有注云:"春半过巢民,邀同其年读书此阁。"

冒嘉穗《寒碧堂诗辑》有《上巳修禊水绘庵分赋》二首,为当日作。

冒丹书《枕烟堂诗辑》有《上巳同阮亭作》四首,为当日作。

《瑶华集》卷十八万树《贺新郎·游石亭记》上阕云:"乙巳春之季。与吴君、曹君诸子,会于槐里。遂往游于石亭涧,少长群贤毕至。兴不减、兰亭修禊。此地崇山多峻岭,有茂林修竹清流水。堪觞叙、坐其次。"

许嗣隆,字山涛,号文穆。江苏如皋人。冒襄表弟。康熙十一年贡生、十四年举人、二十一年进士,选庶常,历左春坊左中允,官至翰林院侍讲学士。康熙三十二年为云南乡试主考。四十九年在北京与修《渊鉴类函》。著有《孟晋堂诗集》《金台集》等。生平详嘉庆《如皋县志》卷十六《列传一》。

吴本嵩,原名玉麟,字天石。江苏宜兴人。吴洪化子,陈贞禧长婿。一生遭际坎坷,奔走大江南北,以游幕为生。工词,著有《都梁词》,已佚。

初四日,杜濬至如皋,未及与修禊之会。后同陈维崧、冒襄、叶藩、毛师柱、杜世捷在水绘园泛月,毛师柱有诗纪事。

《渔洋山人自撰年谱》于该年修禊事后云："杜濬于皇后一日至,不及会。"

毛师柱《端峰诗选》卷六《水绘园泛月次韵同杜茶村、冒巢民先生暨陈其年、杜武功、叶桐初》。

叶藩,字桐初,号南屏。江苏太仓人。入清不应试,客游四方,与孔尚任交好。著有《惜树斋诗文集》《桐初词》。汪学金《娄东诗派》卷十四录其诗,并云："藩字桐初。客游涿州卒。有《惜树斋诗草》。"注云："桐初为杜茶村女夫,陈其年尝序其词。"曹寅《楝亭诗文抄·诗别集》卷一《送桐初南归三首》之三末亦有注云："桐初为杜茶村佳婿。"

杜世捷,字武功。湖北黄冈人。杜濬长子,家于江南。《清诗初集》卷七录其诗一首。

王士禛以新取到的王士禄《南徐游览集》刻样数页,及所撰汪楫诗集序请正于冒襄,欲使陈维崧将该序收入《今文选》中。

《同人集》卷四王士禛《乙巳三月按部下邑六集水绘荒庵八札》之三有云："昨取到家兄《南徐游览集》刻样数纸请政,并汪舟次诗序求教,倘可收入阳羡选中乎?"按,据此可知,《今文选》其时尚未刻完。

王士禛点评完诸人修禊之诗,求阅冒襄《水绘庵修禊记》及陈维崧《水绘园修禊诗序》,阅后有信致冒襄。

《同人集》卷四王士禛《乙巳三月按部下邑六集水绘荒庵八札》之五有云："诸公诗已点竟,前数纸偶著圈点,若欲装潢作册,恐为未雅。求另录来,当重附僭评,如何? 先生大记及髯公序,并求教。"同书之六有云："大序并其年记如教,僭评不足当游夏,惟有惭恧。"

时冒襄将纳蔡氏姬,王士禛与杜濬、陈维崧、毛师柱等相约各赋五、七言律诗一首为之催妆。

《同人集》卷四王士禛《乙巳三月按部下邑六集水绘荒庵八札》之七云："与茶村、其年,亦史诸公约催妆,五言律诗起句用'名士悦倾城',七言律诗起句用'新得佳人字莫愁',赋成持贺,不知能描摹丽色于万一否?"

王士禛将离如皋,冒襄同杜濬、陈维崧、毛师柱、蔡芬、许嗣隆、冒褒、冒嘉穗、冒丹书等送至河干。王士禛别后于舟中赋五言古诗一首惜别,另于途中接得王士禄新刻之《南徐游览集》及诗集二卷、石刻二纸,因走使持寄冒襄,以诗索和,并请以《南徐游览集》及诗集、石刻持示杜濬与陈维崧。陈

维崧与冒襄各有诗和之。

《同人集》卷四王士禛《乙巳三月按部下邑六集水绘荒庵八札》之八有云："与先生及茶村、其年分手后，偶成一五言长诗留别，兼别诸子。具草博一轩渠，希遍示祖道诸公也。舟次接得家兄近刻《南徐游览集》，又五七言古诗歌二卷，又石刻二纸，统寄记室，并烦持请教茶村、其年。"《同人集》卷七王士禛《将发东皋，巢民、茶村两先生同其年，亦史、豁若、山涛、无誉、谷梁、青若诸子相送河干，舟去百里，赋诗惜别凡十九韵，特使寄谢索和》即书中所云之五言长诗。同书同卷有冒襄《和王士禛》、陈维崧《和王士禛》各一首。

蔡芬(1634—?)，字豁若。江苏丹阳人。顺治十七年副贡，康熙三十六年岁贡生。

为王士禛第三子启汸赋《虎儿行》。

《湖海楼诗集》卷二"乙巳"诗《虎儿行》题下注云："阮亭第三子小字虎儿。"

按，据新城《王氏世谱》，王士禛第三子名启汸，字思远，一字全道，别号昆仑山人。康熙二十六年任文登教训，三十九年前后任唐山知县，候补知州。享年七十四。

十六日，冒襄纳蔡氏姬，有诗相贺。王士禛送其迎亲仪仗乐队。

《同人集》卷七《花烛词》陈维崧《贺巢民伯纳蔡姬》。按，杜濬《花烛词》有注云："王仪部送与马鼓乐为前导。"又云："前一日巢民逢初度。"冒襄生日为三月十五，据此可知其纳蔡氏在十六日。

《同人集》卷三汪懋麟《蔡女罗墓铭》云："氏曰蔡，名含，字曰女罗。生吴县。父曰孟昭，故文士。自其少壮时依如皋冒氏至老。止生含，怜爱之而择所嫁。生十九年，乃归侍辟疆君，凡二十有二年，以康熙二十五年七月二十一日卒，得年四十。死之日，未及其生数月，其生时实十有二月八日也。"另同书同卷杜濬《女罗字说》则介绍了他为蔡含取字的经过。以上可并参冒广生《冒巢民先生年谱》。

本月归里，过扬州。

《湖海楼诗集》卷二"丁未"诗《春雨遣兴示吴中一二朋好》有云："前年三月游扬州，柳丝蒙蒙低拂头。板渚少年颇解事，留客竟上倡家楼。""丁未"为康熙六年，"前年"云云当即本年。毛师柱《端峰诗选》"五言律"《寄荆溪曹谓书》"客归三月路,书寄十年心"两句自注云:"时以其年还里,因得附书。"可知时为还家而过扬州。

春,徐晨耀为题《九青小像》。

张次溪辑《九青图咏》于"娄东徐晨耀"名下注云:"汪本注有:'乙巳春日。'"

徐晨耀,江苏太仓人。名号、生平俟考。

四月初二日,方拱乾七十初度,与冒襄、杜濬、冒褒、冒嘉穗、冒丹书等有诗贺之。

冒襄《巢民诗集》卷五《寿学士方坦庵年伯七十》引云:"乙巳四月二日,为年伯七秩初度。是日节叙清和,光阴婉娩。兰亭之彦,过绛县以称觞;竹林之人,望青丘而介酒。襄以犹子,欣兹盛事。挥毫而歌眉寿,染翰以叙心期。时则杜陵野老,方为射雉之游;阳羡书生,久作登龙之客。乘羊小季,亦思献赋以酬知;题凤家儿,妄冀摛词以颂德。共为一轴,用祝千秋。"

按,"杜陵野老"指杜濬。

五月初五,有词寄友人。

《迦陵词全集》卷二十六《贺新郎·乙巳端午寄友用刘潜夫韵》。

六月十一日夜,冒襄招同杜濬及子世捷、叶藩、许嗣隆、毛师柱等放舟水绘园玩月。

《清百名家诗选》卷八十三毛师柱诗有《六月十一夜,冒巢民先生招同杜茶村、陈其年、杜武功、叶桐初、许山涛暨令弟无誉放舟水绘,即次巢民泛月元韵二首》其二有注云:"春暮,阮亭诸公泛月此园,有唱和诗刻。"该诗又见《端峰诗选》卷六,题为《水绘园泛月次韵》。

六月底随冒襄父子至扬州为王士禛送行,时王士禛在扬州任满,即将入都任礼部主客司主事。毛师柱以事偶阻如皋,未能与之同行,托其先寄诗王士禛。在扬州识成都费密,有诗赠之。

毛师柱《端峰诗选》卷二《忆旧游怀东皋诸同学》序云:"余自庚子后,数往来维扬间,而流连最久,无过乙巳七月。是年王阮亭先生以维扬司李擢礼部主客司主事。如皋冒巢民先生邀同陈子其年、许子山涛暨其两郎君谷梁、青若方舟追送,侨寓城东水阁者浃月。四方诸名士集蜀冈上方寺饯别,一时宾客之盛,近今以来未尝有也。"卷六《将之维扬,偶以事阻东皋,于其年之行,先寄王司李阮亭先生)。

《湖海楼诗集》卷二"乙巳"诗《赠成都费密》有句云:"今秋我复来芜城,有客怀刺通平生。乍见姓氏已相贺,复睹状貌还趣迎。七月已至六月破,扬州城中秋水大。"

费密(1626—1699),字此度,号燕峰。四川新繁(今成都)人。明末徙居江苏江都野田庄,以授徒卖文为生,与钱谦益辈诸名家多有唱和。著有《燕峰诗抄》。

时在扬州与汪楫游,并与王士禄、王士禛、孙枝蔚、方文为汪楫题《红桥衰柳图》。

《湖海楼诗集》卷二"乙巳"诗《为汪舟次题〈红桥衰柳图〉同西樵、阮亭、豹人、尔止赋》。

夏,陆昌龄为题《九青小像》。

张次溪辑《九青图咏》于"吴陵陆昌龄"名下注云:"汪本注有:'乙巳夏日,为其年先生题九青小照并政。''陆'字上有'晚学'二字。"

陆昌龄,俟考。

为王士祜题《洗钵图》,时王士祜奉亲里居。

《湖海楼诗集》卷二"乙巳"诗《题王子侧洗钵图》。

王士祜(1633—1681),字叔子,又字子侧,号东亭。山东新城人。王士禛三兄。康熙二年举人,九年成进士,不得与馆选。后以新例援纳中行评博,于京师需次之时,忽气滞而死。生平详《渔洋文集》卷十一《赐进士出身先兄东亭行述》。

七月初七,陈维崧与诸名士集于禅智寺原志禅师方丈,为王士禛祖饯,有诗赠别。当晚送至茱萸湾,王士禛登舟北上。

按,据《渔洋山人自撰年谱》,王士禛于上年十月内迁礼部主客司主事,至此时方离扬。而诸名士禅智寺送别诗后被汇为《禅智倡和集》(初名《禅智别录》)。

《湖海楼诗集》卷二"乙巳"诗有《赠别王主客阮亭》和《七夕集蜀冈禅智寺硕公房送王阮亭入都》。

冒襄《巢民诗集》卷五《巧夕同人杂沓茱湾送阮亭北上夜归有感》。

冒嘉穗《寒碧堂诗辑》有《送王阮亭先生北上》。

许承家《猎微阁诗集》卷一《七夕禅智寺送王阮亭先生北上即和留

别韵》。

邓汉仪《诗观初集》卷四许承宣《七夕禅智寺送王阮亭先生》"秋至再逢离别宴"句后有注云:"前与诸子曾赋别红桥。"

《诗观二集》卷七夏九叙《送王阮亭先生入都》当作于同时前后。

《诗观二集》卷十徐衡《七夕集禅智寺送王阮亭夫子》。

《诗观初集》卷十汪耀麟《咏怀兼送王阮亭夫子入都》。

蒋钺、翁介眉《清诗初集》卷二有杜濬《送王阮亭北上》五言古诗。

释原志(1628—1697),一作元志,字硕揆,号借巢,谥净慧禅师,本名孙弘。江苏盐城人。崇祯末弃举业,浪游梁宋、齐鲁。顺治四年,手刃父仇,遂至通州佛陀寺出家。先后住扬州上方、泰兴庆云、杭州灵隐等名寺。才高学博,受知于当世名士。康熙四年入主禅智寺。著有《借巢诗集》《正绩堂集》等。生平详《诗观二集》卷十三、《居易录》卷二十四、查为仁《莲坡诗话》卷上。

徐衡,字辰玉,号青岳。江苏江都人。著有《玉峰诗稿》。

禅智寺,一名竹西寺,在扬州蜀冈。

同叶藩、许嗣隆、冒丹书同游扬州小东门外小秦淮,有诗十首。

《湖海楼诗集》卷二"乙巳"诗《小秦淮曲十首》其三云:"思乡浑似欲眠蚕,自入新秋百不堪。正是水云寥落处,斜铺楚簟梦江南。"其四云:"广陵城外小楼多,秋水盈盈剪越罗。记得昨宵楼上女,更无人处注横波。"题下注云:"同叶桐初、许山涛、冒青若赋。"

邓汉仪《诗观二集》卷十四冒丹书《小秦淮曲和陈其年》二首其一云:"新诗十首写红蚕,知尔怀乡最不堪。自是清宵好烟月,一林枫橘洞庭南。"《枕烟堂诗辑》有《小秦淮曲》三首,与《诗观二集》所收二首不同。冒丹书所作亦应为十首。

冒襄《巢民诗集》卷六《小秦淮曲同其年、丹儿客邗限韵》十首。

宗元鼎为《九青小像》题诗。

张次溪辑《九青图咏》于宗元鼎题下注云:"叶本有注云:'乙巳新秋,题于城东水阁。'"

方拱乾、亨咸父子放还后来居扬州,亨咸以像索题,作长歌相赠。

《湖海楼诗集》卷二"乙巳"诗《方邵村侍御以像索题,为作长句以赠》有句云:"生还一夜头半白,僦居且傍芜城壕。凉秋七月浪花白,烟江蚱蜢吾能操。水楼相见一叹息,飞湍迸泻声嘈嘈。"

方亨咸(1620—1679),字吉偶,号邵村。拱乾次子。顺治四年进士,官至监察御史。有文名,兼工书画。著有《塞外乐府》《邵村诗集》等。

柳敬亭以衰年流寓扬州,陈维崧有诗相赠。

《湖海楼诗集》卷二"乙巳"诗《左南宁与柳敬亭军中说剑图歌》有"白发埋名说事人"、"故国无家归不得"之句。同卷《赠柳敬亭》其一也云"如今衰白谁相问"。可知柳时已年迈。

柳敬亭,江苏泰州人。本姓曹。少无赖,好赌。后习说书,名渐噪。性豪迈,慷慨任侠,所至名公巨卿辄与之交。与左良玉相知最深,在其军中颇多赞画。生平详吴伟业《柳敬亭传》。

有诗赠汪楫,并怀吴嘉纪。吴嘉纪本年以送王士禛至扬州,时已归。

《湖海楼诗集》卷二"乙巳"诗《赠汪舟次兼怀吴野人》云:"旅舍愁无那,浓秋把汝诗。驿楼临水处,凉月挂城时。更忆东陶客,吟成老泪垂。乾坤二子在,萧飒莫深悲。"东陶乃东淘之误书,为东台县安丰镇古名。吴嘉纪为安丰场东淘人。

按,方文《嵞山续集》卷一《别吴野人》有云:"我归白下日,君返安丰时。安丰大海边,凤昔家于斯。今秋洪水涨,白波浩无涯。……反念我穷途,买舟无其资。力与汪仲子舟次,黾勉相扶持。"王棨《跋嵞山续集后》亦云:"乙巳秋,先外舅客邗。野人家滨海,海水暴至,庐舍荡没,榻有病妇,啼绕饥儿。野人犹恋恋郡城,与汪仲子舟次黾勉扶持,买舟相送,气谊之笃,用是深信弗疑。"汪楫《悔斋诗》卷三《送吴野人归海滨兼柬徐次源》有云:"乙巳三春天不雨,五月六月雨不住。七月三日雨更奇,大风拔起园中树。城郭只怕洪涛入,大野茫茫更何措。……复闻泰州煮盐场,万人顷刻随烟雾。"又,《吴嘉纪诗集笺校》卷三有《七夕同诸子集禅智寺硕公房,再送王阮亭先生》。可知吴嘉纪来扬为给王士禛送行,且归在七夕后。

郝士仪书来,因母明年五十,索诗为寿,陈维崧有诗赠之。

《湖海楼诗集》卷二"乙巳"诗《赠郝羽吉兼为其母夫人寿》。从诗中所述来看,陈维崧与士仪此时只是相互闻名而并未谋面。吴嘉纪秋间来扬州时,曾屡屡提及郝士仪,陈维崧仰慕其名,遂托致问候。吴归东淘后,郝即有书来索诗。

郝士仪(1631—1680),字羽吉,号山渔。安徽歙县人。父郝璠为明光禄寺丞,早卒。母沈氏抚育孤雏,以苦节称。明亡后,移居江都。士仪既长,乃事渔盐之业,偕母隐于贾。后因病为庸医所误早逝。诗以唐人风调为宗,不苟作。著有《损斋集》。按,郝母沈氏明年五十,孙枝蔚《溉堂文集》卷二有《为郝母沈太夫人征寿诗公启》云:"丙午岁某月某日,为太夫人五十初度。"

宜兴县令李元华去任,有诗相赠,并为作《赠邑侯李蔚宗序》。盖此前不识李令,于其临去,始得一见。

《湖海楼诗集》卷二"乙巳"诗《赠李令君蔚宗先生》。

《陈迦陵文集》卷三《赠邑侯李蔚宗序》有云:"汤生原选,维崧中表弟也,数年最受公知;陈生文鹭,维崧弟也,其感侯也尤最深。陈生者客游久矣,间月一归,两生必以侯之仁政述之。……维崧者,治下之老诸生耳。家贫,拙于衣食,授书江淮间以糊口,先生之庭至今尚未一进见,而先生顾若深知有维崧者……先生之来也,维崧既不克见矣,其去也,又何能忍而失此知己乎?崧虽将老,尚欲一修弟子礼焉,侯其许我乎?是为序。"

李元华,字蔚宗。江西南昌人。顺治三年举人。康熙二年任宜兴县令,当年即去职。《宜兴县志·职官志》有著录。

八月十五,在方拱乾座上看诸客大合乐,赋《念奴娇》二首。

《迦陵词全集》卷十七《念奴娇·龙眠公坐上看诸客大合乐,记丁酉中秋曾于合肥公青溪宅见此,今又将十年矣。援笔填词,呈龙眠公并示楼冈太史、邵村侍御、与三孝廉》。按,自丁酉中秋至今整八年,故云"将十年"。同卷《念奴娇·乙巳中秋用东坡韵寄广陵诸旧游》。

方孝标(1617—1697),初名玄成,避顺治讳,以字行,因更字楼冈,号楼江。拱乾长子。顺治六年进士,曾官至侍读学士。江南科场案发,与父、弟俱戍宁古塔。赎还后复入滇,事吴三桂。及吴三桂将败,首先迎降,得免死。著有《钝斋诗选》。卒后,因其所著《滇黔纪闻》为戴名世《南山集》所采,遭戮尸,罪连家族,遗书遭毁。生平详《皖志列传稿》卷二、《词林辑略》卷一。按:拱乾六子,馀三子育盛、膏茂、章钺均为举人,最幼者名奕簏。

十六日夜,韩氏楼灯火甚盛,仍听诸公弦管,复填《念奴娇》一首。

《迦陵词全集》卷十七《念奴娇·次夜韩楼灯火甚盛,仍听诸公弦管,复填一阕》。此词接在前一首之后,末云:"扬州灯火,明朝人定传语。"可知为同时事。

同杜濬、孙枝蔚、冒襄、冒丹书、宗元鼎、黄霖、叶藩、许嗣隆、华衮、汪楫、汪士裕、汪耀麟、汪懋麟、鲁澜、夏九叙等同集,分韵赋诗,作《感秋》。

《湖海楼诗集》卷二"乙巳"诗《感秋》题下自注云:"同杜于皇、孙豹人、冒巢民、青若、宗定九、王雨相、叶桐初、许山涛、华龙眉、吴晖吉、汪舟次、左岩、叔定、季用、鲁紫漪、夏次公分赋。"

黄霖,字雨相,号南岩。安徽休宁人,入江都籍。康熙诸生,著有《西亭诗》。生平略见邓汉仪《诗观初集》卷十一。陈维崧诗注中著其姓"王",误。孙枝蔚《溉堂集》中作"黄"。可参。

华衮,字龙眉。江苏江都人。工诗,著有《爱鼎堂诗略》《春草堂尺牍偶存》。

汪士裕,字左岩,一字容庵。安徽休宁人,占籍江都。康熙二年举人,选授太湖教谕,丁内艰归。二十四年补沛县教谕,擢庐州府学教授。与汪耀麟、汪懋麟、汪楫以诗文著称一时。有《适园诗抄》二卷。事具《百尺梧桐阁文集》卷二《送兄左岩之任沛县序》、康熙《安庆府志》卷十二《政绩传》、同治《徐州府志》卷六《职官表》、阮元《淮海英灵集》甲集卷一。

汪耀麟(1636—1698),字叔定,号北皋。安徽休宁人,占籍江都。汪懋麟兄。扬州府学生,有《见山楼诗稿》《抱未堂集》《南徐唱和诗》《爱园唱和诗》等。生平详阮元《淮海英灵集》甲集卷二。

汪懋麟(1639—1688),字季用,号蛟门。与兄耀麟从王岩学。王士禛任扬州推官,赏其才。康熙二年举于乡,六年成进士,与陈赓明、沈胤范、颜光敏齐名都下。授中书舍人。居五年,丁母忧归。康熙十七年应博学鸿词荐,以丁外艰未终制,坚辞不赴。次年服阕,因徐乾学荐,以主事入史馆,与修《明史》。寻补刑部,仍直史馆。未几罢归,谢宾客,杜门治经研史。康熙二十七年卒,得年五十。工诗词,与汪楫并称"二汪",又与曹申吉、宋荦、王又旦、颜光敏、叶封、田雯、谢重辉、丁炜、曹禾有"金台十子"之目。著有《百尺梧桐阁集》。事具《百尺梧桐阁遗稿》附王士禛《比部汪蛟门传》、《憺园集》卷二十九《刑部主事季用汪君墓志铭》。

鲁澜,字紫漪,号桐门。江苏江都人。康熙十六年举人,有《南徐住山集》。邓汉仪《诗观二集》卷十二选其诗五首。

夏九叙,字次功,亦作次公。江都人。康熙十六年举人。著有《绿雪堂诗略》一卷。邓汉仪《诗观二集》卷七收其诗二十五首。

吴晖吉,疑名昆。生平俟考。

九月初九,从江阴至如皋赴菊花之约,范必英与王天阶先至,有诗相赠。王天阶因病未能赴水绘园菊约,枕上赋四律纪其盛事。陈维崧有诗赠王天阶,忆及吴中旧游章在兹、宋实颖、宋德宜、钱锁、钱中谐、沈世弈、汪琬、尤侗诸人。

《同人集》卷七范云威《九日赴巢民先生水绘庵菊约,兼喜其年兄至东皋,漫赋长歌一首》有云:"今年更向广陵行,轻帆如皋三日程。无端又遇重阳节,东邻载酒西邻迎。……积水孤城句欲惊,须知惊坐有陈生。徐陵把笔珊瑚贵,逸少装书玳瑁轻。陈生陈生尔来何迟暮,斜阳霜叶长江渡。前夕笙歌不共闻,今宵灯火还同娱。"

《湖海楼诗集》卷二"乙巳"诗《赠范羽玄羽玄尊人长白先生与余祖同年最善》有"扬州客舍一相见,话旧垆头重欢宴。东街虾菜贱若泥,促付糟床压缸面。宝刀出匣马龁其,男儿读书真大痴。酒阑怀抱忽破碎,却忆两家全盛时"之句,另诗中小注亦云:"余昔读书吴门二载,竟未一见羽玄。"按,该诗开首有云:"前朝神祖岁乙未,翘材之馆招豪贤。三吴硕大卿相出,尔父我祖称齐年。"据《明清进士题名碑录》,万历二十三年与陈于廷同年中进士的三吴范氏有范允临。

《湖海楼诗集》卷二"乙巳"诗《赠王升吉兼寄吴中诸旧游》首云:"暨阳城下风飕飀,横江白浪高山丘。布帆峭罢一何怒,渚鸡沙雁声啾啾。篙师捩柁泪如雨,谁人不言客游苦。三朝船抵如皋城,万感胸中莽撑挂。主人剪纸招我魂,沽酒饮我令我温。入门膝席坐未定,谁何吴语来婵娟。我耳偏因吴语喜,心知此人定乡里。众中握手问姓名,乃是吴下王武子。王也磊落称绝伦,同行范叔通门亲。丈夫失意遇知己,往往笑傲兼酸辛。"在本诗的后半段,作者先后提及了吴中诸旧游,并嘱王天阶代致问候。

《同人集》卷七王天阶《水绘园菊约,以病不能赴,因于枕上纪其盛事得四律》其一云:"岂肯逢佳节,客中静掩扉。病填昨夜酒,卧卷九秋衣。游赏人争惜,繁华我独违。传来菊信好,惆怅月光微。"其四末云:"不是愁兼病,还随珠履行。"

范允临(1558—1641),字长倩,自号长白。江南华亭人,后徙家吴县。历官南京兵部主事,工部员外郎、郎中,云南按察司佥事。工书法,与董其昌齐名。故陈维崧诗自注云："余家门屏多先生署书。"其生平见汪琬《前明福建布政使司右参议范公墓碑》(《尧峰文抄》卷十)。据此可断定范羽玄即范必英。另据汪琬《范公墓碑》,允临只有一子,初名云威,后易必英,为其继室仲恭人所出,允临卒时年甫十一岁。

范必英(1631—1692),初名云威,字秀实,一字龙仙,号秋涛,一号伏庵。陈维崧诗题所示,当其初名云威时,似曾以羽玄为字。顺治十四年举顺天乡试。康熙十八年举博学鸿词,授检讨,与修《明史》。分纂事毕即谢病归。家有万卷楼,藏书甚富,日诵读其间。所为诗古文词绮丽雅驯,晚好汲引后进。著有《寱言集》。生平详韩菼《有怀堂文稿》卷十八《翰林院检讨范先生行状》。

王天阶,字升吉。江苏吴县人。与冒襄相善。

观菊毕,与范必英、王天阶、范端同至苏州。不久,范端游京华,有诗送之。

《湖海楼诗集》卷二"乙巳"诗《送范简夫入都》有云:"北风飒飒天苍凉,草木摇落梧竹黄。霜红水绿好风景,怜我客游非故乡。羁孤且喜遇范子,直拓金戟争颠狂。贤门彦龙至吴郡羽元,同行况有乌衣王升吉。怒猊老骥夜相守,脱帽自命为渴羌。江鲙斫湿飞白雪,吴酸匙滑调红姜。欢乐未终骊唱促,子忽告我作急装。主宾惆怅色不怿,放歌变徵声低昂。男儿致身贵强盛,那解闭置愁车箱。……此时相送但痛饮,醉后直视黄河万里之帆樯。""羽元"即羽玄,为避康熙帝讳改。

范端,字简夫。如皋人。挟策游京华,膺荐登仕籍。初任河南仪封知县,以卓异升东兖郡丞。任满以终养求归。后复起,补户部郎中,以父忧归。生平详嘉庆《如皋县志》卷十六及《东皋诗存》卷十七。

十月,为方拱乾作《卖字歌为龙眠方坦庵先生赋》。

《湖海楼诗集》卷二"乙巳"诗《卖字歌为龙眠方坦庵先生赋》云:"龙眠老子真豪雄,一生破浪乘长风。行年七十正矍铄,自号城南卖字翁。雪花打门月在地,破屋槎枒矗三四。广陵城中醉尉多,老翁自卖床头字。……"按,方拱乾生于万历二十四年,至本年实为六十九岁。

闻王士禛罢官之讯,有词念之,并寄王士禄。

王士禛《渔洋山人自撰年谱》、蒋寅《王渔洋事迹征略》。

《迦陵词全集》卷十一《满江红·闻阮亭罢官之信并寄西樵》有"才子为官休亦好,弟应荷篠兄携杖"之语,王士禄爱其句,后乞萧云从依其意作画。《湖海楼诗集》卷二"丙午"诗《题萧凌曦为西樵所作图》题下自注云："余寄西樵词有云'才子为官休亦好,弟应荷苃兄携杖'之句,西樵心善是言,属萧子图之,余系以歌。"

萧云从(1569—1673),字尺木,号默思,别号无闷道人、钟山老人、凌曦等。安徽芜湖人。崇祯十二年副贡。荐授推官,不赴。明亡后,以画自隐。为清代著名的山水、人物画家。著有《梅花堂遗稿》等。生平详沈起凤《谐说》卷三、民国《芜湖县志》卷五十《人物》、胡艺《萧云从年谱》(《美术研究》,1960 年第 1 期)。

十二月初三,冒襄携丹书奉母马氏移居北巷,陈维崧有诗记之,并书扇相寄。

《同人集》卷七陈维崧《乙巳腊月三日巢民老伯携青若奉马太恭人移居北巷诗有引》题下有冒襄自注云："己未中秋后偶检得此箧,因即付梓。"(此诗仅见于咸丰九年水绘庵木活字本《同人集》)这组诗又见于《湖海楼诗集》卷二"乙巳"诗,题为《移居诗为冒巢民先生暨青若赋有小序》。

三十日,在亳村。感一年飘零,诸弟分离,女儿出嫁,赋《满江红》二首。

《迦陵词全集》卷十一《满江红·乙巳除夕立春仍用前韵》其二有云:"屈指算、四时作客,三秋抱恙。山左未寻周栎下,广陵且觅王贻上。乍榴花、时节载愁还,堪谁饷。　　弱女嫁,罗衣漾。诸弟隔,羁鸿唱。……寒夜始归阳羡棹,灯前拟试金焦杖。"按,陈维崧上年岁末《赠王司勋西樵》诗中有"妻女冻馁愁无穷"之句,说明其女当时尚未出嫁,故据词中"弱女嫁"之句,可知其出嫁在本年。

陈维崧女儿嫁万树长兄万复古长子万峰。详参《家乘》卷三、郑志良《〈万氏宗谱〉与万树的家世》(《清代文学研究辑刊》第二辑)。

本年,邵潜卒,为作《邵山人潜夫传》。

《陈迦陵文集》卷五《邵山人潜夫传》末云:"先是山人患滞下逾一岁矣。一日语陈生曰:'嗟乎足下,仆已矣。顾千秋万岁后,谁知有邵山人者?'余悲其意,心许为立传而未以告也。乃今而山人竟死矣。"

约本年,王士禛、王士禄为评校《乌丝词》竟。

董元恺《苍梧词》卷十二《瑞龙吟·陈其年属题〈乌丝词〉》末,王士禛评云:"《乌丝词》乃十年前仆与先考功兄所评较。今先兄殁已三年,髯亦判袂八载。仆伤逝之馀,荏苒老矣。长安雨夜,篝灯读此,不禁百端交集。"按，从"先兄殁已三年，髯亦判袂八年"（王士禄卒于康熙十二年，过三年即为康熙十五年）、"十年前仆与先考功兄所评较"诸语看，王氏兄弟校评《乌丝词》，盖在康熙四年至五年间。

董俞有词怀之。

董俞《玉凫词》之《贺新郎·怀陈其年》下阕云："石城花月同留恋。正良宵、银笋翠袖，鸾笺题遍。别后酒徒零落尽，尔我飘摇蓬转。止馀得、愁丝恨片。不信董公称健者，已十年、瘦损风尘面。"按，董俞与陈维崧交往在顺治十三年前后，过十年应为本年。但词中"十年"云云多为约数，故该词作期难以确定，大概当在本年前后。

康熙五年　丙午（1666）　四十二岁

正月十五夜，雨中赋《个侬》一首，抒发今昔之叹。

《迦陵词全集》卷三十《个侬·丙午元夕雨》。

二月，过太湖到苏州。

《湖海楼诗集》卷二"丙午"诗《春日吴阊杂诗》其二有云："二月轻帆下太湖，烟波日夜客心孤。"同卷之《赠从含英孝廉五十韵》亦云："孤篷辞罨画，二月到吴天。南国愁花鸟，西施罢管弦。五湖纹比簟，千缕柳成烟。吊古情深矣，伤春意悄然。"

十五日，毛师柱在如皋有诗怀陈维崧。同日，王士禛亦有诗寄之，陈维崧后有诗和之。

毛师柱《端峰诗选》卷二"七言古"《花朝待陈其年不至》："东皋二月梅花时，客愁如柳垂烟丝。去年花朝君已至，看花忆我曾题诗。今年江北吾潦倒，君偏留滞江南道。两过花朝踪迹分，可怜俱向风尘老。眼满花枝泪满巾，客中相忆倍伤神。怀君且读君诗句，微雨萧萧愁杀人。乙巳花朝，其年待余不至，有诗云：一树辛夷开又谢，夜来微雨更潇潇。"

《王士禛全集·渔洋诗集》卷十九"丙午稿"《花朝道中有感寄其年三首》。

《湖海楼诗集》卷二"丙午"诗《得阮亭渔阳道中花朝四绝句，和韵却寄》为此后的和作。其三上联云："今年高卧阊阖城，君在渔阳草未生。"其四上联云："柳丝着水细于烟，檀板银罂二月天。"

过苏州葑门,有诗追怀宋德宏。

《湖海楼诗集》卷二"丙午"诗《春日吴阊杂诗》其一篇末自注云:"过葑溪追感畴三。"

时姜宸英寓苏州,读书缪彤园中,陈维崧与之游处,有诗相赠。不久别去,姜宸英后有书寄之。

《湖海楼诗集》卷二"丙午"诗《春日吴阊杂诗》其七篇末自注云:"喜晤越中姜西铭宸英。"

张慧剑《明清江苏文人年表》本年记载云:"浙江姜宸英寓苏州,读书缪彤园中。"(所据系出姜宸英《苇间诗稿》卷一)。

姜宸英《湛园藏稿》卷三《与陈其年》云:"性不喜逢人谈文字,又厌听人诉贫。昨过江,遇一二达官,高论班马,奴视唐宋,微窥其意中极自矜诩。茶酒次,攒眉诉穷,言言酸鼻,令人有解绨袍而欲赠之意,特旅人无从得此耳。……知足下侨寓雒皋,键关苦吟,经岁无褰饭而问者。此大佳,但切莫令人知。恐此辈闻之,又裂眼争耳。不一一。"

姜宸英(1628—1700),字西溟,号湛园。浙江慈溪人。明末诸生。与朱彝尊、严绳孙有"江南三布衣"之称。一生屡困场屋。康熙三十六年始中进士,年已七十,授翰林编修。两年后,充顺天乡试副考,因事被劾,病死狱中。姜宸英以文词擅誉,亦工书法。著有《湛园未定稿》《湛园藏稿》等。生平详全祖望《翰林院编修湛园姜先生墓表》(《鲒埼亭集内编》卷十六)、方苞《记姜西溟遗言》(《方苞集·集外文》卷六)。

缪彤(1627—1697),字歌起,号念斋,室名白石亭、红昼亭、双泉堂,学者称双泉先生。江苏吴县人。父慧远,字子长,以文学擅名吴中。顺治四年进士,授寿阳知县,以耿直忤上官,辞归。缪彤为康熙六年进士,授修撰,历官侍讲,以丁忧归。能诗文,著有《双泉堂文集》。汪琬曾为其作《红昼亭记》(见《钝翁前后类稿》卷三二),略述其生平。生平详《江南通志》卷一六五《人物志》。

与范必英、王天阶、尤侗、宋实颖、吴蔼、顾有孝、徐钒、沈盘、吴锵、吴兆宽等游处,分别有诗相赠。

《湖海楼诗集》卷二"丙午"诗《春日吴阊杂诗》其二、其三、其四、其五、其六、其七、其八、其九、其十分别提及同游诸人。

吴蔼,字虞升。江苏长洲(今苏州)人。宋德宜外甥。计东《改亭文集》卷七《送吴生虞升归吴门》云："予门人长洲吴蔼,字虞升,家世为名谏官,而家甚贫,少失父母,学为文于其舅氏宋太史、孝廉两公,颇得其术。"

顾有孝(1619—1689),字茂伦,自号雪滩钓叟。江苏吴县人。明诸生,入清后闭门著述。尝与宋实颖、尤侗结慎交社,又入惊隐诗社。康熙十七年荐博学鸿词,以病辞。平生以选诗为事,著有《雪滩钓叟集》。

徐釚(1636—1708),字电发,号拙存,又号虹亭,晚号枫江渔父。江苏吴江人。康熙十八年举博学鸿词,授检讨,后乞归。曾受业于宋实颖,工诗词,擅文采。著有《南洲草堂集》《菊庄词》《词苑丛谈》等。生平详《国朝耆献类征初编》卷一一九、《清史列传》卷七一等。

沈盘,字石均。长洲人。明诸生。少受知于文震孟、杨廷枢。入清后,以诗名吴下,著有《宛陵》《吴门》两集。

吴锵,字玉川,又字闻玮。吴江人。其夫人庞纫芳工诗,颇与时人唱和。

吴兆宽(1614—1680),字弘人。吴江人。吴兆骞长兄。诸生。与弟兆宫(?—1679)、兆骞有"延陵三凤凰"之目。

在江阴曹禾园中,送周绽北上京师,周绽有词留别。

《迦陵词全集》卷十五《帝台春·五月南徐怀周翼微在都门,即用其江上留别原韵》上阕有云："回首春前,旗亭饯客。公路浦,君为远别;吕蒙城,我无相识。记曹家园上看花,疏狂那夕。余别翼微于江上曹颂嘉园。"该词作于康熙六年五月初(考见次年),故"春前"、"看花"云云,皆可证为本年春日事。

曹禾(1638—1699),字颂嘉,号峨嵋,一号未庵。江苏江阴人。康熙三年进士,官内阁中书,告归养母。康熙十八年举博学鸿词,授编修。历官至国子监祭酒。以事去官。工诗,为燕台十子之一。著有《未庵初集》。生平详《清史列传》卷七一。

周绽(?—1680),初名鼎星,字翼微。江苏太仓人。精于篆刻。《江苏诗征》卷八二选有其诗,然对其生平未作介绍。绽,一作"絷"。汪学金辑《娄东诗派》卷二十录其诗一首,云："絷字翼微。初名鼎星。客游汉中卒。"毛师柱《端峰诗选》卷二《紫阳歌为亡友周二翼微作》序云："汉中紫阳县与咸阳地隔终南,程止三舍。康熙己未冬,翼微还自保宁,殁于其地,乃以山川险远,一苍头负骨而归,忽忽数载,痛未忘也。今客咸阳,尤远望而心伤焉。爰作歌以当招魂之些。"又卷四《翼微客死秦中,苍头负骨归里。读其绝笔断句,依韵哭之》二首其二末尾有注云:"己未春与翼微别于都门,庚申北归赴蜀,余已入楚。"两处所记周纲卒年不一。《湖海楼诗集》卷七"庚申"诗有《送周翼微入蜀》诗,该诗作于当年春天,可证其入蜀实在庚申(即康熙十九年),与"庚申北归赴蜀"之说相合。故其卒年应为庚申。《娄东诗派》所录为其《临终绝句》,题下注云:"翼微庚申立春日卒于汉中,前一夕有诗云云。"邓汉仪《诗观初集》卷十一收其诗六首。

将离苏州,有诗赠别吴氏妹及妹丈吴全昌,另有诗赠别顾有孝、张拱乾诸子。

《湖海楼诗集》卷二"丙午"诗《春日吴闾杂诗》其十一篇末自注云:"别舍妹及妹丈吴鸠怀。"其十二为留别顾有孝、张拱乾之作。

按,据《家乘》卷三记载,陈贞慧有二女,长适吴璟,早卒;次适吴江进士吴焕之子吴全昌。

吴全昌,字鸠怀,江苏吴江人。

张拱乾(1615—1688),字九临,号愧庵。江苏吴江人。明诸生,少沉潜好学,尝游周镳之门。入清后隐居不仕,坐卧一小楼,颜曰独倚,生计时陷匮乏。卒后无子,乡人私谥贞毅先生。

三月初一清明,应镇江通判程康庄之邀北上至镇江,在程氏官署与方文、邹祗谟、孙枝蔚联臂话旧,并相约上巳日上金山修禊。

《湖海楼诗集》卷二"丙午"诗《赠丛含英孝廉五十韵》有云:"吾生长落拓,乘兴即洄沿。北固贪弹铗,东风一叩舷。方干逢把臂尔止,邹衍恰齐肩讦士。同访丹阳尹昆仑,因停白玉鞭。"同卷《三月三日盦山、豹人约同上金山修禊,阴雨不果,长歌纪事》有云:"忆昨乞食射堂下,方孙二叟还相遭。官衙踏臂一大噱,话旧滚滚如波涛。……别时拦街不肯散,约我上巳离城壕。"《迦陵词全集》卷十一《满江红·舟次润城谒程昆仑别驾》。

方文《盦山续集》卷四"丙午"诗《清明日程昆仑司马招同豹人、其年小饮》首二句云:"客中正苦欢场少,江上俄惊胜友来。"其下自注云:"是日其年初至。"

孙枝蔚《溉堂续集》卷一"丙午五言律诗"《清明日同方尔止、陈其年饮程昆仑署中》亦为当日所作,诗云:"登筵白发愧飘蓬,绕署青山似画中。百五日逢天气好,十千酒遣旅愁空。张公洞口抄书客_{其年将刻《今文抄》},桃叶津头说字翁是日,尔止讲篆隶八分。不为使君儒雅剧,何繇共对烛花红。"
《今文抄》即《今文选》。

程康庄(1613—1675),字坦如,号昆仑。山西武乡人。明崇祯九年拔
贡生。顺治十一年举山林隐逸。后五年,选授镇江通判。康熙六年,升安
庆同知。康熙十三年,任陕西耀州知府。次年春卒。著有《自课堂集》。
生平见毕振姬《奉政大夫耀州知州程公暨宜人合葬墓志铭》(《西北之文》
卷九)。

初三日上巳,因风雨所阻,修禊未果,有诗纪之。

《湖海楼诗集》卷二"丙午"诗《三月三日蒒山、豹人约同上金山修禊,
阴雨不果,长歌纪事》。

方文《蒒山集·蒒山续集》卷一"丙午"诗《禊日风雨,孙豹人、陈其年
相约登金山不果,是夜有作》云:"预期三月三,携手出城郭。修禊大江边,
更上金山阁。题诗镵石壁,似欲掩前作。不谓及兹辰,狂风震林壑。细雨
复霏霏,江天何漠漠。舟师未敢渡,僧舍仍栖泊。新诗互相赏,高言杂谐
谑。但愧囊箧空,无钱具杯杓。昏黑始言归,意态惨不乐。天生英杰才,
必使稍挥霍。如何我三人,终岁长寂寞。干谒良可羞,飘零竟无著。不如
各归去,空山事耕凿。"

为方文"丙午诗卷"题绝句二首。

《湖海楼诗稿》卷二"丙午"诗《题蒒山丙午诗卷首二绝句》其二云:"春
雨春阴又几朝,他乡寒食总无聊。把君丙午诗三卷,吟过城南丁卯桥。"末
注云:"时同客南徐。"丁卯桥,在丹徒县城南。

游米芾墓、竹林寺等名胜,均有诗。

《湖海楼诗集》卷二"丙午"诗《米元章墓下作》《游竹林寺》。

《湖海楼全集·湖海楼诗集》卷二《由竹林历招隐未及寻八公岩而返》
云:"十日客丹徒,春心只烦闷。"据此可知当为同日作。

按:米芾墓在丹徒城西南二十五里长山下;据光绪《丹徒县志》卷六
"寺观",竹林寺在丹徒城南夹山下,初建自东晋,后圮废,明崇祯朝,僧林
呆构草庐,独居二年,创为名刹。

识罗汉章。罗汉章设酒招同谈允谦、孙枝蔚、方文小饮。

方文《蒒山续集》卷三"丙午"诗《罗公倬招同长益、豹人、其年诸子小
集有赠》二首其一云:"淳安解组后,白首卧江村。城市不轻入,交游谁与

言。冲怀慕词客,设酒借邻轩。此意真风雅,何辞步履烦。"首联后有注云:"罗曾为淳安令。"

罗汉章,字公倬。江苏丹徒人。顺治九年进士,授淳安县令,次年以丁艰归。光绪《丹徒县志》卷二十"科目"类顺治九年进士中有著录。光绪《淳安县志》卷六《治绩》有传。

与方文、孙枝蔚将离开镇江,程康庄招同邹祗谟、谈允谦、何洯、程世英饮于潘园,陈维崧作《风流子》词纪事,方文亦有七言古诗一首赋谢。约同时,乞何洯为《九青小像》题诗。

《迦陵词全集》卷二十四《风流子·南徐春暮,程昆仑别驾招饮南郊外园亭,同方尔止、孙豹人、谈长益、邹程村、何雍南、程千一赋》当作于此际,上阕云:"来时寒食,近且近耳,讵料竟残春。正仆本多愁,何妨作达;官如不醉,遮莫伤神。见此际酒旗斜,唤客榆叶弱紫人。燕子风前,是何言语;柳条烟里,别样腰身。"

方文《嵞山续集》卷二"丙午"诗《程昆仑别驾招饮潘园赋谢》云:"京口新屯数万兵,兵民杂处多喧争。谁其治之郡司马,殚心调剂人称平。所以旦旦趋公府,案牍如山意良苦。饥时暂餐还不能,那得闲情到园圃。使君才智绰有馀,宾客来过日不虚。开樽每在夜初静,抵掌无非诗与书。独惜春光随逝水,双眼何曾见花蕊。偷闲载酒出城来,召客看花尽知己。竹里行厨傍水边,桃花虽落李花妍。莫愁郭外兵儿折,但恐来朝花朵蔫。况复东风吹柳絮,坐中客亦东西去。今朝对酒不尽欢,他年会合知何处。"该诗题下有注云:"同集者孙豹人、陈其年、邹讦士、谈长益、何雍南、程千一。"

何洯《晴江阁集》卷三《程昆仑明府招令长益、尔止、豹人、其年、讦士、千一暨辛子良集城南园亭,即席分赋》云:"江南此日多戎马,一代文章归草野。主持赖有武乡公,公馀倒屣论风雅。游歌早过南山边,载酒全到东篱下。谁家构得好园亭,能令词客都潇洒。我独徘徊小辟疆,尘埃漠漠自辉煌。碧池日暖鸡鹝叫,红槛风微芍药香。"卷八有《为其年题九青小影四首之一》,应作于同时。

辛子良,俟考。

不久,渡江北上,欲经扬州去如皋。临行前一日,何洯、程世英招同方文、孙枝蔚、谈允谦聚饮于磨笄山下酒家,与方文各有诗记其事。

《湖海楼诗集》卷二"丙午"诗《何雍南、程千一招饮摩笄山下酒家,同方尔止、孙豹人、谈长益赋》。

何楚《晴江阁集》卷三《磨笄山下酒家歌同长益、尔止、豹人、其年、千一作》有云："阳羡陈髯湖海士,指挥嬉笑皆文章。"

方文《嵞山续集》卷二"丙午"诗《磨笄山下酒家同孙豹人、陈其年、谈长益、何雍南、程千一小饮作歌》云："无端作客来润州,转因匮乏成淹留。赖有同人日相狎,狂歌痛饮能消忧。谈翁塞上十年别,此地重过头似雪。继起谁登风雅场,何程二子俱魁杰。客舍论诗见访频,况逢词伯来江滨。关中孙老才华健,阳羡陈生格调新。六人相聚缘非偶,屡出城南看花柳。地主青蚨颇不悭,山家绿蚁惟吾取。底事停杯忽改颜,陈生明早渡江关。予偕孙老亦将去,他日难忘戴女山。"末尾注云:"磨笄山,乃戴颙女守志处。"

孙枝蔚《溉堂续集》卷一《磨笄山下酒家,同方尔止、谈长益、陈其年、何雍南、程千一小饮作歌》末云："吾徒未免事干谒,八口累人何日闲。惟有偷闲且痛饮,刘伶王绩亦高品。雄谈不顾四坐惊,主人谁似何与程。"

次日渡江,孙枝蔚至江上相送,并有诗赠行。

孙枝蔚《溉堂续集》卷一"丙午七言绝句"《江上送陈其年之雉皋,为题九青小史像》。

《湖海楼诗集》卷二"丙午"诗《赠丛含英孝廉五十韵》有云："且住为佳耳,淹留遂久焉。客程惊水驿,节物换秋千。即次瓜洲岸,纤徐芜苑边。凄凉隋大业,飘泊杜樊川。"

三月三十日,在扬州访丛中蕴,时值其三十初度,作《赠丛含英孝廉五十韵》。

《湖海楼诗集》卷二"丙午"诗《赠丛含英孝廉五十韵》述本次见面云:"无凭通雁帛,有累卜筵蓂。到日披闲幔,移时借半毡。相看刚一笑,忆别各经年。门巷稀车马,村墟隔市廛。樵风晨屑瑟,麦浪晚沦涟。草绿堪行散,花红好种田。幽栖宜褊性,僻处谢时贤。室迩谈谐数,形忘礼法捐。风流林是竹,潇洒社名莲。喜值悬弧节,欣沾置醴筵。娇莺啼断续,飞絮舞缠绵。子夜歌无误,阳春调可怜。"诗末自注云:"时三月晦日,为含英三十初度。"

五月初五日,冒襄有诗怀之。

冒襄《巢民诗集》卷五《午日席上怀其年》首云："八载芳辰文酒同,两年惆怅隔天中。"该诗排在《丙午午日同老友孟昭集田夫、振兮、迁于、孺子、山涛、文虎、翛远诸子、睿石上人于寒庐，重和客岁分韵》后，故断为本年作。

不久至如皋，与蔡潜游，适逢其六十初度，作《赠蔡孟昭序》。

《陈迦陵文集》卷三《赠蔡孟昭序》云："蔡生今岁正六十，适居如皋，余时亦游如皋，两人相得甚欢。"

按，《同人集》卷十一《丙辰嘉平奉祝巢民先生蔡夫人三十序》云："今年腊月八日，为夫人三十初度。其尊人孟昭先生亦年届古稀，父女合称百岁。"卷十二姚若翼《辟疆先生蔡少君三十初度》云："值今腊八三十春，丰神姑射诚天界。四海名流尽举觞，娱辞丽句咸休吹。媛翁又值古稀年，同歌百寿相轮次。"丙辰为康熙十五年（1676），时蔡潜七十岁，上推十年，当为本年无疑。又，据汪懋麟《蔡女罗墓铭》，蔡含"以康熙二十五年七月廿一日卒，得年四十。死之日，未及其生数月。其生实十有二月八日也。"据此可进一步证明本年蔡潜六十岁。

八月至扬州，时宋琬因冤狱得白，获释后流寓扬州，招游红桥，赋诗以谢。宋琬有诗相赠，并为题《乌丝词》稿。

《湖海楼诗集》卷二"丙午"诗《宋荔裳招游红桥放歌》有云："今夕何夕秋澄鲜，宋公邀我乘楼船。金箫玉管相间作，兰炊绮馔罗长筵。狂奴故态本跌荡，屠门斫鼍恒流涎。扬州闭置作新妇，一闻公召宁迁延。"同诗并述宋琬语云："一麾讵料置西域，三仕复令官南天。扶风蛮邸游侠窟，钟山梅里笙歌缘。饱看越女天下白，曾听秦筝声可怜。今年漂泊复到此，与君浮拍非徒然。"同卷"丙午"诗《广陵秋兴和王雪洲给事》八首之二有句云："我读枚生赋，来观八月涛。"知其八月至扬州。

宋琬《安雅堂未刻稿》卷二《长歌赠陈其年》云："琅琊兄弟耽词赋，法曹年少来瓜步。东阁梅花召宾客，阁外常盈几双屦。座中最爱阳羡生，一榻高悬待徐孺。考功潇洒善长调，屈指推君夸绝巧。武塘学士亟称赏，共把君文问君貌。扁舟暂系琼花台，蒹葭历乱芙蓉开。……醉中莫折隋堤柳，来岁同看邓尉花。"《二乡亭词》有《贺新郎·题陈其年乌丝词》，当作于此时。

宋琬（1614—1673），字玉叔，号荔裳。山东莱阳人。顺治四年进士，授户部河南司主事，累迁户部郎中，出为陇右道佥事。顺治十七年任浙江按察使。山东文登于七起义，族子挟嫌诬告，下狱几死。三年后事白获释，于康熙二年冬放归，长期流寓吴越一带。康熙十一年复起，授四川按察使。次年吴三桂反，琬适在京，闻变惊悸卒。著有《安雅堂集》等。生平详王熙《通议大夫四川按察使司按察使荔裳先生宋公墓志铭》（《王文靖公集》卷十九）、汪超宏《宋琬年谱》。

孙金砺将之南京，作词送之。

《迦陵词全集》卷十四《凤凰台上忆吹箫·广陵送孙介夫之石城》上阕云："红板桥头，方山栅口，中流冷拨吴装。正萤飞冰簟，蝉咽银床。经过郗僧施宅，青溪曲曲似回肠。云水外，千年陈迹，一片新凉。"

按，该词作期不明，但因孙金砺卒于康熙八年，本次送行在秋季，此后未再见二人交往之迹。综合诸因判断，该词极有可能作于本年，故系于此。

九月，龚鼎孳葬母王太夫人后返京，路过扬州，陈维崧为赋《赠龚芝麓先生》诗。龚氏临行前，又作《送大司马合肥公还朝长歌抒怀》。时与叶藩同在扬州。

据董迁《龚芝麓年谱》，龚鼎孳于本年初曾上疏乞归葬母，未允。后经吏部题奏，特旨给假三个月，准其营葬后即速回办事。龚遂于夏间回里营葬，并携其顾夫人灵椟，祔葬茔次。

《湖海楼诗集》卷二"丙午"诗《赠龚芝麓先生》所咏即为其事，末云："北阙晨陈人子情，东门夕赐元僚沐。茂陵烟草日荒芜，张翰归心暂入吴。知公最有思亲泪，并入西风洒鼎湖。"同卷《送大司马合肥公还朝长歌抒怀》则为自言心迹之作，中有"鹰饥不断风云想"之句。

《陈迦陵俪体文集》卷七《叶桐初词序》有云："忆仆年时，逢君客里。鲍昭城在，临河则面面朱栏；萧统楼存，夹巷则家家琼树。加以陶士行政之官北上，王茂弘适尽室南来。千官祖饯，舸舳弥津；百里追陪，衣冠满座。与君此日，颇多嬉戏之言；顾我何人，亦有激昂之作。"所谓"激昂之作"，当指上面所举的两首诗。另，在"王茂弘适尽室南来"之语后有注云："余昔与桐初作客广陵，正值合肥龚夫子以大司马还朝。"

张恂于秋夜招饮，席间观舞，并令幼子出席揖客，有诗赠之。

《湖海楼诗集》卷二"丙午"诗《张稚恭席上其幼子出揖客，聪颖异常儿，书长句赠之》。

与宗元鼎为王士禄题萧云从所绘《云舟图》。

《湖海楼诗集》卷二"丙午"诗《题萧凌曦为西樵所作图》有句云："我昔寄君作此词,词成坐客笑作剧。"

邓汉仪《诗观》卷七宗元鼎《王西樵先生属萧灵曦画〈云舟图〉,作歌题赠,并示萧子》序云："乙巳岁,司勋王西樵先生与宋荔裳观察、杨执玉太常同客湖上。……越岁丙午秋,司勋与观察重晤维扬时,太常已复燕游,而观察又将北上。"按:"灵"当为"凌"之误书。

去岁,杨璊、宋琬、王士禄三人各驾小舟重游西湖,出没六桥烟雨间。后林嗣环质钱为作《西湖三舟图》。本年秋,陈维崧应宋琬、王士禄之请作《〈西湖三舟图〉歌》。

《湖海楼诗集》卷二"丙午"诗《〈西湖三舟图〉歌》题下自注云："杨执玉太常、宋荔裳观察、王西樵司勋,时复各载一舟出没六桥烟雨间。于其行也,林铁崖质钱作图以赠行,宋、王嘱余作歌。"诗云："西湖绿净不容浣,中有数船划流过。吴天秋只客三人,越夜月无舟一个。……乏赀林老更颠狂,一幅图成十日饿。"

孙枝蔚《溉堂续集》卷一《〈西湖三舟图〉,王西樵司勋属题,兼呈宋荔裳观察、杨执玉太常》有注云："其年、孝威诸子各有诗。"

宋琬《二乡亭词》之《浪淘沙·〈西湖三舟图〉成,寄执玉奉常、西樵吏部》。

王士禄《十笏草堂上浮集》卷四"丙集二·丙午诗"《题〈西湖三舟图〉兼送北行荔裳四首》小序云："客岁,予与荔裳及执玉客湖上。盛夏,各僦舟以居,颇极游览之趣。荔裳北还,时林铁崖倩武林胡生作图以赠。比与荔裳重晤维扬,始见斯图。荔裳计日复别余北去,抚往悲来,辄有此作。"

徐崧等辑《诗风初集》卷六谈允谦《三舟图。宋荔裳宪使、王西樵吏部、杨执玉太常乙巳集西湖,僦舟为邸,濒别,林铁崖为作三舟图》。

杨璊(1620—?),字执玉,又字若虚。直隶宛平(今属北京)人。明崇祯十六年进士。入清初授礼部主事,升陕西学道佥事,杜绝请托,有冰清玉洁之称。顺治四年任大同兵备道,值姜瓖之变,摄巡抚事。乱平,转东莱道。擢太常卿,历左右通政。兄杨瑄为顺治三年进士。两人皆驰名都下,时有二杨之目。生平详《大清畿辅先哲传》卷二十八《贤能一》。

林嗣环,字起八,号铁崖。福建晋江人。顺治六年进士。历任广东提刑按察司副使,分巡兵备道,兼理学政。驻节琼州,因与总戎不相合,互具揭,俱遭杖戍,遇赦免。寓居杭州,以著述自娱,无归志,卒以客死。著有《铁崖文集》。生平详唐梦赉《林大参嗣环传》(《碑传集》卷七六)、王晫《今世说》卷二。

与冒襄、宋琬、曹尔堪、王士禄集于刘师峻葭园,分韵赋诗,得"山"字。同时作《水调歌头》词一首。当日觅伎不得。

《湖海楼诗集》卷二"丙午"诗《宋荔裳、曹顾庵、王西樵招集刘峻度葭园分得"山"字》有注云:"是夜觅伎不得。"

《迦陵词全集》卷十四《水调歌头·宋荔裳、曹顾庵、王西樵招集刘峻度葭园,即席限韵》。在手稿本第八册《乌丝词三集》中,"限韵"原作"限'东、冬'韵"。

冒襄《巢民诗集》卷五《丙午秋日葭园续集,分得"川"字"吴"字》。

曹尔堪(1617—1679),字子顾,号顾庵。浙江嘉善人。顺治九年进士,官至侍讲学士,因事罢归。曹氏博闻强记,多识掌故,工诗词文。著有《杜鹃亭稿》《南溪文略》《南溪词》等。生平详阮元《两浙辅轩录》卷一。

刘师峻,字峻度。江苏江都(今属扬州)人。顺治三年举人。官曲阳知县,迁行人。师峻妻卞元文善诗,卞母吴岩子著有《青山集》,魏禧为撰《青山集叙》(见《魏叔子文集》外编卷九)。元文卒后,妹德基复事师峻,德基善画。故王士禄《十笏草堂上浮集》卷三"丙午诗"《刘峻度夫人卞元文挽诗四首》其四有云:"莫道佳人难再得,渠家小妹又天人^{峻度将与夫人妹续婚}。"其生平详阮元辑《淮海英灵集》已集卷一,该书收其《秋日柬冒辟疆》诗一首。乾隆《江都县志》卷十二《选举·乡科》:"(顺治丙戌)刘师峻,工部虞衡司员外郎。"另据龚鼎孳《定山堂诗集》卷三十七《送刘峻度同年之官曲阳》诗注:"君有家伎,自言作吏,当废歌舞。"

同人再集葭园,咏怀广陵古迹,赋《广陵怀古》诗。席间有冒氏歌儿度曲。

《湖海楼诗集》卷二"丙午"诗《广陵怀古》题下原注云:"分咏'康''山'。"诗中有注云:"指救李梦阳一事。"

冒襄《巢民诗集》卷一《丙午晚秋再集葭园咏怀广陵古迹分得"康""山"》。

王士禄《十笏草堂上浮集》卷四"丙集二·丙午诗"《同荔裳、顾庵续举雅集于刘峻度之葭园,分得"舒"字"安"字》其一有云:"坐爱当阶落木疏,歧路朋游纷聚散^{时荔裳、云田、长益,其年皆将归}。"其二有云:"听歌且与销银漏,莫讶明星到眼残夜听辟疆家歌儿度曲。"

　　宋琬《二乡亭词》卷一《点绛唇·刘峻度席上听女郎度曲》。

十月初五,雨中访王士禄,王士禄邀宗元鼎与共饮。此后王士禄有诗赠邓汉仪,将陈维崧与邓并举,对其诗才颇为称赏。王士禄另为其题《小紫云回》曲一首。

　　王士禄《十笏草堂上浮集》卷四"丙集二·丙午诗"《雨中其年见过,因邀梅岑共饮,次梅岑韵三首》其一有云:"髹来秋雨晦,寂寞慰幽居。更喜宗生近,墙头见寓庐。街泥冲不惜梅岑诗有'不惜冲泥去'之句,情话坐难疏。主客忘形极,拈杯杂捡书。"

　　同卷"丙集二·丙午诗"《答邓孝威孝威以〈选楼客舍歌〉见赠》有云:"霖雨五日秋将终,座客乍稀樽亦空。卧睨选楼意不怪,忽闻剥啄来诗筒。南阳诗伯送长句,把吟使我开心胸。仲华后人信英异,杖策却厌从军戎。尽收豪气入吟卷,琐细欲鄙吴江枫。即看此作何遒爽,其声霹雳光长虹。环笔海内亦间有,邓州之彭淮南龚。……生也偃仰罗浮侧,大声乃出蓬门中。若从菰芦求对置,只有阳羡陈维崧。其馀作者亦林立,顾视旗辙非君同。"按,本年十月初十立冬。据王士禄诗中"霖雨五日秋将终"之句推断,该诗当作于初五日。

　　同卷"丙集二·丙午诗"有《小紫云回曲戏赠陈其年》。按,该诗后一首为《送谈长益之山东入周中丞幕二首》,其一首句云:"淮南桂落语横鞭。"故知该诗也作于秋季。

　　《清百名家诗选》卷八十二宗元鼎诗有《雨中同陈其年、孙又百饮王西樵先生寓园》五律二首,当为原倡。

　　孙又百,俟考。

识王追骐于扬州,时王寓天宁寺,作《广陵秋兴和王雪洲给事》诗。

　　《湖海楼诗集》卷二"丙午"诗《广陵秋兴和王雪洲给事》。原诗四首,其一有云:"正值三秋暮,嘹然一雁鸣。"

　　王追骐(1638—?),字锦之,号雪洲。湖北黄冈人。顺治十六年进士,改庶吉士,授礼科给事中,外补山东武德道金事,以伉直忤时,遭革职。著有《雪州诗抄》、《居俟楼集》。王追骐罢职后从康熙元年开始,曾在吴越一带漫游,其间与宋琬相识,宋氏为作《王雪洲诗序》。另孙枝蔚《溉堂续集》卷一"丙午五言律诗"《秋兴八首次王雪洲太史韵》之八注云:"雪洲寓天宁寺。"生平详《词林辑略》卷一、《国朝诗人征略初编》卷六。

十月初七,与李长祥、宋琬、曹尔堪等四十六人宴集红桥,陈维崧分得"潜"字、"如"字。

　　《红桥唱和第一集》后附孙金砺《红桥雅集记》云:"丙午孟冬,寻游维扬。夔州李公研斋、莱阳宋公荔裳、橬李曹公顾庵、新城王公西樵、黄冈王公雪洲在焉,远近名流,后先至兹,往来甚都。崇川陈子善伯、范子汝受、阳羡陈子其年、延陵季子希韩、宛陵沈子方邺、姑熟张子若思,谋之江都宗子定九、姚子仲潜、汪子舟次,于中旬之七日,宴集诸公于红桥。卿大夫凡四十馀人,缁衣二人,女史一人。携樽馌,溯濠流,达槐子河,人限二字,赋唐人五言近体二首。……李公研斋序其事,命予为之记。"孙金砺《广陵倡和词序》又云:"广陵红桥之集,得四十六人。"该集首龚鼎孳序末署:"康熙丙午阳月既望,淮南同学弟龚鼎孳题于公路浦舟中。"

　　该集陈维崧《得"潜"字》诗云:"秋柳故掺掺,秋波入镜奁。开尊成把袂,侧帽一掀髯。江笛晴偏响,烟航晚更添。飞腾宁敢望,吾意学陶潜。"《得"如"字》诗云:"此地隋家苑,流传千载馀。西风吹灌木,斜日漾清渠。好友欢相得,浓秋锦不如。剧怜人易散,矫首倍愁予。"按,这两首诗未见于《陈迦陵文集》本与《湖海楼全集》本。

与沈泌、张俨游,张俨将归当涂,有诗送之。

　　《湖海楼诗集》卷二"丙午"诗《送张若思归姑熟》有云:"凉风同作客,携手芜城宿。年少辞故乡,天寒僦茅屋。余也感遇均,因之过从熟。……昨见沈休文方邺,言君归棹速。杳霭秋江帆,烟中是姑熟。"当涂古名姑熟。

　　张俨,字若思。安徽当涂人。著有《寄庵集》。邓汉仪《诗观三集》卷十二收其诗四首。

为宗元鼎题《东园读书图》,抒发乡试落第的愤懑。

　　《湖海楼诗集》卷二"丙午"诗《为宗梅岑题东园读书图》有句云:"宗生健者吾老友,吴郎西崖作画推老手。陈子歌行颇兀臬,长句亦能满人口。此时十月天气寒,百忧欲集纷无端。东原老树亦何限,枳花橄叶应丹。好书读无数,白头仍不遇。胡为穷年死章句,东原风物故自佳。"

十四日,王士禄以诗相赠,预送其归阳羡。同时,陈世祥、曹尔堪、王士禄、邓汉仪、沈泌、汪楫、季公琦、李以笃等皆有词相送,乃作《念奴娇》一阕留别。华衮亦有诗送行。

《迦陵词全集》卷十七《念奴娇·曹顾庵、王西樵、邓孝威、沈方邺、汪舟次、季希韩、李云田、兄散木皆有送予归阳羡词,作此留别》上阕云:"此诸公者,乃狂歌未已,离歌又促。仆本恨人臣已老,怕听将归丝竹。掖柁秋空,发船月夜,浊浪堆银屋。我行去作,荆南山下樵牧。"该词见手稿本第七册《广陵倡和词》,手稿本题为《曹顾庵、王西樵、邓孝威、沈方邺、汪舟次、季希韩、李云田皆有送予归阳羡一阕,作词留别,并谢数公》。

诸人送别之词均见于《广陵倡和词》。

王士禄《十笏草堂上浮集》卷四"丙集二·丙午诗"《送陈其年归阳羡歌》小序云:"其年索予送归诗,数日未能捉笔也。十月十三夜,中宵雨作,离思沁心,觅诗不就,倦而伏枕,于梦寐间辄得四语,凌朝足成,以遗其年。词虽不工,庶以见吾两人交情真挚,有殊寻常耳。"诗中有句云:"忆别竹西(指扬州)逾一载,深秋才得同欢宴。狂奴留滞已三时,羁旅愁穷日相缠。髯来大笑重披襟,和歌始觉枯毫健。……是时文豪集四方,旧日闻声颇相见。武塘顾庵昌阳荔裳皆耆宿,海陵孝威宛陵方邺并英彦。此地居者复有人,孙豹人吴野人宗梅岑汪舟次各能擅。茶村老子亦后来,长句杜陵相后先。好与共作南皮游,词场一试昆阳战。胡为便拟返衡门,游情遽似成都倦。君言旧业颇凋零,架上赐书空万卷。故人高义难疗饥,且偃蜗庐守贫贱。……归去来兮卧钓矶,善卷洞边黄叶飞。苏君舌在宁终困,莫向泥途叹式微。"

陈世祥《含影词》卷下《念奴娇·送家季其年归阳羡用顾庵柬西樵、其年长调先成韵》下阕有云:"几日剪烛寒窗,恰别离又迫。"

《诗观初集》卷九有华衮《送陈其年归宜兴》云:"行尽淮南路,荆溪是故乡。鸿飞半江月,梦压一船霜。岁酒催春至,梅花笑客忙。还家对妻子,高卧读书堂。"

季公琦,字希韩,号方石。江苏泰兴人。季振宜从弟,拔贡生。工填词,擅名江左,邓汉仪以为"黄九、柳七未足拟也"。生平略见光绪《泰兴县志》卷末。

李以笃,字云田。湖北汉阳(今武汉市)人。祖世鳌曾为太仓知州。以笃性放荡不羁,喜读书,为文多异趣。顺治八年贡生,入太学,然久试不中,益自放。尝纵游吴越,所在买笑追欢,倾囊不惜,自号老荡子。有姬宝灯、婢扫镜,相与博饮赋诗。龚鼎孳曾为作《李云田将出都,命赋老荡子失意行,檃括其意为长歌赠别》(见《定山堂诗集》卷五)。邹祗谟有《解语花·为云田题楚天狂客图》(见《瑶华集》卷二十一)。生平详乾隆《汉阳县志》卷二十五《文学》。

月中,陈世祥、季公琦等十人招同冒襄、王士禄、曹尔堪、宋琬、李长祥、宗元鼎、邓汉仪、朱一是、方孝标、孙默、王岩、雷士俊、杜濬、孙枝蔚、程穆倩、王又旦、汪懋麟、吴嘉纪、汪楫、孙金砺、沈泌等三十五人宴集红桥之韩园,同限"一屋"韵赋《念奴娇》。当日有妓女侑酒,至晚方散。

《王士禛全集·王考公年谱》于"康熙五年丙午"云:"二月,先生与士禛归济南。三月,复游扬州,与故人孙无言默、王筑夫岩、雷伯吁士俊、杜于皇濬、孙豹人枝蔚、程穆倩、陈散木世祥、宗梅岑元鼎、陈其年维崧、邓孝威汉仪、王幼华又旦、汪蛟门懋麟、吴野人嘉纪、汪舟次楫、孙介夫金砺辈,数数游宴平山、红桥间。而荔裳、顾庵亦来,诗筒急递无虚日。"王士禄后有《红桥唱和集》、《广陵倡和词》之刻。

孙金砺《广陵倡和词序》云:"广陵红桥之集,得四十六人,可谓盛矣。已而,之远者,还故乡者,往京畿者,次第散去,四方之客滞留于此,止予与荔裳观察、顾庵学士、西樵司勋、长益、其年、云田、方邺八人而已,惟定九为土著,巢民、散木、孝威、汝受、希韩属广陵州县者也,豹人、穆倩、舟次,则侨家广陵者也,犹得十七人。诗酒宴集,交欢浃月。初集时分赋五言近体,复限'屋'字韵赋《念奴娇》词。嗣是,诸子踵华增美,倡予和汝,迭相赠酬,多至十馀首,少者七八首,抽新领异,各出心裁。"

按,《广陵倡和词》中,收有王士禄、曹尔堪、陈维崧、陈世祥、季公琦、邓汉仪、宗元鼎诸人之作,各人不限一首。但个人第一首词除宗元鼎题为《小春红桥陪王西樵先生及诸公宴集,同限"一屋"韵时有鱼较书在座》外,其馀均题作《念奴娇·小春红桥宴集,同限"一屋"韵时有鱼较书在座》。

手稿本第七册有《广陵倡和词》一卷,下注"乌丝"两字,署"颍川陈维崧其年"。该集共收词十二首,即《迦陵词全集》卷十七《念奴娇·红桥园亭燕集限韵时有鱼较书在座》至《念奴娇·重过广陵同王西樵、孙介夫夜话即宿西樵寓中》诸作。其中《念奴娇·红桥园亭燕集限韵》为首日作,在手稿本中该词题为《小春红桥燕集同限"一屋"韵》。

《宋琬全集·二乡亭词》之《念奴娇·丙午小春善伯、希韩招诸同人宴集红桥之韩园分韵》上阕末云："我辈重来,为欢苦短,急办三条烛。天寒木落,佳人同倚修竹。"

朱一是《梅里词》卷三《念奴娇·陈其年招同李研斋、宋荔裳、方楼冈诸公集韩园分韵》有云："小春过半,正红深林叶,黄残篱菊。"(该词又见《西陵词选》,题为《念奴娇·同陈其年、李研斋、宋荔裳、方楼冈集韩园分赋》)按,据"小春过半"之语看,本次集在为月中。

《广陵倡和词》有季公琦《念奴娇·小春红桥宴集,同限"一屋"韵_{时有鱼校书在座}》。

宗元鼎《芙蓉词》有《念奴娇·小春红桥陪王西樵先生及诸公宴集,同限"一屋"韵_{时有鱼较书在座}》。

《同人集》卷七"红桥宴集"有曹尔堪《念奴娇·丙午小春红桥宴集同巢民诸子限"一屋"韵_{时有鱼较书在座}》(该词《南溪词》中未收,《花钿集选》收之,题作《百字令·奉柬王西樵、陈其年、孙豹人、宗梅岑、邓孝威索和》,其后注云:"时有鱼校书善歌,在席也。"又见《广陵倡和词》,题作《小春红桥宴集,同限"一屋"韵_{时有鱼校书在座}》)、王士禄《念奴娇·红桥宴集同限"一屋"韵》(该词末云:"晚归惆怅,天寒人归萝屋。")、邓汉仪《念奴娇·红桥宴集同限"一屋"韵》(该词又见《清平词选》,题作《小春同诸公红桥宴集,时有鱼校书在座》。《今词苑》卷三题作《小春红桥宴集,时有鱼校书在坐》)。

陈世祥《含影词》卷下《念奴娇·小春红桥园子宴集同限"一屋"韵_{时有鱼较书在座}》。《念奴娇·送家季其年归阳羡用顾庵柬西樵,其年长调先成韵》下阕有云:"几日剪烛寒窗,恰别离又迫。"

王士禄《十笏草堂上浮集》卷四"丙午二·丙午诗九十首"《小春宴集红桥园亭即席分赋,得"陈"字"公"字》题下注云:"同集为李研斋诸公三十五人,主人为陈散木诸公,凡十人。"

孙枝蔚《溉堂诗馀》卷二《念奴娇·陪诸公宴集城北园林限"屋"韵,坐有鱼较书》(该词又见《今词苑》卷三)。

朱一是(1610—1671),字近修,号欠庵,又号恒晦、林居士等。浙江海宁人。崇祯十五年举人。以诗文雄视一世。乱后披缁衣,授徒自给。工画。据《读画录》载,康熙六年夏,朱一是曾过南京与周亮工论画,语语当行。著有《史论》十卷、《为可堂集》百馀卷、《梅里词》三卷。生平见《海宁花园朱氏宗谱》卷二三、《海宁州志》卷十一"文苑"、《国朝画识》卷一。

汪楫因嫌里中人事稠迭,应对繁剧,将游摄山读书,陈维崧与王士禄、吴嘉纪赋诗相送。

《湖海楼诗集》卷二"丙午"诗《送汪舟次游摄山,同王西樵、吴野人赋》。

《吴嘉纪诗集笺校》卷二《送汪二楫游摄山》,即作于此时。

孙枝蔚《溉堂续集》卷一"丙午七古"《送汪舟次读书摄山》云:"著书合在深山里,此邦人事太稠迭。汪生才大吾所畏,寻常颇复疲应接。……忽然别我入摄山,霜花满地堆黄叶。栖霞古寺摄山中,老僧种树成虬龙。"

摄山,即南京栖霞山。

曹尔堪有词相赠,次其原韵赋《念奴娇》酬之。

《迦陵词全集》卷十七《念奴娇·读顾庵先生新词兼酬赠什,即次原韵》。该词见手稿本第七册《广陵倡和词》。曹尔堪原作《南溪词》未收。

朱一是将还海宁,用前韵作《念奴娇》词送之,并怀丁澎、宋实颖。

《迦陵词全集》卷十七《念奴娇·送朱近修还海昌,并怀丁飞涛之白下,宋既庭返吴门,仍用顾庵韵》。该词见手稿本第七册《广陵倡和词》。海宁古名海昌。

酒后作《念奴娇》呈宋琬、曹尔堪、王士禄,并示孙枝蔚、邓汉仪、宗元鼎、沈泌、季公琦、陈世祥、范国禄诸友。

《迦陵词全集》卷十七《念奴娇·被酒呈荔裳、顾庵、西樵三公,并示豹人、孝威、梅岑、舟次、方邺、希韩、女受、散木诸子仍用原韵》。该词见手稿本第七册《广陵倡和词》。

《红桥倡和集》成,请李长祥、龚鼎孳作序,孙金砺作记,赋词奉柬,并呈冒襄。

《迦陵词全集》卷十七《念奴娇·〈红桥倡和集〉成,索李研斋序,孙介夫记,作词奉柬,并呈冒巢民先生仍用顾庵韵》。该词见手稿本第七册《广陵倡和词》。又,《红桥倡和第一集》龚鼎孳序末署:"康熙丙午阳月既望,淮南同学弟龚鼎孳题于公路浦舟中。"

作《念奴娇》赠王士禄子阿秀。

《迦陵词全集》卷十七《念奴娇·赠阿秀并呈西樵》。该词见手稿本第七册《广陵倡和词》,其中"呈"作"示"。

沈泌将还宣城，同王士禄用邓汉仪词韵作《念奴娇》送之，兼怀唐允甲、施闰章、梅庚。

　　《迦陵词全集》卷十七《念奴娇·送沈方邺还宣城，兼怀唐耕坞、施愚山、梅子长，同西樵用孝威韵》。该词见手稿本第七册《广陵倡和词》。

宋琬入京，同曹尔堪、王士禄作《水调歌头》送之，并寄宋德宜。宋琬行前，为徐紫云题像。

　　《迦陵词全集》卷十四《水调歌头·送宋荔裳观察入都，并寄蓼天司业，同顾庵、西樵赋》上阕云："酒冷天寒日，人去客愁中。数行钿蝉柱雁，祖饯出城东。衣上青天明月，马上黄河飞雪，雁背染霜红。如此作装急，磊砢想桓公。"在手稿本第八册《乌丝词三集》中，该词接抄在《水调歌头·宋荔裳、曹顾庵、王西樵招集刘峻度葭园，即席限韵》后，且两词用韵同，当作于十月后，可知宋琬北上在本年十月间。

　　王士禄、曹尔堪均有《念奴娇》词送之，皆见于《广陵倡和词》。

　　宋琬《安雅堂未刻稿》卷五《为陈其年所欢紫云题像二首》《重题紫云画卷二首》当作于本年上京前。

时将南下，有词留别徐紫云。

　　《迦陵词全集》卷十四《水调歌头·留别阿云》云："真作如此别，直是可怜虫。鸳绸麝薰正暖，别思已匆匆。昨夜金尊檀板，今夜晓风残月，踪迹太飘蓬。莫以衫痕碧，偷揾脸波红。　　分手处，秋雨底，雁声中。回驱揽持重抱，宵箭怅将终。安得当归药缺，更使大刀环折，萍梗共西东。絮语未及已，帆势破晴空。"在手稿本第八册《乌丝词三集》中，该词接抄在前一首后，且两词用韵同。

作《采桑子》二首送李以笃之苏州迎其侍儿扫镜。邹祗谟、汪价亦有词送之。

　　《迦陵词全集》卷二《采桑子·送李云田之吴门迎侍儿扫镜》二首其一云："一群荡子扬州住，帘底红牙，门畔金车，邀笛藏钩乐事赊。　　如何短李先辞我，云有吴娃，生小如花，日上江楼候客楂。"其二末注云："时云田宝灯夫人在楚。"

　　《瑶华集》卷二十一邹祗谟《解语花·送李云田往吴门迎侍儿扫镜暂还白下，和龚少君韵》。

　　汪价《半舫词》有《送入我门来·送汉阳李云田之吴门迎侍儿扫镜》。

汪价(1609—?),字介人,号三侬赘人。江苏嘉定(今上海)人。诸生。长期游幕河南。著有《半舫词》《三侬啸旨》等。生平详民国《禹县志》卷二八。

南下至镇江,滞留一月,似有所待,然未能称意,只得徒手返乡。抵家后与妻女才得一言,复又出游至苏州。十一月十八日与吴伟业、叶方蔼、盛符升、王昊、崔华、李玉兹、范必英、王天阶聚饮于钱中谐宅中,时有两妓侑酒。不久,家人书到,以年关将近,家贫无以卒岁,促其设法,遂决定往游泰兴。

王士禄《十笏草堂上浮集》卷四"丙集二·丙午诗"《岁暮其年由延令来过寓园,因同宿,次晨即别,赋此送之》云:"空庭灯火张,髯也忽然至。问髯来何方,揖罢发长喟。谓言且安坐,贱子请具陈。自从别君来,崩奔多苦辛。向当别君时,一月卧京口。主人不得意,客子复何有。徒手返故乡,入门还出门。日景不移晷,妻孥才一言。南至姑苏台,群公盛良会。一醉锦瑟旁,差足慰无赖。家人书又到,家贫岁行除。促我延令游,持君前日书。北渡冲寒波,伛偻谒明府。那复临邛人,行歌成踽踽。囊羞遑自恤,念君滞邗江。纤道一相视,便趁江南艘。听罢长太息,酌酒劝君饮。此会良亦难,世态谅久审。来当日已暮,去当天未明。途穷兼岁晏,踟蹰空复情。"

《迦陵词全集》卷十七《念奴娇·广陵客夜,却忆吴门同吴梅村先生暨叶讱庵、盛珍示、王维夏、崔不雕、李西渊、范龙仙、王升吉饮钱宫声宅,时有新凰、赖凤二校书在座》上阕云:"月之十八,记诸公共饮,钱郎书屋。祭酒能为解散髯,下语千人都伏。东观名卿,南朝才子,争举觞相属。莫愁更鼓,任他烧短红烛。""月之十八"当为十一月十八日,因其曾在镇江滞留一月,故云。另,该词见手稿本第七册《广陵倡和词》,知为本年作。

《湖海楼诗集》卷二"丁未"诗《春日杂感》其一前两联云:"吴关风雪共衔厄,昨岁逢君说路歧。北去残年仍作客,南归孤馆恰相思。"所述即为本次在苏州与范必英重逢,别后复至泰兴事。

李玉兹(1617—1679),字树之,号西渊。江苏长洲(今苏州)人。年十七补诸生,有才名。不治生产,好客善饮。事迹具韩菼所撰《外舅西渊李先生行状》(见《有怀堂文稿》卷十九)及田兰芳所撰《李西渊先生行状》(见《逸德轩文集》卷三)。

至泰兴,在季振宜席上送周肇计偕北上。

《迦陵词全集》卷十七《念奴娇·延令季沧苇席上送周子俶计偕京师》末有云:"愧我牢骚,借人杯炙,送汝登华轴。"该词见手稿本第七册《广陵倡和词》。

季振宜(1630—1647),字诜兮,号沧苇。江苏泰兴人。季开生弟。顺治四年进士,曾任刑部主事,迁户部员外郎、郎中。十五年,考选浙江道御史,为官有风节。家富藏书。著有《听雨楼集》《静思堂稿》等。据张慧剑《明清江苏文人年表》,季振宜于顺治十八年,以巡盐御史任次赃罪在北京入狱,康熙四年狱事解,自京南还。

周肇(1615—1683),字子俶。江苏太仓人。顺治十四年举人。康熙十一至二十年任青浦教谕,升新淦知县。周肇少有文名,总角入复社,为张溥所赏。后受知于吴伟业,吴伟业辑《太仓十子诗选》,以之居首。有《东冈文稿》。

在季振宜宅夜观剧,即席有词示同集者泰兴张宽、张桂枝、张凤枝、季式祖、季公琦等。

《迦陵词全集》卷十七《念奴娇·季沧苇宅夜看歌姬演剧,即席成词,并示张天任、因亓、五丹、九仪、戴弘度、季孚公、希韩、咸季、李三友、朱石钟诸子》下阕云:"昨者我渡江来,正沙深月冷,浪花堆簇。饥虿馋蛟浑不怕,我有听歌奇福。拍到残时,人将散处,乐往伤幽独。重逢难必,岸巾且吸船玉。"该词见手稿本第七册《广陵倡和词》。

张宽,字天任。江苏泰兴人。顺治二年举人,四年与季振宜同榜进士。顺治五年官陕西咸阳知县,八年去任。见光绪《泰兴县志》卷十九《人物志一》。

张茂枝,字因亓,号芝园。泰兴人。顺治五年举人,任安徽巢县、全椒县教谕。康熙十五年成进士,官内阁中书,以疾归。著有《浣花居稿》。见光绪《泰兴县志》卷二十一《人物志二》、《江苏诗征》卷五十六。

张桂枝,字五丹。茂枝仲弟。廪贡生,候铨训导。有文名。见光绪《泰兴县志》卷二十一《人物志二》。

张凤枝,字九仪。茂枝季弟。廪贡生。见光绪《泰兴县志》卷十九《人物志一》。

季式祖,字孚公。泰兴人。附贡生。康熙八年官浙江钱塘县丞,署昌化知县。有善政。《瑶华集》卷六收其《一剪梅·懊恼词》一首。生平见光绪《泰兴县志》卷十九《人物志一》、乾隆《杭州府志》卷七九有传。

戴弘度、季咸季、李三友、朱石钟，均俟考。

本次至泰兴似欲求知县周济，但未如愿，失意而归。当夕至扬州，借宿于王士禄寓所，同王士禄、孙金砺夜话。孙金砺去后，复与王士禄联榻而卧，挑灯听雨，次日凌晨即别去。

《湖海楼诗集》卷三"戊申"诗《丁未秋日，诸同人于广陵北郭园亭饯别王司勋西樵归济南。以"秋露如珠，秋月如珪，明月白露，光阴往来。与子之别，思心徘徊。是以别方不定，别理千名"三十四字为韵，人各二十句。仆以越乡，未预斯席。春日怀人，怅焉补作，用"思"字》有云："司勋客扬州，两载实在兹。前年八九月，涉江诉相思。岁杪延令归，枉道仍追随。"

《陈迦陵文集》卷六《祭王西樵先生文》有云："一夕者，予薄游延令失意而归，过先生之寓庐而假宿焉。日已曛黑，先生与予联床拥絮，挑灯听雨。其中宵而太息者，语多掩抑而难明。无何别去，先生赠予一诗，中有句曰：'来当日已暮，去当天未明。途穷兼岁宴，踌躇难为情。'"

按，前诗作于戊申年，故所谓"前年"云云实即指本年。从祭文中"途穷"、"岁宴"与诗中"岁杪"等语看，所指应是同一时事。据王士禄诗可知，陈维崧这次泰州之行的目的是为了拜谒泰兴令，但未能如愿。从其中转述陈维崧谈话的"持君前日书"、"伛偻谒明府"之句来看，王士禄似曾为之作书与泰兴令，有引介之意。康熙二年至十年泰兴知县为进士李馨。

《迦陵词全集》卷十七《念奴娇·重过广陵同王西樵、孙介夫夜话，即宿西樵寓中》下阕云："登车一叹，叹羊裘已破，朔风如镞。枉道那辞三百里，为与琅琊情熟。却遇兴公，铿然屐响，也过东头屋。三人相对，寒灯淡晕生绿。"

按，该词见手稿本第七册《广陵倡和词》，为最末一首，其后有孙默评语云："其年《乌丝》一集，脍炙旗亭，昆仑程公已为镂板行世，入予《十六家词选》中矣。兹《念奴娇》十二首，乃与荔裳、顾庵、西樵诸君子倡和广陵者，飞扬感激，淋漓豪荡。昔人评王右军书如龙跳天门，虎卧凤阙，吾于其年诸词亦云。"

约本年前后，为王士禄《十笏草堂辛甲集》作序。

《陈迦陵文集》卷一《王西樵〈十笏草堂辛甲集〉序》有云："《十笏草堂

辛甲集》,西樵先生诗也。先生先有《十笏草堂诗集》,后则有《南徐游览诗》及《西湖竹枝词》,兹俱不载,所载者自辛亥迄甲寅才四年尔。"

按,王士禄游西湖为乙巳夏,丁未秋即还里,故知此序之撰成不会早于乙巳秋,也不会晚于丁未秋。而陈维崧本年与其来往又最多,故此序极可能成于本年。

康熙六年　丁未(1667)　四十三岁

正月十五夜,雨。忆昔年盛事,不胜今昔之叹。赋《烛影摇红》。

《迦陵词全集》卷十五《烛影摇红·丁未元夜》。

为周亮工《尺牍新抄二选》作序。

《陈迦陵俪体文集》卷六《周栎园先生尺牍新抄序》。

按,该序又见《赖古堂尺牍新抄二选·藏弆集》,末署:"康熙六年岁次丁未春王正月阳羡陈维崧撰。"

徐州海氏妇流落常州,为漕卒所迫,不屈死。常州人哀之,为其立祠,陈维崧后有词题之。

《迦陵词全集》卷二十九《大酺·题毗陵海烈妇祠用片玉词韵》题下注云:"烈妇徐州人,流落毗陵,艳色为漕卒所窥,迫之,不屈而死。"

按,海氏本徐州人,有艳色,适同县陈有量。陈本儒族,为人庸懦。因岁荒,无以为生,四处投靠无着,随夫转徙至常州。常州恶少杨二见而悦之,佯与陈有量往来,欲乘机诱奸,未遂,恨甚。乃谋于漕卒林显瑞,使多方设计引诱,女不从。然已知其心不死,乃密缝衣裳,处处防备。林显瑞后设计支开陈有量,强辱之,海氏自经死。林惧,阴招其所亲者兰某藏尸米囷中,并使兰往杀陈有量。兰悔之,诉于官,事得雪。

海烈妇事当时题咏者甚众。《方孝标文集·光启堂文集》有《海烈妇传》述其经过甚详。同时陆次云有《海烈妇传》(见《虞初续志》卷五)、周筼有《海烈妇传》(见《广虞初续志》卷十)、李长祥有《陈列妇海氏传》(见《天问阁文集》卷一)、陆世仪有《海烈妇传》(见《桴亭先生文集》卷六)、姜垓有《烈妇诗》(见《敬亭集》卷一)、彭定求有《海烈妇祠行》(见《南畇诗稿》卷八)、陆引年有《经海烈妇祠》诗(见《诗观三集》卷八)、石涧有《拜海烈妇祠》(见《石月川遗集》卷二)、龚士荐有《彭城曲》(见《复园诗抄》)等。其中彭定求诗序云其为"康熙六年正月事也"。陈维崧词未必作于正月,但应成于本年。为编排方便,暂系于此。

二月,雨中至苏州。范必英邀至芝兰堂读书,赋长句相赠,并呈宋实颖、李玉兹、金居敬、王天阶、钱中谐、韩菼诸人。

《湖海楼诗集》卷二"丁未"诗《春日杂感》之第一首有句云:"三春莺语离亭外,二月人来细雨时。"该诗末尾有注云:"初至芝兰堂。"另,同卷有《丁未春日范龙仙年叔相约读书芝兰堂,长句奉赠,兼呈宋既庭、李西渊、金谷似、王吉吉、钱宫声、韩元少诸子》。

金居敬(1639—1690?),字谷似。江苏长洲(今苏州)人。少负才名。康熙二十四年进士,二十七年授山西灵丘知县,约康熙三十年卒于官。著有《金谷似稿》《金谷似辨真新稿》。生平事迹见《鹤征前录》、《己未词科录》卷七及《苏州府志》等。

韩菼(1637—1704),字元少,号慕庐。长洲人。康熙十二年状元,授翰林院修撰,官至礼部尚书兼掌院学士。卒谥文懿。著有《有怀堂诗稿》《有怀堂文稿》等。生平详方苞《礼部尚书韩公墓表》(见《方苞集·集外文》卷七)、朱彝尊《礼部尚书兼掌翰林院学士长洲韩公墓碑》(见《曝书亭集》卷七十一)。

吴中朋旧约其饮酒踏春,有诗遣怀。

《湖海楼诗集》卷二"丁未"诗《春雨遣兴示吴中一二朋好》云:"去岁清明好时节,寄奴城下啼百舌。江头鲤鱼尺半长,鲙向金碟落红雪。前年三月游扬州,柳丝蒙蒙低拂头。板渚少年颇解事,留客竟上倡家楼。东风染就春流碧,今年又作吴门客。男儿飘荡绝可怜,信美湖山复奚益。皋桥朋辈多情亲,倾心写意于我真。白日饮酒夜击鼓,约我且踏胥台春。君不见蟠螭山前风雨大,湖云如绵不肯破。辛夷花落游人稀,跂脚高眠一春过。"

二月十五日雨止,候家信不至,有诗书怀。

《湖海楼诗集》卷二"丁未"诗《花朝》云:"晚渡雨初歇,故园书未来。今朝花有意,休傍客窗开。"

在苏州遇吴广璧,吴时坐馆枫桥,有诗柬之。曾同吴广璧饮金苇昭斋中,归过寒山寺,有《贺新郎》词怀王士禛。

《湖海楼诗集》卷二"丁未"诗《柬吴广璧》云:"二月姑苏柳正浓,思君惆怅不相逢。夜来春雨淋铃响,错认寒山寺里钟。"末注云:"吴时馆枫桥。"

《迦陵词全集》卷二十七《贺新郎·舟泊枫桥,同吴广璧小饮金苇昭斋中,归过寒山寺。因忆昔年阮亭王先生入吴,夜已曛黑,风雨杂沓,阮亭摄衣着屐,列炬登岸,径上寺门题诗二绝而去,一时以为狂。今别去六七年矣,怅然赋此并怀阮亭》。

吴广璧、金苇昭,俱俟考。

在苏州祖园独坐,闻曹尔堪、丁澎亦在苏州,未及一晤,有词寄怀。

《迦陵词全集》卷二十四《疏影·独坐祖园闻顾庵、药园亦在吴门,未及一晤,词以寄怀》。该词作期不明,但按其行踪考察,似应成于本年,暂系于此。

祖园,在苏州。后为徐乾学所得,更名徐家圈。张书才、徐艺圃先生编《清代档案史料丛编》第五辑《张恂如呈控徐乾学炙诈婪赃逼死父命状》云徐乾学"于八月十三日约父(按,指张恂如父张希哲)会于苏州祖家园",其下原注云:"今名徐家圈也。"

丁澎(1622—1685),字飞涛,号药园。浙江仁和(今杭州市)人。顺治十二年进士,官刑部主事。十四年充河南乡试副考官。不久科场案发,以违例更改举人中式朱卷被劾。顺治十五年流徙尚阳堡,康熙二年自戍所还,流寓游食于苏州等地。丁澎少有才名,为"西泠十子"之一。诗词俱工,兼善乐府。著有《扶荔堂诗集选》《扶荔词》及杂剧《演骚》等。生平详《国朝杭郡诗辑》卷一及林璐《丁药园外传》(见《岁寒堂初集》"传")。

三月,和倪瓒韵作《江南春》词。

《迦陵词全集》卷二十四《江南春·本意和倪云林原韵》有句云:"风光三月连樱笋,美人踟蹰白日静。"

按,在手稿本第八册中,该词与《满江红·题尤悔庵小影次韵》《哨遍·酒后柬丁飞涛,即次其赠施愚山韵》《念奴娇·尤展成招饮草堂同丁飞涛、彭云客、宋既庭、御之即席分赋,同用飞涛韵》《疏影·忆邓尉梅花》《春霁·春寒拨闷作》《贺新郎·作家书竟题范龙仙书斋壁上〈芦雁图〉》《千秋岁·咏纸鸢》《过秦楼·松陵城外经疏香阁故址感赋》《春光好·桐川道中作》《沁园春·桐川杨竹如刺史招饮,剧演〈党人〉碑,即席有作》《帝台春·五月南徐怀周翼微在都门,即用其江上留别原韵》《满庭芳·谈长益携具招游八公岩》《贺新郎·丁未五日程昆仑别驾招同谈长益、何雍南、石崖、程千一金山看竞渡》《贺新郎·贺程昆仑生日并送其之任皖城》诸词依次接抄在一起,顺序清楚,为同年作。另在手稿本《贺新郎·贺程昆仑生日并送其之任皖城》后,有陈维崧旧跋云:"此数叶词稿系西樵所评。向在广陵忽焉失去,遍搜箧衍,怅怏久之。己酉冬过东皋,何子龙若从他处收得,遂以见还,喜逾望外。虽中间颇有残简,然亦顿还旧观矣。书以志之。辛亥六月二日识于大梁署中。其年自记。"

作《满江红》二首为尤侗题像。

《迦陵词全集》卷十一《满江红·题尤悔庵小影次韵》。

酒后,次丁澎赠施闰章原韵作《哨遍》柬之。

《迦陵词全集》卷三十《哨遍·酒后柬丁飞涛,即次其赠施愚山韵》。

与丁澎、彭珑、宋实颖、宋宓过尤侗草堂相叙。

《迦陵词全集》卷十七《念奴娇·尤展成招饮草堂同丁飞涛、彭云客、宋既庭、御之即席分赋,同用飞涛韵》首句云:"别来何久,喜今朝坐上,五君二仲时坐客共七人。"

尤侗《百末词》卷四《念奴娇·飞涛、其年、云客、既庭、御之枉叙草堂,和飞涛韵》下阕有云:"趁取吴宫春未老,甘与梨花同梦。"

丁澎《扶荔词》有《念奴娇·尤展成招饮草堂,同陈其年、彭云客、宋既庭、御之席上分赋》。

彭珑(1613—1689),字云客,号一庵。江苏长洲人。十六补诸生,年近四十,始贡入国学。顺治十四年举顺天乡试,次年成进士。授广东长宁知县,以讵误解官。生平详徐元文《含经堂集》卷二十八《敕封国子监司业云客彭先生墓志铭》)。

病中忆邓尉梅花,作《疏影》。

《迦陵词全集》卷二十四《疏影·忆邓尉梅花》下阕有云:"讵料今年病里,东君又过去,九分之六。冷落看花情性,憽腾且把,道书闲读。"

丁澎将至常州,有诗送之。

《湖海楼诗集》卷二"丁未"诗《吴门晤丁飞涛及送其之毗陵》末有"我在姑苏已暮春"之句。

寒食节前,妹丈吴全昌自吴江乘舟相访,数语别去,作短歌送之。

《湖海楼诗集》卷二"丁未"诗《吴鸠怀自松陵挐舟相访,数语别去,作短歌送之》有"正是他乡寒食近"之语。该诗题下原注云:"吴余妹丈也。"

十一日寒食，因连日阴天，百无聊赖，作《春霁》抒怀。

　　《迦陵词全集》卷二十三《春霁·春寒拨闷作》云："三月吴天那肯碧。带暝连阴做黑。帘阁空凭，角巾长垫，心事对谁人说。寻寻觅觅，城南行遍还城北。向甚处取，酒旗歌扇旧踪迹。　　算是除却，社燕堂前，今朝更无一个相识。闷无聊，豪情不禁，当街倚醉拓金戟。一任酒狂喧巷陌，怎奈易醒，不如归拥罗衾，恹恹睡过，一年寒食。"

十三日清明，当局禁止迎神赛会，作《清明虎丘竹枝词》四首。

　　《湖海楼诗集》卷二"丁未"诗《清明虎丘竹枝词》四首其三原注云："吴俗是日赛会诸社神，悉至虎丘，今岁当事偶禁。"

在范必英芝兰堂作家书竟，见壁间《芦雁图》，作《贺新郎》抒发思乡之情。

　　《迦陵词全集》卷二十六《贺新郎·作家书竟题范龙仙书斋壁上〈芦雁图〉》。

　　按，在手稿本第八册中，"范龙仙"原作"芝兰堂"，被墨笔涂改。

作《千秋岁》咏纸鸢。

　　《迦陵词全集》卷八《千秋岁·咏纸鸢》二首。

　　按，手稿本第八册于该词第一首后有缺页，原稿旁有墨批云："此后脱去一叶。"另，该词原应为三首，今仅存二首。以其题下有墨批云："三作感慨调笑皆有之，字字沉着痛快。"

春夜与尤侗饮宋宓宅中，赋《金凤钩》。

　　《迦陵词全集》卷五《金凤钩·春夜同展成饮御之斋头感旧》。该词作期不明，依诸人行踪看，应成于本年。

在范必英斋中遇许旭，有词赋赠。

　　《迦陵词全集》卷十八《念奴娇·范龙仙斋头喜遇娄东许九日赋赠》下阕有云："燕子年光，虫娘庭院，且住为佳耳。杨花如梦，满城日暮飞起。"

　　按，该词作期不明，但从所写节物来看，应为暮春景象。陈维崧本年暮春在苏州，且曾寓范必英斋中，故断为本年。

作《开河》新乐府、《短歌行》、《拙政园连理山茶歌》等诗。

　　《湖海楼诗集》卷二"丁未"诗有《开河》《短歌行》《拙政园连理山茶歌》，均作于同时。

作《春日杂感》四首，第一首呈范必英，第二首分别追念叶襄、侯涵、宋德宏、章静宜，第三首因春榜初放有感而作，第四首为怀念吴兆骞而作。

《湖海楼诗集》卷二"丁未"诗《春日杂感》四首。

荷兰国使臣从水路来华,自广州登陆,于暮春路过苏州,陈维崧作《荷兰国入贡歌》。

《湖海楼诗集》卷二"丁未"诗《荷兰国入贡歌》末云:"康熙六年春,荷兰之国皆来宾。"

按,关于荷兰入贡详情,可参《清圣祖实录》、梁廷枏《海国四说·粤道贡国说》卷三"荷兰国"。据《清圣祖实录》康熙六年五月十七日载:"荷兰国噶喽吧王油烦吗绥极差陪臣进贡方物,宴赉如例。"

本年春,周季琬卒。

嘉庆《宜兴县志》卷八《治绩》云周季琬"康熙五年条议祀典。……明年春季,季琬卒于京"。

有诗为顾有孝题《濯足图》。

《湖海楼诗集》卷二"丁未"诗《题顾茂伦濯足图》。

徐釚作《念奴娇》题《乌丝词》。

徐釚《菊庄词》甲集《念奴娇·题陈其年〈乌丝词〉》下阕开首云:"却忆去岁春风,吴门绝句,数首烟江绿。谓与高人元叹说,许我香奁堪续。"其下自注云:"去岁其年过吴门,作绝句诗十二首。其赠仆云:'昨见高人顾元叹,说君诗比玉溪生。今朝果读香奁作,喜汝风流还老成。'"按,陈维崧上年所作之《春日吴闉杂诗》共十二首,其第六首即本诗。

顾元叹俟考。

在苏州祖园与昆山徐履忱话旧,有词相赠,徐次韵有答。徐改日召集同人会饮,陈维崧以不胜酒力先归,亦有词赠之。

《迦陵词全集》卷十八《念奴娇·祖园与玉峰徐孚若话旧回用前韵》上片末云"子规频唤,明朝春又归矣"。可知时为暮春季节。此词后紧接的两首为《念奴娇·读孚若长歌即席奉赠仍用前韵》《念奴娇·徐孚若招同诸子过饮,余以怯酒先归,赋此言谢》,也应作于同时。又,在手稿本第一册中,该词紧排在《念奴娇·范龙仙斋头喜遇娄东许九日赋赠》后,且不另书词牌,与其接抄在一起。可断为本年作。

按,手稿本前五册的书写惯例是,每首词各占一单页,即使同一词牌的词作,也是每页另书词牌及词题。只有极少数情况是,同一词牌的几首词接抄在一起,只在第一首词前书词牌,后面几首依次各以题起,前后接抄,有时甚至不占单页。这种现象只能说明这几首词是同时所作,或者至少同时抄录而成。本年谱对陈维崧一些作品的编年即据此。

徐履忱《耕读草堂诗抄》之《念奴娇·次陈其年见赠韵》云:"忽然相遇,在戴颙园墅、黄鹂声起。……乱红无数,留春春竟归矣。"

徐履忱(1629—1700),字孚若,号匏叟。江苏昆山人。为徐乾学从兄。幼有才名。十五补诸生。顺治二年尝依顾炎武避兵尚湖之滨,朝夕讨论。后入郡城读书,与诸名流结社唱和。尝往来齐鲁、梁宋、浙闽间。著有《耕读草堂诗抄》。

过吴江城外汾湖北溪,经才媛叶小鸾疏香阁故址,感赋《过秦楼》。

《迦陵词全集》卷二十四《过秦楼·松陵城外经疏香阁故址感赋》题下原注云:"阁系才媛叶琼章读书处。"该词在手稿本第八册中,接在《千秋岁·咏纸鸢》后,前有缺页,见前注。

时与顾有孝、吴锵、张拱乾、沈虬、吴兆宽、吴之纪、徐崧等往来赏花。

《湖海楼诗集》卷三"戊申"诗《史云臣宅看牡丹,席上作歌,兼忆去岁松陵同看花诸子》。该诗作于次年,诗中提及的本岁看花诸人有顾有孝、吴锵、张拱乾、沈虬、吴兆宽、吴之纪、徐崧等。

沈虬,字次雪,号双庭茧村。江苏吴江(今苏州)人。擅书法。生平见《皇清书史》。

吴之纪(1629—?),字大章,一字小修,号懒庵。吴江人。乃吴兆宽从弟。《清诗别裁集》卷六收有吴兆宽《寄怀小修弟》一首,即为其所作。顺治三年举人,六年成进士,官工部主事。后转湖广分巡荆西兵备道。著有《适吟草》《好我斋集》。另从辈分上讲,吴锵为吴兆宽等人的叔辈。

四月,林鼎复招同曹尔堪、丁澎、胡献征、吴彦芳、吴绮、吴懋谦、余怀、尤侗、宋实颖、钱中谐、顾苓、顾湄、顾彩、赵旦兮、毛端士雨中集虎丘平远堂,同赋"烟"字。

《迦陵词全集》卷十四《水调歌头·平远堂雨中即事。林天友使君席上同曹顾庵、丁药园、胡存人、吴香为、园次、六益、余澹心、尤悔庵、宋既庭、钱宫声、顾云美、伊人、天石、赵旦兮、毛行九分赋,共享"烟"字》上阕有句云:"千古莺花窟,四月雨晴天。阑干一望平远,浓淡石湖烟。"

吴绮《林蕙堂全集》卷十七《亭皋诗集·林天友别驾招集平远堂》云:"犹记春归共听莺,重来偏喜桂华明。山河影在光宁减,岁序情多兴倍生。

半夜松杉如雨过,满堂丝竹为秋清。主人刻烛先声叟,却愧探骊句未成。"吴绮诗作于秋季,但首句提到了春日集会事。

按,该词作期不明,依诸人行踪及季节推断,应成于本年,故系于此。

林鼎复,字天友,一字道及。福建长乐人。康熙七年任常州通判,"后以署吴县篆诖误去任"(乾隆《武进县志》卷六《职官表》)。卒于无锡县行馆。林鼎复善书法,好吟咏,喜交游,著有《华鄂堂诗集》。生平详李方辑《皇清书史》卷二十二。

胡献征,字存人。湖南武陵人。父统虞为崇祯十六年进士,入清后官至秘书院学士。献征以父荫授都察院经历,历刑部郎中。以熟谙掌故,与修《大清会典》。议叙出为直隶巡道,康熙二十七年擢湖北布政使,旋调江苏,因与当道不和,解职归。乡居十馀年,调赴永定河工效力,以疾卒,葬于无锡扬名乡梁塘桥。生平详《国朝耆献类征初编》卷五十九。

吴彦芳,字友圣,号香为。福建长乐人。顺治九年进士,顺治十六年授中牟令。十八年丁继母忧,不能归里,寓山阴。继而迁于苏州。服除,徜徉山水,终于吴。编有顺治《中牟县志》。生平详《江南通志》卷一七二《人物志·流寓·苏州府》。

吴懋谦,字六益,号苎庵,别号华苹山人。江苏华亭(今上海)人。布衣。早从陈子龙、李雯诸人游。诗文与同里吴麒齐名,有"云间二吴"之目。卒年七十三岁,门人私谥贞硕。著有《苎庵集》。生平略见《渔洋山人感旧集》卷四及《颜氏家藏尺牍·姓氏考》。

顾苓(1626—?),字云美,号浊斋居士。江苏长洲(今苏州市)人。为钱谦益高足。精篆隶碑版之学。明亡后,避居虎丘寺西塔影园。著述极富,计有《金陵野抄》《南都死难纪略》《三朝大议录》《三吴旧语》《塔影园集》等。生平详《复社姓氏传略》卷二。

顾湄,字伊人,号抱山。江苏太仓人。生父程心曾任惠安令,过继为顾梦麟子。幼学于陈瑚,为"娄东十子"之一。工诗文。因奏销案被累,遂绝意仕进。曾被徐乾学延请助刊纳兰性德《通志堂经解》。著有《虎丘山志》《水乡集》等。生平详光绪《太仓州志》卷二十五。

顾彩(1650—1718),字天石,一字湘槎,号补斋,别号梦鹤居士。江苏无锡人。贡生。考授州同,官至内阁中书。工曲,尝馆于孔尚任家。著有《往深斋诗集》《容美纪游》《小忽雷传奇》等。

毛端士,字行九。江苏武进人。著有《匏村诗稿》六卷。《佳山堂诗集》卷十开首有"门人钱塘王嗣槐仲昭、毗陵毛端士行九仝校"字样。

赵旦兮,俟考。

十四日立夏,同顾湄、顾彩在虎丘送春,夜宿禅院,次顾湄韵有词。

《迦陵词全集》卷九《蓦山溪·虎丘送春夜同顾伊人、天石留宿山中次伊人韵》下阕有云:"夜方逾午,投宿支公宇。禅榻不成眠,听墙外晓钟将度。"该词作期不明,但据诸人行踪看,似应成于本年。又,本年四月十四立夏。

在缪彤园中与冒谷梁话旧,有词。

《迦陵词全集》卷二十七《贺新郎·缪园与谷梁话旧》下阕有云:"江南四月残红静。又逢君斜阳,一水盈盈。舴艋暂借,芳园聊话旧,坐皱绿芜三径,算聚散来朝难定。"该词作期不明,依其行踪暂系于本年。

往安徽广德访知州杨苞,以其祖父杨涟遗像奉还。至广德,杨苞于署中招饮,有感于先人遗事,命演《党人碑》传奇。皆有词纪之。

《迦陵词全集》卷一《春光好·桐川道中作》上阕云:"鸪鹆叫,戍楼平,漆灯明。一路春田,四月少人耕。"卷二十四《沁园春·桐川杨竹如刺史招饮,剧演〈党人碑〉,即席有作》题下原注云:"竹如系忠烈公冢孙,《党人碑》宋元祐绍圣事。"另,词中有注云:"忠烈公遗像存余家三十年矣,今始奉还。"

按,在手稿本第八册中,这两首词依次接抄在《过秦楼·松陵城外经疏香阁故址感赋》后,当为本年作。

杨苞,字茅伯,号竹如。湖广应山(今属湖北)人。杨涟孙。杨涟于天启四年上疏参魏忠贤二十四罪,次年为魏忠贤诬陷,惨死狱中。崇祯朝为之平反,并荫其长子杨之易(字元仲)入仕,授后军都督府都事,累升龙安知府。清兵南下,降之,任松江府海防同知。顺治四年,吴胜兆反,死之。清廷议恤,杨苞以荫入监。顺治十三年,授上林苑署丞,升洛阳知县。康熙二年知广德州,八年任漳州同知,后升刑部员外郎。生平详同治《应山县志》卷二十四《荫袭》、卷二十七《义士》,乾隆《广德州志》卷七《职官·知州》。

五月初至镇江,作《帝台春》怀周纲,时周纲在京城。

《迦陵词全集》卷十五《帝台春·五月南徐怀周翼微在都门,即用其江上留别原韵》。

谈允谦携具招游城南八公岩,作《满庭芳》抒怀。

《迦陵词全集》卷十三《满庭芳·谈长益携具招游八公岩》。

初五在镇江,程康庄招同谈允谦、何㮚、何淙、程世英至金山观竞渡,有词纪事。

《迦陵词全集》卷二十六《贺新郎·丁未五日程昆仑别驾招同谈长益、何雍南、石崖、程千一金山看竞渡》。

何淙,字石崖。江苏丹徒人。康熙十一年拔贡,官直隶抚宁知县。生平详光绪《丹徒县志》卷二十八《人物五》。

十四日,程康庄生日,时程将赴安庆同知任,有词贺之。

《迦陵词全集》卷二十六《贺新郎·贺程昆仑生日,并送其之任皖城》题下原注云:"五月十四日。"

按,该词上阕有云:"七载南徐挥羽扇,肘后黄金似斗。"据毕振姬《奉政大夫耀州知州程公暨宜人合葬墓志铭》,程康庄迁官在康熙六年。程康庄《自课堂集·文集》之《郡斋杂咏序》亦云:"丁未之岁,余量移皖城。"参见康熙《安庆府志》卷十。

至扬州,与王士禄游红桥,时新荷初放。

《湖海楼诗集》卷三"戊申"诗《丁未秋日,诸同人于广陵北郭园亭饯别王司勋西樵归济南。以"秋露如珠,秋月如珪,明月白露,光阴往来。与子之别,思心徘徊。是以别方不定,别理千名"三十四字为韵,人各二十句。仆以越乡,未预斯席。春日怀人,怅焉补作,用"思"字》有云:"前年八九月,涉江诉相思。……客夏红桥游,新荷正参差。"按,此诗作于次年春,故"客夏"云云当指本年。

在扬州,遇陈台孙,有诗相赠。

《湖海楼诗集》卷二"丁未"诗《赠阶六叔》有云:"今年夏月扬州城,始遇吾叔言平生。"诗末注云:"先处士有画扇百馀,皆系一时墨妙。《楼山集》中《书画扇记》是也。甲申,先处士中马阮祸,拘守锦衣卫。客某者窃扇归吾叔,近亦散失,故及之。"

陈台孙,字阶六,号越庵。江苏山阳(今淮安市)人。崇祯十三年进士,授富阳知县,调平湖。入清后授户科给事中,改礼科。转福建督粮道参议。以事归,后补陕西分守陇右道参议。冒襄《巢民诗集》卷一《将至吴门与陈阶六黄门言怀先寄百韵》,述其生平颇详。生平略见《诗观》卷六、乾隆《淮安府志》卷二十《选举》。

作诗为人题《种瓜图》。

《湖海楼诗集》卷二"丁未"诗《题种瓜图》。

约夏末前,弟维岳为谋食至京。

《湖海楼诗集》卷三"戊申"诗《羊流店书纬云题壁诗后》云:"雁行忆昨先余发,夜夜邮亭梦见之。"该诗作于次年夏作者北上途中,"忆昨"云云可证陈维岳北上在本年。又据后文,陈维崧本年秋日归里后,与之同游的只有仲弟维嵋而无季弟维岳,可知此时他已上京。

初秋将归宜兴,作书寄周亮工,随信寄去《周栎园先生尺牍新抄序》。

《陈迦陵俪体文集》卷二《与周栎园》有云:"南熏洊至,屡枉瑶华。既隆加璧之施,又荷捐佩之雅。循环来旨,端绪缅然。乃当鱼雁之来,正有犬马之疾。笔札虽具,驱染未闲。兹者金风荐爽,略可胜衣;玉露初零,差能涤砚。谨遵明教,作《赖古堂赤牍抄序》一篇,嘱彼行厨,纳之记室。所愧质同燕石,难为和氏之珍;材岂豫章,谬入邓林之选。高山在望,盼画戟以相思;渌水非遥,抚金徽而自惜。时方秋也,人曰归与。后有嗣音,更希作报。"该序收入同书卷六,题为《周栎园先生尺牍新抄序》。

按,《周栎园先生尺牍新抄序》作成于本年正月(考见前文),故此书亦当作于本年。

约于七月返乡。时家道日落,旧居被乡邻与族人骚扰,不堪居住,遂暂时于城中借陈于泰故宅而居。

《湖海楼诗集》卷三"戊申"诗《再搬寓示一二友人》有云:"离城二十里,地势莽奔赴。其名曰亳村,我昔此间住。少保之所遗,木石大坚固。……一朝风俗异,白日遍霾雾。子弟喜剽掠,臧获半啸聚。其人游闲极,白手无所作。呼卢饮食声,噂沓若风雨。又有族长者,托名急租赋。毁拆遍房舍,爪牙仗屠酤。誓作精卫衔,讵屑头目护。屋瓦白日飞,一一生毛羽。横流不得安,忧来鲜旦暮。……不如舍此去,或用免抵捂。昨秋假褊筑,颇亦协野趣。城中诸故人,间日必相晤。"按,此诗在编年诗集中系于次年,然以上所引的只是其第一次搬寓之情形,且云是在"昨秋",故系于此。

又,陈维崧所赁城中新居乃陈于泰故居。《迦陵词全集》卷十二《满江红·赠家小阮次山》题下原注云:"余所赁城中居,即先殿元故宅也,阶前红杏一株,最繁盛。次山,殿元后人,故云。"

陈枋(1656—1692),字次山。陈于泰孙耀祖(于泰长子玉铉次子)长子。太学生。考授州同知。工诗词,所作自成一家。因其为陈维崧犹子,故号称小阮。康熙三十一年卒于京。著有《小阮词稿》《水榭诗稿》等。生平详《家乘》卷七、嘉庆《宜兴县志》卷八《人物·文苑》。

秋,在里中。与李遴、曹亮武、弟维嵋出宜兴城南访叙彝上人,不值。晤松江顾凤游,有诗并怀其同寓者蔡湘。

《湖海楼诗集》卷二"丁未"诗《偕李瑶田、曹渭公、弟半雪出城南访叙彝上人不值,因晤云间顾凤游,并怀其同寓蔡竹涛》。

释叙彝,法名宏伦,俗姓徐,字孝均。原籍无锡,顺治末流寓宜兴南岳寺返哺庵,自署"荆溪僧"。著有《泥絮词》。《常州词录》卷三十记其生平。

蔡湘(1647—1672),字竹涛。江苏上海县人。幼聪颖,性狂傲。才名早著,工诗。年十八童试未售,其明年游京师,为龚鼎孳、王士禛所赏,与朱彝尊、李良年、潘耒相善。康熙十一年三月,在山西交城县署访友时病卒。潘耒曾为作传。著有《竹涛先生遗稿》四卷。生平详《国朝耆献类征初编》卷四二四。

顾凤游,俟考。

越日,再同诸人出城南过叙彝上人半亩居,茗坐移日,并尽览城南诸胜,有诗。

《湖海楼诗集》卷二"丁未"诗《再同诸子过叙彝上人半亩居,茗坐移日,并逦迤尽城南诸胜,至五桥庄而返》开首云:"昨涉城南归,馀兴犹飞翻。相约越日游,莫负半亩园。"

《诗观三集》卷十二收有李遴《客阳羡,同陈其年、半雪、曹渭公再访叙彝上人》,当作于同时。

秋末,再次离家,先至武进,登表弟曹亮武半山楼,有诗。

《湖海楼诗集》卷二"丁未"诗《题曹渭公表弟半山楼》首句云:"不上兹楼逾十载,今朝重上更空苍。"

与李遴、刘维祺小饮于邵生家,兼听其弹琴,有诗怀徐紫云。

《湖海楼诗集》卷二"丁未"诗《与李瑶田、刘维祺小饮邵生家,兼听其弦索,即次刘安刘先生韵》有句云:"红烛昨年同作客余与生曾同客如皋,白头故国又逢君。心情倚醉谁能那，忽忆天涯有阿云结句怀九青也。"

刘维祺，字介公。江苏武进人。顺治八年举人，康熙九年进士，二十一年官至山东东营州知州。嘉庆《莒州志》卷七有传。

邵生，俟考。

十月前后，雨中至苏州。道中闻三弟维岳留燕不归，怅然有作。

《湖海楼诗集》卷二"丁未"诗《吴门道中闻弟纬云留燕不归，怅然咏寄》其一云："诸弟作人俱性癖，清狂阿纬更崎岖。极知弹铗非长策，虚拟横鞭或壮图。骨肉艰难千里隔，关河风雪一身孤。白头细雨愁闻此，况值寒篷夜入吴。"从诗意看，当为初冬十月景象。

十一月初一，程康庄往安庆赴任，初四日抵任。

程康庄《自课堂集·文集》之《郡斋杂咏序》云："丁未之岁，余量移皖城，十一月朔。……盖予之至以四日，而莅治即以五日。"

初八日前，与李遴在泰兴，寓广福寺。适季振宜父寓庸称八十觞，为作寿序。并与季振宜、季公琦兄弟游。后李遴先归，雪夜同集于季振宜静思堂为其送行，有诗纪事。

《湖海楼诗集》卷二"丁未"诗《雪夜集季沧苇先生静思堂，送李瑶田先归崇川》云："客行多烈风，节序忽已残。大雪填城壕，污泥无时干。李子作急装，忽别惨不欢。……忆昨与子游，渡江来江干。帆樯骇敧仄，恶浪摧心肝。晓行共童仆，夜坐分盘餐。如彼鸳与鸯，曷令羽翼单？……仆亦将告归，徐当命征鞍。"另，同卷"丁未"诗《陪沧苇侍御过广福寺观道场仍用前韵》有"八十季太公，矍铄犹据鞍。城中十万户，所恃无饥寒。……寺侧余傲居，其时冻雪干"之句。同卷"丁未"诗《延令雪后过季吏部嘉树园》其三自注云："余方寓广福寺。"

《陈迦陵俪体文集》卷八《寿季太翁八十序》云："两冯并起，已闻继踵为官；二杜齐名，宁第夹河作郡。时则给谏冠月先生，就傅知名，有文在手，服官称职，义形于言。循循三事之中，谔谔百僚之上。当阶屈轶，在圣主卒白其忠；绕砌芝兰，至慈父益称其孝。侍御沧苇先生早升华秩，历篦崇阶。府里乌啼，验班资之早贵；殿前鹄举，讶才望之尤奇。惟耽典籍，豸冠亦暇即囊萤；酷嗜图书，兰台亦坐而漂麦。性素淡于簪缨，时适赐其休沐。盖勤于王事，帝极怜仲孺有兄；而志在承欢，朝特予太公以子。……于是候近青阳，节逢玄陆。桃结三千之实，酒倾八十之觞。……仆也何人,幸逢斯会。渡江而谒卓茂,已识盛朝褒德之侯;拥篲而拜伏生,更俟他日传经之岁。"

陈维嵋《亦山草堂遗稿》卷二《丁未岁暮四忆诗》其一云:"我所忆兮在海陵,雪暗江天船不行。伯兄岁暮还为客,何况百感填胸膺。一童随行疲且蠢,安能负书并担縢。十年踟蹰饥驱苦,几时安稳眠柴门。"该诗题下自注云:"大兄其年。"可知当作于同时。

按,《寿季太翁八十序》中所谓"两冯"、"二杜",乃指季开生与季振宜两兄弟。季开生(1627—1659),字天中,号冠月。为季振宜兄。顺治六年进士,选翰林。旋擢吏科给事中。顺治十二年,以疏谏派太监至江南采访秀女事忤顺治意,流戍宁古塔。康熙元年,下诏赐还,而殁已三载矣。序中所谓"圣主卒白其忠",即指其蒙诏赐还之事。又,从"候近青阳,节逢玄陆"等语看,季父寓庸生日当在冬至前后。本年冬至为十一月初八。

雪后,过季振宜嘉树园,有诗。

《湖海楼诗集》卷二"丁未"诗《延令雪后过季吏部嘉树园》。

不久,准备还家,作诗留别季振宜及季公琦,相约明年再度聚首,盖其时已有来年上京之计划。

《湖海楼诗集》卷二"丁未"诗《留别沧苇先生及令弟方石仍用前韵》末尾云:"我来贪知己,汲汲类有干。古称一饭恩,讵第因盘餐。明年桃花潭,欢笑正未殚。独惜暂分飞,羁鸟愁孤单。又念行复来,别泪何必弹?"从诗中用桃花潭的典故,可知次年将有送别之事,而这恰恰正是在为他来年的京华之行作铺垫。

行前,曾陪季振宜过广福寺观道场,有诗纪其事。

《湖海楼诗集》卷二"丁未"诗《陪沧苇侍御过广福寺观道场仍用前韵》。

时秀水沈惠纕在泰兴将归,与季振宜有诗送之,兼怀嘉兴诸旧游。

《湖海楼诗集》卷二"丁未"《送沈馨闻归嘉禾,兼示禾中诸旧游,仍用前韵》有云:"今冬客江北,萧条风雪寒。一揖惊瘦沈,欢呶投匕餐。琐屑询里巷,急遽焉能殚。侧闻甪里街,旧物多凋残。君归语所知,陈子颇平安。"

邓汉仪《诗观初集》卷一有季振宜《送沈馨闻归嘉禾》有句云:"明月何皎皎,白雪何漫漫。"可知为同时作。

沈惠缵,字馨闻。浙江秀水人。诸生。以孝名。生平详光绪《嘉兴府志》卷五十三《秀水孝义》。

雪霁将发,季振宜复坚留三日,当晚同诸人重集于静思堂,有诗纪之。

《湖海楼诗集》卷二"丁未"诗《雪霁将发,沧苇先生复坚为三日留。是夜同诸子重集静思堂,仍用前韵》开首云:"仆夫杖马棰,趣我上马鞍。冲泥走相别,苦辞岁已阑。答言姑且留,别易会面难。君看双蜡烛,泪亦不肯干。"

在泰兴,访宫伟镠于春雨草堂,为其诗集作序。

《陈迦陵俪体文集》卷五《宫紫玄先生春雨草堂诗序》云:"仆以客游,时焉浪迹。偶过海陵之郭,获登春雨之堂。……崧樗栎庸材,菰芦下士。当年龙厩,差有姓名;旧日射棚,颇多俦侣。访罗含之宅,幸觏斯堂;衔山简之杯,乃为兹序。所喜虬鸾在后,悉高山流水之音;深惭糠秕当前,愧白雪阳阿之曲。言归二酉,兼慰双丁。"

宫伟镠(1611—?),字紫阳,一字子元,号紫玄,别署桃都漫士。江苏泰州人。明崇祯十五年举人,次年成进士,官检讨。入清,两荐不就。晚年于小西湖遗址筑春雨草堂。康熙十二年州志系其手订。著有《春雨草堂集》《宝吕一家词》《庭闻州世说》等。生平详《全清词抄》卷一、《江苏艺文志·扬州卷》。

友人黄锡朋母庆八十大寿,时锡朋已满六十,归里后作诗贺之。

《湖海楼诗集》卷二"丁未"诗《丁未冬月,黄子珍百伯母太夫人称八十觞,是岁珍百亦复六十,长歌奉赠》。

黄锡朋(1608—?),字珍百,又作桢柏。江苏宜兴人。工词。贡生,顺治十七年至康熙元年春官湖南安仁知县,因泰销案降调,遂弃官归里。《迦陵词全集》卷十九《无愁可解·题桢伯诗词卷尾用〈粘影词〉韵》上阕回顾两人的交往云:"记少日从君,使健笔如风,蛟螭盘攫。更短衣破帽,横穿欲度绝漠。蹴鞠弹筝豪士约,抚掌轰轰笑乐。似阿黑一辈人,裂眦奋袂,神色甚恶。"

十二月二十九日,在亳村,因弟维嵋一贫如洗,赋《丁未除夕》诗哀之。当晚,与同人分韵聚吟,诗末有"短衣来岁仍天涯"之句,预示来岁将远行。

《湖海楼诗集》卷二"丁未"诗《丁未除夕》《除夕与诸公分赋同用"九佳"韵》。

康熙七年　戊申（1668）　四十四岁

正月初四日，同任绳隗为周启隽赋灯屏歌。

《湖海楼诗集》卷三"戊申"诗《灯屏歌为周立五太史赋》。

任绳隗《直木斋全集》卷五有《元旦后三日周立五先生设灯屏张宴》，可知具体日期为正月初四日。

周启隽，字立五。江苏宜兴人。早年屡困童子试。顺治四年进士，馆选第一。历官至侍讲学士，以事解职。归里后闭门著述。著有《澹木斋文集》《诗集》。生平详嘉庆《宜兴县志》卷八《人物·治绩》。

初六日，雪后同任绳隗等集陈宗大宅中，次宗大韵有诗。

《湖海楼诗集》卷三"戊申"诗《新正六日，雪后同诸子集几士兄斋头，即次兄韵》末云："街雪踏来狂讵减，夜乌啼处怨难禁。衰年兄弟头都白，欢笑真当惜寸阴。"诗中小注云："兄所居堂即余小时嬉戏地。"

任绳隗《直木斋全集》卷五《春王六日陈几士招饮赋谢》。

陈宗大（1611—1680），字尔开，号几士。陈贞贻子。邑廪生。崇祯三年中应天副榜，改恩荫官生。历任户部江西清吏司主事。甲申三月被李自成军拘系，屡辱不屈。清兵至，凡在京不事贼者以原官用，任事三月后，托疾归。隐沦三十余载，读书吟咏以终。生平见《家乘》卷七。

初七日，曹忭庆六十寿，为题其所藏沈周《松竹梅图》，并有词寿之。

《湖海楼诗集》卷三"戊申"诗《题沈启南〈松竹梅图〉，为曹荩臣六十寿》。又据《迦陵词全集》卷十五《醉蓬莱·戊午人日为曹曹溪广文寿》上阕："喜新年七日，蕙雪微融，梅风才转。百福钗幡，做蓬莱家宴。"

曹忭（1609—？），字荩臣，号曹溪。江苏宜兴人。顺治十一年拔贡，十八年任上海教谕。

沈周（1427—1509），字启南，晚年号白石翁。长洲相城（今吴县）人。出身吴门书画世家。为明代著名画家。

十一日，同任绳隗等宴集徐喈凤斋，同限"十四寒"韵赋诗。

《湖海楼诗集》卷三"戊申"诗《灯夕前四日，诸同人宴集徐竹逸斋，同限"十四寒"》。

任绳隗《直木斋全集》卷一《上元前四日，诸同人集徐竹逸宅，得"十四寒"》。

十五日,春雨初降,赋《洞仙歌》一首示黄锡朋、史惟圆、任绳隗,任绳隗有词和之。傍晚,周季琬旅梓还乡,亲赴其灵床哭祭,并作长歌悼之。诗中详细回顾了两人的交往,并对周氏"艰难绝胤嗣,支撑剩闺阁"的身后境况深感同情。

　　《迦陵词全集》卷十《洞仙歌·戊申上元阴雨,示桢百、云臣、青际》。《湖海楼诗集》卷三"戊申"诗《哭故友周文夏侍御五言古一百韵》后半有云:"今春放灯夕,君梓来河朔。……维时值春霖,街泥骤瀺灂。"

　　任绳隗《直木斋全集》卷九《词选·中调》有《洞仙歌·和其年上元遇雨用元韵》。手稿本第八册《乌丝词三集》陈维崧原作后即附有该词。另,手稿本词题中三人字前各标有姓氏。

上年秋借居之城南房舍,主人忽归,不得已再次搬寓至西城西,有诗。

　　《湖海楼诗集》卷三"戊申"诗《再搬寓示一二友人》有云:"无何主人至,客屦不遑驻。踟蹰向陌头,屏当到家具。仓皇揖驵侩,曲折询邻姁。侧闻西城西,老屋半僵仆。茅茨略堪葺,门内兼有圃。天晴好除瓜,秋暖宜栽芋。门前剩荒坡,鹅鸭亦可数。"

徐喈凤招同陈宗大至其阁上看梅,作《贺新郎》,徐喈凤有词和之。

　　《迦陵词全集》卷二十六《贺新郎·徐竹逸招同几士兄阁上看梅》。该词作期原不明。但在手稿本第八册《乌丝词三集》中,其接抄在《洞仙歌·戊申上元阴雨,示黄桢百、史云臣、任青际》后,故暂系于此。

　　徐喈凤《荫绿轩词》有《贺新郎·其年、几士见访,登阁看梅,和见赠韵》。

三十日拂晓,同徐喈凤、任绳隗、任西邑出城游,过心石上人窅溪堂看梅,用"七虞"韵赋诗。当日同人曾与心石订再游之约。

　　《湖海楼诗集》卷三"戊申"诗《正月晦日同徐竹逸、任青际、幼瞻过心石上人窅溪堂看梅,用"七虞"韵》首句云:"拂晓出郭游,青山正堪数。"

　　任绳隗《直木斋全集》卷二《正月晦日同徐竹逸、陈其年探梅心石上人窅溪堂》。

　　任西邑,字幼瞻。宜兴人。附贡生。生平见《江苏诗征》卷八十九。

　　释心石,本吴中人。生平未详。时主持宜兴城南招提寺。

二月初一,徐喈凤等人雨中赴心石上人看梅之约,陈维崧为雨所止,不赴,有词柬徐喈凤,徐有词答之。

《迦陵词全集》卷二《添字昭君怨·竹逸约过城南僧舍看梅,以雨不果,词以柬之》云:"梅压板桥玉皱。人隔寺墙香透。昨朝花下约同游,散春愁。　准趁平芜携手。还傍粉帘赊酒。今朝细雨太绵绵,且高眠。"从"昨朝花下约同游"一句可知,此游乃前一日所订。

徐喈凤《荫绿轩词》有《添字昭君怨·雨中赴心石上人看梅之约,其年雨阻,柬我以词,次韵戏答》。

初二日,雨中史可程招饮,有诗相赠。时与史可程交往较多,有诗哭其亡子,并题其所著《华阳山游草》。

《湖海楼诗集》卷三"戊申"诗《史蓮庵先生招饮赋赠》末云:"江头爱弟飘零老,社日遗民祭赛同。今日一樽还把袂,伤心春色雨濛濛"。此诗后面紧接着的是《哭史怀永》二首、《读蓮庵太史〈华阳山游草〉》、《次广陵叶才人题壁韵同蓮庵太史赋》等诗。《哭史怀永》二首题下自注云:"名诒,蓮庵先生冢子,己亥秋自豫章归,遇盗投水。"

春社,据袁景澜《吴郡岁华纪丽》卷二"二月"《土神诞日作春社》云:"二月二日为土神诞日。城中廨宇,各有专祠,牲乐以酬。乡村土谷神祠,农民亦家具壶浆,以祝神厘。……则今日二月二日,犹古之社期欤?田事将兴,特祀社以祈农祥。"

史可程(1606—1684),字宪之,号赤豹,又号蓮庵。河南祥符(今开封市)人。崇祯十六年进士,改庶吉士。李自成入京,列班迎降。后多尔衮入京,复降清,不久南逃。可程为史可法堂弟,史可法怒其不能持节,曾上书请治其罪。弘光以其为可法弟,只削其职,令归养母。入清后,长期寓居宜兴。工词,有《观槿堂词》,已佚。生平详《国朝畿辅诗传》卷十五。

初八日,徐喈凤纳妾,作绝句五首赠之。

《湖海楼诗集》卷三"戊申"诗《赠徐竹逸纳姬绝句五首》其一自注云:"时二月初八。"

周启隽子圣涛以诗稿一束相赠,读后有感,赋诗报之,中有"啮人刍秣供人驱,我今不如辕下驹;傍人门户与人见,我今不如梁间燕"之句。

《湖海楼诗集》卷三"戊申"诗《短歌酬周圣涛兼呈立五先生》末云:"感君父子与我好,醉即寻君同看花。"是知周圣涛即周启隽子,其名待考。

春间,表弟吴晋侯扶姑丈吴正心旅梓自云南还里,悲喜交集,感而有赠,并向曾对晋侯提供过帮助的张一鹗、徐喈凤、张道祥、陈禋祉、张柔嘉诸人

致谢。

《湖海楼诗集》卷三"戊申"诗《吴五表弟晋侯自滇南扶鹫山姑丈旅梓归里,悲喜交集,长歌赋赠,并谢张忍斋、徐竹逸、张履吉、张青岔、陈淇瞻数公》。

按,《今词苑》卷三有吴贞度《贺新郎·家从叔晋侯自滇南弃妻子,扶鹫山叔祖旅梓归已六年,值张公履吉以行省秩满,东还彭城,便道挈之以来,晋侯骨肉遂相聚也。志颂一阕》,可知吴晋侯乃孤身归里。

吴正心,字诚先,号鹫山。宜兴人。崇祯十五年进士,官富民知县署嵩明州事,升户部郎中。其妻杜氏为陈于廷嫡甥女,过继于陈于廷,但未改姓。著有《滇中诗集》。生平详嘉庆《宜兴县志》卷八《人物·治绩》,另可参《家乘》卷三陈于廷传。

张一鹍(1614—?),字友鸿,号忍斋,又号钓滩逸人、金谷叟。江苏娄县(今上海)人。顺治十五年进士,十八年任云南府推官。工诗,善画山水。著有《野庐集》。生平详《渔洋山人感旧集》卷四。

张道祥(1637—1686),字履吉。江苏铜山(今徐州市)人。为张竹坡从兄。以父荫授秘书院中书舍人。顺治十七年从定西将军平云南,授洱海金事。康熙七年改雁门金事,进参议。十五年冬,奉旨监督应州矿务。二十三年授湖北按察使,多善政。两年后卒于任。著有《宦游集》,今不存。仅有逸诗数十首。

陈裸祉,字淇瞻。江苏无锡人。顺治十五年进士,十八年官云南临安府推官。生平见《梁溪诗抄》卷十七。

张柔嘉,字青岔。安徽当涂人。时旸次子。以廪贡入监,授中书舍人。随征云南,擢按察使金事。顺治十七年"分守临元",康熙二年"分巡金沧"(《云南通志》卷十八上),奉裁旋里。康熙十一年补陕西甘山道金事,卒于任。宋琬《安雅堂未刻稿》卷四有《代赠张青岔金宪二首》。民国《当涂县志·人物志·宦迹》有传。

吴晋侯,宜兴人。名号、生平俟考。

任源祥时年五十,有诗三首赠之。

《湖海楼诗集》卷三"戊申"诗《赠任王谷三首时年五十》。

去岁秋日,王士禄归济南,诸同人于扬州北郭园亭为之饯行,并分韵赋诗,陈维崧因不在扬州,未能参加。春日怀人,怅然有感,用"思"字韵补作一首。

《湖海楼诗集》卷三"戊申"诗《丁未秋日,诸同人于广陵北郭园亭饯别王司勋西樵归济南,以"秋露如珠,秋月如珪,明月白露,光阴往来。与子之别,思心徘徊。是以别方不定,别理千名"三十四字为韵,人各二十句。仆以越乡,未预斯席。春日怀人,怅焉补作,用"思"字》。

郊行,过闻湛上人寺楼,有诗。

《湖海楼诗集》卷三"戊申"诗《春日过闻湛上人寺楼》。

释闻湛,其人俟考。

友人吴百朋自肇庆寄来《岭西初集》,作诗遥讯,并怀丁澎。

《湖海楼诗集》卷三"戊申"诗《春日接吴锦雯见寄〈岭西初集〉,作诗遥讯,并兼怀丁仪部飞涛》云:"珠江回雁羽翩翩,二月瑶华远道传。寄到音书刚万里,别来瘴疠恰三年。春深蚕户收蕉布,雨后黎人种木棉。尔自天南悲谪宦,故人出塞益堪怜。"按,因吴百朋康熙三年始至肇庆,虽已复官,但却远放边障,故陈维崧诗中有"恰三年""悲谪宦"等语。

另,丁澎曾因科场案牵连,被贬至塞外,故陈诗末句及之。

三月五日,雨中集黄锡朋宾月楼,分韵赋诗二首。

《湖海楼诗集》卷三"戊申"诗《上巳后二日,雨集黄珍百宾月楼,分得"十五删"韵二首》。

任绳隈《直木斋全集》卷五《上巳后二日小雨,黄子珍百邀宴宾月楼,分得"家"字》。

连日阴雨,新晴后过徐喈凤宅中,适逢其石畔枯蕙复生,同莫大勋、陈宗大分韵赋诗,得"七虞"韵一首。

《湖海楼诗集》卷三"戊申"诗《新晴过徐竹逸斋,时石畔枯蕙复生,同莫鲁岩、兄几士赋,分得"七虞"韵》。

任绳隈《直木斋全集》卷五《徐竹逸阶下枯蕙复花,此为将来梦兰之瑞,诗以祝之》。

莫大勋(?—1684),字圣猷,号鲁岩。江苏宜兴人。顺治十八年进士,授嘉善知县。康熙十四年擢刑科给事中,二十三年卒于京。著有《约斋集》《魏塘政略》。嘉庆《宜兴县志》卷八《治绩》、康熙《松江府志》卷十五《名宦》有传。

十五日,与诸同人在史惟圆宅中看牡丹。

《湖海楼诗集》卷三"戊申"诗《史云臣宅看牡丹,席上作歌,兼忆去岁松陵同看花诸子》。

按,该诗后一首为《史远公宅看牡丹》,有"街南池馆遍芳菲"之句,句后有注云:"先一日看花云臣宅。"而《史远公宅看牡丹》可考知为三月十六日作(见下文),据此可断定在史惟圆斋看牡丹为本日事。

十六日,与诸同人在史鉴宗斋看池上牡丹,以明日周启隽、任绳隗将有广陵之行,诗中之。任绳隗到扬州后,亦有诗忆及本日事。

《湖海楼诗集》卷三"戊申"诗《史远公宅看牡丹》"莫嫌中酒年光去,却恐看花伴侣稀"句后有注云:"明日立五、青际俱有广陵之行。"

任绳隗《直木斋全集》卷五《三月望后,诸同人集史子远公斋中观池上牡丹,行至维扬有忆却寄》。

史鉴宗(1623—1674),字绳远,号远公。江苏金坛人。幼孤,寄养于姑家。顺治八年举人,十七年官南陵(今安徽宁安)教谕,因艰去。妻万氏为宜兴人,因受田宅于岳家,遂移家宜兴。性灵敏,多艺能。能书善画,长于金碧山水。工诗词,著有《青堂词》,今不传。嘉庆《南陵县志》卷六有传。

友人招同吴贞度赏牡丹,分韵赋诗一首。诗中有怀吴本嵩,本嵩时在京师。

《湖海楼诗集》卷三"戊申"诗《友人招同静安姑丈看牡丹,并怀天石在京师,分"四支"韵,用陆放翁牡丹诗句为起》。

吴贞度(1626—?),字静安。江苏宜兴人。顺治十二年进士,次年由庶吉士降为安徽池州府学教授。因其妻为陈于泰次女,从辈分上论,当为陈维崧从姑丈。另按,贞度父名吴洪昌,曾任明礼部主事,与陈维崧长姑丈吴洪裕为同辈,故洪裕与贞度乃叔侄关系。

同史可程、曹忱、徐喈凤、吴贞度、路序、陈宗大宴集黄锡朋宅,同赋瓶中牡丹。

《湖海楼诗集》卷三"戊申"诗《同史蓬庵、曹荩臣、徐竹逸、吴静庵、路俊公、兄几士宴集黄珍百宅,同赋瓶中牡丹》。

吴静庵,即吴静安。

路序,字俊公。江苏宜兴人。顺治十一年举人,康熙十七年任华亭教谕,二十七年任江西崇仁知县。事见嘉庆《宜兴县志》卷八《治绩》。

陈宗大过周季琬园亭看牡丹,有诗,陈维崧有诗和之。

《湖海楼诗集》卷三"戊申"诗《和几士兄过周文夏园亭看牡丹之作》。

同徐喈凤过叙彝上人半亩居,有诗。

《湖海楼诗集》卷三"戊申"诗《同徐竹逸过叙彝上人半亩居》。

同任绳隗等在徐喈凤宅看紫牡丹有作。

《湖海楼诗集》卷三"戊申"诗《徐竹逸宅看紫牡丹》。

任绳隗《直木斋全集》卷五《徐竹逸招饮,时同人各赋庭前紫牡丹,分"花"字》、卷十《词选·长调》有《倦寻芳·徐竹逸招饮赏紫牡丹》。

徐喈凤《荫绿轩词》有《倦寻芳·同人集小斋看紫牡丹》。

约三月末,因家居艰难,在仆人尹质的陪伴下,离开宜兴至靖江,准备上京。在靖江,与卢恒允、金敞、羊球、朱廷宋、马褒、刘睿生游,有诗纪事。金敞、羊球、马褒、刘睿生、章公彩等曾为之饯行,作歌留别,感慨年岁老大,乃事茫茫。

陈维嵋《亦山草堂遗稿》卷一《送其年兄游燕京》有云:"杨花落已尽,我兄脂其车。岂不惮行迈?蔓草业园庐。非但蔓草多,鸥鸟叫室隅。鸥鸟工破巢,念此不能居。"

《湖海楼诗集》卷四《感旧绝句》之十三《尹布衣叔文》自注云:"布衣名质,鬻畚削桨,目不识丁,而肝胆轮困,有古侠士风。曾襆被从予入燕,及余将游汴,布衣别我,三千里徒步归。归未一岁卒。"卷三"戊申"诗《短歌别骥沙诸子四首》为本次在靖江留别之作,诗中提及金敞、羊球、马褒、刘睿生、章公彩等。骥沙为靖江的古称,与泰兴相邻。

《湖海楼全集·湖海楼诗集》卷八"五言律"《雨后同卢龙孙、金廓明、羊月生、朱嗣殷过饮刘睿生家纪事四首》其一云:"刘子结庐处,沿村枕大河。剧怜饶水木,更喜足陂陀。割蜜闲房好,叉鱼曲巷多。到门幽兴极,野色上庭莎。"其四云:"一马工步行,人间此酒徒。近来狂减未,何日闷全无。问询君须致,饥寒我自驱。古来称大略,强半出黥奴。"末注云:"怀马叔瞻。"

《江苏诗征》卷一一二有马褒《送陈其年北游》,当作于本年。

金敞(1618—1694),字廓明,号阃斋。江苏武进人,徙靖江。长于理学。卒年七十七。著有《金阃斋先生集》。生平见嘉庆《如皋县志》卷十七《列传二·流寓》、嘉庆《宜兴县志》卷八《侨寓补遗》、光绪《靖江县志》卷十四《流寓》。

羊球(1629—1710)，字月生。江苏靖江人。康熙十四年举人。三十七年授安徽泾县教谕，年已七十。在任四载，以疾归。年八十二卒。著有《醉花轩集》。生平详光绪《靖江县志》卷十四《儒学》。

马褒，字叔瞻。江苏靖江人。诸生。著有《江风集》。蒋中和《眉三子半农斋集》卷一《挽马秀才叔瞻》云其："穿坐爱苦吟，冥搜神莫测。外枯类木鸡，内实无通塞。攀崖力正雄，遽赴玉楼敕。"是知其未能永年，当卒于青壮之时。光绪《靖江县志》卷九《书籍》著录其《江风集》，并引倪匡世《振雅堂诗最》跋，云其"贫乏不能自存，未及五旬而卒"，并称其与"刘湘九文学筠为莫逆交"。

卢恒允，字龙孙。南通州人。著有《修来堂集》一卷。《淮海英灵集·丁集》卷一有著录。

朱廷宋，字嗣殷，号质存。如皋籍靖江人。风台子。贡生。官陕西宜川县丞。生平详《淮海英灵续集·庚集》卷二。

刘睿生、章公彩，皆俟考。

过陈斐玉斋不遇，有诗题壁。

《湖海楼全集·湖海楼诗集》卷九《骥沙过弟斐玉家不遇题壁》云："绿波拍岸柳垂丝，曾约相寻数酒旗。"

《迦陵词全集》卷二《减字木兰花·渡江宿弟斐玉家》："江南江北，握手相看那易得。今夜重逢，翠筱黄花伴烛红。　　浮杯大嚼，顾我何如家弟乐。车马湖边，明日西风绝可怜。"

陈斐玉，俟考。

在江头一旅店滞留一月，等待季振宜归信。盖因旅程漫长，川资短缺，需其资助故也。有词纪梦。

《湖海楼诗集》卷三"戊申"诗《古歌留别季沧苇先生》其一云："江头旅店一月坐，蜗涎济壁蝙蝠大。街泥滑滑不肯干，夜长挛缩谁能那。急鼓拉杂恰二更，老客羁孤刚一个。隔县故人归未归？路长力短徒嘘唏。"

《迦陵词全集》卷二十一《齐天乐·骥沙旅店纪梦》。

按，季振宜家在泰兴，作者此时羁留靖江，故称其为"隔县故人"。另从诗末两句可看出他是在等待季振宜归来，"路长力短"则显然有求助的意思。

四月，季振宜还家，闻讯后急忙驱车相见，季氏开宴为其饯行，陈维崧赋古

歌四首相留别。诗中除了说明自己索米长安的迫切之情外,还表达了对季氏的无限感激。

《古歌留别季沧苇先生》其三有"讵知一别即相见,陶陶孟夏重欢呼"之句,可断定其相见是在四月。其二记录了与季氏见面的喜悦与迫切:"江风吹客速如箭,车轮历碌过君县。到门恰值君入门,失喜堕车狂欲旋。老颠掀却头上笠,洗脚燎衣一相见。呼朋连臂登君堂,我心明明灯烛光。"其三末两句则说明了自己长安之行的目的:"鸾飘凤泊辞乡国,索米不成饥亦得。"证明他的京华之行实在是迫不得已的碰运气行为。第四首向季氏发下誓愿:"男儿颠蹐倘不死,负此一饭非英雄。"

不久,辞别季振宜北上,并携徐紫云同行。过高邮,题露筋祠,作《婆罗门引》。泊舟文游台,有诗。过淮阴,自清江浦渡黄河,作《黄河清慢》。过黄河后宿王家营客店,作《春夏两相期》排闷。

《迦陵词全集》卷九《婆罗门引·题露筋祠》。卷十六《黄河清慢·清江浦渡黄河》。卷十九《春夏两相期·王家营客店排闷》。以上诸均词见手稿本第七册《乌丝词三集》,且接在《齐天乐·骥沙旅店纪梦》后。在手稿本中,《乌丝词三集》中的词均依次接抄,故前后顺序较清楚。

《湖海楼全集·湖海楼诗集》卷八"五言律"《泊秦邮文游台》首联云:"杳渺秦邮路,篷窗信晚风。"

露筋祠,故址在今江苏高邮南三十里处,约建于五代时,祀五代人路金。后人附会为一女子露处于野,为避嫌而不寄宿田家,为蚊虫叮咬,露筋而死,遂立庙以祀。

文游台,在高邮市东一里处。

清江浦,在淮安以北,今为江苏清江市所在地。黄河故道从徐州往东南,经此拐弯后向东北入海,运河亦由此出清口。明清时江南河道总督驻此,曾为水路枢纽。从江南入京,需由此舍舟登陆,改走官道。

王家营,在今江苏清江市北,古时为黄河北岸。

从王家营沿驿道北上,经过山东郯城,有词怀古。

《湖海楼诗集》卷四"庚戌"诗《宛城咏古》六首其六有云:"前年游山东,道经郯城下。""庚戌"为康熙九年,上推三年即为本年。

《迦陵词全集》卷三《好事近·郯城南倾盖亭下作》云:"落日古郯城,一望秃碑苍黑。怪底蜗黄蜑紫,更藓痕斜织。　我来怀古对西风,歇马小亭侧。惆怅共谁倾盖,只野花相识。"

过马陵山,有诗怀古。

《湖海楼全集·湖海楼诗集》卷九《马陵怀古》云:"拄颊看山我尚能,车回峰势断何曾?黄河岸北愁闻雁,郯子城南喜按鹰。"

按,马陵山在山东沂南县南,与郯城相接。

徐紫云此行未经冒襄同意,陈维崧心中颇感不安。行至山东沂南青驼镇,宿青驼寺,遇冒丹书,有词赠之,并托其代向冒襄陈情。

《同人集》卷四龚鼎孳康熙八年致冒襄信云,陈维崧上京时,"云郎从之殊洽,以行时未告主翁,中心疚仄。途次值青若,当为转达尊前。"

《同人集》卷七"壬子岁寒倡和集"陈维崧《壬子仲冬再过东皋,承巢民老伯委曲相留,谊逾畴昔。缘以饥驱,不得已复有延令之役。先生临岐赋别,怅不成声,余亦援笔数章,悉依来韵,因书请正,冀先生鉴此鄙衷也》六首之五"意外青驼寺里眠"句下原注云:"戊申北上遇青若于青驼寺。"

《迦陵词全集》卷三《虞美人·过青驼寺感旧,寄示冒子青若》题下自注云:"昔年云郎随予北上,于此地遇青若。"

青驼寺位于今山东沂南县青驼镇,该镇为南北往来要道,清时置驿于此,后移徐公店。

路经新泰羊流店,在驿亭看到陈维岳题壁诗,有作。并赋《渔家傲》一首怀古。

《湖海楼诗集》卷三"戊申"诗《羊流店书纬云题壁诗后》云:"雁行忆昨先余发,夜夜邮亭梦见之。今日果逢题驿句,墨浓人去不多时。"《迦陵词全集》卷七《渔家傲·羊流店怀古》。

羊流店,在今山东新泰市。顺治十年,清廷因东南闽浙、吴会、淮扬诸路至京由泰安、沂州为捷,于是在沿线设立驿道,并于羊流店等地设驿站。

过泰安,晚次长清县,经杞梁妻祠,有诗并词。

《湖海楼诗集》卷三"戊申"诗《长清经杞梁妻祠》。

《迦陵词全集》卷五《祝英台近·杞梁妻祠下》。

过齐河县,有词。

《迦陵词全集》卷七《渔家傲·齐河县》上阕云:"旬日崎岖行左担。征车确荦投山店。鲁酒何如愁思酽?心情减,白头彩笔浑相赚。"

过德州平原县,有作。

《湖海楼诗集》卷三"戊申"诗《平原县作》。

舟次河北沧州河间县，有作。

《湖海楼诗集》卷三"戊申"诗《夏日河间舟次》。

四月末五月初至京，寓宣武门外一古寺中。

《同人集》卷四龚鼎孳康熙八年致冒襄信云："其年六月抵都，良慰饥渴。虽数与倡酬，未免冗夺。"按，关于陈维崧入京的时间，此处所记与实际有出入。陆勇强《陈维崧年谱》考证甚是。《迦陵词全集》卷一《望江南·宛城五日追次旧游漫成》十首之八有云："重五节，记得在前门。"该词作于康熙九年端午节时，而陈维崧此前只有康熙七年夏秋之间在京，故其端午游前门只能是在康熙七年。

《湖海楼诗集》卷三"戊申"诗《长安老屋行》云："老夫此时客古寺。"又同年所作的《九日前一日，同钱舍人宝汾登长椿寺妙光阁》云："浊醪竟逼重阳节，古寺刚逢上值人。"另外，在距此一个月前所作的《大水行》中，陈维崧还特意写道："宣武街头十丈地，险若水柜翻夔门。"当是其目睹之景。综合以上诸条，可断定他当寓于宣武门附近的长椿寺中。这样推断还有一个原因，就是龚鼎孳和长椿寺的关系比较密切，他曾捐资修建了长椿寺的妙光阁，同时他的香严斋也在宣武门外大街东边，而陈维崧此行第一个要投奔的人正是他。

戴璐《藤阴杂记》卷八："妙光阁建自合肥尚书。近见《定山堂集》，乃姬人善持君所作，即所谓横波夫人也，殁殡长椿寺中。……横波仲冬三日生辰，恒于阁中礼诵。"邓汉仪《诗观二集》卷七徐元梦有诗题为《登妙光阁，阁为合肥夫子所造，题壁尚存》，亦可为一证。长椿寺即今报国寺。

孙旸因事入关，在京相遇，陈维崧有诗赠之，孙旸有诗相答。

孙旸《孙蔗庵先生诗选·入关草》自序云："戊申至辛酉，数入都门，三过山右，再归虞山，以未奉旨归里，故以入关别之。"同集有《答陈其年》其一云："十载重逢帝里春，金台桃李一时新。旧交惟有陈惊座，犹向花前认故人。"其二云："荆山名胜旧经过，罨画溪头乐事多。我既飘零君亦老，相逢燕市一悲歌。"该诗题下自注云："戊申春日答其年见赠十首，今存其四。"

《湖海楼全集·湖海楼诗集》卷十二《都门喜晤孙赤崖四首》其一云："宣武门前放橐驼，故人辽海此经过。重来也算乌白头，好趁秋晴亦放歌。"其二云："世皇射猎长杨馆，扈跸贤兄帽带斜。今日君来应下泪，东风重放杜陵花。"应为所赠原诗。

《陈迦陵俪体文集》卷五《孙赤崖〈沈西草堂诗〉序》云："是则今皇之叔父，实为盛世之亲藩。从游开风月之尊，应教命山林之驾。又以金鸡屡下，珠雀频来。换此赭衣，还其白帽。孺人相对，即是梁鸿；爱子能随，居然王霸。……朱鸢校尉，携逐客以俱来；玄菟将军，挈征人而暂返。"按，从序文看，孙旸时与某藩王关系密切，颇得关顾，本次乃有事随同入京。

孙旸（1626—?），字赤崖，号寅仲。江南常熟人。其兄孙承恩为顺治十五年状元。顺治十四年孙旸顺天乡试中举，因科场案为人牵连，次年流徙尚阳堡。康熙东巡，尝献颂万馀言，并赋东巡诗，试以书法，深受称赏。康熙二十年，援例赎归（据孟森《科场案》考证，见《明清史论著集刊正续编》）。著有《蔗庵诗选》《归来草》等。生平略见《皇清书史》卷十。

龚鼎孳为其设宴接风，席间有诗赠歌者陆生。曾索龚鼎孳为徐紫云赋诗，龚为作四绝句。另外因私携徐紫云北上，心有不安，恳龚鼎孳代向冒襄说情，龚有书致冒襄，劝其勿予追究。

《湖海楼诗集》卷三"戊申"诗《芝麓夫子席上赠歌者陆生》。

龚鼎孳《定山堂集》卷四十一《云郎口号四绝句，其年索赋》其一末云："今夕云郎来对酒，长安花月更婵娟。"

《同人集》卷四龚鼎孳康熙八年致冒襄信有云："弟以老盟翁一片深情，生平怜他人过于自怜，怜其年又当过于怜云郎，定无后督意也。"

五月初五，在北京逛前门庙会，后有词忆及当日风光。

《迦陵词全集》卷一《望江南·宛城五日追次旧游漫成》之八云："重五节，记得在前门。庙市花盆笼蟋蟀，门摊锦袋养鹌鹑。榴火帝城春。"

六月十四日，弟维嵋三十九岁生日，赋《念奴娇》自寿。

陈维嵋《亦山草堂遗词》有《念奴娇·六月十四日，予三十九初度。时避暑蒋丈园斋，戏填一词自寿》。

十七日，山东发生大地震，居民死伤无算。北京有明显震感，一时讹言四起，人心恐慌。陈维崧既哀灾民之不幸，又虑家书之不至，感怀身世，作《地震行》。

《湖海楼诗集》卷三"戊申"诗《地震行》。

程可则招饮，席上作歌赠之。

《湖海楼诗集》卷三"戊申"诗《长歌程周量舍人席上作》开首云："舍人连岁离五羊，禊被日直金门旁。暑天招我河朔饮，红玉之碗盛槟榔。"知其时间尚未入秋。

夏，在京城观洗象，与弟维岳赋《贺新郎》纪其事。

《迦陵词全集》卷二十六《贺新郎·都门洗象词，同纬云弟赋》上阕云："百戏鱼龙聚。昼阴阴，云房冰洞，帝城无暑。日晡波心张水幄，列坐彻侯公主。其外有、倾城士女。少顷蛮奴乘象至，整鞭梢、踏入金塘去。喧豗甚，尔何怒。"

按，该词收在手稿本第八册《乌丝词三集》中，该集作品都是其中博学鸿词前所作，故知应成于本年。

二十九日，潘芝馥招同吴本嵩、陈维岱至平乐园观剧，赋二绝句抒怀。

《湖海楼全集·湖海楼诗集》卷十二《潘芝馥招同吴天石、弟鲁望平乐园观剧二首》其二云："倦客颠狂载酒游，凤城明日又惊秋。感君意气为君醉，今夜他乡缓白头。"本年立秋为六月三十日。

陈维岱（1636—1700），字石间，一字鲁望。贞达次子。贞达死国难，维岱悲愤终身，不求仕进。工诗善词，与维崧兄弟及里中名士多唱和。殁后遗稿为女婿持去，终致遗失。生平详《家乘》卷三。

潘芝馥，俟考。

七月初七，秘书院大学士魏裔介召饮，和魏裔介《泛舟诗》八章。自此与魏裔介往来颇密，魏氏常有书慰之。

《湖海楼诗集》卷三"戊申"诗《和相国魏贞庵先生〈泛舟诗〉》。同书卷八《寄上柏乡魏贞庵夫子》有云："戊申蹀躞走碣石，公也正坐中书堂。沙堤才下火城散，趣呼门士谭文章。是年都城水大至，九门一望俱混茫。忆公召饮恰七夕，浑河放溜声礚礚。狂飙卷雨舞轩砌，树梢瓜蔓森开张。我公挥麈坐自若，穿穴理窟雄辞场。赋诗句必慑韩杜，阐性论足排荀杨。顾谓小子汝可语，许汝负笈循我墙。手书往复慰且诲，赫蹏每月盛一囊。"

魏裔介（1616—1686），字贞白，一字昆林，号石生，又号贞庵。直隶柏乡（今属河北）人。顺治三年进士，选庶吉士，官至礼部尚书、太子太傅、保和殿大学士。谥文毅。魏裔介性沉默，以理学自任，学宗朱子。诗文非其所长，然好弄笔，尤喜与文士游。著有《兼济堂诗集》及《兼济堂文集选》等。生平详徐乾学《光禄大夫太子太傅礼部尚书保和殿大学士加一级柏乡魏公裔介墓志铭》（《憺园集》卷二十七），魏荔彤《魏贞庵先生年谱》。

初八日，京城连降大雨，暴雨成灾，作《大水行》、《长安老屋行》。

《湖海楼诗集》卷三"戊申"诗《大水行》《长安老屋行》。《大水行》首句"七月八日风雨大"可证其时间。

十八日，翰林编修吴国对庆生日，登门拜祝，有诗相赠。时距两人在扬州相识已有七八年时间。诗中回顾了两人当年的交往，然后讲到自己眼下的窘况，颇有乞怜之意。

《湖海楼诗集》卷三"戊申"诗《赠吴默岩先生》有云："我生偪侧不称意，角鹰失势鸣饥肠。江淮连岁苦奔走，跳跃只如马脱缰。南谯夫子今健者，与我相见平山堂。……别来忽复七八载，星星鸿爪难遗忘。今年燕市作佣保，三伏已退啼秋蛩。谒公恰值张弧节，兴极不辞吞百觞。公家兄弟产同日，出与麟凤同祯祥。……如余饱饭穷亦得，坐看公等排天阊。"

按，张弧节相当于悬弧辰，古时指男子的生日，诗中实指吴国对的寿辰。这可证以后面的"公家兄弟产同日"之句，因吴国对与五弟国龙为孪生兄弟，故云。其生日陈廷敬所撰墓志铭（见《午亭文编》卷四十五）缺载。但本年六月三十日立秋。该诗末尾有"君不见长安秋雨十日大，崇文街上声砰破"之语，因本月大雨始于初八日，过十日即为本日，时已过立秋。

和龚鼎孳子士稹韵作《菩萨蛮》。

《迦陵词全集》卷二《菩萨蛮·和龚伯通寄于生用原韵》《菩萨蛮·代于生答伯通仍用前韵》。后一首下阕云："昨宵刚小寐，书与砧同至。砧响伴人眠，寄书人那边。"可知为入秋之初。另在手稿本第八册《乌丝词三集》中，这两首词接在《千秋岁·寿柏乡魏相国》前。

龚士稹，字伯通，号千谷。龚鼎孳长子。顺治十四年副榜。以荫官工部虞衡司员外郎，迁湖广驿盐道，署按察使。著《秋水轩倡和词》。生平详嘉庆《合肥县志》卷二十四《龚鼎孳传》，并见董迁《龚芝麓年谱》。又按，龚鼎孳有两子，次名士稚，为拔贡生。著《芳草词》一卷。可参《国朝诗人小传》严正矩《龚端毅公传》。

二十五日，魏裔介庆五十三岁生日，有词贺之。

《迦陵词全集》卷八《千秋岁·寿柏乡魏相国》二首其二云："沙堤隐隐，直接丹霄近。臣稷契，君尧舜。天留黄阁老，月照头庭印。还说道秋期，今日悬弧准。　帘外凉飙紧，阶下新桐引。仙酝熟，宫袍俊。地居卿贰上，骨带神仙分。齐献祝恒山，苍翠堆千寸。"

　　按，据魏荔彤《魏贞庵先生年谱》，魏裔介生于万历四十四年七月二十五日。又其康熙十年春以病乞归。而在此之前，陈维崧只有本年秋在京，得为其祝寿。

八月初七夜，对月赋《念奴娇》呈李天馥，自述愁怀，有乞怜意。

　　《迦陵词全集》卷十七《念奴娇·八月初七夜对月呈李湘北太史》末云："料应相念，有人孤馆愁绝。"

　　李天馥（1637—1699），字湘北，号容斋。安徽合肥人。顺治十五年进士，选庶吉士，授检讨。康熙七年以翰林检讨任顺天武乡试副考官，历官国子监司业、翰林院侍讲学士、侍读学士、詹事府少詹事等，累官至工部尚书、吏部尚书、武英殿大学士。卒谥文定。工诗，其诗鸿博绝丽，词则逼真北宋。著有《容斋千首诗》《容斋诗馀》等。生平详韩菼《光禄大夫武英殿大学士兼吏部尚书李文定公墓志铭》（见《有怀堂文稿》卷十六）。

初八夜，对月饮纪映钟寓斋，再用前韵赋词，自伤之意颇浓。

　　《迦陵词全集》卷十七《念奴娇·初八夜对月饮纪伯紫处士寓》下阕开首有云："可惜万事蹉跎，半生偪侧，难得胸怀豁。"

初九夜，月下饮吴国对寓斋，有词。

　　《迦陵词全集》卷十七《念奴娇·初九夜对月饮吴默岩太史寓斋》。

初十夜，月下同吴雯、彭始奋、周肇、章在兹等聚饮汪琬寓庐，用前韵赋《念奴娇》纪事。在此前后，吴雯有诗相赠，陈维崧为吴雯《莲洋集》作序。

　　《迦陵词全集》卷十七《念奴娇·初十夜对月，同山右吴天章、中州彭中郎、吴门周子俶、章素文饮汪钝庵户部寓庐》。

　　《陈迦陵俪体文集》卷六《吴天章〈莲洋集〉序》云："扬雄謇吃，雅擅摛经；梁萧重腨，尤精制赋。此莲洋吴子，相传《七发》之篇；而笠泽陈生，为作《三都》之序也。……行山日紫，忆百战之旌旗；汾水波红，想三秋之箫鼓。空寻断碣，只剔残碑；所叹吾贤，复生斯地。"从该序前段"东都公子，岁岁依人；西鄂词流，年年失职"之语看，该序当作于陈维崧未入仕前。另从季节上看，当为秋日。故可断为本年秋。

　　吴雯《莲洋集》卷五《赠陈其年》云："渔阳桑叶落，寒风送萧条。美人远自江南来，手持明月簪琼瑶。乘秋理镜发高咏，和以鸣凤琴台箫。倾国倾城谁第一，羡尔容华艳朝日。自此承恩入蕊宫，宫中行乐何时毕。"

吴雯(1644—1704),字天章,号莲洋,又号玉溪生。奉天辽阳人,后占籍山西蒲州(治今永济县)。诸生,康熙十八年应博学鸿词试,未遇。尝游食于燕、赵、齐、鲁、吴、越、秦、楚等地,足迹几半天下。幼敏慧,工诗。初至京师时,人未知其名,落落无所合。后经王士禛大力扬揄,遂名噪都下。著有《莲洋集》。其生平详翁方纲《莲洋吴征君年谱》及王士禛《吴征君天章墓志铭》(《莲洋集》卷首附,又见《蚕尾续文集》卷十七)。

彭始奋,字中郎,一字海翼。河南邓州人。彭而述第三子,彭始抟兄。著有《娱红堂诗草》。生平见《诗观初集》卷四。

十一日夜,应龚鼎孳招同王士禛、吴国对、汪琬、程可则、李天馥、陈廷敬、刘体仁、梁熙、魏学渠等在城南黑窑厂集会,送董文骥赴陇右,用前韵赋《念奴娇》一首。董文骥时官御史,以言事得罪权贵,谪陇右道,后未抵任而中道乞归。

《迦陵词全集》卷十七《念奴娇·十一夜黑窑厂对月,龚芝麓先生招陪诸公送董玉虬侍御之任秦中》。

龚鼎孳《定山堂诗集》卷十五《八月十一日,再同莘文诸子集黑窑厂送董玉虬侍御之陇右,分少陵秦州二韵》。

王士禛《渔洋诗集》卷二十一《大司马龚公招同刘公勇、吴玉随、梁曰缉、汪莘文、程周量、陈子端、李湘北、陈其年集城南,饯送董玉虬御史赴陇右,分用杜公秦州诗韵得"间"字"天"字》。

陈廷敬《午亭集》卷十六《大司马芝麓龚公招同刘公勇、吴玉随、梁曰缉、汪莘文、程周量、王贻上、陈其年城南送董玉虬御史赴陇右,分用杜公秦州诗韵,得"强"字"繁"字》。

汪琬《钝翁类稿》卷五《龚孝升先生席上分和杜子美〈秦州杂诗〉韵各二首,送董御史之任陇右》。

程可则《海日堂集》卷三《龚大司马招同公勇、曰缉、莘文、贻上、湘北诸子饯送董玉虬之秦州,用少陵韵分赋》。

梁熙《皙次斋稿》卷二《送董易农道长之陇西任,分用工部〈秦州杂诗〉韵二首》。

董文骥《微泉阁诗集》卷五《龚大司马招同吴翰林玉随、汪农部莘文、王仪部阮亭、程会元周量、李翰林湘北、陈秀才其年、陈翰林子端、刘吏部公勇、梁侍御曰缉、魏驾部子存,饮饯黑窑厂,分拈杜子美〈秦州杂诗〉二十首原韵见赠,依次奉酬》,其第七组二首《和陈秀才其年》其二云:"久别故人面,相逢行路难。啼多衣袖湿,饮少酒杯干。远宦忧吾瘦,依人怜而寒。盍归呼小阮<small>家侄在文友</small>,风雅主客坛。"

陈廷敬(1638—1712),字子端,号说岩。山西泽州(今晋城一带)人。顺治十五年进士,选庶吉士。康熙六年以检讨与修《清世祖实录》。累官至吏部尚书、文渊阁大学士。卒谥文贞。著有《午亭文编》五十卷。生平详《国朝耆献类征初编》卷四。

梁熙(1622—1692),字日缉,号暂次。河南鄢陵人。顺治十二年进士,官陕西咸宁知县,旋行取云南道监察御史,告病归。著有《暂次斋稿》。生平详王士禛《蚕尾文集》卷二《御史梁暂次先生传》。

魏学渠,字子存,号青城。浙江嘉善人。顺治五年举人,授成都推官。康熙八年以兵部郎中为湖广按察司金事,提调学正。升江西少参、刑部主事等。工诗词,长于骈文,兼擅书法。为"柳州八子"之一。有《青城词》传世。生平详《鹤征录》《颜氏家藏尺牍·姓氏考》。

十二日夜,与刘体仁对月,有词。时刘体仁有姬卧病,且另纳新姬,词中调之。

《迦陵词全集》卷十七《念奴娇·十二夜对月戏柬刘公勇吏部,时吏部新纳姬》末注:"时公勇旧姬方卧疾。"

十三日夜,王崇简招饮,用前韵赋《念奴娇》词,另有诗相柬。

《迦陵词全集》卷十七《念奴娇·十三夜大宗伯王敬哉先生招饮,是夜无月,七迭前韵》。

《湖海楼全集·湖海楼诗集》卷九《柬王敬哉先生索西山游纪》。

王崇简(1602—1678),字敬哉。直隶宛平(今北京丰台区)人。明崇祯十六年进士,选庶吉士。北都覆,挈家南游。顺治二年入都补官,历官至礼部尚书。顺治十八年告病归,家居十七年卒,谥文贞。为人性醇厚,喜与名士游。著有《青箱堂集》。生平详汪琬《故光禄大夫太子太保礼部尚书王公崇简行状》(《钝翁续稿》卷二十二)、徐乾学《光禄大夫太子太保礼部尚书赠太子太傅保和殿大学士谥文贞王公合葬墓表》、叶方蔼《叶文敏公集》卷四《光禄大夫太子太保礼部尚书王公墓志铭》及自撰《年谱》等。

十四日夜,王士禛招饮,步前韵赋《念奴娇》一首。

《迦陵词全集》卷十七《念奴娇·十四夜对月同王阮亭员外》。

十五日夜，宋德宜招饮，以雨未赴。少顷月出，与陈维岳、陈维岱、徐紫云小饮寺寓，赋《念奴娇》词纪事。龚鼎孳、钱芳标后各有词和之。

《迦陵词全集》卷十七《念奴娇·十五夜宋蓼天太史招饮，以雨不克赴。少顷月出，同纬云、鲁望两弟及曼殊小饮寺寓》。按：宋德宜时任侍读。

在手稿本第八册《乌丝词三集》中，《念奴娇·十六夜对月呈孙北海先生》后抄有龚鼎孳、钱芳标中秋和词各一首，龚鼎孳词又见《瑶华集》卷十二。

十六日夜，孙承泽招同王崇简、王纲及弟维岳夜集看剑斋，席间奉命作诗，并用前韵赋《念奴娇》呈之。

《湖海楼诗集》卷三"戊申"诗《孙退谷先生招同王敬哉、思龄两先生及弟纬云夜集看剑斋，即席命作看剑歌》开篇云："秋星帘前大如斗，看剑斋中夜命酒。"

《迦陵词全集》卷十七《念奴娇·十六夜对月呈孙北海先生》。从时间上推断，诗与词所记当为同日事。

孙承泽（1592—1676），字耳伯，号北海，又号退谷、退翁等。山东益都人。崇祯四年进士，官陈留知县、刑部给事中。李自成入京，降之，授四川防御使。入清，历任兵部、吏部侍郎，加太子太保、都察院右都御史衔。晚年闭门著述以终。著有《尚书集解》《山水》《九州山水考》《己亥存稿》《庚子销夏记》等多种。生平详王崇简《光禄大夫太子太保都察院右都御史管吏部左侍郎事孙公行状》（《青箱堂集》卷八）。

王纲（1613—1669），字燕友，号思龄。安徽合肥人。顺治九年进士，授刑部郎中，改兵部。督逋逃，振滞狱，释株连。选授巡仓御史，终官通政参议。著有《觊鹤亭全集》。事具《江南通志》卷一百四十九《宦迹》。

与彭始奋游，彭始奋有诗相赠。时陈维崧落拓都门，备尝人情冷暖，彭曾劝其归乡。约此时，在彭始奋处得读其令尊彭而述全集，有词跋其卷尾。

邓汉仪《诗观初集》卷四彭始奋《歌赠陈其年》有云："思君亦已久，相遇适帝乡。凝寒暮雨北阙暝，横空秋色西山苍。长洲座上一携手，持螯命酒神飞扬。……古人著书非得已，千秋回视何茫茫？即君碌碌在京毂，有文百轴终自伤。乡人转不知罗隐，禁苑谁能客谢庄。踟蹰感旧多慷慨，不觉露下沾衣裳。男儿久游相视不得志，何似单车还故乡？"按，从彭始奋诗意看,其与陈维崧最初相识应是在汪琬寓所。

《迦陵词全集》卷三十《稍遍·读彭禹峰先生诗文全集竟,跋词卷尾,兼示令子中郎、直上两君》。按,在手稿本第八册《乌丝词三集》中,词题中"直上两君"四字为另笔补加,原稿中本没有给其留出位置。

作《洞仙歌》咏慈仁寺古松,为纪映钟祝寿。

《迦陵词全集》卷十《洞仙歌·咏慈仁寺古松寿纪伯紫》下阕有云:"托根燕市侧,游戏支离,一笑风尘此鸿爪。"该词具体创作月份不明,但在手稿本第八册《乌丝词三集》中,其接抄在《念奴娇·十六夜对月呈孙北海先生》后,故系于此。

作《念奴娇》两首为周亮工赋。

《迦陵词全集》卷十七《念奴娇·看山如读画,读画似看山。为周栎园先生赋,用曹顾庵韵》二首。在手稿本第八册《乌丝词三集》中,该词接抄在《洞仙歌·咏慈仁寺古松寿纪伯紫》后,故系于此。时周亮工官江安督粮道,驻江宁。

作《满庭芳》题顾贞观扈驾诗后。

《迦陵词全集》卷十三《满庭芳·题顾梁汾舍人扈驾诗后》。在手稿本第八册《乌丝词三集》中,该词接抄在《念奴娇·看山如读画,读画似看山。为周栎园先生赋,用曹顾庵韵》二首后,故系于此。

同沙张白、周绖、赵贞、苏翔凤过访王崇简,与之相谈甚久。王崇简有诗纪之。

王崇简《青箱堂诗集》卷二十三"戊申"诗《秋日陈其年、沙定峰、周翼微、林安谷、赵松一、苏苞九小集》云:"疏林深巷日悠优,宿雨流云向晚收。闭阁耽书存癖尚,开樽促膝坐名流。草侵空径情多逸,谈入高秋境倍幽。老学无奇惭问字,诸君莫讶久攀留。"由于其后隔一首即为《重九登眺》,故此诗当作于八月末九月初。

沙张白(1626—1691),原名一卿,字介臣,又字介人,号定峰。江苏江阴人。顺治诸生,幼即能文,年三十受知于江南学政张能麟。后从张能麟至金陵上元县三铭楼攻读经史理学,前后达八年之久。其间,曾从张能麟游览四川、湖北、河北、河南等地。康熙六年,随张能麟至京师,进国子监读书。与魏裔介往复讨论程朱理学,冯溥、魏裔介等交口誉之,并被王崇简延入家塾。然七应乡试而不中,康熙十二年返乡,著述以终。生平长于史学,著有《读史大略》。诗以乐府见长,多咏古之作。所著《定峰文集》《定峰古文》《唐律晚细》《迂叟丛谈》等书稿,大多散佚。光绪二十四年江阴王家枚多方辑录,刊印《定峰文选》二卷(重思斋刻本)。铧耕《文学家沙张白》(《江阴日报》2006 年 9 月 15 日)对其介绍颇详。

赵贞,字松一。江苏太仓人。唐孙华《东江诗抄》卷五《赠赵松一》诗有句云:"矫矫赵夫子,朱墨久研钻。家贫出负米,宾席弄柔翰。六经贮巾箱,三史供点窜。"该诗题下自注云:"赵曾著《读史质疑》一书。"赵贞有《蔺怀堂诗》十卷,王摅曾为之作序。汪学金《娄东诗派》卷十九录其诗十七首。邓汉仪《诗观初集》卷十一录其诗二十二首。生平见宣统《太仓州志》卷二十五。

苏翔凤(1631—1689),字苞九,号蓼劬。江苏常熟人。未弱冠补诸生,顺治十八年以奏销案除名。康熙元年援例入太学。在京师先后凡二十四年,以教读糊口,不干谒,不请托。生徒得其指授者多有成就,但本人则屡试见斥,久困场屋。康熙十四年举顺天乡试,二十一年成进士。授山东沂水知县,因途中染疾,甫抵任半月而卒。其文章、行谊为世所宗。著有《史论》《策论》《节孝录》等,选有《甲癸集》。关于其生平,唐孙华《东江诗抄》卷三《伤苏苞九》有所概括:"十载长安客,淹留困一毡。文章动京洛,气貌带幽燕。通籍头先白,谈经腹尚便。可怜疏率性,只任直如弦。""不信穷如此,形容大老看。科名君自急,吏道世多端。气谊朱游重,腰围庾信宽。书生何命薄,三日了微官。"第二首末尾原注云:"君除沂水令三日而殁。"同书卷十一《题苏苞九进士濯足图》首联又云:"秦川公子擅文章,京洛多年局举场。"对于他的创作,道光年间太仓藏书家季锡畴(1791—1862)在给张璐(1810—1858)的信中曾有论及:"苞九大令稿,翠岚已向苏氏借得,其家仅存一部,极为珍重,当日王艺翁辑虞山人文时亦未之见。曾嘱选后即欲缴还,幸勿传示他人。畴快读一过,觉其诣力甚深,堪与翁、陶相为伯仲。……苏则尤于实地着力,根柢深厚,神力亦大,阐理则似归、胡,论事又近陈、黄。自非十年潦倒,安得有此不朽之业,不解司业《志》何以不载其名。文可抄者亦似有五六十篇,少则不足以尽其美。"(按,此信转引自李烨《清代藏书家书札》,《中国典籍与文化》2006 年第 2 期)其生平详道光刻本《叶溪苏氏族谱》卷三《沂水公行略》及卷四《高高祖沂水府君家传》。

林安谷,名里生平俟考。

请周纲为篆刻图章,有启。

《陈迦陵俪体文集》卷四《请周翼微篆刻图章启》有云:"月晴紫陌,只照青衫;秋老浑河,渐添黄叶。……爰观石鼓,偶客金台。刘公幹之逸气,籍甚邺中;王辅嗣之清谈,斐然都下。"

九月初八日,同钱芳标登长椿寺妙光阁。时钱氏甫下直归,有诗纪之,诗中流露了思乡之情。

《湖海楼诗集》卷三"戊申"诗《九日前一日,同钱舍人宝汾登长椿寺妙光阁》有云:"浊醪竟逼重阳节,古寺刚逢下直人。万里思乡吾较切,一官慢世尔长贫。"

时李良年亦客京华,陈维崧与之往来,并为其题《灌园图》,又作《行香子》词为其题扇。

《湖海楼诗集》卷三"戊申"诗《为李武曾题〈灌园图〉》有"客子久于役,邻翁为掩门"之句。

《迦陵词全集》卷七《行香子·为李武曾题扇上美人同弟纬云赋》当为同时作。在手稿本第八册《乌丝词三集》中,该词接抄在《千秋岁·寿柏乡魏相国》后,其后所接为《沁园春·赠别芝麓先生即用其题〈乌丝词〉韵》。

按,据朱彝尊《征士李君良年行状》载,李良年因家贫,于康熙五年至京谋食(蒋寅《王渔洋事迹征略》考证其于春季至京),然无所遇,乃于四月客居宣府守备严宏幕中,偶往来京中。又,《灌园图》为文点绘。汪琬《寄武曾贵州兼示沈、周诸君四首》其三云:"往时《灌园图》,烟墨濡吴绫。作者果谁氏,翰林有云仍_{文与也作图}。"

汪琬《钝翁前后类稿》卷五有《灌园歌赠李秀才良年》。同卷另有《题〈武曾灌园图〉五首》。

冒嘉穗《寒碧堂诗辑》有《题〈李武曾灌园图〉》二首。

《今词苑》卷一有纪映钟《临江仙·题〈李武曾灌园图〉》。

李良年(1635—1694),初名法远,又名洮黄,字武曾,一字符曾,号秋锦。浙江秀水(今嘉兴市)人。监生。生有俊才,喜游览,足迹几遍海内。与兄绳远、弟符俱有诗名,时称"三李"。又与朱彝尊齐名,时人有"朱李"之目。康熙十七年应博学鸿词之荐,与试未中。诗词古文俱佳,著有《秋锦山房集》。生平见朱彝尊《征君李君良年行状》(《曝书亭集》卷八十)。

为赵仪吉题女史冯静容所画兰花。

《湖海楼诗集》卷三"戊申"诗《题女史冯静容画兰为历阳赵仪吉赋》末注云："静容相门故姬。"

冯静容乃当世著名女伎，善度曲演剧，工画兰，多与名士交游。《本事诗》卷九尤侗条载其事。

赵仪吉，俟考。

居京日久，求告无果，有归意，作《沁园春》三首赠别龚鼎孳，龚鼎孳、钱芳标俱有词和之。

《迦陵词全集》卷二十四《沁园春·赠别芝麓先生，即用其题〈乌丝词〉韵》三首其一云："四十诸生，落拓长安，公乎念之。正戟门开日，呼余惊坐；烛花灭处，目我于思。古说感恩，不如知己，卮酒为公安足辞。吾醉矣，才一声河满，泪滴珠徽。　　昨来夜雨霏霏。叹如此狂飙世所稀。恰山崩石裂，其穷已甚；狮腾象踏，此景尤奇。我赋将归，公言小住，归路银涛百丈飞。氍毹暖，趁铜街似水，赓和无题。"其三云："归去来兮，竟别公归，轻帆早张。看秋方欲雨，诗争人瘦；天其未老，身与名藏。禅榻吹箫，妓堂说剑，也算男儿意气场。真愁绝，却心忧似月，鬓秃成霜。　　新词填罢苍凉。更暂缓临岐入醉乡。况仆本恨人，能无刺骨；公真长者，未免沾裳。此去荆溪，旧名罨画，拟绕萧斋种白杨。从今后，莫逢人许我，宋艳班香。"

这三首词见于手稿本第八册《乌丝词三集》，接抄在《行香子·为李武曾题扇上美人同弟纬云赋》《满庭芳·过辽后梳妆楼》之间。由于其后隔七首为《贺新郎·将之中州留别芝麓先生》，且第三首有"此去荆溪，旧名罨画，拟绕萧斋种白杨"之句，显然此时还没有去中州的计划，故知该词不是作于离京前。另，这组词后附有龚鼎孳题《乌丝词》之《沁园春》原韵三首，及龚鼎孳、钱芳标再和陈维崧《沁园春》词各三首。龚鼎孳和词之第二首云："公勿过河，浊浪滔滔，鱼龙奋扬。乍城头吹角，秋阴萧瑟；桥边问渡，烟柳冥茫。珠树三枝，银缸一穗，醉里乡心低复昂。凭夜话，较青山紫阁，何计为长？　　偶然游戏逢场。有恶客冲泥兴也妨。羡美人如初日，芙蕖掩映；门今雨，裙屐回翔。此客殊佳，吾衰已甚，安用车轮更转肠。相劝取，且酒置稽阮，花驻羊羊。"钱芳标和词第一首下阕末云："罨画溪边，善卷洞口，话到江南归思飞。偏惆怅，看湘灵鼓瑟，省试留题。"龚鼎孳、钱芳标词又见《瑶华集》卷十八、《定山堂诗馀》卷三、《湘瑟词》卷一。

李良年有诗送行。

李良年《秋锦山房集》卷二《送陈其年还阳羡》末有"浮名容易歇,生计合林泉"之句,有同病相怜之意。从诗意看,此时陈维崧尚无去中州的计划,故不当为离京时的赠别。盖两人在京相见后,陈维崧感到此行不会有什么实际的结果,已决定要南归,李良年遂有此作。

秋日过南苑,经辽后旧妆楼,有词抒兴亡之感。

《迦陵词全集》卷十三《满庭芳・过辽后梳妆楼》下阕云:"堪愁成往迹,缭垣败甃,满目残秋。"在手稿本第八册《乌丝词三集》中,该词后接《贺新郎・秋夜呈龚芝麓先生》。

按,辽后妆楼,在今河北沽源县平定堡境内,俗称辽代萧太后梳妆楼,实为蒙元墓区。

同吴本嵩过南苑观阱中之熊有感,作《贺新郎》。

《迦陵词全集》卷二十六《贺新郎・见南苑阱熊而叹之,同吴天石赋》。

秋日过天坛北门外金鱼池,有词。

《迦陵词全集》卷十《鱼游春水・秋日过金鱼池》。

在京迁延既久,虽与名公巨卿多所唱酬,但欲谋一职实为不易。秋夜,赋《贺新郎》两首呈龚鼎孳,辞气悲噎。

《迦陵词全集》卷二十六《贺新郎・秋夜呈芝麓先生》其一上阕有云:"我在京华沦落久,恨吴盐只点愁人发。家何在? 在天末。"下阕末云:"长杨赋,竟何益?"几乎就是夫子自道。其二下阕则有句云:"我有泪,只为公落。"更是大有恳求之意。

送邵点归吴门,用赠龚鼎孳韵赋《贺新郎》相赠。

《迦陵词全集》卷二十六《贺新郎・送邵兰雪归吴门,仍用前韵》。在手稿本第八册《乌丝词三集》中,该词接抄在前一首后。

邵点,字子与,又字初庵,号兰雪。浙江馀姚人,移家苏州。能诗工书,善画山水。尝入都,游于太学,见知于魏裔介,然屡试不售。家贫,以卖字画为生。后卒于京。

为沙张白题词,并柬周绰、郁植,再用前韵赋《贺新郎》一首。

《迦陵词全集》卷二十六《贺新郎・题沙介臣词并柬周翼微、郁东堂二子,仍用前韵》。

郁植(?—1678),字大木,号东堂。江苏太仓人。幼聪颖,过目成诵。及长,精研古学,尝从陆世仪游,探讨性命之学。工诗,以盛唐为宗。康熙十七年荐博学鸿词,未试卒。

秋夜,与谭吉璁、周肇、李玉兹、章在兹饮于钱中谐寓所,赋《贺新郎》。

《迦陵词全集》卷二十六《贺新郎·秋夜饮钱宫声寓中,示谭生舟石、周子俶、李西渊、章素文,仍用前韵》。

谭吉璁(1624—1680),字舟石,号筑岩。浙江嘉善人。与朱彝尊为中表兄弟。初以诸生试国子监第一,授弘文院撰文、中书舍人。康熙九年出为陕西延安府同知。十八年荐试博学鸿词,报罢。旋迁山东登州知府,卒于任。工诗善文,著有《嘉树堂集》等。生平详邵长蘅《青门旅稿》卷五《登州太守谭君传》、《清史列传》卷七一。

月下赋《贺新郎》示弟维岳,中有"穷矣男儿方失路,复壁谁藏英杰"之语,感慨良多。

《迦陵词全集》卷二十六《贺新郎·秋夜对月示弟纬云仍用前韵》。

赋《贺新郎》题郁植词,再次抒发沦落之感。

《迦陵词全集》卷二十六《贺新郎·题郁东堂词仍用前韵》末云:"醉擘银筝弹一曲,弹到秋云都薄,只是诉、两人沦落。泣下羞为儿女态,问吾生、舌在还如昨。休作苦,且行乐。"

八月底,在宋德宜斋中与孙旸、陆庆曾、尤侗、周肇、徐秉义、钱中谐、申穟会饮。时孙旸将归江南,行前有诗送陈维崧游中州,陈维崧亦为孙旸《沈西草堂诗》作序。

尤侗《看云草堂集》卷五《赠孙赤崖二首》序有云:"孙子赤崖出关十载,戊申八月,予在潞河忽然相遇,把酒道故,悲喜填膺。"又同卷《右之斋中遇子玄、赤崖、子俶、其年、彦和、宫声、荻旃同饮有作》首句云:"九月宾鸿集上都,喜从台阁话江湖。"其后一首《出都有感》首联云:"三宿长安便出门,去来闻见不须论。"按,尤侗《悔庵年谱》"康熙七年"云:"八月至通州访沈绎堂副使,孙赤崖自关外来,相见悲喜。"

孙旸《孙蔗庵先生诗选·入关草》有《潞河遇尤展成》,当为同时作。后隔两首为《九日登平山堂二首》。

《陈迦陵俪体文集》卷五《孙赤崖〈沈西草堂诗〉序》云:"友人孙旸者,江东俊士,讨逆名家。……属在京师,时逢摇落。……用为斯序,聊赠以言。嗟乎地老天荒,时移物换。仆将行矣,愿长吹伍相之箫;公欲归乎,幸再听渐离之筑。"按,该序作于两人本次分手之时,故有赠别之意。

孙旸《孙蕙庵先生诗选·沈西草》自序云:"余自己亥至己酉,有《沈西草堂诗》六百馀首,大抵都镇国邸第游宴唱和之作,陈其年见而序之。"同集之《入关草》有《送陈其年游中州二首》其一云:"西风寒雨逼重阳,绕菊红亭对别觞。"其末注云:"歌者徐郎同行。"其二云:"君随木叶下溥沱,我亦东行渡潞河。"

徐秉义(1633—1711),字彦和,号果亭。江苏昆山人。徐开发子,徐乾学、徐元文弟。康熙八年北闱举人,十二年进士。曾充《一统志》总裁,擢左春坊左中允,升翰林院侍讲、右春坊右庶子,再升詹事府少詹事、充日讲起居注官,并任《明史》总裁。累官至内阁学士。著有《培林堂文集》。生平详许汝霖所撰墓志铭(见《德星堂文集》卷四)。

申稷,字菽旆。江苏长洲(今苏州市)人。顺治十八年进士,与张玉书同榜。初授内阁中书舍人,升礼部祠祭司主事,进郎中。康熙二十四年,擢广西提学道佥事。二十五年到任,未及一月,丁内艰归,归不期月卒。生平详汪琬《广西提学道佥事申君墓志铭》、江庆柏《清朝进士题名录》"顺治十八年辛丑科"注四。

在京遇叶藩,为其词集撰序。

《陈迦陵俪体文集》卷七《叶桐初词序》在回顾了康熙五年九月,与叶藩在扬州送别龚鼎孳的情况后,云:"别几何时,欢真不再。讵意风寒易水,重遭荆轲;何图草蔓燕台,忽逢乐毅。遂班荆而叙旧,爰敷衽以论心。示我以词,命为之序。"从节序及文意看,当作于本年。

九月末,吴雯将归,王士禛设宴送之,同徐嘉炎、江闿均有诗。

《湖海楼诗集》卷三"戊申"诗《王礼部阮亭席上,送吴雯归中条山》开首云:"宫梧金井催高秋,礼部招我为夜游。"

按,据翁方纲《莲洋吴征君年谱》,吴雯于本年三月来京谒王士禛,并请表其父墓。十月将归中条,王士禛作诗送之,一时应和者甚众。

徐嘉炎《抱经斋集·抱经斋诗集》卷八《送吴天章归中条二首》。

《王士禛全集·渔洋诗集》卷二十一"戊申稿"《送吴天章归中条山》。

江闿《江辰六文集》卷十《送吴天章归中条,次王阮亭先生韵》。

徐嘉炎(1631—1703),字胜力,号华隐。浙江秀水(今嘉兴市)人。副贡生。康熙十八年中博学鸿词,授检讨,与修《明史》。后仕至内阁学士。著有《抱经斋集》。生平详《国朝耆献类征初编》卷一一。

江闿,字辰六。安徽歙县人,贵州贵筑籍。康熙二年举人,十八年应博学鸿词试,不举。选授湖南益阳令,历官至山西解州知府。江闿为吴绮次婿,称王士禛弟子。王士禛《览古诗序》云其尝绘有《借书图》一帧,一时名公多赋诗题咏。著有《江辰六文集》《春芜词》。生平详《国朝耆献类征》卷二二〇。

秋尽冬来,经龚鼎孳多方设法,始在河南学政史逸裘幕下谋得一差。行前,龚氏置酒为之饯行,陈维崧先后赋《贺新郎》词三首留别,表达了自己的无限感激。龚鼎孳有词和之,陈维崧再和二首。纪映钟、钱芳标亦各倚韵赋《贺新郎》二首为之赠行。吴本嵩、周绚各有《贺新郎》二首分赠陈维崧和徐紫云。

《同人集》卷四龚鼎孳康熙八年致冒襄书云:"其年六月抵都,良慰饥渴。虽数与倡酬,未免冗夺。而名流所止,户外长者辙临恒满。至欲借一枝以栖鸾鹇,亦复不易,最后得中州片席。喜就近,不碍槐黄之役;兼月旦举子艺,不致荒于本领。俸固薄,稍觉相宜耳。"《同人集》注明该信的写作时间是"己酉",即康熙八年,但信中所写之事则发生在康熙七年。以情理推之,信当写于康熙七年底,到达如皋时已为康熙八年,故冒襄将其标在"己酉"年。又,康熙《商丘县志》卷十《流寓》介绍陈维崧云:"康熙六七年间,有故人为中州学使,延之阅文。"这段记载可和龚鼎孳致冒襄的信参照着看,除了时间和起因记载不太准确外,所言之事当不误。而龚氏信中"中州片席"云云在此也有了确切的说明,"月旦举子艺"与"阅文"所指的是同一回事。法式善《清秘述闻》卷十一"学政类三"河南学政条下云:"史逸裘,字省斋。浙江仁和人。顺治乙未进士,康熙七年任。"《江南通志》卷一百四十三《人物志·宦绩》:"史逸裘,字云次。金坛人。顺治乙未进士,历兵部职方,掌军政,昭雪叛案无辜者几千人。督学河南,时初复八股之旧,益以起衰为己任。升少参,分巡东充。岁饥,首建停征之议,以艰归,卒。所著有《五经集论》《二十一史约》。"《河南通志》卷五十四《名宦上》:"史逸裘,字云次。浙江仁和人。进士。康熙七年提学中州,考校公明,所拔多单寒士。教诸生以孝弟忠信为首务,又檄郡县有忠孝节义立行申报,转请题旌,以发潜德。祀名宦。"

《湖海楼诗集》卷七"庚申"诗《送史省斋观察兖东》有云："昔君校士赴梁宋,回风羽葆霏甤毵。我适饥驱在君幕,黄皮作裤腰鞭挝。"记当时事甚详。

《迦陵词全集》卷二十六《贺新郎·席上呈芝麓先生》上阕云："打鼓船将发。看水面、怒涛似屋,巨鱼如阓。一路推篷吹笛去,无数苇花摇雪。忘不了、朱门皓月。万里沙昏闻雁叫,料孤眠、白尽离人发。回首望,谢家末。时纬云尚留都下。"同卷有《贺新郎·将之中州留别芝麓先生》二首紧排在其后。

手稿本第八册《乌丝词三集》于《贺新郎·将之中州留别芝麓先生》二首后,附有龚鼎孳席上和作之《贺新郎》三首,赠别之《贺新郎》二首,纪映钟赠别之《贺新郎》二首,钱芳标赠别之《贺新郎》二首(这两首词又见《瑶华集》卷十八)、再和之《贺新郎》二首,又赠别和韵之《贺新郎》二首(这两首没有与前四首接在一起,中间相隔几首,附在其中秋和词后),吴本嵩赠别徐紫云、陈维崧之《贺新郎》各一首,周纲赠别陈维崧、徐紫云之《贺新郎》各一首。

龚鼎孳诸词亦均见《定山堂诗馀》。

李天馥亦倚龚鼎孳原韵赋词赠别。

李天馥《容斋诗馀》有《贺新郎·送陈其年之中州,和芝麓年伯原韵》。

经弟维岳介绍,在京识同府友人龚云起侄士荐,为其诗集作序。龚士荐亦有诗送其之中州幕府。

龚士荐《复园诗抄》卷首有陈维崧所作序云："燕为天子建都地,开东序,设西雍,考钟伐鼓,以震动天下。一时缙绅先生又能承流宣化,金声而玉振之。以故郊祀、房中、赤麟、白雁、神爵、甘露诗遍于京邑,四方之士闻风慕义,各为诗歌以见志,龚子彦吉其一也。彦吉为吾南兰陵龚仲震之小阮,仲震以诗名天下,而彦吉亦以年少工诗。余来京师,余弟纬云为余言彦吉诗坚苍古郁,得杜陵遗意,生平又重交游,急然诺,殷殷恳恳,有古人所难者。余于彦吉之诗,又熟悉其为人,诚有如吾弟所言者,余未尝不三叹也。今且归矣,念昔仲震先生掉鞅于江南,今彦吉复致师于河北,余以颓废之人,凭轼观之,其犹足以张吾兰陵也乎。是为序。阳羡陈维崧撰。"按,该序为陈氏佚文。

《复园诗抄》卷二"古体诗二"《长歌赠陈其年,即送之中州学使者幕》。

　　龚士荐(1644—1715)，字彦吉，号复园。江苏武进人。父策，字晋之，号天岳山人，博学高才，受知于公卿间，汪琬尝为作《天岳山人墓表》。士荐为诸生，少工诗。尝受知于魏裔介、龚鼎孳。然屡试不第，以诸生终。家贫不达，以砚田为生。素患目疾，晚得一子复殇，遂病卒。卒年七十二。著有《复园诗抄》。生平详《复园诗抄》卷首所附《龚复园小传》。

王崇简以诗赠别，颇多宽慰之语。

　　王崇简《青箱堂诗集》卷二十三"戊申"诗《送陈其年》四首分别云："自惭垂老始逢君，蓬径掩留对暮云。何事匆匆又归去，疏林落叶正纷纷。""旅雁萧萧奈别何，送君不独慎风波。樽前一去三千里，秋水蒹葭到处多。""丰神飒飒向人真，把臂之间意气亲。莫怪分携多怊怅，如君自是久要人。""酌酒偏伤相见迟，讵堪把袂复歌骊。何年更秉花前烛，却话相思别后时。"

遇彭孙贻，有诗见赠。

　　彭孙贻《茗斋集·茗斋诗》之《燕山小草》"五言律诗"《赠泰州陈其年》云："鼓吹含风雅，飘飘属美髯。诗评开六代，碑版薄千缣。春入生花笔，江横读易帘。相逢惊座客，到处檄书传。"《燕山小草》为彭孙贻在京所作，故其赠诗极有可能为本年。惟其云陈维崧为泰州人，显误，亦可证两人并无深交。

　　彭孙贻(1615—1673)，字仲谋，号羿仁。浙江海盐人。明末拔贡生，入清隐居不仕。工诗，重名节。学者私谥孝介先生。著有《茗斋集》等。生平详王士禛《彭孙贻传》、徐盛全《孝介先生传》(均见《茗斋集》卷首所附)。

程可则有诗送行。

　　邓汉仪《诗观二集》卷三程可则《送陈其年游梁》三首其一云："商气冒众壑，严飙散高秋。浮云渐消歇，易水行不流。节序既多感，送远增绸缪。岂不念岁寒，兰芷萎道周。人生不适志，去住难为谋。坐令千里道，极目生离忧。"其二末云："史侯富文藻，意气流胸臆。驾言从之游，古欢亮无斁。"可知为本年送别之诗。

行前，魏裔介赠以盘资。约本年，曾与季振宜谋选当代古文，并商之魏裔介，魏裔介有书答之。

　　《湖海楼诗集》卷八"辛酉"诗《寄上柏乡魏贞庵夫子》有云："隆冬别公

适梁宋,给我厞屡资我粮。"

魏裔介《昆林小品集》卷下《与陈其年》云:"读大作苍然古色,知为菰芦俊品也。古文辞一道,非同时艺,古来惟梁昭明太子与真西山、吕东莱号为卓识,若元之苏天爵亦非泛泛者。今兄果有意为此,须与沧苇(按,当为'笔')苦心酌之。……仆集有数十本,几于汗牛,前好事者偶于京口一刻,想不日寄到。"

按,该书作期无明确记载。惟因陈维崧与魏裔介相识在本年,又魏裔介诗文集最早刻本为顺治十八年之《屿舫诗集》及康熙七年之《兼济堂诗选》《文选》《疏稿》,前者为诗集,后者为诗文合选集,其京口所刻者或即此集。参以陈维崧《寄上柏乡魏贞庵夫子》诗中"手书往复慰且诲,赫蹄每月盛一囊"之语,估计该书应作于本年。

离京前,为钱芳标词集作序。

《陈迦陵俪体文集》卷七《钱宝汾词序》末云:"仆类楚狂,偶来燕市。一声河满,怜司马之青衫;三迭阳关,羡尚书之红杏。不揣题词之赠,矧当判袂之时。逐秋风而竟去,余是愁人;望明月以相思,君真健者。"

在京遇杨通俊,为其《竹西词》作序。

《陈迦陵俪体文集》卷七《杨圣期〈竹西词〉序》有云:"何意荒州,重借惊才于异地;遂令贱子,复聆妙响于馀生。喜不自胜,起而相和。今夜月明蓟北,不逢台上之黄金;他时花落江南,幸唱筵前之红豆。"从文意看,当为第一次来京失意之时。

杨通俊(1647—?),字圣期。山东济宁人。与兄通久(字圣宜)、通睿(字圣谕)、通俊(字圣企)、通俶(字圣美)并擅才华,号称五杨。贡生。官合肥县教谕。著有《竹西词》一卷。

吴雯入晋,有诗怀陈维崧。

吴雯《莲洋集》卷十六《入晋怀长安诸公》十首之七云:"阳羡书生乍相识,题诗送我归中条。久无体格追风雅,尚尔风华掩六朝。陈其年。"

十月十四日,行过西苑,赋《贺新郎》。是日康熙圣驾从南苑还宫。

《迦陵词全集》卷二十六《贺新郎·秋日行西苑仍用前韵》词末自注云:"是日圣驾从南苑还宫。"

按,据《清圣祖实录》卷二十七,康熙七年"冬十月,丙寅朔。……己卯,上自南苑回宫。""丙寅朔",则"己卯"当为十四日。陈维崧词云"秋日行西苑"，盖非纪实。

暮冬，离京南下。行前王士禛有诗相赠。

《湖海楼诗集》卷四"庚戌"诗《寄纬云四绝句》其一首两句云："前年一骑出卢龙，正值征衫怯暮冬。"庚戌为康熙九年，所谓"前年"云云即指本年。

《渔洋精华录》"戊申稿"《送陈其年归宜兴二首》之第一首末两句云："岁晚幽州复相送，九门风雪压盘雕。"

离京后大致沿大兴、良乡、保定一线南下，经过河北向河南进发。

《湖海楼诗集》卷四"庚戌"诗《述怀寄季沧苇侍御，即次其见赠百五十一原韵》追述这次南下的大概经过云："游兴入中原，意蕊抽芽萌。三更醉马厩，五更出北平。皓月吐金盘，倒着易水生。太行百斛黛，日与车轮迎。鄗南盛古迹，泜水动悲情。是时秋屑瑟，此地多兵争。残城积砲磨，废墓号狸猩。渐过临洺关，赵郡劳盱衡。邺园埋破碎，爵瓦飞趓趄。空于土花绣，想见曼脸赪。丛台趾欹斜，漳河腹膨脝。前行淇县近，旧邸雕镂精。璐阶坠曲琼，球轩胃珠绷。抚景益咨嗟，怛若游孤茔。祇喜客衣单，毋忧健儿侦。回思我乡园，获稻欣西成。孤客方薄游，畴能测虚盈。惟因觅饘粥，讵曰趋公卿。倏忽渡黄河，迅溜吹竽笙。汴梁次第出，城堞参差呈。依人入官廨，俛首栖檐楹。"

过河北柏乡，该地为西汉云中太守冯唐故地，有词。

《迦陵词全集》卷四《西江月·过冯唐故里》云："酒罢燕歌竟歇，途穷赵瑟难求。滹沱水抱太行流，行过鄗南关口。　匹马霜天古碛，三河玉勒长楸。翩翩过客半鸣驺，笑尔冯公白首。"

按，鄗为古县名，其地在今河北省柏乡县北。冯唐为西汉长安人，曾任云中太守，柏乡为其曾经任官的地方。

经巨鹿道中，有词。

《迦陵词全集》卷十七《念奴娇·巨鹿道中作》上阕云："雄关上郡，看城根削铁，土花埋镞。十月悲风如箭叫，此地曾称巨鹿。白浪轰隆，黄沙苍莽，霜蚀田夫屋。车中新妇，任嘲髀里生肉。"

过邢台，途中有词。

《迦陵词全集》卷五《南乡子·邢州道上作》有云："秋色冷并刀，一派酸风卷怒涛。并马三河年少客，粗豪，皂栎林中醉射雕。　残酒忆荆高,燕赵悲歌事未消。忆昨车声寒易水,今朝,慷慨还过豫让桥。"

过临洺关,宿驿站中,有词。

《迦陵词全集》卷一《点绛唇·夜宿临洺驿》。

按,临洺关在邢台和邯郸之间。

过邯郸道上吕洞宾祠,有词示徐紫云。经丛台,有词怀古。

《迦陵词全集》卷十一《满江红·过邯郸道上吕仙祠示曼殊》上阕有云:"丝竹扬州,曾听汝、临川数种。明月夜、黄粱一曲,绿醑千瓮。"下阕末云:"算两人、今日到邯郸,宁非梦。"该词题下原注云:"曼殊工演《邯郸梦》剧。"卷二十四《沁园春·经邯郸县丛台怀古》上阕末云:"十月疏砧,一城冷雁,不许愁人不望乡。徘徊久,只登高吊古,无限苍茫。"

由邯郸入河南,过邺城,有《念奴娇》词怀古,另有《念奴娇》寄弟维岳。在邺城闻琴亭见周体观题诗,依韵题诗一首。

《迦陵词全集》卷十七《念奴娇·邺中怀古》上阕有云:"滏阳南去,望邺城一带,逼人愁思。"同卷《念奴娇·邺城感怀寄纬云弟都下》下阕云:"白头来到中原,吴钩醉舞,不耐涛声沸。春雁成行都北往谓纬云、子万,只剩离鸿一对。一滞吴关谓半雪,一留赵郡自谓也,夜冷那能睡。阑干拍遍,凄然长念阿纬。"

《湖海楼诗集》卷三"戊申"诗《题邺下闻琴亭,和壁间周伯衡观察韵》。按,闻琴亭为驿道邮亭名,在邺城。

周体观(1618—1676),字伯衡。直隶遵化(今属河北)人。顺治六年进士,改翰林院庶吉士,迁吏科给事中,出为江西饶九南道副使.顺治十八年任分巡南瑞道。工诗,与申涵光、邬焕元等称"河北七子",晚寓河南浚县卒。著有《晴鹤堂诗抄》等。生平见《诗观二集》卷十三、《大清畿辅先哲传》卷十九"文学一"。

经彰德、汤阴、淇县、卫辉等地。夜宿卫辉,有词。

《迦陵词全集》卷七《酷相思·冬日行彰德、卫辉诸处马上作》云:"赵北燕南多驿路,见一带霜红树。又天外乱山青可数。丛台也,知何处;雀台也,知何处? 一鞭袅袅临官渡,雁叫酸如雨。尽古往今来夸割据。漳水也,东流去;淇水也,东流去。"卷十四《凤凰台上忆吹箫·汤阴城外十里,丝杨夹堤互引,额以柳廊,名极冷隽,词以纪之》。卷二十四《沁园春·夜宿卫辉府使院院系故藩旧府》。

过汲县道中,未及登览峰峦之胜,有词寄刘体仁。

　　《迦陵词全集》卷二《天门谣·汲县道中作》。卷三十《多丽·刘公勇吏部每为余言苏门百泉之胜。冬日行汲县道中,遥望峰峦幽异,未及登眺。感赋一阕,并以寄刘》。

自封丘北岸渡黄河至开封,晚眺开封城,有词书怀。入学政史逸裘幕中,史为定制服装,借送图书,并时邀共餐。

　　《迦陵词全集》卷十一《满江红·自封丘北岸渡河至汴梁》。卷二十四《苏武慢·汴城晚眺》约成于初入开封城时。《述怀寄季沧苇侍御,即次其见赠百五十一原韵》述其之幕经过云:"主人剧见知,誉我以国桢。量身制裋褐,借书堆老棚。时时沾盘飧,稍稍出嘤嘤。悲起突危鹘,忧来掉长鲸。遂将勾异录,一一询老兵。"

在开封署寓对雪有作。

　　《迦陵词全集》卷二十四《沁园春·大梁署寓对雪有感》。在手稿本第八册《乌丝词三集》中,词题中"寓"原作"中",后被用朱笔改作"寓"。

冬夜,在汴署不寐,灯下读《韩非子》,感慨生平,有词。

　　《迦陵词全集》卷五《踏莎行·冬夜不寐》云:"旧恨如丝,新寒似水,两般都着人心里。五更刁斗汴梁城,一天风雪成皋垒。　　古寺钟生,邻墙月死,枕头攲遍如何是。半生孤愤酒难浇,挑灯且读《韩非子》。"

游览开封李师师故巷,有词。

　　《迦陵词全集》卷八《师师令·汴京访李师师故巷》、卷二十《木兰花慢·汴梁城内有李师师巷,经过感赋》,应作于同时。

作《汴京怀古》词十首。

　　《迦陵词全集》卷十二《满江红·汴京怀古十首》。

在开封拥炉独坐,怀故乡友人,有词。

　　《迦陵词全集》卷十二《满江红·拥炉》题下原注云:"记与云臣、南耕分赋冬词,有《围炉》一题。今者栖迟省幕,纵有红炉,独拥而已,何言围也。赋此以志予慨。"

　　按,据"省幕"云云,当为本年冬在开封时作。"冬词"即《岁寒词》。

岁将暮,随史逸裘西上校士,由开封向洛阳进发。为了方便行路,始学骑马。

　　《湖海楼诗集》卷四"庚戌"诗《述怀寄季沧苇侍御,即次其见赠百五十一原韵》云:"明当发洛阳,篝火炊红粳。巩訾足崖谷,谽谺难为名。"

《陈迦陵文集》卷一《四弟子万诗序》云:"岁暮由汴梁抵洛阳,则学乘马。乘之一日惴惴焉,踬蹬以惊,瞿瞿焉抱鞍而骇且恐。其二日则怦怦焉,犹若有未释于中也。至三日则施施焉,扬扬焉,上下虎牢、成皋诸绝坂,盘旋萦绕,曾不知身之附于鞍,手之丽于辔也。骋铜驼失足堕马,头目尽肿,于是顿怯甚。"

过中牟,有诗。

《湖海楼诗集》卷三"戊申"诗《晓发中牟》。

过郑州,见驿馆壁间有女子芳芸诗,依韵和之。

《湖海楼全集·湖海楼诗集》卷九《和郑州驿馆女子芳芸题壁诗,即用原韵》。

过荥阳,时遇大雪,几不得渡荥泽。有诗并词。

《湖海楼诗集》卷三"戊申"诗《荥阳》。

《迦陵词全集》卷八《解蹀躞·夜行荥阳道中》。

《湖海楼诗集》卷七"庚申"诗《送史省斋观察充东》回忆当时的情形云:"犹记残年阻荥泽,横飞雪片粗于鸦。人马同时负冰立,冰亦渐释声沙沙。属邀天幸乃得渡,拟出一语胶其牙。徐呼暖酒迭相贺,我亦自起操筝琶。歌阑愀然翻迸泪,蹙若猛士闻边笳。"

经汜水,过虎牢关,有词并诗。

《迦陵词全集》卷十《洞仙歌·过汜水县虎牢关作》。卷十三《满庭芳·过虎牢》首云:"汜水东来,荥阳西去,伤心斜日哀湍。横鞭顾盼,又过虎牢关。"

《湖海楼全集·湖海楼诗集》卷八《汜水》。

虎牢关,在汜水县西,东近荥阳,为洛阳门户。

经偃师,离县东三里有王弼墓,墓下有作。

《湖海楼诗集》卷三"戊申"诗《偃师县东三里王辅嗣墓下作》。

岁末至洛阳,先后作《巩洛道中书所见》《洛阳女儿行》《金墉城》《白马寺》诸诗。

《湖海楼诗集》卷三"戊申"诗《巩洛道中书所见》《洛阳女儿行》《金墉城》《白马寺》。

一年将尽,有诗寄诸弟,颇多流离之慨。

《湖海楼诗集》卷三"戊申"诗《寄纬云都门,并示宋中诸弟》其二末四句云:"四节一以尽,羁人俱未还。遮莫因闻雁,益凋游子颜。"其三云:"一弟在故乡半雪,一弟在燕市纬云。两弟在宋中子万、阿龙,我在洛城里。更深欲成梦,未审向谁是。"

十二月三十日,在洛阳,有诗抒怀。

《湖海楼诗集》卷三"戊申"诗《洛阳除夕》。

本年,孙默续刻《国朝名家诗馀》第三批四家词,有陈维崧《乌丝词》四卷、陈世祥《含影词》二卷、董以宁《蓉渡词》三卷、董俞《玉凫词》二卷,并请汪懋麟为之作序。史惟圆、王士禄均用《沁园春》调赋词题其《乌丝词》。

《四库全书·十五家词提要》云:"盖其初刻在康熙甲辰,为邹祇谟、彭孙遹、王士禛三家,即《居易录》所云,杜濬为之序。至丁未续以曹尔堪、王士禄、尤侗三家,是为六家,孙金砺为之序。戊申又续以陈世祥、陈维崧、董以宁、董俞四家,汪懋麟为之序。十五家之本定于丁巳,邓汉仪为之序。"

按,《四部备要》本《十五家词》前分别有"康熙丁巳六月六日"邓汉仪序、"康熙丁未花朝"孙金砺序、"康熙戊申中秋"汪懋麟序、"康熙甲辰秋日"杜濬序。

《瑶华集》卷十七有史惟圆《沁园春·题〈乌丝词〉》(该词又见其《蝶庵词》,题名为《题其年〈乌丝词〉》)、王士禄《沁园春·题其年〈乌丝词〉》。

康熙八年　己酉(1669)　四十五岁

正月初七在洛阳,满怀凄苦,对雪有作。

《湖海楼诗集》卷三"己酉"诗《人日洛阳对雪》。

十五日夜,洛阳署寓对雪,赋《水龙吟》抒发闷怀。

《迦陵词全集》卷二十一《水龙吟·己酉元夕洛阳署寓对雪》上片云:"一番宛洛元宵,红灯闪得人心碎。孤身一个,闷怀万种,故乡千里。"

约次日离开洛阳,有诗纪之。

《湖海楼诗集》卷三"己酉"诗《晓发洛阳》。

十七日,渡洛河,至偃师,病于官廨,意绪不佳,颇念洛下灯火之盛。雪后从偃师至登封,越少室山。均有诗。

《迦陵词全集》卷四《探春令·庚戌元夜》上片云:"去年客里度元宵,人正恹恹病。捻偓佺、霹后黄梅嗅,想洛下,春灯盛。"

《湖海楼诗集》卷三"己酉"诗《雪后从偃师至登封,度少室山崿岭》开首云:"己酉首春月十七,渡洛晓发杨林东。"诗末颇多身世之慨,有"依人奔走觅衣食,似尔岂得夸桑蓬"之句。

至密县,见白松并谒轩辕三仙女像,有诗。随后归开封。

《湖海楼诗集》卷三"己酉"诗《密县见白松,并谒三仙女像》题下自注云:"松下轩辕三女葬处。"

三月初,自开封经朱仙镇、洧川往许昌,途中有诗怀古。

《湖海楼诗集》卷三"己酉"诗《自汴赴许途中作》四首其一有云:"晨发大梁城,薄暮次尉氏。荒途蔓古蒿,颓垣漾清洮。"其二有云:"行行涉洧盘,升高畅遐眺。春畦鸠妇鸣,麦陇雉媒嗷。"其二有云:"旦日入许昌,风景旷悠哉。潩水日夜流,天风东北来。"

《迦陵词全集》卷二十四《沁园春·经朱仙镇》有"三月饧箫,一天社鼓"之句。

过禹州,夜宿禹州使院,作《金菊对芙蓉》。

《迦陵词全集》卷十六《金菊对芙蓉·禹州使院作》有"正荒城苔绣,古驿花欹""此意枕簟应知,共残釭青穗,伴我题诗"等语,可知为时令为春日。

作《念奴娇》词寄董文骥,董时在秦中。

《迦陵词全集》卷十七《念奴娇·寄董玉虬侍御秦中》上阕有云:"黑窑秋夜,记临风痛饮,黯然言别。我去汴城君绣岭,一样前朝陵阙。"在手稿本第八册《乌丝词三集》中,该词接抄在《苏武慢·汴城晚眺》和《花犯·咏鄢陵腊梅花并寄梁曰缉侍御》之间,故知为本年作。

至鄢陵,有诗并词柬梁熙。梁熙时已告病归,隐居里中。

《湖海楼诗集》卷三"己酉"诗《鄢陵柬梁曰缉侍御》中有"闻说高轩归里巷,暂寻幽兴狎樵渔"之句,知其时已告归。

《迦陵词全集》卷二十一《花犯又一体·咏鄢陵蜡梅花并寄梁曰缉侍御》。

约三月末往睢州,时有公使自许昌还开封,有诗寄史逸裘及同事诸公。

《湖海楼诗集》卷三"己酉"诗《许昌使旋,却寄史省斋学宪并同事数公》首句云"阴阴水木唤鸣鸠",末句云"柳绵飞尽入睢州"。

睢州道上,有诗怀吴淇。

《湖海楼全集·湖海楼诗集》卷九《睢州道上怀吴冉渠明府》云:"薄游梁苑值春时,行尽睢州遍柳丝。"

吴淇(1615—1675),字伯其,号冉渠。河南宁陵人。晚明诸生。嗜读书。顺治二年中举,九年成进士,里居六载,得授广西浔州推官。升镇江海防同知,署丹阳。后因事镌级归。工词,长于《易》学。著有《雨蕉斋诗集》《选诗定论》《律吕正论》等。魏裔介《溯洄集》收其诗十二首。生平详汤斌《汤子遗书》卷六《江南镇江府海防同知冉渠吴公墓志铭》。

将至商丘二十里处,路经水墅铺,遇骀骑从南来,引车避之,后乃知是李天馥,未能相见,怅然有诗。

《湖海楼全集·湖海楼诗集》卷九《将抵归德二十里,地名水墅铺,遇骀骑从南来,引车避之。去久,始知向客乃李检讨湘北也。不成良晤,怅焉寄李》云:"梁园春草正如茵,水墅桥头水色匀。南去垂鞭驱瘠马,北来填巷骤雕轮。"

至商丘,作《看花歌赠侯仲衡》诗,追述了饥驱四方的艰难遭遇,表达了对侯氏抚育两位幼弟的感激之情。同时也流露了因京华之行无果,而欲依食中州的意思。

《湖海楼诗集》卷三"己酉"诗《看花歌赠侯仲衡》当为初到商丘时的抒怀之作,中有"宛丘三月风吹柳,我在帷车作新妇"之句,可知其大致于三月末四月初到商丘。该诗末云:"我亦鹪栖事未成,赁春正欲从君计。对花不饮将如何,人生乐极伤怀多。瀼西茅屋倘容借,坐君桑上我桑下。"其自陈之意甚明。另,《陈迦陵俪体文集》卷十《祭侯仲衡先生文》云:"余到中原,实维己酉。荥泽波飞,成皋雪走。遂蹐翁间,与翁握手。跌宕词场,激扬文薮。宋中四月,名花盛开,大者如桮,霞蒸绛堆。翁曰观乎,幸子能来。绕燧人陵,经阏伯台。老辈谁欤?徐公健在;蹑电追风,君家叔岱。"

在商丘,日与侯方岳、方岩及弟宗石等游处,时值牡丹盛开,连日赏花赋诗,颇为欢洽。同时游览燧人陵、阏伯台等古迹,均有诗。另有诗赠侯明。

《湖海楼诗集》卷三"己酉"诗《赠侯叔岱》《戏柬侯四丈》《阏伯台下作》《赠侯阇公》等均作于此时。其中《戏柬侯四丈》云:"闻说睢州女较书,春愁才妥上头初。今朝人卧梁王苑,歌板槽床只欠渠。"

睢州女较书,指丰质。《玉台画史》"别录"《丰质》云:"丰质字花妥,兰阳人。妙音律,善演剧,而性度闲雅。焚香鼓琴,好画墨兰。……寓居睢州,名甚重。陈其年柬侯六叔岱诗云……"

侯明(1648—1699),字阖公,号忍斋。侯方岩长子。康熙二十六年举人,联捷成进士,未几父殁。服阕谒选,得资县令。家中落,几无以治装。旋以内艰去,病死巫山。生平详《商丘县续志资料》。

吊侯方域墓,有诗哭之。

《湖海楼诗集》卷三"己酉"诗《哭侯朝宗先生》三首。

同郭熙、侯方岳、弟宗石饮徐作肃斋,有诗赋赠,徐作诗报之。

《湖海楼诗集》卷三"己酉"诗《同郭涵叔、侯叔岱、弟子万过饮徐恭士斋赋赠》。

徐作肃《偶更堂诗稿》卷下《和赠陈其年三首》应与陈诗作于同日。其第一首自注云:"其年不饮酒,过予尽两卮。"第二首云:"春风携手足幽思,仓卒相逢一论诗。泪尽侯生早死日,感深吾子晚来时。文章不少经摧折,南北总多伤故知。若问野夫今伴侣,阿衡阿岱旧堁箎。"按,从该诗末句看,其时侯方岳尚在世,故结合第一首的作者自注,可以断定徐诗为当日的和作。

徐作肃(1616—1684),字恭士。商丘人。能诗善书。顺治八年举人,不仕。著有《偶更堂集》。生平见刘榛《虚直堂文集》卷十四《徐恭士墓志铭》。

郭熙,字元敬,号涵叔。河南夏邑人。顺治八年举人,次年成进士,授户部主事。会试出王熙之门。顺治十年督饷云中,兼鼓铸。十一年擢员外郎,寻升郎中。榷税潞河,颇著清操。后解组归田。著有《梅轩诗集》。生平详民国《夏邑县志》卷六《人物志·宦迹》。

同徐作肃、侯方岩、田兰芳、弟宗石过侯方岳西村看牡丹,有诗。

《湖海楼诗集》卷三"己酉"诗《过仲衡西村看牡丹同恭士、叔岱、梁紫、子万弟赋》。

《迦陵词全集》卷二十四《惜馀春慢·梁园春同侯仲衡、叔岱、徐恭士、田梁紫、弟子万看牡丹作》。

徐作肃《偶更堂诗稿》卷下《看仲衡西村牡丹同其年、仲衡、叔岱作二首》。

田兰芳《逸德轩诗集》上卷《侯仲衡招同徐恭士、陈其年、陈子万看牡丹有作》。

田兰芳(1628—1701),字梁紫,号箐山,自号拙佣子。河南睢州人。明诸生,屡试弗售,以坐馆为生。平生究心理学,躬行践履。尝与汤斌往来论学,为其所称赏。与刘榛、郑廉号称"宋中三茂才"。田兰芳于顺治十五年春馆于刘德培家,康熙二年起复为侯方岩延至家塾,曾长期馆于侯氏,因得广交商丘文士(分别见《逸德轩文集》中卷《东园竹记》、下卷《侯长华墓志铭》)。著有《逸德轩集》。

徐作肃折牡丹一枝见贻,寄二绝句。隔日邀饮,饮次出栗花佐酒,有诗纪之。

《湖海楼诗集》卷三"己酉"诗《恭士折牡丹一枝见贻走笔寄二绝句》。

《湖海楼全集·湖海楼诗集》卷九《小饮恭士斋头,饮次出野蔬佐酒,色晕碧似苔,味清苦而殊脆,问何名,曰栗花也,洛阳山中多有之》。

游中五台,次徐作肃韵有诗。

《湖海楼全集·湖海楼诗集》卷九《游中五台次恭士韵》题下注云:"寺中木石系藩邸旧物"。

按,中五台在商丘城。

为弟宗石诗集作序,勉其努力作诗,勿"畏难而改"。

《陈迦陵文集》卷一《四弟子万诗序》:"今春,余从许下来视弟,得阅其近作数十首,气格深稳,卓卓欲度骅骝前。"从其行踪及时间来推断,此序当作于本年。

时已倦游,有卜居商丘之意。一日酒后,向侯方岳表达了此愿,方岳嘱徐作肃及弟方岩为其觅妾。

《陈迦陵俪体文集》卷十《祭侯仲衡先生文》云:"余依酒悲,告翁倦游。拟欲从翁,卜其菟裘。翁顾余公,叔侣是谋。茂陵小妇,为余访求。"

为应本年江南乡试,将南归。行前,侯方岳为饯行城东,并订再来之约。陈宗石、刘榛各有诗送之。

《陈迦陵俪体文集》卷十《祭侯仲衡先生文》云:"欲别翁归,悲难出口。饯我城东,为余折柳。顾语陈生,定能来否?余揖翁言,翁乎莫愁。人爱贤豪,鹰贪臂韝。白月在天,酸风射眸。余所迟来,罚余酒筹。"

按,本年恰值乡试之年,陈维崧于仲夏时节匆匆南还,乃为参加大比。

邓汉仪《诗观二集》卷十三陈宗石《商丘送长兄陈其年归阳羡》有云："平台把袂悲欢集,一别三年昨始逢。……十日那堪君又去,梦魂随尔画溪东。"

刘榛《虚直堂文集》卷十八《瑶圃诗》"戊申"诗《酬陈其年原韵即用送别》末句云："知君去去辕还北,岂老江南薜荔衣。"

刘榛(1635—1690),字山蔚,号董园。河南商丘人。诸生。少孤,依姊夫侯恪居,恪为延师教之。后问业于乡先生徐邻唐,与田兰芳、郑廉有"宋中三茂才"之目,为宋荦所称赏。著有《虚直堂集》。生平详《商丘县续志资料》。

约四月下旬,离开商丘,经安徽灵璧南还,沿途有诗并词。

《迦陵词全集》卷五《虞美人·灵璧县虞姬墓下作》。

五月初五到淮阴,有诗。

《湖海楼全集·湖海楼诗集》卷九《五日淮阴城》云："五月五日愁杀人,淮南风物何鲜新。……丈夫飘荡复奚恨,被酒狂歌还岸巾。"

夏日经长淮卫(今蚌埠所辖镇)、凤阳、滁州归里,徐喈凤喜而赋词。

《湖海楼全集·湖海楼诗集》卷九《长淮卫舟中作》云："野夫乘兴暂还乡,沙鸟烟帆太郁苍。囊少青蚨愁雇值,险分赤甲怯提防。坐看颍毫双流合,归趁田园四月凉。渐渐惊飙来不尽,微醺独立倚危樯。"

《湖海楼诗集》卷三"己酉"诗《凤阳道中》有"苜蓿生驰道,樱桃落寝园"之语,故知时为仲夏。同卷"己酉"诗有《滁阳山行》。

《湖海楼全集·湖海楼诗集·补遗》之《将次滁州,过池河镇同侯十丈饮韦将军宅》。

徐喈凤《荫绿轩词》有《贺新郎·喜其年归里用龚芝麓先生韵》,下片云："从燕入洛河山折。想经过、晋梁陈宋,怆怀风物。须念邹阳枚乘辈,颠倒文章豪杰。几百年、姓名难灭。今日梁园谁作赋?直待君、一呕心头血。归喜早,示吾益。"从词中所述看,当为陈维崧第一次上京归来时作。

六月十四日,弟维嵋四十初度,有词赠之。

《迦陵词全集》卷十七《念奴娇·半雪弟四十,词以赠之,即次其自寿原韵》。按,据《家乘》卷三,陈维嵋生于崇祯三年六月十四日,故本年为四十岁。

二十六日,侯方岳卒于商丘。

徐作肃《偶更堂文集》卷下《侯仲衡行状》云："先生生于万历癸丑二月二十日，卒于康熙己酉六月二十六日。"

田兰芳入城哭侯方岳，遇陈宗石，言及陈维崧与方岳曾有卜居之约，有诗及之。

田兰芳《逸德轩诗集》上卷"己酉"诗《听陈子万道乃兄其年事，有忆仲衡》题下小注云："先此陈有卜居之约。"此诗紧接在《入城哭仲衡有感》后，知两诗当作于同时。

八月在南京，与宗元鼎、汪楫、董以宁雨夜共饮于周亮工官舍。时将举行乡试，董以宁身心疲惫，陈维崧欲劝其弃考，终未忍开口。

《陈迦陵俪体文集》卷十《祭同学董文友文》云："呜呼我友，去年今夜，栎园司农酌余官舍。秋霖瀌瀌，街鼓礚礚。子先在焉，傫然以凭。广陵宗生梅岑，新安汪子舟次，与我与君，四人而已。君时惫甚，觅几而凭。食一溢米，酒不半升。余心怦焉，口与心计，念欲沮君，俾无入试。君悲久踬，誓奋文场。余言中茹，嗫嚅自伤。"此文作于次年。

参加乡试，复不中。

《湖海楼诗集》卷四"庚戌"诗《寄纬云四绝句》之二有"昨秋又上白门桥，青衫一领输春雪"之句，可证。"庚戌"为康熙九年，"昨秋"即指本年秋。

乡试落第后至扬州，恰值季振宜应召北上，即将离扬，赋诗相赠。

《湖海楼诗集》卷三"己酉"诗《广陵送季沧苇侍御北上》有云："天子一夕开红门，我公再召登黄阁。余来甫别轵里深，公去未离广陵郭。……风刮红旗覆江面，天低白浪冲城脚。野夫含意百未申，目断云帆纵寥廓。"其中见失落之意。

秋，有书致弟维岳，告以谈允谦、方文、孙金砺死讯。

周在浚等所辑《赖古堂名贤尺牍新抄》三选《结邻集》卷十六陈维岳《柬兄其年》云："前接兄札，云谈长益、方尔止、孙介夫一时俱逝。"陈维岳是书详见康熙九年所引。

按，据李圣华《方文年谱》，方文卒于本年秋。

在丹阳，镇江海防同知吴淇招饮，以侯方岳死讯相告，当时疑信参半。不久陈宗石书来，消息属实，不觉泪下，为文祭之。

《陈迦陵俪体文集》卷十《祭侯仲衡先生文》云："昨者南徐，浪花雪溅。

睢州使君_{吴公冉渠}，召余文宴。酒中语我，翁竟仙游。余骤而疑，讵有此不？嗣后弟书，来自商丘。发函伸纸，涕泗横流。"

秋末前，曾乞董以宁为徐紫云题像，董以宁回书拒之，并劝其当以生子为重，不应钟情于小史。

　　董以宁《正谊堂文集·答陈其年书》云："承谕题九青图，知足下于小史钟情益甚，此故吾辈失意之人，支离潦倒之所托也。仆向者亦常久溺于此，而温艳之体，又平日所优为，遂不禁欣然为之。及命笔，而儿子牵牛适以所读《孟子》来请讲，不忍叱之去，因与讲'君子以为犹告'一章。讲毕，命之覆讲，颇能记忆不遗。仆喜，与之果饵。次子方三岁，见其兄得食，亦倒持书册向仆咿唔，以冀与食，而苦无字音。仆为之失笑，乃又益喜。有长者过焉，偶以告，随问牵牛年几何矣。曰是其生也，当辛丑之始秋，故以牵牛名，今八岁耳。长者慨然曰：'嗟乎，使尔早生子数年，得入尔父怀抱，其乐不更胜于今日哉？尔惟他有所溺，故得之较晚。然犹幸免于大不孝者，赖吾子勇于自悔耳。'仆因念足下更长于仆五年，于少保公为冢孙，于处士公为冢子，生子事大。虽支离潦倒，不宜更有此无益之好。遂阁笔不复为足下题九青图。宁顿首复。"

　　按，从书中董以宁子牵牛生于辛丑，而今已八岁来算，该书当作于本年。又，本年初冬董以宁病故，故此书最晚当作于秋末。

至清江浦访王士禛，舟中有诗寄之。

　　《湖海楼全集·湖海楼诗集》卷九《秋日袁浦舟中先寄阮亭》云："洛下初归正秋杪，病怀羁绪两悠悠。偶因松月思王掾（按，原书作'橡'），重附租船上楚州。"

　　《王士禛全集·集外文辑遗》卷二《与陈其年》之二云："袁浦匆匆分别，极不能忘。"按：袁浦即清江浦，位于淮安市区，为江南河道总督府所在地。

秋冬之际，王士禄在山东里居侍亲，得王士禛自淮南寄来家书，知江南乡试榜发，陈维崧等故友无一中者，有书致宗元鼎以示慰问。

　　周在浚等所辑《赖古堂名贤尺牍新抄》三选《结邻集》卷十六王士禄《与宗梅岑》云："年来戢影穷庐，不复问人间升沉事。独日望我故人飞黄腾踏，将以验造物屈伸之理，观吾徒稽古之效。乃淮浦家邮至，知南闱榜发，吾梅岑又复不第。……且同人中如孝威、其年、阉公、方邺辈，无一遇者。……吾梅岑自下第来,况味何似?淮南候暖,虽秋冬之际,谢公堂里,芙蓉未凋;新柳堂前,长条犹绿。"

按,信中所谓"淮浦家邮",系指王士禛自淮安清江榷署寄回的家书。王士禛于本年初奉使淮安榷清江关,至康熙九年冬始离任。具体可参蒋寅《王渔洋事迹征略》康熙七、八、九年的考证。

十月,将赴如皋,忽闻冒褒、冒裔生母刘氏之丧,亟往哭吊,并为其作传。

《冒氏宗谱》卷四陈维崧《宗起公副室刘孺人传》有云:"己酉冬十月,陈子束装适如皋。行有日矣,闻冒母刘孺人之讣而遽行。至,哭之极哀。刘孺人者,吾友冒无誉、爰及之生母也。……爰作刘孺人传。"

在如皋,与何铁游,临别各有诗相赠。

《湖海楼诗集》卷三"己酉"诗《晓发如皋示何龙若》。

《诗观初集》卷十一有何铁《钱陈其年夫子北上,夜听白三琵琶》云:"日暮边沙起战云,六朝名士尽从军。难堪此际关山月,更向江南马上闻。"

按,清初画家姓何字龙若者有两人。一名禽,号草苑。江苏长洲(今苏州)人。善画鱼虾蟹蚌等水族。事迹见《历代画史汇传附录》。一名铁,江苏镇江人,客居泰州,诗画篆刻皆工。《广印人传》有介绍。但据光绪《丹徒县志》卷三十四《书画》类云:"何铁,字龙若,小字阿黑。精诗画,工篆刻。尝流寓泰州,陈其年检讨赠以《贺新郎》,极相推重。"可知此何龙若当为何铁无疑。陈维崧赠何铁之《贺新郎》词见《迦陵词全集》卷二十八,集中词牌为《贺新凉》,乃同牌别名。题为《赠何生铁》,题下自注曰:"铁小字阿黑,镇江人,流寓泰州。精诗画,工篆刻。"

何铁,一名今雨,字龙若。镇江人,侨寓泰州。工诗善画。后死于叶县。生平见《道光泰州志》卷二十七《流寓》。罗教善《寄答何阿黑》(《诗观三集》卷五)对其人描述颇详。

计东将入京,有诗送之。

《湖海楼全集·湖海楼诗集》卷九《送计甫草入京》云:"吕蒙城下卷西风,风起征帆似转蓬。红烛最怜今夜别,清樽还忆昔年同。"该诗末注云:"时乾清宫初成。"

据《清圣祖实录》卷三十一,康熙八年十一月,"壬子,以修造太和殿乾清宫告成,遣官祇告天地、太庙、社稷。癸丑,上御太和殿,土以下文武各官行庆贺礼。是日,上由武英殿移居乾清宫。甲寅,以太和殿乾清宫告成,颁诏天下。"按,本月庚寅朔,则壬子为二十三日。

董以宁卒,亲往哭之,并有书致弟维岳报其死讯。

《毗陵名人疑年录》。

《陈迦陵俪体文集》卷十《祭同学董文友文》中曾叙及与董以宁一同参加乡试和落第后之情形,云:"战罢而归,江帆如箭。东舫西船,旷焉不面。凉秋报罢,匿影蓬根。日薄虞渊,子讣在门。呜呼天耶,痛缠心髓。重趼狂奔,哭君百里。""日薄虞渊"本为黄昏之相,这里当指时序。由从"凉秋"到"日薄虞渊"的时序转换来看,其时当为冬日。

《赖古堂名贤尺牍新抄》三选《结邻集》卷十六陈维岳《柬兄其年》云:"前接兄札,云谈长益、方尔止、孙介夫一时俱逝。继又一札,云文友已化为异物。数千里尺牍,伤逝遂居其二。"

何汧《晴江阁集》卷八《哭董文友七首》之二末云:"伤心此日春山冷,吟断当年春望词。"之三首云:"三月官衙病欲生,连床喜对一灯青。而今梦里毗陵道,还似云阳笑语声。"同卷有《毗陵吊文友》。

冬,过无锡,识知县吴兴祚,有诗相赠。

《湖海楼诗集》卷三"己酉"诗《梁溪赠吴伯成明府》有云:"归鞭巩雒西风冽,暂葺茆檐曝冬日。侧闻临县有神君,治行吴公今第一。"

吴兴祚(1632—1698),字伯成,号留村。浙江山阴(今绍兴市)人。入正红旗籍。顺治七年,以贡生官萍乡知县,迁忻州知州。康熙二年降补无锡知县,迁行人司行人,仍留任。十五年擢福建按察使,因参与平耿精忠之叛,进兵部尚书。后迁两广总督。晚调古北口都统。生平喜与文士交往,颇能庇护寒士,较有人望。著有《留村诗抄》等。生平详秦松龄《苍岘山人文集》卷六《副都统前光禄大夫总督两广军务兵部尚书兼都察院右副督御史正一品世袭拜他喇布勒番又一拖沙喇哈番留村吴公行状》。

在无锡,与秦松龄游,有诗相赠。

《湖海楼诗集》卷三"己酉"诗《短歌赠秦对岩》有云:"故人几载不相见,短裘掩髁尘满面。来春乞食繁吹台,昨秋作客邯郸县。岁云暮矣风飕飕,张帆仍作东吴游。"

秦松龄(1637—1714),字留仙,一字汉石,号次淑,又号对岩。江苏无锡人。顺治十二年进士,授国史馆检讨。康熙初以逋欠削籍。康熙十八年应博学鸿词试,列一等,复授检讨。历官至左赞善,迁谕德。后告归,里居三十馀年卒。著有《苍岘山人集》《微云词》等。生平详《清史列传》卷七十。

本年秋,与吴逢原、吴本嵩、潘眉相聚,筹划编选《今词苑》。

《今词苑》吴逢原序云:"今秋陈其年归自中州,家孟天石、潘子元白亦自燕归,相聚谈心,怂恿为此选。"该书首有徐喈凤序,署日期为"康熙辛亥春暮",是知其当谋于康熙八年秋,而刻成于康熙十年春。吴本嵩序云:"用是忘其聋瞀,晨夕较雠,因与陈子、潘子暨家季论而次之,十旬之间,得词四百六十馀阕。"

吴逢原,字枚吉。宜兴人。曾与陈维崧、吴本嵩、潘眉同编《今词苑》。

潘眉,字原白(手稿本作"元白"),号莼庵。宜兴人。附贡生。康熙十八年授湖南溆浦知县,后调迁安知县,擢大名府同知,以卓异擢福建兴化府知府。卒于任。著有《樗年集》《拙存堂集》,均佚。与陈维崧等人合编有《荆溪词初集》《今词苑》等,皆存。生平详嘉庆《宜兴县志》卷八《人物·治绩》。

十二月二十九日,弟维嵋有《南乡子》词怀维岳,时维岳客都下。

陈维嵋《亦山草堂遗词》有《南乡子·己酉除夕怀纬云弟都下》。

本年,《乌丝词》已开刻。

沈雄《古今词话·词评》卷下《陈维崧检讨词抄》云:"蒋景祁曰:词刻于《倚声》者,辄弃去,因励志为《乌丝词》。集已刻而未竟也,复伤邹、董谢世,以向所失意,及平生所诵习一一于词见之。"

由于董以宁于本年去世,邹祗谟次年谢世,故可大致断定《乌丝词》本年已开雕。

康熙九年　庚戌(1670)　四十六岁

正月十四日立春,弟维嵋外出寻梅,欢游竟日。同时有词怀三弟、四弟。

陈维嵋《亦山草堂遗词》有《传言玉女·正月十四日立春,寻庄上王丈园梅花,欢游竟日,归赋此词》《万年欢·新年怀三弟纬云、四弟子万》。

按,《万年欢》词中有"行年四十加一"和"念阿云、阿万,宋南燕北"之句,陈维嵋本年正满四十一岁。又,本年止月十四立春。

十五日夜，在里中，赋《探春令》词柬吴本嵩、吴逢原、潘眉、张月陵等。

《迦陵词全集》卷四《探春令·庚戌元夜》。在《今词苑》卷一，该词题为《庚戌元夜，柬天石、枚吉、元白、月陵》。

月陵姓张，应为宜兴人，名号、生平俱俟考。曹亮武《南耕词》卷三《贺新郎·挽张月陵》有"四十二年交期尽"之语，可知卒时当为四十二岁。此人曾参评董元恺《苍梧词》。

早春，有诗为吴逢原题扇并送其入京，同时有书并词寄纪映钟，纪映钟有词答之。

许宏泉《管领风骚三百年》第26页收陈维崧为吴逢原所题诗扇一柄，诗云："我从蓟门来，君向蓟门去。蓟门千里更遥遥，况是天涯又春（早）。未罄离情倍黯然，嘱君眠食稳征鞭。问讯故人吴伯子，相思离乱若朝烟。"末署"短歌恭送枚吉老襟丈入都，兼讯令兄（天）石。书正　弟陈维崧。"

按，陈维崧自康熙七年上京后，至八年夏始归。该诗后有康熙十年六月恽格补题之诗，说明此时吴逢原已自京南还。从内容看，该诗作于早春，故可断为本年作。

《今词苑》卷三纪映钟《兰陵王·义兴吴枚吉过访，出其年书，兼赠此词次答》上阕有"赫蹄到，械署陈郎，内却道才人入雏"之语，知应作于本年。按，吴枚吉《全清词》作"吴枚言"，误。

将再至中州入史逸裴幕，念弟维岳久客京华，劝其早归，并令其以董以宁之死讯转告魏裔介。

《湖海楼诗集》卷四"庚戌"史《寄纬云四绝句》其三云："四载京华音信稀，我为杜宇劝君归。如何江左催归鸟，转向漳河两岸飞。时余将至邺下。"其四云："南雁匆匆欲发时，寄君一语泪如丝。兰陵董相埋黄土，亟报怜才相国知。悼文友也，文友最为柏乡所知。"

离家前，弟维嵋及吴本嵩各有词相送，时复携徐紫云同行。

陈维嵋《亦山草堂遗词》卷下《醉蓬莱·新春送其年大兄赴督学史省斋先生之聘》。

《常州词录》卷四吴本嵩《三台·送陈其年再游大梁并之邺下》下片云："三年弹指，顷忆燕市，曾执手、送君之汴。也曾向、衰柳西风，唱一曲、相看肠断。几何时溪舍话别，旧游已如蓬转。喜此番、风物正春和，盘马路、落红泥软。胜前度、青霜盈短鬓，蹴濂沱、秋水清浅。且领取、三月莺花,莫徘徊、废宫残苑。"该词又见《瑶华集》卷二十、《荆溪词初集》卷七。

恽格《鸥香馆集》卷三《题雪山图和陈其年韵》序云:"庚戌盛夏,吴枚吉持其年所赠诗扇,索余画《雪山图》,因取其诗,依韵和之。时陈髯方挟云郎北去,念之且嘲之也。"诗曰:"笑拥如花人,横鞍大梁去。……为君抽毫扇底扫风雪,欲君怀袖六月生寒烟。"

至商丘,赋诗悼侯方岳。

《湖海楼诗集》卷四"庚戌"诗《经归德城外,追悼侯仲衡先生并寄恭士、叔岱》有"梁苑重经刚一载,故人今日复何在"之语。

二月十五日,在陈州使院,有词。

《迦陵词全集》卷二十四《沁园春·客陈州使院花朝作》上阕云:"归欤归欤,我亦在陈,胡不归兮? 正伏羲陵畔,縠纹六幅;宛丘城外,柳线千丝。万种温馨,百般叮咛,窨得愁心早上眉。浑无计,只沈腰渐减,潘鬓都非。"

三月三日在尉氏,登阮籍啸台,有诗,并赋《沁园春》词一首。有诗寄族弟陈长庆。

《湖海楼诗集》卷四"庚戌"诗《登阮籍啸台跨尉氏东城上》。

《迦陵词全集》卷二十四《沁园春·三月三日尉氏道中作》开首云:"登尉缭台上,三月垂岗,伤如之何?"从时间上看,诗与词当作于同时。

《湖海楼全集·湖海楼诗集》卷十二《寄弟其白都下四绝句》其一云:"鲥鱼触网楝花开,三换春衣我未回。料尔怀乡吟更苦,十年留滞郭隗台。"其二云:"昨秋我渡桑干水,兄弟联床恰半年。一月病兼三月雨,未成欢笑只潸然。"其四云:"帝里韶光三月三,御河春水正拖蓝。知君客里心情懒,长共城南阿纬谈。"

陈长庆(1640—1710),字其白。江苏宜兴人。陈于明孙,贞元次子。北直隶顺天府廪膳生,例贡。选任湖广汉阳府汉川县知县。生平详《家乘》卷三。《家乘》云其曾"聘在城甲戌进士兵科都给事中戴英女,早世。继娶北京刘氏,又娶河南□氏,早亡",其屡屡往来梁宋,或以此故。

初四日过洧川,有诗词。

《湖海楼诗集》卷四"庚戌"诗《春晚行洧川道中》。

《迦陵词全集》卷二《减字木兰花·上巳后一日途次洧川》。

过禹县,谒徐庶祠,有诗。

《湖海楼全集·湖海楼诗集》卷九《谒徐元直祠》云:"草色只连孤店

口,客心况值暮春时。……我亦年来方寸乱,殷勤亲为拂蛛丝。"

按,徐庶为三国颍川人,今属禹县。

过叶县,有诗怀古。

《湖海楼诗集》卷四"庚戌"诗《经叶县古城》、《昆阳城放歌 今叶县古昆阳城》。

到郏县,宿使院,经三苏台,有诗怀古。经轩辕奏钧天广乐处,亦有诗。

《湖海楼诗集》卷四"庚戌"诗《郏县经三苏台 在城西北峨嵋山下》、《郏县使院枕上作》。

《湖海楼全集·湖海楼诗集》卷九《过轩辕奏钧天广乐处》云:"陕城西去路漫漫,地接荆州势郁盘。……花浓瑶殿青春丽,风咽灵璈碧海寒。"

按,据《述怀寄季沧苇侍御,即次其见赠百五十一原韵》所述,本次作者系经郏县入洛阳,故编年诗的排序不准。

过汝州,该地附近有温泉,相传武则天幸洛阳时曾于此沐浴,作《满庭芳》纪之。月夜被酒,感怀董以宁,作《贺新郎》词,同时有诗。

《迦陵词全集》卷十三《满庭芳·距汝州四十里,山有温泉,相传为唐武后幸洛时浴处》。卷二十六《贺新郎·汝州月夜被酒,感怀董二》下阕末云:"明月也知千里共,照尽秦楼楚戍。应渐到、故人黄土。只恐白杨和月冷,比人间更有销魂处。汝河水,白如乳。"按,董以宁卒于上一年,故该词当作于本年。

《湖海楼全集·湖海楼诗集》卷十二《临汝暮春作》当作于同时。

陈宗石入太学,将赴北京读书。计东因访汤斌过商丘,与之往来数日。

计东《改亭文集》卷五《赠陈子万至京师序》云:"庚戌三月,余过梁苑,信宿即行。子万不忍予之遽也,不远百馀里从余至睢阳,四五日共晨夕起居,使予忘羁旅之苦,余心德之。余之过睢阳也,以见汤大参先生论学故,特留四五日。……今子万补国子上舍,将读书成钧,行有日矣。"

汤斌(1627—1687),字孔伯,号荆岘,别号潜庵。河南睢阳人。顺治九年进士,官检讨,十三年出为潼关道副使,十六年升岭北道参政,旋乞养归。康熙五年,孙奇峰讲学苏门,往受业门下。康熙十八年举博学鸿词,授侍讲。二十三年出为江苏巡抚。两年后入为礼部尚书,二十六年转工部尚书。卒,谥文正。著有《汤子遗书》,今人范志亭、范哲辑有《汤斌集》。生平详杨椿《汤文正公传》、彭绍升《故中宪大夫工部尚书汤文正公事状》、汤斌诸子所作《行略》、黄宗羲《皇清经筵讲官工部尚书潜庵先生神道碑》、徐乾学《工部尚书汤公神道碑》、汪琬所撰《墓志铭》、汪士铉《汤潜庵先生墓表》、王廷灿所撰《年谱初本》、杨椿所撰《年谱定本》等。

初夏,汤寅有诗怀之。

《曲阿诗综》卷十八汤寅《怀陈大维崧示何铁二首》其二有句云:"巉岏苞野蕨,猗靡明红药。相顾岂不怀,君子客宛洛。……伫子东归言,公遂荆扉酌。"同书卷十九汤寅《寄怀陈大其年》云:"一春鼙鼓老江干,江上风回露欲团。客里烽烟书信远,天涯迟暮酒杯宽。虚传小史东皋曲,相忆柴扉西汜寒。漫道少时鸥鸟赋,只今已是白头看。"

按,该诗具体作期不明。但从诗意看,当作于初夏芍药盛开时。又,陈维崧与何铁游在上年冬,故本年夏汤寅与何铁交往,共同谈到他的可能性比较大,因系于此。

五月初五在南阳,先后游览卧龙岗、博望驿、淮渎庙等历史名胜,作诗词多首。

《湖海楼诗集》卷四"庚戌"诗《南阳怀古八首》《宛城署中咏庭前石榴》《见署后墙外榴花,兼忆亳阳旧宅,倒用前韵一首》和《宛城咏古》组诗六首。其中《南阳怀古八首》之八完全是自抒胸怀之作:"依人自惜鬓毛班,两岁浮沉宛洛间。岂待莼鲈怀故土,倍因樱笋恋乡关。黄尘远道双鸿断,白月孤城匹马还。新野旧传庾信地,哀时同有泪潺湲。"

《迦陵词全集》卷一《望江南·宛城五日追次旧游漫成》十首之十云:"重五节,今岁在南阳。墙角蜗牛行艾叶,檐牙鸠妇话榴房。丝雨湿年光。"宛城,南阳的古称。

按,《陈迦陵文集》本中的《南阳怀古八首》,在《湖海楼全集》本为六首,其七、八两首分别更题为《南阳追感彭禹峰先生》和《感兴》。从诗意看,这两首并非怀古之作,故知患立堂初刻之《陈迦陵文集》编集有误,应从浩然堂《湖海楼全集》本。

有诗怀彭而述并感怀。

《湖海楼全集·湖海楼诗集》卷九《南阳追感彭禹峰先生》《感兴》。

潘子逊将至中州,潘高有诗送之,并怀陈维崧。时两人互相闻名已久,尚未谋面。

潘高《南村诗稿》卷十五"庚戌"诗《送家子逊之中都,有怀同社诸公并陈子其年》云："临舫送君发,正值榴花时。……陈子未相识,相思亦已久。为我一问之,知有南村否?归时带雁飞,清霜点客衣。且晚有题字,即报溪南扉。"

潘高(1624—?),字孟升,号南村,一号鹤江。江苏金坛人。以布衣终。清初布衣诗人,除吴嘉纪、邢昉外,潘高诗名最著。著有《南村诗稿》。生平详民国《金坛县志》卷九之四《人物志四·隐逸》。

潘子逊(1635—1676),名号、生平俟考。潘高《南村诗稿》卷二十二"丙辰"诗有《哭家叔子逊》,题下自注云:"叔年四十有二,殁于九月一日。"

夏,在漳河。程康庄自都门有书相寄,程时上计在京。

《迦陵词全集》卷二十五《沁园春·怀程昆仑》上片末尾自注云:"庚戌夏,漳河署中接昆仑都门札。"

六月底,在汝宁,作诗怀古兼抒怀。

《湖海楼诗集》卷四"庚戌"诗《汝宁杂感》其一有"已拼客到中原老,更值秋从绝巘来"之句,可知此时已入秋季。其三有"一年弟妹乡书断,双眼乾坤物态新"之句,感怀身世。按,陈维崧祖父陈于廷本起家于光山县令,该地旧属汝宁,故组诗末一首专门写其事,并有小注云:"余大父少保公起家光山令,惠政载汝宁名宦志中。"又,本年六月二十二日立秋。

七月初七,在汝南卧病,作《念奴娇》词排闷,另有咏古诗五首。

《迦陵词全集》卷十七《念奴娇·汝南七夕病中排闷》。

《湖海楼诗集》卷四"庚戌"诗《汝南咏古》五首。

《湖海楼全集·湖海楼诗集》卷十二《枕上口号》云:"夜凉茉莉绽庭西,大有乡心不敢题。谁界窗棂数行月,可堪啼煞汝南鸡。"

按,在陈维崧编年诗集中,这组诗紧排在《汝宁杂感》和《秋杪送史兰幼归江南》之间,又从其整个行程看,这段时间他一直在汝宁、汝南一带活动,可断定其时间不误。

潘子逊将归江南,有诗送之,兼酬潘高。

《湖海楼全集·湖海楼诗集》卷二《汝南秋夜送潘子逊归江南,兼酬孟升见忆之作》云:"去秋鸿雁飞,遇汝台城口。西风各失意,一望一回首。今岁大梁城,凄其秋又生。君来不相待,便向江南程。我适滞平舆,未悉江南事。示我仲容诗,慰我加餐字。君归岩桂开,散发定衔杯。征衣一以换,怀抱良悠哉。定过南村庐,为报南村子。汝水八淮流,相思亦如此。"

　　按,从诗意看,上年秋陈维崧与潘子逖曾同在南京参加乡试,并皆落第。

八月三十日,邹祗谟病逝。

　　据《武进邹氏家乘》卷十二载:"邹祗谟,自规子,字訏士,号程村,治易经,补邑庠生。清顺治甲午举人,戊戌孙承恩榜进士,未仕。娶崇祯戊辰探花管绍宁女,生女二,长适康熙己丑进士孙时宜,次适康熙丁卯举人湖广宜都县令江阴金秉哲。侧室蒋氏生子一,同郑;又侧室周氏生子一,骏阳。生明天启七年丁卯十一月初八日,卒清康熙九年庚戌八月三十日。"

　　《赖古堂名贤尺牍新抄》三选《结邻集》卷十三陈玉琪《与减斋书》:"去岁初冬,既失董生;今兹秋孟,复丧邹子。同魏文异物之痛,切昭明俱逝之悲。"

　　陈玉琪《学文堂文集》序五《远志斋集序》:"程村易箦之际,予过视之,据案伸吟,曰:'医误我!'以手招两子至,顾予,口欲言而期期不能出。"

　　何瀔《晴江阁集》卷二十八《祭董文友文》云:"子方永别,程村继亡。"

作《感旧绝句》十五首,分别回忆了曾与自己交往密切,且已离世的前辈或同辈友人吴洪裕、卢象观、尹京、徐懋曙、吴帝赉、蒋胤慎、周季琬、吴湛、许埙友、周士臣、谢遴登、吴其雷、布衣尹质、道士蒋函九、僧人寄寄十五人,每首诗后都附有本人小传,介绍其生平。

　　《湖海楼诗集》卷四"庚戌"诗《感旧绝句》。

在开封,赋长诗寄季振宜,讲述了自己别后的情形,对眼下的作幕生涯颇不甘心,希望能得其提携和照拂。

　　《湖海楼诗集》卷四"庚戌"诗《述怀寄季沧苇侍御,即次其见赠百五十一原韵》有"惟因觅饘粥,讵曰趋公卿","依人入官廨,伏首栖檐楹","空留侠烈肠,不敢辱父兄。愧无獭趋态,足以供使令"等语,足见其对作幕生涯的态度与感受。诗中另有句云:"昨又过汝南,猱狂逐麋麖。今财返梁苑,短发垂鬖鬖。"可证其时作者在开封。诗末颇见乞援之意:"生平仙佛志,干死儒门枨。颇思游六库,畏守下里篁。铅刀伐砒错,钝质须磨莹。焉能老钓竿,日数江边蜻。贫贱百事难,扛鼎力不勍。还当仰煦沫,勿复嗤迁仁。发言愧詹詹,幸公谅硁硁。"

九月上旬,送史兰幼南归,有诗赠行。

　　《湖海楼诗集》卷四"庚戌"诗《秋杪送史兰幼归江南》有"萧晨八九月,

送子赋归欤"和"计程皓魄圆,定买京江舻"之语。按,秋杪为九月,故诗中的"八九月"实当指九月。又从"计程皓魄圆"两句,可知其送行时当在十五以前。

史兰幼,生平、名号待考。江苏金坛人。潘高《南村诗稿乙集》卷七"庚戌"诗《送史兼三之中都》序中有云:"庚戌夏五,史子将有中都之游。"《迦陵词全集》卷十二有《满江红·忆旧游寄金沙王弓铭、张杜若、徐岐雒、史兼三诸子,仍用学士来韵》,《湖海楼诗集》卷五"壬子"诗有《徐岐雒、史兰幼自汴署南旋,闻余在此间,顾我于寺寓流连。惜薄暮出城,时正值上巳也》。故怀疑史兼三即史兰幼。《江苏诗征》卷九十七收有史逸裘子史岱《同兰幼叔读书修圆庵》一首(该诗又见《京江耆旧集》卷三)。据此可知史兰幼与史逸裘为兄弟行。另,张坛《东郊草堂集》"五言律诗"有《夏日同史麟长、省斋、兰幼、眉山暨宋禹域、潘新弹、吴令闻、裘大闻、陈蕴先湖中夜泊》。

重过郑州驿,再和壁间女子芳芸韵,有诗。

《湖海楼诗集》卷四"庚戌"诗《重过郑州驿,再和壁间芳芸女子韵》云:"废驿蟏蛸结网低,亭栏依旧事全迷。重看墨较前番淡,乍到苔经二月萋。"

秋末,储福宗有词怀之。

《荆溪词初集》卷四储宗福《满江红·秋杪忆其年客中州》有句云:"漳水汤汤,想驴背吟髯如戟。"

储福宗,字天玉。江苏宜兴人。著有《岳隐词》。生平见道光《续纂宜荆县志》卷九。

十月初到达怀庆,作《覃怀署中作》、《屋后望太行山歌》、《怀州岁暮感怀》四首、《覃怀杂诗》七首。

《湖海楼诗集》卷四"庚戌"诗《覃怀署中作》、《屋后望太行山歌》、《怀州岁暮感怀》四首、《覃怀杂诗》七首。

按,从编年诗排序及诗歌内容看,《覃怀署中作》当为初到怀州之作,该诗云:"车响犹从耳畔闻,已除席帽浣尘氛。商量便拟摊吟卷,屏当还须展簟纹。竹院夜啼汾水雁,纸窗晴湿太行云。悲秋倦客俱无赖,差喜幽轩半亩分。"另《屋后望太行山歌》亦云"怀州十月天气凉,朔风懔栗吹边墙。"对时间交代均颇具体。从以上诸诗内容来看,陈维崧在怀庆停留时间似乎较长。覃怀为怀庆古地名。

本年江南大水,徐紫云于岁末至怀庆。

《湖海楼诗集》卷四"庚戌"诗《怀州岁暮感怀》四首其四有云:"故国愁闻鱼大上今岁江南大水,中原喜见雁重来九青雁再至。"卷五"辛亥"诗《冬杪十六日九青风雪入商丘,赋诗怀之》有云:"鸡鸣白月盱眙县,马滑黄河武陟城俱客冬事。偕汝风涛刚隔岁,累卿冰雪又单行。"

十月二十九日,在怀庆使院赋《沁园春》。

《迦陵词全集》卷二十四《沁园春·十月晦日,怀庆署中望太行山积雪》。

在怀庆得邹祗谟死讯,赋诗悼之,并书告维岳,维岳有书报之。

《湖海楼诗集》卷四"庚戌"诗《覃怀杂诗》之四云:"昔与邹祗谟董以宁辈,散发弄鸣琴。仿佛同嵇阮,流连在竹林。绸缪拟灵匹,惠好逾同衾。白日忽西颓,浮云为我阴。董既丧家宝,邹亦殒国琛。不堪河内郡,恻怆痛知音。"诗末自注云:"时新闻程村讣。"

周在浚等所辑《赖古堂名贤尺牍新抄》三选《结邻集》卷十六陈维岳《柬兄其年》云:"今讦士又作古矣。邹、董相继零落,兰陵旧游,酒旗歌板故地,阑风长雨,不可复寻。言之凄然,不待过黄公酒垆而始恸矣。"

年底返乡,过苏州访沈世奕、范必英,值其赴浙,不遇。

《湖海楼诗集》卷四"庚戌"诗《岁杪过吴门访沈韩倬、范龙仙,值其越游未归,怅然赋寄》。

十二月二十九日,弟维嵋有《南乡子》词怀维岳。

《瑶华集》卷五陈维嵋《南乡子·除夕怀弟维岳》上阕末云:"绕柱腾腾思阿纬,燕关。三度梅花未共看。"

按,陈维岳康熙六年夏留京,至本年正好梅花三度。

本年,作《多丽》词咏冰。

《迦陵词全集》卷三十《多丽·冰》下阕有云:"记前冬芦沟南下,归舟却阻河凌。"

康熙十年　辛亥(1671)　四十七岁

正月末至金坛。二月二日,赛社之日,于佶招同潘子逊、潘高过饮其家,饮

罢出城泛舟梵川,至天黑入城,复于其鹤和堂观吴儿演剧,喧闹至天明始别。有组诗纪事。

《湖海楼诗集》卷五"辛亥"诗《首春于吉人招同潘子逖、孟升过饮,饮罢即出城,泛舟游梵川,归复于鹤和堂观吴儿演剧,作诗纪事》其一有句云:"羁客忻嘉招,熙春撰游屐";"久知金坛酿,碧色滑如乳";"我甫离家园,心情正错互"。既道出了时间地点,又道出了自己的心态。其二有"家家赛春社,处处领春醅"之句,更进一步点明时间是在春社之际。其三首句云:"君家足别业,其一曰梵川。"可知梵川乃于氏别业。其七开首云:"瞳黑入城闉,市火生青烟。君家正夜赛,杂坐鸣春弦。"末云:"月晓出门别,铜盘半明灭。"说明了一天的行程。

于佶,字吉人。江苏金坛人。工诗善画。有《雪晴斋稿》。

在金坛识于梅,并有看梅移家之约。

冒襄《巢民文集》卷六《书于象明扇后》有云:"象明喜晤其年于我得全堂,贻诗八律。去春,其年在金沙与象明有看梅移家之约,不分把晤于此。是夜,茗饮甚畅,余作七律六首,与其年溯回往事,兼出姬人所画墨凤索题。时象明将归,其年复有延令之役。故诗中多离合之感。"该文题下注有"壬子"两字。

《同人集》卷七"壬子岁寒倡和"诗收有于梅这八首诗,题为《壬子东皋岁暮,余将归江南。忽闻陈其年先生来自荆溪,舣舟见访,不值。明日喜晤于巢民先生之得全堂。文酒流连,更阑灯地。惜别怀归,赋得八章,呈巢民、其年两先生兼别文虎、孺子、谷梁、青若》。其一末两句云:"故园梅花开水际,乡关同发意如何。"可证其曾有看梅之约。其二云:"贳酒花前忆去年,江淮流落鬓皤然。偶同蜡炬非前约,恰带春星又别筵。卜宅倘从句曲隐其年近买姬洛下,拟卜别业于吾邑,将诗好并鹤江传谓南村。杖藜定有柴门兴,坐待春湖泛雪船。""壬子"为康熙十一年,故冒襄文中的"去春"和本诗中的"去年"云云即指本年。该诗所述实为其两人初识之情,"非前约"说明他们是不期而遇的,而"偶同蜡炬"、"恰带春星"则说明这次相遇极有可能就是在于佶斋中。其六可进一步证明这个推断:"梅花老屋月如银,杨柳新词罱暮春。后学应呼何水部,前身多恐杜司勋。流莺歌调吴儿别,笛步风情地主分。后会难凭街鼓动,不胜双鬓怆离群。"

于梅(1637—?),字象明。江苏金坛人。祖于蕡善画山水。于梅工诗,著有《茶山诗集》。生平详民国《金坛县志》卷九之四《人物志四·隐逸》。

在金坛游顾龙山,作《月上海棠》词一首。

《迦陵词全集》卷八《月上海棠·游顾龙山》题下注云:"山在金沙城外,相传明太祖曾驻跸此山。"下阕末云:"春花落,莺啭空山斋馆。"知为春季作。

按,顾龙山,一名乌龙山,在金坛城南四里处,今为游览景区。该词作年无考,因陈维崧本年春曾游金坛,故系于此。

时将之河南,临别前潘高有诗送之。

潘高《南村诗稿》卷十六"辛亥"诗《送阳羡陈其年之中都》云:"惆怅春时走驿亭,鳜鱼消息近溪汀。江南看遍桃花水,只望铜官一点青。"从诗集中前后诸作所显示的时间看,该诗应作于正月末二月初。其前面两首为《人日》《雪后喜尔人自楚中归却寄四首》,后隔几首有一首题为《二月》。

春日离家去中州,弟维嵋送至河上。

《湖海楼全集·湖海楼诗集·补遗》之《哭弟诗四首》其一自注云:"余昨岁往中州,弟别我于河上。"

按,据《家乘》卷三,陈维嵋卒于康熙十一年,具体时日缺载。《哭弟诗四首》自序云:"余以仲夏归里,始知仲弟半雪之变。"可知陈维嵋当卒于次年春夏之际,陈维崧诗则成于次年年底。

过盱眙,有诗。

《湖海楼全集·湖海楼诗集》卷八《盱眙》:"晓发盱眙县,烟岚极望遥。东风吹泗水,残雪未全消。"从季节看,当为早春。而盱眙为自江南入中州必由之路。

三月寒食节前后,潘高有诗寄之。

《南村诗稿》卷十六"辛亥"诗《寄陈子其年》云:"廿载神交客,迢迢天一涯。心知杜陵雁,梦绕伊阳花。忆我过君时,正对南山雪。停桡一问讯,犹作都门客。迄今又五年,思君益怅然。如何甫把袂,忽忽是别宴。有书开我颜,无书低我首。新诗曾几多,芬芳在人口。漠漠柳花村,疏雨自黄昏。忆君寒食下,愁绝那堪论。"

按,依《南村诗稿》诸诗考之,潘高于康熙五年春间曾到过宜兴,其过访陈维崧或即此时,这与"迄今又五年"的时间描述完全相符。不过当时陈维崧尚未有京华之行,或家中已有其准备北上之传言,故诗中及之。《南村诗稿》卷十一"丙午"诗有《阳羡山庄作寄象明》《醉歌行赠阳羡潘洛瑞》《赠别阳羡诸公》等,即为康熙五年在宜兴所作。

有诗寄潘高与于晴雪。

《湖海楼全集·湖海楼诗集·补遗》之《寄金沙潘南村、于雪晴》有云:"于君淡荡人,潘老欹嵌者。春城音信疏,忍意向谁写。别后怅离居,迢迢千里馀。几回江上雁,错附洛城书。……杨花今满县,仿佛雪晴时。"

于雪晴,疑为于梅。雪晴或为其别号。

暮春在开封,有诗寄宋德宜,追忆旧游,不胜今昔之叹,有自哀自怜之意。

《湖海楼诗集》卷五"辛亥"诗《大梁署中春暮,寄怀宋蓼天学士》。

约在同时,河南巡抚郎廷相因开封城明代钟楼经水淤废而拆除之,以其材在相国寺建藏经楼,左布政使徐化成从江宁请来藏经,陈维崧为撰疏募资。

《陈迦陵俪体文集》卷九《相国寺重建藏经阁募疏》云:"抚军大中丞郎公,应华盖之台星,履文昌之正位。两河受秩,百度允厘,有废皆兴,无弛不举。弘告邦人,欲还其旧。适会方伯徐公,辇法苑于南天,转佛轮于中土。已于江宁先请藏经全部,霞绦溢帙,琅轴盈箱。凡兹善信,共相赞叹。于是阖境宰官,此邦檀越,伏念层台九仞,原非一木之功;美锦千纯,又岂寸丝之助?嗟乎,历亿万劫兵戈以后,益皈我佛之慈受;二十载涵育之恩,咸赖人王之力。可无提唱,以示因缘?所赖涓埃,积为完满。伏愿共覆为山之篑,同施不舍之檀。庶几楼观耀日,南通洛口之仓;奋锸成云,北运黎阳之土。宝笈共瑶图而复旦,珠林与玉烛以长春,谨疏。"

按,相国寺位于河南开封市。据嘉庆《大清一统志》卷一八七载,相国寺在明末因河患久废。清顺治十六年,巡抚贾汉复重建。康熙十年郎廷相重修藏经楼。

郎廷相(?—1688),字钧衡。隶汉军镶黄旗,辽东广宁人。监生。郎廷佐弟。顺治十五年以郎中随征李定国,以军功加优叙,康熙三年授四川布政使。八年三月擢河南巡抚,十一年七月以忧免。十四年服阕,授江西巡抚。十五年任福建总督。时耿精忠初平,馀党尚有抗拒,廷相剿抚兼施,次第削平。康熙二十七年卒于闽。生平详《钦定八旗通志》卷一九一《大臣传》五十七本传。

徐化成,字文侯。隶汉军正蓝旗,直隶昌平(今北京市)人。顺治六年由贡生知光州,八年知浙江台州府。十六年正月由广东右布政使改河南左布政使。康熙十一年三月升湖广巡抚。生平详《大清畿辅先哲传》卷三"名臣三"。

春,四弟宗石卜居北京,徐乾学有诗赠之。

徐乾学《憺园集》卷五《次陈子万卜居韵》:"公子经年此僦居,乌衣门巷已成虚。飘零何异辽东鹤,蜷局还看下泽车。春发小斋花掩冉,风回幽径竹萧疏。残书剩有千馀卷,好借邻灯照屋庐。"按,该诗前一首题为《康熙九年十二月十九日上召对弘德殿……》,为上年末,本诗作于春天,以时间推断,当成于本年春。

徐乾学(1631—1694),字原一,号健庵。江苏昆山人。为顾炎武甥。康熙九年进士,授编修,历任礼部侍郎、左都御史、刑部尚书。与弟秉义(初名与仪,字彦和,号果亭。康熙十二年进士)、元文(字公肃,号立斋。顺治十六年进士)同朝为官,家门显赫。在官好奖掖士林。然归乡后,因亲族横行不法,被夺职。卒后复原官。家富藏书,通于经学。著有《憺园集》等。生平详王逸明《昆山徐乾学年谱稿》(见《新编清人年谱稿三种》)。

暮春,徐紫云至京,王士禄托其寄书邺下,询及陈维崧纳妾之事。王士禄于去岁四月入京,九月补吏部考功司员外郎。从其来信看,陈维崧原曾计划秋季重上北京,因故未果。

《陈迦陵文集》卷六《祭王西樵先生文》:"辛亥暮春,予游邺下。时先生再起,补官吏部。飞书寄我,流连故隐,恻怆旧游者。终坚我以沧州之约,而要我以猿鹤之盟。"

周在浚等所辑《赖古堂名贤尺牍新抄》三选《结邻集》卷十六王士禄《与陈髯其年》云:"风流云散,一别如雨。屈指岁序,遂尔五更。虽中间髯经北客昭台,弟亦南游袁浦,乃舟车错互,解后无由。回思向者画壁旗亭之旁,连床选楼之侧,不复可再。何时一尊酒,重与细论文。经时一咏,辄不禁低徊久之也。自客夏入都,幸时从纬云得髯客游崖略。比者紫云缥缈,又送良书,把读之馀,不殊与射洪握手,良慰良慰。髯依云兄幕中,宾主酬对,既复不恶,兼以其暇,吊彝门之旧墟,访梦华之佚事。大河如故,艮岳既平,悲从中来,情深一往。长歌发其慷慨,倚声写彼缠绵。古锦囊中,新章又增几许耶?伏闻遂欲蒐裘梁园,觅小妻为生子计。髯已近达夫称诗之岁,尚违陶公求火之情。此事于今,亦诚难缓。弟恐《竹竿》《鱼尾》

之咏,来自张公、玉女之间。而紫云从旁,又伤敝席之言,送煎鱼之泣。髯旁皇瞻顾,将何以慰之? 或者乐府艳词,亦传三妇;紫宫双入,并有雌雄。髯可藉以自解者,其在斯乎? 弟此来殊非本怀,所持不固,事随境迁。……闻髯秋间将复北来,倘从荆高市上,得重续平山曲江旧游乎? 予日望之矣。”

陆以湉《冷庐杂识》卷三《用心精专》云:“高达夫五十学诗而成名,杜祁公七十学草书而尽其妙,由于用心之精专也。”高达夫即高适。陶渊明《求子》诗云:“厉夜生子,遽而求火。”该典系出《庄子·天地》。

关于王士禄补官事,可参《王士禛全集·王考功年谱》。

为编《今词苑》向王士禛索新词,王士禛有书报之,以旧作三四首相寄,并承诺代向曹尔堪、宋琬索稿,书末及邹祗谟。

《王士禛全集·集外文辑遗》卷二《与陈其年》之二有云:“云郎到,得悉近况,良慰积惊,所事想详之。芝翁先生学中,并阿云能口道,兹不复赘。知欲纳妾宋中,锦水有鸳,汉宫有木,不畏阿云作《白头吟》耶? 千老家信附到,转宋公陈君酒间,已备以老长兄暨子万嘱之再三矣,如晤渠可再道及。弟年馀来心事不佳,久不与泓颖作缘,承索新词,愧无以报。旧词偶记得三四首,亦小令,且平平无奇,选中附入一二首可矣。顾庵未刻词多而且妙,皆属弟评定者。荔裳亦刻《二乡亭词》,今皆在此,统致台意,索来续寄可也。情下小极不尽。如晤牧仲、子昭昆玉,致想念。讱士兄昨年三四月间来淮上相视,盘桓数日,犹相对叹文友之死,不谓别去月馀,而身亦化为异物,悲哉! 惜哉! 每一念及,辄为哽咽,欲作哀声亦不能成篇,罢之。想先生必有伤逝之作,便中写寄,附行。”

据《渔洋山人自撰年谱》,王士禛是年春迁户部福建清吏司郎中。又其本年与曹尔堪、宋琬在京游处情形,可参蒋寅《王渔洋事迹征略》。

四月,在临漳,遍览当地历史名胜,并赋诗发思古之情。有诗寄怀纪映钟,纪映钟逢故乡人至京,曾询及陈维崧近况。贺国璘、章性良有诗同赋。另,《铜雀瓦赋》盖成于此时。

《湖海楼诗集》卷五“辛亥”诗《邺下寄怀纪伯紫》有“别君长安城,送我长安路”、“别后思绵绵,分携定几年”、“君逢故乡人,问我平安否”等语,可知两人自都门分手后未再谋面,此诗是对其问候的回复。同卷另有《邺台怀古》八首紧排在此诗后,其一开首云:“姊规啼歇野花殷,惆怅春还我未还。四月轻阴连邺下，千秋陈迹满人间。"点明了季节和时间。

《陈迦陵俪体文集》卷一《铜雀瓦赋》开首有"魏帐未悬，邺台初筑"之语，末云："春草黄复绿，漳流去不还。只有千年遗瓦在，曾向高台覆玉颜。"所言时令完全相合，故断其作于此时。

《曲阿诗综》卷十九贺国璘有《邺台怀古同章圣可、陈其年赋》或作于同时。

章性良，字圣可，号江蓠。江苏丹徒人。由诸生援例岁贡，考选教习。以诗古文词擅名。著有《种学堂诗文集》《詹詹吟》《交翠亭集》等。生平见光绪《丹徒县志》卷三十三《文苑》。

按，《陈迦陵文集》本《邺台怀古》八首，在《湖海楼全集》本中作六首。从诗意看，原来的七、八两首并非怀古之作，患立堂初刻之《陈迦陵文集》编集有误，应从《湖海楼全集》本。

十六日，有诗怀表兄万廷仕，万廷仕曾任临漳令。时拟游林庐未果，亦有诗。

《湖海楼诗集》卷五"辛亥"诗《邺台怀古》八首之七、之八。该诗之七在《湖海楼全集·湖海楼诗集》卷九题作《邺中怀旧临漳令万大士》，中有句云："五湖归隐头今白，昨夜思君月正圆。"可知前一日为十五日。之八《湖海楼全集》未收，诗后有注云："拟游林庐未果。"

万廷仕（1618—1680），字大士，号馀庵。宜兴人。万诚长子。母陈氏为陈维崧从祖陈于明女。廪生，顺治五年拔贡，十年至十三年任临漳知县。年未四十即解组归。著有《馀庵集》。卒后礼部右侍郎沈荃曾为撰墓志。生平详《万氏宗谱》卷七、嘉庆《宜兴县志》卷八《人物·治绩》。雍正《河南通志》卷五十五《名宦志》有传。

六月六日，为亡母诞日，弟维嵋有词纪之。

陈维嵋《亦山草堂词》卷下《满江红·余年十二，慈母见背，迄于今三十年矣。辛亥六月六日，读书宋干尹氏堂中，适慈母诞辰，感而赋此》。

十二日，恽格来宜兴，欲晤陈维崧不得。吴逢原出陈维崧所赠诗扇索画并书，恽格书罢，依陈维崧韵赋诗和之。

许宏泉《管领风骚三百年》第26页所收陈维崧为吴逢原题扇诗后，有恽格补题之诗，其题记云："两度到荆溪，待其年一晤，竟不可得。适枚吉出其年所赠诗扇索画，并书客冬看雪酬和诗。书罢兴发，复取其年诗依韵和之。时陈霂方携云郎北去,念之且嘲之也。"末署"辛亥六月十二日弟恽格又题,索枚吉昆友一笑"。

恽格(1633—1690),字寿平,改字正叔,号南田。江苏武进人。少颖异,工诗文,尤擅绘画。画初习山水,后因见王石谷以山水名,遂改画折枝写生花卉,为一代大师。著有《瓯香馆集》。生平详《瓯香馆集》前所附《南田先生家传》一、二。

九月初从洛阳往偃师,行前有诗赋感。

《湖海楼诗集》卷五"辛亥"诗《将去洛阳灯下感赋》云:"露幌风帘思不禁,巡檐背手重沉吟。一城汉苑隋宫地,几夜零砧断杵心。菊到将离分客瘦,天因临别酿秋阴。偃师明发应回首,洛水嵩云深更深。"从诗中所记节候看,应在九月初。

十五前后,至商丘。

《逸德轩诗集》上卷《送陈其年归宜兴》有"康熙十年九月半,梁苑停车来彼粲"之语,可知其至商丘的具体时间。

刘德培以词招饮,倚韵填词相酬。

《迦陵词全集》卷四《醉花阴·初秋刘笃甫以词招饮,次韵奉酬》。

刘德培,字笃甫,后自更字藜句。商丘人。刘榛族孙。父刘伯愚,字千之,曾为雪苑社重要成员,崇祯十五年死于难。德培生平喜交游,好读书,尤笃于诗骚。著有《见天小筑诗存》一卷。生平见《商丘县续志资料》及方苞所作《刘笃甫墓志铭》(见《望溪先生文集》卷十一)。

同月,刘榛邀同田兰芳、宋荦、雪笠上人夜饮。刘榛有词记其事。

《虚直堂集》卷二十四《董园词》之《风流子·邀其年、梁紫、牧仲、雪笠小饮》上片云:"重阳虽已度,东篱畔、菊蕊正飞香。柬神父宋登,史才陈寿,虎溪惠远,京兆田郎。高轩过、白莲重结社,清夜对称觞。促膝论文,分筹索赋,不嫌人醉,越爱僧狂。"

宋荦(1634—1713),字牧仲,号漫堂,又号西陂居士、绵津山人。河南商丘人。大学士宋权子。顺治四年应诏,以大臣子侍卫禁廷,次年考试名列第一。康熙三年授黄州通判,官至吏部尚书,在任三年,加太子少师,以老致仕。宋荦笃学好交游,少从贾开宗、侯方域等游,立雪苑六子社。长而才气峻拔,淹通掌故,诗文俱有名于时,诗名尤著。著有《西陂类稿》《筠廊偶笔》等。生平见汤右曾所撰墓志铭、顾栋高《宋漫堂传》及宋荦自编之

《漫堂年谱》。按，宋荦母赵夫人于康熙八年十月去世，次年正月宋荦由黄州奔丧回家，开始丁忧家居，至康熙十六年授理藩院院判，始复出。

雪笠上人，本吴中人。康熙九年至商丘，入主白云寺为僧，好为诗，与商丘文士多所往来。其行踪多见于诸人诗文中。《虚直堂集》卷二十四《董园词》之《忆秦娥·雪上人乞酒，戏侑以词》二首其二末尾自注云："上人字葵颎，名大足，别号雪立。"陈维崧康熙十年所作之《恭士携具同李白公过八关斋，看颜鲁公八角碑，并访雪笠上人，薄暮始返，赋韵纪事用杜陵韵》其三云："阿师吴中人，昨渡长淮岸。洗盘寻孤烟，鸣榔溯晨汉。锄园梁宋间，药阑葺已半。井洗春泉清，梵杂邻鸠唤。每当粥鼓暇，时写林峦漫。琴几对徜徉，丹青自萧散。"诗中对其人略有介绍。《诗观三集》卷七宋炜《南湖探雪上人病》《周参戎招同雪上人南湖泛舟》《题雪上人画》即为其所作。

过访刘榛，读其楚游近作，有诗。

邓汉仪《诗观二集》卷十有陈维崧《过访刘山蔚，兼读其楚游近什》。

按，宋荦为黄州通判时，刘榛曾随行入幕，楚游之作即黄州幕中作。

与宋荦、宋炘、宋炜兄弟游。有诗赠宋荦，颂其在黄州为民除害事。为宋炘赋诗，歌其所藏宋徽宗画鹰图。宋荦有诗酬之。

《湖海楼诗集》卷五"辛亥"诗《一日射五虎歌为宋牧仲使君赋》《宋徽宗画鹰歌为宋景炎吏部赋》。同年所作《岁暮客居自述仿渭南体柬知我数公》其十有"两徐恭士、逸黄三宋牧仲昆季今词伯，异地同心兴不孤"之语，亦可证交游。

宋荦《西陂类稿》卷三《次韵酬陈其年》云："岁暮相逢掩竹扉，林丘同着薜萝衣。天将赋草催枚乘，才到梁园雪已飞。"

宋炘，字子昭，又字景炎。宋荦弟。以父荫授中书舍人，迁吏部主事，后改户部，累迁工部郎中。著有《尺玉堂诗》。生平见刘榛《奉政大夫工部虞衡司郎中宋公墓志铭》（《虚直堂文集》卷十四）。

宋炜（1643—1683），字介子，又字介山，号介三。宋荦弟。少负俊才，为人谦和，好交游。工诗，善丹青。康熙十六年授内阁中书，待次于里，封征士郎。康熙二十年举顺天乡试，又二年卒。著有《西湄草堂诗》。生平见刘榛《宋介山墓志铭》（《虚直堂文集》卷十四）。

秋，王士禛在京见陈宗石，有诗相赠。

《王士禛全集·渔洋续诗集》卷一"辛亥京集"《陈子万至,得其年往河南消息》首两句云:"自尔辞梁苑,萧条秋气繁。"

致书龚鼎孳,求其代谋出路,并告以拟于中州买妾。不久纳一妾,侯方岩为割宅居之。妾系金陵人,少随父漂泊至商丘。其父母以陈维崧为世家子,意其富,因嫁之,久乃知其仅一穷秀才耳。

《陈迦陵俪体文集》卷二《上芝麓先生书》题下原注有"辛亥"字样。该书首云:"载别旌门,四更萱荚。"按,萱为多年生草本,于夏日开花。故揆其时日,当作于入秋以后。另,察其书中辞气,颇有哀恳之意。如云:"崧之藉庇,廿馀年矣。不幸崩摧,酷遭割罚。年逾知命,尚乏嗣胤。已成张壮武之心疾,时类羊南城之泪流。已于商丘,拟置一媵。非云曼倩之小妻,聊比乐天之粗婢。或者李家先德,尚产袁州;阮氏清门,将生遥集。……方今成均广辟,石鼓弘鸣。六馆之侧,负笈者三千;四库之旁,横经者十九。若获策其谫劣,竭此涓埃,一观太学之碑,便脱诸生之籍。未知此语,果合事宜?伫望台裁,以为进止。嗟乎,来日大难,独居不乐。天上之愁万里,人间之怨千年。"

按,陈维崧纳妾的具体时日已不可考,但从其本年所作的《岁暮客居自述,仿渭南体柬知我数公》其三"姬愁腊尽催辞灶"一语可知,应在年底之前。又,《迦陵词全集》卷八《江城子·戏写姬人领巾》上片云:"石头城下小萧娘,眼波长,鬓云光。少小随耶,漂泊到睢阳。恰遇游梁病司马,刚一笑,结鸳鸯。"据此可知其妾的大概身世。

《湖海楼诗集》卷六"己未"诗《寄侯六丈叔岱,并怀田梁紫》二首其一前两联云:"苦忆商丘侯六丈,纵然疏放亦天真。三年割宅谙余懒,竟日衔杯任世嗔。"陈维崧纳妾后在商丘居住前后共三年,据诗中所言,可证其纳妾后借住在侯方岩宅。

在宋炘席上遇李芳广,有《念奴娇》词相赠。

《迦陵词全集》卷十八《念奴娇·宋景炎席上赠柘城李蓼墅》。

按,在手稿本第八册中,该词与《念奴娇·用前韵酬柘城李子金》《念奴娇·用前韵酬鹿邑张子武》《念奴娇·用前韵酬柘城王叔平》《念奴娇·睢州田子益、唐斯林、孙啸史、徐次微、袁信庵、褚宸宣、吴子纯、侯长六诸子邸中沽酒饮我,别来数日,荒村风雪,有怀昨游,用前韵寄之》《念奴娇·梁紫有和予〈百字令〉词,因用前韵酬之,送其暂返锦池,兼促即来梁苑》

《沁园春·叔岱先生雅有鹡鸰之癖,友人田梁紫作书止之,戏括书语为词》《沁园春·又戏代叔岱先生答》《江城子·戏写姬人领巾》《水调歌头·咏美人秋千》《春从天上来·壬子元夕》《定风波·赠牧仲歌儿阿陆》《定风波·又赠歌儿阿增》接抄在一起,别为一小集,卷端题曰《乌丝词第三集》,下原署"宜兴陈维崧其年撰,柘城李方广蓼墅、王锬叔平阅"字样,"柘城李方广蓼墅、王锬叔平阅"数字被用墨笔勾去。

　　李芳广,字蓼墅。河南柘城人。康熙三年进士,曾任山东寿光县令,任满行取,授中书舍人,为嫉者所中,致仕归,优游林下以终。生平见光绪《柘城县志》卷三《人物·仕宦》。

冬,在商丘遇柘城李子金,倚前韵作《念奴娇》词相赠。

　　《迦陵词全集》卷十八《念奴娇·用前韵酬柘城李子金》上片云:"雪飞千里,步睢阳市上,忽逢李白。笑顾群公摩腹语,空洞容卿什伯。嚼蕊吹花,马楽名理,豪荡真难敌。轰虺拉杂,酒酣披沥衷臆。"

　　李子金,原名之铉,以字行。河南柘城人。增广生员,博学工文,尤精算术。与田兰芳极相善,又经田兰芳而识刘榛。生平详刘榛《虚直堂文集》卷十《李子金、孙昉、郑廉传》、光绪《鹿邑县志》卷十四中《人物志》。

　　按,睢阳为商丘的古称。

识鹿邑张子武,依赠李芳广词韵赋《念奴娇》相赠。

　　《迦陵词全集》卷十八《念奴娇·用前韵酬鹿邑张子武》。

　　张子武,生平、名号俟考。光绪《鹿邑县志》未见其人。

与新进士柘城王锬游,有词相赠。词中颇多身世之感,并酬其知己相遇之恩。

　　《迦陵词全集》卷十八《念奴娇·用前韵酬柘城王叔平》云:"丈人安坐,看三更、帘外明星初白。壮不如人今已老,臣是江东亭伯。万事都非,一年将尽,才命交相敌。悲歌何益,且须美酒浇臆。　　幸遇梁宋诸公,焚香梯几,曲室红炉炙。千载邹枚今尚在,暂缓颠毛成雪。袞袞祥鸾,栖栖穷鸟,来日翻飞急。长镵短柄,空山橡栗能拾。"

　　王锬,字叔平,号三雪。河南柘城人。康熙九年进士,官至内阁中书。生平见光绪《柘城县志》卷三《人物·仕宦》。

至睢州,当地文人田履谦、唐斯林、孙昉、徐拓垣、袁赋谌、褚宸宣、吴学灏、侯长六沽酒邀饮于邸中,别后赋《念奴娇》寄之。

《迦陵词全集》卷十八《念奴娇·睢州田子益、唐斯林、孙啸史、徐次微、袁信庵、褚宸宣、吴子纯、侯长六诸子邸中沽酒饮我,别来数日,荒村风雪,有怀昨游,用前韵寄之》。

孙昉,字旭初,号白村。入清后更号啸史。短干黄须,工于议论。与李子金、郑廉友善,共同问学于田兰芳。田兰芳尝有"孙昉之识解,子金之深心厚力,郑廉之雄奇倜傥"之叹。生平详《逸德轩文集》下卷《孙白村传》和《虚直堂文集》卷十《李子金、孙昉、郑廉传》。

田履谦,字子益。徐拓垣,字次微。袁赋谌,字信庵。吴学灏,字子纯,一作子淳。俱为睢州人。田兰芳《逸德轩集》卷首"同学助刻姓氏"中有著录。

唐斯林、褚宸宣、侯长六,均俟考。《逸德轩集》卷首"同学助刻姓氏"中有"褚展声聿宣,睢州人",疑即褚宸宣。

十二月初六为陈维崧生日。时逢下雪,侯方岩邀同人为祝,田兰芳有诗。徐作肃因病未能入城。

《逸德轩诗集》上卷"辛亥"诗《雪中叔岱邀祝陈其年,时徐先生病,欲入城未果》。

初九日晚,雪后月出,同侯方岩宿于其弟方闻斋头,有诗纪事。

《湖海楼诗集》卷五"辛亥"诗《杪冬九日,雪后月出,同叔岱夜宿季嵩斋头漫赋》。

按,据《商丘县续志资料》:"侯方闻,字季嵩,恪四子。贡监生。工诗。人集其诗合其三兄者刻为《四侯诗集》,刘榛为之序。但因嗜酒,少醒时,故诗不多。又常结徒纵饮西村,辄至忘时,卒以是死。"刘榛《虚直堂文集》卷四《四侯诗序》也云侯恪"之子四:曰方镇长华、方岳仲衡、方岩叔岱、方闻季嵩"。惟侯方域《壮悔堂文集》卷五《司成公家传》云侯恪有六子,分别为"方镇、方岳、方岩、方闻、方隆、方新",就目前所掌握的材料来看,方隆、方新的生平均已不可考,或皆已少殇。

客中思弟维嵋,同侯方岩、田兰芳有诗。

《湖海楼诗集》卷五"辛亥"诗《怀弟半雪,同叔岱、梁紫赋》。

风雪中有诗柬侯方岩,有乡园之思。

《湖海楼诗集》卷五"辛亥"诗《风雪中柬西村侯六丈》中有"实怕残年遭屋漏,可堪故园正梅开"之句。另按,方岩在侯氏兄弟中排行为第六。

见侯方岳幼子官哥，有诗怀侯方岳。

《湖海楼诗集》卷五"辛亥"诗《见官哥因忆仲衡先生，泫然赋此》题下自注云："官哥，仲衡幼子。"

连日降雪不止，和杜甫《后苦寒行》二首示侯方岩、田兰芳。

《湖海楼诗集》卷五"辛亥"诗《雨雪不止，和杜陵〈后苦寒行〉二首示叔岱、梁紫》。

十六日，徐紫云冒风雪入商丘，陈维崧有诗。

《湖海楼诗集》卷五"辛亥"诗《冬杪十六日，九青冒风雪入商丘，赋诗怀之》有云："偕汝风涛刚隔岁，累卿冰雪又单行。伯桃作客衣装薄，狐假从亡骨肉轻。此意凄然吟不稳，粉笺湿透泪盈盈。"

雪晴后，徐作肃与其甥携具邀同徐邻唐过八关斋，看颜鲁公八角碑，并访雪笠上人。当日自萧晨出发，薄暮始返。归后有诗纪事。

《湖海楼诗集》卷五"辛亥"诗《恭士携具同李白公过八关斋，看颜鲁公八角碑，并访雪笠上人，薄暮始返，赋韵纪事，用杜陵韵》五首其一有句云："萧晨出郭门，心境两清绝。"其四有句云："同行得我友_{恭士}，攀萝袜沾湿"；"贤甥_{白公}长笛手，李暮所不及。"其五有句云："高蹈徐征君_{迩黄}，屏迹厌尘土。今晨约偕行，登顿畅怀故。"

徐邻唐（1611—1679），字迩黄，号我庵。河南商丘人。早年曾与侯方域结六子社，颇有文名。晚而讲求性命之学，弃去华藻。著有《我庵语略》。生平详见《虚直堂文集》卷九《蔡徐两先生传》。

按，商丘城南有开元寺，寺内有八关斋，有颜真卿手书的《会报德记》石幢，即诗中所谓八角碑。

田兰芳雪中归睢州，作《念奴娇》送之，并促其即来商丘。

《迦陵词全集》卷十八《念奴娇·梁紫有和予〈百字令〉词，因用前韵酬之，送其暂返锦池，兼促即来梁苑》云："朝来急霰，似千层浴铁，一军都白。何事严装偏早发，鞭指荒台阒伯。万籁悲号，六花狂舞，归骑疑冲敌。离杯当尽，人生有限肝膈。　感尔学富侯鲭，才同禁脔，偏嗜秦人炙。也拟寒天牵老伴，消过残冬腊雪。上冢庞公，移居杜老，别遽来须急。牸车沙稳，好将家具收拾。"

按，锦池即濯锦池，在今睢州世纪公园西侧。相传古时，当地之善织锦者环池而居，故得名焉。

侯方岩沉迷于斗鹌鹑,田兰芳曾作书止之。陈维崧戏括其书中语作《沁园春》词,又戏代侯方岩作词答之。

《迦陵词全集》卷二十四《沁园春·叔岱先生雅有鹌鹑之癖,友人田梁紫作书止之,戏括书语为词》《沁园春·又戏代叔岱先生答》。后一首下阕云:"此虽鸳愧鹰鹯。看猛气雄心非偶然。正霜天袖手,试观其怒;中原赌命,肯受人怜。藉尔骁腾,消予磊块,长日浮沉里闲间。公休矣,姑从吾所好,以待来年。"

作《江城子》戏题其姬人领巾。

《迦陵词全集》卷八《江城子·戏写姬人领巾》云:"石头城下小萧娘。眼波长,鬓云光。少小随耶,飘泊到睢阳。恰遇游梁病司马,刚一笑,结鸳鸯。　　晓寒呵手点梅妆。雪轻扬,怕开箱。只是新年,郎又渡春江。且把木瓜还渍粉,欹枕待,到秋凉。"

作《水调歌头》咏美人秋千。

《迦陵词全集》卷十四《水调歌头·咏美人秋千》。

作长诗赠钱肃润,颇有今昔之叹。钱肃润三年来因为江南征集军粮,乡居不宁,长期奔走北方,与陈维崧时有消息相通。

《湖海楼诗集》卷五"辛亥"诗《十峰草堂歌为梁溪钱础日赋》有句云:"同郡时尤推数子,董相文友邹阳讦士吾共尔";"汉廷尽避次公狂,齐女休嫌都克跛";"三吴征税急军储,栗里羌村少晏如。芒鞋远寻华不注,短衣直上医无闾。三年奔走泥没膝,亲旧音书那可必。浊酒难浇董相陵,寒灰不转邹阳律。萧然猿鹤怨山阿,余亦飘蓬客两河。北使竟传游子讯,西风催作草堂歌"。

钱肃润(1619—1699),字季霖,号础日,又号十峰主人。江苏无锡人。幼从学于高攀龙弟子郑期相,有才名,与同郡董以宁、邹祗谟、陈维崧为一时所称。曾补博士弟子员。鼎革后弃去,隐居教授。当事见其衣冠有异,执而笞之,折其足,因自号跛足生。自此名益高,四方学者尊为东林老都讲。著有《十峰诗选》《十峰文集》等。生平详《国朝耆献类征初编》卷四七七、吴德旋《初月楼闻见录》卷十。

宋荦招饮,即席成绝句六首。

《湖海楼诗集》卷五"辛亥"诗《牧仲招饮即席漫成绝句》。

按,患立堂本《陈迦陵文集》所收仅二首,而《湖海楼全集·湖海楼诗集》卷十二该诗题为《牧仲招饮即席漫成绝句六首》,《陈迦陵文集》所收实为六首的最后两首。

一年将尽,感叹造化弄人,有诗怀远戍东北的吴兆骞和陆庆曾。

《湖海楼诗集》卷五"辛亥"诗《岁暮客居自述,仿渭南体柬知我数公》其一云:"此生自断只由天,傀屋睢阳也偶然。……总苦差强穷塞主,阴山雪窖十多年。"诗末自注曰:"谓陆子玄、吴汉槎诸子。"

时穷愁潦倒,常有断炊之忧。

《湖海楼诗集》卷五"辛亥"诗《岁暮客居自述仿渭南体柬知我数公》其二云:"三间老屋朔风啼,土炕灰堆掩蕨藜。懒极诗瓢凭压迭,贫来酱瓿累提携。晴央阿段晨变栅,雨走奴星暮乞酰。自笑一生矜阔达,今年屏当到鸡栖。"其三云:"三寸毛锥百不成,白头壁立笑浮名。姬愁腊尽催辞灶,邻怪囊悭劝入城。着眼乾坤偏逼侧,撑肠文籍漫膨脝。谁怜吴郡真男子,沦作中原卖饼伧。"其四云:"贷粟监河拟上书,封题才湿又踌躇。叩门早信言辞拙,被祸深知礼法疏。"

按,"贷粟监河"云云,似指曾向河南河道邵灯求助过。详见后文。

日与侯方岩、侯方闻、侯方揆往来,时常出入方岩、方闻斋头,侯氏兄弟常有食物相馈,得暂免饥寒。

《湖海楼诗集》卷五"辛亥"诗《岁暮客居自述仿渭南体柬知我数公》其五云:"朝出南村夕北庄,经句十遍坐君堂。"诗末自注曰:"纪与叔岱、季嵩二丈月来踪迹。"其六有句云:"赖有数公将食器谓叔岱、季嵩、敷文诸君,不然一老困泥途。绵绵又下经冬雪,啼杀荒村白项乌。"

侯方揆,字敷文。贡生,有文名。父侯恺(字若思)为明末名士,与侯方域虽为从叔侄,然两家内子皆为常维翰女(见康熙《商丘县志》卷九《文苑》),且文名相埒,故交谊最深,著有《侯若思遗稿》,刘榛尝为之作序。生平见《商丘县续志资料》)。

分别有诗怀开封学政衙署诸同仁、同里诸先辈及四处飘散诸弟妹。

《湖海楼诗集》卷五"辛亥"诗《岁暮客居自述,仿渭南体柬知我数公》其七末尾自注云:"专柬汴署诸子。"其八末尾自注云:"怀路广心、史遽庵、周立五、徐竹逸、里中诸先辈。"其九末句云:"弟妹飘零书信隔,何时穷鸟再投林?"

路迈,字广心,一字子就。江苏宜兴人。崇祯七年进士,初授暨阳知县,迁吏部员外郎,后辞归。入清后曾以事入狱,卒遇赦归。著有《梦馀诗草》。

三十日,有感于一年已尽,自己依旧萍踪无定,空厨萧然,来年又是乡试之年,未来仍觉无望,慨然赋诗。

《湖海楼全集·湖海楼诗集》卷十《辛亥除夕》云:"浪迹天涯岁又徂,萧然饘粥断空厨。三条烛尽他乡酒,一夜霜喧匼树乌。小妇髻添新彩胜,中年人比旧桃符。明春纵有干时兴,其奈雕虫愧壮夫。"

本年在河南,与邵灯交。邵灯为妾杨氏作记,乞陈维崧题诗。未几邵灯卒,杨氏出家为道。其年为酬前诺,并追悼邵灯,赋诗一首。

《湖海楼全集·湖海楼诗集·补遗》有《御穷道人歌,为中州邵无尽观察追赋》小序云:"道人姓杨氏,琴川邵无尽先生姬也。先生观察中州,道人侍于官舍。无何先生抱疾,特为道人作记,方之古人双荷叶及梅花居士,并索余诗。既而先生不起,予不忍负此诺也,追作是歌。"

邵灯(1625—1671),字无尽,一字薪传,号陶庵。江苏常熟人。顺治九年进士,除中书,量移刑部,任郎中。康熙九年,曾分校礼闱。旋外转河南河道。卒于任。著有《河防要略》《天中景行集》。生平见《国朝耆献类征初编》卷二〇七、《光绪常昭合志稿》卷二十六。康熙《河防刍议》卷六载邵灯卒于康熙十二年(1673)七月,疑有误。

本年高士奇在京识陈维岳,时已知陈维崧名。

高士奇《清吟堂词》之《贺新凉·赠陈其年》上阕有句云:"江左纷纷诸俊彦,端让难兄难弟。早已著、惊人姓字。"且于"端让难兄难弟"后有一注云:"辛亥岁,识令弟纬云于都下。"

高士奇(1645—1703),字澹人,号竹窗,又号江村。浙江钱塘(今杭州市)人。康熙初由监生供奉内廷,累官至詹事府少詹事。卒谥文恪。高士奇才华赡敏,诗词文俱工。戴璐《藤阴杂记》卷一云:"高江村士奇,钱塘诸生,年十九,贫,至京师,卖文自给。新正为人书春帖子,自作联句,偶为圣祖御览,召见,授录事。"著有《高江村全集》。生平详《清史稿》卷二七一本传。

约本年,为宋荦《筠廊偶笔》作序。

《陈迦陵文集》卷一《筠廊偶笔序》。

宋炜《筠廊偶笔》序云:"筠廊者,余兄牧仲读书处也。……庚戌,余兄自黄州归。……偶思所见所闻,笔而成帙,名曰《筠廊偶笔》。"

康熙十一年　壬子(1672)　四十八岁

正月初一,风雪交加,愁闷而不能出门,有诗柬侯方岩。

《湖海楼诗集》卷五"壬子"诗《元日雨雪柬侯六丈》有句云:"今年元日倍愁侬,跂脚茅斋事事慵。……剩欲过君倾百盏,街泥何计好扶筇。"

初二风雪仍不止,有诗。

《湖海楼诗集》卷五"壬子"诗《二日雪不止》末云:"安得普天免冻馁,白头蹇拙甘途穷。"

初三日晨起,风定天晴,心情顿豁,只因街上泥泞不得出门,颇感郁闷。当日有诗。

《湖海楼诗集》卷五"壬子"诗《三日晴》有句云:"天明风定飞雪干,老夫晨梳凭曲阑。千村曙色忽已动,一年幽兴来相干。……邻翁告我泥没踝,且复却坐愁蹒跚。"

初五日,同侯方岩过饮徐作肃斋头,时雪笠、梅溪两僧在座,有诗。后以该诗示宋荦,宋荦依韵奉和,并与订元宵灯节之游。

《湖海楼诗集》卷五"壬子"诗《立春前一日,同叔岱过饮恭士斋头,时雪笠、梅溪两上人在座》。

宋荦《西陂类稿》卷三《陈其年同雪公早春雪后饮徐恭士斋中,以新诗见示,依韵奉和,兼订元夕之游》有"相思竟阻山阴棹,后会应看兔园灯"之语,可证。

按,本年正月初六立春。

初七日,郊行经阌伯台下,有诗。

《湖海楼全集·湖海楼诗集》卷十《人日郊行经阌伯台下》。该诗排在《立春前一日,同叔岱过饮恭士斋头,时雪笠、梅溪两上人在座》和《恭士、牧仲约我元夕入城。前一日,恭士复遣骑至,届期雪作,竟不成行,怅然属咏》之间。可知当日浩然堂主人亦断为本年作。

十四日,徐作肃遣骑来接,但因忽降大雪,道路不通,未能成行,怅然赋诗。

《湖海楼诗集》卷五"壬子"诗《恭士、牧仲约我元夕入城。前一日,恭士复遣骑至,届期雪作,竟不成行,怅然属咏》。

十五日,宋荦迟陈维崧不至,接其诗,依韵酬之。陈维崧当夕有词抒怀。

宋荦《绵津山人诗集》卷六《元夕迟陈其年不至,诗来相谢,依韵酬之》。按,该诗不见于《西陂类稿》。

《迦陵词全集》卷二十二《春从天上来·壬子元夕》上阕有云:"想半生踪迹,欢娱短,愁绪星星。搅离肠,更翻阶急雨,只是霖铃。"

十九日,薄雪打窗,拨闷赋诗,寄雪笠、梅溪。

《湖海楼诗集》卷五"壬子"诗《十九日雪中拨闷,寄雪笠、梅溪二上人》。

二十日,同徐作肃饮于宋荦兄弟堂中,有诗。

《湖海楼诗集》卷五"壬子"诗《次日同恭士饮牧仲、景炎、介子堂中,复成拗体一首》。此诗紧接在上一首后,故断其为二十日。

正月下旬,留宿徐作肃宅中近十日,别后有诗奉怀,并柬叶元滋及宋荦兄弟。

《湖海楼诗集》卷五"壬子"诗《首春留宿恭士斋头几及十日,别后长歌奉怀,用昌黎〈寒食日出游〉韵,并柬荃伯、牧仲、景炎、介子诸君》。

叶元滋(1621—1703),字荃伯。商丘人。父廷桂于明末任兵部侍郎,兼督蓟辽军务。元滋十九岁以荫补锦衣卫副千户,能勤其职。崇祯十五年迁正千户,尝受命督盐两淮。明亡后,清浙督张存仁知其才,屡欲用之,坚辞不受,从此杜门却扫。家有磊园,种竹千竿于其中,题曰"竹构",日吟哦其间。与徐作肃、刘榛等多有往来。年八十二卒。生平见《商丘县续志资料》。又宋荦《西陂类稿》卷二十九《寄叶荃伯》云:"庚申拜别,又十一载矣!……足下今年正七秩耶……"

在徐作肃斋中,见其两儿,有诗赠之。

《湖海楼诗集》卷五"壬子"诗《徐家小儿行,为恭士赋》。

按,徐作肃有二子,长名世际,次名世征。世际娶宋炘女,世征出继给伯父作霖为后。两人行迹略见于《虚直堂文集》卷十四《徐恭士墓志铭》。

用韩愈韵赋五言排律一首咏雪。

《湖海楼诗集》卷五"壬子"诗《咏雪用昌黎韵》。

二月初五,弟宗石三十初度,寄诗相贺。

《湖海楼诗集》卷五"壬子"诗《子万弟三十,走笔相示》。

有诗酬侯方闻。

《湖海楼全集·湖海楼诗集》卷十《酬赠季嵩》。

有诗寄永城李荫篁。

《湖海楼全集·湖海楼诗集》卷十《寄永城李嵋雪》云:"汝随秋雁出长安,及到梁园腊未残。讵料新春还间隔,难凭浊酒罄交欢。雪消谷熟荒陂净,冰积鄷阳古驿寒。何日一灯真对坐,三年怀抱为君宽。"

李荫篆,字峻伯,号嵋雪。河南永城人。顺治九年贡生,曾受知于侯方域,以古文辞蜚声雪苑。卒年七十九。与江南学政李荫嵓(字峨居)为兄弟。著有《度森堂诗文集》。生平详光绪《永城县志》。

滞留城中,侯方岩过访不遇,有诗相示,次韵一首酬之。

《湖海楼诗集》卷五"壬子"诗《滞留城中几及旬月,叔岱见访不值,作诗见示,次韵一首》。

友人彭楚伯为夏邑何烈妇征诗,有作。

《湖海楼诗集》卷五"壬子"诗《何烈妇》序云:"烈妇夏邑杨定远妻也。定远亡,烈妇自缢以殉,时甫出嫁一载。友人彭士报来征诗,遂赋一章。"

彭楚伯,字士报。商丘人。魏裔介《溯洄集》卷一魏裔讷有《柬彭士报》,卷二目录于彭楚伯名下注云:"彭楚伯,字士报。归德人。"王士禛《渔洋山人感旧集》卷十二亦有著录,然未详其籍贯与生平。曾客宋荦黄州幕,并为孙芳桂《歌仙刘三妹传》作笺。

初九日,宋荦堂中大合乐,走笔作歌一首。约当晚,分别有词和诗赠歌儿阿陆、阿增。

《湖海楼诗集》卷五"壬子"诗《仲春九日,牧仲堂中大合乐,走笔作歌,次昌黎〈赠崔立之评事〉韵》有句云:"时余恶卧类虫蛰,忍冻苦吟杂蝼蚓。君言何惫子且起,今者不乐古所哂。……就中贱子最飞扬,颇怪年来只悲闷。"

《迦陵词全集》卷七《定风波·赠牧仲歌儿阿陆》上阕有"蝴蝶成团榆荚飞,轻狂恰称五铢衣"之句。《定风波·又赠歌儿阿增》下阕有"莫到春街闲赌戏"之句。

《诗观二集》卷十陈维崧《雪苑赠歌者绝句》二首云:"平台珂雪响铜扉,舞罢吴儿笑姜衣。绝似阿侬临顿馆,水边三月柳绵飞。""家傍寒山寺外桥,随耶千里学吹箫。坐中大有他乡客,何必思乡瘦舞腰。"该诗所赠对象当与词同。

天气初晴,往孔楼访田兰芳,次侯方岩韵有作。两人曾并辔袁楼道上,论及身世。

《湖海楼诗集》卷五"壬子"诗《初晴往孔楼,即次叔岱韵》。

田兰芳《逸德轩诗集》上卷"壬子"诗于《送陈其年归宜兴》后有《住孔楼三年矣,别去一叹》云:"明朝回首即天涯,此地曾经阅岁华。旧舍乍离犹入梦,新居更卜未还家。飘风燕子依人怯,背日柴门任意斜。物理推移浑莫定,青衫何用湿琵琶。"可证田兰芳时坐馆于孔楼。

田兰芳《逸德轩文集》卷下《答陈其年书》有云:"因忆壬子仲春,联辔袁楼道上。先生屈指当今之拙于治生者,曰叔岱、梁紫及仆三耳。"

按,袁楼为侯氏房产。《诗观初集》卷九有侯方岳《十弟移居袁楼》诗一首,可证。

过武将高第水榭有作。水榭原系侯氏斯干堂,后转手与高氏。

《湖海楼诗集》卷五"壬子"诗《过高都护水榭》有句云:"春水半城昏似梦,野花二月短如苔。"末尾自注云:"水榭向系侯氏斯干堂。"

高都护,指高第,字汉翀。本山西榆次人。明末为山海关总兵,降清后授左都督,镇守河南开封、归德等处。顺治十八年因平山东李化鲸起义,纪功授二等阿达哈哈番世袭。后以病乞归,家于商丘。康熙四年三月,旨准注籍商丘。加荣禄大夫、太子少保衔。高第与中州文士多有往来,徐作肃《偶更堂文集》卷上《寿高总戎序》、《偶更堂诗稿》卷下《集高都督宅》都是他们来往的证明。

过访一无上人不遇,有诗。

《湖海楼诗集》卷五"壬子"诗《访一无上人不值,小坐妙香楼下》题下注云:"上人亳州人,薛君采后裔。"

一无上人,俟考。

至宁陵,识成质次,有诗相赠。

《湖海楼诗集》卷五"壬子"诗《赠沙随成质次》。沙随,宁陵古名。

成质次,名号、生平待考,为成震皋弟。详见后文诗题。

在宁陵识胡叔度,胡叔度招饮东郊别墅,时江梅初放,花下有作。

《湖海楼诗集》卷五"壬子"诗《胡叔度招饮东郊别墅,时江梅初放,花下赋此》。

胡叔度,宁陵人。生平、名号俟考。

三月三日,幕友徐凤喈、史兰幼自汴署南还,闻陈维崧在宁陵,访之寺寓,至薄暮始出城。

《湖海楼诗集》卷五"壬子"诗《徐岐雕、史幼兰自汴署南旋,闻余在此间,顾我于寺寓留连,惜薄暮出城,时正值上巳也》末尾自注云:"客春余同二子来汴。"

徐凤喈,字岐雕。江苏金坛人。康熙八年举人。曾官舒城教谕。民国《金坛县志》卷八之一《人物志一·选举》有介绍,惟其字误作"歧雍"。

初五日寒食,友人饷以酒,客中独酌,有诗怀侯方岳。

《湖海楼全集·湖海楼诗集》卷十《友人饷酒独酌,有怀叔岱》云:"客中小别已伤离,寒食心情百未宜。"

按,在《湖海楼全集》中,该诗排在《徐岐雕、史幼兰自汴署南旋,闻余在此间,顾我于寺寓留连,惜薄暮出城,时正值上巳也》和《清明将发沙随,谢成居左赵村看花之约,兼别其令弟质次》之间,且季节亦吻合。

初七日清明,将去宁陵,成震皋有看花之约,有诗谢之,兼别其弟成质次。

《湖海楼诗集》卷五"壬子"诗《清明将发沙随,谢成居左赵村看花之约,兼别其令弟质次》云:"赵村村里桃争放,邀我来看借马骑。不为空囊辞地主,也贪高阁赏花枝。一年拨火人将别,三月销魂鬓有丝。料得君家好兄弟,每逢寒食定相思。"

成震皋,字居左。河南宁陵人。少刻苦嗜学,其父虑其所学局陋,使负笈江南,从武进吴正球等游,尝受知于陈名夏。明亡后,走金陵学医,得精其术,求者无虚日。后归隐宁陵,年八十馀卒。生平见《逸德轩文集》下卷《成先生传》。

自宁陵返商丘,过圆通阁,有诗。

《湖海楼诗集》卷五"壬子"诗《圆通阁寺门即目所见》。

次日,过饮侯方缓斋,与田兰芳、侯方闻坐其后院桃树下有作。

《湖海楼诗集》卷五"壬子"诗《次日过饮虞服斋,复偕梁紫、季嵩坐后园桃树下》。

侯方缓,字虞服,侯恂长子。少长于富贵之家,矜豪爱客,不问家人生产。后家道中落,所需日不给,悲愤无聊,因分体分韵汇抄杜诗,以消磨岁月。临终,以稿授弟方揆,方揆尝为请序于田兰芳。《逸德轩文集》上卷有《侯虞服抄杜诗汇韵题词》。

同徐邻唐、田兰芳过侯方岳园中,有诗感怀并示侯方岩。

《湖海楼诗集》卷五"壬子"诗《同逵黄、梁紫过仲衡先生园中感赋,并示叔岕》。

刘德培更字藜问,为题其册子。

《湖海楼诗集》卷五"壬子"诗《刘笃甫更字藜问,题其册子》。

按,刘德培更字事,详见刘榛《虚直堂文集》卷十一《藜问字说》一文。

二十七日,过侯方至园中看牡丹。当天恰好为崇祯十五年李自成军攻陷宋城之日,有诗。

《湖海楼诗集》卷五"壬子"诗《三月二十七日过川如园中看牡丹》。

侯方至(1651—1687),字川如。侯忭子。十二岁而孤,仰从兄方岳为命,受学于徐邻唐。方岳卒,因自持门户,未得卒业,每引为恨。娶宋荦女。曾校徐邻唐遗文而刻之。喜持筹而不吝。尝扩前人园圃,植名花异卉期间,刘榛为名之曰"兼葭浦"。日集名辈,出图书品题之。后以武功发身。康熙十七年,筮仕理藩院,任知事。不久候补常州知府。旋以呕血死。生平见《商丘县续志资料》。

按,方至父侯忭初尝娶刘榛长姊(为其嫡母所出)为妻,刘氏于崇祯十五年城陷时死于难。故从辈分上讲,刘榛为方至舅氏。《虚直堂集》卷八《兼葭浦记》记录了方至的园亭之美及其园之得名由来。同书卷十八《瑶圃诗》之《示侯甥方至》、卷十九《铃语集》之《示侯甥》、卷二十一《陶斯编》之《哭侯甥方至八首》等皆系为其所作。

二十八日,复过友人园看牡丹,时侯方岩以斗鸡外出。

《湖海楼诗集》卷五"壬子"诗《次日过友人园看牡丹,时叔岕以斗鸡他出》。

过访刘榛,留饮,读其游楚诸诗。

《湖海楼全集·湖海楼诗集》卷十《过访刘山蔚留饮,兼读其楚游诸什》云:"偶然乘兴叩岩扉,遂有榆钱高下飞。"

按,在《湖海楼全集》中,该诗排在《次日过友人园看牡丹,时叔岕以斗鸡他出》与《侯六丈宅看牡丹五首》之间,季节亦能吻合。

四月初,在侯方岩宅看牡丹。因本年为乡试之年,时将南归,作组诗五首。

《湖海楼诗集》卷五"壬子"诗《侯六丈宅看牡丹五首》其一末原注云:"时芍药将放,余以归亟,不及俟矣。"其四首句云:"风光四月浴蚕丝。"

侯方揆招同田兰芳、侯方岩、刘德培过饮。

田兰芳《逸德轩诗集》上卷"壬子"诗《侯敷文招饮,同其年、叔岕、笃甫》首云："极目郊原霁色新,闭门忽忽过残春。开筵恰值清和节,折束能招憔悴人。"

按,清和为四月的代称。

约四月中旬,留妾于商丘,与钱郎结伴南下。田兰芳、刘榛分别有诗词相送。

田兰芳《逸德轩诗集》上卷"壬子"诗《送陈其年归宜兴》首联云："睢阳城中笙歌起,睢阳城外桃结子。"可知时令已入四月中旬前后。

刘榛《虚直堂文集》卷二十四《董园词》之《阮郎归·戏送陈其年》末尾自注云："其年留妾南下,时有钱郎相随。"

仲夏归里,始知仲弟维嵋之丧,悲不自胜,屡欲作诗哭之而不成。

《湖海楼全集·湖海楼诗集·补遗》之《哭弟诗四首》小序云："余以仲夏归里,始知仲弟半雪之变。眼枯肠断,屡欲作诗哭之,而拟管悲来,辄复不成一字。岁杪痛定,爰成四律以写哀。声情历乱,不自知其言之无端也。"

据《家乘》卷三,陈维嵋卒于康熙十一年,惟日月缺载。

五月初五,丹阳贺国璘四十初度,赋《满江红》二阕书怀,并寄示陈维崧属和。

《瑶华集》卷二十二有贺国璘《满江红·壬子初度述怀》二首。该词亦见于《曲阿词综》卷二。

按,关于贺国璘的生日,《曲阿词综》卷二有贺国璘《大酺·夏五初度,辱邵虔在填词见赠,依韵答谢,并示同人嘱和》。同卷有孙允恭《满江红·贺天山四十即和原韵二首》、葛筠《满江红·贺天山四十初度即用原韵》。故知其本年端午满四十岁。陆勇强《陈维崧年谱》据其《满江红·壬子初度述怀》其一"抚景何堪,回首处、茫茫如此。又何俟、人生五十,始知非是"等语,断其本年为五十岁。揣其词意,作者本意为不必等到五十,即已知人生虚度。《论语·为政第二》云："三十而立,四十而不惑,五十而知天命"。又《淮南子·原道训》云："蘧伯玉年五十而知四十九年非。"此处两典合用。故不能据此定其岁数为五十。

贺国璘(1633—?),字天山,号遁厂。江苏丹阳人。尝受业于贺裳,太学生,考授州同。有诗名。著有《载道堂集》《百城楼集》《尺鸿阁诗馀》《楚江唱和诗馀》等多种,均佚,唯《天山文集》尚存世。

六月,江浙湖州、宜兴大水,官府仍催科不止,作《南乡子·江南杂咏》抒怀。

《迦陵词全集》卷一《南乡子·江南杂咏》六首之二末尾原注云:"今秋水乡尽没,而山民复十室九病,故词及之。"之三云:"户派门摊,官催后保督前团。毁屋得缗上州府,归去。独宿牛车滴秋雨。"

按,据《清史稿》卷四十《志十五·灾异一》:"康熙十一年六月,湖州、宜兴大水,漂没民房。"可知该词作于本年。

八月十五日前后,陶孚尹来游,同人招游罨画溪,有诗。临别前,陈维崧与徐喈凤、蒋景祁、史惟圆至河干送行,陶有诗留别。

陶孚尹《欣然堂集》诗集一《荆溪同人招游罨画溪即事》《晓发荆南徐竹逸、陈其年、蒋京少、史云臣四君追送河干,赋别二首》。按,《欣然堂集》诗集一第一首《元旦纪事》首两句云:"康熙十年初一晴,东南风暖草芽萌。"知其诗集始于康熙十年正月,当年时序在诗中有完整记录。而该年除夕诗后有《新岁即事二律》,知以下诗当为康熙十一年所作。从康熙十一年诗所显示的诗人行踪看,他于本年首春游虞山,秋至毗陵,过荆溪,均有诗。另,《欣然堂集》卷六"诗馀"《忆江南·中秋风雨,兀坐山庄,追忆旧游,恍如昨梦。四愁雨集,百感风生。爱谱小词,遂成八阕》之六云:"中秋忆,忆得在荆溪。委宛溪山寻罨画,于思词客谱乌丝谓陈子其年。香茗浸玻璃。"可证其来游是在中秋时节。

陶孚尹(1636—1709),字诞仙,自号白鹿山人。江苏江阴人。岁贡生。康熙二十五年选安徽桐城县教谕,五年后罢归。善诗文。著有《欣然堂集》十卷。生平详邓之诚《清诗纪事初编》卷四。

蒋景祁(1644—1697),字京少。江苏宜兴人。贡生。蒋永修子。曾官同知。工词,与陈维崧来往最密。著有《东舍集》《梧月词》《罨画溪词》,辑有《瑶华集》。其生平略详《东舍集》储欣、宋荦序及嘉庆《宜兴县志》卷八《人物·文苑》。

暮秋,曹尔堪有词相赠,依韵赋《满江红》写近况相寄。

《迦陵词全集》卷十二《满江红·写近况酬寄曹顾庵学士,即用学士来韵》下阕有"风乍满,喧杉漆。霜渐老,催机匹。看雁排人字,玲珑几笔"之语,知当作于深秋季节。此词后有七首步韵之作,从内容来看,应作于同一时期。另,该词后面紧接着的就是十月六日依本韵而作的《满江红》,故可判断该词大概成于九月份。

王翚与恽格同馆于潘眉斋中,盘桓三月,日以翰墨为乐,陈维崧与之同游。王翚随身携有所绘长卷,为其得意之作。潘眉见而爱之,托陈维崧持三十金相求,王翚未允。

盛大士《溪山卧游录》卷一引王翚与顾卓书云:"壬子秋,与正叔同馆宜兴潘元白家,盘桓三月,日以翰墨为乐。行箧中偶携大卷,主人叹赏不置,属陈其年先生持三十金求易,尔时即坚执不允。拙笔固不足重,盖念诸名公题跋,实难购求,且费三十年精力心血,出入相随,一遇能诗善文者,即叩首下拜,并馈礼物求之,一时好名之过。曾与其年云:'此非利可以动我心者,若再益之,仍不肯割爱也。'"

《湖海楼全集·湖海楼诗集·补遗》之《与王石谷二首》其一"他时倘忆荆溪馆,定写秋山一万层",所忆即本年事。

王翚(1632—1717),字石谷,号耕烟、剑门樵客、乌目山人,晚称晴晖老人。江苏常熟人。为清初著名山水画家,与恽格并称"恽王",又与王时敏、王鉴、王原祁并称"四王"。王翚祖上五世均善画,在清初"四王"中技法比较全面,成就也比较突出,有"画圣"之誉。开创了后来的虞山画派。生平详《欧钵罗室书画过目考》卷一、《清史稿》卷五〇四。

约同时,为王翚题《晴郊散牧图》。

《迦陵词全集》卷八《归田乐引·题王石谷〈晴郊散牧图〉》。

按,该词作期不明,但从诸人游踪看,极可能成于本年。王翚所携大卷,疑即此《晴郊散牧图》。

兰溪祝石来宜兴,时陈维崧妻储氏已卧病月馀,为施治,得愈。陈维崧有诗赠之,并送其至无锡访吴兴祚。

《湖海楼全集·湖海楼诗集·补遗》之《送兰溪祝子坚之梁溪兼呈伯成先生》云:"兰溪老翁今华佗,躯干削若青铜柯。酒酣肺腑露芒角,兴到纸墨盘蛟鼍。作人豁达妙飒爽,论史摆落穷根科。……嗟予老大百事废,头疡脚痹愁搓挪。瘦妻浃月卧不栉,女奴偓蹇谁搔摩。翁来我甫举家活,买舟胡又凌盘涡。君不见世间葸荗让柴米,天下疾厄惟奔波。我今苦贫更苦客,翁纵欲药奚能瘥。"同卷《又赠祝子坚》云:"天下争传浙士奇,冯翁调砚祥祝叟两人是。翁也任侠倾公侯,叟也卖药游都市。今岁杪秋叟诣余,袖中一卷龙威书。"

祝石,字子坚。浙江兰溪人。曾从金华朱大典游。好读《韩非子》,不屑屑于章句之学。性偶傥,擅医术。信奉天主教。著有《希燕说》。生平详光绪《兰溪县志》卷五《人物·文学》及方豪《中国天主教史人物传》中之祝石传。县志谓其"与宜兴陈检讨其年尤洽,数有诗持赠"。按,兰溪在顺康时教务一度大盛,顺治三年卫匡国(Martinus Martini)至兰溪,建教堂,与祝石有密切交往。祝石曾为卫匡国《述友篇》撰序,后又上书罗文藻主教,请其早日莅临兰溪。

关于陈维崧与祝石交往的时间,现无具体资料可参。惟因诗中有"天下疾厄惟奔波""我今苦贫更苦客""今岁杪秋叟诣余"等语,与陈维崧本年的境况、家居时间皆相合。又其与传教士鲁日满本年亦有交往,疑即为祝石所引介。祝石本年至无锡见吴兴祚,随后,鲁日满亦与吴兴祚有了联系,并在康熙十四、十五两年曾互赠礼物(见赵殿红译高华士《清初耶稣会士鲁日满常熟账本及其灵修笔记研究》第218页)。祝石的这次无锡之行,或许即与教务有关。

十月初六,为谋生计,将有广陵之行。前一夕,行囊被偷儿窃去,延误了行期,因依前韵戏作《满江红》两首。徐喈凤、史惟圆有词和之。

《湖海楼全集·湖海楼诗集·补遗》之《壬子仲冬,重过如皋。未三日,复有延令之役。巢民先生赋诗赠别,依韵奉酬五首》其一"愁遭肢箧来因暮"句下自注云:"十月初旬,拟发东皋。前一夕,襆被为偷儿窃去。"按,该诗实为六首,又见《同人集》卷七"壬子岁寒倡和"集,题为《壬子冬仲,再过东皋。承巢民老伯委曲相留,谊逾畴昔。缘以饥驱,不得已,复有延令之役。先生临歧赋别,怅不成声。余亦援笔数章,悉依来韵。因书请正,冀先生鉴此鄙衷也》,《同人集》中该诗后无注。

《迦陵词全集》卷十二《满江红·月之初六,余将有广陵之行。前一夕,行囊襆被俱被偷儿负去。戏作二词示里中诸子,仍用前韵》其一开首云:"酒尽天寒,弹短铗、半生无术。拟还向、广陵卖药,荷苓挑术。"

徐喈凤《荫绿轩词》有《满江红·其年将游广陵,先一夕偷儿取其行李,遂不成行,戏赠,三用前韵》。

史惟圆《蝶庵词》有《满江红·其年将游广陵,濒行忽失行装,同人共享回韵》。

史鉴宗五十生日,依前韵赋《满江红》相赠。

《迦陵词全集》卷十二《满江红·赠史远公五十即用学士原韵》。

董元恺《苍梧词》有《满江红·寿史远公五十,用曹顾庵先生韵》。

按,史鉴宗生于天启三年,本年正满五十。

嘉善曹鉴平乡试中式,赋《满江红》词贺之,其中忆及两人早年在吴趋高会时情景。

《迦陵词全集》卷十二《满江红·贺曹掌公秋捷仍用前韵》。

徐喈凤《荫绿轩词》有《满江红·贺曹掌公秋捷仍用前韵》。

曹鉴平,字掌公,号桐旸。浙江嘉善人。曹尔堪长子。康熙十一年举人。诗文有名于时,然屡试南宫不第,官至内阁中书。著有《南溪集》。生平见光绪《嘉善县志》卷二十四《文苑》、《两浙辅轩录》卷一。

依前韵赋《满江红》,赠比利时传教士鲁日满。

《迦陵词全集》卷十二《满江红·赠大西洋人鲁君仍用前韵》。

陈垣《吴渔山先生年谱》康熙十五年丙辰条云:"九月二十五日即阴历十一月四日,鲁日满卒,葬常熟北门外铁拐亭北。鲁喜与士大夫游,陈维崧《迦陵词集》十二有《赠大西洋人鲁君满江红》词,即此人。"

按,陈维崧与鲁日满交往,或由祝石引介。

鲁日满(François de Rougemont, 1624—1676),字谦受。比利时人,耶稣会传教士。顺治十六年经澳门来华。初传教于松江,寻又被派往苏州府,秉铎于三吴。苏州府的教务中心在常熟。康熙元年,主持该区教务的贾宜睦神父去世后,鲁日满接替他成了苏州教区的负责人。其人工医善弈,多善行,与当地士大夫交往颇多。康熙十五年以病卒,葬于虞山北麓的天主教墓地。著有《鞑靼中国新史》《问世编》《圣教要理》。生平详比利时高华士《清初耶稣会士鲁日满常熟账本及其灵修笔记研究》之《耶稣会士鲁日满传》。该书之《社会生活:鲁日满在中国社会》一章提到了陈维崧的这首词。

按,赵殿红译高华士《清初耶稣会士鲁日满常熟账本及其灵修研究》第218页有云:"关于低级官员,鲁日满和当时的无锡知县关系良好,他们在1675年和1676年新年互送礼物。这位官员是 Wu Hsing-tso,从康熙二年(1663—1664)到康熙十五年十一月十八日(1676年12月22日)任无锡知县。"Wu Hsing-tso 即吴兴祚,译者未能译出。

依前韵赋《满江红》赠同邑吴固本。

《迦陵词全集》卷十二《满江红·赠吴白涵仍用前韵》题下自注云："白涵工诗善琴，吾邑中高士。"

吴固本，字白涵。宜兴人。明亡后隐居不出。善琴，其所奏《潇湘水云》，时人比之《广陵散》。著有《狎鸥矶诗稿》《狎鸥词》，均不传。蒋景祁《瑶华集》之《瑶华集词人》表著录其名白涵，字亦白涵。生平详嘉庆《宜兴县志》卷八《人物·隐逸》。

依前韵赋《满江红》，赠金坛旧游王锡祉、徐凤嘴、张杜若、史兼三，陈维崧在史逸裘幕中时曾与诸人同游。

《迦陵词全集》卷十二《满江红·忆旧游寄金沙王弓铭、张杜若、徐岐雕、史兼三诸子，仍用学士来韵》上阕开首云："曾记中原，与数子、挥鞭竞出。同凭吊，园空石尉，城荒李密。"

按，在手稿本第八册中，以上八首《满江红》接抄在一起，且不另书词牌，故知为同时前后作。

王锡祉，字弓铭，金坛人。贡生。笃行积学，至老不倦。有文名。生平详民国《金坛县志》卷九之四《人物志四·文苑一》。

张杜若、史兼三，均俟考。

和贺国璘韵作《满江红》寄之，告以自己日内将至丹阳，贺再叠前韵答之，汤寅有词相和。

《迦陵词全集》卷十二《满江红·丹阳贺天山寄词二阕，属和其韵》其二下阕云："风刮烛，窗多鳔。雨淋壁，帘须下。溷南邻北户，诗场歌社。白昼蘧蘧身化蝶，青天梦梦程生马。约练湖、鸦舅十分红，余来也。"末句后自注云："日内将至丹阳，故云。"知该词作于秋末冬初。

《瑶华集》卷二十二有贺国璘再和之《满江红·迭前韵答阳羡陈其年，时将游都门，并寄兄子孟循》其一下阕云："秋月白，秋山紫。便北邙狐兔，呼余即唯。"其二下阕云："昨夜江南闻早雁，此时塞北嘶秋马。"按，贺国璘词亦见于《曲阿词综》卷二。

《曲阿词综》卷二汤寅《满江红·和陈其年寄贺天山述怀二首，即次天山自寿韵》。

秋夜雨中感旧，作《霜叶飞》柬史惟圆，史惟圆有词和之。

《迦陵词全集》卷二十四《霜叶飞·夜雨感旧柬史云臣》。

按，在手稿本第八册中，该词与下一首《爪茉莉·月夜渡扬子江》《满红·舟次丹阳感怀二首仍用前韵》依次接抄在一起,似应为同时前后作。暂系于此。

史惟圆《蝶庵词》有《霜叶飞·夜雨感旧和其年韵》。

十月中旬,夜渡扬子江,作《爪茉莉》。约同时,作《破阵子·江上作》。

《迦陵词全集》卷九《爪茉莉·月夜渡扬子江》下阕有"一轮团月,与船头正相向"之语,可知当为月之中旬。卷七《破阵子·江上作》,似应为同时作。

不久至丹阳,寓僧舍,与陈玉琪、曹汉相遇,留连旬日。后过镇江,再渡江北上。先后赋《满江红》三组六首纪其行程。

《迦陵词全集》卷十二《满江红·丹阳贺天山寄词二阕,属和其韵》后紧排的三题分别是《舟次丹阳感怀二首仍用前韵》《过京口复用前韵》《过江后车上作》(手稿本第八册中,"过"作"渡"),每题两首,皆步贺国璘原韵,且以行踪先后为序,应是作于同期。

陈玉琪《学文堂集》"五言律二"《丹阳僧舍,忆去年与其年兄同客逢曹倬云,流连旬日,怅然有作》:"练水方舟泛,经山并马看。相遥更漏永,临别朔风寒。春草思康乐,浮云忆子桓。那堪莲社地,独客此凭栏。"又"五言律一"《送曹倬云计偕北上》有云:"昨岁同为客,秋风满后湖。"

曹汉,字倬云。江苏太仓人。顺治十四年举人,以奏销案被黜。约康熙三十年前后去世。邓汉仪《诗观初集》卷十一收其诗一首。

十一月至如皋,夜宿冒嘉穗宅后小楼下,怆怀旧事,不能成寐,赋诗二首述怀,并作《齐天乐》词书感。另为冒嘉穗诗集作序。

《湖海楼全集·湖海楼诗集·补遗》之《壬子仲冬,重过如皋。未三日,复有延令之役。巢民先生赋诗赠别,依韵奉酬五首》。

《迦陵词全集》卷二十一《齐天乐·重游水绘园有感》。

《如皋冒氏丛书·水绘庵二子诗》首有陈维崧《冒谷梁诗序》云:"壬子腊月,重过东皋。夜宿谷梁宅后小楼下,怆怀旧日,夜分不寐,口占二绝。诗曰:'十载曾经宿此楼,烛波潋滟裹梁州。如今遍觅听歌处,只在帘根槛角头。''断粉零朱板不全,白头重上此楼眠。凭谁啼醒扬州梦,多谢栖乌似昔年。'"序中又云:"犹记昨年余客漳河,遣一价至都。"可断其作于本年。所遣者即徐紫云。

次日于冒氏宅喜晤金坛于梅。是夜冒襄赋七律六章相赠,陈维崧依韵和

之。盖其时冒襄正遭家难，情怀不佳，而陈维崧中州夫人虽有生子之讯，却无力迎归，故皆语多伤感。诗中特向冒襄解释了徐紫云因上次不辞而别，心觉不安，自己曾劝其重归水绘园，徐虽有此心，但自觉有负故主，终不来。

《同人集》卷七于梅《壬子东皋岁暮，余将归江南，忽闻陈其年先生来自荆溪。舣棹见访，不值。明日喜晤于巢民先生之得全堂。文酒留连，更阑灯炧，惜别怀归，赋得八章，呈巢民、其年两先生，兼别文虎、孺子、谷梁、青若》其一有"莫叹白头趋幕府，且倾渌酒话佃渔"之句。其四"明年更向花前醉，应抱添丁过比邻"句后有作者自注云："闻洛下姬人已有弄璋之喜。"

冒襄《巢民文集》卷六《书于象明扇后》云："象明喜晤其年于我得全堂，贻诗八律。去春，其年在金沙与象明有看梅移家之约，不分把晤于此。是夜茗饮甚畅，余作七律六首，与其年溯回往事，兼出姬人所画墨凤索题。时象明将归，其年复有延令之役，故诗中多离合之感。余久病戒韵，不免猎猎。挑灯呵冻，复和八首。情既琐絮，语亦钩辀。"同卷《书顾仲光扇后》云："壬子仲冬，喜陈其年别去四载，重访茅堂，旋往延令，即席述怀六首。"

《湖海楼全集·湖海楼诗集·补遗》之《壬子仲冬，重过如皋。未三日，复有延令之役。巢民先生赋诗赠别，依韵奉酬五首》其二云："飞扬感激酒如淮，笑口虽开涕泪偕。世上几人容国士，尊前何地不天涯。连宵入梦惟斯变谓中州小妇，垂白伤心到孔怀谓亡弟半雪。北海亦闻饶急难，自惭无力替君排。"其三云："记作听歌旧末行，有人低唱贺新凉。泥他帘底翻莺拍，从我天边御虎伥。再到岂无一寸心，不来多恐法三章。沉思前事差无负，曾劝衔泥老画堂。"

《巢民文集》卷六《书于象明扇后》冒广生跋云，冒襄当晚答陈维崧诗有"旁人误说何多事，执绋相从汝较贤"之句。

盐城宋曹适游如皋，与陈维崧、许纳陛、张𡵢授会于冒氏宅中，席上陈维崧有诗酬许纳陛、张𡵢授。别后宋曹有诗怀之。

《湖海楼全集·湖海楼诗集·补遗》之《酬许元锡次原韵》云："梁宋多年恼梦华，淮南今夜听悲笳。清江迭迭帆千片，碧海阴阴月一芽。别后梦魂禅智寺，比来踪迹陆浑花。啼乌无那还催别，多恐层冰响舵牙。"从该诗首联与尾联的意思来判断，应作于这次相会时。"啼乌催别"说明这次停留的时间很短,"层冰响舵牙"说明季节已是深冬。同卷《酬张孺子次原韵》首联云:"四年不到如皋县,说着并州惹鬓花。"按,陈维崧上一次来如皋是在康熙八年,至此刚好接近四年。

《同人集》卷七"壬子岁寒倡和"诗中有宋曹《同陈其年、许元锡、张孺子集巢民先生斋中,别后余独步水绘园赋赠》。

宋曹(1620—1701),字彬臣,亦作邠臣、斌臣,自号耕海潜夫、汤村逸史,时称射陵先生。江苏盐城人。福王时以荐授中书舍人。顺治四年,有好友起兵反清,兵败后受牵连入狱。出狱后隐居养母。朝廷两度征召,皆坚辞不就。后出游江淮,多识遗民故老。康熙二十二年,应两江总督于成龙邀,至南京纂修《江南通志》。书成,辞不列名。后卒于故里。诗文书法俱有名,尤长于书。著有《书法约言》《会秋堂文集》《会秋堂诗集》等。生平见乾隆《淮安府志》卷二十二《隐逸》、《江苏艺文志·盐城卷》及周梦庄《宋射陵年谱》。

离开如皋前一日,过李鼎园亭,和邓汉仪韵赋诗四绝句。

《湖海楼全集·湖海楼诗集·补遗》之《冬日过慢庵先生园亭,即和孝威原韵四首》其一云:"十五年来重过此,每从淡远见君情。"其四云:"独惜平明人又去,凝情且立水声中。"

按,陈维崧顺治十五年冬初至如皋,至本年恰为十五年。

在如皋停留未及三日,即往泰兴。在泰兴,与黄云、季良眉、周文炳等游处。

《湖海楼全集·湖海楼诗集·补遗》之《壬子仲冬,重过如皋。未三日,复有延令之役。巢民先生赋诗赠别,依韵奉酬五首》。同卷之《同黄仙裳、周勿庵、季联一、苊言饮季子常村居》云:"闻说幽栖在北村,欣携步屉趁微暄。酒中慷慨余弹铗,花下萧条汝晒裈。良友好留明日去,残冬且尽此宵樽。何妨借得邻家竹是日子常携具邻家竹下,袖薄天寒仔细论。"按,陈维崧这次泰兴之行,虽然只说"以饥驱"而来,未言具体缘由,但从情理上推,很可能还是为了向季振宜求助。

黄云(1621—1702),字仙裳,号旧樵。江苏泰州人。布衣。早孤,事母至孝。善谈论,慷慨负气,不喜与俗人往来,人目为狂。康熙二十二年曾与修省志。晚年愈贫苦,然屡辞招聘,一生肆力于诗歌。与石涛交好三十年。著有《悠然堂集》《康山集》《樵青集》等。

季良眉,字子常。泰兴人。布衣,为季振宜同族同辈。居城之北郭,地苦恶,茅屋三四间,俯仰倾欹,日贫不自给。客造其庐,纵谈至日夕,往往忍饥而去。著有《北村诗抄》。生平见光绪《泰兴县志》卷二十。

周文炳,字勿庵。浙江萧山人,一作钱塘人(见方文《嵞山续集》卷四《早春游弁山法华寺》注)。后流寓南京,卖卜为生,与遗民多有往来。《迦陵词全集》卷十四《水调歌头·赠西陵周勿庵》题下小注云:"勿庵精日者家言,任侠滑稽,多金丸绿帻之游,背微偻。"陈作霖《金陵前明杂文抄》"天启"人物云:"周文炳,字勿庵。"西陵,指西陵渡,在浙江萧山。

季联一、季莒言,皆为泰兴人,应与季振宜为同宗。其名号生平均待考。

在泰兴,季慎行邀其夜饮,归时遇雪,填词奉柬,并倚前韵再赠季公琦。约同时,分别作《祝英台近》《念奴娇》为季柔木、季慎行题像。

《迦陵词全集》卷十四《水调歌头·夜饮季端木斋中归,忽尔飞雪,填词奉柬,并怀尊甫孚公》上阕云:"昨夜醉君酒,归路雪飞花。淋衣那更裂烛,袖秃不禁遮。"下阕有云:"忽忆哦松尊甫时孚公作钱塘丞,今夜断桥晴雪,吟兴定然佳。"该词后一首为《水调歌头·雪夜再赠季希韩》,与前一首同韵。在手稿本第八册中,《破阵子·江上作》《齐天乐·重游水绘园有感》与这两首词依次接抄在一起,后隔一首为《眉妩·壬子除夕》,中间亦为接抄,未另页起。可断其成于本年冬。

卷九《祝英台近·题季柔木小影兼志别怀》下阕云:"岁行暮。可怜雪浪烟帆,来朝趁人渡。呵手敲冰,为君一题句。他年展轴,哦诗怀人,顾影好频寄,江东鱼素。"卷十七《念奴娇·题季端木小影》上阕有云:"丹青一幅,是西湖好手,戴苍之笔。"在手稿本第八册《乌丝词三集》中,这两首词接抄一起。由于陈维崧数次至泰兴均为岁末,故这两首词的具体作年难于断定。只因本年可证实他与季慎行有交往,故暂系于此。

季慎行,字端木。泰兴人。监生。式祖子。为季振宜族弟。性孝友,负俊才,博闻强识。著有《延令世说》,杜濬序之。生平见光绪《泰兴县志》卷十九《人物志·选举》及卷末。

季柔木,俟考,疑为式祖另子。

十二月十六日,将离泰兴,周文炳留饮寺寓,有诗。

《湖海楼全集·湖海楼诗集·补遗》之《立春前一日,将发延陵,周勿庵留饮寺寓》。

　　按，本年十二月十七日立春。

汤寅闻其得子之讯，寄词贺之。

　　《曲阿词综》卷二汤寅《桂枝香·寄陈其年，时其年于洛中买妾生子》。

归里后，与史鉴宗填词唱和，相知日深。

　　《陈迦陵文集》卷二《青堂词序》："始余与远公同里闬。然远公宦游久，余亦东西南北觅衣食，间岁归，率跻闬门一语耳，固未尝相知深。相知深，则自壬子冬，远公魏塘归始。是时远公新与顾庵曹先生以填词相倡和，余适与云臣、竹逸诸子亦为词里门。远公甫抵家，亟走觅余辈谈词，淋漓恣肆，累昼夜不止。"

三十日，有词念商丘之妾。是日，陈宗大以新历蜡炬相馈，有词酬之，词中念及诸弟。

　　《迦陵词全集》卷二十二《眉妩·壬子除夕》下阕云："思念，愁多类魇。记帘窥秀黛，柱映娇脸。讵意分飞后，相思苦，泪滴桃笙红淡。长江天堑，况万重、败驿荒店。料此际有人，只为我、翠蛾敛。"同书卷二十四《风流子·除夕几士大兄以新历蜡炬饷我，赋此奉酬。因怀亡弟半雪，并寄三弟纬云于都下，四弟子万于宋中》。

　　按，在手稿本第八册中，《风流子》词紧排在《眉妩》之后，因手稿本不按词牌编序，而按创作先后编序，故可断为同时作。

本年，潘高有诗和于梅在如皋赠别陈维崧之作。

　　潘高《南村诗稿》卷十八"壬子"诗《和象明与阳羡陈子其年东皋赠别韵，兼怀巢民先生八首》其二题下自注云："谓陈子其年。"诗云："看雪铜官已六年，后来惜别思茫然。伊阳书札存怀袖，都下诗章满几筵。我亦近从燕市敛，君胡独向蓟门传。东皋佳会尤难得，拟共东园问钓船。"其七题下自注云："谓其年。"诗云："忆昨相从过梵川，桥边水际草珍珍。听歌平榭生新月，罢舞飞花满旧潭时有吴儿行酒。别后蹇驴游蓟北，归来小艇住溪南。谁知接我东皋客，野驿山邮路总谙。"

　　另，《南村诗稿》卷十九"癸丑"诗有一首题为《挽冯子禹开。余与禹开相从二十馀年，及辛亥入都，壬子归里，往还同载，情款备至，尤为足伤，赋十韵》，可为上引两诗中的"我亦近从燕市敛"、"别后蹇驴游蓟北，归来小艇住溪南"等句下一注脚。

康熙十二年　癸丑(1673)　四十九岁

正月初二,季弟维岳赴龚鼎孳椒盘之集,作《采桑子·燕京早春词》二首。

　　《瑶华集》卷二有陈维岳《采桑子·燕京早春词》二首。其一末有注云:"初二日赴芝麓先生椒盘之集。"其二下阕云:"故园兄弟飘零甚,回首东风。小阁笺红。春草题诗忆昔同。"

　　按,康熙十三年正月二十日,吴本嵩自京师归(考见后文),陈维崧接得陈维岳这两首词,感而有和十首,其第八首末注云:"哭合肥夫子。"由于龚鼎孳卒于本年秋(考见下文),故知陈维岳词应作于初春。

初五日,雨窗赋《雪狮儿》柬史惟圆,史惟圆有词和之。

　　《迦陵词全集》卷十《雪狮儿·新正五日雨窗柬史云臣,用程正伯韵》。在手稿本第八册中,此词紧排在上年除夕所作之《风流子》后,依顺序推断,当为本年作。其后顺接《荔枝香·早春校〈香严词〉竟,寄孙无言于扬州》《水龙吟·春夜听邻闺击鼓》《柳枝·人日过畹仙校书家,用史云臣妓席原韵》(该词患立堂本《迦陵词全集》题作《人日过畹仙校书家》),故知这几首词应作于同时前后。

　　史惟圆《蝶庵词》有《雪狮儿·初春雨窗,和其年用书舟韵》:"春醒初困,春愁又到,风帘雨幕。怅望凝云,密霰漫空飘落。自嘲还谑。看霜鬓、腰围如削。添离恨、争禁数日,心情作恶。　　窗外隙光飞掠。渐陌头鞋绷、花间铃索。屈指春期,早被东风暗觉。燕娇莺弱。算几许、韶光闲着。还恳托。休惩因循过却。"两词为同韵,为同时作。

初七前,校完《香严词》,寄往扬州孙默处,作《荔枝香》。与史惟圆夜听邻女击鼓,作《水龙吟》词。

　　《迦陵词全集》卷九《荔枝香·早春校〈香严词〉竟,寄孙无言于扬州》。卷二十一《水龙吟·春夜听邻闺击鼓》。

　　史惟圆《蝶庵词》有《水龙吟·春夜听邻娃击鼓》,该词亦见《瑶华集》卷十三。

　　按,孙默《国朝名家诗馀》第四批六家包括吴伟业《梅村词》二卷、梁清标《棠村词》三卷、龚鼎孳《香严词》二卷、宋琬《二乡亭词》二卷、黄永《溪南词》二卷、陆求可《月湄词》二卷,刻成于康熙十六年,由邓汉仪作序。至此,该书基本刻成。

初七日,过妓女畹仙家,作《柳枝》三首。

　　《迦陵词全集》卷一《柳枝·人日过畹仙校书家》。

十三日夜,同史惟圆、蒋景祁同赋《东风第一枝》。

　　《迦陵词全集》卷十九《东风第一枝·试灯夕同云臣、京少赋》。

　　史惟圆《蝶庵词》有《东风第一枝·试灯夕,和其年韵》。

　　按,在手稿本第八册中,该词后隔一首接抄《女冠子·癸丑元夕用宋蒋竹山韵》,故应为本年作。

作《红情》咏半吐红梅,史惟圆有词和之。

　　《迦陵词全集》卷十三《红情·咏半吐红梅》。在手稿本第八册中,该词接抄在《东风第一枝·试灯夕同云臣、京少赋》后。

　　史惟圆《蝶庵词》有《红情·半吐红梅和其年韵》。

十五日夜,与史惟圆同聚,用蒋捷韵赋《女冠子》词一首,颇有今昔之感。史惟圆有词和之。

　　《迦陵词全集》卷二十四《女冠子·癸丑元夕,用宋蒋竹山韵》有"叹浮生故国,难把前欢借"之语。

　　史惟圆《蝶庵词》有《女冠子·元夕和其年用竹山韵》。

十六日,同储贞庆、蒋景祁饮于史惟圆斋头,作《祝英台近》。史惟圆有词和之。

　　《迦陵词全集》卷九《祝英台近·元夕后一日同雪持、京少饮云臣斋头》。按,在手稿本第八册中,该词接抄在《女冠子·癸丑元夕,用宋蒋竹山韵》后。

　　史惟圆《蝶庵词》有《祝英台近·元夕后一日小斋宴集,雪持、次京同和其年韵》。

　　储贞庆(1629—1678),字雪持。江苏宜兴人。储方庆兄。顺治间诸生。有文名。著有《雨山词》等,均已佚。《陈迦陵俪体文集》卷六《储雪持文集序》云:"仆与雪持储子,谢范素交,潘杨密戚。洛滨之戏,君既独步此间;竹林之游,仆亦雅预其末。日者春寒正沍,微霰载零,共为曲室之谈,聊作西窗之话。用说生平,以资谐谑。语其枯菀,殆有数端;叙彼平陂,殊非一致。……无何而君之难弟长能、广期,锷淬芙蓉,跃张华之两剑;价侔结绿,献韩起之双环。仪、廙亢丁,机、云耀陆。或银螭压组,宰燕赵之名城;或紫艾悬腰,牧并汾之剧邑。油幢绝丽,绣伞何都?而处姊叹未适人,老骥悲犹伏枥。三旬灭灶,五月披裘。长颟颔其何之,行嚄唶而自悼。"按,储善庆,字长能。康熙六年与弟方庆俱成进士,任井陉知县。康熙十四年卒。序中所谓"跃张华之两剑"、"献韩起之双环"即指其两人同年中进士而言。该序作于初春季节,年代虽然无考,但鉴于储氏昆季成进士在康熙六年,故最早也应在次年后。又,方庆生平详本年四月。

次蒋景祁韵赋《满庭芳》咏腊梅。

《迦陵词全集》卷十三《满庭芳·咏腊梅和京少韵》。

按,在手稿本第八册中,该词接抄在《祝英台近·元夕后一日,同雪持、京少饮云臣斋头》后。

正月末,同蒋景祁作《长亭怨慢》两首。

《迦陵词全集》卷十五《长亭怨慢·春雨》《长亭怨慢·春晴,和京少回用前韵》。

按,在手稿本第八册中,这两首词见于后半部,且接抄在一起,前后均为本年之作,故系于此。另,手稿本《春雨》题下原有字,似为"同次京",被用墨笔涂去。《春晴》题下"京少"原作"次京",后被改。

作《绮罗香》咏落梅,史惟圆有词和之。

《迦陵词全集》卷二十二《绮罗香·咏落梅》。在手稿本第八册中,该词与《祝英台近·善权寺相传为祝英台旧宅,寺后一台,云其读书处也,壁间旧有谷令君一词。春日与云臣、远公披薜读之,共和其韵》等接抄在一起,为一组,此为第一首。《祝英台近》可考为本年春日作(见下文),故该词作年可定。

史惟圆《蝶庵词》有《绮罗香·落梅,和其年韵》。

董元恺之庐山,用周邦彦《春景》词原韵作《瑞龙吟》送之。

《迦陵词全集》卷三十《瑞龙吟·送董舜民之庐山用周美成春景原韵》。在手稿本第八册中,该词接抄在《绮罗香·咏落梅》后,后面依次接下引之《祝英台近》《贺新郎》词。

董元恺(?—1687),字舜民,号子康,江苏武进人。顺治十七年举人。因遭诖误,不得志以终。著有《苍梧词》。

二月,与史惟圆、史鉴宗买舟游览宜兴西南诸名胜,其间曾泊舟祝陵,寻访祝英台旧宅,并登龙池绝顶的凭虚阁,探善权洞,皆有词。归来,徐喈凤有词和之。

《迦陵词全集》卷一《浣溪沙·春日同史云臣、远公买舟山游,小泊祝陵纪事》有"二月新晴锄绿笋,半村微雨卖青山"之句。卷九《祝英台近·善权寺相传为祝英台旧宅,寺后一台,云其读书处也,壁间旧有谷令君一词。春日与云臣、远公披藓读之,共和其韵》。卷二十六《贺新郎·登龙池绝顶凭虚阁同云臣、远公赋》。卷十《洞仙歌·善权洞》。均应作于同时。在手稿本第八册中,《祝英台近》《贺新郎》《洞仙歌》三首依次接抄在一起,《浣溪沙》紧排在其后,亦为一证。

《湖海楼全集·湖海楼诗集·补遗》之《由祝陵至善权寺三首》《碧藓庵相传为祝英台读书处》《逾花桥寻寺后湫水》《从小湫水陟岭寻干洞了下探水洞二首》《龙池三首》,皆为当日作。其中《从小湫水陟岭寻干洞了下探水洞二首》有句云:"深山饶岩洞,往往载谱牒。无若善权幽,累棋势不愓。架空楼细嵌,凿险洞双叠。兹游首干洞,豁达破崖胁。"

史惟圆《蝶庵词》之《祝英台近·本意》序云:"善权寺后荒台,为祝英台梳妆处,慨然遐想,风徽如在。英台贞静自守,乃为千古死情之始,与青陵台、华山畿,并美于昔,固宜歌咏其事,以光简牒。况在吾邑山水人物之奇秀,尤无比伦,而今之游者,往往忽而不存。余于绝壁断垣之下,见一碣蠹焉,亟与其年、远公披苔藓,排瓦石观之,几不可辨。山僧以水沃洗,始见其字无剥落,寻绎其词,乃《祝英台》一阕,明嘉靖间邑侯谷公讳兰宗所作也。调与事合,允堪吟讽,阕终有'蝴蝶满园飞去'之语。相顾嗟赏,各和一章,以继高唱,词客有灵,自应识我。时康熙癸丑春仲,荆水钓徒序。"此序既明确交代了这次山游是在"康熙癸丑",而所谓"春仲"云云,又与陈维崧《浣溪沙》词中的"二月新晴"相合。同书有《洞仙歌·善权洞,同其年、远公作》《贺新郎·登龙池绝顶凭虚阁,同其年、远公作》,应作于同时。

《瑶华集》卷十八有史鉴宗《贺新郎·登龙池绝顶凭虚阁》。

徐喈凤《荫绿轩词》有《祝英台近·碧藓庵后有石刻'祝英台读书处'六字,数年前曾一游访,未遑题咏。癸丑春,云臣、远公,其年往探遗碣,得谷邑侯祝英台一词。归示和章,感而步韵》。

《荆溪词初集》卷七有蒋景祁《贺新郎·登龙池绝顶凭虚阁》。

龙池山,《大清一统志》卷六十《常州府·龙池山》云:"在荆溪县西南七十里,高五里。南岩曰白云,壁立数百仞,其石皆白,有龙池。"

作《探春令》咏陈于泰旧宅窗外杏花。

《迦陵词全集》卷四《探春令·咏窗外杏花系叔祖殿元公旧宅》。在手稿本第八册中,该词接抄在《洞仙歌·善权洞》之后,应为同时作。

春日,过岵云上人兰若,见其庭下红梅盛开,作《洞仙歌》。

《迦陵词全集》卷十《洞仙歌·偶过岵云上人兰若,见其庭下红梅盛开,漫咏》首句云:"伤春病酒,日三竿贪睡。"在手稿本第八册中,该词紧排在《蝶恋花·春闺和漱玉词同次京作》后。

岵云上人,俟考。

作《菩萨蛮》柬史惟圆讯牡丹花消息,史惟圆有词答之。

《迦陵词全集》卷二《菩萨蛮·柬云臣讯牡丹消息》。在手稿本第八册中,该词紧排在《洞仙歌》后。

史惟圆《蝶庵词》有《菩萨蛮·答其年来讯牡丹消息原韵》。

同史鉴宗、吴本嵩和潘眉韵作《一丛花》。

《迦陵词全集》卷九《一丛花·咏白丁香,同远公、天石和原白韵》。在《迦陵词》手稿本第八册中,该词接抄在上一首《菩萨蛮》后。

约本年清明前,与史惟圆、吴本嵩、史鉴宗宴集潘眉池亭,与史惟圆均有词。

《迦陵词全集》卷八《师师令·席上同云臣咏雏姬》。卷五《玉楼春·春夜同云臣、远公、天石诸子燕集原白池亭,次云臣原韵》。在手稿本第八册中,《玉楼春》接抄在《师师令》后。

史惟圆《蝶庵词》之《玉楼春·同其年、天石、远公诸子燕集原白池亭》云:"乍晴池馆东风软。墙外小桃红未展。时当暮暮复朝朝。人比莺莺和燕燕。　　兰灯影里娇波转。笑把金觥休放浅。人间何处有春愁。月上三更帘不卷。"同集另有《师师令·席上咏雏姬,和其年韵》。

按,以上两词具体作期不明。但从诸人本年的游踪比较集中在家乡,而且相聚的时间比较久来分析,极有可能作于本年。另,这两首词均见于手稿本第八册,且在后半部分,其前后均为同年春日之作。亦为一证。

二月十八日清明,再集潘眉斋中,有词。时徐紫云新逝,赋《摸鱼儿》词悼之。

《迦陵词全集》卷六《蝶恋花·清明同诸子集原白斋中》。卷二十九《摸鱼儿·清明感旧》。按,在手稿本第八册中,《摸鱼儿·清明感旧》题下原有小注云:"时九青新逝。"

按,据冒广生《云郎小史》考证,徐紫云去世在康熙十四年。但手稿本该词后附有史惟圆、史鉴宗、蒋景祁、储贞庆、吴本嵩、潘眉、徐喈凤、黄锡朋、任绳隗、史可程、王于臣等人的和作(其中史鉴宗、储贞庆、史惟圆的和作另见蒋景祁所编《瑶华集》卷十九),均系追悼徐紫云,应作于同一时期。而史鉴宗于康熙十三年初春病故,清明时陈维崧即有词追悼他。故从时间上看,徐紫云最迟也应卒于本年清明前。冒广生的考证不确。

又,徐喈凤词亦见于《荫绿轩词》,题为《摸鱼儿·为其年悼歌儿》,其有句云:"近清明,是花皆放,摧残一夜风恶。君家歌者美如花,最惜亦随花落。"任绳隗词亦见《直木斋全集》卷十《词选·长调》,题为《摸鱼儿·为陈子其年吊所狎徐云郎》。

三月初一,作《兰陵王》咏闺人籫钱。

《迦陵词全集》卷二十九《兰陵王·咏闺人籫钱》中阕有"人生几度逢寒食,怕连朝风雨,满城烟絮"之语,可知其为寒食前后作。该词作期不明,因收在手稿本第八册后半部,前后均为本年之作,故系于此。

初三日,与任绳隗、徐喈凤、史鉴宗、蒋景祁、陈维岱、潘眉、吴梅鼎、吴本嵩等十六人冒雨在宜兴东溪修禊,期间茗酒相庆,弈琴自乐,长篇短制,更唱迭和。陈维崧赋《浣溪沙》《蓦山溪》各一首。此次修禊,曾遣人绘有修禊图,后与诸人所作一起装裱成卷,徐喈凤为作序,陈维崧为作跋,以记当日情景。

《迦陵词全集》卷二《浣溪沙·癸丑东溪雨中修禊》、卷九《蓦山溪·东溪雨中修禊》、卷二十二《永遇乐·东溪雨中修禊》。在手稿本第八册中,这三首词依次排在一起,可知为同时作。其中《蓦山溪·东溪雨中修禊》《永遇乐·东溪雨中修禊》为接抄。《永遇乐》原题作"前题",从笔迹判断,"东溪雨中修禊"数字系陈宗石所补改。

《陈迦陵文集》卷六《东溪修禊卷跋》云:"右《癸丑东溪修禊图》。图后有骚有赋,有记有序,有书有启,有七有赞,有辞有曲,有古诗有七言律,有《浣溪纱》《蓦山溪》《永遇乐》诸词共一卷。按东晋兰亭之会,修禊事者少长四十有一人,而诗不成至十有六。今东溪之会,仅仅十六人,然而觞咏未已,纸墨烂然,长篇短制,更唱迭作,可谓盛矣。"

徐喈凤《愿息斋文集》之《癸丑东溪修禊序》有云:"岁癸丑三月上巳,徐子病方起,偕同里诸子泛舟东溪以修禊事。"《直木斋全集》卷十三亦有

《癸丑东溪修禊启》。

任绳隗《直木斋全集》卷九《词选·中调》有《蓦山溪·癸丑上巳,同徐竹溪、史远公、吴天石、天篆、陈其年、潘原白十馀子东溪修禊》、卷十《词选·长调》有《永遇乐·癸丑东溪修禊》。

徐喈凤《荫绿轩词》有《浣溪纱·癸丑上巳,雨舟修禊》《蓦山溪·癸丑东溪修禊集词名》《永遇乐·癸丑上巳东溪修禊》(该词又见《荆溪词初集》卷六)。

蒋景祁《罨画溪词》有《浣溪沙·东溪雨中修禊》,另《瑶华集》卷十五有其《永遇乐·癸丑上巳东溪修禊》(该词又见《荆溪词初集》卷六)。

《荆溪词初集》卷一有陈维岱《浣溪沙·癸丑上巳》。

潘眉有《永遇乐·癸丑上巳东溪修禊》(见《瑶华集》卷十五、《荆溪词初集》卷六)。

史惟圆《蝶庵词》有《永遇乐·东溪修禊》。

吴梅鼎,原名雯,字天篆。宜兴人。吴本嵩弟。康熙二十七年岁贡生。工诗词,善书画,尤长于山水翎毛。《陈迦陵俪体文集》卷六《吴天篆赋稿序》云:"而我吴子,尽室燃糠,终朝晒麦。荐扬无路,盼杨意以何年?贫贱堪伤,俟桓谭而奚日?此则荣枯莫必,季主所以咨嗟;显晦难期,唐举于焉叹息者也。"是知其生活颇为贫困。著有《醉墨山房赋稿》《词稿》。生平详嘉庆《宜兴县志》卷八《人物·文苑》。

东溪,亦名东氿,在宜兴县城东,东流入太湖。见《大清一统志》卷六十《常州府·荆溪》。

春,作词多首。

《迦陵词全集》卷二十《木兰花慢·歌宴感旧》。卷八《小桃红·如皋冒天季自署信天翁,向予索词,因有此赠,每句中俱暗用禽言及鸟名》。卷六《蝶恋花·春闺和漱玉词》。

按,这三首词作期不明,但在手稿本第八册中,它们依次接抄在一起,且紧排在《满庭芳·咏腊梅和京少韵》后。又,《木兰花慢·歌宴感旧》末云:"正月新蒲细柳满场,横竹么弦。"可证其为月之上旬。

作《喜迁莺》咏滇茶。

《迦陵词全集》卷二十二《喜迁莺·咏滇茶》首云:"胭脂绣缬。正千里江南,晓莺时节。"

按,该词作期不明,但在手稿本词第八册中,其与《菩萨蛮·云臣招看牡丹,以雨未赴,小词奉柬,并柬是日赏花诸子》《倦寻芳·竹逸堂紫牡丹一树,戊申年曾一见之,才一二朵耳。今年花放,竹逸复邀同人过赏,而浓香紫艳,已满画阑矣。感而赋之》《满江红·看牡丹感旧》依次接抄在一起,而《倦寻芳》作于本年,《满江红》作于三月中旬末(考见下文),故可断这组词均成于本年三月中旬。

史惟圆招看牡丹,以雨未赴,作《菩萨蛮》奉柬。

《迦陵词全集》卷二《菩萨蛮·云臣招看牡丹,以雨未赴,小词奉柬,并柬是日赏花诸子》。

雨后,徐喈凤邀同人过堂前赏紫牡丹,感而赋《倦寻芳》,史惟圆、董元恺有词和之。

《迦陵词全集》卷十六《倦寻芳·竹逸堂紫牡丹一树,戊申年曾一见之,才一二朵耳。今年花放,竹逸复邀同人过赏,而浓香紫艳,已满画阑矣。感而赋之》下阕有云:"讵料是、六年一别。今日人归,倍添春晕。满院浓香,砌就闲愁成阵。雨后喜看娇态足,朝来怕见残妆褪。"自戊申过六年恰为本年。

史惟圆《蝶庵词》有《倦寻芳·竹逸斋中紫牡丹,和其年韵。花名紫袍金带》。

董元恺《苍梧词》有《惜馀春慢·咏紫牡丹和其年,即用宋鲁逸仲原韵》。

十二日,平南王尚可喜因年迈体衰,且其子尚之信接掌兵事后对其不敬,请求朝廷撤藩,好让自己归老辽东。得朝廷诏准。

《清史编年》第二卷(康熙朝)上"康熙十二年"。

约中旬,看牡丹作《满江红》感旧。

《迦陵词全集》卷十二《满江红·看牡丹感旧》上阕有"恰又是送春天气"之句。

按,"送春"在立夏前后。本年立夏为三月十九日。

作《水龙吟》咏杜鹃花。

《迦陵词全集》卷二十一《水龙吟·咏杜鹃花》下阕有云:"讵料年年,每当开日,便成春暮。"

按,该词作年不明,但在手稿本中,其紧排在《夏初临·本意》前。另,这两首词的抄写笔迹与前后诸词均不相同,显为同时抄成。从书写内容看,该词虽为咏物,但寄托颇深。手稿本该词末有评语曰:"是花,是鸟,是蜀帝灵光,悦恍不可捉摸。"是则与下一首《夏初临》为同一用意矣。故断为同年作。

十九日,为明崇祯帝忌日,赋《夏初临》。

《迦陵词全集》卷十五《夏初临·本意》题注云:"癸丑三月十九日,用明杨孟载韵。"词云:"中酒心情,拆绵时节,蓍腾刚送春归。一亩池塘,绿阴浓触帘衣,柳花搅乱晴晖。更画梁,玉剪交飞,贩茶船重;挑笋人忙,山市成围。　蓦然却想,三十年前,铜驼恨积,金谷人稀。划残竹粉,旧愁写向阑西。惆怅移时,镇无聊、掐损蔷薇。许谁知,细柳新蒲,都付鹃啼。"

陶孚尹作《怀人诗十六首》,有诗怀陈维崧。

《欣然堂集》诗集二《怀人诗十六首》之十四云:"晓风残月太匆匆,湖海心情放浪中。耐可填词杨柳岸,铜官忘却岕香浓。阳羡陈其年。"

按,《欣然堂集》诗集二始于康熙十一年秋。这组诗乃其隔年所作,故当系于本年。

作《醉春风·春日饮远公海棠花下和竹逸作》《风流子·感旧》。

《迦陵词全集》卷七《醉春风·春日饮远公海棠花下和竹逸作》。卷二十四《风流子·感旧》。

按,这两首词作期均不明,但在手稿本第八册中,它们依次接抄在一起,且紧排在《满江红·看牡丹感旧》后。考虑到史鉴宗于次年春去世,故其最晚应成于本年。

作《绮罗香》咏海棠。

《迦陵词全集》卷二十二《绮罗香·咏海棠》。该词作期不明,但在手稿本第八册中,《百字令·送钱础日归锡山同云臣和曹顾庵韵》接抄在其后,而《百字令》为本年作(考见下文),故系该词于本年。

送钱肃润归无锡,同史惟圆用曹尔堪韵作《百字令》抒怀。

《迦陵词全集》卷十八《百字令·送钱础日归锡山,同云臣和曹顾庵韵》云:"怜吾与汝,只年将五十,尚然栖逸。椠上功名难办取,且自弄他文笔。借面吊丧,送人作郡,岁岁饥驱出。傍人大笑,嵇康身懒多虱。回忆旧日酒徒,凋零略尽,愁杀松楸密。恰似枝头花欲谢,只剩十分之一。归听莺声,好携芒屩,野服须遮膝。九龙山下,仙粮何限芝术。"按,陈维崧本年四十九岁,故词中云"年将五十"。此可证其作于本年。

史惟圆《蝶庵词》有《百字令·送钱础日归锡山,用曹顾庵韵》。

四月,蒋宗琳招同储方庆、董元恺共赏兰花。约在此同时,为董元恺《苍梧词》撰序。

储方庆《储遁庵文集》卷十一"癸丑存诗"《蒋玉持招同董子康、陈其年赏兰花》有"落日鸣蝉急,炎天野草红"之句,知其为夏季。另,在《储遁庵文集》中,该诗排在《癸丑四月部文到》之后,其后一首为《将赴部别湖西诸族人》。故可断为四月之作。

《陈迦陵俪体文集》卷七《苍梧词序》云:"仆也老而失学,雅好填词;壮不如人,仅专顾曲。慨自邹讦士董文友既亡之后,泪满蝉钿;况复曹顾庵王西樵久别以来,心灰兔管。见吾友之一编,动鄙人之三叹。"

按,因本年七月王士禄卒,故此序最晚应作于此前。另,从陈维崧与董元恺的交游情况看,亦似以本年为最密。

蒋宗琳,字玉持。宜兴人。工篆隶及镌刻,善丹青,尤长于花鸟。道光《续纂宜荆县志·人物志》有介绍。

储方庆(1633—1683),字广期,号遁庵。宜兴人。康熙六年进士,七年授山西清源知县。十七年以博学鸿词荐,次年与试报罢,以原官用。不久以病辞归。著有《遁庵文集》。生平见魏象枢《储公遁庵墓志铭》(《寒松堂集》卷十)、嘉庆《宜兴县志》卷八《人物·治绩》。

约初夏季节,王于臣有《沁园春》词赠史惟圆,史有词答之。陈维崧与史鉴宗均和其韵有作。

《迦陵词全集》卷二十五《沁园春·同远公和友人赠答之作》上阕有云:"五十之年,细数生平,人间可哀。"在稿本《迦陵词》第八册末尾,该词题为《同远公和云臣、越生赠答之作》。

史惟圆《蝶庵词》有《沁园春·答越生》,题下注云:"越生见投《沁园春》一阕,盛推余新词兼志旧事,有感。"

按,从陈维崧词中"五十之年"云云看,本词似该作于次年。但在手稿本中,其与《南乡子·夏日午睡》《水调歌头·题远公画〈洞山图〉,送天石北上》《水调歌头·送原白北上》《闺怨无闷·醉后排闷作》《新荷叶·采莲》依次接抄在一起,独为一组,可知为同时作。又,《水调歌头·题远公画〈洞山图〉,送天石北上》为本年作(考见下文)。故这组词皆可断为本年夏作。

　　王于臣,原名绍,字越生。宜兴人。陈维崧《摸鱼儿·哭王生》即为其所作(在手稿本中"王生"作"王越生"),题下原注云:"王生(手稿本作'王越生')常数夕作词数百首,诡云旧作。其敏黠如此。"词之上阕述两人交往云:"记年来、百无俚赖,聊将小令闲做。同巷有人才最敏,艳句颇能赓和。花影簌写,小字斜行,各色蛮笺,大携来诧我。任腻柳豪苏,一宵立办,诡说蠹馀课。"王于臣著有《凫亭词》一卷。其生平另见道光《续纂宜荆县志》卷九。

初夏午睡起,有词抒怀。

　　《迦陵词全集》卷五《南乡子·夏日午睡》。

吴本嵩将北上京师,有词送之。史惟圆、任绳隗亦有词。

　　《迦陵词全集》卷十四《水调歌头·题远公画〈洞山图〉,送天石北上》首云:"何以赠行卷,而作《洞山图》。"

　　史惟圆《蝶庵词》之《水调歌头·送吴天石北上》序云:"癸丑初夏,远公登岕顶,自采茗而归。因作《洞山图》,方五寸许。凡棋盘、扇面、纱帽诸项,以及庙后诸产茶胜地,列如指掌,洵为极笔。适天石将北游,因以为赠,而系之以词。谨次原韵。"

　　任绳隗《直木斋全集》卷十《词选·长调》有《水调歌头·送吴天石、潘元白北上,时史远公作〈洞岕图〉,用此调题画赠二子行,并步原韵》。

潘眉将北上京师,作《水调歌头》送之,并致候京中老友。其时曾有年底前再上京华的打算。董元恺、曹亮武、万树、吴本嵩各有词送之。

　　《迦陵词全集》卷十四《水调歌头·送原白北上》下阕有云:"公子去,臣宜从,病未能行也。勉旃努力,勿复惮炎蒸。为我慈仁阁下,寄讯支离老叟,短发定鬅鬙。待我上元候,同看凤城灯。"

　　董元恺《苍梧词》卷十《水调歌头·暮春送别潘原白之京,和陈其年韵》。

　　《瑶华集》卷十四曹亮武《齐天乐·梅庐花月下送原白之燕》(该词又见《荆溪词初集》卷五)。

　　万树《香胆词选》有《齐天乐·送元白北行,同其年、云臣作》。按,《香胆词选》原本未见,仅见其复印件两卷。本年谱所引系据《全清词·顺康卷》,故不能标其卷数。

　　《荆溪词初集》卷四吴本嵩《燕台春・送原白入都》末云："丛桂发,休看刀环。"同书同卷有潘廷选《帝台春・送原白侄北上》。卷五有董儒龙《齐天乐・送原白北行》。

　　潘廷选,字均范。江苏宜兴人。诸生。少工文,潜心理学。晚喜为诗。尝与周启隽、徐喈凤、陈维崧联吟社。著有《斗映楼文集》、《双桂轩诗集》。生平详嘉庆《宜兴县志》卷八《人物・行谊》。

作《闺怨无闷・醉后排闷作》《新荷叶・采莲》。

　　词见《迦陵词全集》卷十六、卷九。

约本年初夏,同吴梅鼎过徐喈凤斋中闲话,次吴梅鼎韵有作。

　　《迦陵词全集》卷四《偷声木兰花・雨中同吴天篆过饮徐竹逸斋头,次天篆韵》上阕云："熟梅时候苏苏雨,遥望君家疑隔浦。我垫巾来,小坐欧公画舫斋。"

　　徐喈凤《荫绿轩词》续集《偷声木兰花・雨中其年、天篆过小斋闲话,次天篆韵》。

　　以上两词具体作年不明,但陈维崧本年在里中与诸人游从较密切,故暂系于此。

五月初五阴雨,同史惟圆用《片玉词》韵作《齐天乐》抒怀。

　　《迦陵词全集》卷二十一《齐天乐・端午阴雨和云臣用片玉词韵》下阕有"江南江北行遍,每逢看竞渡,伤今吊古。俯仰随人,飘蓬返里,蠹尽彩笺新句"之语。该词作期不明,但在手稿本词第八册中,其排在《夏初临・本意》后,故系于此。

　　史惟圆《蝶庵词》有《齐天乐・端午阴雨,和片玉韵》。

作《贺新郎・食李戏作》《一丛花・杨梅》。

　　词见《迦陵词全集》卷二十六、卷九。

　　按,在手稿本词第八册中,这两首依次接抄在一起,且紧排在《击梧桐・夏日同友人过竹逸斋头小饮,赋此纪事》前。或为本年作,暂系于此。

盛夏,与孙引之、王于臣同过徐喈凤斋,各以《击梧桐》词一首相示,徐喈凤依韵答之。

　　徐喈凤《荫绿轩词》有《击梧桐・癸丑盛夏,其年、绥禄、越生过小斋茶话,各以〈击梧桐〉词见赠,倚声答之》。

　　《迦陵词全集》卷二十三《击梧桐・夏日同友人过竹逸斋头小饮,赋此纪事》。在手稿本第八册中,词题中"友人"二字原作"绥禄、越生",经墨笔涂改为"友人"。

孙引之,字绥禄。宜兴人。《瑶华集》卷十二收其词一首。

吴贞度堂中闽兰盛开,约同人过访,同王于臣作《解语花》。

《迦陵词全集》卷十七《解语花·吴静安姑丈堂中闽兰盛开,约同人过赏,时有二校书在座》上阕末云:"羡高情、楚畹湘潭,助幽人消夏。"该词见于手稿本词第八册末,原题末有"同越生赋"四字,被用墨笔勾去。陈维崧本年与王于臣来往最多,不久王于臣即去世(考见后文),故很可能作于本年。

六月初八,姜垓病逝于苏州,临终前遗命两子,令葬于安徽宣城敬亭山麓,以尽其遗臣之节。陈维崧闻讣,为赋《水调歌头》一阕挽之。

《迦陵词全集》卷十四《水调歌头·莱阳姜如农先生,前朝以建言予杖,遣戍宣州。会遭甲申之变,不克往戍所,侨居吴门者几三十年。癸丑夏,先生疾革,遗命家人曰:"必葬我敬亭之麓。"其子勉仲、学在从之。闻者悲其志,重其节,私谥之曰贞毅先生。维崧填词,以代迎神、送神之曲焉》。

据姜安节《府君贞毅先生年谱续编》,姜垓于本年五月病剧,六月八日丑时去世。

姜安节,字勉中。山东莱阳人。姜垓长子。著有《永思堂诗抄》。生平详光绪《宣城县志》卷十五《儒林》。

姜实节(1647—1709),字学在,号鹤涧。姜垓次子。侨居吴县,寓艺圃,不事举子业,日与诸名士游处。晚年建二姜先生祠于虎丘,并筑谏草楼于祠后,自居其中。爱书画,工诗。著有《焚馀草》《鹤涧先生遗诗》等。生平详《国朝耆献类征初编》卷四七一、王晫《今世说》。汪琬《尧峰文抄》卷二十三有《姜氏艺圃记》。《陈迦陵俪体文集》卷五《艺圃诗序》乃为其作,其附记云:"艺圃者,姜如农先生仲子学在所居也。其先为文文肃公清瑶屿,又先为袁宪副某堂,水木清幽,洲岛闲旷,最为吴中胜处。学在读书其中,旁列古彝鼎及茶枪酒董诸小物。一日吾友吴园次过其斋头,顷刻为赋诗四十首。学在梓而传之,并属予为序云。"吴绮《林蕙堂全集》卷十八有《艺圃诗为学在赋》组诗,当即为其中的一部分。另汪琬《钝翁续稿》卷二及王士禛《渔洋精华录》卷三均有诗赋之。

约夏末季节，同岵云上人、陈维岱过徐钟朗园亭，有《行香子》词。

《迦陵词全集》卷七《行香子·同岵云上人、鲁望弟过徐氏园亭》。该词收在手稿本第六册中，排在《贺新郎·中秋伏枕，承蘧翁先生有月饼果物之惠》后。但从季节顺序看，该词所写为夏末景象，故系于此。另，在手稿本中，标题中的"徐氏"为"徐钟朗"。

徐钟朗，名里、生平俟考。

二十四日，作《水调歌头》述怀，并柬许大就。

《迦陵词全集》卷十四《水调歌头·立秋前一日述怀，柬许岂凡》。该词作期不明，因收在手稿本第八册末尾，前后多为本年之作，故系于此。本年立秋为六月二十五日。

许大就，字岂凡。江苏宜兴人。明副贡生。入清不仕。《瑶华集》前《瑶华集词人》表中有著录。

作《水调歌头》题王于臣词，并示孙引之、徐玑。

《迦陵词全集》卷十四《水调歌头·题友人词并示方邺、大匡》。在手稿本第八册中，该词题为《题越生词并示绥禄、天玉》，似当以手稿本为准。患立堂刻本改为示沈泌、陈堂谋，不知何据。另，在手稿本中，该词紧排在《水调歌头·立秋前一日述怀柬许岂凡》后。

徐玑，字天玉，别字畏山。宜兴人。徐翔凤子。诸生。少承家学，与从兄瑶（徐喈凤子）齐名。著有《湖山词》，见选于《百名家词》。生平详嘉庆《宜兴县志》卷八《人物·文苑补遗》。

遥题广陵吴楷棣友堂，赋《菩萨蛮》。

《迦陵词全集》卷二《菩萨蛮·遥题广陵吴元式棣友堂》注云："余昨岁中州，曾过田氏三紫荆故里。"可知该词为本年作。又，在手稿本第六册中，该词紧排在《行香子·同岵云上人、鲁望弟过徐氏园亭》后。

吴楷，字元式。江苏江都（今属扬州）人。吴绮族孙。《林蕙堂全集》卷一《棣友堂记》云其为吴绮侄去文"长君"，且引其语有"楷不佞"云云。生平俟考。

万廷仕招赏白莲，赋《泛青波摘遍》。

《迦陵词全集》卷二十三《泛青波摘遍·万大士表兄招赏白莲，赋此》。在手稿本词第六册中，该词排在上引《菩萨蛮》后。

七月初三，平西王吴三桂为窥测朝廷对待自己的意向，亦请求撤藩。得朝

廷诏准。后二日,靖南王耿精忠疏请撤藩,亦得诏准。

《清史编年》第二卷(康熙朝)上"康熙十二年"。

二十二日,王士禄病故。得讯后为文祭之。

《陈迦陵文集》卷六《祭王西樵先生文》。

施闰章《施愚山集·文集》卷十九《吏部考功司员外郎王君墓碑》云:"予友王子西樵先生,居母夫人丧,以康熙癸丑七月二十二日卒于家。"其病故过程可参王士禛《王考功年谱》。

初秋,游国山善权寺,不久为《百愚禅师语录》作序。

《陈迦陵文集》卷三《百愚禅师语录序》云:"余涉秋行国山道中,憩善权寺门松巷。屈指畴昔,则禅师既寂,晦斋继圽,即寒松亦席不暇暖他徙,问其寺,则已为豪有力者主之矣。"

《迦陵词全集》卷二十三《倾杯乐·善权寺火甲寅九月十九日事》曾述及康熙十九年善权寺遭火被焚之事。

据毕士雄《火烧善权寺的历史真相》考证:"康熙十二年(1673),玉林通王秀以'保护祖塔'为名,在宜兴地方官的支持下,赶走寒松智操,令弟子白松丰行住持。'"(《宜兴日报》2009年7月9日第6版)从陈维崧序可知,其游山在寺已为白松所据而尚未被焚之时,顾系于本年。

百愚禅师,指百愚净斯(1610—1665),号百愚,俗姓谷。河南南阳桐柏人。先后住持嘉定古昭庆寺、湖州弁山龙华寺、宜兴国山善权寺等。康熙四年八月二十八日圆寂。年五十。

寒松智操(1626—1686),字寒松,号隐翁。安徽桐城人。嗣法百愚禅师。历住松江青龙、龙福,长洲深栖,湖州龙华,宜兴善权等寺。有诗名。撰有《寒松智操禅师语录》《方外英华》《拈来草》等。

八月至江阴,因病不能参加乡试。主事者颇难之,经徐喈凤多方经营始得免。期间刘雷恒、刘霖恒、贺宿、陈玉瑺诸人曾相访于客舍,因忆及亡友邹祗谟和董以宁,有词。

《迦陵词全集》卷二十四《沁园春·余卧病澄江不能应试,主者颇难之。竹逸为经营良苦,乃始得请。归来作此自嘲,并以伸谢》。同书卷二十六《贺新郎·暮秋卧病澄江客舍,承刘震修、沛元、秦其天、贺天士、椒峰弟诸君枉顾,因感亡友邹程村、董文友,漫感一首,并示梅园主人韩尔铉》。

史惟圆《蝶庵词》有《贺新郎·癸丑暮秋,其年卧病澄江客舍,追感亡友邹程村、董文友兼示梅园主人韩尔铉之作,携归示予,相对怆然忆旧,即次原韵》,明确交代此乃本年事。

另据郭则沄《清词玉屑》卷一云:"迦陵词以才气胜,其人亦跅跎自雄,往往恃才忤物。当为诸生时,龚定山遇之甚厚。一日会饮,诸达官毕集,独揖迦陵上坐。有客某,见其掀髯睥睨,心为不平。未几某贵,出为江南学使,知迦陵不善举业,檄令应试,以疾辞,不许。浣乡先生周旋久之,事乃解。迦陵为《沁园春》词,有云:'纷纷路鬼相疑。疑小敌当前何怯为?谢主臣不敏,怯诚有是,明公垂谅,病亦非欺。'即谢乡先生之作也。"

按,据《江南通志》卷一百五《官职志·文职七》,康熙十二年江南学政为虞二球。

虞二球(1631—?),字天玉。浙江定海人。顺治十四年举人,次年成进士。康熙十一年由兵部主事出为山东乡试副考官(正考官为严我斯),次年出任江南按察使司佥事,提调学政,康熙十三年去任。

贺宿,字天士,号星客。江苏丹阳人。附贡生。与贺国璘皆以古文名,尤工诗,时称"二贺"。少寓常州府城,尝与邹祗谟、陈玉璂结诗文社。后入都,为给谏王曰高所重,欲荐为博学鸿词,然因事系狱。旋遇赦出都,卒于客途。著有《仙舟集》。生平详《曲阿词综》卷十九。

秦其天,名里、生平俟考。

病中见客舍水亭前有两野鹤,日饮啄行潦中,感其凌云之质而辱在泥涂,为赋《摸鱼儿》一首,有自伤之意。

《迦陵词全集》卷二十九《摸鱼儿·澄江客舍水亭前有野鹤二,日饮啄行潦中。余伤其陵霄之质而辱在泥涂,词以唁之》首句云:"倚西风、徘徊鹗望。"知是作于秋季,当为本次应试时作。

回乡前,偶过黄毓祺旧宅万佛林,为赋《隔浦莲近拍》。

《迦陵词全集》卷八《隔浦莲近拍·暮秋江上偶步万佛林,即黄介子先生旧宅》首句云:"西风吹响,古木乱叶埋僧屋。"时令为秋日。又,在手稿本词第六册中,该词前隔一首为上引之《贺新郎》,后接《过涧歇·暨阳秋城晚眺》。时间地点均相近,应为本次在江阴作。

黄毓祺(?—1644),字介子。江苏江阴人。明天启元年贡生。好学有盛名,精佛学。顺治二年,清兵攻江阴,城久不下。黄毓祺起兵应城守。事败,亡命淮南,以官印印所往来书,为人告变,被俘死。著有《小游仙诗》

《圃中草》等。其故居遂为僧舍,改名万佛林。生平详《复社姓氏传略》卷三及陈贞慧《山阳录》。

在江阴晚眺秋城,作《过涧歇》。

《迦陵词全集》卷九《过涧歇·暨阳秋城晚眺》下阕云:"春申遗垒在,古戍吹笳,乱洲伐荻。碎把阑干拍。沙草无情,不管兴亡,朝朝暮暮,西风只送巴船笛。"在手稿本第六册中,该词紧排在《沁园春·远公卧疾长斋,余既与云臣作词宽譬,乃接来章,有"承欢有歉,颐养空文,自罚十年藜藿"之语。因复作此广之,并邀云臣共作》前,且为接抄。故可断为本年作。

十五日,因病伏枕。史可程有月饼果物之馈,病起填词赋谢,念及中州姬人与新生幼子。

《迦陵词全集》卷二十六《贺新郎·中秋伏枕,承蘧翁先生有月饼果物之惠》下阕有句云:"忽忆添丁千里外,阻隔丹崖绿嶂。恨此物,无缘分饷。"手稿本标题中"蘧翁"作"蘧庵","果物之惠"后有"病起赋谢"四字。

按,在手稿本第六册中,该词紧排在《沁园春·余卧病澄江不能应试,主者颇难之。竹逸为经营良苦,乃始得请。归来作此自嘲,并以伸谢》后。另,本年亦是陈维崧添丁后的第一个中秋,故词中及之。

九月十二日,龚鼎孳卒于京邸。

杜濬《变雅堂文集》卷四《祭龚孝升先生文》。董迁《龚芝麓年谱(下)》。

暮秋,卧病里中,贫愁交困,吴绮忽自无锡来访,相与定交。后吴绮以衣相赠,有启谢之。

吴绮《林蕙堂集·诗抄》卷一《定交篇自锡山至阳羡访陈其年》有句云:"凉叶何萧萧,秋声不能已。"又云:"是时闻君方卧病,文园秋雨无人问。"又云:"几年裘敝长安道,昨岁衣沾洛下尘。原无狗监难逢主,不是龙门肯置身。""昨岁"云云可证其当为本年作。

又《湖海楼全集·湖海楼诗集·补遗》之《定交篇酬园次即和原韵》自注云:"时合肥公新逝。"龚鼎孳卒于九月十二日,故此诗当作于九月下旬以后。

《迦陵词全集》卷十二《满江红·茜次挐舟相访,与予订布衣昆弟之欢而去,赋此纪事》当作于同时。

《陈迦陵俪体文集》卷四《谢园次赉衣启》云:"今某裘类苏秦,服来久敝;衣同到溉,着处恒穿。猥以班荆,于焉赠缟。"

按,嘉庆《宜兴县志》卷十"流寓"志云吴绮于"康熙十一年来宜兴访陈维崧",所记未确。

秋日病中有书寄蒋平阶,时相别已一月。

《陈迦陵文集》卷四《与蒋大鸿书》:"大鸿足下,仆违足下已匝月矣。离逖之情,形于梦寐,忧思沉湎,实不可任。今者仆又病,念不一通问左右,恐魂魄散佚,长负故人,将罹王稽三不可知之悲,或非孔门盍各言志之义。是以附尺一道缱绻焉。……仆自家居以来,家门遘会,屡值风飙。每听惊弦,自憎毛羽。间尝栖心洛浦之笙,骋意洞庭之乐。秣马若木,晞发层城。天路遥远,良无由缘。何必中山畏窈眇之音,雍门抚悲凉之操,然后掉头人世也。"按,此书作期原无说明,以其书中言病颇危,故系于此。

病中,史惟圆曾以药资相馈。病后有词谢之,史惟圆有和作。

《迦陵词全集》卷二十五《沁园春·病中云臣馈我药赀,赋此志谢》。

史惟圆《蝶庵词》有《沁园春·和其年病后感怀之作原韵》。该词与陈维崧词同韵,知所和为前词。

史鉴宗一病不起,然持斋甚坚。病后有词讯之,并邀史惟圆同作。

《迦陵词全集》卷二十五《沁园春·余既沉疴濒死,而远公亦一病累月。乃其病中,独持斋甚坚,词以讯之》《沁园春·远公卧疾长斋,余既与云臣作词宽譬,乃接来章,有"承欢有歉,颐养空文,自罚十年藜藿"之语。因复作此广之,并邀云臣共作》。

史惟圆《蝶庵词》有《沁园春·远公病后持斋甚苦,词以讯之,同其年作》。

十月,户部尚书梁清标因使粤过商丘,有诗赠陈宗石兼怀陈维崧。

梁清标《蕉林诗集》卷十二《雪苑酬赠陈子万兼怀其年》:"忽漫相逢意气新,驿亭暂与季万邻。久从雪苑羁词客,旧是荆溪部党人。团扇乍分明月影,冰壶全濯汴京尘。君家伯氏江东秀,何日芦中问隐沦?"

按,梁清标《蕉林诗集》卷十八《过卢沟》题下自注云:"余庚戌入都,距今三年矣。"另,该诗后面依次为《琉璃河》《安肃道中》《赵州桥》《过汴城》《归德道中》等,《归德道中》题下自注云:"此地多月季花,冬犹盛开,亦好种桐。"冬日月季着花,则当为初冬景象。《诗观二集》卷二有其《过商丘》一首,当为同时作。

《湖海楼诗集》卷六"戊午"诗《寿大司农梁苍岩先生》四首其三云："白日黄河百战场,昔年使节下睢阳。寒门有弟嗟秦赘,高谊颂公问楚狂。一读几回增感激,千山万水划苍茫。"

《诗观二集》卷二于梁清标诗后录汪懋麟语云："吾师生长京国,早登上郡,凡所撰著,皆庙堂雅颂之音,山川登陟之作盖少也。顷奉使万里,往来半岁,得诗四百馀首,探幽抉奥,竞秀争妍。如康乐之游江东,少陵之入西蜀,山川胜揽,尽在斯矣。因与孝威,亟登卷首。"邓汉仪跋云:"忆同龚定山尚书游岭南,距今十九载矣。甲寅秋日,汪蛟门舍人以梁苍岩大司农使粤诗属予选次,因题其上。"

按,本年八月,梁清标奉命赴广东处理撤藩事宜,十二月因吴三桂反叛而被召回。

十一月二十一日,平西王吴三桂起兵反,自称天下都招讨兵马大元帅,国号周,以明年为周王昭武元年,铸"利用通宝"钱。其部下皆蓄发易服,旗帜皆白。同时致书平南王尚可喜与靖南王耿精忠,相约起兵。十二月二十一日,清廷发兵征讨之。

《清史编年》第二卷(康熙朝)上"康熙十二年"。

约本年底,赋《疏影·咏瓶中腊梅》《水调歌头·橄榄》《海棠春·闺词戏再和阮亭韵》《飞雪满群山·本意次宋张榘韵》《贺新郎·冬夜不寐写怀用稼轩同甫倡和韵》。

诸词分别见《迦陵词全集》卷二十四、卷十四、卷三、卷二十三、卷二十六。

按,在手稿本第六册中,这几首词依次接抄在一起。由于此稿本错简严重,这几首词前后又均为甲寅春日之作,故疑其为本年底所作,因错简而窜入了次年春日的作品中。暂系于此。

十二月十七日立春,适逢雪后,赋《迎春乐》组词和《喜迁莺》一首。

《迦陵词全集》卷四《迎春乐·本意》。卷二十二《喜迁莺·雪后立春用梅溪词体》。

按,在手稿本第六册中,这两首词按顺序接抄在一起,当为同时作。另,两词均紧排在《贺新郎·冬夜不寐写怀用稼轩同甫倡和韵》后,似为本年作。

三十日,赋《一萼红》一首,叹家境凄凉,兄弟离散。

《迦陵词全集》卷二十三《一萼红·癸丑除夕》有句云："自后也、逢除夕。叹此生常是,弟北兄南。"

自本年始,因肆力填词,渐不作诗。其编年诗集亦自此年中断。

《湖海楼诗集》陈宗石跋云:"数年后,伯兄诗益进,又悔从前之刻有未当也,取《射雉集》重加删订,次第编年。断自辛丑,讫于壬子。癸丑至丁巳,则肆力于填词。"另据卷五"丙辰"诗《余不作诗已三年许矣,丙辰秋日,粗园先生同小阮大年、令嗣天存过访,且示我〈明月诗筒〉一帙,不觉见猎心喜,因泚笔和荔裳先生韵,亦得十有二首。词旨拉杂,半属谰语,先生第用覆瓿,慎勿出以示人也》,从"丙辰"上推三年,恰是"癸丑"。

本年冬,族弟陈念祖至关外省父归,有《贺新郎》词赠之,并怀叔父陈玉铸及故友吴兆骞。

《迦陵词全集》卷二十六《贺新郎·弓冶弟万里省亲,三年旋里。于其归也,悲喜交集,词以赠之,并怀卫玉叔暨汉槎吴子,用赠苏昆生原韵》云:"休把平原绣,绣则绣,吾家难弟,古今稀有。万里寻亲逾鸭绿,险甚黄牛白狗。一路上,夔蚿作友。辛苦瘦儿携弱肉,向海天尽处孤踪透。三年内,无干袖。　　平沙列幕悲风吼。猎火照,依稀认是,云中生口。马上回身争拥抱,此刻傍人白首。辨不出,穷边节候。犹记离乡年尚少,牧羝羊北海双双叟。长夜哭,阴山后。"

《家乘》卷十七廖胜奎《孝孙记》后所附癸丑七月《陈念祖与曹南耕书》末云:"乃命仆夫,展我衔辔,陟盘岭,越迤逦,复浃旬而抵家君之戍所焉。道里既穷,筋力亦惫。驻车入室,拜我二人,捧膝长号,恸馀成笑。屈指分携,于兹十有四年矣。嗟乎,衰门不幸,祸我严亲,龙塞长流,鸡竿不放。余不能叩阍阘以陈冤,效淳于而赎父。虽重茧穷边,侧身间道,迹穷章亥之步,血尽寿昌之泪,亦奚足恤哉,奚足恤哉! 余之居此已三易弦望矣。家君谓余宁古故金之上京也,西接蒙古,东控鞑靼。山川雄杰,谣俗刚武。完颜旧烈,隐赈犹存。余以十年离别之子,得奉版舆以盘桓,随几杖而笑语,指点关河,游眺林阜,忘此身之在塞外也。深秋马健,将卜南辕。聊寄此书,以当抵掌。使行,遄促不知所云。"此书题下原注云:"癸丑七月宁古发。"若其深秋南还,至家已为冬季无疑。

陈玉铸(1632—1716),字卫玉,号石湖。陈于泰第三子。《家乘》卷六小传云其为"邑庠生。著作与迦陵各成一家言。有《悦山楼全集》,载邑志"。陈玉铸因何被流放,文献未见具体记载。从陈念祖给曹亮武信中的"屈指分携,于兹十有四年矣"一语推断(陈念祖于康熙十年至宁古塔),其被发成应在顺治十五年,故或与顺治十四年科场案有关。然据王先谦《东华录》,南北闱科场案被遣诸人中未见有其名,谢国桢《清初东北流人考》(见《明末清初的学风》)也未提及其人。《家乘》小传末只有一句云:"患难数十年,详行状。"然遍检《家乘》,未见有其行状。廖胜奎《孝孙记》云:"义兴亳村陈氏大复者,孝孙也。其祖父母陷于怨口,长流宁古塔。塞外有二子,皆死于军事。祖老无所养,乃亡命。祖母独处十有七年而殁。问至,孝孙哀其父之悲号无已也,请远行负其骸骨以还。……遂度重边,直抵完颜之故都,遗槥宛然,抱骨而返。……来京别予曰:'生此归,事未已也。吾将求大父于天崖海隅矣。'"按,《家乘》云陈玉铸妻周氏"生于崇正六年癸酉九月初七日,卒于康熙四十二年癸未三月初二日,享年七十一岁",陈玉铸"生于明崇正五年壬申正月初七日,卒于清康熙五十五年丙申六月十八日,享年八十五岁"。此知陈玉铸亡命十馀年后,家人仍寻得其下落。据《家乘》,陈念祖一子,名其复,大复盖其字。因该《家乘》非全璧,本支其复一辈以下无存,不得详考。关于陈玉铸在东北戍所的情况,麻守中点校之吴兆骞《秋笳集》中的两篇材料可资补充:该集卷八《戊午二月十一日寄顾舍人书》有云:"阳羡陈卫玉善谐笑,工围棋,亦嫣秀可喜,弟时与之弈。"又,附录一《上母亲书(四)》云:"不意旧年因西海外逻车国(又名老枪)人造反,到乌龙江来抢貂皮,其锋甚锐。将军差人到京讨救,即奉部文,今年元宵后到宁古。(原书两处标点不确)凡一应流人,除旗下流徙及年过六十外,一概当役。要选二百名服水性者做水军,到乌喇地方演习水战,与老枪打仗。……旧吏陈敬尹在将军家处馆,教他儿子,然亦选入火器营管炮。至若山阴祁奕喜、李兼汝、杨友声、宜兴陈卫玉、苏州杨骏声、同年武谋公,皆作水兵,往乌喇去矣。"据《戊午二月十一日寄顾舍人书》中"甲辰春,幕府以老羌之警,治师东伐"之语可知,其事发生在康熙三年。另据《家乘》,陈玉铸生有三子四女,三子为念祖、通祖、成善,且只言"成善殁于塞外",通祖另有传,然仅得寿三十八岁。此与廖胜奎《孝孙记》中"塞外有二子,皆死于军事"的记述略有出入。

陈念祖(1649—1726),字弓冶,号学庵。陈玉铸长子。《家乘》卷六家传云:"邑庠生。诏选游学,考取一等八名,即补内廷教习。壬子岁出塞省亲,三年旋里。续修家乘,士论可之。"

约本年前后,曹亮武谋为吴梅鼎刻其赋稿,荆南同人为之聚资,并倩陈维崧为序。

《陈迦陵俪体文集》卷六《吴天篆赋稿序》云:"吾乡门望,旧数州来;近日文豪,尤推天篆。……于是借读盈门,求观接踵。人过市上,竞询吕览之编;客到枕间,便索王充之秘。抄来小史,祇言手腕之疲;录自毛公,还笑中书之秃。则有谯国王孙_{谓曹子南耕},为谋剞劂;荆南好事,代庀枣梨。入钱恐后,如酬字数之缱;解橐争先,似酿博场之箭。顿令汲郡,又出新书;若在萧斋,定登上选。"

按,该序作期无考,此仅按其行踪,试为臆断。

约本年前后,为刘霖恒诗古文作序。

《陈迦陵文集》卷一《刘沛玄诗古文序》。

约本年前后,张丹有诗见怀。

张丹《张秦亭诗集》卷七《闲居有怀陈其年_{昔有札与予云:君诗今之李颀、王维也}》云:"南峰苍翠虚,湖水菱荷舒。此地别知己,睽违廿载馀。陂塘添燕垒,天地少鸿书。每忆元龙后,萧萧鬓欲疏。拙句承君许,唐人二大家。声非龙笛奏,色岂蚌珠华。拟过陶潜径,思留卫玠车。木兰泛秋水,几欲采兼葭。"

按,张丹初次邂逅陈维崧在顺治八年以后,今既云"睽违廿载馀",则当在本年以后,暂系于此。

康熙十三年　甲寅(1674)　五十岁

正月初一,有词贺岁。

《迦陵词全集》卷二十《五福降中天·甲寅元旦》。

和蒋景祁韵有词咏烛。

《迦陵词全集》卷十九《玉烛新·咏烛》。在手稿本第六册中,"咏烛"后原有"和京少"三字,但有红笔勾掉的痕迹,当为刻集时删去。另,手稿本该词后接《红林檎近·人日雪中作》,可证为新正后作。

听客夜弹琵琶说隋唐评话,赋《鹊踏花翻》。史惟圆有词和之。

《迦陵词全集》卷十一《鹊踏花翻·春夜听客弹琵琶作隋唐平话》。在手稿本第六册中,该词排在《玲珑四犯·人日前一日雪中用梅溪词韵》前,可知为同时前后作。

　　史惟圆《蝶庵词》有《鹊踏花翻·春夜听客弹琵琶作隋唐平话和其年》。

初春,作《红窗睡·冬夜》。

　　《迦陵词全集》卷四《红窗睡·冬夜》。在手稿本第六册中,该词接抄在《鹊踏花翻》后。

初六日,作《玲珑四犯》。

　　《迦陵词全集》卷二十《玲珑四犯·人日前一日雪中用梅溪词韵》。该词见于手稿本第六册,前后均为本年作,故系于此。

初七日,雪中作《红林擒近》。

　　《迦陵词全集》卷九《红林擒近·人日雪中作》。该词见于手稿本第六册中,前后均为本年之作,故系于此。

积雪为桥,和史惟圆词赋《醉蓬莱》,另有《天仙子》赠寒松和尚。

　　《迦陵词全集》卷十五《醉蓬莱·积雪为桥和云臣作》上阕末云:"笑倒春城,往来车马,纷纭士女。"可知为初春作,符合本年正月天气。卷八《天仙子·赠寒松和尚同云臣赋》题下注云:"和尚曾驻锡善权,今掩关北郭。"这两首词均见于手稿本第六册中,前后皆本年作,故系于此。

　　史惟圆《蝶庵词》有《醉蓬莱·积雪为桥》。另有《天仙子·赠寒松和尚》题下注云:"寒松禅智超诣,久住善权,以畏避争闹,飘然去之。邑人瞻恋,迎请住安乐院。"

雪后,赋《摸鱼儿》柬史惟圆,词中提及当前时局。史惟圆有词报之,劝其不必为之担忧。

　　《迦陵词全集》卷二十九《摸鱼儿·早春雪后柬云臣》上阕末云:"君知否?闻说道、还京节镇喧刁斗。罴吟兕吼。正万斛馀皇,千群组练,将压大江口。"所言情势与上引数词相合,正是三藩之乱初起时的写照。在手稿本第七册中,该词紧排在《摸鱼儿·春雨哭远公》后。但从季节的先后关系看,极有可能是发生了错简。

　　《瑶华集》卷十九史惟圆《摸鱼儿·春雪初霁夜答其年》下阕开首云:"休浪语,此际江波如沸。渔矶犹稳春睡。山家渐次莺花好,打迭闲愁,回避无限事。都付与、纱窗夜落银灯穗。"(该词又见于《蝶庵词》,题为《酬其年春雪初霁见寄》）。

按，在《迦陵词全集》卷二十九，《摸鱼儿·早春雪后柬云臣》紧排在《摸鱼儿·春雨哭远公》后。而在史惟圆《蝶庵词》中，《摸鱼儿·春雪初霁夜答其年》紧排在《摸鱼儿·哭远公》前。从词中所写的节候看，当以《蝶庵词》的顺序较合实际。

十五日夜，有词感叹风光非旧，忧虑三藩乱起。史惟圆依韵和之。

《迦陵词全集》卷二十九《春风袅娜·甲寅元夜》下阕末云："风光非旧。叹传柑佳会，今年换作，万里边愁。"

史惟圆《蝶庵词》有《春风袅娜·甲寅元夜》。

春夜，睹壁间徐紫云所遗三弦子，感而有词。

《迦陵词全集》卷三十《瑞龙吟·春夜见壁间三弦子，是云郎旧物，感而填词》。在手稿本第六册中，该词后接《华胥引·咏走马灯》，从后一首词的内容看，当为元宵前后作。故知该词亦成于元宵时。

赋词咏走马灯，黄锡朋有和作。

《迦陵词全集》卷十《华胥引·咏走马灯》。

《荆溪词初集》卷三有黄锡朋《华胥引·咏走马灯》。

和史惟圆韵赋《琐窗寒》。另同史惟圆赋《满江红》和徐玑元夜感旧之作。

《迦陵词全集》卷十六《琐窗寒·初春和云臣韵》上阕云："雪洒红窗，雨敲碧瓦，晓寒偏紧。莺簧生涩，不似旧时淹润。记前春、城南水边，内家车子绚成阵。只新年节候，连阴做暝，误他花信。"卷十二《满江红·同云臣和天玉元夜泊舟溪口感旧之作》。这两首词均见于手稿本第六册，且依次接抄在一起，当为本年春作。

史惟圆《蝶庵词》有《琐窗寒·初春》《满江红·元夜泊舟溪口感旧和天玉》。

二十日，从吴本嵩处获读季弟维岳上年正月所作之《采桑子·燕京早春词》，因担忧时局，悼怀故人，思念幼子，遂依韵酬和，一夕赋得《采桑子》十首。

《迦陵词全集》卷二《采桑子·正月二十日，从吴天石处获读纬云弟京邸春词，因和其韵，声情拉杂，百感风生，一夕遂得十首，不自知其所云也》其十上片云："今朝吾弟悬弧日，四十匆匆，谁荐扬雄，谒者监门孰与通？"诗末自注云："是日为弟生日。"据《家乘》卷三，陈维岳生于崇祯八年正月二十日,至本日正好满三十九岁,另因其次年二月即返家,所以据"四十匆匆"之语,可断定这组词当作于本年。本组词的前四首均为时局而发,对南方的战事颇感忧虑。其一云:"今年明月无情甚,偏向江东,只照军容,不放银花万树红。 凤城飞下征南骑,一片刀弓,铁甲呼风,愁杀思乡沈侍中。"其四云:"早年丧乱曾尝过,复壁为佣,城旦为春,儿女宵啼贼火红。 回头三十年前事,笾恳天公,衰鬓如蓬,莫遣咸阳又举烽。"其五思念诸弟。其六思念未曾见面的幼子,中有句云:"添丁屈指今三岁,未识而翁。睡去朦胧,耳畔呼耶语句工。 关河梗绝书难达,何日相逢。绣褓亲缝,颠倒天吴短褐中。"其七、其八分别追悼龚鼎孳和王士禄。

按,吴本嵩上年夏入京,约本年春节后归乡。另,陈维崧这十首词与陈维岳《采桑子·燕京早春词》同韵。

二十二日夜,在潘眉堂中观演《精忠记》,作《夜合花》。是夜,登潘眉斋中露台,赋《最高楼》。

《迦陵词全集》卷二十《夜合花·廿二夜原白堂中观剧即事 剧演精忠》上阕云:"青漆门边,碧油坊底,一庭霜月初浓。邻家夜赛春灯,社火攒空。傲越觇,舞巴童。飐灵旗、不满微风。正无聊赖,听歌帘罅,冲酒阑东。"卷九《最高楼·登原白斋中露台》上阕云:"阑干外,淼淼暮云平,叠叠乱峰生。六街灯火烟中没,万家帘幕雪中晴。好楼居,吟不就,画难成。"所写为元宵前后景象。

按,在手稿本第七册中,《夜合花》词紧排在《五福降中天·甲寅元旦》后,而"邻家夜赛春灯,社火攒空"等语,亦可证明其为正月作。《最高楼》词收在手稿本第六册中,前后均为本年作。

史鉴宗病故,雨中作《摸鱼儿》词哭之。史临终前数日,出其《青堂词》一卷付陈维崧,托其厘定收藏,以防失传。史惟圆亦倚陈维崧韵有词哭之。

《陈迦陵文集》卷二《青堂词序》:"甲寅春,余友史子远公疾将革,呼余榻前,手一编谓余曰:'此余年来所为词。余殁后,子幸为我厘定焉,勿使其无闻于人也。'"

《迦陵词全集》卷二十九《摸鱼儿·春雨哭远公》下阕云:"沉思极,不是薤歌声误。从来易散难聚。衰年故国逢知己,天也把人轻妒。情最苦,记前日文园,一卷多情句,病中亲付。怕碎墨零纨,尘昏蠹损,和泪夜深抚。"词末自注云:"远公临没前数日,以《青堂词》一卷嘱予收藏。"

史惟圆《蝶庵词》有《摸鱼儿·哭远公》,该词与陈维崧词同韵。

赋《暗香》词柬徐喈凤,并讯荫绿轩前梅花消息。

《迦陵词全集》卷十五《暗香·柬竹逸,讯荫绿轩前梅花消息》。该词见手稿本第六册中,后面几首均为甲寅清明、立夏前作,故断其作于本年早春时节。

二月初八日,天气微晴,同史惟圆过北郭外访寒松上人,不值,有词纪事。

《迦陵词全集》卷二十二《花心动·二月八日微晴,同云臣过北郭外访寒松上人不遇,纪事》。

史惟圆《蝶庵词》有《花心动·雨后同其年访寒松上人于郊外,不遇》。

十五日前,作《庆春泽·春阴》抒发岁月不居的失意。史惟圆有同题之作。

《迦陵词全集》卷二十《庆春泽·春阴》上阕首云:"已近花朝,未过春社,小楼尽日沉吟。"在手稿本第七册中,该词紧排在《夜合花·廿二夜原白堂中观剧即事》后,似为同年作。

史惟圆《蝶庵词》有《庆春泽·春阴》。

赋《忆江南·商丘杂咏》忆商丘春日景象。

《迦陵词全集》卷一《忆江南·商丘杂咏》五首之五云:"商丘忆,春景浩无涯。坐上一尊桑落酒,门前千亩牡丹花,踞坐拨筝琶。"可证其为春日作。另该词见于手稿本第六册,排在《华胥引·咏走马灯》后,故应为本年作。惟手稿本错简较多,若非首尾接抄,其先后排序不可完全依据。

赋《百媚娘》忆洛中旧游。

《迦陵词全集》卷八《百媚娘·春日忆洛下旧游》下阕有云:"忆在洛桥晴市,又向洧川烟浃,一斛柳绵飘不定,扑着车如流水。"在手稿本第六册中,该词后隔四首为甲寅立夏之作,故断其为本年春日作。

寒食节前,溪行过野店小饮,有词纪事。

《迦陵词全集》卷二十九《大酺·溪行野店小饮即事》上阕有云:"正野塘边,春帆底,水腻吴绫一束。看看寒食到,小梅英妆褪,暗雕香玉。"该词见于手稿本第七册中,前后诸作均为本年作,故系于此。

按,本年寒食当为二月二十七日。

于春城观纸鸢,有词纪事。

《迦陵词全集》卷二十三《望梅·春城望纸鸢》。该词作期原不明。但在手稿本第七册中,其后面分别为《夜飞鹊·代妓赠别》《一萼红·癸丑除夕》,其中《夜飞鹊》为本年清明前后作(考见后文),据此可断其为本年作。

二十八日,陪史逸孙饮于储贞庆斋中,有《喜迁莺》词纪事。后史逸孙将归,作《夜飞鹊》代妓赠别。

《迦陵词全集》二十二《喜迁莺·清明前一日陪史耳翁饮雪持斋头》。在手稿本第六册中,该词紧接在《大圣乐·甲寅清明》后,盖为清明后补作或补抄。卷二十三《夜飞鹊·代妓赠别》题下自注云:"为金沙史耳翁作。"该词下阕云:"既道有人拘管,何事到旗亭,惯惹闲愁。记否?连宵踪迹,雨天中酒,月地梳头。落花城内,马蹄红蹴。满铜沟、只琐窗归去,莫教轻漏,客馆风流。"观其景象,为春末季节。当为同时作。

史逸孙,字耳翁。江苏金坛人。为史逸裘弟。康熙五年举人。二十年任安徽无为州学正,升宁国府教授。生平详《江苏诗征》卷九十七。

二十九日清明,赋《大圣乐》抒怀。

《迦陵词全集》卷二十四《大圣乐·甲寅清明》。本年二月二十九日清明。

三月三日上巳,赋《蓦山溪》追悼史鉴宗。词中回忆了去年与史鉴宗等人东溪修禊的情景,看着当下的"满眼花如绣",不由得情怀大恶。是日,万复古招同诸子修禊,有词。徐喈凤尝约陈维崧与史惟圆至西溪修禊,两人均未赴约,徐有词柬之。

《迦陵词全集》卷九《蓦山溪·禊日感旧》题下小注云:"悼远公也。"词中有"去年上巳,正值春阴候。千古艳兰亭,况岁是重逢癸丑"之语,知为本年作。卷二十《曲游春·上巳修承招同诸子修禊》。在手稿本第六册中,《蓦山溪》接抄在《曲游春》后。

徐喈凤《荫绿轩词》有《蓦山溪·甲寅上巳约云臣、其年西溪修禊,不果来,柬以词》。

万复古(1627—1679),字修承。府庠生。万树长兄。配陈贞裕女。子三:长万峰为陈维崧婿,次万淇勋嗣季父万卫古,次万笏嗣叔父万树。生平详《万氏宗谱》卷十一小传。又,万峰字秀伯,生于顺治三年十一月初七。

过访王于臣村居,值其往常州城,题词壁间而去。

《迦陵词全集》卷六《临江仙·春日过访友人村居,值其往郡,题词壁间而去》题下注云:"友人城居为余比邻。"

按,在手稿本第六册中,该词后接《孤鸾·赋得"石亭梅花落如雪"》,后一首为本年作(考见下一条),故知该词亦为本年春作。另,在手稿本中,两处的"友人"原来均为"越生",被用墨笔抹改为"友人",其笔迹与原稿不一致,应为陈维崧去世后刊稿时改。

屡拟过万树郊庄探梅,因连雨不止,作《笛家》柬之。

《迦陵词全集》卷二十九《笛家·屡拟过红友郊庄探梅,连雨不止,词以柬之》。

按,在手稿本第七册中,"红友"前有"万子"两字。另,在手稿本中,该词后一首为《春风袅娜·甲寅元夜》,从时序来看,当为错简所致。

积雨乍晴,徐喈凤招同史惟圆买舟至南郊访万树不遇,因过石亭看梅,各作《贺新郎》一首。隔日万树复招游石亭,以阴雨辞之,不允,复偕史惟圆、徐喈凤、万复古、释元诘等至石亭看落梅,又各作《雪梅香》一首。陈维崧兴犹未尽,另作《孤鸾》一首。

徐喈凤《荫绿轩词》卷首所附《荫绿轩词证》云:"甲寅春,余买小舠,招云臣、其年,访红友于南郊。因过石亭看梅,各作《贺新郎》一阕。越日,红友复招游石亭看落梅,各作《雪梅香》一阕。其年兴未尽,又作《孤鸾》一阕,赋得'石亭梅花落如雪',余与云臣、红友,俱倚声和之。余兴犹未尽,更作《看花回》一阕。汇而观之,觉老梅香色,拂拂楮间,而胜友神情,亦勃勃行内也。"徐喈凤《荫绿轩词》有《贺新郎·同云臣、其年访红友不遇,因过石亭看古梅》《雪梅香·万红友招同云臣、其年、修臣、僧放庵石亭看落梅》《孤鸾·赋得"石亭梅花落如雪"和其年韵》。

陈维崧词分别为《迦陵词全集》卷二十六《贺新郎·积雨乍晴,竹逸买舟拉云臣暨余郊外春游,访万子红友不遇,因过石亭看古梅,并坐古香庵小憩》《贺新郎·次日红友复折柬招游石亭,阴雨又作,词以谢之》,卷十三《雪梅香·和竹逸再游石亭看落梅原韵,同云臣赋》,卷十六《孤鸾·赋得"石亭梅花落如雪"》《应天长·红友约余辈重游石亭,以阴雨辞之,不允,复偕云臣、竹逸、放庵上人饮高士吴具茨墓下,落梅盈把,游情甚适,词以纪之》。另,在手稿本第六册中,《孤鸾·赋得"石亭梅花落如雪"》《应天长·红友约余辈重游石亭,以阴雨辞之,不允,复偕云臣、竹逸、放庵上人饮高士吴具茨墓下,落梅盈把,游情甚适,词以纪之》紧接在《临江仙·春日过访友人村居,值其往郡,题词壁间而去》后,亦可反证《临江仙》为本年作。

《湖海楼全集·湖海楼诗集·补遗》之《咏石亭古梅》应为同日作,该诗首句云:"石亭梅花落如雪。"

史惟圆《蝶庵词》有《贺新郎·积雨乍晴,同竹逸、其年郊外访万红友不遇,因探古梅于石亭,和其年韵》《前调·次日红友复折柬招游石亭,苦阴雨,用韵赋谢》《雪梅香·红友招赴石亭看古梅,和竹逸韵》。

释原诘,字又维,号放庵。江苏太仓人。出家后长驻宜兴。著有《红豆词》。蒋景祁《瑶华集词人》表有著录。

按,石亭有万树舅父戏剧家吴炳别业,后舍为智公和尚的僧舍,故万树与这里的关系非常密切。其《满江红·石亭》"向支郎、坐处记当年,王珣宅"句后有注云:"原系先渭阳别业,后舍智公作兰若。"又其《满江红·闻歌〈疗妒羹〉曲有感》序云:"先渭阳吴石渠先生曾制传奇五种,即今所传《情邮》《画中人》《绿牡丹》《西园》《疗妒羹》是也。"据《万氏宗谱》,万树父万濯所娶为吴炳妹,亦可证这一关系。

同史惟圆等人过释元诘禅院看梅,有词。

《迦陵词全集》卷三《玉梅令·同云臣诸子过放庵禅院看梅,时积雨新霁》。该词作期不明,但因本年陈维崧与元诘往来较密,且本年春日多雨,姑系于此。

与王于臣频繁出游郊野,均有词。

《迦陵词全集》卷二十二《春云怨·泛舟过显德寺逢友人,同坐僧寮茶话》。卷三《好事近·同友人过野寺》。在手稿本第六册中,这两首词按顺序接抄在一起,且均排在《应天长·红友约余辈重游石亭,以阴雨辞之,不允,复偕云臣、竹逸、放庵上人饮高士吴具茨墓下,落梅盈把,游情甚适,词以纪之》后。另,手稿本中"友人"原均作"越生",皆被墨笔涂改为"友人",笔迹与原稿不一致。

春日,得蒋景祁《梧月词》中新作,寄题《念奴娇》一首。

《迦陵词全集》卷十八《念奴娇·春日读京少〈梧月〉新词,寄题一阕,并呈尊甫慎斋给谏》上阕有云:"斜风细雨,算心情一往,柔如春水。《梧月》新词刚入手,脱帽忽然狂喜。"下阕首云:"寄语尊甫先生,陈生别后,憔悴吾衰矣。旧日酒徒零落尽,相隔云泥朝市。"该词收在手稿本第七册中,作期不明。从词中所述看,似当为本年作,暂系于此。

游离墨山,赋《丁香结》咏阳羡山中竹菇。另赋《绮罗香》咏善权洞口红兰。

　　《迦陵词全集》卷十六《丁香结·咏竹菇》。卷二十二《绮罗香·春日咏兰》。这两首词均见于手稿本第六册,且前后接抄在一起。从其本人的行踪看,这两首词似应为本年作。

　　离墨山,在今宜兴西南张渚镇北端。

在城上看桃花,作《水龙吟》。

　　《迦陵词全集》卷二十一《水龙吟·城上看桃花》有"家家百舌,年年三月"之语。该词见手稿本第六册,当为本年春作,唯地点不详。

至无锡,访教授郝毓嵝于其署中,郝以饼享之。对食忆及中州姬人,赋词志感。

　　《迦陵词全集》卷十二《满江红·郝元公署中食饼,忽有茂陵之忆,赋词志感》。陆勇强据该词下阕"才半载,归乡井。拼两地,悲萍梗。算不因烽火,几成薄幸"之句,断其作于康熙十一年冬季。但在手稿本第六册中,该词前一首为《水龙吟·城上看桃花》,后一首为《念奴娇·和于皇梅花片茶词即次原韵》,且三首词为前后接抄,显应为春日作。另,其前后诸词均为本年作,而词中又有"烽火"之语,故应断为本年作。

　　郝毓嵝,字元公,号元肇。安徽阜阳人。顺治十一年举人,初任镇平县教谕,康熙十三年改无锡。尝迎关中李颙讲学东林书院。康熙二十年前后任安庆府学教授。以卓异擢山西汾西知县,未及一载,以病请归。生平见道光《阜阳县志》卷十一《人物志·仕绩》。

和杜濬梅花片茶词,次原韵赋《念奴娇》。

　　《迦陵词全集》卷十八《念奴娇·和于皇梅花片茶词,即次原韵》。在手稿本第六册中,该词原接在前一首《满江红》后。不过手稿本装订时出现错乱,前后衔接不上。而在《迦陵词全集》卷十八,该词排在《念奴娇·甲寅九日追感京洛旧游怅然成咏》前,或许在患立堂本初刻时,原来的顺序尚未乱。

赋《沁园春》咏菜花。

　　《迦陵词全集》卷二十五《沁园春·咏菜花》。在手稿本第六册中,该词接抄在前一首《念奴娇》后。

郝毓嵝生日,同杜濬、苏昆生、黄稼、陈大成集其署中观剧,有《沁园春》词纪事。

《迦陵词全集》卷二十五《沁园春·郝元公先生生日,同杜于皇、苏昆生、黄稚曾、家集生署中观剧,词以纪事》云:"两地人师,十载问奇,相依讲堂。正郝隆长者,居官磊落;陈琳下士,阅世清狂。昨到梁溪,重披绛帐。恰遇生申燕喜觞。华筵上,看雕轮徐动,玉佩成行。　　圜桥观者如墙。有末座酬知一寸肠。叹乌衣谁认,王家旧巷;青衫难换,陆氏荒庄。画鼓频挝,银筝细拨,帘外梨花一夜霜。东风晓,被此情如酒,腻住归航。"从词末所写景象,可知其成于春间。又,郝于本年任无锡教谕,与"昨到梁溪"恰合;且在手稿本第六册中,该词接在《沁园春·咏菜花》后。故断为本年作。

苏昆生(1600—1679),原名周如松。河南固始人。明末清初著名说书艺人,与柳敬亭齐名。两人曾同客左良玉幕中,同情复社文人。明亡后,往来吴中,以说书为业。吴伟业曾为作《楚两生行》,述其生平颇详。尤侗《看云草堂集》卷七《锡山遇苏昆生口号赠之二首》其一云:"三十年前大将牙,张灯剑舞搅筝琶。相逢萧寺惊憔悴,红豆江南正落花。"该诗后面紧接的是《甲寅除夕》《乙卯元旦》两首,故可断定苏昆生本年春夏之际在无锡。

黄稼,字稚曾。江苏溧阳人。著有《南园集》。

陈大成(1614—?),字集生。江苏无锡人。工诗词。著有《陈集生诗集》《影树楼词》。

知县吴兴祚招饮,席上赋《贺新郎》赠韩修龄。

《迦陵词全集》卷二十六《贺新郎·伯成先生席上赠韩修龄》题下注云:"韩关中人,圣秋舍人小阮。流浪东吴,善说平话。"在手稿本第六册中,该词接在前一首《沁园春》后。

韩修龄,为韩诗(字圣秋,号固庵,陕西三原人)之侄,生平俟考。

赋《贺新郎》赠苏昆生。

《迦陵词全集》卷二十六《贺新郎·赠苏昆生》题下注云:"苏固始人,南曲为当今第一。曾与说书叟柳敬亭同客左宁南幕下,梅村先生为赋《楚两生行》。"其首句云:"吴苑春如绣。笑野老、花颠酒恼,百无不有。"在手稿本第六册中,该词紧接在前一首《贺新郎》后。

在杜濬寺寓逢苏昆生弟子庭柏上人,有《贺新郎》词相赠。庭柏约其与杜濬次日相过,临行嘱其风雨必至,杜濬笑曰:"除是天降红雪,吾辈便不赴

阿师此会。"次日果遇风雨，两人均爽约，杜濬赋《西江月》戏柬，陈维崧依韵答之。

《迦陵词全集》卷二十七《贺新郎·茶村寺寓逢庭柏上人有赠》题下原注云："上人善吴歈，为苏耍高弟，兼工挝鼓。"其上阕云："急雨铜街没。喜瞥遇、一僧不俗，有愁都豁。半世不曾持梵呗，只唱晓风残月。让衮衮群儿成佛。音节柔和兼妙好。曼陀花簌簌翻林樾。遗恨事，无毫发。"卷四《西江月·庭柏约予与杜茶村同诣，且订烧猪以待。临行复以一语坚之，曰："来朝风雨如何？"茶村笑曰："除是天降红雪，吾辈便不赴阿师此会也。"翌日果大风雨，茶村作词戏柬，因依韵答之》词末有注云："是日茶村亦未赴。"按，在手稿本第六册中，该词接在《贺新郎·茶村寺寓逢庭柏上人有赠》后。另，词后附有杜濬原倡之作。

按，烧猪系用苏轼《戏答佛印诗》"佛印烧猪待子瞻"之典。

用赠苏昆生韵同杜濬赋《贺新郎》自嘲，以两人皆不善点戏，而各有尴尬经历，故有是作。嗣后，杜濬复忆一观剧故事，仍用原韵赋《贺新郎》纪事。

《迦陵词全集》卷二十七《贺新郎·自嘲，用赠苏昆生韵同杜于皇赋》序云："于皇曰：朋辈中惟仆与其年最拙。他不具论，一日旅舍风雨中，与其年杯酒闲谈。余因及首席决不可坐，要点戏是一苦事。余常坐寿筵首席，见新戏有《寿春图》，名甚吉利，亟点之。不知其斩杀到底，终席不安。其年云亦常坐寿筵首席，见新戏有《寿荣华》，以为吉利，亟点之。不知其哭泣到底，满堂不乐。相与抵几大笑，何两拙、两地、两筵、两剧不谋而同也。故和此词，余因是亦有此作。"同卷《贺新郎·余与于皇作自嘲词竟。于皇复谓余曰：忽忆一事，大资喷噱。昔甲申闯贼之变，迎降者大司马某亦与焉。其人后官两浙，开燕西湖，召梨园侑酒，即命演闯贼破都城故事。数出后，闯贼入城，一人执手板蒲伏道旁，自唱臣兵部尚书某迎接圣驾。盖某即坐上某也。某怅然不怿，良久曰：'嘻！亦太甚矣，某何至是？'遂罢酒去。余与于皇抚掌之次，同赋是词，仍用原韵》。

十六日，靖南王耿精忠得吴三桂书，据福州反。耿精忠自称总统兵马大将军，移檄所辖各府县蓄发易服，并铸"裕民通宝"钱。四月二十七日，清廷下令削其王爵，并派兵征讨。

《清史编年》第二卷（康熙朝）上"康熙十三年"。

十八日，雨中同杜濬、韩尔铉、黄稼过饮钱肃润十峰草堂，作《渔家傲》

一首。

《迦陵词全集》卷七《渔家傲·三月十八,雨中同杜茶村、韩尔铉、黄稚曾过饮钱础日十峰草堂,同用范希文原韵》。在手稿本第六册中,该词排在《沁园春·甲寅立夏日,同万红友、吴天石过云臣宅头赏牡丹有作》前,故断为本年作。

春夜听鼓师挝鼓,赋《贺新郎》。

《迦陵词全集》卷二十七《贺新郎·春夜听鼓师挝鼓》。在手稿本第六册中,该词排在上一首《渔家傲》后。按顺序,下面当接《南柯子·蝶庵花下送苏生仲补游京师》。由于手稿本在装订时出现错乱,后一页为《鹊桥仙·咏竹逸斋头紫牡丹》之末三句及《沁园春·甲寅立夏日,同万红友、吴天石过云臣宅头赏牡丹有作》。

另按,词中鼓师疑即前面所与交往之庭柏上人。

苏仲补将北上京师,在史惟圆花下作《南柯子》词送之。同时前后有词数首。

《迦陵词全集》卷四《南柯子·蝶庵花下送苏生仲补游京师》。卷十九《四代好·泛艇春溪作》、卷五《鹊桥仙·咏竹逸斋头紫牡丹》。在手稿本第六册中,这三首词均依次接抄在一起,当为同时作。又,由于手稿本出现装订错误,把这组词放了《沁园春·甲寅立夏日,同万红友、吴天石过云臣宅头赏牡丹有作》之后。但《鹊桥仙》的末三句与《沁园春》抄在同一页上,且在其前面。故知这组词应作于立夏前。

苏仲补,名号、生平俟考。据《南柯子》词题注云:"生善弈。"《迦陵词全集》卷二十六《贺新郎·赠善弈者苏生》应为其人所作。任绳隗有《苏幕遮·赠围棋国手苏仲补游燕,其年才十九》。

二十九日,徐喈凤招同史惟圆、万复古、万树、吴本嵩、吴逢源、徐元珠、苏仲补及释云涛、释元诘赏紫牡丹,赋《惜馀春慢》。另有《倦寻芳》一首,或为同日作,史惟圆有词和之。

《迦陵词全集》卷二十四《惜馀春慢·立夏前一日,竹逸招同云臣、修承、红友、天石、惠文、补仲、云涛、放庵二上人赏紫牡丹,用宋鲁逸仲原韵》。按,题中"惠文"当作"渭文",手稿本原作"惠文",但多数用墨笔涂改为"渭",此处漏改。又"补仲"当为"仲补",手稿本第六册于甲寅春末有三次提到此人,两次均作"仲补"。另,徐喈凤《荫绿轩词》有《惜馀春慢·送国手苏仲补北游》。

《迦陵词全集》卷十六《倦寻芳·竹逸堂前紫牡丹一树,戊申年曾一见之,才一二朵耳。今年花放,竹逸复邀同人过赏,而浓香紫艳,已满画阑矣。感而赋之》下阕开首有句云:"讵料是,六年一别,今日人归。"戊申为康熙七年,再过六年恰为本年。

史惟圆《蝶庵词》有《倦寻芳·竹逸斋中紫牡丹,和其年韵,花名紫袍金带》。

徐元琭,字渭文。宜兴人。徐二玉子,徐喈凤族弟。入清后,专意绘事,工诗词,与陈维崧等往来颇密。《陈迦陵文集》卷三《赠徐渭文序》及《迦陵词全集》卷二十四《沁园春·题徐渭文〈钟山梅花图〉同云臣、南耕、京少赋》皆为其所作(曹亮武《南耕词》卷一有《望梅·题徐渭文〈钟山梅花图〉》)。

三十日立夏,同万树、吴本嵩过史惟圆宅看牡丹,时苏仲补、释元诘在座,有词纪事。另和史惟圆韵作《水龙吟》词送春。

《迦陵词全集》卷二十五《沁园春·甲寅立夏日,同万红友、吴天石过云臣宅头赏牡丹有作》上阕末注云:"时苏仲补、放庵上人在座。"

《迦陵词全集》卷二十一《水龙吟·送春和云臣韵》上阕有云:"叹今年烽火,连天战鼓,都拦截春归路。"该词在手稿本第七册中,从其所写当日时局看,应为本年作。

四月初,史可程自苏州归。闻其携有曹溶新词,作《夏云峰》奉柬。

《迦陵词全集》卷二十九《夏云峰·蘧庵先生归自吴门,闻携有秋岳先生新词,作此奉柬》上阕末云:"恰栀子将开,枇杷初熟。只白发江潭,东京遗老,伤心南朝艳曲。"下阕有云:"近日征南军马盛,料不比当年,家家丝竹。水驿闭,龙舟谁竞;烟舫歇,莲歌莫续。"从词中所写局势看,当为本年作。从季节看,应为初夏。

初夏登舟遇雨,小泊北郊,有词寄曹亮武、吴梅鼎。

《迦陵词全集》卷五《虞美人·夏日登舟遇雨,小泊北郊,却寄南耕、天篆二子》。

按,在手稿本第一册中,该词与上一首前后排列,且同系在一个词牌下,未另书词牌。故知其为同时作,或至少为同时抄成。

赋《绮罗香》咏蔷薇,赋《满庭芳》咏玉簪花。

《迦陵词全集》卷二十二《绮罗香·蔷薇》有"重取残春填补"之语。卷十三《满庭芳·玉簪花》有"开时刚浅夏"之语。这两首词均见于手稿本第六册,其前后皆为本年春日作。

徐喈凤邀同史惟圆过赏粉芍药,同徐喈凤各用《炊闻词》韵作《瑶花》一首。

《迦陵词全集》卷二十二《瑶花·竹逸邀同云臣赏栏前粉芍药,用〈炊闻词〉韵》。

徐喈凤《荫绿轩词》有《瑶花·咏荫绿轩前粉芍药,同云臣、其年用〈炊闻词〉韵》。

按,这次赏花活动的具体年份不详。陈维崧原词在手稿本第七册中,紧排在《桂枝香·甲寅中秋》后,前隔五首为《五福降中天·甲寅元旦》。徐喈凤词排序原无规律,从其词集中也找不到有价值的线索。今只能从《迦陵词》手稿的排序情况,暂定其为本年事。

赋《虞美人·无聊》《西江月·雨》。西村邻叟以梅子豆荚、玫瑰、蔷薇相饷,赋《踏莎行》谢之。

《迦陵词全集》卷五《虞美人·无聊》有"无聊笑捻花枝说,处处鹃啼血"之语,可证为初夏景象。卷四《西江月·雨》。卷五《踏莎行·西村邻叟饷予梅子豆荚、玫瑰、蔷薇满器,赋此谢之》。

按,在手稿本第六册中,这三首词依次接抄在一起,知为同时前后作。又,因其前后皆本年所作,故系于此。

赋《沁园春》为储贞庆题像。

《迦陵词全集》卷二十五《沁园春·为雪持题像即次原韵》题下注云:"像作大雪中数燕姬筝琶夹侍。"该词见手稿本第六册,前后皆本年作,暂系于此。

作《纱窗恨》咏蝴蝶。另听隔院琵琶赋《好事近》。

《迦陵词全集》卷一《纱窗恨·蝴蝶和毛文锡韵》。卷三《好事近·隔院听琵琶》有"老去怕逢节侯,正落红时节"之语,可证其为初夏时节。

按,在手稿本第六册中,《沁园春·为雪持题像即次原韵》《醉太平·江口醉后作》《纱窗恨·蝴蝶和毛文锡韵》《好事近·隔院听琵琶》依次接抄在一起。应为同时作。

至镇江,在江口醉后作《醉太平》抒怀。同时和史惟圆韵赋《喜迁莺》,另赋《醉蓬莱》感遇。

《迦陵词全集》卷一《醉太平·江口醉后作》末云："流落丹徒,想刘家寄奴。"知其作于镇江。卷二十二《喜迁莺·排闷和云臣韵》下阕有云:"岁岁乱红迷路,闷把唾壶轻击。"知为初夏季节。卷十五《醉蓬莱·感遇》二首。

史惟圆《蝶庵词》有《喜迁莺·江上》,为原倡。

按,在手稿本第六册中,《醉蓬莱·感遇》二首其一接抄在《喜迁莺·排闷和云臣韵》后,第二首因错页收在第七册中。这组词前后皆本年作,故系于此。

作《青杏儿》咏青杏。

《迦陵词全集》卷七《青杏儿·本意》。

万树有书来,邀陈维崧过郭外与周而衍、叙彝上人同看水色。以事未赴,有词柬之。

《迦陵词全集》卷十《鱼游春水·万红友书来云,适金沙周东会暨叙彝上人在舍,可过郭外同看水色。余以他事未赴,作此柬之》。

周而衍,字东会,晚号白云老人。江苏金坛人,后入宜兴籍。诸生,善书。与陈维崧交善,其诗文皆经陈维崧评定。今无传本。

距亳村不数里有敬先庵,庵侧有一高丘,或穴其下,得一古冢,明器怪异,似为古侯王墓。赋《一寸金》纪事。

《迦陵词全集》卷二十三《一寸金·距亳村不数里有古刹曰敬先庵,庵侧有一高丘。或穴其下,乃得古冢,隧涧幽凉,明器怪诡,似是古侯王墓。词以纪事》。

按,在手稿本第六册中,以上三首词依次接抄在一起。考万树行踪,其本年在家时间较久,且该词前后多本年作。故系于此。

五月初五,作《虞美人·端午闺词》四首。

《迦陵词全集》卷五《虞美人·端午闺词》之四下阕云:"风前皓腕缠红缕,往事依稀数。多时忘却辟兵符,今岁重新提起,暗嗟吁。"

按,在手稿本第七册中,该词题下原有"甲寅"二字。"辟兵符"云云也可证为本年事。

王士禛编成《感旧集》初编八卷,内收陈维崧诗三十三首。

蒋寅《王渔洋事迹征略》。《感旧集》自序署:"康熙十三年甲寅孟夏济南王士正序。"按,据蒋寅《王渔洋事迹征略》,《感旧集》始编于康熙十二年,成于本年夏。

赋《苏幕遮》等数词。

《迦陵词全集》卷七《苏幕遮·咏栀子花》。卷六《蝶恋花·夏日睡起即事》。卷二十五《沁园春·题竹逸小像》。

按,在手稿本第六册中,这三首词接抄在一起。

作《念奴娇》等数词。

《迦陵词全集》卷十八《念奴娇·葵花》。卷八《江城子·石榴》。卷四《浪淘沙·夏雨写怀》上阕云:"才恼听啼鴂,又奏林蝉。青蚨谁为买流年。旧日榆钱都使尽,且换荷钱。"

按,在手稿本第六册中,这三首词依次接抄在一起。

作《定风波·紫薇花》《青玉案·夏日怀燕市葡萄》。

两词均见《迦陵词全集》卷七。

按,在手稿本第六册中,这两首词接抄在一起。

读屈大均诗,作《念奴娇》。

《迦陵词全集》卷十八《念奴娇·读屈翁山诗有作》。

夏日看荷花,作《念奴娇》写景。

《迦陵词全集》卷十八《念奴娇·夏日看荷花》。

按,以上两首词作期不明。但在手稿本第七册中,前后接在一起,只是《念奴娇·读屈翁山诗有作》排在《念奴娇·夏日看荷花》后,中隔《念奴娇·春日读京少〈梧月〉新词,寄题一阕,并呈尊甫慎斋给谏》。《念奴娇·读屈翁山诗有作》后分别为《念奴娇·月夜看桂花》《念奴娇·甲寅九日追感京洛旧游怅然成咏》。在患立堂本《迦陵词全集》卷十八,这几首词也接在一起。这说明当日陈宗石为之刻集时,手稿尚未被装乱,其原来的顺序即是如此。由此可以判定,这些词均作于本年。

作《踏莎行·夏夜感旧》《钗头凤·和蘬庵先生词意原韵》。

《迦陵词全集》卷五《踏莎行·夏夜感旧》。卷六《钗头凤·和蘬庵先生词意原韵》。

按,在手稿本第六首中,这两首词依次接抄在一起。

作《蝶恋花·本意》《惜分钗·偶作》《采桑子·题潘晓庵斗酒百篇小像》。

各词分别见《迦陵词全集》卷六、卷五、卷二。

按,在手稿本第六册中,这三首词接抄在一起。

作《八声甘州》寄沈沨,兼怀梅庚。

《迦陵词全集》卷十五《八声甘州·寄宛陵沈方邺兼怀梅耦长》下阕有"况今年烽火雁难飞"之语。在手稿本第六册中,该词接抄在上引第二首《贺新郎》后。

作《琐窗寒·夏夕骤凉快作》《玉簟凉·夏景》。

手稿本第六册《琐窗寒·夏夕骤凉快作》。该词《迦陵词全集》漏刻。《迦陵词全集》卷十五《玉簟凉·夏景》。

按,在手稿本第六册中,这两首词与上引之《八声甘州》接抄在一起。

作《思帝乡·夏夜》《彩云归·簸钱》《怨王孙·咏观音柳》。

各词分别见《迦陵词全集》卷一、卷十九、卷四。

按,在手稿本第六册中,这三首词接抄在一起。

作《满路花·荷珠》《石州慢·夏闺》《望海潮·题马贵阳画册》。

各词分别见《迦陵词全集》卷九、卷二十一、卷二十三。

按,在手稿本第六册中,这三首词接抄在一起。

赋《洞仙歌》咏西瓜。在曹亮武梅庐下纳凉,作《一萼红》纪事。

《迦陵词全集》卷十《洞仙歌·西瓜》。卷二十三《一萼红·纳凉梅庐》题下注云:"梅庐南耕斋名。"

按,在手稿本第六册中,这两首词接抄在一起。另《一萼红》题注中"南耕"稿本中作"渭公"。

作《瑞龙吟·夏景》,写夏日炎热景象。

《迦陵词全集》卷三十《瑞龙吟·夏景》。该词收在手稿本第七册末尾,其前后均为本年作,故系于此。

按,本年消夏诸词或系与史惟圆、曹亮武相约而作。《瑶华集》卷十八有吴漤《贺新郎·读云臣、其年、南耕消夏诸词》一首。可参。

吴漤,字玉涛。宜兴人。著有《静香词》。

新秋,和史惟圆韵作《渔家傲》。

《迦陵词全集》卷七《渔家傲·新秋即事,和云臣韵》二首。按,这两首词作期不明,因收在手稿本第八册末尾,其前后均为本年之作,故暂系于此。又,本年七月初六立秋。

七月初七,饮黄锡朋斋中,同史可程、任绳隗赋《鹊桥仙》,另同史可程赋《洞仙歌》乞巧。

《迦陵词全集》卷五《鹊桥仙·七夕同蘧庵先生暨诸公饮桢百堂中漫赋》。卷十《洞仙歌·乞巧同蘧庵先生赋》。均作于同时。

按，在手稿本第六册中，《鹊桥仙》题作《七夕饮珍百斋中，同蘧翁、植斋赋》(该词在第七册中重出，题目原为《七夕同蘧庵先生暨诸公饮珍翁道长兄堂中，漫赋请正》)。《洞仙歌·乞巧同蘧庵先生赋》接抄在《沁园春·题徐二玉小像》和《水调歌头·早秋托兴》之间。另，手稿本《鹊桥仙》后附有任绳隈所作步调、步韵词各一首，系另笔补抄。

任绳隈《直木斋全集》卷九《词选·中调》有《鹊桥仙·和其年七夕，时珍百招饮，座上作》)。

赋《沁园春》为徐珏美题像。

《迦陵词全集》卷二十五《沁园春·题徐二玉小像》。该词见于手稿本第六册中，其前后均为本年作，故系于此。

徐珏美，字二玉，一字忍仙。徐懋曙侄，元琜父。《陈迦陵文集》卷三《赠徐渭文序》有云："其尊甫二玉先生，烈才峻性，复磊砢负正骨。诗文墨妙，荫映艺苑。"生平详《义兴洑溪徐氏家乘》卷五下和卷六下。

作《水调歌头》托兴。

《迦陵词全集》卷十四《水调歌头·早秋托兴》。

同史惟圆过竹枝庵访寒松和尚，时寒松将往桐城，用片玉词韵作《扫花游》留赠，以志别怀。

《迦陵词全集》卷十三《扫花游·早秋同云臣诣竹枝庵访寒松上人，时上人将往龙眠，用片玉词韵留赠，兼志别怀》。该词作期不明，但其中有"相别弹指许。又竹翠沾厨，荷风凝路"等语，因本年春陈维崧曾与史惟圆拜访过此人，故疑其为同年作。

同任绳隈饮史可程宅中，听隔墙弦索声，同作《白苎》抒怀。

《迦陵词全集》卷二十九《白苎·早秋饮蘧庵先生宅，隔墙闻弦索声》上阕末云："快意尽樽前，休苦问、战旗消息。日没杯阑，再向空阶布席。有万斛西风，把小墀都拭。"词中言及战局，当为本年作。因本年战事初起，陈维崧对形势为关心。

任绳隈《直木斋全集》卷十《词选·长调》有《白苎·隔墙闻弦索声》。

十五日，为民间秋社之日，或以鹅炙相啖，饱而作《宣清》。当日另有《天香》词悼徐紫云。

《迦陵词全集》卷十一《宣清·或以鹅炙啖我,饱而填词》上阕有云:"秋社日,恰分将红掌,鹅群净美。"卷十五《天香·中元感旧》下阕云:"许多流莺声细。似啼猿、楚峡嘹唳。只有小坟新冢,谁修薄祭。空伴唐陵汉寝,都一样、凄凉野田里。黄土鸦鸣,白杨风起。"从词意看,所怀当为徐紫云。

中元时节,见古寺放生马,感而赋《簇水》,另作《江城子》抒发秋怀。

《迦陵词全集》卷十《簇水·见古寺放生马而叹之》。卷八《江城子·秋怀》。

按,在手稿本第六册中,上引四首词接抄在一起。

舟夜闻箫,赋《祝英台近》抒怀。

《迦陵词全集》卷九《祝英台近·舟夜闻箫》。

八月初五,陈宗大妾严氏生子菁英,赋《满江红》贺之。不久,再迭其韵赋词一首。任绳隈亦次其韵作词贺之。

《迦陵词全集》卷十二《满江红·秋日几士兄姬人生子,词以志喜》下阕末云:"小弟今冬方五十,飘零一线河之北。待来春挈取小狮儿,还乡邑。"陈维崧生于十二月初六,故词中云"今冬方五十"。其后一首《满江红·再迭前韵酬几士兄》下阕云:"谁耐把,残编辑。久懒向,侯门揖。算曹刘沈谢,非今所急。一片月悬关塞上,五更笛落阑干北。正匣中、刀作老龙吟,声于邑。"

任绳隈《直木斋全集》卷十《词选·长调》有《满江红·陈几士六十四龄举第五子,用其年韵》。

按,据《家乘》卷三,陈宗大生于万历三十九年,至本年正好六十四岁。严氏为其第二妾,仅生有一子,为陈菁英。

陈菁英,字莪硕。为陈宗大第四子。《家乘》云其"生于康熙十三年甲寅八月初五日,卒于康熙三十九年庚辰十二月十五日,年二十七岁。"

作《南浦》咏秋景。

《迦陵词全集》卷二十一《南浦·秋景》上阕有云:"戍楼孤眺,莽秋云一片画难成。烟驿萧萧易响,错认是风声。却被沉寥商气,刮一天、疏叶舞空城。"

按,在手稿本第六册中,以上四首词按顺序接抄在一起,当作于同时。

陈宗大有《满江红》相酬,用回韵赋词抒怀,并示黄锡朋、史惟圆、徐喈凤。

后陈宗大再纳妾蒋氏，又用前韵作词贺之。

　　《迦陵词全集》卷十二《满江红·三用回韵与几士兄言怀，并示珍百、云臣、竹逸诸同志》《满江红·四用回韵为几士兄纳姬人贺》。

　　据《家乘》卷三，陈宗大第三妾为蒋氏，共生有两女。

初十日，徐喈凤约同史惟圆、万树、徐元珠看早桂，赋《贺新郎》。

　　《迦陵词全集》卷二十七《贺新郎·中秋前五日看早桂》。在《迦陵词全集》中，此词紧排在《贺新郎·纤夫词》和《贺新郎·秋日竹逸约同云臣、红友、渭文石亭看桂》前。而《纤夫词》写的正是朝廷为与三藩作战而征发纤夫的事，故可断为本年作。该词收在手稿本第七册。

秋雨连绵，作《秋夜雨》《芭蕉雨》抒怀。

　　《迦陵词全集》卷四《秋夜雨·本意》。卷七《芭蕉雨·咏秋雨》。

　　按，在手稿本第六册中，这两首词接抄在一起。

苦雨，同史惟圆赋《玲珑四犯》。

　　《迦陵词全集》卷二十《玲珑四犯·苦雨，同云臣用梅溪词韵》下阕云："今年纨扇凄凉甚，未西风、早辞怀抱。檐端漫讶红轮吐，却是榴花照。无数词客城南久，冷落酒垆欢笑。怪天公、也学铜仙，流泪向宫门道。"在手稿本第七册中，该词紧排在《桂枝香·甲寅中秋》前。可断为本年作。

十三日，万树有女亡故，赋《西河》词慰之。

　　《迦陵词全集》卷二十三《西河·中秋前二日，红友有爱女之戚，词以慰之》。

十五日中秋节，在苏州，与宋德宸参加山塘唱和，并赋诗为宋德宸贺五十寿。同时赋《桂枝香》抒失意之怀。

　　宋德宸编《山塘唱和诗》。

　　《迦陵词全集》卷二十《桂枝香·甲寅中秋》有句云："算世上云鬟玉臂，和老去英雄，一般憔悴。"

在苏州，有词赠宋宓。

　　《迦陵词全集》卷二十五《沁园春·赠宋御之》有云："君果然耶，五十之年，而仆如之。"

　　按，据《王士禛全集·蚕尾续文集》卷十三《诰赠光禄大夫刑部陕西清吏司主事御之宋公墓志铭》，宋宓生于天启五年八月初九，本年刚好满五十岁。

八月末,在西城远眺,思念三弟维岳久客都门未归,赋《画屏秋色》。

《迦陵词全集》卷二十九《画屏秋色·西城秋眺,怀纬云弟久滞都门未归,用梦窗词韵》上阕末云:"更节近茱萸,天连烽火,不许离人,此夜不成思忆。"

作《兰陵王·秋况》,抒写其胸中不平之气。

词见《迦陵词全集》卷二十九。该词作期不明。在手稿本第七册中,其排在《春风袅娜·甲寅元夜》后,虽存在错简的可能,但应不出本年范围。

同曹亮武、路衣白、陈维岱游城南放生池,作《促拍满路花》抒怀。

《迦陵词全集》卷十《促拍满路花·秋日同南耕、衣白、鲁望弟偶憩城南放生池》。手稿本"南耕、衣白"作"曹渭公、路衣白"。

按,在手稿本第六册中,以上两首词与前一首《西河》依次接抄在一起,从词中所写看,似为中秋后作。《西河》一词或为中秋后补作。

路衣白,名号、生平俟考。

万树以哭女诗见示,作《清平乐》以代写哀。同时作《南乡子·萤》《钗头凤·艳情》。

《迦陵词全集》卷三《清平乐·友人以哭女诗见示,作此以代写哀》。卷五《南乡子·萤》。卷六《钗头凤·艳情》。

按,在手稿本第六册中,这三首词接抄在一起。词中"友人",疑指万树。这组词原排在《念奴娇·葵花》等之前,因万树女儿卒于八月十三日,考虑到可能错页的因素,故系于此。

作《轮台子·采菱》《泛清波摘遍·芡》。

两词分别见《迦陵词全集》卷二十六、卷二十三。

按,在手稿本第六册中,这两首词接抄在一起。

由于三藩乱起,朝廷为发兵征讨,大量从民间征调纤夫,抓捕丁壮。时值秋收季节,民间泣声四起,闾里骚然。为填《贺新郎》词纪事。

《迦陵词全集》卷二十七《贺新郎·纤夫词》云:"战舰排江口。正天边、真王拜印,蛟螭蟠钮。征发棹船郎十万,列郡风驰雨骤。叹闾左、骚然鸡狗。里正前团催后保,尽累累、锁系空仓后。揍头去,敢摇手!　稻花偏趁霜天秀。有男丁、临岐诀绝,草间病妇。此去三江牵百丈,雪浪排樯夜吼。背耐得、上牛鞭否?好倚后园枫树下,向丛祠、巫觋巫浇酒。神佑我,归田亩。"所谓"真王"乃指作乱三藩的平西王吴三桂、靖南王耿精忠、平南王之子尚之信。从词中"稻花偏趁霜天秀"看,应作于同诸人石亭看桂前。

按,在手稿本第七册中,该词牌作《贺新凉》,紧排在《贺新凉·中秋前五日看早桂》后。

九月初三,同徐喈凤、史惟圆、万树、徐元珠赴石亭看桂。同时和史惟圆词作《解连环》感遇。

徐喈凤《荫绿轩词》有《蓦山溪·九月三日同云臣、其年、红友、舍弟渭文石亭看桂》。本词紧排在《蓦山溪·甲寅上巳约云臣、其年西溪修禊,不果来,柬以词》之后。而《迦陵词全集》卷二十也有《桂枝香·石亭探桂和竹逸韵》。可知这次探桂,徐喈凤所作并不仅《蓦山溪》一首,陈维崧也另有《贺新郎·秋日竹逸约同云臣、红友、渭文石亭看桂》(见《迦陵词全集》卷二十七)。同时,从万树参与家乡友朋觞咏活动的情况来看,本年也是比较集中的一年。综合诸种因素,可断定这几首词都应作于本年。

《迦陵词全集》卷二十三《解连环·感遇和云臣》。在手稿本第六册中,该词接抄在《贺新郎·秋日竹逸约同云臣、红友、渭文石亭看桂》后。

初六日,阎修龄夫人丁氏卒。阎修龄后赋《破环词》,索陈维崧和之,陈维崧为作《念奴娇》一首,另赋《兑阁遗徽词》十首。

《迦陵词全集》卷十九《念奴娇·淮阴阎再彭以〈破环词〉索和,为缀此章》下阕有云:"讵料凤去鸾孤,琼枝一树,忽被罡风裂。柳絮帘栊无限好,堆作安仁鬓雪。画箧闲搜,宵来失却,一串玲珑月。半规破镜,算仍飞上瑶阙。"《陈迦陵俪体文集》卷七《阎牛叟〈贯花词〉序》题注云:"牛叟向有悼亡之戚,曾为赋《兑阁遗徽词》十首。"

按,陈维崧所撰《兑阁遗徽词》十首,散见于《迦陵词全集》,具体为:卷二《浣溪沙·逮下,为阎牛叟赋牛叟〈兑阁遗徽〉曰:妻屡请纳妾,予不应。间置孔氏一妾,三年遣之,犹处女焉》《减字木兰花·佐家,为阎牛叟赋牛叟〈兑阁遗徽〉曰:余世以盐策起家,后中落,妻恒好语相慰》,卷七《定风波·齐世家,为阎牛叟赋牛叟〈兑阁遗徽〉曰:妻名仙窈,字少姜,女兄弟第五人,幼者适予。从兄自名其读书处曰兑阁,妻丁姓,予恒呼之为济阳君》,卷九《祝英台近·维摩天女恰同参,为阎牛叟赋牛叟〈兑阁遗徽〉曰:妻屡劝予参访耆宿,究向上一着,而以钝根未果。近惭庞媪,远负莱妻》,卷十《洞仙歌·证前生,为阎牛叟赋牛叟〈兑阁遗徽〉曰:予生于闽,故生平癖嗜尤在枫亭荔枝。妻屡办装,助予入闽啖荔,以远道逡巡未果也》,卷十二《满江红·琴弈双清,为阁牛叟牛叟〈兑阁遗徽〉曰:妻善弈,花下与诸女剧,必招予,予笑谢。于琴不由师授,以意成谱,巧合自然》,卷十五《卓牌儿·联吟,为阁牛叟赋牛叟〈兑阁遗徽〉曰:余填词成,妻恒为解颐。偶制〈杏花天〉三阕,妻索书素帕,出入怀袖中》,卷十六《月华清·病榻闲情,为阁牛叟赋牛叟〈兑阁遗徽〉曰:妻一生鲜惰容(原作"客"),虽疾疾,亦淡妆读史。予调之:"提学未至,女秀才矻矻何为?"每憩耳天阁,日课童奴弗濯。余以"丈夫当扫除天下"为言,妻笑曰:"请从一室始"》,卷二十三《泛清波摘遍·采菱,为阁牛叟赋牛叟〈兑阁遗徽〉自序曰:妻种菱湖西,常携诸女扁舟采摘。当夕阳下春,翠袖红妆与清流碧藻相映,宛在画图。寅秋尚期践此约,而竟不逮矣》,卷二十八《贺新凉·双鱼问,为阁牛叟赋牛叟〈兑阁遗徽〉曰:甲申予客金陵,妻独携子女避地吴越。常手书促予归,为轻薄子启缄窃视,叹箴勉得性情之正》。

张穆《阁若璩年谱》康熙十三年云:"是年九月初六日,母丁孺人卒。"又《陈迦陵俪体文集》卷八《寿阁再彭先生六十一序》云:"先生则齿届六旬,孺人已没将三载。"此序作于康熙十六年,也可推知丁氏卒于康熙十三年。按,阁再彭夫人丁氏名仙窈,字少姜。生平详魏禧《阁母丁孺人墓表》(见《魏叔子文集外篇》卷十八)。

阁修龄(1617—1687),字再彭,号蓉庵,别号饮牛叟。江苏山阳(今淮安)人。明末贡生,入清后落籍,隐居白马湖滨,与诸名士如杜濬、傅山、阁尔梅等唱酬。著有《秋舫集》《冬涉集》《秋心集》《红鸥亭词》等多种。其子阁若璩为一代著名学者。生平详张穆《阁若璩年谱》。

初八日,应徐喈凤约同史惟圆、吴逢原、储贞庆等至石亭看桂。

徐喈凤《荫绿轩词》续集有《桂枝香·重阳前一日同云臣、其年、枚吉、雪持、云槎石亭看桂》《潇湘逢故人慢·重阳前一日石亭看桂和其年作》。

《迦陵词全集》卷二十《桂枝香·石亭探桂和竹逸韵》上阕有云:"石亭老桂槎枒甚,续前游、何妨今再。"卷二十二有《潇湘逢故人慢·九日前一日竹逸约同云臣、雪持诸子石亭探桂》。所谓"前游",当指九月三日之游。

初九日,追思京华及洛中旧游,忆及前番京华燕游的盛况,对照目下的身世落魄,不禁怅然,赋《念奴娇》。

《迦陵词全集》卷十八《念奴娇·甲寅九日追感京洛旧游,怅然成咏》下阕末云:"怕西风吹破帽,我有鬓丝新雪。何处登高,无人送酒,俗煞重阳节。纵然高望,战旗一片明灭。"词末再次提到了朝廷与三藩之间的战争。

重阳后食蟹,半醉后作《唐多令》。

《迦陵词全集》卷六《唐多令·重九后食蟹,半醉作》上阕云:"无菊底须愁。桂花香正幽。与诸君、且筑糟丘。不记昨宵重九节,风雨里,怕登楼。"在手稿本第七册中,该词排在《虞美人·端午闺词》后,故系于此。

作《城头月·秋月感怀》《怨三三·秋怀》。

两词均见《迦陵词全集》卷四。

按,在手稿本第六册中,这两首词接抄在一起。

秋日晒扇,见故人王露所画柳,赋《桃源忆故人》感旧。另作《夜游宫》四首抒怀。

《迦陵词全集》卷三《桃源忆故人·秋日晒扇,见故人王湛斯画柳,赋此志感》。卷五《夜游宫·秋怀》四首。

按,在手稿本第六册中,这两组词接抄在一起,《秋怀》排在前面。

王露,字湛斯。安徽宣城人。清初画家。佟赋伟《二楼纪略》卷四"宣城包氏工画虎"条有介绍。

月夜看桂花,作《念奴娇》。

《迦陵词全集》卷十八《念奴娇·月夜看桂花》。关于该词作期,考见本年夏。

十九日,宜兴善权寺起火,殿宇全部化为灰烬,赋《倾杯乐》纪其事。看西溪战舰水阁,作《水龙吟》。后寒松智操担心世人因王秀所为而诽谤佛教,遂作《指迷录》一卷,陈维崧曾为撰序。

《迦陵词全集》卷二十三《倾杯乐·善权寺火》题下自注云:"甲寅九月十九日事。"卷二十一《水龙吟·秋城看西溪战舰水阁》。

按,在手稿本第六册中,这两首词接抄在一起。

《陈迦陵文集》卷三《寒松禅师指迷录序》云:"夫寒松和尚惧世之诽谤佛教者,以是人为口实也,不得已有《指迷》一编,冀存其教于永永焉。……是役也,庸讵非盛名之不可久盗,而天为暴其迹于天下乎?抑释名而跖行,固山灵所不乐与居也。金膏玉濬之区,为古栖真所窟宅,则一炬也,安知非山光水色助之熖,而自为湔洗乎。"

晒书,作《沁园春》抒怀。

《迦陵词全集》卷二十五《沁园春·晒书》末云:"贫极须捻,老来怕读。闲对秋阳自较翻,吾休矣,亟束书高阁,且晒吾裤。"该词见于手稿本第七册,其前后全系本年作,暂系于此。

曹亮武宅中花径修成,作《踏莎行》贺之。

《迦陵词全集》卷五《踏莎行·南耕花径成》。在手稿本中,该词题为《渭公宅中花径成》。

过吴县准提庵访石公上人。石公方自都门回,携有维岳的家信。

《迦陵词全集》卷二十三《望湘人·秋日过准提庵访石公上人。时上人初自都门归,携有维云弟佳讯》上片有句云:"万里烟尘,经年烽火,家书常断。正兵间、透一僧归,来作上林雁。"其所谓烽火兵间,当为三藩战事无疑。又下篇末云:"叹世上只有西风懒,不送征人回转。更恼是、故国茱萸,眼底仍然开满。"时令当为九月。

按,陈维岳自康熙六年上京,至康熙十四年春始归,故可断该词为本年作。另在手稿本第六册中,以上两首词为依次接抄。又,准提庵在吴县,本名集福庵。顺治十五年研微和尚买地重建,金之俊为建藏经阁,并更名兴福庵。中有连环池和准提台。(见徐崧、张大纯所辑《百城烟水》卷二)

同曹亮武乘舟至临津,作《念奴娇》怀古。舟行西氿遇飓风,同赋《念奴娇》纪事。在临津古城隍庙下同曹亮武作《河渎神》。过显德寺看枫叶,作《过涧歇》。

《迦陵词全集》卷十八《念奴娇·临津怀古》《念奴娇·西氿舟行遇飓风,同南耕赋》。《念奴娇·临津怀古》有句云:"笛声紧处,向霜空削下,一天秋气。我买蜻蛉刚六尺,红树之中斜系。"卷三《河渎神·临津古城隍庙下作》。卷九《过涧歇·显德寺前看枫叶》。

按,在手稿本第六册中,这四首词依次接抄在一起。手稿本由于错简,《河渎神》半阕后插入了《沁园春·甲寅十月……》《满江红·怀仲震卧疾梁溪》两首,其后始能接起来。从这一点看,这组词当为本年秋末季节作。又,手稿本中"南耕"作"渭公",被墨笔圈改。"临津古城隍庙下"后旁补有"同南耕"三字。

临津,在宜兴西北五十里。晋分阳羡地置,隋废,唐复置,又废。清代该地有临津故城。参《大清一统志》卷六十。

西氿,据《大清一统志》卷六十《常州府·荆溪》引万历《常州府志》云:"广德、溧阳、金坛及本县迤西诸山涧水流汇于(宜兴)城西,口西溪,亦曰西氿。谓之氿者,计里三九,纵横皆九里也。城东曰东溪,亦曰东氿。东、西溪皆茫然巨浸,又东入太湖。"

秋末,夜宿农舍,时方刈稻,苦雨不绝,作《金浮图》纪田家之苦。同时作《玉团儿·初冬写怀》。

《迦陵词全集》卷十四《金浮图·夜宿翁村,时方刈稻,苦雨不绝,词纪田家语》。卷四《玉团儿·初冬写怀》。

按,在手稿本第六册中,这两首词接抄在一起。

姜实节自宣城扫墓归,路过宜兴,停舟见访,赋《金菊对芙蓉》送其返苏州。

《迦陵词全集》卷十六《金菊对芙蓉·姜学在自宛陵扫墓归,停舟过访,即送其返吴门》下阕有云:"此去帆影霏霏。正茂苑莲红,笠泽鱼肥。叹吴中今岁,刈获全稀。"

同曹亮武过城南显亲寺,作《催雪》抒怀。

《迦陵词全集》卷十六《催雪·秋日过城南显亲寺》。在手稿本第七册,该词题中"秋日"旁夹补"同南耕"三字。本词作期不明,据其本年秋日行踪判断,似应为本年作。又,在手稿本第七册中,《催雪》紧排在《金菊对芙蓉》后,两词或为同时作。

过饮史惟圆蝶庵,时有梨园客因三藩乱起,初自南归,作《水龙吟》纪其语。

《迦陵词全集》卷二十一《水龙吟·秋日过饮蝶庵纪坐上人语》云:"万家砧杵秋城,重来何处寻门巷。三年一别,孤身作客,蛮江烟浪。绿帻榕城,金尊荔浦,惯陪牙将。自连天烽火,舞衫换了,亟为买归吴榜。　　屈指当年俦侣,旧梨园、蜂惆蝶怅。或伴侯王,或成驵侩,或沦厮养。纵剩柔条,也应不似,灞桥模样。趁啼乌乍歇,霜天渐晓,拨筝琶唱。"

按,该词见手稿本第七册,后接《水龙吟·秋感》。

作《水龙吟·秋感》等词,抒发秋感。

《迦陵词全集》卷二十一《水龙吟·秋感》。卷二十一《氐州第一·诘鼠戏同云臣作》《氐州第一·鼠对》。卷二十一《庆春宫·秋晓》下阕云:"初阳澄澹堪惊。才漾庭柯,旋映帘旌。枫柏山林,莼鲈水郭,家家轩槛新晴。五湖堪长,总莫管、天涯战争。数村横笛,一片西风,十载浮名。"卷二十二《雨霖铃·秋过城南蒋氏园亭追忆瞻武,并悼吴傅星、又邺、许埙友诸子》。

《荆溪词初集》卷六有史惟圆《雨霖铃·城南蒋氏废圃感旧》,当为与陈维崧同游之作。该词又见《瑶华集》卷十四,题为《秋日过城南蒋氏废园感旧》。

按,在手稿本第七册中,以上诸词排在一起,或均为本年秋日作。

秋日将往苏州,作《六丑》先寄吴绮、余怀、尤侗、宋实颖诸子。

《迦陵词全集》卷三十《六丑·秋日将往吴门,先寄园次、澹心、展成、既庭诸子》。该词为手稿本最末一首,从其所寄对象及本年秋冬在苏州的交游关系看,应为本年作。

至苏州,游虎丘,有词。

《迦陵词全集》卷二十七《贺新郎·虎丘剑池作》下阕有云:“故国江山还在眼,添了西风战马。又殿上、夜钟将打。”

按,在手稿本第三册中,该词后倚韵累作至十五首,第十四、十五两首分别为《甲寅除夕十四用前韵》《乙卯元日十五用前韵》。据此可以推知,自该词至《甲寅除夕十四用前韵》,十四首《贺新郎》皆本年作。且从词中所写节令看,前十三首均为秋季作。

过虎丘山塘五人墓,倚前韵赋《贺新郎》。

《迦陵词全集》卷二十七《贺新郎·五人之墓,再用前韵》。

同吴绮过虎丘半塘饮戴季默家,仍用前韵赋《贺新郎》。

《迦陵词全集》卷二十七《贺新郎·同园次过半塘饮戴季默家,三用前韵》。

按,在手稿本第三册中,这组《贺新郎》共十五首,同用一韵,且按顺序接排在一起。其中有十三首又分四组接抄在一起,中间不另书词牌。以上三首即为一组。

戴季默俟考。

过敬亭山房,姜安节、姜实节兄弟开樽相酬,有词纪事。

《迦陵词全集》卷二十七《贺新郎·姜贞毅先生敬亭山房,即文文肃公清瑶屿也。文肃与先大父同年,而余尤辱贞毅公知爱。今两贤先后沦逝,而余老客吴阊。适勉中、学在开尊酌我,不禁人琴之感,爰赋此词,四用前韵》。

在范必英斋中饮酒,倚前韵赋《贺新郎》感旧,并示王天阶。

《迦陵词全集》卷二十七《贺新郎·饮范龙仙斋头感旧,并示王升吉,五用前韵》。

蔡方炳招饮,同沈麟有赋。

《迦陵词全集》卷二十七《贺新郎·蔡九霞招饮,同云间沈友圣赋,六用前韵》题下注云:"九霞尊人忠襄公殉闯贼之难。"

蔡方炳(1626—1709),字九霞。江苏昆山人。父蔡懋德为万历四十七年进士。崇祯十四年冬任山西巡抚,与李自成战,兵败,自缢死。谥忠襄。乾隆朝追谥忠恪。方炳幼承家学,潜心理学,于政治、经济、舆地之学皆有涉猎。能诗,兼工篆草。康熙十八年举博学鸿词,以疾辞。著述甚富。现存有《广治平略正续》《历代马政志》《海防编》《广舆记提要》《舆地全览》等。生平详《清史列传》卷七十一。

沈麟,字友圣。江苏松江(今上海)人。工诗。尝率妻子躬耕浦畔。晚策杖远游。与顾如华为生死交。顾客死楚中,不远千里归其丧。妻、子皆能诗,著有《鹿门倡和集》。《明代三千遗民诗咏三编》卷六有著录。

读《汉书·李陵传》有感,倚前韵赋《贺新郎》。

《迦陵词全集》卷二十七《贺新郎·读汉书李陵传,七用前韵》。

遇丁澎,有词赠之。

《迦陵词全集》卷二十七《贺新郎·吴门喜晤丁飞涛赋赠,八用前韵》。

按,在手稿本中,以上四首词接抄在一起,未另书词牌,应为同时作。

将之嘉兴,月夜泊舟平望镇,倚前韵再赋《贺新郎》抒怀。

《迦陵词全集》卷二十七《贺新郎·月夜泊舟平望,九用前韵》。

按,平望镇在吴县南运河西岸,南与嘉兴接界,为江浙两省往来之衢。

在嘉兴,重游鸳鸯湖烟雨楼,倚前韵赋《贺新郎》感旧。

《迦陵词全集》卷二十七《贺新郎·鸳湖烟雨楼感旧,十用前韵》。

过武塘访魏学渠,倚前韵赋《贺新郎》赠之。

《迦陵词全集》卷二十七《贺新郎·过武塘赠魏子存先生,十一用前韵》上阕有"我遽别公游宛雒"之句,盖指其康熙七年在京与魏学渠相别事。下阕有云:"叹我还乡悲伏枥,老作空墙病马。骨骼瘦、凭谁鞭打。乘兴扁舟来话旧,雨迷离,自笑栖栖者。风雅事,惟公藉。"

魏塘舟中读钱继章《菊农词》稿,倚前韵赋《贺新郎》一首。

《迦陵词全集》卷二十七《贺新郎·魏塘舟中读钱尔斐先生〈菊农词〉稿,十二用前韵》。

在魏塘谒吴镇墓,倚前韵赋《贺新郎》。

《迦陵词全集》卷二十七《贺新郎·谒梅花和尚墓,十三用前韵》。该词题下注云:"系元高士吴仲圭。"

按,以上四首词接抄在一起,不另书词牌,可知为同时作成。

秋,曾畹南来,有《稍遍》纪事。

《迦陵词全集》卷三十《稍遍·曾庭闻至》下阕有云:"悄焉泪湿浮生,渐识因果。乃豪气狂踪尽摧挫。向法鼓斋鱼修梵课。更谁知劫风吹堕。今年作事大谬,又捩芦沟柁。道上路鬼揶揄,近日前辈,何其计左。"

按,该词作期不明,但在手稿本第八册末,其与《木兰花慢·寿虞山张以韬四十》《四园竹·题西陵陆苃思〈绕屋梅花图〉像》《水调歌头·送恽南田之钱塘并柬毛稚黄》《渡江云·江南忆和邃庵先生韵》《水调歌头·赠西陵周勿庵》依次接抄在一起,应为同时作。又,《水调歌头·送恽南田之钱塘并柬毛稚黄》为本年作(考见下文)。而从本词所引文字来看,"今年作事大谬"、"近日前辈,何其计左"云云,所言似为本年三藩起兵事。故系于此。

曾畹(1622—?),原名传镫,字楚田,又字庭闻。江西宁都人。早年曾至吴门,师事徐汧。明亡后,父应麟任唐王太常卿,与杨廷麟共同起兵赣南,曾畹随之军中。兵败后,奔走关陇,遂入宁夏籍。顺治十一年中举。与弟传灿俱有诗名。著有《金石堂集》《曾庭闻诗》。生平详张维屏《国朝诗人征略·曾畹小传》。

应王翚之请作《木兰花慢》,为虞山张文钺寿四十。

《迦陵词全集》卷二十《木兰花慢·寿虞山张以韬四十》题下注云:"应王石谷之请。"

《湖海楼全集·湖海楼诗集·补遗》之《与王石谷二首》其二云:"忆昨从君过伎堂,酒酣无赖只癫狂。栎园老去梅村死,流落江湖说二王。"该诗或作于本年。

张文钺,字以韬,号鹤客。安徽徽州人,侨寓常熟。工书法,善诗。辑有《来鹤集》。吴伟业《来鹤集序》云:"新安张君以韬侨居虞山,有鹤来集其庭,一时文士多投赠之作,而乞余为之序。……新安俗多素封,君独孝友温睦,工诗善画,多长者游,又不骛走声利,有退让君子之风。"又其《赠张以韬来鹤诗》云:"草圣传家久著闻,斗看孤鹤下层云。……春风一树梅花发,耐守寒香谁似君。"雍正《昭文县志》卷九《游寓》有传。

恽格秋日至杭州,赋《水调歌头》送之,并柬毛先舒。作《四园竹》为陆进题《绕屋梅花图》像,作《渡江云》忆江南,作《水调歌头》赠西陵日者周文炳。

《迦陵词全集》卷十四《水调歌头·送恽南田之钱塘并柬毛稚黄》有"一别十八载,吾老渐成翁"之语。按,陈维崧于顺治十三年五月与毛先舒在杭州别后,至本年刚好十八载。卷九《四园竹·题西陵陆荩思〈绕屋梅花图〉像》。卷十七《渡江云·江南忆,同云臣和蘧庵先生韵》(在手稿本第八册中,词题中无"和云臣"三字)。卷十四《水调歌头·赠西陵周勿庵》题下有注云:"勿庵精日者家言,任侠滑稽,多金丸绿帻之游,背微偻。"

史惟圆《蝶庵词》之《渡江云·金陵怀古,同其年和蘧庵家叔韵》末尾有注云:"蘧庵寓止江南,买田阳羡日久,原词有'提絜天涯'之句。"

按,据陈玉璂《学文堂文集》卷十二《陆荩思梅花图序》:"余侨寓西湖月馀,日偕老僧访昔人遗迹。过断桥而西,见桑柘园数亩,僧曰:'此梅花屿也,为林处士故居。'徘徊久之。因慨屿以梅名,而今无一梅矣。……吾友陆荩思与处士有同好,择舍旁隙地,种梅百十株。客至,相与饮酒其下。陆氏之梅行与处士并不朽,而荩思犹恐梅之无传,命友作为图,梅旁绘以己像,自为诗纪之。……图成,同人皆题诗其上,属予言弁其首。画梅者,恽君正叔;纪容者,谢君文侯。"陈玉璂于康熙十二年冬游武林,寓西湖昭庆寺。故该图当成于康熙十二年。陆进《巢青阁集》卷六有《赋得绕屋梅林三十树》诗,当亦作于同时。洪昇《洪昇集·啸月楼集》卷一有《题陆荩思〈绕屋梅花图〉》五古一首。徐釚《菊庄词》甲集有《东风齐着力·题〈绕屋梅花图〉寄陆荩思》。方炳《倚和词》之《何满子·题陆荩思〈梅花绕屋图〉》中有"右军五十书始成,今癸丑为荩思初度"之句,知该词作于康熙十二年。陈维崧词为后题。

陆进(1624—?),字荩思。浙江馀杭(今杭州市)人。贡生。官温州训导。著有《巢青阁集》,编有《西陵词选》,合编有《东白堂词选》。生平详邓之诚《清诗纪事初编》卷七。

分别作《沁园春》怀程康庄和毕际有。

《迦陵词全集》卷二十五《沁园春·怀程昆仑》、《沁园春·怀毕载积》。据前词题下小注,程康庄时为陕西耀州知州。

按,据乾隆《西安府志》卷二十六《职官志》,毕振姬康熙十一年任耀州知州。因其十四年春卒于任,故陈维崧此词最晚当作于本年秋。另,在手稿本第七册中,这两首词接抄在一起,可断为同时作。

秋末前,王于臣卒,有词哭之。

《迦陵词全集》卷二十九《摸鱼儿·哭王生》(在手稿本第一册中,该词题为《哭王越生》),其下阕云:"谁能料,弹指一抔长卧。伤心腹痛车过。历历前游还在眼,邻笛吹来入破。刘白堕,算浮世生前,对语惟君可。慎毋计左。不信看,城南王郎新冢,夜雨绿苔浣。"

按,康熙十二年,陈维崧与王于臣来往最密。徐紫云卒后,王于臣曾有《摸鱼儿》和陈维崧《清明感旧》原韵。至本年春,两人仍有来往。故从陈维崧《摸鱼儿·哭王生》上阕"记年来、百无俚赖,聊将小令闲做"之语来看,其很可能卒于本年。又据"城南王郎新冢,夜雨绿苔浣"之语看,季节当在入冬前。

夜饮友人别馆,听少年弹三弦,限韵赋《清平乐》三阕。

《迦陵词全集》卷三《清平乐·夜饮友人别馆听年少弹三弦限韵》。该词见于手稿第六册,排在《过涧歇·显德寺看枫叶》和《满庭芳·暮秋梁溪南郊看菊纪游》之间,应为本年作,惟不知作于何地。

九月底至无锡,在南郊赏菊,作《满庭芳》纪游。行过清和庵,作《浣溪沙》。登保安寺佛阁,作《忆少年》。

《迦陵词全集》卷十三《满庭芳·暮秋梁溪南郊看菊纪游》。卷二《浣溪沙·偶憩清和庵即事》。卷三《忆少年·秋日登保安寺佛阁》。另,在《瑶华集》卷三,《忆少年·秋日登保安寺佛阁》题下注有"梁溪"二字。

按,在手稿本中,这三首词和后面数首接抄在一起。

鲍鼎铨载酒泛舟,招同杜濬、龚云起、华长发、龚兆兰、陈维岱游城南诸寺,作《江城子》纪事。回舟途中即景作《行香子》。归来后席上作《南柯子》赠鲍鼎铨。

《迦陵词全集》卷八《江城子·鲍让侯载酒泛舟,同于皇、仲震、商原、佩纫、家弟鲁望小泊城南诸寺,纪所见》。卷七《行香子·回舟即事》。卷四《南柯子·席上赠让侯,时客有语及蒋大鸿者,因并忆之》上阕云:"菊瘦人回棹,橙香客斫筝。相逢曾在凤凰城。记尔飞扬跋扈旧时名谓让侯。"

按,在手稿本第六册中,这三首词接在上引三首后,亦是依次接抄。但从行踪看,应是两次游程。

鲍鼎铨,庠名允治,字让侯。无锡人。康熙八年北榜举人,曾拣选知县。有诗名。著有《心远堂集》。生平详《梁溪诗抄》卷二十。

华长发(1629—1713),字商原,号沧江。无锡人。诸生。工诗词,善书法。曾与修《方舆纪要》。著有《沧江百一诗》《燕彩堂诗集》《沧江词》等。生平详《梁溪诗抄》卷二十二。

龚兆兰(1626—?),号佩纫。无锡人。诸生。工诗。著有《唾香诗稿》及《鹤听诗稿》,均佚。

华汉章招饮,听苏昆生度曲,作《喜迁莺》。

《迦陵词全集》卷二十二《喜迁莺·华汉章招饮,听苏昆生度曲》上阕云:"风帘霜院。有一派晴秋,暗萦窗练。酒辣侵唇,菊香扑鼻,黄雀紫螯初荐。正值客心凄处,那禁夜乌啼断。绛蜡底,恰白头贺老,江潭重见。"在手稿本第六册中,该词接抄在《南柯子·席上赠让侯,时客有语及蒋大鸿者,因并忆之》后,当为同时作。

华汉章俟考。

重游南郊菊圃,作《贺新凉》纪事。

《迦陵词全集》卷二十七《贺新郎·重游菊圃纪事》上阕有云:"乌桕全红也。过溪桥,重游昨日竹篱茅舍,笑语生香来渐近。"在手稿本第六册中,该词接抄在《喜迁莺·华汉章招饮,听苏昆生度曲》后。

访知县吴兴祚,和龚云起原韵作《沁园春》词呈之。

《迦陵词全集》卷二十五《沁园春·呈伯成先生,和仲震原韵》。在手稿本第六册中,此词接抄在上一首之后,且下片有"多公酷爱舆台。笑昨日于思今复来。且东篱载酒,看残黄菊,踏破苍苔"等语,所述正晚秋景象。而"昨日"云云正应其去年之会。

薛信辰招饮,当夜留宿薛氏园亭。

《迦陵词全集》卷二十五《沁园春·薛国符方伯招饮,留宿园亭》词中有"秋色玲珑"、"丹枫黄菊"等语,知为秋季。又,在手稿本第六册中,该词接抄在《沁园春·呈伯成先生,和仲震原韵》之后。

按,《瑶华集》卷十六有薛信辰《江南春·本意,和倪云林先生》词一首,其后为陈维崧同题之作(该词又见《迦陵词全集》卷二十四,题目亦为《江南春·本意,和倪云林先生》)。这两首词很可能是两人相约而作,具体时间无考,暂系于此。

薛信辰,字侯执,又字国符。江苏无锡人。顺治六年进士,除潮州知府。潮州守将郝尚久叛,执之,欲授以伪官,不从,因系于狱。而家属投井、仰药死者五人。乱平后补保定知府,擢江西按察使,顺治十七年官浙江右布政使。生平详《国朝耆献类征初编》卷一五二《疆臣四》。

夜听无锡陈四丈弹琵琶,赋《沁园春》抒怀。

《迦陵词全集》卷二十五《沁园春·秋夜听梁溪陈四丈弹琵琶》下阕开首云:"十年前记追陪,乍握手、霜灯暗自猜。叹朱门酒肉,谁容卿傲;梨园子弟,总妒君才。"在手稿本第六册中,该词接抄在上一首后。

十月初五,客无锡。夜半闻异声自长空来,或云为"鬼声",有词记之。史惟圆、曹亮武皆有和作。

《迦陵词全集》卷二十五《沁园春·甲寅十月,余客梁溪。初五夜刚半,忽有声从空来,育然长鸣,乍扬复沉,或曰此鬼声也。明日乡人远近续至,则夜中尽然。既知城中数十万户,无一家不然。嘻,亦太异矣。词以纪之》。

史惟圆《蝶庵词》有《沁园春·十月初五夜,记鬼声之异》。

曹亮武《南耕词》卷二《沁园春·甲寅十月初五夜,鬼声寥然,举国莫不闻者。既而其年自梁溪归,亦有记鬼声词,属余和之》。

龚云起时方患痹疾,作《满江红》怀之。曹亮武与龚云起昔年曾同客南昌,见其词,亦次韵一首。陈维崧因叠前韵再成一首,用柬曹亮武。

《迦陵词全集》卷十二《满江红·怀龚仲震卧疾梁溪》下阕末云:"老兴郎当乌啄肉,秋怀浩荡鹰离架。怪新来痹疾偃霜檐,酸风射。"同卷《满江红·余有怀仲震词,南耕昔在南昌,亦与仲震同作老客,遂次余韵亦成一首,斐然见示,仍叠前韵,用柬南耕,并令仲震他日读之,一轩渠也》下阕末云:"一朵菊花人伏枕,半庭豆叶秋除架。只几年踪迹最难忘,同游射。"

曹亮武和作见《南耕词》卷二《满江红·怀仲震卧病和其年韵》《满江红·前题再迭前韵》。

按,在手稿本第六册中,上一首《沁园春》与《满江红·怀龚仲震卧疾梁溪》依次接抄在一起。

离开无锡前一天,有词赠别龚兆兰。盖此次到无锡十馀日,主要下榻于龚氏斋中。

《迦陵词全集》卷二十五《沁园春·赠别龚佩纫》下阕云:"乾坤群盗如毛。叹萍梗吾生信所遭。且风灯擘阮,和之檀板;烟帆醉菊,侑以霜螯。

十日联床,一尊下榻,白饭青刍累素交。明将发,怕空江迭浪,万籁悲号。"

十一月十五夜,季振宜在扬州纳妾,闻讯后为赋花烛词。

《迦陵词全集》卷二十六《贺新郎·季沧苇侍御广陵纳姬,为赋花烛词》开首云:"螺子眉峰滴。遥想象,文窗冉冉,颓鬟的的。"可知作者并未亲至扬州。另,上阕中有作者自注云:"时仲冬十五夜,为长至前十日。"按,康熙十三年冬至正好为十一月二十五日。

二十日,至苏州,诸人有填词社初集之举,同集于余怀之秋雪斋,作《清平乐》。

《陈迦陵文集》卷三《清平乐·长至前五日适吴门,诸子有填词社初集之举,同集余澹心秋雪斋,是夜风雨》。按,关于本词的作年,考见下文填词社二集时。

在苏州喜晤余怀、吴绮、尤侗、宋实颖、吴石叶诸人,赋《醉花阴》感旧。

《迦陵词全集》卷四《醉花阴·至吴门喜晤澹心、园次、展成、既庭、石叶诸君,感旧有作》。

按,据徐乾学《憺园集》卷六《同吴茝次、志伊、石叶、陈其年、姜西铭、李武曾过隐湖访毛黼季,和茝次韵》及吴绮《林蕙堂全集》卷十八《偕徐健庵同年、李武曾、姜西铭、陈其年暨家志伊并长男,过访毛黼季汲古阁,赋赠》两题看,石叶为吴绮长子,先其父而卒。可参王方岐《吴茝次后传》。

十二月初六,五十初度,在苏州客舍作《一剪梅》,抒发了对国家不宁、个人不遇的愁闷。徐喈凤赋《念奴娇》为其祝五十寿。

《迦陵词全集》卷六《一剪梅·吴门客舍初度作》云:"风打孤鸿浪打鸥,四十扬州,五十苏州。半生习气破除休,少日倡楼,老去僧楼。　故垒萧萧芦荻秋,说甚曹刘,只羡孙刘。专诸巷内且淹留,烽火边愁,风雪羁愁。"

徐喈凤《荫绿轩词》有《念奴娇第七体·用朱希真韵为其年五十寿》。

游虎丘,作《新雁过妆楼》。夜泊阊门,作《琵琶仙》。

《迦陵词全集》卷十六《新雁过妆楼·虎丘感旧》。卷十九《琵琶仙·阊门夜泊,用白石词韵》下阕有"待来春翠荚,纵尚有鸥夷一舸"之语,可知为冬日作。又,在手稿本第六册中,这两首词紧排在《念奴娇·冬夜听梧轩题王右丞〈初冬欲雪图〉》后,可断为本年作。由于手稿本的排序比较乱,以情理推断,作者当不会在极短的时间里在无锡和苏州之间往返穿梭,故这两首词亦应为其至无锡前所作。

不久,告别苏州友人,于席间赋《高山流水》。后与吴绮同至无锡,以该词呈吴兴祚。

《迦陵词全集》卷二十四《高山流水·即席别吴门诸子,偕园次返梁溪,并呈伯成先生》下阕末云:"尽残年,渔蓑茶灶寄浮生。"该词见于手稿本第六册,节序与行踪均与本年经历相符。

在无锡,过惠山蒋氏酒楼,作《五彩结同心》感怀,吴绮、殳丹生有词和之。过惠山下一梅亭,作《朝玉阶》。过惠山九华庵,作《减字木兰花》。题惠山松石,作《永遇乐》。在惠山泉亭看月,有《蓦山溪》。

《迦陵词全集》卷二十四《五彩结同心·过惠山蒋氏酒楼感旧》。卷六《朝玉阶·冬日过惠山下一梅亭》。卷二《减字木兰花·过惠山九华庵》。卷二十二《永遇乐·题惠山松石》。卷九《蓦山溪·惠山泉亭看月》。

吴绮《艺香词》有《五彩结同心·过惠山蒋氏酒楼,和其年感旧韵》。

《瑶华集》卷十六殳丹生《五彩结同心·和其年惠山蒋氏酒楼感旧》。

按,这几首词均收在手稿本第六册中,前后均为本年冬日所作。由于各词创作的具体日期无法确定,暂系于一起。另,《五彩结同心·过惠山蒋氏酒楼感旧》题下注云:"余昨年与云郎曾宿此楼。"词中则有"应怪我,泪裹红棉。惆怅煞、一天明月,满汀渔火商船"之语。从语气看,当为徐紫云卒后作。徐紫云卒于上年清明前(考见前文),可进一步证明该词为本年作。

殳丹生(1609—1678),字山夫,一字彤宝,号贯斋。浙江嘉善人。《吴江诗萃》收其诗。

在无锡,秦松龄有酒馔相饷,有词谢之。

《迦陵词全集》卷二十五《沁园春·秦对岩太史饷酒馔至,词以谢之》有"正梅刚破腊,檀匀脸靥"之语。另,该词在手稿本第六册中,前一首为《朝玉阶·冬日过惠山下一梅亭》。故断为本年作。

余怀、吴绮、周肇、顾贞观、秦松龄等共饮陈大成家,陈维崧适在山中,未与此游。吴绮有词见示,次韵作《满江红》。

《迦陵词全集》卷十二《满江红·余澹心、吴茵次、周子俶、顾梁汾、秦对岩诸公共饮集生家,适余在山中,未与此雅游也。茵次作词见示,余亦次韵》。在手稿本第六册中,该词紧接在《沁园春·秦对岩太史饷酒馔至词以谢之》后。

赋《沁园春》为高攀龙季子世宁题像,并赠世宁子汝敬。

《迦陵词全集》卷二十五《沁园春·为高汝敬尊公季远题像,并赠汝敬》题下注云:"季远忠宪公季子。"

高世宁(1598—1672),字季远。无锡人。高攀龙季子。诸生。少遇家难,遂息意进取。熟知朝章典制、文学掌故,善书画。编有《高忠宪公年谱》二卷。

高汝敬,生平俟考。

同余怀、顾贞观、僧问波、灵本偶集寄畅园听歌儿度曲,有《洞仙歌》纪事。

《迦陵词全集》卷十《洞仙歌·澹心、园次、梁汾、问波、灵本偶集寄畅园听小奚度曲,坐有话水榭姬人近事者,因并及》。

按,在手稿本第六册中,该词紧排在《眼儿媚·冬夜听梧轩举填词第二集》前。由于本册所有词均为前后接抄,各词不占单页,故前后顺序比较清楚。

冬夜,填词社于无锡知县吴兴祚官署之听梧轩举行第二集。同集者有余怀、吴绮、吴乔、殳丹生、顾贞观、马翀和灵本上人。是夜第三题为"题王右丞《初冬欲雪图》",陈维崧赋《满江红》。

《迦陵词全集》卷三《眼儿媚·冬夜听梧轩举填词第二集》。卷十八《念奴娇·冬夜听梧轩题王右丞〈初冬欲雪图〉》。《眼儿媚》词题下自注云:"轩在吴伯成先生署中。同集为澹心、园次、修龄、山夫、云翎、灵本。"《念奴娇》词题下自注云:"填词社第三题。"这次集会与第一次应相去不远。按,从参加集会的人员构成来看,吴绮乃康熙十二年秋始与陈维崧定交,顾贞观于康熙十五年去了北京,所以这次集会只能发生在本年或下一年。另外《眼儿媚》下阕首二句云:"茂苑酒醒刚几日,浮拍又如今。"符合其与吴兴祚分手不久又相聚之情形。故可断为本年事。

吴兴祚《留村词》有《念奴娇·题王右丞〈初冬欲雪图〉》,应作于同时。

吴乔(1611—1695),后更名乔,字修龄。江苏常熟人,赘婿于昆山。崇祯十一年补诸生,寻被斥。一生困厄,读书极博,喜论诗。尝据吴伟业《绥寇事略》撰《抚膺录》。晚年事佛,旋自悔。著有《西昆发微》《围炉诗话》等。生平略见于秦松龄《苍岘山人文集》卷二《吴修龄诗序》及《清史列传》卷七十。

马骅(1649—1678)，字云翎，号蝶园。无锡人。康熙十一年举人，以应礼部试入都。后再试不第，遂归。生平笃信佛教，父祖三代皆有诗名，然体弱多病。康熙十七年以病殁，时年三十。著有《蝶园诗集》，辑有《梁溪马氏三世遗集》。生平见彭定求《南畇文稿》卷十《孝廉马云翎墓表》、秦松龄《苍岘山人文集》卷四《马云翎传》。

秦松龄在无锡寄畅园招举填词社第三集，赋《醉乡春》。

《迦陵词全集》卷三《醉乡春·秦对岩携具寄畅园，举填词第三集》。

在惠山遇冒裔、冒丹书，赋《贺新郎》。

《迦陵词全集》卷二十六《贺新郎·惠山遇冒爰及、谷梁，酒间感事，并示杨枝》。该词在手稿本第六册中，前后均为本年冬日所作。

将离无锡，酒后与吴绮赋《满江红》抒怀，时寓无锡已一月。不久，吴绮归吴兴，和余怀韵赋《永遇乐》送之。

《迦陵词全集》卷十二《满江红·将发梁溪，酒后与吴茵次》上阕有云："旧事漫夸冠盖里，新愁合付昆明劫。幸名园一月共联床，歌声接。"卷二十二《永遇乐·送园次归吴兴和澹心韵》。在手稿本第六册中，这两首词中间相隔三首，故断为同时前后作。

行前分别有词留别钱肃润、余怀、吴兴祚、陈大成等，情怀颇苦。从留别陈大成词中可知，陈维崧本次主要宿于陈大成家。

《迦陵词全集》卷十八《念奴娇·留别钱础日，即用其见赠原韵》下阕云："今日骑省飘零，兰成憔悴，辜负筝琶手。拍遍阑干人事换，赢得一场搔首。归去双溪，重寻三径，麋鹿真吾友。愁来易醉，慎毋多与之酒。"卷十四《水调歌头·留别澹心即用来韵》。卷二十五《沁园春·留别伯成先生和澹心韵》下阕云："牛衣仍卧王章。笑病马依然恋战场。恰何来同调，金荃一卷；重逢高会，红烛千行。风刮琵琶，霜枯筚篥，又惹归帆带雨张。频回首，是难忘官阁，酒绿茶香。"卷十九《双头莲·留别集生》上阕云："孺子长贫，记少日江东，随余游射。重来客舍，但细数此地，旧游都谢。总被卷地西风，把烛花吹地，成独夜。只有君家榻悬，为余仍下。"

按，在手稿本第六册中，这几首词依先后排在一起，且所赠基本都为无锡人，故知作于同时。

为刘雷恒题《杏花小照》。

《迦陵词全集》卷四《杏花天·题震修〈杏花小照〉》。在手稿本第六册中,该词紧排在《沁园春·听梧轩夜集仍叠前韵》(见下条)后,可知为同时作,手稿本于"震修"前多一"刘"字。

为邹升题像。

《迦陵词全集》卷八《江城子·题邹九揖像》(手稿本词牌作《江神子》)。

邹升,字九揖。无锡人。《倚声初集》卷十三收其词作。

临行前,吴兴祚在听梧轩为之设宴饯行,并赠以酒米与炭,陈维崧赋《沁园春》抒怀,有启谢之。余怀、陈玉瑊有词叠其韵。

《迦陵词全集》卷二十五《沁园春·听梧轩夜集仍叠前韵》上阕有云:"乌鹊惊飞,绕树无枝,谁为故乡。叹十年失路,愁云淰白;三秋伏枕,病叶删黄。欲哭不能,欲歌不可,冷尽吴钩一寸肠。"下阕有云:"此夜筵前,明朝河上。击唾壶,兼作拍张。梧轩好,待来春重到,劈纸添香。""三秋伏枕"云云,应指上年秋日事。所谓"前韵",系指《沁园春·留别伯成先生和澹心韵》。在手稿本第六册中,这两首词按先后紧排在一起。

《陈迦陵俪体文集》卷五《谢吴伯成明府赍酒米并炭启》。

《古今词选》有余怀《沁园春·听梧轩夜集,同其年、椒峰叠韵》,该词与陈维崧词同韵,可知为同时作。

余怀送之惠山松下,赋《水调歌头》赠之。

《瑶华集》卷十有余怀《水调歌头·冬暮惠山松下送其年返荆溪》,当作于本年。

本年在无锡另作有《瑶台第一层》《唐多令》《临江仙》《渔夫家风》各一首。

《迦陵词全集》卷十六《瑶台第一层·秦园月夜听泉声,用艺香词韵》。卷六《唐多令·夜饮纪事》。卷五《临江仙·赋得"睡起宛然成独笑,数声渔笛在沧浪"为园次题帐额画幅》。卷三《渔父家风·赠梁溪赵叟》。

按,以上诸词均见于手稿本第六册,且前后接抄在一起。可断为本年底在无锡作。秦园在无锡惠山,园中有二泉亭,曹亮武有《风流子·游惠山秦园》词记其景。

作《劝金船》咏茶花。因观剧,作《拂霓裳》。

《迦陵词全集》卷十《劝金船·茶花》。卷九《拂霓裳·冬夜观剧》。

按,在手稿本第六册中,这两首词接抄在一起。

三十日除夕,作《贺新郎》,不胜今昔之感。

《迦陵词全集》卷二十七《贺新郎·甲寅除夕十四用前韵》。所谓"前韵",乃指《贺新郎·虎丘剑池作》之韵。

岁暮,弟维岳准备南还,京华故人多有诗篇赠行。然维岳之动身实在来年首春。

王崇简《青箱堂诗集》卷二十九"甲寅"诗《送陈纬云南归》中有"论交七载俨新知""岁暮相送酒一卮""分携何必重惆怅,迟子槐黄桂馥时"等语。"七载"乃维岳居京的时间,故可断为本年。

梁清标《蕉林诗集》卷十二《送陈纬云归宜兴》云:"十年憔悴比兰成,词赋争传伯仲名。风雪旗亭文酒会,燧烟江上故园情。春回燕市销残腊,客返荆溪听早莺。梁苑季方曾把袂,英游雨散几沾缨。"该诗后面紧接的两首分别是《甲寅除夕》、《乙卯元日》。"季方"指陈宗石。

陈廷敬《午亭集》卷十九有《岁暮容斋席上送纬云还宜兴,兼寄其年》。

徐倬《道贵堂类稿·燕台小草》有《除夕送陈纬云南归,即和留别原韵》、《再和留别三绝原韵》。

约本年前后,为余宾硕《金陵览古诗》作序。

《陈迦陵俪体文集》卷五《余鸿客金陵咏古诗序》末云:"属在乱离之后,矧当谣诼之辰。用吟眺以摅愁,乃踌躇而吊古。李广对军中之簿,今何时乎;江淹上狱中之书,君其是矣。"按,该序具体作期难考。但《金陵览古诗》卷首有周亮工序,署为康熙十三年作(《赖古堂集》卷十五收有该序,但未署时间)。以情理推之,陈维崧此序亦当去此不远。

余宾硕,字鸿客。福建莆田人。余怀子。著有《石农咏物诗》《金陵览古诗》。生平详《清诗纪事初编》卷二。

约本年前后,为余怀题其所藏龚鼎孳诗卷,该诗卷为康熙三年余怀在京华时龚鼎孳所赠。

《陈迦陵俪体文集》卷九《题余淡心所藏龚端毅公诗卷后》云:"此端毅公乙巳长安所赠广霞先生诗册也。……仆在京华,亦沾欢燕。西堂剪烛,颇多知己之言;北渚扬舲,大有消魂之赋。情深积劫,感历穷尘。曾昔梦之几何,竟哲人之不作。流连烟月,恻怆关河。"

按,广霞为余怀之号。此跋具体作期无考,但按情理推测,龚鼎孳于上年去世,本年陈维崧与余怀见面时不能不谈及他。由于两人都曾受知于龚鼎孳,在其新卒之后,因怀其人而出其诗卷相赏,并作题跋以表纪念,是很自然的事情。所以陈跋的末尾云："幸加藏弄,勿使蛛丝蠹蚀,负荆轲一片之心;就令纸敝墨渝,存鲍叔千秋之谊。"

本年,吴绮夫人黄氏庆五十寿,为作《木兰花慢》贺之。黄氏本年实满四十九岁。

《迦陵词全集》卷二十《木兰花慢·寿吴母黄夫人五十^{夫人余友园次贤}配》下阕有句云："恰依然椎髻牛衣。四十九年,非趁苔雪霜红,洞庭水碧。"在手稿本第七册中,该词紧排在《庆春泽·春阴》和《玲珑四犯·苦雨,同云臣用梅溪词韵》之间。由于手稿本错页较多,且该词中没有任何季节的描写,所以只能断定其为本年作,具体季节无法确定。

康熙十四年　乙卯(1675)　五十一岁

正月初一,作《贺新郎》贺岁。

《迦陵词全集》卷二十七《贺新郎·乙卯元日十五用前韵》有"愿今年、烽火无惊怕。双彩燕,钗梁挂",和"五十过头吾竟老,说甚高车驷马。任街鼓、群儿戏打"之句。所谓"前韵",仍指《贺新郎·虎丘剑池作》之韵。

十三日夜小雨,预卜元宵见月,作《倾杯乐》。

《迦陵词全集》卷二十三《倾杯乐·正月十三夜预卜元宵月》。该词收在手稿本第二册,具体作期不明。但因本年正月阴雨,一直持续过了元宵,故疑其作于本年,暂系于此。

十四日晚,史惟圆招同黄锡朋、万廷仕、储贞庆集蝶庵,作《剔银灯》抒怀。

《迦陵词全集》卷八《剔银灯·灯节前一日,雨中云臣招同桢百、大士、雪持集饮蝶庵即事》下阕云："今岁冷清清地。未晚禁城先闭。一盏灯昏,千家门掩,酿就春寒恁细。雨丝飘砌,展几叠、小屏图醉。"该词作期不明,原收在手稿本第七册中。从元夕前后阴雨不断这一点来判断,当为本年作,故系于此。

十五夜,望窗外阴雨不止,觉光阴冷淡,作《琐窗寒》柬史惟圆、徐喈凤、徐翔凤,徐喈凤后有词和之。

《迦陵词全集》卷十六《琐窗寒·乙卯元夕柬云臣、竹逸、竹虚》开首云："今岁元宵,禁晴架雨,装阴做霭。嫦娥何处?盼断一天冰彩。遍春城、街泥未消,蕙花梅萼徒潇洒。"

徐喈凤《荫绿轩词》有《琐窗寒·乙卯元宵和其年韵》。

徐翔凤,字竹虚,原字声岐,号镳亭老农。宜兴人。喈凤胞弟。工诗词,绝意进取,家筑"我园"以自娱。《瑶华集》卷六有其《临江仙·自题我园》二首。生平详嘉庆《宜兴县志》卷八《人物·文苑》。

十八日,饮曹忱斋中,适遇微雪,赋《愁春未醒》。

《迦陵词全集》卷十《愁春未醒·元夕后三日饮曹荩臣宅,适遇微雪,用〈倚声集〉中韵》。

按,在手稿本第四册中,《春愁未醒》后隔一首即《谢池春慢·乙卯三月三日》,前隔数首为《千秋岁引·寿蘧庵先生七十》。故可断其作于本年。

徐喈凤招同史惟圆、徐元琥雨中看梅,小饮数巡,匆匆登舟往无锡,舟中作《离亭燕》一首。归见史惟圆与徐喈凤词,复次韵作《愁春未醒》一首。

《迦陵词全集》卷八《离亭燕·雨中将发梁溪,云臣拉赴竹逸斋头看梅。小饮数巡,匆匆判袂,升舻若失,怅赋小词》。卷十《愁春未醒·竹逸招同云臣、渭文雨中看梅。余舟中既作〈离亭燕〉一词纪事,归见云臣、竹逸词,复次韵一首》末尾自注云:"时予将往梁溪。"在手稿本第四册中,该词紧排在前一首《愁春未醒·元夕后三日饮曹荩臣宅,适遇微雪,用〈倚声集〉中韵》后,其后即为《谢池春慢·乙卯三月三日》。

徐喈凤《荫绿轩词》有《愁春未醒·云臣、其年、渭文集小斋,雨中看梅,和云臣韵》。

二十四日,史可程称七十觞,赋《千秋岁引》、《念奴娇》贺之。

《迦陵词全集》卷九《千秋岁引·寿蘧庵先生七十》、卷十八《念奴娇·寿蘧庵先生七十》。《念奴娇》题下自注云:"乙卯元夕后九日也。"

任绳隈《直木斋全集》卷九《词选·中调》有《千秋岁第一体·寿史蘧庵先生七十》。

吴岂衍将归宣城,有词送之,并讯沈泌、梅庚。

《迦陵词全集》卷十八《念奴娇·送吴岂衍归宣城,兼寄沈方邺、梅耦长》题下注云:"岂衍工诗善篆刻,季野先生嗣君也。"

按,在手稿本第三册中,该词紧排在《念奴娇·纬云弟八载京华,昨始旋里,尚憩西村,未遑握手,先寄此词》前,故断为本年作。

吴岂衍。安徽宣城人。为吴镂弟坰之子。名号、生平不详。

盎中春兰盛开,与水仙、瓶梅相掩映,有词咏之。

《迦陵词全集》卷十八《念奴娇·小盎春兰盛开,与水仙相掩映,瓶梅暗香,复尔清冽。雨窗无事,婆娑其间,词以咏之》。

按,在手稿本第三册中,该词与《念奴娇·纬云弟八载京华,昨始旋里,尚憩西村,未遑握手,先寄此词》、《念奴娇·忆半雪怀纬云〈南乡子〉词有云"燕关三度,梅花不共看"之句。今梅花开候纬云南返,而半雪之墓已宿草矣。词以志痛,仍用前韵,并示犹子履端》接抄在一起,且未另书词牌,而该词排在最前。故系于此。

约二月,弟维岳抵家,作《念奴娇》讯之。任绳隈亦有词赠之。

《迦陵词全集》卷十八《念奴娇·纬云弟八载京华,昨始旋里,尚憩西村,未遑握手,先寄此词》下阕有"喜汝径办归装,买扬州小妇,趁春潮发"之语,知维岳归途过扬州时曾纳妾。

按,陈维岳于春节后从北京出发,加上中途在扬州停留,到家约需一个多月时间。又,因其三月中旬曾游昆山。故之家时间当在二月中旬左右。

任绳隈《直木斋全集》卷九《词选·中调》有《醉春风·喜陈纬云归自京邸,兼贺得姬》。

维岳抵家,兄弟相见,提起维崃忆维岳之《南乡子》词中有"燕关三度,梅花不共看"之句,不胜人琴之感,因作《念奴娇》以志痛,并示侄履端。陈维岳亦有《念奴娇》词哭仲兄维崃。

《迦陵词全集》卷十八《念奴娇·忆半雪怀纬云〈南乡子〉词有云"燕关三度,梅花不共看"之句。今梅花开候纬云南返,而半雪之墓已宿草矣。词以志痛,仍用前韵,并示犹子履端》。

按,在手稿本第三册中,该题后无"并示犹子履端"六字。

《荆溪词初集》卷五陈维岳《念奴娇·亦山草堂哭仲兄半雪》上阕有云:"家园重到,最萧条满目,都无故物。老屋东头深巷闭,一带冷窗荒壁。"下阕有"可叹八载燕关,人琴增恸"之句。

曹亮武堂前绿萼梅花盛开,赏花其下,作《念奴娇》,抒发岁月不居的无奈。曹亮武有词和之。

《迦陵词全集》卷十八《念奴娇·南耕堂前绿萼梅花下作,用东坡赤壁词韵》有句云:"可惜花似当年,看花人渐老,悲歌空发。"

按,在手稿本第三册中,该词紧排在《念奴娇·忆半雪怀纬云〈南乡子〉词有……》之后,故系于此。

曹亮武《南耕词》卷二《念奴娇·病中庭梅盛开,同其年用赤壁词韵》。**与弟维岳、曹亮武遍游南岳诸园林。时值梅花盛开,香雪满枝,北雁初归,岩花层次。与曹亮武同用东坡赤壁词韵赋《念奴娇》纪游。史惟圆亦有《念奴娇》词问之。**

《迦陵词全集》卷十八《念奴娇·春日同纬云、南耕遍历南岳诸园林,仍用赤壁韵》。在手稿本第三册中,该词词牌为《百字令》,"南耕"两字原书"渭公",后改为"南耕",笔迹与原抄本不同。另,在手稿本中,该词紧排在《念奴娇·南耕堂前绿萼梅花下作,用东坡赤壁词韵》后。

曹亮武《南耕词》卷二《念奴娇·同其年、纬云为南岳之游,再用前韵》、《念奴娇·前题三用前韵》(按,"前韵"指"赤壁词韵")。《念奴娇·前题三用前韵》下阕首句"与汝九载暌离"后有注云:"时纬云初自燕归。"

《瑶华集》卷十二有史惟圆《念奴娇·其年、纬云、南耕探梅南涧,词以问之》。

南岳为宜兴名胜,本名南涧,在县西南十五里处。

登南岳寺大悲阁看玉兰花并观梅,赋《看花回》、《贺新郎》。

《迦陵词全集》卷二十《看花回·南岳寺大悲阁上看玉兰花,用清真词韵》。卷二十七《贺新郎·登南岳寺大悲阁》。按,在手稿本第三册中,该词紧排在《乙卯元日十五用前韵》后,且有句云:"倒灌寺门香雪海,又岩梅万树参差发。"知为春日看梅季节。

二月十五日,舟过苏州枫桥,见临舟女郎依舷揽镜,与弟维岳赋《沁园春》。

《迦陵词全集》卷二十五《沁园春·舟过枫桥,见临舫女郎依舷揽镜,同弟纬云赋》开首云:"节是花朝,地是姑苏,天又新晴。"

按,此词作期不详,因维岳本年归里,一起活动较多,暂系于此。

三月三日上巳,作《谢池春慢》。

《迦陵词全集》卷十一《谢池春慢·乙卯三月三日作》。

初七日,同徐喈凤、陈维岳、任绳隈联舟往苏州。雨中舟泊垂虹桥,不及晤吴氏妹,与维岳怅然有词。

任绳隈《直木斋全集》卷十《词选·长调》有《谢池春第二体·三月七日同徐竹逸、陈其年联舟向吴门》。

《迦陵词全集》卷五《虞美人·泊舟垂虹桥,不及过晤舍妹,同纬云弟怅然赋此》。这首词作期不明,但考虑到陈维岳八载初归,且二人同行,又本次未在吴江停留,故可断为本年事。

初十日清明,与任绳隗、徐喈凤、弟维岳同游昆山。这距其崇祯十三年第一次至昆山,已相隔三十五年,物是人非,令其感慨不已,有词感旧。

《迦陵词全集》卷二十一《拜星月慢·余不到玉峰三十馀年矣。乙卯清明,与植斋、竹逸重游是间,赋词感旧》。

按,本年清明为农历三月十日。陈维崧第一次到昆山是明崇祯十三年参加张溥葬礼时,此后未再至。

十一日,与弟维岳重上玉峰,是日积阴乍霁,游女甚盛,有词纪游。

《迦陵词全集》卷二十一《昼锦堂·清明后一日同纬云重上玉峰,积阴乍霁,春女甚盛,词以纪游》。

过叶奕苞园居,不遇。爱其花木池馆,用稼轩韵作《满江红》。

《迦陵词全集》卷十二《满江红·访叶九来园居不遇,爱其花木明绮,池馆峥泓,小憩移时,流连不去。因忆九来向与余邑某氏歌姬有目成之约,曾为作〈花信诗〉。今某家歌舞久散,此姬亦入道多年矣,词以示叶,用稼轩韵》。在手稿本第四册中,该词前隔一首即《谢池春慢·乙卯三月三日作》。

按,此处所言"某氏",据陆林《清初戏曲家徐懋曙事迹考略》(见其《知非集》)考证,系指徐懋曙,叶奕苞曾与徐氏家班中的两个旦脚凝香、花想有约,但均未能成姻。

春光甚冶,徐乾学招与潘耒、弟维岳小憩于鱼墩精舍,有词。

《迦陵词全集》卷十二《满江红·春光甚冶,健庵挈我鱼墩精舍小憩,同潘次耕、弟纬云赋》。

潘耒(1646—1708),原名栋吴,字次耕,号稼堂,晚号止止居士。江苏吴江人。生而聪慧,于经史、词章、音韵、历算之学无不通晓。与兄柽章俱有诗名。柽章于康熙初陷于庄廷鑨史案,被株连论死,家眷戍边,潘耒亲送之。尝受业于顾炎武之门。好意气,笃于师谊。徐枋殁后,为刻其《居易堂集》。顾炎武去世后,又为刻其《亭林遗书》及《日知录》。并刻柽章《国史考异》及《松陵文献》行世。康熙十八年,以布衣举博学鸿词试,授检讨。寻充日讲起居注官。二十三年,以事降调,遂归。四十二年起复,三年后辞归。著有《遂初堂集》。

按，徐乾学于康熙十一年秋任顺天乡试副主考时，因遗取副榜汉军卷，为御史杨雍建劾奏，降一级调用。至康熙十四年秋始援例捐复原官。在候补期间，因闻母疾，遂于康熙十二年秋归乡省视。具体可参王逸明《昆山徐乾学年谱稿》。

阚选、盛符升、王云凤、丘钟仁、徐世濂、叶振斑诸子公宴陈维崧、任绳隗、徐喈凤、陈维岳于盛氏南芝堂，陈维崧有词纪其事，席上另有词赠施氏妓。

《迦陵词全集》卷十八《念奴娇·玉峰阚若韩、盛珍示、王成博、丘近夫诸子公宴余辈于南芝堂，席上同青际、竹逸、纬云纪事，用赤壁词韵》。从用韵关系看，此词与本年初春所引的两首《念奴娇》皆用东坡赤壁词韵，且在词集中前后相连，故可断为同一时期所作。卷八《西施·玉峰公燕席上赠施校书》，所写皆春日景象，应为同时作。

任绳隗《直木斋全集》卷五《玉峰阚若韩、丘近夫、徐廉夫、张矞成、王成博、叶廷玉共二十四了同招竹逸，其年兄弟公宴于盛珍示宅》。

阚选，字若韩，一字瞿亭。祖籍江苏昆山，父用励授经嘉定，遂家嘉定西城。顺治十五年进士。后以事被黜。为人坦怀质行，文有根柢，极为汪琬所称。生平见光绪《嘉定县志》卷十九《文学》。

王云凤，字成博。昆山人。父献曾于清初城破时赴水死。云凤匿于稻田得免。康熙十五年进士。官至内阁中书。生平附见光绪《昆新两县续修合志》卷二十七《忠节》"王献曾"条。

丘钟仁（1621—1680），字显若，一字近夫。昆山人。幼受学于舅氏朱集璜。明末诸生，入清后颇有意于功名。康熙十八年应博学鸿词之荐，以老不与试，特赐内阁中书舍人，次年死于归途。朱用纯有《祭丘近夫表兄文》，述其生平甚详。见《愧讷集》卷八。

徐世濂，字廉夫。昆山人。徐开任孙，父徐履愉曾任监察御史。康熙十一年举人，曾任辰溪知县，以事系狱。得释归里卒。生平见《国朝昆山诗存》卷八。

叶振斑，字廷玉，号确斋。昆山人。为叶方蔼三弟叶方至子。康熙元年诸生。曾师事朱用纯。朱用纯《柏庐外集》卷二有《致叶廷玉》一书，系其决定执教前所作，信中对叶振斑提出了严格的要求。陈维崧曾为其母作《叶母李太夫人六十寿序》（见《陈迦陵俪体文集》卷八），其中有句云：

"同邑叶母李太夫人者,都宪晴原公之孙,而编修集虚公之女也。……矧此华筵,偏当淑候。千春行乐,八公跨紫府之鸾;七日为人,百福扬红幡之燕。……仆也昔与仑生,情深谢范;今偕廷玉,交在纪群。居叨孟母之邻,门接延乡之里。遂含毫而制序,爰洒墨以摛词。"按,据《吴中叶氏族谱》,振珽母李氏读书工诗,夫死后延师训子。惜族谱未载其生日。

张黼成,俟考。

徐乾学招同尤侗、孟亮揆、钦兰、王云凤、徐喈凤、任绳隗、弟维岳公宴于憺园,是夜歌舞烟火甚盛,有词纪事。

《迦陵词全集》卷二十七《贺新郎·燕玉峰徐健庵太史宅,歌舞烟火甚盛》开首有"月照梨花午"之句,知其季节当在三月。

任绳隗《直木斋全集》卷三《徐健庵先生招同吴门尤展成、孟端士、钦序之,玉峰王成博,同里徐竹逸、陈其年、纬云憺园公宴》诗有"桃花夭夭柳簌簌"之句。

孟亮揆,字绎来,一字端士。江苏长洲(今苏州)人。康熙九年进士,官翰林院侍讲。著有《檀园诗》。《江苏诗征》卷一百四十九有介绍。邓汉仪《诗观二集》卷九收其诗三首、《诗观三集》卷八收其诗一首。

钦兰(1618—?),字序之。江苏吴县人。诸生。与尤侗友善。工诗画,擅篆刻。入清后,卖文自给。著有《素园诗草》。生平详民国《吴县志·艺文考二》。

徐乾学母顾太夫人是岁称六十觞,徐于春夏间在吴会大集宾客,为其母征诗文词祝寿。陈维崧作《徐母顾太夫人六十寿序》,任绳隗亦有词贺之。

《陈迦陵俪体文集》卷八《徐母顾太夫人六十寿序》。

《迦陵词全集》卷二十二《春从天上来·寿玉峰徐太母同青际赋》。该词见手稿本第三册,前后均为本年所作。

按,据王逸明《昆山徐乾学年谱稿》载,乾学母生日为七月二十八日。然自本年春间开始,徐氏兄弟即开始多方征集诗文。据徐乾学《先妣顾太夫人行述》云:"昨岁吾母六十初度,独乾学侍膝下。京师诸公并以诗文相庆贺,而四方名贤长者,多枉过陈祝嘏之辞,自岁首至孟秋未已。"(《憺园集》卷三十三)另施闰章《徐太夫人六十序》云:"乙卯春夏间,闻昆山徐太夫人累受封于朝,适当六十初度,长公健庵太史请假侍养,征文词,大集宾客吴会间,为太夫人寿。"(《施愚山集·施愚山文集》卷十)陈维崧的寿序为俪体，其末尾有句云："时则晓涧呈青，春岩献黛。枝头绵羽，飞来戴胜之禽；砌畔新荑，长就忘忧之草。……崧以不才，欢承斯会。岛间石燕，迎淑气以争飞；爨下焦桐，遘赏音而欲奏。今日三明七穆，须知称觥洗斝而来；诘朝十叟八公，行见控鹤骖鸾而至。"从其中所述的节物来看，此序当作于本年春间。

任绳隗《直木斋全集》卷十《词选·长调》有《春从天上来·寿昆山徐太夫人》。

十五日在虎丘，赋《翠楼吟》。

《迦陵词全集》卷二十《翠楼吟·三月十五日虎丘即景》。在手稿本第三册中，该词紧排在《看花回·南岳寺大悲阁上看玉兰花用清真词韵》后，当为同年作，故系于此。

追昔游赋《寿楼春》词。

《迦陵词全集》卷二十《寿楼春·春日追昔游》。在手稿本第三册中，该词排在《翠楼吟·三月十五日虎丘即景》《水龙吟·乙卯暮春，云臣宅头看牡丹》之间。

约三月末还家，过史惟圆宅赏牡丹，作《水龙吟》，有"英雄老了"之叹。

《迦陵词全集》卷二十一《水龙吟·乙卯暮春，云臣宅头看牡丹》。

曹亮武自府城至，黄永以《溪南词》一卷寄赠，读次追感旧游，兼怀邹衹谟、董以宁，赋《贺新郎》抒怀。

《迦陵词全集》卷二十七《贺新郎·不晤黄子艾庵十馀年矣，昨南畊自郡至，艾庵以〈溪南词〉一卷寄予，循览之次，追感旧游，兼怀邹董，怆焉填词，即用〈溪南词〉中韵》。在手稿本第三册中，该词紧排在《贺新郎·燕玉峰徐健庵太史宅，歌舞烟火甚盛》后，可断为本年作。

毛重倬以《满江红》数首相赠，中多养生家言，用前韵赋《贺新郎》相赠。

《迦陵词全集》卷二十七《贺新郎·毛卓人示我〈满江红〉词数首，中多养生家言，作此戏束，仍用赠黄艾庵韵》。在手稿本第三册中，该词紧排在前一首后。

史可程有《贺新郎》相讯，次韵有答。

《迦陵词全集》卷二十七《贺新郎·奉答蓬庵先生仍次原韵》《贺新郎·奉赠蓬庵先生仍次前韵》。在手稿本第三册中，这两首词接抄在一起，且紧排在上一首后。

四月,在城南观剧,赋《贺新郎》纪事。

《迦陵词全集》卷二十七《贺新郎·初夏城南观剧,并看小儿作傀儡幻人诸杂戏》。在手稿本第三册中,该词紧排在上一首后。

五月初五日,在宜兴,赋《贺新郎》述怀。

《迦陵词全集》卷二十七《贺新郎·乙卯端午》。

初六日,史可程孙女出阁,赋《贺新郎》贺之。

《迦陵词全集》卷二十七《贺新郎·蘧庵先生令孙女出阁,词以志贺,即次先生原韵》。

按,在手稿本第三册中,此词紧排在《贺新郎·乙卯端午》之后,且上阕"况才届、女儿节后"句下有作者原注云:"时端午后一日。"可知两词作于同时。

用《溪南词》韵赋《贺新郎》二首,分别呈赠史可程、毛羽宸。

《迦陵词全集》卷二十七《贺新郎·寄兴呈蘧庵先生用〈溪南词〉韵》《贺新郎·与毛子公阮交三十馀年矣。往时偶过兰陵,每每于焉下榻。自文友亡后,经过郡城,辄作西州之恸,坐与故人亦复阙焉不面。搦管填词,用呈公阮,仍用〈溪南词〉韵》。

按,在手稿本第三册中,这两首词与《贺新郎·蘧庵先生令孙女出阁,词以志贺,即次先生原韵》接抄在一起,不另书词牌,可知应作于同时。

毛羽宸,字公阮。江苏阳湖人。为人诚恳谨慎,喜读书论史,尤喜留心天文、象纬、律历之学。著有《毛氏残书三种》《碧栖堂稿》。生平详道光《武阳合志》。

在里中,与任绳隗、徐喈凤等编次评定蒋永修《蒋慎斋遇集》,并为之序。

《陈迦陵文集》卷二《蒋慎斋文集序》。《蒋慎斋遇集》卷首徐喈凤序云:"慎斋先生守黔之平越,五年晋秩山左督学。适以读礼归,集其生平所为文,颜以'遇'而将寿之梓,先授同里诸子评之,余亦得参阅焉。"该序末署"康熙己卯夏五之吉,年家同学弟徐喈凤竹逸氏"。又,任绳隗序署日期为"康熙十四年浴佛日",即四月初八。以此知陈维崧序亦应成于本年夏。天藜阁本《蒋慎斋遇集》收有陈、徐、任三人评语。

闰五月,赴商丘迎其妾与子,定于秋季归来。行前,吴绮有序赠行,徐喈凤为赋《望远人》相送。

吴绮《林蕙堂全集》卷七《送陈其年赴大梁携家序》。

徐喈凤《荫绿轩词》之《望远人·送其年往中州接取姬人令子归宜》云："五月长亭望远行，云开江树映波明。扬州花好莫停留，梁园闺里盼卿卿。　　牵罗袖，抱宁馨，灯前交说别来情。秋风同载问归程，家山丹桂正丛生。"

初五日，过金坛，次刘克庄韵赋《贺新郎》。

《迦陵词全集》卷二十七《贺新郎·闰五月五日，金沙道中次刘后村韵》。按，据陈垣《中西回史日历》，本年闰五月。

舟经安徽蒙城，时值荷花初绽，然同船皆是贾客，无人可以与语，一路读完半卷《蝶庵词》。

《迦陵词全集》卷五《鹊桥仙·蒙城舟中读云臣〈蝶庵词〉》云："满河伧楚，盈船蒜酪，郁郁吾其谁语。江东词客盛如云，别去伴、长淮盐估。红莲半绽，碧鲈正得，醉任无情今古。读完半卷《蝶庵词》，吹铁笛、洒然而去。"

按，蒙城在蚌埠西北，为从江苏去商丘的必由之路。又，词中时令为夏日。可断为本次往商丘时作。

由安徽亳州至商丘，途经木兰故里，见旧祠庙。因感时下"极天士马，杀气连营"，赋《念奴娇》。

《迦陵词全集》卷十八《念奴娇·由亳州至归德，途经木兰故里，有祠在焉》。

至商丘，见狮儿，赋《西江月》四首志喜。

《迦陵词全集》卷四《西江月·喜见狮儿》其一末句云："神仙将相讵难为？万事取之以气。"其二下阕开首云："我意殊为不尔，诗书莫误儿曹。"均表达了自己得子后的满足之情。其三下阕写狮儿初见自己时的生疏与好奇，别有趣味："细听吴音小却，戏投粔籹旋回。怪娘衾畔有于思，笑问客家何在。"

夏，施闰章游无锡，过宜兴，因陈维崧在中州，未得见面，有诗及之。

《施愚山集·施愚山诗集》卷三十九《晓次荆溪》云："夜发河桥归兴催，鸡鸣系艇曙光开。县前湖水东西阔，城上铜山烟雨来。仗剑蛟宫传烈士，买田阳羡忆仙才。故人漂转知何处，断肠中原画角哀。时陈其年客游中州。"

按，据《施愚山集》后所附何庆善、杨应芹编《施愚山年谱简编》，康熙十四年,施闰章"夏游金陵。又游无锡、苏州"。从其诗中"断肠中原画角哀"一句可知,其时正值战云密布,与康熙十四年情形相合。

过侯方岩水墅铺,同诸友观荷,有词。

《迦陵词全集》卷十九《双头莲·夏日过叔岱水墅铺同诸子观荷,用放翁词韵》。

按,本词收在手稿本第三册中,该册词主要为本年和上年所作,故系于此。

同徐作肃、侯方岩、宋荦饮宋炌西湄草堂,次壁间刘体仁韵赋《满江红》。

《迦陵词全集》卷十二《满江红·同恭士、叔岱、牧仲饮介子西湄草堂,次公勇壁间韵》。

夏末,至白云寺访雪笠上人,有《念奴娇》词相赠。

《迦陵词全集》卷十八《念奴娇·赠雪笠上人》中有"秋行至矣"之句,知其作于夏末时节。

游商丘县城南开元寺,寺内有八关斋。周弆山携具,同陈昌国、徐作肃、弟宗石、维岗快饮,时风雨忽至,炎暑顿消,有词纪之。另,纳凉时听客谈李自成破城旧事,感赋《念奴娇》词。

《迦陵词全集》卷十八《念奴娇·周弆山携具八关斋,同亦人、恭士、子万弟诸君快饮,风雨飒至,炎燠尽解,词以纪事》《念奴娇·开元寺纳凉,听客话闯贼破城旧事》。卷二十八《贺新郎·颜鲁公八关斋碑》。又,卷六《赞成功·忆梁园客夏,避暑开元寺南湖草堂,与徐恭士、宋牧仲、家亦人别驾、子万四舍弟、僧雪笠日夕谈燕,别来遂及一载,词以志忆》。在手稿本第二册中,"子万四舍弟"作"四五两舍弟",是知当日同游的尚有其幼弟陈维岗。

陈昌国,字亦人。福建泉州人。《大汕和尚集·离六堂诗评》有"温陵陈亦人"评语一条,注云:"讳昌国。"温陵今属福建泉州。然《泉州府志》中未见对其有记载。据《迦陵词全集》卷六《赞成功·忆梁园客夏,避暑开元寺南湖草堂,与徐恭士、宋牧仲、家亦人别驾、子万四舍弟、僧雪笠日夕谈宴,别来遂及一载,词以志忆》词题判断,此人当做过商丘通判。魏宪《枕江堂诗》卷二《饮陈亦人别驾纵观其署中花石作》首云:"驱车入宋都,古人双眼碧。下榻为予迎,逡巡称上客。"同卷有《八关斋访雪笠禅师,喜陈亦人别驾重创颜鲁公祠》,知陈昌国主持修复了八关斋。陆求可《陆密庵文集·馀录》卷上《陈别驾诗序》有云："温陵陈公,至性醇深,超然物表,其所得固未可量。"当为陈昌国之诗集作。另,《台湾文献丛刊》第六十九种《郑氏关系文书·南安县生员黄元龙密奏》有云："投诚陈昌国,部覆通判用,抚后复逃。今伪游击陈奇已经藩院剃发,明白有札无印,例不议叙;外陈梦松证,径起文冒顶通判陈昌国名字。康熙六年五月二十五日,现补归德府通判。"但是乾隆《归德府志·职官三》"粮捕通判"、"河捕通判"纲目下俱未见康熙年间有陈姓通判,其他处亦未见有关陈昌国的记载。

七月初七,从商丘往东经虞城至山东单县,访琴台故址,有词纪事。

《迦陵词全集》卷六《一剪梅·七夕由虞城渡河至单县》下阕云:"客里流光迅逝波,五日才过,七夕将过,殊乡令节巧蹉跎。星渡银河,人渡黄河。　　剧怜良夜不如他,天上情多,地上离多,红闺两地蹙愁蛾。大妇停梭,小妇停梭。"卷十六《金菊对芙蓉·访单县琴台》题下注云:"邑为宓子贱、巫马期旧治,台有二贤祠。"下阕有句云:"迤逦渐下牛羊,响落木、西风飒沓层冈。"知时令亦为秋季,可证为同时作。

按,从前一首词中有"红闺两地蹙愁蛾"之语看,当为本年作。因为此时陈维崧与中州姬人见面未久,又独自出发,故特及之。词中"大妇"、"小妇"是实写。

登单父城外春秋阁,赋《满江红》。

《迦陵词全集》卷十二《满江红·秋日登单父城外春秋阁》上阕云:"单父城东,堆遍了、万层秋色。凭阑望,齐疆鲁甸,一泓晴碧。此去渐通霄汉路,吾生只少翱翔翼。缭檐斜、百尺俯中原,空苍极。"

夜宿泥莲庵,有词。

《迦陵词全集》卷十九《琵琶仙·泥莲庵夜宿,与寺僧闲话》。

在开封,有词题大相国寺。

《迦陵词全集》卷十九《琵琶仙·题汴京大相国寺》下阕有云:"正罢酒凭阑时候,遇西风落叶盈砌,多少落拓心情,飘零身世。"

八月十五,在开封,月下有作。时因寂寞无聊,闲诣旗亭,遇吴下陆郎,乃旧相识也。明日,陆郎来访,谈谐缱绻,有词赠之。

《迦陵词全集》卷二十八《贺新郎·汴京中秋,月下感怀,兼忆三弟纬云、表弟南耕暨一二金陵省试亲友》《贺新郎·作客东京,寂寥谁侣? 西风落叶,闲诣旗亭,乃延秋全部于此征歌。中有一人云曾相识,访之,知吴下陆郎也。明日,顾余邸舍,谈谐缱绻。余落拓无聊,感生厚意,缘赠此词》。

登城东北上方寺铁色琉璃塔,有词。

《迦陵词全集》卷二十八《贺新郎·登上方寺铁塔》题下注云:"塔建于宋仁宗庆历四年,前朝壬午河决,曾没于水。"上方寺即祐国寺,在开封府治东北,内有铁色琉璃塔,故称铁塔寺。

按,以上三首词收在手稿本第三册中,先后依次排列。前一首为《贺新郎·与毛子公阮交三十馀年矣……》,后一首为《贺新郎·闰五月五日,金沙道中次刘后村韵》,虽然顺序有些颠倒,但理应为同年作。

开封雨夜,有词书怀。

《迦陵词全集》卷七《凤凰阁·汴京夜雨》上阕云:"被西风送到,东京更鼓,又添隔巷数声杵。暗想半生沦落,廿载羁旅,总不比、今番凄楚。"

经府城北之信陵君祠,赋《满江红》。

《迦陵词全集》卷十二《满江红·秋日经信陵君祠》上阕有"正满目、荒台败叶,东京客舍。九月惊风将落帽,半廊细雨时飘瓦"之句,知其时间为晚秋。

在开封,与冯蓼庵客舍夜坐,冯以无锡闺秀《永愁人诗稿》相示,感而赋《满庭芳》一首。

《迦陵词全集》卷十三《满庭芳·汴梁客舍同冯蓼庵夜坐,蓼庵出梁溪闺秀《永愁人诗稿》示余,凄然赋此》。

冯蓼庵,浙江人。生平俟考。《绣虎轩尺牍二集》卷一《复冯蓼庵中翰》题下标有其名,但字迹漫漶,难以辨识。

释大汕时寓梁园,与陈维崧相聚论文,并为作《天女散花图》,陈维崧有词谢之。约本年为大汕《离六堂诗》撰评语。

《大汕和尚集·离六堂集》卷四《过毗陵哭陈其年太史》有云:"不期探古滞梁园,论文不让因相识。"卷六《寄陈其年太史》亦有"记得梁园别,三秋尚未回。但逢明月出,疑是故人来"之语。又《大汕和尚集·离六堂集》前附有《离六堂诗评》,首即陈维崧评语,其后依次为徐作肃、宋荦、王培、陈昌国评语,也应作于本年。

《迦陵词全集》卷二十二《喜迁莺·石濂和尚自粤东来梁园,为余画小像,作《天女散花图》,词以谢之》。

关于大汕本年前后的行踪,陆勇强《陈维崧年谱》考证甚详。按,《离六堂集》卷二《石淙》诗有引云:"甲寅秋礼祖少林,经登封县,寻石淙山。"卷三有《睢阳行》。卷八有《荥阳道中》《睢阳秋夜三首》,同卷《次赠田天波》序有云:"雪苑中五台,田司李别馆也。兵燹之馀,舍为梵刹。……丙辰岁,余刻《传灯正宗》,休夏其间。"由此可知,自甲寅至丙辰,大汕一直在中州一带活动,陈维崧本年至中州,曾与之相见。

至宁陵,赋《江神子》感旧,悼徐紫云。

《迦陵词全集》卷八《江城子·沙随感旧》云:"思量往事极分明。小徐卿,昵云英。萧寺幽窗,檀板劝银罂。两小一双描不尽,红烛下,态盈盈。

西风卷去来年情。寺钟鸣,记前生。落叶中原,恰又趱离程。淡月晓风昏似梦,和泪也,出层城。"

徐紫云卒后,此为陈维崧第一次至中州,故可断为本年作。

宿睢阳,在寓馆赋《水调歌头》题壁感旧。

《迦陵词全集》卷十四《水调歌头·睢阳寓馆感旧题壁》。

侯方岩将之彭城,赋《水调歌头》送之。

《迦陵词全集》卷十四《水调歌头·送侯叔岱之彭城》。

按,以上两词收在手稿本第四册中,且前后排在一起。

九月九日,宋荦招同刘榛于振衣楼登高。时陈维崧已决定携狮儿母子南还,宋荦赋《金菊对芙蓉》词惜别,刘榛与陈维崧各有和作。

宋荦《西陂类稿·枫香词》之《金菊对芙蓉·九日同陈其年振衣楼登高,其年有南归意,赋此留之,用史云臣虎丘中秋韵》。

刘榛《虚直堂文集》卷二十四《董园词》之《金菊对芙蓉·九日和牧仲韵留其年》上片有"怜君四载无消息"之句,可进一步定其作年。

《迦陵词全集》卷十六《金菊对芙蓉·九日牧仲招同山蔚振衣楼登高,填词惜别,即次来韵奉酬》。

初十日,赋《贺新郎》为吕含章姬人催妆。

《迦陵词全集》卷二十八《贺新郎·九日后一日为吕含章姬人催妆》。在手稿本第三册中,该词紧排在《贺新郎·颜鲁公八关斋碑》后。

吕含章,俟考。

南归前,刘榛为赋《行香子》《阳关引》送行,陈维崧依宋荦前韵作《金菊对芙蓉》酬别刘榛。

刘榛《虚直堂文集》卷二十四《董园词》之《行香子·其年贮姬梁园，飘然南下。比其来也，儿已五龄矣，匆匆买舟携归，戏赠以词》《阳关引·送其年》。

《迦陵词全集》卷十六《金菊对芙蓉·又次前韵酬别山蔚》。在手稿本第三册中，此词紧排在和宋荦词后。

过侯方揆村居话别，有词留赠。

《迦陵词全集》卷十六《金菊对芙蓉·过侯敷文村居留赠，仍用前韵》。在手稿本第三册中，此词紧排在留别宋荦、刘榛的词后，且是同韵，故知作于同时。

南归前一日，在侯氏永日堂中观演《西厢记》，有词呈侯方岩。

《迦陵词全集》卷十六《金菊对芙蓉·南归前一日，侯氏堂中观演〈西厢记〉。七年前，余初至梁园，仲衡为我张宴合乐，即此地也。抚今追昔，不禁人琴之感，词以寄怀，兼呈叔岱，仍用前韵》。在手稿本第三册中，"侯氏堂"作"永日堂"。

次日启程南下，一路舟行，途中于雉河集阻风，有诗并词。

《迦陵词全集》卷十六《金菊对芙蓉·舟行遇大风，仍用前韵》。

《湖海楼全集·湖海楼诗集·补遗》之《阻风雉河集》有云："昨夜篷窗坐，愁心怕月圆。"知其时为月之中旬。

按，雉河集在安徽涡阳西北。自商丘往东南，过亳州，沿涡河走水路，会经过蒙城、怀远、蚌埠、长淮卫、临淮、五河到盱眙。如换陆路，则自临淮上岸，往东南经滁州至南京，过句容、溧阳可至宜兴。

过怀远，泊舟，有诗并词。

《迦陵词全集》卷十六《金菊对芙蓉·舟中有示，仍用前韵》《金菊对芙蓉·舟次渐近江南，仍用前韵》。

《湖海楼全集·湖海楼诗集·补遗》之《泊舟怀远县》云："帆峭风狂搅客眠，依稀芦苇有炊烟。家家屋角山如黛，夜夜街头浪拍天。系艇居民收获课，映篱商妇算茶钱。莫矜县小饶风物，别有孤城是菜田。"

按，在手稿本第三册中，这三首《金菊对芙蓉》紧排在留别宋荦、刘榛的词后，且是同韵。惟稿本顺序稍有颠倒，把《舟行遇大风，仍用前韵》《舟中有示，仍用前韵》插在了《过侯敷文村居留赠，仍用前韵》前，《舟次渐近江南，仍用前韵》《南归前一日，侯氏堂中观演〈西厢记〉。……》两首依次接在其后。此显然为后来错简所致。

释宗渭有诗怀之。

释宗渭《芋香诗抄》卷二《怀陈其年》末云:"老至雄心在,饥驱傲骨存。时无魏公子,慎勿留夷门。"按,该诗作期不明,但从"老至"、"夷门"等语看,应为陈维崧最后一次至商丘时。另,其后隔一首为《留树诗,吴伯成明府属和》,其后凡提及吴兴祚均称开府(吴兴祚康熙十五年十一月由无锡知县超擢福建按察使),可知其成于康熙十五年前。

释宗渭,字筠士,号绀池,又称船子和尚。本姓陈,为江苏太仓人。后出家为僧。性爱竹,故以为号。曾驻锡叶奕苞半茧园数载。吴兴祚招之入闽,旋返吴下,于桃花坞结茅屋三间,颜曰"芋香"。工诗,喜与诸名士往来。著有《芋香诗抄》,卷首有陈维崧题词。生平详《芋香诗抄》卷首宋实颖《华亭船子和尚传》。

至镇江,游竹林寺,有词纪事。

《迦陵词全集》卷十八《念奴娇·游京口竹林寺》。

按,在手稿本第三册中,该词紧排在《念奴娇·开元寺纳凉,听客话闯贼破城旧事》之后,知其为本年自中州南下时作。

路过常州,道中怀四弟宗石和五弟维岗,倚宗石感旧原韵作《念奴娇》。

《迦陵词全集》卷十八《念奴娇·毗陵道中有怀四弟、五弟,即用四弟感旧原韵》上片云:"麦仁店后,记斜阳分手,柔肠欲绝。从此南飞馀一雁,肃肃长征不歇。絮尽芦汀,拍残枫岸,风景增悲切。昨过江上,赭圻一片成血。"

至武进,携姬人稚子夜宿陈玉璂东园,有词书怀。

《迦陵词全集》卷十八《念奴娇·秋夜携姬人稚子借宿椒峰东园,追忆与白生让木、叔氏虞掌读书此间,已十七年矣。今二子已亡,而余重复经此,不胜今昔之感,词以怆旧》。

至无锡,与吴绮在惠山夜饮,坐中有妓为严州人,有词赋之。

《迦陵词全集》卷十六《金菊对芙蓉·惠山夜饮,坐有姬人,同园次仍用蝶庵词韵》题下注云:"姬姓赵,严州人。"

按,该词用韵实乃宋荦招同刘榛登振衣楼惜别原韵。在手稿本第三册中,该词紧排在《南归前一日,侯氏堂中观演〈西厢记〉。……》之后。前已说明,这一组《金菊对芙蓉》排列顺序有点颠倒,但其先后关系则不难判断。

秋末至家，晤盛符升，有书致王士禛，述近况，且乞其《入蜀诗》。

《陈迦陵文集》卷四《与王阮亭先生书》："惟是五十之年，始生一子。今年秋杪，挈过家园。惟此一事，稍可为知己慰。至于阮途已尽，冯铗息弹，思息交而绝游，将稿项以黄馘。善卷之间，有披裘而带索者，非他人，其必仆也。又数年以来，大有作词之癖，《乌丝》而外，尚计有二千余首，何日一陈之先生也。晤珍示，知先生《入蜀诗》卓绝古今，不数夔州子美，不识肯令喜事小胥，录一帖以见寄否？作书将竟，忽忆曼殊，投笔泫然，不能终幅。"可知其抵家时已为秋末。

龚胜玉为录其所选《今词苑》，赋《绮罗香》奉柬。同史可程共作《西河》词咏西汜落晖。

《迦陵词全集》卷二十二《绮罗香·龚节孙录余所选今词，赋此奉柬》下阕云："太息韦庄牛峤，问如何、偏遇极天兵马。珍重君家，重觅蛮笺细研。看残秋、满箧香词，是老夫、半生愁话。嘱宵阑、好护乌丝，莫使缸花炧。"卷二十三《西河·西汜落晖》。

《荆溪词初集》卷六有史可程《西河·西汜落晖》、黄锡朋《西河·西汜落晖》（该词又见《瑶华集》卷十五）、徐喈凤《西河·西汜落晖》（该词又见《荫绿轩词》）、史惟圆《西河·西汜落晖》。任绳隗《直木斋全集》卷十《词选·长调》有《西河·西溪落照》。

按，这首《绮罗香》收在手稿本第三册中，其前后均为本年所作，且后一首《西河·西汜落晖》为秋末作。另，据次年陈维崧致梁清标书云，《今词苑》当时已基本完成。按其进度，龚胜玉为誊录词稿亦当在本年。

至家后为史鉴宗校《青堂词》，秋夜校竟，有词书后，并为撰序。后觅其子归之。

《迦陵词全集》卷二十四《玉山枕·秋夜较亡友〈青堂词〉卷竟，凄然缀此》。

《陈迦陵文集》卷二《青堂词序》末云："评竟，遂觅其子归之。"

冬末，至无锡，与吴绮饮于蒋氏酒楼，座遇广陵高生，作《五彩结同心》词寄慨。叒丹生、吴绮、史惟圆皆先后依韵和之。

《迦陵词全集》卷二十四《五彩结同心·乙卯冬杪，与园次饮惠山蒋氏酒楼，翠袖红弦，谈谐甚剧。酒半忽遇广陵高生至，记与山阴友人红桥狎宴时,匆匆已十三年矣。故人万里,昔梦千端,不胜白发玲珑之感,词以寄慨》。

吴绮《艺香词》有《五彩结同心·过惠山蒋氏酒楼,和其年感旧原韵》。

史惟圆《蝶庵词》有《五彩结同心·和其年惠山酒楼感旧原韵》。

登惠山忍草庵贯华阁,有词。

《迦陵词全集》卷十九《绕佛阁·寒夜登惠山草庵贯华阁》。该词在手稿本第三册中,前后多为本年之作,故依其行踪暂系于此。

十二月二十日,与吴绮在寄畅园小饮,时有妓柳翩何在座。

《迦陵词全集》卷四《醉红妆·立春前一夕寄畅园小饮,时有柳姬翩何在座,同园次赋》。

按,本年十二月二十一日立春。故词中有"残年屈指不盈旬"之句。

二十一日立春,有词戏柬吴绮。

《迦陵词全集》卷四《怨王孙·立春戏柬园次,时夜有柳校书在寓》。

本年曾至杭州,史惟圆有词送之。毛先舒闻其至,过寻不获。

史惟圆《蝶庵词》有《御街行·送其年游越》:"一行雁阵惊南浦。残夜冷、鸡声苦。孤帆叶叶去如飞,行尽水村烟坞。山阴岩壑,馀杭风月,君去平分取。　　乱山漠漠愁行旅。相望处、寒潮阻。清霜有意染红枫,又浣征衫尘土。伍胥江上,曹娥渡口,莫漫悲今古。"

毛先舒《思古堂集》卷二《答陈其年书》有云:"闻去岁到杭,过寻不获,独行湖头,徘徊而去,良晤阻遥,怆焉累日。"按,毛先舒此信写于康熙十五年,考见后文。

本年,吴县灵岩寺重建大殿成,为撰碑文。

《陈迦陵俪体文集》卷九《灵岩寺重建大殿碑》有云:"吴郡灵岩山者,具区胜壤,砚石名山。……时则沙门僧鉴者,妙涌言泉,广挥智刃。既贯花而卓锡,复插草以唱缘。金容再焕,艰同夸父之移山;香界还新,勇比秦王之鞭石。庵罗之树,又见花开;必钵之林,重闻鸟哔。信属金仙之呵护,尤资檀信之捐施。凡诸居士,谁非喜舍之兰陀?维我宰官,本是再来之摩诘。于是伐彼青珉,镂之紫篆。珊瑚七尺,春蚕织无量之碑;鹦鹉双栖,古茧绣头陀之碣。"

按,灵岩寺大殿为寺释晓青首倡,江苏巡抚慕天颜于康熙十四年助建而成。碑义中所谓的"宰官"即指慕天颜。

　　据徐崧、张大纯所纂辑之《百城烟水》卷二,灵岩寺在吴县城西三十里之灵岩山上(灵岩山旧名岩石山)。寺初建于东晋末,后屡经重建增修。"清顺治己丑,延继起储禅师行化,十年之后,百废俱举,为禅刹巨观。继住者昙应杲、卑牧谦、僧鉴青、去息淏、童石宏也。"其中僧鉴青"重修正殿、弥勒殿"。

　　释晓青(1629—1690),字僧鉴,又字鉴青,号确庵。江苏吴江人。为继起禅师弘储传法弟子。著有《高云堂集》。关于僧鉴青接任住持的时间,今已无考。徐崧有诗题为《壬戌九月继和尚十周,登灵岩同席献臣、童硕禅师赋》,知继起储禅师卒于康熙十一年。其后继者为昙应杲、卑牧谦,此后才是僧鉴青。但徐崧另有两首诗题为《赠灵岩僧鉴禅师》、《戊午春同吴园次、沈韶九诸君访僧公,遇家健庵太史》,是知其康熙十七年尚为该寺住持。生平详袁行云《清人诗集叙录》卷九及徐崧《百城烟水》卷二。

丘象随登燕子矶,见王士禛旧题,依韵赋诗奉怀陈维崧、冒嘉穗。

　　丘象随《西轩纪年集·乙卯集》有《登燕子矶复见王阮亭旧题,次韵奉怀冒谷梁、阳羡陈其年》。

康熙十五年　丙辰(1676)　五十二岁

正月初一,和史可程韵赋《五福降中天》。

　　《迦陵词全集》卷二十《五福降中天·丙辰元旦,和蘧庵先生韵》。

得松江张彦之康熙十三年(甲寅)冬所寄书信,见其红笺无色,怪其三年始至,有《好事近》词纪之。张彦之有词题陈维崧《乌丝词》。

　　《迦陵词全集》卷三《好事近·丙辰早春,得云间张洮侯寅冬所寄书》。

　　《瑶华集》卷五有张彦之《临江仙·题其年刻集,即寄送京少北行》,该词或作于本年,所题当为《乌丝词》。

有《塞孤》词寄周体观并讯倪灿。倪灿曾在周体观江西幕中,时客无锡。

　　《迦陵词全集》卷十四《塞孤·早春寄周伯衡先生,并讯倪子阉公》题下注云:"先生从征楚幕,近客梁溪。"

　　按,在手稿本第二册中,该词紧排在《八节长欢·元日后二日积雨新晴,偕大鸿、云臣散步城南,望铜官一带翠色,眷恋久之,不克游南岳而返》前,《八节长欢》为本年作(考见下文),故断该词亦作于本年。

十三日,曹亮武、潘眉等人雪中游龙池,有《鹧鸪天》词调之。是夜对雪,再赋《探春令》抒怀。

《迦陵词全集》卷五《鹧鸪天·元夕前二日,闻南耕、原白诸子雪中有龙池之游,作此调之》。卷四《探春令·试灯夜对雪》。

按,在手稿本第二册中,这两首词中间相隔一首,当作于同年。故系于此。

十五日夜暂晴,作《满庭芳》。

《迦陵词全集》卷十三《满庭芳·丙辰元夕》。

十六日夜复雨,即景作《散馀霞》。

《迦陵词全集》卷三《散馀霞·十六夜即景》题下原注云:"元夜暂晴,此宵复雨。"

按,在手稿本第二册中,该词前隔两首为《好事近·丙辰早春,得云间张洮侯寅冬所寄书》。中间两首为秋日作,具体年代不详。但从前后整体的编排来看,该词应为本年正月作。

十七日,积雨新晴,同蒋平阶、史惟圆散步城南,望铜官翠色,不克游南岳而返。是夜复雨,有词。

《迦陵词全集》卷三《琴调相思引·元夕后二日,夜雨即事》。卷十五《八节长欢·元日后二日积雨新晴,偕大鸿、云臣散步城南,望铜官一带翠色,眷恋久之,不克游南岳而返》。

按,在手稿本第二册中,《相思引》(稿本无"琴调"两字)紧排在《散馀霞·十六夜即景》后,《八节长欢》前隔一首为《塞孤·早春寄周伯衡先生,并讯倪子阇公》。故知两词当为同年作。

二月十五日,林鼎复在宜兴署斋招同史惟圆会饮,有《满庭芳》词。

《瑶华集》卷十有林鼎复《满庭芳·花朝宴集阳羡署斋,同云臣、其年赋》(按,该词又见《今词初集》,题为《满庭芳·丙辰花朝荆溪宴集,和陈其年、史云臣诸子》)。

《迦陵词全集》卷十三《满庭芳·林天友别驾招饮,同云臣赋》。在手稿本第二册中,该词题为《郡别驾林天友先生招饮,同云臣赋》。

按,俗传二月十五日为百花生日,即花朝。然清人袁景澜《吴郡岁华纪丽》卷二《百花生日》云:"世言花朝月夕,在春秋之中,以二月半为花朝,以八月半为月夕。宋制,守土官二月十五花朝出郊劝农。洛阳风俗,则以二月二日。今吴俗以二月十二日为百花生日,盖本《翰墨记》《诚斋诗话》《宣府志》之说也。"此从旧说,以二月十五为准。

十六日,林鼎复邀同史惟圆、徐喈凤、吴逢原游南岳、西溪,有词纪事。

《迦陵词全集》卷十三《满庭芳·花朝后一日,林天友邀同云臣为南岳之游,词以纪事》。在手稿本中,该词题为《花朝后一日,林天友先生邀同云臣、枚吉为南岳之游,词以纪事》,可知同游之人不仅史惟圆一人。

《瑶华集》卷十林鼎复《满庭芳·春杪同云臣、其年、枚吉泛舟西溪,小饮南涧山房》,应作于同时。

徐喈凤《荫绿轩词》续集有《南浦·林别驾天友招同云臣、其年、枚吉游南岳,作此奉赠》。

二十一日,同史惟圆、徐喈凤溪干观剧,赋《满庭芳》纪事。

《迦陵词全集》卷十三《满庭芳·清明前一日,同云臣溪干观剧》。

本年清明为二月二十二日。另,在手稿本第二册中,这几首《满庭芳》依先后顺序排在一起,可证其为同年所作。

徐喈凤《荫绿轩词》续集《二郎神·溪西观剧》有"况堤柳、丝丝摇嫩绿"之句,为春日景象,符合清明景色,应为同期作。

三月初七谷雨,再用元旦韵和史可程《五福降中天》一首。

《迦陵词全集》卷二十《五福降中天·谷日和蕙庵先生,仍用元旦韵》。

王士禛有诗寄陈维崧、维岳兄弟。

《渔洋续诗集》卷九"丙辰京集"《寄陈其年、纬云兄弟》中有"铜官春荠长,荆水暮帆明"之句。

约本年春夏,朱溎至广西寻父朱士鲲遗骨不得,归里。陈维崧有词代挽,并寄朱澄、朱溎兄弟。

《迦陵词全集》卷二十八《贺新凉·挽骧沙朱南池先生》序云:"先生讳士鲲,明末以明经谒选,得粤西柳州府武宣县。南荒僻远,国初尚未入版图。先生忠于所事,历官至史科给事中,子溎任北流知县。壬辰王师入粤,先生偕子溎暨阃门三十口,俱殉节于北流之黎村。后数年,其子溶徒步七千里,觅先生埋骨所,卒不得,遂恸哭归。余敬为词奉诔,并寄其令嗣孝廉澄、文学溶。"

按,该词作期原不明。但在手稿本第二册中,该词紧排在《贺新郎·南耕齿疾,养疴南岳山房,初夏同雪持、南水、放庵过访,词以赠之》前,而本册的这一组《贺新郎》(按,刻本作《贺新凉》)大都作于本年。故系于此。

朱士鲲(1593—1651),字尔传,一字子舆,号南池。江苏靖江人。出嗣其叔父。崇祯十五年由选授广西宣武知县。明亡后,瞿式耜守桂林,与有旧,遂荐于桂王,历官至礼科都给事中。永历四年,官监察御史。清兵至,与桂王相失,遂至北流,偕全家自沉黄沙水。

朱澄,字泳思。朱士鲲长子。崇祯十五年举人。工诗。著有《碕庵稿》《愍南集》。

朱溁(陈维崧词中作"溶"),字茹荣,号沧崖。朱士鲲四子,出继伯父士骧。闻父及弟遇难,曾至其地寻找遗骨。遇陈乔、罗仲常等,以其父及弟之遗诗授之。以副贡老于家。著有《粤草行》《沧崖集》。

四月,曹亮武以齿疾修养于南岳山房,同储贞庆、南水上人、原诘过访,有词戏赠。中途曾小憩枫隐寺,赋《多丽》。曹亮武分别有词和陈维崧、南水、雪持见赠原韵。

《迦陵词全集》卷二十八《贺新凉·南耕齿疾养疴南岳山房,初夏同雪持、南水、放庵过访,词以赠之》上阕有"问君年、才过四十,胡为如此"之语。曹亮武生于崇祯九年,故本年为四十一岁。卷三十《多丽·初夏同雪持、南水、放庵游南岳,小憩枫隐寺》上阕有"人家四月焙茶天。迤逦处、松脂石骨,碧暗寺门前"之语,可知具体月份。枫隐寺本为吴洪裕南岳别业,吴卒后舍为僧寺。

按,在手稿本第二册中,这首《贺新凉》词与本年所作的几首《贺新凉》(手稿本均作《贺新郎》)排在一起,均可证其为本年作。又,陆勇强《陈维崧年谱》据《迦陵词全集》的排序,断定这首《多丽》作于次年初夏(在《迦陵词全集》中,该词紧排在《多丽·清明兼上巳ᴛᴇ》后)。但在手稿本中,《多丽·清明兼上巳ᴛᴇ》为第一册的最后一首,而本词则在第二册末尾《岁寒词》前,与丙辰所作较近。且从时间和同游之人完全相同这一点来看,也可以断定两词作于同时。

曹亮武和词见《南耕词》卷二《贺新郎·其年、雪持、南水、放庵两上人挐舟相访,和其年原韵》《贺新郎·和南水见赠原韵》《贺新郎·和雪持见赠原韵》。《瑶华集》卷十七有曹亮武《沁园春·病齿戏作》。

《荆溪词初集》卷七史惟圆《贺新郎·南耕齿疾卧山中,词以讯之》。

史可程游扬州,作《扬州慢》词送之,并示宗元鼎、孙默、汪懋麟、汪楫诸子。

《迦陵词全集》卷十六《扬州慢·送蘧庵先生之广陵,并示宗定九、孙无言、汪蛟门、舟次诸子》。从词意看,该词当作于初夏。

端午前后,大雨浃月,江南半成泽国,无锡尚有人乘画舫游湖,有词寄慨。

《迦陵词全集》卷十四《水调歌头·夏五大雨浃月,南亩半成泽国,而梁溪人尚有画舫游湖者,词以寄慨》上阕云:"翠釜一朝裂,铜狄尽流铅。江南五月天漏,炼石补仍穿。骤若淫龙喷沫,狂比长鲸趵浪,庐舍没长川。菱蔓绕床下,钓艇系门前。"

按,在手稿本第二册中,该词紧排在《水调歌头·忆商丘宋介子西湄草堂》前,故知应作于本年。

夏,弟宗石持陈维崧为其生母时孺人所撰行状请铭于叶方蔼。

叶方蔼《叶文敏公集》卷五《陈母时孺人墓志铭》有云:"宜兴陈生宗石为其生母请铭,而持兄维崧之状以来。"又云:"母葬以顺治戊戌冬,而予铭于康熙丙辰夏。"

作《赞成功》词,回忆去夏同诸人游开元寺景象,并作《献衷心》怀念侯方岩。

《迦陵词全集》卷六《赞成功·忆梁园客夏避暑开元寺南湖草堂,与徐恭士、宋牧仲、家亦人别驾、子万四舍弟、僧雪笠日夕谈燕,别来遂及一载,词以志忆》。卷七《献衷心·商丘城外二十里曰水墅铺,此地白莲花最盛,绵亘数十亩,予友侯叔岱家焉,常坐我花际,词以怀之》。

按,在手稿本第二册中,这两首词中间相隔两首,从词意看,均为追忆之作,故应作于同时前后。关于这两首词的具体创作季节,词中并无痕迹可寻,但考虑到其所忆为去岁夏日事,故当为本年夏季触景生情之作。

赋《水调歌头》忆商丘宋炌西湄草堂。

《迦陵词全集》卷十四《水调歌头·忆商丘宋介子西湄草堂》下阕有云:"西湄好,忆客夏、寄高斋。南烹为余细糁,菲几净纤埃。"

按,该词的写作季节亦不明,但因所忆为夏日事,或作于本年夏。

夏末,作《梦扬州》怀史可程。

《迦陵词全集》卷十四《梦扬州·蘧庵先生久客维扬,词以寄怀》下阕末云:"红衣落尽西风起,怕隋堤、最不宜秋。隐隐见、一江灯火,人隔扬州。"

初秋,史可程自扬州归,有词讯之。史可程在扬州时,同人以其昨岁七十,

补作诗画相赠,归示陈维崧,为题《八声甘州》一首。

《迦陵词全集》卷十五《八声甘州·丙辰夏月,蘧庵先生游广陵,诸同人以先生昨岁七秩,补作诗画奉赠。初秋归里,持以示予,遂于卷尾亦题一章》。卷十九《龙山会·暮秋,蘧庵先生自吴中归,词以讯之》。

按,在手稿本第二册中,《扬州慢》《梦扬州》《八声甘州》三首词并未按顺序排列,但前后相隔并不远,且同册大都是丙辰年之作,故可断定为同年作品。另,史可程自扬州归时,邓汉仪有《念奴娇·广陵舟中送蘧庵先生还阳羡》(见《瑶华集》卷十二),下阕开首云:“今日鼓角喧阗,单襄破帽,踪迹浑难定。”

有词寄靖江徐时浚。

《迦陵词全集》卷十四《水调歌头·新秋寄骥沙徐仲宣》。

按,在手稿本第二册中,该词紧排在《水调歌头·忆商丘宋介子西湄草堂》后,故断为本年作。

徐时浚,字仲宣。江苏靖江人。顺治十七年举人。与朱漋、羊球、朱凤台结为吟社。工水墨山水、工笔画鸟。著有《寱亭集》。生平详光绪《靖江县志》卷十四本传。

八月十四日在苏州,当夜坐月虎丘,有词。

《迦陵词全集》卷二十八《贺新凉·中秋前一夕坐月虎丘》上片自注云:“余自丙申中秋看月虎丘,今已二十一年矣。”自丙申至今恰为二十一年。

十五日,同史惟圆、储贞庆、南水上人同游虎丘,在半塘口遇侯汸及其侄侯开国,赋《凤凰阁》。五更后登山赏月,夜宿山寺,赋《贺新凉》纪事。史可程时寓皋桥,有词柬之。是夜,有贵官呵止游人,赋《醉蓬莱》刺之。

《迦陵词全集》卷七《凤凰阁·虎丘喜遇侯记原、大年》云:“记摘船吟雨,倚楼题柳,樊川水榭暂携手。一自消魂赋别,几度回首,沈家令带围较瘦。　帽檐微侧,斟酌桥边闲走。故人忽遇半塘口。知尹绿小轩前,丛桂开久。却底事、还眠虎阜?”从词中意思看,陈维崧此前曾与侯汸在扬州相识,别后未再见面。手稿本第二册该词后有一评语云:“别而复晤,恰当寻秋宴月时,宜其词意缠绵如此。”

又,卷二十八《贺新凉·丙辰中秋看月虎丘,同云臣、雪持赋》。卷二十《月当厅·虎丘中秋柬蘧庵先生,用梅溪词韵》题下注云:“先生时寓皋桥。"卷十五《醉蓬莱·虎丘月夜,见有贵官呵止游人者,戏填此词》下阕云:"黄鹤飞仙,玉清谪吏,偶趁风光,闲来林薮。见此尘容,展轩渠笑口。七贵貂蝉,五湖烟水,问谁堪长久?且掣青萍,化为铁笛,作狂龙吼。"

《瑶华集》卷十八史惟圆《贺新郎·虎丘咏月》词末自注云:"丙辰中秋,与其年、雪持、南水上人偕游虎阜,于五更后登山,落月残灯,游人绝迹,别是一番境界也。"该词另见《常州词录》卷七,词末自注略有不同,于"偕游虎阜"后有"宿山寺"三字,可互相参看。

侯泚(1614—1677),本名玄泚,入清后为避顺治讳,更名泚,字彦直,一字记原,号秬园。江南嘉定人。侯岐曾冢子。顺治四年五月,侯岐曾因藏匿陈子龙被捕,家被抄,侯泚携参与通海的峒曾幼子潏亡命于外,隐于佛寺中。事平后,又先后以两子乘、来宜出继堂弟侯演,以延伯父之祀。晚年,以三弟侯涵子策为己嗣。侯泚一生博极群书,究心经术。学使者欲以"高士"旌其门,峻拒不受。学者称潜确先生。生平见汪琬所撰《侯记原墓志铭》(《尧峰文抄》卷十三)。

侯开国,初名荣,字大年,号凤阿。侯涵长子,后出嗣仲父泃。少负轶才,受业于陆元辅。监贡生,尝考授州判,不就。其学务博览,诗文俱有名,且善画。与清初众名流有交往。著有《凤阿集》两册。

十六日夜,在无锡,月下漫步于惠山泉亭间。

《迦陵词全集》卷二十八《贺新凉·十六夜步月惠山泉亭》。在手稿本第二册中,上举三首《贺新凉》为一组,前后相接。另,本词后有一段评语云:"十五虎丘,十六惠山,不无兴尽之意。然子猷泛雪,并无吟咏;其年泛月,去来有词,则梁溪月舫不更在剡溪雪舫之上乎?"可据此确证这组词作于同期。

中秋后,蒋永修受任江西提学副使,蒋景祁将随行赴任,有词送之。

《迦陵词全集》卷二十一《水龙吟·送蒋慎斋宪副视学江右》、卷二十八《贺新凉·送蒋京少随尊公学宪之任豫章》。后一首下片有云:"秋容一望真如沐。照江山、广寒新样,一轮圆玉。"据此可知当作于中秋后不久。

按,据《清圣祖实录》卷二十九"康熙十六年十月丙寅"云:"以原补江西提学副使未任撤回蒋永修为湖广按察使司副使,提调学政。"可知蒋永修实际未到任。此从陆勇强先生考证。

郝毓嶒升宁国教授,赋《汉宫春》送之。

《迦陵词全集》卷十五《汉宫春·送郝元公先生之任宛陵》。陆勇强先生根据嘉庆《无锡金匮县志》卷十五《职官》志、乾隆《宁国府志》卷十二《职官志下》、康熙《安庆府志》卷十《职官志》对同期及后来各地学官离到任情况的著录,及《施愚山诗集》卷三十一《郝元公学博以母艰归颍州》一诗的编年顺序,考出郝是在本年离开无锡的,但在重阳前即因母艰归里,故实际到宁国后并未就任。

梅清《天延阁后集》卷三"丙辰诗略"《送郝元公广文内制归颍二首》其一云:"秋水送归船,寒江倍可怜。愁经红叶路,望尽白云天。铎响遗鳌岫,帆阴落颍川。倚闾人不见,肠断缋帷边。"亦可补一条证据。

另,据康熙《安庆府志》卷十《秩官志》,此人服阕后于康熙二十五年曾任安庆教授。

九月初八,因连日晴色佳景,桂花初放,加之溪蟹大上,而自己囊无一钱,无计秋寻,有词自嘲。

《迦陵词全集》卷二十八《贺新凉·连朝霁色殊佳,丛桂复放,而寂寂空斋,秋寻无策。兼之溪蟹大上,手中不名一钱,俱恨事也。词以自嘲,并柬云臣、竹逸》。

按,在手稿本第二册中,此词紧排在《贺新郎·丙辰九日》之前,而患立堂本的编排顺序基本上维持了手稿本的原样。另,该词下阕有"佳节来朝重九是"之句,故知其作于是日。

初九日,赋《贺新凉》书怀。

《迦陵词全集》卷二十八《贺新凉·丙辰九日》。

因忆及去岁南归情景,作《秋霁》一首。

《迦陵词全集》卷二十三《秋霁·本意》下阕云:"忆昨素舸,泛泛长淮,水凉灯昏,和雁同宿。梦家乡、西风菰米,炊烟晚斫鲈腮玉。梦醒苇花声簌簌。讵意此际,故园泼眼秋光,一杯雪蚁,几枝风菊。"

按,陈维崧上年秋携姬人稚子南归,曾经过长淮卫,故系于此。

二十三日,万复古庆五十岁生日。作《满江红》贺之。

《迦陵词全集》卷十二《满江红·万修承五十,用吕居仁韵》。

按,据民国五年木活字本《万氏宗谱》卷十一万复古本传,其"生天启丁卯九月二十三日,卒康熙己未六月十一日,享年五十三"。

秋,患腹疾逾月。嘉定侯汸携其侄侯开国、子侯莱来访,且示以《明月诗筒》一帙。时不作诗已三年矣,不觉见猎心喜,赋诗十二首。

《湖海楼诗集》卷五"丙辰"诗《余不作诗已三年许矣,丙辰秋日,秬园先生同小阮大年、令嗣天存过访,示我〈明月诗筒〉一帙,不觉见猎心喜,因泚笔和荔裳先生韵,亦得十有二首。词旨拉杂,半属谰语,先生第用覆瓿,慎勿出以示人也》其一首联云:"秋霖兼腹疾,偃仰此西轩。"其二首联云:"仆病已逾月,吾庐只半间。"

侯莱,字天存。本侯涵少子,后出嗣侯汸。

《明月诗筒》是侯汸自康熙九年前后与友人宴饮时分韵倡和的合集。参与者有宋琬、余怀等。详参黄裳《明月诗筒》一文(《读书》1985年第4期)。

在徐啴凤宅获读冯甦所著《滇考》,赋《六州歌头》怀古。

《迦陵词全集》卷三十《六州歌头·竹逸斋头阅冯再来所著〈滇考〉,赋此怀古》。

《湖海楼诗集》卷七"庚申"诗《书少司寇冯再来册子三首》其一有句云:"友有徐竹逸,县南葺别业。……相隔不一巷,杖履每相接。……一日秋雨馀,残阳射城堞。……开门见长鬣,乍获《滇游纪》。"该诗末尾自注云:"五年前在竹逸斋中曾读先生《滇游纪》。"按,庚申为康熙十九年,减去五年当为本年。诗中所谓《滇游纪》实即《滇考》。

冯甦(1628—1692),字更生,别字再来,号嵩庵。浙江临海人。顺治十六年进士,任澄江知府。康熙十二年吴三桂反清,被拘。冯表面伪应,密驰蜡丸于外。后得脱至粤,超擢为广东巡抚。旋内迁刑部侍郎。晚年息影故居。著有《滇考》《见闻随笔》《嵩庵集》《南中集》等。毛奇龄《西河集》卷四十六《冯司寇〈见闻随笔〉序》云:"《见闻随笔》者,司寇冯先生所著书也,一名《两渠传》,大抵纪闯、献始末,而二贼分列,尤详于献贼入蜀暨夔东割据以后。"卷二十三"杂笺十六"云:"王师下浙东时,台州冯甦为乱兵所杀,视同见杀有未绝脰者,魂凭之甦,因名甦,字更生,别字再来。"生平详《两浙輶轩录》卷一小传及《读书堂文集》卷十七《冯少司寇再来公传》。

顾贞观过访,赋《满江红》相赠,并题其小像。

《迦陵词全集》卷十二《满江红·梁溪顾梁汾舍人过访,赋此以赠,兼题其小像》上阕有云："二十年前,曾见汝、宝钗楼下。春二月、铜街十里,杏衫笼马。行处偏遭娇鸟唤,看时谁让珠帘挂。只沈腰、今也不宜秋,惊堪把。"

　　按,顾贞观康熙十一年举顺天乡试,授内阁中书。词中称舍人,则当在此后。又,陈维崧与顾贞观开始交往,最晚在顺治十三年(见该年考证)。若过二十年,则当为本年。另,在手稿本第二册中,该词后两首《满江红·故友周文夏侍御没已及十年矣……》《满江红·万修承五十……》均作于本年。据此,可断该词亦作于本年。

闻得朝廷新添赋额,民间多有题门卖宅者,作《金明池》纪其事。

　　《迦陵词全集》卷二十九《金明池·丙辰秋日书事》。

过亳村旧斋伯父陈贞达开远堂,堂已不存,而门内又被赁为酒肆,不禁感慨系之,赋《满庭芳》。

　　《迦陵词全集》卷十三《满庭芳·亳村旧斋之东有屋一区,名开远堂,堂颇弘敞,乃先农部伯父别业也。堂久已不存,门内且赁为酒肆矣,赋此志感》下片有句云："沧桑,今已换。苇花枫叶,一片苍茫。"据其所写景象,当为晚秋时节。

　　另,在手稿本第二册中,这首词和前面所引的几首《满庭芳》排在一起,故可断为本年作。

子狮儿夭。

　　黄容、王维翰辑《尺牍兰言》卷六所收陈维崧《与顾茂伦》云："弟今岁读书玉峰徐长公园中……年来先生撰述必多,能便邮惠读乎?望之望之。弟今年逾五十,而况味之苦,兹不堪言。昨秋一子复殇,生理已尽。知己闻之,能无增慨?"从文意看,该信当作于次年,故可知狮儿之亡在本年秋。

龚胜玉卧病宜兴东郊,陈维崧过访,并与之订交,有词纪之。

　　《迦陵词全集》卷九《四园竹·龚节孙卧疾东郊,秋日过访,用〈片玉词〉韵》："山光水态,浓淡上烟扉。菊摇暗壁,蛩语坏廊,人卧萧帏。停碧箫,歇翠斝,檀奴懒况,小窗风月应知。　　漫凄其。床头尚有龙泉,从君且订交期。戏作药名艳体。闲检方书,写上香辞。临欲去,日影矬,茶烟飏渐稀。"

　　按,该词见于手稿本第二册中,其前后作品均为本年作,故系于此。

　　龚胜玉,一名眉望,字节孙,又作节胜。江苏武进人,后移家宜兴。苏轼在阳羡时,尝欲买一小园,种桔三百本,并作楚颂以名亭,然其园与亭终未就。龚胜玉慕苏轼之为人,尝慕其意绘《种桔图》,遍乞名人题咏。后官奉天锦州通判、平远知州,日聚生徒讲学。工诗能文,尤喜词。著有《种桔堂诗稿》《仿桔词》。生平详嘉庆《宜兴县志》卷八《侨寓志》、光绪《武进阳湖县志》卷二十三《人物志》之"文学"类。《迦陵词全集》卷二十九有《莲陂塘·题龚节孙〈仿桔图〉》,题下原注云:"节孙兰陵人,卜居阳羡,慕东坡之为人,故为斯图以明志。"其写作时间待考。

万树从九龙归,卧病石亭僧舍,有词柬陈维崧。时狮儿已死,陈维崧有移居之事,词中并及之。

万树《香胆词选》有《满江红·自九龙归,即卧病石亭僧舍,因怀其年,以此柬之,兼闻有迁居之事》上阕有云:"月正空明秋正好,故人能否来相即?"下片有云:"从滞我,蓉溪迹。忘唁尔,西河泣。又闻君卜筑,迳将安适。"

万树养病暇日,戏取南北曲牌名为香奁诗三十首,陈维崧为赋《还京乐》题其卷尾。

《迦陵词全集》卷二十二《还京乐·万红友养疴僧舍,暇日戏取南北曲牌名为香奁诗三十首,用填此阕,寄跋卷尾》。

秋末,同曹亮武、陈维岱过东郊外陈于泰废园,感赋《满江红》一首。

《迦陵词全集》卷十二《满江红·秋杪同南耕、鲁望弟过东郊外殿元叔祖废园感赋》下阕云:"繁华事,行人说。凄凉债,今生结。又蜗黄藓绿,断碑残碣。细雨零星渔榜火,乱鸦飒沓僧龛月。记小楼一片伎衣红,年时节。"

按,该词收在手稿本第二册中,前后均为本年作。故系于此。

十一月七日,徐乾学母顾夫人卒,为作文祭之。

《陈迦陵俪体文集》卷十《祭徐母顾太夫人文》。

按,据徐乾学《憺园集》卷三十三《先妣顾太夫人行述》,徐母顾夫人卒于此日。

徐崧过宜兴,临别,有词送之。另有书并词致顾有孝。

《迦陵词全集》卷十九《百字令·雪滩钓叟为松陵顾茂伦赋》下阕云:"昨夜东(稿本作'冻')合江天,糁绵舞絮,冷把龙宫掣。恼杀渭滨垂白叟,误了萍风柳月。菰米家乡,清虚世界,万事何须说。夜寒吹火,推篷起扫残雪。"其后一首为《百字令·送徐松之还松陵,兼讯弘人、九临、闻玮、电发诸子》。在手稿本第二册中,这两首词接抄在一起,且不另书词牌,当为同时作。

黄容、王维翰辑《尺牍兰言》卷六所收陈维崧《与顾茂伦》云:"屡承垂讯,深感存注。去岁松之兄过敝邑,曾有数行奉候,想已入台览矣。弟今岁读书玉峰徐长公园中,咫尺切望,恨无由□(当为'把')晤。"是知该书作于康熙十六年。

十八日,吴兴祚升任福建按察使,赋《水龙吟》送之,颇有不舍之意。另次吴绮韵有诗。

《迦陵词全集》卷二十一《水龙吟·送梁溪明府吴伯成先生新任闽中臬宪》。

《湖海楼全集·湖海楼诗集·补遗》之《云起楼歌赠吴伯成先生和园次韵》云:"仆病还怜舌尚存,民艰肯使公真去。廷论偏推海岳姿,玺书络绎出龙池。只今借寇欢呼日,恰遇生申燕喜时。喜深酿秫从公醉,今年米价何曾贵。下士真蒙国士恩,前途肯使知音累。十年父老乐耕桑,此日讴歌达日旁。好添至日千家线,并献华宴百岁觞。"

按,据秦松龄《苍岘山人文集》卷六《留村吴公行状》云:"康熙十五年冬,天子以闽海初定,思得文武兼济之臣以绥辑之,特擢公为福建按察使。公在无锡凡十有三年。"又,据《圣祖实录》,吴兴祚擢升之命颁于本月十八日(丙申),时刚过其四十五岁生日。本年冬至为十一月十七日。故陈诗有"好添至日千家线,并献华宴百岁觞"之语。

约本年,受江南通省驿传盐法道副使金镇礼聘,往江宁入其幕府,万树有词送之。

万树《香胆词选》之《凤凰台上忆吹箫·送其年之金陵观察幕府》下阕有云:"当路诸侯征辟,谁似尔、以礼为罗。"

按,"观察"为清代对道员的尊称。据《江南通志》,清初衙署设在金陵的只有江安十府粮储道和通省驿传盐法道。康熙十三年就任的粮道副使章钦文,未见与陈维崧有交往的记录。而康熙十四年至十六年在任的驿传盐法道副使金镇,陈维崧后来曾有词赠之,故这次往南京很可能是入他的幕府。

金镇(1622—1685),字又镳,号长真。浙江绍兴人。少有凤悟,与兄钛、弟铉有"三珠"之目。崇祯十五年举京闱。入清后,朝廷搜京闱见举者授以官,遂于顺治改元授山东兖州府曹县知县。旋以艰归,后补河南陕州阌乡县知县,升刑部河南司员外郎,进本部郎中。会其弟补河南布政使司布政使,为回避,康熙十二年秋改补扬州知府(汪懋麟《平山堂记》:"十二年秋,山阴金公补扬州。")。十四年升江南驿传盐法道副使(参《溉堂续集》卷六"丁巳七言古诗"《金驿宪去郡三年,复来摄两淮盐运道事,和汪叔定竹马歌奉赠》)。十六年转两淮盐运道副使。后官至江南按察使。生平详见毛奇龄《诰授通议大夫江南提刑按察使司按察使金君墓志铭》(《西河集》卷九十三"墓志铭·三")。

在江宁崔维雅按察使官署作《酿酒》词。

《迦陵词全集》卷二十二《送入我门来·酿酒》题下原注云:"金陵臬署作。"

崔维雅(?—1662),字大醇。直隶大名(今属河北)人。顺治三年举人,官至大理寺卿。康熙十二至十八年任江苏按察使。

按,该词作期不明。然在手稿本第一册中,其后一首即《送入我门来·丙辰除夕雪,用草堂原韵柬里中数子》,且该册中只有两首《送入我门来》,故断其为先后同期之作。

在江宁作词多首。

《迦陵词全集》卷十六《琐窗寒·雪》题下原注云:"金陵作。"同卷《新雁过妆楼·再咏糊窗》《新雁过妆楼·围炉》两首词,在手稿本第一册中排在一起,且《围炉》词题下有注云:"金陵臬署作。"卷二十三《飞雪满群山·白门署馆对雪》。

按,以上诸词均收在手稿本第一册中,但排列上并不完全集中。只能据其所标举的地点和所写的景象断为同时所作。

岁暮在江宁,万树有词怀之。

万树《香胆词选》之《鹧鸪天·怀其年金陵》上阕云:"几许吟髭捻欲空。怀君正在岁寒中。丹阳驴背衣沾雪,白下乌啼侧帽风。"该词末尾注云:"频岁与其年、竹逸、云臣于石亭观梅。"

年底将归,离江宁前一夕遇大雪,挑灯不寐,赋《念奴娇》一首感怀。

《迦陵词全集》卷十八《念奴娇·将发金陵,前一夕大雪,挑灯不寐,闷填此词,拟归示蘧庵、桢伯、云臣、竹逸诸先生暨大士表兄、南耕表弟》。

按，从题意看，该词是其岁末回乡离南京前所作。

十二月二十九日，飞雪披拂，作《送入我门来》柬里中数子。

《迦陵词全集》卷二十二《送入我门来·丙辰除夕雪，用草堂原韵柬里中数子》。

本年，撰《两晋南北朝集珍》。

《四库全书总目》卷十六"史部·载记类"云《两晋南北朝集珍》"前有自序，作于康熙丙辰，乃未举制科前四年也。"

毛先舒有书致陈维崧，追述两人别后光景及个人遭际，并寄来新刻己作《匡林》嘱其评定。

毛先舒《思古堂集》卷二《答陈其年书》："阔别者二十载，每怀昔游。与足下偕锦雯、祖望西湖之楼，脱略盘礴，辩锋互起，旁坐者惊以为哄斗，已乃相视而笑，命酒如初。此时风调，视谓寻常。于今追之，邈不可得。其为怅恨，可胜道哉。日接手札，恍如对面，不啻旧欢之复聚也。闻去岁到杭，过寻不获，独行湖头，徘徊而去，良晤阻遥，怆焉累日。仆十年病状蕉萃，支离销落之馀，一贫刺骨。然而古人之书，时复在手。达生之理，渐摩颇深，身本长物，何况其它。以此坐树鼻，招快风，踞奇石，眺云海，可以忘疲，可以疗饥。第数口嗷嗷，又未免稍萦心曲耳。念欲相悉，故粗为足下陈之。近刻《匡林》一帙送去，相知定文，舍君谁属？幸大加绳削，定不嫌之。《晓霁图》想象入妙，此道久不搦管，勉而为题，粗疏唐突，恐不足益髯之三毫耳。一笑。"

按，陈维崧第一次至杭州与毛先舒等游处，是在顺治十三年（考见前文），阔别二十载，当即本年。

赋《石州慢》词为陈昌国题《孝感册》并感旧游。

《迦陵词全集》卷二十一《石州慢·题家别驾亦人〈孝感册〉并感旧游，次蘧庵先生韵》上阕云："昨客睢阳，古寺开元，水木妍雅。我方避暑，兄过挈榼，一樽同把。讵知别后，使君风木衔凄，书来双袖鲛珠惹。拟补白华诗，倩广微烘写。"

为姜垓长子姜安节题思嗜轩，有词。

《迦陵词全集》卷二十七《贺新郎·题思嗜轩为姜勉中赋，用题青瑶屿原韵》下阕有云："三年泪为思亲洒。葺亭轩、峥泓明瑟，重开图画。粉壁疏窗仍艳好，拭尽尘埃野马。果熟也、莫从人打。不是瀼西饶靳惜，是前人、口泽斯存者。歌纂纂,荫堪藉。"该词题下原注云:"轩前枣树数株,为贞毅公手植,故以思嗜名轩。"按,姜埰卒于康熙十二年六月,过三年即本年。

汪琬《钝翁续稿》卷二《思嗜轩诗》序云:"故贞毅先生于所居艺圃中,植枣数株。长君勉中遂以思嗜名其轩,诸君子各赠诗画,予亦赋一首。"汪琬该诗作于康熙十六年。又,卷十八《艺圃后记》有云:"山之西南,主人尝植枣数株,翼之以轩,曰思嗜,伯子构之以思其亲者也。"

施闰章《施愚山集·施愚山诗集》卷十二《思嗜轩诗》。

闻江西近事,感而有赋。

《迦陵词全集》卷十五《八声甘州·客有言西江近事者,感而赋此》上阕云:"说西江近事最消魂,啼断竹林猿。叹灌婴城下,章江门外,玉碎珠残。争拥红妆北去,何日遂生还?寂寞词人句,南浦西山。"

按,词中所云之客,或即倪灿。倪灿时从周体观幕中归,当对江西所发生的事情有所介绍。

故友周季琬卒已十年,其幼女在阁,尚未字人。山左孙光祀不忘旧谊,特为其子议婚。宜兴士人高其谊,多有诗词颂之,陈维崧为赋《满江红》一首。

《迦陵词全集》卷十二《满江红·故友周文夏侍御没已及十年矣,幼女在阁,尚未字人。少司马山左孙祚庭先生兴怀宿草,特为令子议姻。荆溪人士高其谊,争作诗歌以咏之。鄙人太息,亦填是词》。

曹亮武《南耕词》卷二《念奴娇·周文夏御史没已十年,一幼女未字,少司马孙祚庭先生不忘同官之好,为令子议姻,予高其谊,而作此词》。

按,周季琬卒于康熙六年,至本年刚十年。

孙光祀(1614—1698),字祚(一作"祚")庭,号溯玉。山东历城人。顺治十二年进士,选庶吉士,改授礼科给事中。历任礼、户、吏三科给事中、太常寺少卿、通政司右通政、太常寺卿、通政使、兵部右侍郎。康熙十八年回籍,遭岁大饥,曾三次捐谷救济饥民。著有《胆馀轩集》。生平详《颜氏家藏尺牍·姓氏考》、《词林辑略》卷一。

康熙十六年　丁巳(1677)　五十三岁

正月初一大雪,作《东风第一枝》。当日与万树把晤于陈宗大斋头,万树

有词。

《迦陵词全集》卷十九《东风第一枝·丁巳元日大雪,是日迎春》。

万树《香胆词选》之《临江仙·戏书》序云:"昨岁余游豫章,小除始返。其年自白门归,亦已腊尽,两不相闻也。元日,忽把晤于几士兄斋头,因戏书此,以为一笑。"

十五日,离家往苏州,夜泊河桥,引村醪自醉。回首春城,思量往事,赋《烛影摇红》。

《迦陵词全集》卷十五《烛影摇红·丁巳上元夜泊河桥》。

十八日,在苏州谒林鼎复,赋《满庭芳》。

《迦陵词全集》卷十三《满庭芳·丁巳元夕后三日,谒别驾林天友于长洲官署,赋赠》。

与史惟圆展谒伍子胥祠,有词。

《迦陵词全集》卷二十三《望海潮·胥门城楼即伍相国祠,春日同云臣展谒有作》。

按,该词作期不明。但在手稿本第一册中,其排在《望明河·丁巳七夕玉峰作》和《疏影·咏虞山毛氏汲古阁兼赠斧季》之间,而后一首作于康熙十七年春末(考见后文)。另,本年春陈维崧在苏州有活动。故断为本年作。

过阊门至无锡,舟次惠山,在山下遇顾景文,均有词。

《迦陵词全集》卷二十三《薄幸·过阊门感怀,用〈湘瑟词〉韵》《薄幸·舟次惠山,再叠前韵》《薄幸·山下与顾景行话旧,三叠前韵》。

按,在手稿本第一册中,这三首词接抄在一起,原为一组,紧排在《望海潮·胥门城楼……》之后,后一首即《疏影·咏虞山毛氏……》。故系于此。

顾景文(1631—1675),字景行,号匏园。江苏无锡人。顾宪成曾孙,顾枢子。诸生。顺治十一年曾与秦保寅、严绳孙、顾贞观等人在里中结云门社。著有《顾景行诗集》《楚游草》《匏园词》。《顾景行诗集》卷下《灯下阅陈其年检讨集,呵冻因书其后》曾忆及两人交往情形:"君名满江南,余时尚儿戏。江上初相识,问我数奇字。余乃默不答,谓君亦多事。酒酣必赋诗,澜翻见才思。诗成匿不出,让君一头地。居常语董生,我死子必志。诗文若干首,定可卜传世。但恐请官位,仍旧文学讳。掀髯抒惋愤,往往至堕泪。"生平详《国朝耆献类征初编》卷四三〇。

正月末归里,赋《东风第一枝》,追和曹亮武府城元夕之作。

《迦陵词全集》卷十九《东风第一枝·月杪自吴门归,追和南耕毗陵元夕之作》。

按,在手稿本第一册中,该词紧接在《东风第一枝·丁巳元夕后三日……》后。

曹亮武《南耕词》卷二《东风第一枝·丁巳毗陵元夕》为原倡。

在苏州时,未及至邓尉观梅,及至归里,枝头梅花零落殆尽。释原诘以梅下见怀之作及史惟圆和作相示,因次原韵作《满庭芳》。

《迦陵词全集》卷十三《满庭芳·今春梅候,余适买棹吴门。乃因循羁绊,不及为邓尉之游。正深怅叹惋,及过里门,而枝头香雪已零落略尽矣。会放公以梅下见怀词并云臣和章相示,漫次原韵》。

按,在手稿本第一册中,该词与上一首《满庭芳》相隔一首。另,其首二句云:"二月新晴,东风作阵。"可知时间上相去不远。

有词咏西府海棠。

《迦陵词全集》卷十三《满庭芳·咏西府海棠》。

按,在手稿本第一册,该词与前一首《满庭芳》按先后排在一起。

有词赠侄陈枋,感叹家世凋零,鼓励其应努力振兴家门。

《迦陵词全集》卷十二《满江红·赠家小阮次山》云:"群从凋零,怅家世、空馀双戟。算惟汝、过都历块,龙文虎脊。我别西溪刚十载,数椽聊赁街东宅。有压栏先世一枝红,君堪摘。　　林下酒,床头《易》。吾与汝,交相惜。笑我今衰矣,子应努力。王谢门风终自在,纷纷程李钱宁直。向渭阳诗里,说邹阳,悲畴昔。"该词题下原注云:"余所赁城中居,即先殿元故宅也,阶前红杏一株,最繁盛。次山殿元后人,故云。"词末注云:"次山系故友邹程村宅相。"宅相为外甥的别称。

按,陈维崧康熙六年赁屋城居,至今十年。故从"我别西溪刚十载,数椽聊赁街东宅"两句可断该词作于本年。

有词赠徐翔凤。

《迦陵词全集》卷二十五《沁园春·赠徐竹虚竹逸令弟,家有我园》。

按,在手稿本第一册中,该词紧排在《沁园春·舟过枫桥,见临舫女郎依舷揽镜,同弟纬云赋》前,可断为本年作(考见下文)。

二月下旬，在曹亮武席上送潘眉入都，有序并词相赠。

《陈迦陵俪体文集》卷八《南耕席上送潘莼庵入都序》云："月届仲春，时维下浣。桃将作绶，草渐成茵。会霁景之方妍，适故人之欲别。……仆也河上枯鱼，枝头穷鸟。无缘奋袂，言随祖逖之鞭；有意挥毫，聊代绕朝之策。嗟乎人非麋鹿，志在麒麟；事尚可为，君犹未老。泰阶已正，即才人杖策之秋；皇路将平，乃志士立名之日。行矣良朋，勉游上国。金台在望，知斯行定得风云；玉佩可要，只此去难忘花月。不辞蛙黾，用告骊驹。"

《迦陵词全集》卷二十一《齐天乐·梅庐花下送潘原白之蓟门，友人之彭城》。

董儒龙《柳堂词稿》有《齐天乐·丁巳仲春送潘元白北上》有"梨花寒食过了"之语。

按，从序中文意看，潘眉此行当为入京候补，然至康熙十八年始得授溆浦知县（见前文小传）。又徐喈凤《荫绿轩词》续集有《意难忘·戊午春分前二日，梅庐花下喜潘元白归自都门》。据此可知其辞家当在本年春。**至昆山。因本年为乡试之年，为了有一个僻静的地方准备应试，暂时寄住徐氏憺园。时值马鸣銮引疾归里，设宴招客，并出河豚相饷。席间李良年、吴任臣惧不敢食，陈维崧有诗嘲之。吴旻、叶奕苞、陆庆臻闻而附和，李良年有诗相答。同席者有万言。**

《湖海楼诗集》卷五"丁巳"诗《马殿闻筵上食河豚，作长句示湖中吴志伊诸子》有句云："朱门设食并召我，蹒跚肯俟细马骑。江南二月穀文滑，雏莺才唤笋出芽。"可知时间当在二月中下旬。

李良年《秋锦山房集》卷五《马殿闻编修席上出河豚饷客，予与吴志伊，万贞一皆不食，陈其年以长句见嘲，闻而附和者吴修龄、叶九来、陆集生诸公，意多祖陈，走笔戏答》。

马鸣銮（1628—?），字思切，一字殿闻，号密斋。江苏昆山人。少好学，然屡困秋闱。康熙十二年中进士，选庶吉士，授编修。康熙十五年分校礼闱。旋引疾归。生平见《国朝昆山诗存》卷七，该书收其诗五十九首。又，《苏州府志》卷九十五《人物二十二·昆山县》有其小传。

吴任臣（1625—1686），字志伊，又字尔器，号征鸿。福建莆田人，占籍浙江仁和。廪生。康熙十八年入博学鸿词，授检讨。著有《周礼大义》《礼通》《十国春秋》等多种。生平见《鹤征录》卷二及严文郁《清儒传略》。

陆庆臻(1613—1693),字集生,号荠庵,又号芴田。江苏华亭(今上海)人。崇祯十四年举人。顺治间拣选推官,不赴。著《荠庵集》。生平见《江苏诗征》卷一五一。然《江苏诗征》未详其籍里,且云其"一字荠庵"。从名字关系看,"荠庵"当为其号。

万言(1637—1705),字贞一,号管村。浙江鄞县人。万斯年子,斯同侄。少涉猎传记,随诸父在讲社中,以古文名。康熙十四年中副榜,十五年北上京师,年底随徐乾学归昆山。后与修《明史》,独成崇祯长编。康熙二十八年出为五河知县,三十三年忤大吏,坐事当论死。值陕中开赎罪例,子承勋衰金五千赎之,不足,同邑陈坊告之同人,始募得其数,得赎归。著有《管村文集》。生平详万承勋所撰《先府君墓志》(见《千之草堂文抄》)。

约本年,为李良年题《长斋绣佛图》小像。

《迦陵词全集》卷十九《绕佛阁·为李武曾题〈长斋绣佛图〉小像》。

按,该词作期不明。但在手稿本第一册中,该词排在《万年欢·赠宋子犹先生七十,次朱致一原韵》后,似应成于本年。

马鸣銮以轩中遣怀词相示,依来韵赋《永遇乐》。本年马鸣銮五十岁,又赋《归朝欢》贺之。

《迦陵词全集》卷二十二《永遇乐·马殿闻太史招饮,兼以轩中遣怀词见示,即用来韵奉柬》。同卷另有《归朝欢·寿马殿闻太史五十》。

按,在手稿本第一册中,《归朝欢·寿马殿闻太史五十》紧排在《永遇乐·马殿闻太史招饮……》前,可知应作于同年。该词上阕云:"几载日华东畔住。吟尽上林卢桔树。暂因休沐卧家园,舍旁别筑莺花圃。晓峰晴可数,伶俜小髻添娇媕。羡风光、紫鱼吹雪,紫燕画梁乳。"词中景象为春季。

另,江庆柏《清代人物生卒年表》据《康熙十二年癸丑科会试进士履历便览》,定马鸣銮生日为崇祯十一年(1639)十二月二十一日。据该词可知马鸣銮生于崇祯元年。

与叶奕苞集小园看梅,叶有《点绛唇》词次其韵。陈维崧另作《念奴娇》抒怀。

叶奕苞《经锄堂别集·诗馀之二》之《点绛唇·陈其年集小园看梅,即席有作次韵》首句云:"春半园林,尊前树树堆晴雪。"按,陈维崧词不见于今存之《迦陵词全集》。

《迦陵词全集》卷十八《念奴娇·春日玉峰叶九来招饮半茧园,时梅花正开,酒间话旧有感》题下注云:"九来向与吾邑某氏歌姬有目成之约,今此姬已属他人,故及之。"

与唐士恂、万言、潘耒看梅,唐士恂有诗纪事。

《国朝松江诗抄》卷十八唐士恂《同万贞一、陈其年、潘次耕看梅》云:"残雪并赴梅花约,晓日笼花细细开。瘦影自宜高阁近,客香能迟故人来。卷帘山翠当轩落,隔水松声拂槛回。玉笛夜来吹莫急,犹堪十日倒金罍。"

唐士恂,字子恪,一字嵩少。江苏青浦(今上海)人。诸生,援例纳监。曾师事徐乾学,长期以游幕为生。晚益贫,故其诗清苍感慨居多。著有《嵩少集》。生平详《国朝松江诗抄》卷十八小传、王昶《春融堂集》卷四十四《书嵩少先生诗后》。

在徐乾学憺园,即景赋《庆清朝慢》,并作《憺园赋》。

《迦陵词全集》卷十五《庆清朝慢·憺园即景》题下注云:"园系玉峰徐健庵太史新筑。"

《陈迦陵俪体文集》卷一《憺园赋》云:"冷节秋千,戏鼓酒旗之会;丛祠赛社,巫箫蛮管之游。"知作于寒食前后。又云:"园因母构,憺以安名。……橘垂园内,永无陆绩之欢;莪我嵩中,弥厪王哀之慕。"知此时徐母顾氏已逝。从憺园新成之事实看,赋应作于本年。

三月三日清明,赋《多丽》。徐喈凤时在里中卧病,有《多丽》次史惟圆韵怀陈维崧。

《迦陵词全集》卷三十《多丽·清明兼上巳丁巳》。

徐喈凤《荫绿轩词》续集《多丽·丁巳清明适当上巳,病中怀其年游吴,次云臣韵》。

四月,同徐开任、张圻、朱用纯、叶奕苞、陈觉先泛舟城外,追晤葛芝,赋《沁园春》。叶奕苞有词和之。

《迦陵词全集》卷二十五《沁园春·初夏同徐季重、张邑翼、朱致一、叶九来、家躬乙泛舟郭外,追晤葛龙仙于攸闻上人精蓝,兼送龙仙之西村别业》。

按,在手稿本第一册中,该词紧排在《沁园春·溉堂先生客南昌幕府,屈首经师已逾两载,甫归广陵,词以讯之》前,孙枝蔚本年自南昌归(考见下文),故可断其作于本年。

叶奕苞《经锄堂别集·诗馀之二》有《沁园春·攸闻上人招集镂隐庵,庵为二胜和上栖息处,自和上入闽,予二十年不至矣,和宜兴陈其年韵》。

按,徐崧、张大纯所辑《百城烟水》卷六"昆山"条下记云:"镂隐庵,去城东玉柱塔北三里。顺治间济宗二胜禅师本邑诸生李子柴,乙酉后剃染,嗣法古南禅静之地,已而入闽,未几化去。……康熙辛酉,其门人攸公募众修葺,为永久计。"葛芝《卧龙山人集》卷十一有《镂隐庵记》。

释攸闻,为镂隐庵当时的主持,生平俟考。

徐开任(1610—1694),字季重,号愚谷。昆山人。为徐乾学从父。明诸生,入清后弃去。后移家太仓,与吴伟业相善。著有《明名臣言行录》《愚谷诗稿》《易经通论》等。生平详《苏州府志》卷九十五《人物二十二·昆山县》。

张圻,字邑翼,一字白源。昆山人。明季补诸生。入清后致力于身心性命之学,又好仙佛。著有《学仕要箴》《虚隐楼文集》等。生平详《江苏艺文志·苏州卷》。

朱用纯(1627—1698),字致一,号柏庐。昆山人。其父继璜为明朝贡生。清兵南下时,曾率众守城,城破后投河自尽。用纯从此立志不仕,一生以授徒自给。康熙十七年,清廷下令召举博学鸿儒,同乡叶方恒以朱用纯之名荐。用纯闻讯,以死自誓。终得免。用纯一生勤于修行,著述甚丰,有《四书讲义》《春秋五传酌解》《毋欺录》《迁改录》《多败集》《愧讷集》《柏庐外集》等。生平详《苏州府志》卷九十五《人物二十二·昆山县》及彭定求《朱柏庐先生墓志铭》(见《愧讷集》卷末)。

陈觉先,字躬一(又作"乙"),号十园。昆山人。顺治三年举人。官青浦教谕。朱用纯《〈听松图〉后记》中曾提及之。另,叶奕苞《经锄堂诗》卷三《送陈躬一计偕》云:"十年艰一第,头黑未蹉跎。难别江南酒,重听塞北歌。书成春雁远,帆卸夕阳多。珍重昆山玉,王明汲网罗。"可略知其生平。生平详《国朝昆山诗存》。

吴贞度五十,赋《永遇乐》贺之。

《迦陵词全集》卷二十二《永遇乐·丁巳夏日寿吴静庵太史》下阕云:"百年才半,万般休论,暂狎沧州鸥鹭。荷渐成裳,筼将着粉,月又窥银浦。楸枰茗碗,笛床书幌,辈几闲摹欧褚。年年到、紫兰开候,满斟绿醑。"吴静庵,手稿本第一册作"吴静安"。

　　按,《清代人物生卒年表》据《顺治十二年乙未科会试进士履历便览》,著录吴贞度生年为崇祯七年(1634)。若其本年五十岁,则生年应为天启六年(1626)。从词中所写的景象看,生日似在初夏。

十五日,朱用纯五十生日,赋《水龙吟》寿之。

　　《迦陵词全集》卷二十一《水龙吟·寿朱致一五十,仍用前韵》。

　　按,据彭定求《朱柏庐先生墓志铭》载,朱用纯生于明天启七年四月十五日,至本年为满五十。又,词中"前韵"指《水龙吟·寿尤悔庵六十……》词韵。

二十四日,尤侗庆六十寿,为赋《水龙吟》贺之。

　　《迦陵词全集》卷二十一《水龙吟·寿尤悔庵六十,用辛稼轩寿韩南涧原韵》。

　　据尤侗自撰《悔庵年谱》(见《西堂馀集》),其生于万历四十六年闰四月二十四日,至本年为六十岁。另,在手稿本及《迦陵词全集》中,该词均排在《水龙吟·寿朱致一五十仍用前韵》前,而且后一首词乃叠韵之作,故极有可能是后来补作的。但本年谱为了排列的方便,仍将其按生日先后排在前边。

五月,徐乾学、徐元文过半茧园,叶奕苞有《永遇乐》词纪其事,陈维崧有词相和,并为叶奕苞作《半茧园赋》。

　　叶奕苞《经锄堂别集·诗馀之二》有《永遇乐·健庵宫赞、立斋学士步访小园》首三句云:"五月江深,百年地僻,断客来路。"其后一首为《永遇乐·答徐鹤心见和前词,有"池塘句好,旧时残梦,总被东风吹去"之感,兼答万贞一、陈其年、李秋孙、潘次耕诸寓客》。

　　《迦陵词全集》卷二十二《永遇乐·健庵、立斋两太史步过半茧园,九来有词纪事,余亦次韵》有"随意临流选树,啜茗桐阴,摊书藓蹬"和"斑斑雨点,阴阴麦浪"等语,可证为夏季。另,在手稿本第一册中,该词排在《永遇乐·马殿闻太史招饮,兼以轩中遣怀词见示,即用来韵奉柬》和《永遇乐·丁巳夏日寿吴静庵太史》之间,故知为本年所作。

　　《陈迦陵俪体文集》卷一《半茧园赋》序云:"茧园者,昆山叶水部白泉先生之别墅也。水部公没后,园析而为三。仲子九来于其所受之半,葺而新之,名半茧园。维崧暇日偕二三宾侣游焉,遂援笔而为之赋。"

徐元文(1634—1691),字公肃,号立斋。昆山人。徐乾学三弟。顺治十六年状元,授翰林修撰。康熙二十八年拜文华殿大学士。立朝三十年,清介刚正,有古大臣风。后以子弟家人行事不法,为有司劾奏,遂以原官致仕。著有《含经堂集》。生平详韩菼《徐公元文行状》(见《碑传集》卷十二)。

初五日,在昆山观竞渡,有词次梅村韵。

《迦陵词全集》卷十三《满庭芳·五日玉峰竞渡,用梅村韵》。

按,陈维崧上年端午在宜兴,只有本年及次年端午在昆山,该词即成于这两年中。另,在手稿本第一册中,该词排在《满庭芳·今春梅候,余适买棹吴门。乃因循羁绊,不及为邓尉之游。……》《满庭芳·咏西府海棠》后,故系于此。

在叶奕苞小有堂中看丘钟仁、叶奕苞、朱用纯投壶,作《醉花阴》。

《迦陵词全集》卷四《醉花阴·夏日小有堂中看丘近夫、朱致一、叶九来诸子投壶》上阕末有"水槛闲凭,又贴荷钱小"之语,所写当为五月初景象。

按,小有堂为叶氏茧园中堂名。朱用纯《祭叶二泉文》云:"花月之辰,觞咏之会,辄招致予。……今而后小有堂前、春及轩下,复何忍忆旧欢、追往事?岂不哀哉!"

叶奕苞在半茧园东侧为陈维崧辟一浴室,同释宗渭共浴,浴罢有词。另,约在同时,有词咏半茧园之双鹤。

《迦陵词全集》卷七《定风波·九来半茧园东偏,为余新辟一浴室,解衣盘礴,致其适也,词以纪之》。卷十《黄鹤引·咏半茧园双鹤》上阕有云:"榴红乍吐,下有胎仙暗来去。"知其时为夏季。

释宗渭《芋香诗抄·芋香赠言》收有陈维崧《吴门重遇绀师却赠》:"二泉亭下松风好,曾共汤休(按,当作'沐')咏碧云。今日小桥临顿里,漫天风雨又逢君。"

按,这两首词及诗作期不明,然本年陈维崧在昆山与叶奕苞来往最密。又《芋香赠言》有叶奕苞《甲寅秋日绀池和尚过访茧园,奉次来韵》,从诗意看,康熙十三年秋其尚未入住茧园。同集徐乾学《喜筠士大师挂锡吾邑之茧园,即次诸公送行韵赋赠》末云:"嗟余京洛去,最忆是茧园。"是知其实际入住乃在康熙十八年后,其与陈维崧同游半茧园当在本年。

六月，徐树谷入都，曾有书并三篇文寄王士禛。

《陈迦陵文集》卷四《与王阮亭先生书》："六月中徐艺初入都，曾有数行奏记，并附拙文三首，想已入记室矣。"

徐树谷(1655—?)，字艺初。昆山人。徐乾学长子。康熙二十四年进士，官山东道监察御史。康熙三十二年，以乡官在里受赃议绞，因康熙帝不欲穷治，改赎。著有《李义山文集笺注》《哀江南赋注》。按，据《昆山徐乾学年谱稿》，徐艺初本年中顺天乡试，故其六月入都当为赴北闱乡试。

七月初七，在昆山作《望明河》。

《迦陵词全集》卷二十三《望明河·丁巳七夕玉峰作明日并秋》。手稿本第一册该词题下自注："是岁明日立秋。"

初八日立秋，在徐乾学憺园塔影轩作《泛清波摘遍》。

《迦陵词全集》卷二十三《泛清波摘遍·立秋日憺园塔影轩作》。在手稿本第一册中，此词紧排在上引《望明河》前，当为同年作。只是手稿本排序有所颠倒。

约七月下旬，随徐乾学之扬州。

《陈迦陵文集》卷四《与王阮亭先生书》："崧七月间，同健庵先生偶客维扬，追忆与先生旧日游踪，历历在目。"此文作于本年秋，考见下文。

在扬州，拜两淮盐运副使金镇，有《水龙吟》词相赠。

《迦陵词全集》卷二十一《水龙吟·上金长真观察》词有"伏谒敢辞疏贱，况盈盈、鄂君舟便时同健庵学士渡江"、"闻说平山，欧阳旧迹，画堂重建"之语。按，在手稿本第一册中，该词题为《上观察金长真先生》。

孙枝蔚《溉堂续集》卷六"丁巳七言绝句"《汪季用避暑平山堂之真赏楼，次宗鹤问韵奉寄》六首之六末尾自注云："平山堂旧址为寺僧侵夺，议兴复自季用始。"又同卷"丁巳五言古诗"《观察金长真以丁巳八月十三日祀欧阳子于平山堂，招客赋诗，予亦与焉，诗限体不限韵》云："山堂久已毁，祀典谁相关？当途实不遑，书生徒慨然。继起惟金公，瓣香何其虔。构堂复筑楼，木主设中间。思齐诚无殆，化俗亦有权。"又同卷《汪季用舍人与令兄叔定，召同程穆倩、邓孝威、宗鹤问、陶季深、华龙眉、范汝受、王仔园、家无言泛舟至平山堂，登真赏楼。楼有欧阳公木主，与诸子展拜既毕，乃饮酒堂上，各赋七言古诗一首。时予初归自豫章幕中，登览唱和之乐，二年来所未有也》首四句云："去作豫章老学究，堂甫落成楼未构。归逢内阁贤舍人,云楼可登井可漱。"概括孙枝蔚各诗所述,可知重建平山堂及真赏楼之议,乃汪懋麟首倡,具体实施则由金镇。康熙十四年夏,孙氏赴赣时,平山堂已成,而真赏楼尚未构也,至其返时方完全落成。汪懋麟《百尺梧桐阁集》卷三《平山堂记》述其重建经过更详。另据同卷《赠扬州知府金公序》记载,平山堂重修告竣之日,金镇曾"大召宾客,车马满山谷,远近来观者千余人。咸谓数百年无此事矣"。另,陶季深名澂,江苏宝应人。关于平山堂重建事,李斗《扬州画舫录》卷十六记述甚详,可参。

孙枝蔚时从南昌幕府归扬州,有《沁园春》词讯之。

《迦陵词全集》卷二十五《沁园春·溉堂先生客南昌幕府,屈首经师已逾两载,甫归广陵,词以讯之》。

按,孙枝蔚此前曾在江西总督董卫国幕中授经两年,至本年始归。《溉堂续集》卷六"丁巳七言绝句"《自豫章归后得汪季用绝句八首,次韵奉酬》之二首联云:"归逢佳节试龙舟,误把骚魂比饿鸢。"据此可知,孙枝蔚端午前归扬州。但在手稿本第一册中,该词后接抄《沁园春·题汪舍人蛟门〈少壮三好图〉》《沁园春·酬赠黄交三即次原韵……》两首,且不另书词牌。故知这三首词皆为本次来扬州后作。

在扬州,为汪懋麟题《少壮三好图》,作《沁园春》词。

《迦陵词全集》卷二十五《沁园春·题汪舍人蛟门〈少壮三好图〉》。该词题下原注云:"图作群姬挟筝琶度曲,拥书万卷,数鸱夷贮酒其旁。图上题词甚多,豹人则欲开阁禁酿,于皇则欲焚砚烧书。二说纷然,余故作此词。"

有《沁园春》赠黄泰来,并示其父黄云及兄阳生。

《迦陵词全集》卷二十五《沁园春·酬赠黄交三即次原韵,并示尊公仙裳、贤昆月舫》末云:"我渡京江,重游隋苑,惆怅闲行杜牧之。当年事,记万家水榭,红袖密垂。"

黄泰来,字交三。江苏泰兴人。黄云次子。江都宗元鼎婿。贡生。好读书,善词赋,兼工隶篆绘事。著有《观海集》《洗花词》等多种,俱不传。邓汉仪《诗观初集》卷十一收其诗六首,《诗观三集》卷十二收其诗三首。

黄阳生,字屺怀,号月舫。黄云长子。贡生。有诗名。著有《月舫集》等多种,俱不传。邓汉仪《诗观初集》卷十一收其诗七首。

八月初,在扬州寓中病疟,不获为红桥平山之游,有《念奴娇》词柬金镇并

诸友人。

《迦陵词全集》卷十八《念奴娇·丁巳仲秋，广陵寓中病疟，不获为红桥平山之游，怅然有作，奉柬观察金长真先生，并示豹人、穆倩、孝威、定九、鹤问、仙裳、蛟门、叔定、女受、仔园、龙眉、援琴、扶晨、无言诸君》。

宗观，字鹤问。江苏江都(今属扬州市)人。与宗元鼎为堂兄弟。崇祯十五年中江南副榜。康熙中官池州训导，后迁常熟。著有《咸园集》《山响集》等。生平详《淮海英灵集》甲集卷三。

王宾(1628—1682)，字宾王，号仔园。江都人。康熙二年举人。二十一年，赴礼部试，忽闻父讣，悲痛过度而卒。著有《一草亭记》。生平详《皇清书史》卷十六。

彭桂(1631—?)，原名椅，字爱琴，一字上馨。江苏溧阳人。二十四岁为诸生。三十岁父丧，即至各地作幕。后至江宁，入按察使金镇幕。康熙十七年被荐博学鸿词，以母疾辞。工于诗词，惟《初蓉词》三卷今存于世。邓汉仪《诗观二集》卷三收其诗十四首。

汪士铉(1632—1704)，初名征远，字扶晨，一字栗亭。安徽歙县人。工诗古文词，喜交游。康熙中曾召对行在。著有《苍螺集》《稽古堂稿》《谷玉堂诗续》《黄山志》等。生平详《国朝诗人征略》卷十四、《颜氏家藏尺牍·姓氏考》。

在扬州，有词赠何铁。

《迦陵词全集》卷二十八《贺新郎·赠何生铁》下阕云："萧疏粉墨营丘画。更雕镂渐台威斗，邺宫铜瓦。不值一钱畴惜汝，醉倚江楼独夜月，照到寄奴山下。故国十年归不得，旧田园、总被寒潮打。思乡泪，浩盈把。"从词意看，应作于秋日扬州。在手稿本第一册中，该词紧排在《贺新郎·春日过拂水山庄》前，而《贺新郎·春日过拂水山庄》作于次年春(考见后文)。因陈维崧康熙十七年未至扬州，故知其当作于本年秋。

不久，至南京参加乡试，并于中秋前独自归昆山。

《溉堂续集》卷六《观察金长真以丁巳八月十三日祀欧阳子于平山堂，招客赋诗，予亦与焉，诗限体不限韵》题下自注云："同程穆倩、杜于皇、盛珍示、邓孝威、方邵村、徐原一、宗鹤问、华龙眉、许师六、黄仙裳、汪叔定、季用、李倚江、王翰臣、刘彦度、赵声伯、家无言宾主共十九人。"其中有徐乾学，但无陈维崧。如果其在扬州，如此的盛会，他是不可能不参加的，唯一合理的解释就是他此时已至南京参加乡试。

　　按,清代乡试考三场,一般规定首场在八月初九日,次场在八月十二日,三场在八月十五日。综合各种因素看,陈维崧本次于中秋前即回昆山,似未完场,其中原委俟确考。

中秋前,在昆山次刘雷恒原韵赋《念奴娇》,为其题像。

　　《迦陵词全集》卷十八《念奴娇·题刘震修小像,即次原韵》下阕云:"谁料同学少年,半封侯去。剩我渔舠只。击碎唾壶颠欲死,往事明明如月。君赋离鸾,仆歌老骥,一样关情切。中秋近矣,人间万顷晴雪。"

　　按,本年中秋,刘雷恒在昆山。该词作于中秋前不久,应为本年事。

八月十五日,在昆山,徐开任、叶奕苞招饮,与宋实颖、刘雷恒、潘耒、徐元文、顾鳌、宋南金同集叶氏三友园,赋《念奴娇》。刘雷恒、叶奕苞赋《瑞鹤仙》。当夜,诸人酣饮至漏尽始还。

　　《迦陵词全集》卷十八《念奴娇·丁巳中秋,玉峰徐季重、叶九来招饮三友园,同集为宋既庭、刘震修、潘次耕、徐立斋阁学、顾恪如、宋南金,即席分赋》。是集徐乾学不与,知其尚未回昆山。《迦陵词全集》卷二十《木兰花慢·戊午中秋同既庭赋》下阕云:"年前,曾在马鞍山。半醉恰凭栏。对丹崖翠瀑,狂歌曼啸,漏尽才还。"该词题下原注云:"昨岁中秋,与既庭同在玉峰三友园。"

　　按,《木兰花慢》作于次年中秋。原词收在手稿本第五册中,后有宋实颖评语云:"去秋八月之望,余偕其年、九来、立斋诸公酣饮于马鞍山山麓。明月如水,天香拂拂。尔时觉兴致豪上,旁若无人。词云:'对丹崖翠瀑,狂歌曼啸,漏尽才还。'乃实录也。既庭。"

　　叶奕苞《经锄堂别集·诗馀之二》有《瑞鹤仙·宋既庭、刘震修、陈其年、潘次耕、宋南金、徐季重、徐立斋、顾恪如于中秋夜集三友园,次震修韵》。

　　按,三友园为叶氏别业,在马鞍山山麓,后废。李良年《秋锦山房集》卷十八有《三友园记》。马鞍山即昆山,又称玉峰。

　　顾鳌,字恪如,号瞻五。昆山人。《国朝昆山诗存》卷八云其为"锡畴季子。廪监生。少与兄宁鲁并从同邑张圻游,好读书,能文。早卒。"

　　宋南金俟考。

在昆山书致吴江顾有孝,介绍淮阴韩震与之相识。同时说自己准备于仲

冬去杭州,希望舟过吴江时能与之见。

　　黄容、王维翰辑《尺牍兰言》卷六所收陈维崧《与顾茂伦》云:"兹有淮阴韩雷门兄客游之便,特勒荒函,一申积悃。雷门词坛侨盼,久梗来南。其临池戈法,□(似当为"尤")驰声公卿间,与同邑宋射陵中翰,素称二妙。今偶过松陵,万祈先生推荐,一为嘘拂。……仲冬将为西陵之游,舟过垂虹,当图倾倒。"

　　韩震,字雷门。江苏盐城人。善书法。刘献廷《广阳杂记》卷四云其"自言昌黎之后,能作一丈二尺大字"。

在昆山,为盛符升《诚斋诗集》作序。

　　盛符升《诚斋诗集》(稿本)卷首陈维崧序云:"始庚子、辛丑间,余在维扬,日与王先生阮亭游。时珍士新举省试,出王先生门。一时同出其门者,正求、元式、我建、不雕诸子,皆吴中俊望也,日与览平山、红桥诸胜。酒酣乐作,仰而赋诗,颇极杯酒倡酬之盛,忽忽又十六七年矣。今年余读书徐健庵太史家,适珍士以休沐归里门,析疑赏奇相乐也。暇则过其所谓南芝堂者,读新旧所作诗,则向者维扬倡和诸作固在,把玩之下,怅惘久之。"该文各集皆失载。

四弟宗石南还,在徐氏憺园与陈维崧相见,旋即相伴归宜兴。宗石约于初春自京还商丘,当时已拟南还,梁清标有词赠之。

　　《陈迦陵文集》卷四《与田梁紫书》:"梁王园后,相国寺前,同游铁塔之街,偕过金明之苑。屈指计之,不觉又三年矣。……今岁八月中秋,舍弟子万相见于玉峰徐氏园中,坐未定,首询先生近状,知仍下榻侯氏,为慰。"按,陈维崧最后一次离开商丘是康熙十四年,至本年正好是三年。

　　《迦陵词全集》卷十五《汉宫春·送子万弟入都,次梁棠村先生送舍弟南归原韵》后,附有陈宗石的和韵之作,题下有陈维崧自注云:"丁巳十月四日,弟自亳村复返商丘,将入都谒选,与余话别,作此。"

　　又,卷十八《念奴娇·忆半雪怀纬云〈南乡子〉词有云"燕关三度,梅花不共看"之句。今梅花开候纬云南返,而半雪之墓已宿草矣。词以志痛,仍用前韵,并示犹子履端》后,所附陈宗石《念奴娇·将至梁园,舟中有感,和大兄前韵》上阕云:"并州渐近,想草堂无恙,初冬景物,罨画溪云曾饱玩,怕玩乌衣巷壁。两月家乡,十年客路,多少风和雪。故园若辈,谁为扪虱之杰?"

　　综合以上三则材料,可知陈宗石系八月还乡,十月初回商丘,在宜兴居住两个月。其词中所谓的"初冬景物"云云,正与陈维崧"十月四日"出发的记述相吻合。而"两月家乡"云云,也坐实了陈维崧与田兰芳信中所说的"今岁八月中秋,舍弟子万相见于玉峰徐氏园中"的说法。据此可知,陈宗石南归的第一站即为昆山。

　　梁清标《棠村词》有《汉宫春·送陈子万还荆溪》。从词意看,该词应作于初春陈宗石离京时。

弟宗石到宜兴,徐喈凤赋《汉宫春》词赠之。

　　徐喈凤《荫绿轩词》续集有《汉宫春·喜陈子万归里次梁玉立先生韵》。

九月初十,阎修龄六十一岁初度,为作序寿之。

　　《陈迦陵俪体文集》卷八《寿阎再彭六十一序》。

　　据张穆《阎若璩年谱》,阎修龄生于万历四十五年九月十日,卒于康熙二十六年,故本年正好六十一岁。

乡试发榜,复不中,闭门对妇,气色甚恶,歌早年所作《满江红·怅怅词》以自悲。

　　《湖海楼全集·湖海楼文集》卷六《赠孺人储氏行略》:"余七试省闱不遇,闭门对妇,奋髯抵几,歌所作《怅怅词》以自悲,气色殊恶。"

　　按,本年为陈维崧最后一次参加乡试。从顺治十四年至今,一共有七次乡试机会,他都参加了,但皆未中。《满江红·怅怅词》见《迦陵词全集》卷十一,凡五首。这组词又见于《依声初集》卷十五,可知为其早年所作。董元恺《苍梧词》卷十有和作四首。

秋,毛重倬满六十岁,有词寿之。

　　《迦陵词全集》卷十七《万年欢·寿毛卓人》上阕有云:"猿鹤相闻,说先生、今岁正满花甲。又值秋晴,门外金风飒飒。"

　　按,毛重倬生于万历四十五年,今年满六十。

十月初四,弟宗石返商丘,随后将入都谒选。陈维崧分别有书致户部尚书梁清标、都察院左都御史宋德宜、户部郎中王士禛、理藩院院判宋荦及田兰芳。从致梁清标、宋荦信中,知其《今词苑》已成,然尚未付刻。而其与梁清标互通书问,也始于本年。在致宋德宜信中,则表达了乞求援引之意。给王士禛的信,主要是托其关照宗石谒选之事。徐喈凤有词送之。

《迦陵词全集》卷十五所附陈宗石《汉宫春》题下陈维崧原注："丁巳十月四日，弟自亳村复返商丘，将入都谒选，与余话别，作此。"该词后一首《汉宫春·赠梁苍岩先生，次先生赠子万舍弟原韵》作于同时。

按，据乾隆《归德府志》卷二十五载，陈宗石虽早岁即游太学，然屡试不第，由于生活所迫，只得援例谒选。其本次南来，似有乞陈维崧托人说情之意。故陈维崧给梁清标、宋德宜、王士禛的信中均有托付之言。

《陈迦陵文集》卷四《上棠村梁大司农书》："是以因石弟入都之便，敬和先生枉赐舍弟词原韵一首奉献，而又将之寸幅，以布其区区者如此。崧年来有全人词选一书，采葺颇勤，搜罗极备。因舍弟行迫，未遑请正。嗣当缮写一通，端恳老先生大序也。"信中所谓"全人词选"当指《今词苑》，可知该书此时已经完成，但尚未付刻。

同卷《上宋蓼天总宪书》："阔别十年，无由伏谒。昨岁石弟入都，曾以幼弟试事上渎老先生，猥荷云天，曲垂嘘植。虽缘时会未遂所怀，而衔结高深，无刻不镌之心版也。崧近况窘讪，所不待言。惟是年逾五十，一子复殇，神理荼酷，精魄溃裂。……惟是昔绪回环，曩情在臆，翘首京华，恃有老先生一人耳。倘邀云庇，获假馀年，作盛世之编氓，理歌咏之贱业。更或者事有难期，遇多意外，室中差有赤脚之婢，膝下幸添黄口之丁，然后毕愿岩阿，埋身涧谷，所甚愿也。然终未敢冀也。未审先生何以策我？石弟为贫而仕，勉狗微官，来岁或捧檄出都，望先生加意垂青，多方覆帱为感。"

同卷《与王阮亭先生书》："崧老矣，年逾五十，一子复殇，自分此生已无意人间世矣。……俯仰世间，亦复能念江南菰芦中有阳羡书生者，茫茫海内，今有一鲍叔如王先生，而复越在千里。……家四弟因家贫累重，勉狗微官，今复入都赴选曹，一切惟推乌左右之。感甚，感甚。"

同卷《与田梁紫书》有云："弟老矣，一子复殇，以此益复衰落，形如死灰，下笔及此，神伤久之。……吾计决矣，长为天地之放民矣。惟是一二知己，未能忘情。此身不死，终当再过睢阳，与先生狂歌纵饮十昼夜，一吐胸中之奇，然后归返荆南，饰巾待尽。更得先生为我作一小传，吾事足矣。搁管婵媛，楮穷墨燥，慨然久之。"

致宋荦书文集未收，原件今为私人藏家所有，其文云："梁园分袂，倏忽三年。慨念隆情，时殷梦寐。晤蛟门诸君，知近履清胜为慰。官斋多暇,京邸徐闲,茗碗诗签,尽多乐事。遥企风流,可胜叹羡。弟近况益不堪言。年逾五十,昨秋一子复殇,虽好读老庄,素安时命,然而茕独之伤,能无增感。先生闻之,定为弟拊膺太息也。行路实难,老而愈惫。既乏舟车靡屦之资,复无脂韦滑梯之态。稿项穷庐,自分与世长已。是以祢衡之刺,每每空怀;子猷之船,时时兴尽。即如先生昨年所赐高、任二函,至今尚藏弆箧衍。老惰之态,概可知矣。惟是年来颇好小词,老而愈笃,藉以消磨岁月,驱策穷愁。如昔年见赠《金菊对芙蓉》一调,归而叠韵,遂得三十馀首。总由匆冗,无缘写送,俟迟日录呈记室耳。至近选今词,亦复犁然。先生近作必多,万望悉以见示,用相攸助,共成大观。南鸿有便,崧且旦暮望之矣。他如京邸诸先生,有游戏倚声者,并祈广搜博采,缄以惠我,尤为注切。阮亭先生想时披晤,顷已专函相候,晤时更望道念。弟年来踪迹,大抵在玉峰徐健庵先生家,倘蒙寄讯,即寄健翁处可也。鳞羽参差,久疏音驿,兹因子万四弟入都之便,特勒数行申悃。秋风萧瑟,掷笔慨然。名单肃。左慎。"按《迦陵词全集》卷十六《金菊对芙蓉》词牌下有《九日牧仲招同山蔚振衣楼登高,填词惜别,即次来韵奉酬》《又次前韵酬别山蔚》《舟行遇大风,仍用前韵》《舟中有示,仍用前韵》《过侯敩文村居留赠,仍用前韵》《舟次渐近江南,仍用前韵》《南归前一日,侯氏堂中观演〈西厢记〉。七年前,余初至梁园,仲衡为我张宴合乐,即此地也。抚今追昔,不禁人琴之感,词以寄怀,兼呈叔岱,仍用前韵》等八首,即书中所说的三十馀首中作品。

徐喈凤《荫绿轩词》续集《风流子·送陈子万归商丘》。

梁清标(1620—1691),字玉立,一字苍岩,号蕉林,又号棠村。直隶正定(今河北正定)人。明崇祯十六年进士,官庶吉士。李自成破京师,曾降之。继仕清,顺治十年官礼部右侍郎,十三年晋兵部尚书。后历任刑部、户部尚书,累官至保和殿大学士。梁清标工诗词,精鉴赏,所藏法书名画富甲海内,收藏之精为世所称。著有《蕉林文集》《棠村词》。生平详李澄中《白云村文集》卷三《保和殿大学士梁公墓志铭》。

十二月中旬,与弟维岳在苏州。时冒襄因家难亦移家苏州,住郑氏之松岩小隐。十九日晚与宋实颖、余怀、邓林梓、胡阮、谢天锦等同集其宅中,剪灯剧话,夜分始散。

《同人集》卷八"移家江南诗"余怀《题高澹游写赠巢民〈移家江南图〉

二首》其二原注云："郑子兼山割宅留住,乃祖三山翁,余两人之老友。余与巢民四十年文章意气之交,今亦移家吴郡。望衡对宇,素心晨夕,追思甲乙之际,夕梦惘然。澹游高子写《移家图》,遂题诗其上。喜寓公之势不孤,而吴中贤者不止一皋伯通也。时丁巳腊月十九日。"(该诗另见余怀《味外轩诗集》)同卷紧接该诗之后的邓林梓《写赠巢民先生〈移家江南图〉并题二首》其二原注有云:"巢民先生移家渡江,寓吴门郑氏之松岩小隐,小集秦中谢汉襄、楚中胡省游、金陵余澹心、吴门宋既庭、阳羡陈其年、纬云、次公及余,剪灯剧话,夜分而散。独余留宿松岩,倚醉率成二律。"

按,冒襄之家难,系因其庶弟冒裔嫌割产不均,在舅氏嗾使下兴讼,且扬言冒襄有"通海"行为,而其胞兄冒褒则闭口不加劝阻。为了不使矛盾进一步激化,扬州知府崔华、如皋知县卢綋甫力劝其让步,并外出避难。江苏布政使丁思孔因招其至苏州。故《同人集》卷八"丁巳游吴倡和"诗蔡元翼《题赠巢翁老伯四首》之四原注有云:"岁丁巳,先生应方伯丁公之请,因得拜先生于旅舍。"同卷邓林梓也有诗题为《唐人云"梁氏夫妻为寓客,陆家兄弟做州民",盖诵苏州刺史也。今台宪丁公秉江南节钺,清风惠政,美不胜书。乃为巢民老伯移家渡江,此千旄盛事,又不厪如昔人之所云矣。嘱石谷临此图成,附题短句》。冒广生《冒巢民先生年谱》云:"广生按,丁公名思孔。"

邓林梓(?—1679),字肯堂,一字玉山。江苏常熟人。本为诸生,然以逋欠被黜。乃肆力为诗。后应博学鸿词之征入都,卒。生平详《己未词科录》卷六。

胡阮,字省游。竟陵(今湖北天门)人。诸生。工印学,与程邃齐名,有印谱。周亮工亟称之,将之辑入《印人谱》。《巢民诗集》卷二《赠竟陵胡省游,用酬古篆之赠》。

谢天锦,字汉襄。甘肃兰州人,寓居扬州。道光《兰州府志》卷十二《杂记》载其事,曾参评《魏叔子文集》。

再遇宗渭于苏州,有诗赠之。

释宗渭《芋香诗抄·芋香赠言》陈维崧《吴门重遇绀师却赠》末云:"今日小桥临顿里,漫天风雨又逢君。"

晤孙旸,赋《贺新郎》为其题像。

《迦陵词全集》卷二十七《贺新郎·题孙赤崖小像,用曹顾庵学士韵图中三孙绕侧》中有"十九年、罚作长流客""京华握手鸣珂宅"和"今日阊门重握手"之句。

按,孙旸于顺治十四年因北闱科场案被捕入狱,次年案结后流放尚阳堡。从顺治十五年至今正好为十九年。另,据麻守中校点之《秋笳集·附录五》所收孙旸康熙十七年八月十七日所作《寄吴汉槎书》中云:"然弟自乙卯入都以后,丙辰春曾至奉天,即以营葬先父兄事,回家二载。"又云:"弟自丙辰回南营葬先父兄,费二年奔驰,几获千金,尽已废讫。"孙旸在《寄吴汉槎书》中又云:"去冬在贵邑,住年兄旧居者两月,与令弟令侄辈,盘桓最久。"陈维崧是冬正好也在苏州。钱曾《判春集·重寄其年》颔联"吟成好句酬知己,改得新词送故人"下有作者原注云:"赤崖执别,作词以赠之。"所指即此词。皖人钱澄之《田间诗集》卷二十二《题孙赤崖祖孙聚乐图》也系于本年。另,尤侗《百末词》卷五亦有《沁园春·题孙赤崖携孙小像》。

黄锡朋本年七十大寿,用寿尤侗韵为作《水龙吟》。

《迦陵词全集》卷二十一《水龙吟·寿黄珍百七十,仍用前韵》。

按,据《清代人物生卒年表》,黄锡朋生于万历三十六年(1608),至本年满七十岁。

代熊坊作《重修芙蓉寺碑记》。

《陈迦陵文集》卷六《重修芙蓉寺碑记》,其题下原注云:"代别驾熊公作"。

芙蓉寺在宜兴城南铜官山南麓,始建于唐代,后废弃。顺治十三年,宜兴士绅公请嘉兴高僧自闲入主该寺,自闲乃使其弟子雪厂监院事。后自闲圆寂,雪厂在熊坊等两任地方官的支持下,经十多年努力,终于使该寺重新形成了规模。因该记中有"殿断手甲寅季冬,不三年成"之句,甲寅为康熙十三年,自其季冬至本年正好不满三年,故可断于本年。

熊坊,字嘉会。江西高安人。贡生。初任苍梧知县,升凤阳同知。据嘉庆《宜兴县志》卷五载,此人康熙七年任常州府水利通判。

本年以所作词集五卷示蒋平阶,蒋平阶为其作序。

手稿本第二册卷首蒋平阶《陈其年词集序》云:"予与其年壬辰定交,早定此目。迄今二十五年,所见后来之俊又不知凡几,而终不能易我昔日之言。……今复示予《迦陵词》五卷,予发而读之,窃谓今日之为词者,又可废矣。"

按，自顺治九年至今正好二十五年。

刘榛作《沁园春》题其《乌丝词》。

《虚直堂文集》卷二十四《董园词》之《沁园春·题其年〈乌丝词〉》下阕自注云："时有《十六家词》行世，其年与焉。"

据孙默《十五家词》邓汉仪序，本年孙默刻完了吴伟业等六家词集，合前刻诸家，共为十六家。

有书致叶方蔼，落款自署其名，叶方蔼有书答之，责其自谦太过。

叶方蔼《叶文敏公集》卷八《答陈其年》有云："仆愚陋无足比数，犹蒙记忆，远辱手教，勤勤恳恳，谬推许以文事。仆少失学，长堕世网，忽忽廿年。……窃有一事不敢不闻诸足下者。……今观足下赐仆之札，其自署名，乃如后进之严事其先生长者，何哉？……计足下今日所少者一第耳，然当世贵显之士，通文学，谙典故，讵有出足下右者哉？而乃厚自贬抑如此。……未由会面，临风结想。"

按，此书作年不可确考。然从"远辱手教"、"足下今日所少者一第耳"及"未由会面，临风结想"等语来看，此时陈维崧尚在江南，且未有诏举博学鸿词之事。另从"长堕世网，忽忽廿年"之语看，应不会早于康熙十六年。叶方蔼顺治十六年探花及第，过二十年应为康熙十七年，时间上不合。但若从其乡试中式之时算起，则过二十年基本上应为本年。

宋龙本年庆七十寿，次朱用纯韵填词贺之。

《迦陵词全集》卷十七《万年欢·赠宋子犹先生七十，次朱致一原韵》。陆勇强先生《陈维崧年谱》考得《梓亭先生诗集》卷九有《寿宋子犹六十》作于康熙六年，故知陈维崧词成于本年。

宋龙（1608—？），字子犹。本崇明人，避世太仓。诸生。与陆世仪、陈瑚为友。入清后隐于医，僧服终其身。生平见宣统《太仓州志》卷十九《人物三》、民国《鄞县通志》第四《文献志》甲编中"人物"。

约本年前后，为任绳隗作《任植斋词序》。

《陈迦陵文集》卷二《任植斋词序》有云："庚寅、辛卯迄于今阅二十馀年矣。此二十馀年以来，人事日非，江河渐下。"

按，自辛卯起过二十年为康熙十年，故知该序最早当在康熙十年以后。又，《直木斋全集·诗馀》前有七篇序，首徐元文序作于康熙十四年四月,次周启隽序作于康熙七年四月,又次蒋永修序作于康熙十四年五月,又次徐喈凤序未署年月,又次尤侗序作于康熙十四年二月,又次黄与坚序作于康熙十六年三月,最后陈维崧序未署年月。从各序的作期看,除了徐元文因地位特殊而特意被放在了首篇位置外,其它各序基本上是按顺序排的。因此有理由认为陈维崧的序应作于本年三月后。

本年,盛符升弟逸斋庆六十寿,应其子盛琰之请为序贺之。

《陈迦陵俪体文集》卷八《昆山盛逸斋六十寿序》有云:"玉峰盛逸斋先生者,吾友中书君珍示先生之介弟也。……虽以伯子为难兄,犹仗次公为家督。……仆与玉臣,旧联兰契。云璈队里,谬充蓬岛之宾;昼锦堂中,冀献麦丘之祝。属有华轩之授简,爱凭绮席以抽毫。殽烝折俎,敢辞乘韦之先;庭实加辉,愿附辉庵之末。"

据朱用纯《愧讷集》卷四《盛逸斋六十寿序》:"今年丁巳,甲子一周。"知盛逸斋本年六十。汪琬《钝翁续稿》卷十七《盛逸斋六十寿序》中提曾到"叶读学诩庵",又云徐乾学兄弟因母忧"今方请急家居"。《清史稿·叶方蔼传》云叶方蔼于康熙"十六年……转侍读学士。"而徐乾学兄弟归里在康熙十五年底。亦可考知盛逸斋庆六十寿应在本年。

盛逸斋,名字待考。江苏昆山人。盛符升弟。

盛琰,一作炎,字玉臣。逸斋长子。汪琬《盛逸斋六十寿序》末云:"隐岩为释氏尊宿,所以称君行事甚具,其来乞予言者,盖君之长公玉臣意也。玉臣高才好学,有声庠序,异时能养君之志,而恢大其业者于是乎在,然则予乌得而无言也。"著有《东菑草庐稿》,存抄本。生平详《昆新两县续修合志》。

康熙十七年　　戊午(1678)　　五十四岁

正月初七,曹忱庆七十大寿,为赋《醉蓬莱》贺之。

《迦陵词全集》卷十五《醉蓬莱·戊午人日,为曹曹溪广文寿》。

十九日,潘耒母吴氏庆六十寿,为作启征祝寿诗文。

《陈迦陵俪体文集》卷三《征松陵潘母六十寿言启》。

按,潘耒《遂初堂文集》卷十八《先妣封太孺人吴氏行述》云:"太孺人生前已未岁正月十九日,卒于今康熙甲子九月二十一日,享年六十有六。"

二十三日，康熙下令开博学鸿词科试，要求在京三品以上及科道官员、各省督抚布按，凡有学行兼优、文辞卓异之人，不论已仕未仕，各据所知，进行举荐。盖此时三藩之乱虽未平定，但战局已逐渐有利于清廷，台湾的收复也指日可待，清廷的统治将渐趋稳定，故康熙有偃武修文之意。宋德宜去岁得陈维崧乞援之书，不忘旧情，以其名荐。

《清圣祖实录》卷七十一"康熙十七年正月"，"乙未。谕吏部：自古一代之兴，必有博学鸿儒振起文运，阐发经史，润色词章，以备顾问著作之选。朕万几馀暇，游心文翰，思得博学之士，用资典学。我朝定鼎以来，崇儒重道，培养人材，四海之广，岂无奇才硕彦，学问渊通，文藻瑰丽，可以追踪前哲者？凡有学行兼优、文词卓越之人，不论已仕未仕，令在京三品以上及科道官员、在外督抚布按，各举所知，朕将亲试录用。其馀内外各官果有真知灼见，在内开送吏部，在外开报督抚，代为题荐。务令虚公延访，期得真才，以副朕求贤右文之意。尔部即通行传谕。"

徐乾学《憺园集》卷二十九《陈检讨墓志铭》："戊午春，陈其年过昆山，读书余园中。适朝廷下诏举博学鸿儒，于是故大学士宋文格公以其年名上。"

《湖海楼诗集》卷六"戊午"诗《上大司寇蓼翁宋老夫子五言古诗一百二十韵》有云："今年下明诏，内外交荐拔。我公凤昔心，因之遂触拨。竟将微贱名，直向圣人说。"

正月，接陆求可书并所寄《月湄词》，有词奉酬。

《迦陵词全集》卷二十九《摸鱼儿·早春接山阳陆密庵先生札，兼惠我〈月湄词〉，赋此奉酬》。

按，康熙十六年孙默刻成《国朝十六家诗馀》第四批六家集，中有《月湄词》。故可断该词成于本年。另，陆求可需次还里，亦在上年末。

陆求可（1617—1679），字咸一，号密庵，又号月湄。江苏山阳（今淮安）人。顺治五年举人，十二年登史大成榜，赐进士出身。次年除知裕州。入为刑部员外郎，历郎中。以按察司金事提督福建学政，任满称职，应迁布政司参议，需次还。康熙十八年七月以疾卒。著有《陆密庵文集》。生平详朱彝尊《曝书亭集》卷七十五《山阳陆公墓志铭》。

三月初至常熟参加修禊。初三日，钱曾招同徐乾学、吴绮、李良年、姜宸英、盛符升宴集于钱氏述古堂，并有诗相赠。

钱曾《判春集》之《戊午上巳,徐健庵、吴薗次、李武曾、吴志伊、姜西溟、陈其年、盛珍示集述古堂文宴,酒阑有作》《重寄其年》。据谢正光先生《钱遵王诗集笺校》校记云:在现藏常熟市图书馆的《辑本钱遵王诗稿》中,这两诗为同题组诗,题作《戊午上巳,同诸友集述古堂,酒阑有作》。

钱曾(1629—1701),字遵王,号也是翁、贯花道人、篯后人、述古堂主人。江苏常熟人。为钱谦益族曾孙。其述古堂藏书丰富,且多善本。钱曾擅诗,尤精于版本、目录之学。著有《读书敏求记》《怀园小集》《交芦言怨集》《莺花集》《夙兴草堂集》《今吾集》《判春集》《奚囊集》等。谢正光先生有《钱遵王诗集笺校》。生平详钱大成《钱遵王年谱稿》。

初四日,同徐乾学、吴绮、蒋伊、李良年、吴任臣、姜宸英、毛扆、王翚再集钱曾述古堂。

李良年《秋锦山房集》卷五《虞山上巳后一日,健庵宫坊、薗次太守、莘田侍御、其年、志伊、西铭、斧季、石谷同集遵王述故堂,赋赠》。

蒋伊(1631—1687),字渭公,号莘田。江苏常熟人。康熙十二年进士。选庶吉士,散馆授御史。十五年以疾归。十八年入京补广西道监察御史。累迁至河南按察副使,提督学政。以疾卒。著有《蒋氏家训》《莘田文集》。生平详熊赐履《经义斋集》卷八《河南督学道蒋君莘田墓志铭》。

毛扆(1640—1713),字斧季,号省庵。常熟人。为著名藏书家毛晋季子。学问渊博,长于小学,尤精校勘。为汲古阁主要继承人。生平详《皇清书史》卷十二。

与徐乾学、吴绮、李良年、姜宸英过访毛氏汲古阁,有词赠毛扆。

《迦陵词全集》卷二十四《疏影·咏虞山毛氏汲古阁,兼赠斧季》。

《江苏诗征》卷十三吴绮《偕徐健庵同年、李武曾、姜西溟、陈其年暨家志伊并长男,过访毛黼季汲古阁,赋赠》有"六朝花草重三日,四海文章第一楼"之句。

徐乾学《憺园集》卷六《同吴薗次、志伊、石叶、陈其年、姜西溟、李武曾过隐湖访毛黼季,和薗次韵》也有"禊阁客来三巳会,虹桥水汇七星流"之句。

按,从"重三日"、"禊阁"、"三巳"等语知两诗均作于上巳时节,与诸人游踪相符,可断于本年。

过钱谦益拂水山庄,赋《贺新凉》感怀。

《迦陵词全集》卷二十八《贺新凉·春日过拂水山庄感旧》。

不久,姜宸英北上入都,有词送之。

《迦陵词全集》卷二十八《贺新凉·送姜西溟入都》下阕有云:"杨花细糁京江渡。恰盈盈、租船吹笛,柁楼挝鼓。屈指帝城秋更好,寄语冰轮玉兔。"从词中所写看,其出发当在初夏。

按,据张慧剑《明清江苏文人年表》,姜宸英康熙十四年由北京南归。其再入京应在本年。在手稿本中,该词排在《贺新郎·题孙赤崖小像……》后,故知其应为本年作。

闰三月三日在宜兴,过徐喈凤斋中看紫牡丹,赋《一丛花》词。

《迦陵词全集》卷九《一丛花·闰三月三日竹逸斋头看紫牡丹,记前月修禊虞山,故前半阕及之》。

据陈垣《中西回史日历》,本年闰三月。

不久,再至昆山,读书徐乾学园中。闰三月二十四日,释大汕为作《迦陵填词图》。

徐乾学《憺园集》卷二十九《陈检讨墓志铭》。

谢章铤《赌棋山庄词话续编一·迦陵填词图》云:"《迦陵填词图》,作于戊午闰三月二十四日,盖举鸿博之先一年也。乾隆末,其从孙药洲中丞缩本刻之,袁简斋为之序。"

据《陈迦陵填词图题咏》,该图题款云:"岁在戊午闰三月廿四日,为其翁维摩传神。释汕。"

药洲即陈宗石长孙陈淮,字望之,乾隆末年官至江西巡抚。乾隆浩然堂本《湖海楼全集》即由其所刻。据沈初《兰韵堂文集》卷二《陈检讨填词图序》云,该图原为设色横幅。

春,长女万陈氏病逝。

《湖海楼全集·湖海楼文集》卷六《赠孺人储氏行略》:"独妻所生长女在,已嫁为万家妇,生男女子各一人。戊午春,长女复病夭。"

按,据《万氏宗谱》卷十一记载,万峰为"复古长子,字秀伯,生顺治丙戌十一月初七日,卒缺。配陈氏,博学鸿词翰林院检讨维崧女。"陈氏所生子名蓝瑛。

自昆山致书曹亮武,嘱其编选里中先后诸词,以继松江、吴江、武陵、嘉善之胜。是为《荆溪词初集》编选缘起。

《荆溪词初集》曹亮武序云:"今年春,中表兄其年客玉峰,邮书于余曰:'今之能为词遍天下,其词场卓荦者,尤推吾江浙居多。如吴之云间、松陵,越之武陵、魏里,皆有词选行世。而吾荆溪虽蕞尔山僻,工为词者多矣,乌可不汇为一书,以继云间、松陵、武陵、魏里之胜乎?子其搜辑里中前后诸词,吾归当与子篝灯丙夜,同砚而论定之。'"该序末署:"康熙岁次戊午腊月朔曹亮武题于南耕草堂。"

蒋景祁序亦云:"曹子南耕选刻《荆溪词》始自戊午,予尝共事焉。"

蒋永修出任湖北学政,为救陈维崧之困乏,欲邀其入幕。徐乾学以为此非长远之计,而为代辞。

储欣《在陆草堂文集》卷三《陈检讨传》云:"戊午,予督楚学政,邀与俱。昆山徐太史健庵寓书于余,谓使其年应秋试,一旦成名,则所成就之者尤大。余深感其言,髯遂不果游楚。"此传题下原注云:"代蒋慎斋。"储欣代蒋永修所作的这篇传记又见于钱仪吉《碑传集》卷四十五,但文字有异,特别是对于陈维崧不随其赴楚的原因,只以"值有他事不果"一语带过,没有徐乾学代辞的一番说明。

储方庆《储遁庵文集》卷一《楚省试牍序》云:"吾乡慎斋蒋公,适以今皇帝十七年春奉命试士于楚,既莅楚逾九月,集湖北八郡之试牍走京师示予,并请予言以为序。"

储欣(1631—1706),字同人,号在陆。江苏宜兴人。康熙二十九年始中举人,时已六十。三十年试礼部,未揭榜而归,杜门著书以终。储欣以古文有名于时。著有《在陆草堂文集》十卷,《诗集》二卷,选辑唐宋诸贤著作及先秦史传多种。生平详储大文《存砚楼二集》之《在陆先生传》(该传又见于《在陆草堂文集》卷首)。

徐乾学欲为吴兆骞刻《秋笳集》,陈维崧代为校雠。

麻守中点校之《秋笳集·附录五》有陈维崧本年冬至前致吴兆骞书云:"昨年今夏,俱读书健庵斋中,健庵欲为锓《秋笳》大集,弟亦曾为校雠。"

叶振珏母李太夫人庆六十寿,为撰序以贺。

《陈迦陵俪体文集》卷八《叶母李太夫人六十寿序》云:"夫人则结褵未久,遽罹烽烟;合卺无何,倏经兵燹。"知其归宁未久,即遭易代之变。又云:"会逢周甲之辰,适遘敦牂之岁。""敦牂"指"午",即逢"午"之年。以情理推之,若叶母二十五岁时遭天下大乱,则本年正好六十岁。陈维崧未几北上,故序应成于本年春。

初夏,征辟之命下,遂辞别徐乾学归治行装,相期在京见面。归途顺道至苏州告别冒襄,并为其《寒食哀怆诗》作跋。

徐乾学《憺园集》卷二十九《陈检讨墓志铭》有云:"余送之曰:'子虽晚遇,然自是绝青冥,脱尘埃,羽翼圣朝不久矣。吾与子相见于上京耳。'"

《同人集》卷四有康熙十八年春陈维崧致冒襄书云:"吴门一别,倏复一年。别时艾叶成丛,今又榴花作缬矣。""艾叶成丛"正是初夏景象。按,冒襄自康熙十六年冬移家吴门,至本年夏始归如皋,故其相别在苏州。卷八"戊午寒食唱和诗"冒襄《寒食哀怆诗,刻烛一寸,步蛟门舍人见示除夕感涕六百字原韵》后,有陈维崧跋语,当作于此时。

夏日曾托陈觉先致书徐作肃,告以己之近况,并云北上时将取道商丘。后因故未果,直至宋炌自京回商丘,徐作肃始知其已至北京。田兰芳闻其膺荐,有诗贺之。

徐作肃《偶更堂集·偶更堂文集》卷下《与陈其年书》云:"入夏得躬一所邮书,秋来又得其白令弟所寄。每接一函,辄数日披读,如相对晤,能无欣慰?……前示云北上可假道雪园,方喜得握手,介山回,知行旆已在都门矣。"

田兰芳《逸德轩诗集》上卷《闻陈其年膺荐》题下注有"戊午"两字。

按,宋炌于康熙十六年授内阁中书,本年当为待次归里。具体详刘榛所撰墓志铭。

曾与曹亮武共拟作《岁寒词》,旋以应召入都,未果。入都后,不忘此约,作成《岁寒词》十一首。

曹亮武《南耕词》卷四《南乡子·曝日》下阕自注云:"向与其年兄共拟作《岁寒词》,未及一二,而其年应召入都,遂成永诀。今拈是题,不禁人琴之感,故后段及之。"

手稿本第二册末有"岁寒词"一卷十一首,所写均燕京冬日景象,应为其入京后所作。另,蒋景祁《刻瑶华集述》有云:"景祁在京师,与诸子为'岁寒集',倚而和者亦不下数十人。"可知蒋景祁后来亦曾倡岁寒之集。

又,曹亮武后与陈枋刻有岁寒倡和词,题为《岁寒词》,尤侗为之作序,末署:"时康熙甲子腊月长洲尤侗漫题。"

六月末,里中同人闻其膺荐,设宴公饯。徐喈凤、史惟圆、曹亮武、储贞庆、徐翔凤、潘眉、董儒龙等均有词相送。

徐喈凤《荫绿轩词》续集有《昼锦堂·送其年应征入都》《昼锦堂·通邑同人公饯其年,迭前韵》。

《瑶华集》卷十四有史惟圆《喜迁莺·其年初奉恩命入都》。

曹亮武《南耕词》卷四《水龙吟·迦陵应召入都》(该词又见《荆溪词初集》卷五,题为《其年兄应召入都》)。

《荆溪词初集》卷三有徐翔凤《阳关引·送其年应召北上》、卷五有潘眉《水龙吟·其年兄应召入都》、卷七有储贞庆《玉女摇仙佩·送其年应召入度》、潘眉《贺新郎·送其年应召入度》。

董儒龙《柳堂词稿》有《多丽·夏杪送陈其年先生应征北上》。

董儒龙(1648—?),字蓉仙,号神庵。宜兴人。父董绍邦为顺治十二年进士,官福建永安知县。以奏销案降补经历,卒死岭南。儒龙幼有才名,长以考职得贵州湄潭知县,署平远知州,后因与上司不合告归。与陈维崧、曹亮武、潘眉交谊甚厚。著有《柳堂词稿》。生平详嘉庆《宜兴县志》卷八《人物·文苑补遗》。

友人范国禄、吴绮闻其膺荐,均有诗。

范国禄《十山楼诗抄》卷中《送陈维崧应召入都六首》。

吴绮《林蕙堂全集》卷十四《闻其年以博学弘词荐,为赋短歌》。

七月初,同龚胜玉一同辞家北上。初八夜,途次淮阴,想到韩信当年从人乞食,有同命之感,赋《鹧鸪天》一首。

《迦陵词全集》卷五《鹧鸪天·七夕后一夕,路次淮阴作》云:"袁浦西风响乱滩,楚州纤月卧微澜。今宵新惹双星怨,此地原嗟一饭难。　　车历碌,轴斑兰。故园回首好溪山。赤车应诏浑闲事,赢得征尘浣旅颜。"

按,陈维崧本次上京,系与龚胜玉同行。考见下文。

十五日,到达山东蒙阴,赋《满庭芳》词追悼亡女。

《迦陵词全集》卷十三《满庭芳·中元节途次蒙阴,追悼亡女》。

宿济南南四十五里之杜家庙,见旅馆砌下有玉簪花一丛,有词写怀。

《迦陵词全集》卷二十六《八归·杜家庙距济南四十五里,有旅馆颇幽靓,砌下玉簪一丛,尤楚楚可念。徙倚久之,词以写怀》上阕有云:"遥送明湖趵突,爽气森薄。小阁矮窗新粉壁,更绕砌疏枝幽萼。"

　　按,陈维崧第一次上京亦经山东,但时在初夏。本词所写为初秋景象,故当为本次应征北上时作。

到达河北任丘赵北口,同龚胜玉赋《水调歌头》抒怀。

　　《迦陵词全集》卷十四《水调歌头·赵北口作》。

　　龚胜玉《仿桔词》之《水调歌头·赵北口同其年作》云:"家住画溪口,性只爱溪山。此番裼襫多事,最苦是征鞍。那有烟帆雨棹,那有渔庄蟹浦,鸥鸟约同闲。忽到莫州镇,赵北口相连。　　长堤路,千株柳,马蹄前。轻阴一过忘倦,顿觉客怀宽。但看白苹红蓼,仿佛故乡风景,几只橛头船。愿载此间水,同我上长安。"

约七月底前至京,下榻宋德宜斋中。不久,宋实颖亦应召来京,与陈维崧对床而宿。两人均为宋德宜所荐。

　　《湖海楼诗集》卷六"己未"诗《宋既庭孝廉,余三十年老友也。客岁夏秋间,与余先后被召入京,又同下榻广平夫子寓庐几一载矣。秋日南归,赋五言古诗二十八韵送之》中有"后先入国门,天遣对床卧"之句。此诗作于次年宋实颖落第后秋日南归时。

八月六日,朝廷诏诸臣至神武门观赏葡萄牙国王阿丰素所贡黄狮子,时应博学鸿词之征者不下百人,皆有诗贺之,陈维崧作《雪狮儿》一首。

　　《迦陵词全集》卷十一《雪狮儿·戊午秋,西域献黄狮子至,一时待诏集阙下者不下百人,皆作诗歌揄扬盛事,崧亦填词一首》。

　　顾景星《白茅堂集》卷二十"己未诗集"《大西波尔都加利亚国贡狮子宝刀歌》序云:"国王丰阿肃遣陪臣本多白勒拉进,康熙十七年到京。"《诗观三集》卷五有刘德新《大西波尔都加理亚国以狮子来贡恭纪》。按,康熙间樊守义《身见录》记其曾至"波尔多噶利亚"国,阎宗临《〈身见录〉校注》云其为葡萄牙(Portugal)之音译。《清诗初集》卷五谭篹《西洋狮子行》有云:"白帝商飙卷秋海,深目番人识真宰。古里循封万里来,通微坊中旧寮采。"可见其大概。考《清圣祖实录》,康熙十七年八月,"西洋国主阿丰素遣陪臣本多白垒拉进表、贡狮子。表文曰:'谨奏请大清皇帝万安:前次所遣使臣玛讷撒尔达聂,叨蒙皇帝德意鸿恩。同去之员,俱沾柔远之恩。闻之不胜欢忭,时时感激隆眷,仰瞻巍巍大清国宠光。因谕儿在东洋所属,永怀尊敬大清国之心,祝万寿无疆,俾诸国永远沾恩,等日月之无穷。今特遣本多白垒拉赍献狮子。天主降生一千六百七十四年三月十七日奏。'"

阿丰素(Alfonso Ⅵ，1643—1683)，公元 1656 至 1683 年任葡萄牙国王。在位期间依靠摄政大臣 Castelho Melhor 伯爵指挥，自公元 1663 至 1665 年间对西班牙发动了多次战争，均获得胜利，迫使西班牙承认了葡萄牙的独立。公元 1666 年，阿丰素与王后 Marie Françoise of Savoy 结婚。婚后不久，王后与阿丰素的弟弟 Peter 私通。并于 1667 年合谋驱逐了 Castelho Melhor 伯爵，迫使阿丰素把摄政权移交给了 Peter。一年后，王后与 Peter 结婚，阿丰素被长期幽禁。

按，据《康熙会典》卷七二载，葡萄牙首次遣使至中国是在康熙六年(1667)。正使名玛讷撒尔达聂(Manuel Saldanha)，道经江苏山阳县时病死途中，朝命江南布政使致祭。1674 年，阿丰素六世再次遣使来华贡狮子，使臣名本多白垒拉(Bentopereyra de Faria)，此人曾任前使节玛讷撒尔达聂秘书。葡使一行直到 1678 年 9 月(康熙十七年八月)始抵北京。康熙皇帝召见赐宴，优礼有加。葡所贡非洲狮子原为一对，公狮途中死去，母狮在京产一仔。一时传为盛事，朝臣对此多有题咏。关于相关记述，可参《清圣祖实录》和梁廷枬《海国四说·粤道贡国说》卷四《西洋诸国》。又，有文献称清朝自雍正朝后始称葡萄牙为波尔都加理亚国，此前均称大西洋国。但据顾景星、刘德新两人的诗题看，康熙前期即已有波尔都加理亚的音译名了。

又，同时诸人咏西洋贡狮子者有：高士奇《随辇集》卷三《西洋贡狮子歌》《赐观西洋进贡狮子恭纪》。施闰章《施愚山集·施愚山诗集》卷四十三《狮子诗，拟应制二十四韵》。彭孙遹《松桂堂全集》卷二《西域献狮子二十韵》。王士禛《王士禛全集·渔洋续诗集》卷十一《大西洋贡狮子歌应制》。张英《文端集》卷三《西洋贡师子歌》《八月六日，于神武门观西洋进贡师子恭纪》。叶方蔼《读书斋偶存稿》卷一《西域贡师子行》《八月六日于神武门赐观西洋进贡师子》。毛奇龄《西河集》卷一六三《诏观西洋国所进狮子，因获遍阅虎圈诸兽，敬制长句纪事，和高阳相公》。尤侗《西堂杂组三集》卷一《西洋贡狮子赋》。徐嘉炎《抱经斋集·报经斋文集》卷一《大西洋国贡黄狮子赋并序》。严我斯《尺五堂诗删近刻》卷一《西洋国贡狮子歌》。方象瑛《健松斋集》卷九《西域贡狮子赋》。李振裕《白石山房集》卷一《西洋贡狮子赋》。秦松龄《苍岘山人集》卷四《得树轩集》之《西域贡狮子纪事》。王嗣槐《桂山堂文选》卷十《狮子赋有序》。李楠《药圃诗》之《西域遣使献黄狮子恭纪》。田雯《贡狮应制二十二韵》(《诗观三集》卷四)。丁炜《问山诗集》卷五《西洋国贡狮子恭纪,次富少宗伯韵》。钱良择《抚云集》卷四《西域贡狮歌》云:"著雍敦牂斗西指,西域来朝贡狮子。巨舰乘风载巨兽,破浪东行六万里。"

十五日,同宋实颖赋《木兰花慢》。

《迦陵词全集》卷二十《木兰花慢·戊午中秋,同宋既庭赋》。

十六日,送弟宗石赴任黎城丞,赋《贺新凉》。

《迦陵词全集》卷二十八《贺新凉·送四弟子万之任黎城》,题下自注云:"中秋后一夕。"该词下阕有"此行莫道微官误"之语。

按,在手稿本第五册中,此词排在《木兰花慢·戊午中秋同宋既庭赋》前。又,王士禛《渔洋续诗集》卷十一"戊午京集"有《送陈子万之黎城丞二首》,故知陈宗石谒选黎城丞是在本年。然从《渔洋续诗集》的编年顺序看,王士禛诗乃作于本年冬,故知陈宗石之实际赴任是在冬季。

识曹贞吉,赋《贺新凉》为题其《珂雪词》,并为其《咏物词》作序。

《迦陵词全集》卷二十八《贺新凉·题曹实庵〈珂雪词〉》下阕有"耳热杯阑无限感,目送寒鸿归尽。又眼底、群公衮衮,作达放颠无不可"(按,《珂雪全集》本《珂雪词》卷首题词所录该词文字与此不同)之语,知其为本年秋间所作。在手稿本第五册中,此词紧排在《贺新凉·送四弟子万之任黎城》之后,故应作于同时。

《陈迦陵俪体文集》卷七《曹实庵〈咏物词〉序》(该序又见于《珂雪全集》本《珂雪词》卷首)云:"人言燕市,实悲歌慷慨之场;我识曹君,是文采风流之裔。狂歌飒沓,聊凭风纸以填来;老兴淋漓,亟命鸾笙为谱去。"

曹贞吉(1634—1698),字迪清,一字升阶,又字升六,号实庵。山东安丘人。康熙三年进士,考授内阁中书,康熙二十四年出为徽州府同知。内召礼部仪制司郎中。迁湖广学政,以疾辞归。工诗词,时与宋琬、王又旦、颜光敏、叶封、田雯、谢重辉、丁炜、曹禾、汪懋麟有"金台十子"之称。王士禛曾选其诗入《十子诗略》。词则与嘉善曹尔堪有南北"二曹"之目。著有《珂雪集》一卷、《朝天集》一卷、《鸿爪集》一卷、《珂雪词》二卷等。今人宋开玉整理有《曹贞吉集》。生平见张贞《杞田集》卷七《诰授奉政大夫礼部仪制清吏司郎中曹公墓志并铭》。

九月初,蒋景祁参加北闱乡试落第,将游楚省亲,陈维崧次储方庆韵赋《渡江云》赠之。朱彝尊亦有词送之。

《迦陵词全集》卷十七《渡江云·送蒋京少下第游楚,次储广期原韵》。

《瑶华集》卷十二有储方庆《渡江云·送京少之楚省亲》,为原唱。同卷有朱彝尊《渡江云·送京少之楚省亲》。

按,储方庆《储遁庵文集》卷十二"戊午"诗《送蒋京少下第游楚》题下注云:"时京少尊人督学楚中。"其父蒋永修时为湖广学政。诗中有"九月风寒吹落叶,五陵人去敝轻貂"之句。据其后一首《九日同吴安止、玉依佺毗卢阁登高》,可知该诗当作于九月初。

次曹贞吉韵赋《珍珠帘》词题宋荦《枫香词》。

《迦陵词全集》卷十六《珍珠帘·题宋牧仲〈枫香词〉,次曹实庵韵》。

按,在手稿本第五册中,该词紧排在《渡江云·送蒋京少下第游楚,次储广期原韵》后,应为本年作。

初九日,赵文煟招应征士子集黑窑厂登高赋诗,诗不限体,人各二首。陈维崧当日因事未与斯会,后曾为作序。是日,思乡情浓,赋《笛家》一阕以抒怀,曹贞吉有词和之。田茂遇为题其后。

《陈迦陵俪体文集》卷五《九日黑窑厂登高诗序》云:"若夫赤车聘士,京都开碣石之宫;黄屋招贤,辇毂辟翘材之馆。高冠长剑,结靷而至者三千;广厦细旃,抵掌而谈者十九。昭王台畔,凤称买骏之乡;元礼门前,新有登龙之客。时则太史赵铁源先生,天水名家,营丘望姓。金闺拣藻,玉尺量才。……斯时也,稷下游谭之士,弭节高秋;梁园词赋之宾,影缨上国。文成骚辨,莫平楚客之心;景值莼鲈,易入吴人之梦。非无鲁酒,宁便销愁?不有燕歌,何能遣兴?先生乃拣(原作'练')兹时日,载薪兰肴,召我宾朋,为斟桂醑。然而九衢车马,谁为泛菊之名区;三市尘嚣,不称题糕之韵事。匪寻僻地,曷畅雅游?于是长杨直去,竟得空台;下杜斜临,还逢古树。水云旷淼,树飒飒以吟风;沙屿清苍,苇萧萧而卷雪。爰乃幽人藉卉,上客攀条。乍敷衽以论心,或凭栏而送目。人逢高会,几忘异地之关河;天放新晴,不送满城之风雨。飞觥斗斝,贤主既追尔而成吟;拂素题笺,嘉宾亦斐然而嗣咏。诗分各体,人限二章。……仆也恭聆逸响,知纪胜之重逢;遥隔名筵,怅从游之有待。"

《诗观三集》卷四有李振裕《夜集赵铁源同年寓斋对菊,即席限韵》或为同日作。

《迦陵词全集》卷二十九《笛家·九日长安遣兴》末句云:"怕万一,凤城边、瞥遇南飞沙雁。"手稿本该词末有田茂遇手书评语,署名为"小弟田髯渊"。

曹贞吉《珂雪全集》本《珂雪词》卷下《笛家·九日长安遣兴,和其年》。

赵文煟,字玉藻,号铁源。山东胶州人。康熙九年进士,时为翰林院侍讲。著有《粤游草》。《诗观二集》卷十三收其诗十三首。

初十,侯七乘以《九日纪梦》词二阕相示,依韵奉和二首。

《迦陵词全集》卷十四《水调歌头·汾西侯仲辂示我九日纪梦词二阕,依韵奉和》之二上阕有云:"一笑老松下,握手亦前缘。昨宵黄花节候,妒汝小游仙。"可知该词为初次相识时所作,而前一日侯七乘曾在黑窑厂登高。

侯七乘,字仲辂。山西汾西人。顺治十五年进士,除福建武平县知县,调闽县知县。其知闽及武平二县,廉静慈祥,能宽徭恤民,又善讲学课士,颇有政绩。以忧去,后擢江西广信郡丞,迁府同知。康熙十八年应博学鸿词试,不遇。著有《孝思堂集》等。生平详《鹤征录》。

张永祺招同白梦鼐、弟维岳灯下赏菊。其时至京已有一月,西风秋色,乡园故人,均使其客怀不佳。是夜相聚颇欢,次日作长诗奉谢。

《湖海楼诗集》卷五"戊午"诗《张尔成先生招饮,同白仲调、家纬云弟灯下赏菊,次日作长句奉献,兼柬令嗣子淑孝廉》开首云:"长安九月西风餐,卢沟木叶群萧骚。楗关顿苦客怀恶,过市颇厌人声嚣。"可见其此时心情。

按,陈维岳何时之京,暂无文献可考,但其上年腊月尚在家乡,本年夏陈维崧离家前后的各种酬赠文字中,均未再提及他,可知其此时已离家。

张永祺(1626—?),字尔成。原籍江苏宜兴,后占籍直隶顺天大兴(今北京市)。顺治九年一甲二名进士,授编修,历官大理寺少卿。有《金滩倡和诗》。生平略见《晚晴簃诗汇》卷二六、光绪《畿辅通志》卷二六六小传。

白梦鼐(1614?—1680),字仲调,号蝶庵。江苏江宁(今南京市)人。与兄梦鼎齐名,称"金陵二白"。明末尝以忤马、阮入狱。康熙九年成进士,官大理寺评事。十九年典福建乡试,还过甬上卒。生平见同治《上江县志》卷十二。

王崇简招饮,并有诗相赠,依韵有作。

《湖海楼诗集》卷六"戊午"诗《王敬哉先生招饮兼枉赠诗,即次原韵二首》其一有句云:"花外几人知往事,菊前何日不重阳。"其二云:"忽闻入破唱伊凉,回忆曾经到后堂。新竹放梢墙已过,古苔成蔓屐犹香。飞腾敢附燕山队,懒漫终归楚水阳。不为衔杯情兴剧,羡公插架总青缃。"

九月暮,王熙在怡园召宴应征来京诸名士,同宴者有陈维崧、陆元辅、邓汉仪、毛奇龄、田茂遇、朱彝尊、李良年、周起莘。陈维崧、李良年、朱彝尊、毛奇龄俱有诗纪事。

《湖海楼诗集》卷六"戊午"诗《王大司马胥庭先生招饮怡园,同陆翼王、邓孝威、毛大可、田髯渊、朱锡鬯、李武曾、周次修分赋》有"维时九月暮,菊瘦弄馀葶。杂沓方圆陈,飞腾玉觞错"之句,知其时间为九月末。

李良年《秋锦山房集》卷六《大司马王公招饮怡园,同陆翼王、邓孝威、陈其年、田髯渊、朱锡鬯、周起辛分赋》。

朱彝尊《曝书亭集》卷十《王尚书招同陆元辅、邓汉仪、毛奇龄、陈维崧、周之道、李良年诸征士宴集怡园,周览亭园之胜,率赋六首》。

毛奇龄《西河集》卷一四四《陪诸公集宛平相公园林十二首》序云:"时当二昊,候届三商。开平津东阁之门,招邺下南皮之客。圣主重元臣,亲题光德时上亲题'席宠堂'三字扁额,手书以赐;词人依上宰,侍宴芳林。集贤里北,车过裴相家园;细柳营南,席设岐公别业。藉片时之请沐,许延景以赋诗。潘生陪梓泽,不废回溪峻坂之词;公干在西园,每惭菡萏芙蓉之句。因成短什,便纪良游。"

王熙(1628—1703),字子雍,一字胥庭,号慕斋,又号瞿庵。顺天宛平(今北京市)人。王崇简子。顺治四年进士,改庶吉士,授翰林院检讨,累迁至弘文院学士、礼部侍郎,兼翰林院掌院学士。康熙二十一年授保和殿大学士,兼礼部尚书,赠少傅。卒谥文靖。王熙工诗文,精通满文。平生喜结纳文士,一门富贵,酬酢无虚日。著有《王文靖公集》。生平详《王文靖公集》后附韩菼所撰之行状、张玉书所撰之墓志铭、王士禛所撰之神道碑、朱彝尊所撰之《王文靖公传》。

毛奇龄(1623—1716),又名甡,字大可,又字于一、齐于,号秋晴,又号初晴、河右等,学者称西河先生。浙江萧山人。南都覆亡后曾参鲁王军事。康熙十八年举博学鸿词,授检讨,与修《明史》。二十四年引疾归,著述以终。毛奇龄少负轶才，挟博纵辩。性严苛，喜与人争高下。工诗词赋，尤长于经学。一生著述丰富，有《西河全集》四百馀卷。生平详《清史列传》卷四八一本传、全祖望《鲒埼亭集外编》卷十二《萧山毛检讨别传》。

田茂遇，字楣公，号髯渊，又号乐饥居士。江苏华亭(今上海松江)人。顺治五年举人，授山东新城知县，不赴。康熙十八年应博学鸿词试，罢归。善诗文。著作今存《水西近咏》十卷、《田髯渊诗四种》十四卷等。生平详《清史列传》卷七十、《今世说》卷一等。

周起莘，初名之道，字次修。浙江萧山人。十四岁中廪生。康熙十八年应博学鸿词试，名列中卷，不得馆选，以明经官处州宣平县教谕。著有《载道文抄》和《倚玉堂文抄》。生平详民国《萧山县志稿》卷十三《选举一》及卷十六《人物·列传三》。

宋实颖为题《迦陵填词图》。

《陈迦陵填词图题咏》开卷第一首为宋实颖词，其落款云："调寄《醉花阴》，戊午九月为其老年长兄题正。弟宋实颖。"

王雅将之襄阳，赋《贺新凉》送之。

《迦陵词全集》卷二十八《贺新凉·用辛稼轩陈同甫倡和原韵送王正子之襄阳，明春归广陵，并嘱其一示何生龙若何名铁》下阕有云："才逢燕市还分别。怅生平无多知己，几番离合。"

按，在手稿本第五册中，该词紧排在《贺新凉·题大司农〈五苗图〉》前。又，其康熙二十年所作之《送王正子之粤东三水幕》有云："王郎栖栖不得志，三年三入长安中。前年别我襄阳去，女儿不见如花红。"从时间上看，该词当作于本年秋。"前年"云云乃概言之。

梁清标于邸舍招饮，其第五子苗哥出揖客，赋《贺新凉》题方亨咸为其所画之《五苗图》。同时为其题图者有徐嘉炎、尤侗、李良年等。陈维崧另赋《菩萨蛮》赠梁清标侄梁允襄，徐嘉炎有词和之。梁清标为题填词图。

《迦陵词全集》卷二十八《贺新凉·题大司农〈五苗图〉》题下自注云："梁苍岩先生梦人贻宋绣一幅，长松千尺，下苗五苗。是岁先生第五郎生，因名苗哥。戊午秋，先生招饮邸舍，苗哥出揖，属为此词。"卷二有《菩萨蛮·赠梁陶侣棠村夫子小阮》。

按，在手稿本第五册中，这两首词紧排在一起，故知应作于同时。手稿本前一词牌作《贺新郎》。

徐嘉炎《抱经斋集》卷十四《玉台词》有《多丽·梁大司马命题〈五苗图〉》《菩萨蛮·赠陶侣和其年韵》，应为同时作。

尤侗《百末词》卷五《沁园春·题〈五苗图〉》序云："梁玉立大司农梦仙人送《五苗图》，既得一子，遂以五苗名之，令方邵村补画焉，而征予词。"同卷《沁园春·司农招饮，携五苗出揖客，复次前调奉赠》。

李良年《秋锦山房集》卷十二《满江红·棠村尚书得第五令子，先有梦兆，作松下〈五苗图〉志异，命制此阕》。

陆莱《雅坪词谱》有《百字令·题〈五苗图〉，为梁大司农祝寿》。

徐釚《菊庄词二集》有《锦帐春·赠苗哥》。

毛奇龄《西河集》卷一六五《饮次书梁陶侣世兄便面_{陶侣为司农夫子从子，猪市即夫子邸里}》。

梁清标《棠村词》之《喜迁莺·题陈其年填词图小照》末云："休嗟晚，看瀛洲亭畔，重图颜色。"味其语气，当为陈维崧初至京师时作。故系于此。

据李澄中《保和殿大学士梁公墓志铭》，梁清标第五子名允敕，未成人卒。

另据《梁氏族谱》：梁允襄，字㖟（陶）侣，梁清标兄清宓（字雪岩）子，壬子科副榜岁贡生。

与湖广提督桑额之子李杰游，赋《沁园春》为其咏砚，并作《贺新凉》送其之楚省亲。

《迦陵词全集》卷二十五《沁园春·咏砚为李若士赋_{若士时将入楚}》。卷二十八《贺新凉·送三韩李若士省亲之楚_{若士尊公时为湖广提督}》。后一首词首句云："秋到离亭暮。"

按，在手稿本第五册中，这两首词相隔不远。

李杰，字若士。奉天辽阳（今属辽宁省）人。《诗观三集》卷五收其《汤泉拟应制二十韵》诗一首。按，三韩为辽东的代称。查《清代职官年表》，康熙十七、十八两年湖广提督为桑峨。《湖广通志》卷三十《职官志》写作"桑格"，《钦定八旗通志》则作"桑额"。据《钦定八旗通志》卷二百八《人物志·大臣传》："桑额，汉军镶蓝旗人，三等侯李国翰第三子。由护卫迁参领，康熙三年授宁夏总兵。十二年九月，擢云南提督，未抵任，值逆藩吴三桂反，留驻荆州。十三年正月，改湖广提督。……十五年二月，叙功加右都督。……二十一年五月,乞休,诏慰留之。二十五年三月,卒于官。"李若士应为桑额子。《淮海英灵集丙集》卷三范遇《巴陵军中奏捷赠桑军门》"更夸公子亦从戎"句下有注云:"谓若士、芳士。"《诗观三集》卷九范遇《赠李诠部若士》诗一首,可略知其仕历。范遇两诗皆当作于本年在京时。

范国禄子范遇时寓北京,相对话旧,赋《沁园春》为题其松下小像。并与孙枝蔚应邀同游西山,范遇有诗。

《迦陵词全集》卷二十五《沁园春·题崇川范廉夫松下小像》题下注云:"友人女受长公。"该词下阕有云:"还记得君家往事来。有四海宾朋,极天甲第,满堂丝管,夹水楼台。如此儿郎,居然漂泊,范叔寒今至此哉。长安道,且欷歔话旧,怀抱谁开。"

《淮海英灵集丙集》卷三范遇《偕陈其年、孙豹人两先生游西山》。题中称字,而不称"太史",知在中博学鸿词前。

范遇,字濂夫,又作濂敷。江南通州人。范国禄长子。康熙四十五年任湖南武陵县丞。著有《范濂夫文选》。生平见《通州直隶志》卷十三《人物志下·文苑传》范国禄传后所附简介。

李天馥子孚青举顺天乡试,赋词贺之。

《迦陵词全集》卷二十八《贺新凉·贺李丹壑京闱秋捷》,该词题下自注:"阁学容斋先生令嗣。"

尤侗《百末词》卷二《喜迁莺令·贺李丹壑秋捷,时年十六岁》。

江闿《江辰六文集》卷十四"词"《谒金门·李丹壑以妙年举京闱志喜》。

徐嘉炎《抱经斋集》卷十四《玉台词》有《三部乐·贺李丹壑登贤书》。

毛奇龄《西河集》卷四十四《李丹壑进士馆选庶吉士贺屏序》云:"而学士李公,其令嗣丹壑以十五岁举于乡,十六成进士。时康熙己未,春官列名,赴殿廷对策擢高等,遂得召问,改翰林院庶吉士,使读书中秘,以补馆学生三十人之列。一时闻之者,无不啧啧称叹以为极盛。"毛奇龄所记李孚青中举年龄与尤侗所记差一岁,但对其中进士的时间则交代得很清楚,云为"康熙己未",以此可知其中举应为康熙十七年。

李孚青(1664—1715),字丹壑。安徽合肥人。李天馥子。雍正《合肥县志》卷十三《选举二》"康熙十七年戊午科"云:"李孚青,天馥子,顺天榜。"十八年成进士,官翰林院编修。工诗。著有《野香亭集》《盘隐山樵诗集》《道旁散人集》等。生平详《广清碑传集》卷三金天翮《施闰章李天馥传》后所附之《李孚青传》。

与纳兰性德缔交,赋《贺新凉》赠之。

《迦陵词全集》卷二十八《贺新凉·赠成容若》下阕有句云:"昨夜知音才握手,笛里飘零曾诉。"知其为缔交之作,时尚未授检讨。

按,在手稿本第五册中,此词紧排在《贺新凉·送三韩李若士省亲之楚》前,似应作于秋季。另,据其本年冬至前夕寄吴兆骞的信(见麻守中整理之《秋笳集·附录五》)中称,当时已开始与纳兰性德和顾贞观合编《今词初集》,足见此时来往已较密。

有词赠高士奇,高士奇有词和之,并为题《迦陵填词图》。其两人初次见面,盖在本年。

《迦陵词全集》卷二十八《贺新凉·赠高内翰澹人》有"秋晴似水频宣召"、"鄙人琐琐吴蒙耳,恨生平潜踪屠钓,埋名井里"等语,知其作于授检讨前的秋季。

高士奇《蔬香词》有《贺新郎·赠陈其年即和来韵》云:"风雅谁堪比。羡元龙胸襟磊落,词华工丽。江左纷纷诸俊彦,端让难兄难弟。早已著、惊人姓字。几载倾心思会面,恰相逢、又隔新丰市。黄叶落,秋深矣。

九重近日频留意。正同时、班扬董贾,齐登启事。壁上偶题红杏句,佳话由来称旨。好打迭、金銮应制。漫拟甘泉工献赋,更挥毫、草檄龙颜喜。沾酌酒,共君醉。"按,《百名家词抄》本《蔬香词》在该词末尾有注云:"时陈其年初应博学宏词荐举。"陈乃乾《清名家词》本《清吟堂集词》前所附之《蔬香词》无此注,但于"端让难兄难弟"后有一注云:"辛亥岁识令弟纬云于都下。"该注为《百名家词抄》本所无。《陈迦陵填词图题咏》所收之高士奇《渔家傲》有句云:"何事宫商频错误,邀郎顾。郎今要入、金门去。"盖其初相识时作也。

赋《凤凰台上忆吹箫》,为宋思玉题《倚楼词》卷。

《迦陵词全集》卷十四《凤凰台上忆吹箫·题宋楚鸿〈倚楼词〉卷》上阕末云:"何况是,败荷衰柳,总不宜秋。"该词作期不明,但因见于手稿本第五册,其前后多为本年之作,故暂系于此。

托陈长庆邮书徐作肃,致问候。

徐作肃《偶更堂集·偶更堂文集》卷下《与陈其年书》云:"入夏得躬一

所邮书,秋来又得其白令弟所寄。……其白一见,有公瑾之目,惜弟不能称地道主人。俟细数晨夕也。"

与徐咸清、宋实颖、毛奇龄、王嗣槐、吴任臣赴乔莱席,徐咸清有诗纪事。约在此同时,徐咸清为《陈迦陵填词图》题词。

《两浙輶轩录》卷六徐咸清《同宋既庭、毛大可、陈其年、王仲昭、吴志伊赴中书乔石林席即事》:"乔公列第郁金堂,邀我同擎琥珀光。绛烛已明青玉案,黄花偏对紫薇郎。闲编锦字来中秘,行酒文衣散御香。宾主东南称尽美,浑忘今宵是他乡。"《国朝词综补》卷四徐咸清《菩萨蛮·题〈陈迦陵填词图〉》。

按,从"黄花偏对紫薇郎"一句来看,该词当作于秋季。另,诗题中称乔莱为中书,"紫薇郎"又为中书舍人的别称,乔莱膺荐时正官中书舍人,故知时在乔莱中博学鸿词授编修前,可断为本年秋。又,据毛奇龄《制科杂录》载,徐咸清到京后初无寓处,毛奇龄荐之于冯溥,冯溥本欲邀其至外舍,然"吴志伊与诸公先在舍,诸公本不欲,极沮之。而仲山偶以辨字与志伊不合,志伊亦逡巡,遂不果"。毛奇龄《征士徐君墓碑铭》亦云:"君到京,时益都相公欲馆君于邸。会邸客将满,中有一客,乡人也,作《字补》一书。……客大恨,遂沮之。至是欲再荐,则同舍者再沮之。"从徐咸清诗中所写看,其时与吴任臣尚未交恶,故当为其至京不久。

徐咸清(?—1690),字仲山。浙江上虞(今属绍兴)人。父徐人龙曾任明兵部尚书。荫监生。康熙十七年应博学鸿词荐,与试不中。有文名。精于文字之学。曾著《资治文字》一百卷。生平详毛奇龄所撰《征士徐君墓碑铭》(见《西河集》八十五)及《清史列传》卷七十《文苑传》。

夏驷,字文茵,号宛来,又号宛东。浙江乌程(今湖州)人。岁贡生。骈体与古文俱工。康熙十七年应博学鸿词荐,因事牵连未获与试。著有《烂溪草诗集》。生平见蔡世远所撰小传(见《二希堂文集》卷六)、《两浙輶轩录》卷四、《雪桥诗话续集》卷三。

王嗣槐,字仲昭,号桂山。浙江仁和人。诸生。康熙十七年应举博学鸿词荐,以老不与试,授内阁中书。为冯溥"佳山堂六子"之一。嗣槐少工骈体,晚乃专为大家文,尤善作赋,诗与陆繁弨齐名。著有《桂山堂文选》及《太极图说论》等。生平详《清史列传》卷七十。

乔莱(1642—1694),字子静,号石林。江苏宝应人。康熙六年进士,授内阁中书舍人。十一年,充顺天乡试同考官。后请养归,继丁忧。服除,补原官。康熙十八年举博学鸿词,改翰林院编修,与修《明史》。后擢翰林院侍讲,转侍读,以中蜚语罢归。著有《直庐集》《使粤集》《归田集》等。生平详潘耒所撰墓志铭(见《遂初堂文集》卷十九)、朱彝尊所撰墓表(见《曝书亭集》卷七十三)。

龙燮膺荐至京。此前曾在秦淮纳妾,有词赠之。

《迦陵词全集》卷十《洞仙歌·龙理侯纳姬秦淮,词以赠之》。在手稿本第五册中,该词排在前端,前后均为本年来京后所作,故系于此。

龙燮(1640—1697),字理侯,号石楼,又号改庵、雷岸居士。安徽望江人。廪监生,候补州同。康熙十八年中博学鸿词,授检讨,与修《明史》。擢中允,改刑部主事,左迁大理寺评事。官至工部屯田员外郎,卒于京师。能诗,与王士禛、庞垲等相唱和。又曾于康熙三十八年,与金坛于汉翔、太苍吴愔、山东孔尚任等在京师仿明七子故事,以郎官结社。著有《和苏集》三集、《琼花梦传奇》等。生平详龙垿《燮公年谱》(见陆林点校之《皖人戏曲选刊·龙燮卷》附录)。

约十月上旬,宋荦、谢重辉、曹贞吉、曹广端招同沈晫日、尤侗、宋既庭、朱彝尊、李良年夜集,沈晫日赋《摸鱼儿》词。次日曹广端和沈词见赠,依原韵和作一首。

《迦陵词全集》卷二十九《摸鱼儿·宋牧仲、谢方山、曹实庵、正子四先生招同人雅集,次日正子和沈融谷词见赠,即依原韵奉酬》。

沈晫日《柘西精舍诗馀》卷一有《摸鱼儿·戊午十月,宋牧仲、谢方山刑部、曹实庵内翰、正子主政招同尤展成、宋既庭、陈其年、锡鬯、武曾诸征君夜集》词四首,分别赠宋荦、谢重辉、曹贞吉、曹广端(按,这组词《浙西六家词·柘西精舍集》及《全清词·顺康卷》均未收)。其赠曹广端词云:"问丹山、翠深云绕,桐花开遍浪凤。篇成白马飞扬甚,绣虎有谁争重。居接栋,看逸兴翩翩。金勒青丝控。君家伯仲。爱新酿红粱,拨醅绿蚁,不遣玉缸冻。　　招寻处,取次追陪贾董。东阳腰带移孔。石仓书仓梅将发,屋角冷香浮动。绵竹颂,正诏下终南,五岳齐修贡。觞催月涌。只松桂多情,猿声鹤影,伴我故园梦。"曹广端和作未见。按,该词未提及尤侗有鼓盆之戚,从其有心情参与本次夜集来看,此时尚未得悼亡之讯。故将本次夜集系于本月上旬前后。

谢重辉(1647—1711),字方山,号千仞,又号杏村、匏斋。山东德州人。谢升子,以荫官至刑部郎中,后引疾归。工诗,为"康熙十子"之一。著有《杏村诗集》。生平见《清史列传》卷七十、《国朝耆献类征初编》卷一四二等。

沈皞日(1637—1703),字融谷,号茶星,又号柘西。浙江平湖人。贡生。早岁游粤。康熙十七年赴京候补。康熙二十三年授广西来宾知县,五年后调署天河县,不久升辰州同知。卒于官。工词,为浙西六家之一。著有《柘西精舍诗馀》二卷。生平详《清溪沈氏家乘》、光绪《平湖县志》卷十六。

曹广端,字正子,号玉渊(康熙《宛平县志》卷六云其"字玉渊",误。光绪《顺天府志》云其"字子正,号玉渊",作"子正"亦误)。直隶宛平人(《瑶华集》云其为三河人。按,三河属宛平)。《昭代诗存》卷十有介绍。光绪《顺天府志·艺文志四》云其著有《初旸集》,当时尚存。《诗观三集》卷七云其著有《有此庐集》。两集均未见,惟于《瑶华集》、《昭代诗存》及康熙《宛平县志》、《诗观》中可见其零星诗词文。生平见《国朝畿辅诗传》卷二十四。

赋《莲陂塘》为龚胜玉题《仿橘图》。

《迦陵词全集》卷二十九《莲陂塘·题龚节孙〈仿橘图〉》。

按,该词作期不明,但在手稿本第五册中,其紧排在《摸鱼儿·宋牧仲、谢方山、曹实庵、正子四先生招同人雅集,次日正子和沈融谷词见赠,即依原韵奉酬》后,故断为本年作。

与邓汉仪、田茂遇、陆次云访王崇简,王崇简有诗记之。

王崇简《青箱堂诗集》卷三十三"戊午"诗《邓孝威、陈其年、田髯渊、陆云士奉召来都门过谈》云:"凤城霜霭蔚苍凉,嘉客相将过草堂。十月菊篱晴尚好,百年兰谱晚尤香。相逢意外聊樽酒,忆往谈深忽夕阳。旧学喜膺征聘典,鸿文伫见焕缥缃。"

陆次云,字云士,号天涛(冯溥《佳山堂诗集》卷三有《题陆天涛万年冰》)。浙江钱塘(今杭州市)人。康熙十七年应博学鸿词荐,罢归。后官河南郏县知县,以忧归。复起知江阴县。次云绩学能诗文,著述甚富。著有《澄江集》一卷、《玉山词》一卷、《八纮绎史》四卷、《北墅绪言》等。生平见《清史列传》卷七十。

邓汉仪为题《迦陵填词图》。

《陈迦陵填词图题咏》有邓汉仪《过秦楼》，落款云："戊午小春作于长安客邸，调寄《过秦楼》。弟邓汉仪。"

孙枝蔚依邓汉仪前调为题《迦陵填词图》。

《陈迦陵填词图题咏》孙枝蔚词落款云："前调和孝威题其年先生填词图书正。渭北弟孙枝蔚。"按，该词又见《溉堂集·溉堂诗馀》卷二。

王士禛赋七绝一首题《迦陵填词图》。

《王士禛全集·渔洋续诗集》卷十一"戊午京集"《题陈其年填词图》。按，该诗排在《送黄俞邰南归》前，而《送黄俞邰南归》应作于十月底。

赋《莲陂塘》为徐釚题《枫江渔父图》。

《迦陵词全集》卷二十九《莲陂塘·题徐电发〈枫江渔父图〉》。

按，该词作期不明。但在手稿本第五册中，该词紧排在《摸鱼儿·宋牧仲、谢方山、曹实庵、正子四先生招同人雅集，次日正子和沈融谷词见赠，即依原韵奉酬》前。故断为本年作。

天将欲雪，赋《渡江云》抒怀，颇有乡关之思。

《迦陵词全集》卷十七《渡江云·欲雪》下阕云："山家，当年此日，枯柳疏鸦。小柴门入画。恰又是梅边渡暝，雁底航斜。玉尘休拟廉纤舞，念有人新在京华。凝盼处，预愁绿蚁难赊。"从文意看，该词当作于初冬欲雪时候，且应为其到北京的第一个冬天。

十月十一日，王士禛为父与敕庆七十大寿，有词贺之。

《迦陵词全集》卷二十一《庄椿岁·贺新城王太翁七十阮亭先生尊人》。

徐嘉炎《抱经斋集·抱经斋诗集》卷八《王阮亭先生太翁七十寿二首》。

据《渔洋文集》卷十《诰封朝议大夫国子监祭酒先考匡庐府君行述》记载，其父生于明万历三十七年十月十一日。

有《庄椿岁》词为李霨祝寿。

《迦陵词全集》卷二十一《庄椿岁·寿高阳李相国》有"金波穆穆，卿云缦缦，小春时候"、"更值梅前菊后"等语，可知其应作于九月后、腊月前。另，在手稿本第五册中，该词紧排在《庄椿岁·贺新城王太翁七十》之后，似应作于同时。

李霨(1625—1684)，字景霱，号坦园，自号据梧居士。直隶高阳(今属河北)人。顺治三年进士,改庶吉士,授检讨。时任保和殿大学士。卒谥文勤。李霨久任宰辅,为官廉俭。好吟咏,工诗,著有《心远堂集》。生平详王熙《光禄大夫太子太师户部尚书保和殿大学士谥文勤李公霨墓志铭》(《王文靖公集》卷十八)。

十六日,尤侗妻曹氏讣至京师。尤侗草文致祭,撰行述一篇,并赋悼亡诗若干首。时辇下诸公见而哀之,纷纷为赋挽章。陈维崧为作《征招》致祭,并代宋德宜作《尤母曹孺人诔》。

《迦陵词全集》卷十三《征招·为尤悔庵悼亡》,该词后被尤侗编入《西堂诗集·哀弦集》。另,《陈迦陵俪体文集》卷十《尤母曹孺人诔》题下自注云:"代宋夫子。"

据尤侗自撰《悔庵年谱》,曹氏逝于康熙十七年"九月十九日","予诣部请急,不许。乃遣珍(按,尤侗子)星夜奔丧归。滴泪和墨,草文致祭,并撰述行一篇,悼亡诗若干首。辇下诸公见而哀之,皆赋挽章唁予。今刻入《哀弦集》。"又,《西堂杂组三集》卷七《先室曹孺人行述》云:"妇大产八,小产六,每产血晕昏迷数次,然怜爱儿女,必亲抱哺。……筋骨劳伤,由此而致。所以有气血两虚之症也。妇久患箭风,……时发时止,迄无全效。每至夏令即不饭,止啖瓜果。……不意六月十七日忽发蛊胀甚重,瑞儿七夕之信也。继云仍是箭风,有专科延治已愈,此妇兄曹隆吉八月之信也。瑞儿时赴乡试,无信至。十月十六日讣至,则云气血两虚,众医皆投参术无效,竟不起矣。"卷八有《祭先室曹孺人文》《七终再祭亡室文》。

按,《哀弦集》为尤侗悼亡诗的结集,后半附有当时辇下诸人撰写的挽诗、挽词、挽骚、诔文、祭文等,诗作者三十九人,词作者九人。

另,曹贞吉《珂雪全集》本《珂雪词》卷下《小诺皋·挽尤展成夫人》,李良年《秋锦山房集》卷十二《一丛花·为尤悔庵悼亡》,李念慈《谷口山房诗集》卷十七《金门集》有《为尤展成司理悼亡》,皆作于同时。

有诗呈宋德宜,对即将到来的博学鸿词考试颇不自信,心情十分复杂。

《湖海楼诗集》卷六"戊午"诗《上大司寇蓼翁宋老夫子五言古诗一百二十韵》云:"予生已迟暮,近状倍蹉跌。飞扬五色毫,半为穷愁夺。虽蒙君相知,未必泥途脱。要使羽毛丰,翻令颜面热。循分只惭惶,顾名真忝窃。深愁报称难,豫恐篇章劣。卢沟十月寒,浑河北风冽。"

二十七日,王崇简庆七十七岁寿,赋《满庭芳》贺之。

《迦陵词全集》卷十三《满庭芳·寿王敬哉先生,用棠村词韵》。

据王崇简自撰《年谱》记载,其生于万历三十年十月二十七日。又,在手稿本中,该词收在第五册,本册基本都是本年及次年的作品。

月底,黄虞稷母讣至,以例请归守制,有诗送之。

《湖海楼诗集》卷六"戊午"诗《送黄俞邰南归》题下自注云:"时闻太夫人讣。"

陈僖《燕山草堂集》卷二《送黄俞邰奔母丧归江宁序》云:"十月,黄子母夫人讣至,例得请以守制归。同人唁黄子,群以大典未成,使黄子抱终天之恨。"该序系由陈僖撰文,王弘撰代书。序后有王弘撰题识,末署:"十一月朔华山王弘撰。"据此可知陈维崧送行诗当作于十月底前后。

《王士禛全集·渔洋续诗集》卷十一"戊午京集"《送黄俞邰南归》亦云:"梦里啼乌绕北堂,麻衣十月蓟门霜。"孙枝蔚《溉堂集·溉堂续集》卷六《送黄俞邰奔太孺人丧归金陵》。徐釚《南州草堂集》卷六《送黄俞邰闻讣归白门》。汪楫《京华诗》"七言律诗"《黄俞邰闻母丧南归,诗以悲之》。汤斌《汤斌集·汤子遗书》卷十《送黄俞邰闻讣南归》。毛奇龄《西河集》卷一四五《送黄征君虞稷丧母还里》。徐嘉炎《抱经斋集·抱经斋诗集》卷八《黄俞邰闻讣南旋代为述哀二首》。李良年《秋锦山房集》卷六《送黄俞邰征君闻母丧还白下三首》。李念慈《谷口山房诗集》卷十七《金门集》有《长安送黄俞邰奔丧南归》。王嗣槐《桂山堂文集》卷十二"桂山堂诗选"《送黄俞邰内艰归里》三首、《送黄子俞邰以内艰归里》二首。汪琬《钝翁续稿》卷五"北征诗"《送黄俞邰闻讣南归四首》。

十一月初一,朝廷颁旨,令给应征诸子酌量给予衣食,使免受冻馁。户部议定除在京现任官员外,其馀应征者一律月给银三两,米三斗。应征诸人皆诣阙谢恩。

毛奇龄《制科杂录》:"是年(按,指康熙十七年)十一月初一日,大学士索额图、明珠奉旨:各大臣官员题举才学官人,俟全到之日考试,其中恐有贫寒难支者,交于户部酌量给予衣食用,以副朕求贤重文之意。户部议帖给俸廪并柴炭银两,按月稽领。"

徐珂《清稗类抄·考试类·圣祖优礼宏博举子》:"此次无论已仕未仕,一体保荐。其应举者,除京城现任官员外,官人布衣,各给月俸银三两,米三斗。"

尤侗《悔庵年谱》卷下"康熙十七年"有云："上命待诏阙下，月给米三斗，银三两，因举公宴会者百馀人。"

李集《鹤征前录》注云："部奏每人月俸银三两，米三斗。至考试后停止。"

施闰章《施愚山集·施愚山诗集》卷四十有《诏赐被荐诸臣月廪恭纪》和《午门谢颁月廪》两诗咏其事。王昊《硕园诗稿》卷三十四《甫抵京即蒙圣谕每月颁赐银叁两、米叁斗以候御试，随偕同事诸公诣阙谢恩，恭纪二首》。毛奇龄《西河集》卷一七九《康熙十七年十一月一日大学士索额图、明珠奉上谕，各大臣题荐才学官人，除现任员外，着户部帖给俸廪并薪炭银两，按月稽领，感赋二首》《午门谢恩恭纪》。尤侗《于京集》卷一《赐廪恭纪二十八韵》。李念慈《谷口山房诗集》卷十七《金门集》有《诏赐荐举诸人月廪诣阙恭谢纪事》二首。

按，毛奇龄《西河集》卷一五三《夜饮施少参邸舍同诸征士作》注云："少参有上宰相书，极言诸征士寒苦，座间索读。"故朝廷下旨，或与此有关。

初七日夜，有书寄吴兆骞，告以己之近况，云正与纳兰性德及顾贞观编《今词初集》，乞其以近作相寄。

《秋笳集·附录五》陈维崧《寄吴汉槎书》残页末云："弟近偶尔为诗馀，遂成三千馀首。又与容若成子有《词选》一书，盖继华峰而从事者。吾兄有暇，幸作填词寄我。旧作未携至京，新作又不能缮录，嗣有便鸿，当作长歌相寄，并填一词奉忆耳。又乐府题，弟辈在京俱有和章，欲刻一集。原词奉览，乞每题各和一首，觅便寄我。时正冬至，手冻不暇细叙情事总总。弟在京师宋司寇先生宅，长兄有信，千祈寄慰。倘有便羽，再图修候也。诸不一。冬至前夕，小弟维崧，顿首顿首。"

按，本年冬至为十一月初八日，故知此信当作于初七日夜。另，《词选》即《今词初集》，陈维崧曾参与其事，然书之最后刻成，则主要由纳兰性德与顾贞观董其事。

初八日前后，杜立德寿六十八，有词贺之。

《迦陵词全集》卷十二《满江红·寿宝坻杜相国》上阕有云："恒岳生申，恰黍谷、阳回时候。沙堤上，弧悬相府。"

按，据张玉书《张文贞集》卷十二《诰授光禄大夫太子太傅加太子太师礼部尚书保和殿大学士谥文端公墓志铭》,杜立德生于万历三十九年,至本年为六十八岁。关于其具体生日,墓志铭中没有记载。但据陈维崧词中"阳回时候"一语来看,当为冬至前后,而本年冬至为十一月初八。

杜立德(1611—1691),字纯一,号敬修。先世居金坛县,明初先祖杜敬以靖难功授梁城所千户,遂为通州宝坻县(今天津市所辖区)人。崇祯十六年中进士。顺治二年,宋权巡抚顺天,荐补中书科中书舍人,寻考选户科给事中。明年典浙省试,称得人。历官刑部、户部、吏部尚书。康熙八年授保和殿大学士、礼部尚书。三藩乱起,参与机务,有襄助功。生平详张玉书《文端公墓志铭》。

十七日,王崇简去世,作文祭之。

《陈迦陵俪体文集》卷十《祭王敬哉先生文》。

按,据叶方蔼《光禄大夫太子太保礼部尚书工公墓志铭》(《叶文敏公文集》卷四)载,王崇简卒于本年十一月十七日。

吴绮本年满六十,有诗相赠。

《湖海楼诗集》卷六"戊午"诗《寄赠吴园次》有句云:"先生仲冬正六十,纯羹竹醋调酸咸。"该诗题下自注云:"是岁园次六十。"

按,吴绮本年庆六十大寿,同人间曾有征诗之举。尤侗《西堂杂组三集》卷五有《吴茜次六十征诗引》。

宋炘至京,徐作肃曾托其致书陈维崧,然因事浮沉,未能达。

徐作肃《偶更堂集》卷下《再与陈其年书》云:"前十一月间,子召人去,曾以一缄奉寄。及接腊月所惠书,计其入览久矣,乃知竟浮沉也。"

按,宋炘至京当为替宋荦送行。

十二月初,宋荦奉命出榷赣关,一时辇下诸人均有诗相送,陈维崧为赋七言长诗。宋荦乞汪琬序之。陈维岳随之入幕。

《湖海楼诗集》卷六"戊午"诗《送宋牧仲员外出榷赣关》。

按,据《漫堂年谱》,宋荦于本年十一月以刑部员外郎由堂官保举,奉命出任赣关榷使。十二月,携钱柏龄及子宋至离京,"时博学鸿词诸公集阙下,以诗文相送者甚夥。朱竹垞彝尊题曰《使虔录》。"《瑶华集》卷十一有陈枋《长亭怨慢·怀纬云伯在赣关幕》,知陈维岳亦随行入幕。

汪琬《钝翁续稿》卷十三《送宋牧仲榷赣州关诗序》云:"康熙十七年仲冬之吉,刑部宋子牧仲方以才能简任关使者于赣州。濒行,京师诸相识率皆往而饯之，又以诗赠之。牧仲意犹未已，复命予序其端。"

《汤斌集·汤子遗书》卷三《送宋牧仲分司赣关序》云："戊午，宋子牧仲以秋官尚书郎视榷赣关。于其行也，同朝士大夫赠之以诗，至盈卷轴。余于宋子姻友也，适应召来都下，不可以无言。"叶方蔼《叶文敏公集》卷十三《送宋员外之赣州》。孙枝蔚《溉堂集·溉堂续集》卷六"戊午五言排律"《送宋牧仲员外榷税虔州兼寄易堂诸子》。《王士禛全集·渔洋续诗集》卷十一"戊午京集"《送宋牧仲员外榷赣州四首》。钮琇《临野堂集·临野堂诗集》卷五《后筑音》有《送宋民部牧仲视税赣关》。高层云《改虫斋词》有《疏影·送牧仲视榷虔州》。徐釚《南州草堂集》卷六《送宋牧仲比部榷关赣州》。彭孙遹《松桂堂全集》卷十五《送宋牧仲之虔州》。蒋景祁《罨画溪词》之《望远行·送宋牧仲员外督赣关税》。曹贞吉《珂雪全集》本《珂雪词》卷下《莺啼序·送牧仲榷税赣关》。毛奇龄《西河集》卷一八〇《饯宋员外使榷赣关》。尤侗《于京集》卷一《送宋牧仲榷使赣州》。潘耒《遂初堂集·遂初堂诗集》卷三"梦游草上"《送宋牧仲榷赣关三首》。徐嘉炎《抱经斋集》卷十四《玉台词》有《浣溪纱·送宋牧仲比部之赣关》四首。方象瑛《健松斋集》卷十八《展台诗抄上》有"戊午"《送宋牧仲榷赣州》。李良年《秋锦山房集》卷六《送宋牧仲比部榷关虔州二首》、卷十二《祝英台近·送宋牧仲奉使虔关》。李念慈《谷口山房诗集》卷十七《金门集》有《牧仲比部榷关赣州》。陆葇《雅坪词谱》有《玲珑四犯·送宋牧仲之赣州》。

初五日，冯溥寿七十，赋诗四首贺之。同时在朝诸名公巨卿及各地应征之士，多有诗贺之，陈玉璂将其编辑为《嵩高大雅集》，由王嗣槐作序，陈维崧作跋。

《湖海楼诗集》卷六"戊午"诗《寿益都相国冯易斋先生七十》四首。《陈迦陵俪体文集》卷九《益都冯相国寿诗跋》云："粤以著雍敦牂之岁，月在元枵，日躔北陆。益都冯夫子以三台之上佐，跻七秩之遐龄。时则缥缨飞组之士，群集国门；怀蛟梦鸟之宾，咸依阙下。莫不藉铅椠以摅忱，托笺缯而写志。霞蒸绮烂，笔欲摩天；玉夏金春，声俱掷地。其门下士陈玉璂汇而献之，弆以一函，区为四页。作者凡若干人，计诗若干首。绦并朱绳，装俱玉轴。琉璃满箧，还熏荳蔻之香；菡萏盈箱，仍袭葡萄之锦。传之辇下，播在艺林，亦曰盛哉，犹欤伟矣。"

按，"著雍敦牂"指戊午年。《尔雅·释天》云：(太岁)"在戊曰著雍"，

"在午日敦牂"。"元枵"即玄枵,为十二星次之一。"北陆",为二十八宿之一。《左传·昭公四年》"古者,日在北陆而藏冰",孔颖达疏云:"日在北陆,为夏之十二月也。十二月,日在玄枵之次"。另,据山东临朐曹立会先生收藏之手稿本《冯氏世录》卷四载,冯溥"生于万历三十七年己酉十二月初五日寅时"。此与陈维崧跋文中的记述完全吻合。

王嗣槐《桂山堂文选》卷一《嵩高大雅集序》有云:"康熙十有七年嘉平之月,为益都相国冯公七秩览揆之辰。在朝名公巨卿贤士大夫,及布衣方闻有道之士征诣阙下者,莫不为诗歌文辞以祝公,中书舍人陈玉璂汇而辑之,以纪一时之盛。"

徐釚《南州草堂集》卷六《寿益都相公四首》。潘耒《遂初堂集·遂初堂诗集》卷四"梦游草下"《寿冯益都相公》。徐嘉炎《抱经斋集·抱经斋诗集》卷六《寿益都冯相国夫子七十初度_{时公与炎论诗最契}》。严我斯《尺五堂诗删近刻》卷一《寿益都冯相公七秩三十韵》。袁佑《霁轩诗抄》卷二"西清集"《寿益都相国》。

冯溥(1609—1691),字孔博,号易斋。山东临朐人。明崇祯十二年举人,清顺治四年进士。由编修历官至刑部尚书、文华殿大学士。康熙二十一年致仕归里。在家九年卒,谥文毅。冯溥为官谨慎,暇时喜结纳文士。在京城崇文门外筑万柳堂,偕诸名士觞咏其中,一时词林传为佳话。康熙十七年诏举博学鸿词,诸征士于夏秋之际陆续来京,冯溥常延陈维崧、吴农祥、吴任臣、毛奇龄、徐林鸿、王嗣槐等至其邸中,诗酒唱和,殆无虚日,时有"佳山堂六子"之称。著有《佳山堂集》十八卷。生平详毛奇龄《文华殿大学士太子太傅兼刑部尚书易斋冯公年谱》(见《西河合集》)、曹立会《临朐进士传略·冯溥》。

初八日,徐林鸿、吴农祥在宣武门外竹林寺各赋《沁园春》一阕题《迦陵填词图》。

《陈迦陵填词图题咏》收有徐林鸿《沁园春》二首、吴农祥《沁园春》三首。盖徐先成一首,吴步其韵迭作三首,徐再作一首。徐词第一首后落款云:"东海徐林鸿敬题于竹林兰寺。"吴作第一首后有小记云:"赋得《沁园春》,敬步宝名徐先生韵,西湖弟吴农祥题于竹林寺之旅泊斋,时戊午十二月初八日。"第二首小记云:"作前词竟,宝名曰:'与卿曾见此图耶?'盖其年先生命作,实未见也,又作《沁园春》以纪之。如记曹续寄,当更作,与宝名先生附纸尾耳。西涧吴农祥又题于竹林寺之散花居。"第三首小记云："陈髯旧有小史惊艳一时,又作《沁园春》以恼之。弟吴农祥又顿首题于竹林寺之四天微笑处。"徐林鸿所作之第二首排在吴词最后一首后,其落款云："星叟先生将戏语谱入,余亦再选前调,易名曰'恼髯',以当《懊侬》。鸿再顿首。"

徐林鸿,字大文,一字宝名。浙江海宁人。诸生。康熙十七年应博学鸿词荐,次年罢归。学通今古,尤工于奏疏,故督抚大吏、学使盐官,交引以自助。工诗而不喜填词。善鉴赏书画器物。著有《两间草堂诗文集》四十卷。生平详《清史列传》卷七十、朱彝尊《征士徐君墓志铭》(《曝书亭集》卷七十六)。

吴农祥(1632—1708),字庆百(一作"伯"),号星叟,又号啸台、宜斋、大涤山樵,室名桂山堂、蕉园。浙江钱塘(今杭州市)人(《瑶华集词人》云其为海宁人)。诸生。父太冲于明朝官中允,家富藏书。与吴任臣齐名,有"二吴"之目。康熙十七年应博学鸿词荐,客冯溥邸舍,为"佳山堂六子"之一。次年报罢归。总督李之芳欲延之幕中,固辞。吴农祥于诗词文兼擅,作诗尤富。著有《流铅集》《梧园集》等。生平详方榘如《吴征君农祥传》(《集虚斋学古文》卷十二)、章抚功《吴庆伯先生行状》(清劳氏丹铅精舍抄本)。

与王昊、毛奇龄、毛升芳、方象璜饮毛际可寓斋,席间限韵赋诗,分得"衣"字,另有《水调歌头》词纪事。另,同时前后,曾为毛际可题《戴笠垂竿小像》。

《湖海楼诗集》卷六"戊午"诗《冬夜同王惟夏、毛大可、允大、方雪岷饮毛会侯寓庐,分得"衣"字》云："颇爱祥符宰,萧疏只掩扉。过君风雪夜,挽我薜萝衣。半醉吟难惬是夜席上拟咏鹿脯未就,重来兴莫违。纵如街鼓动,跨马且须归。"《迦陵词全集》卷十四《水调歌头·毛会侯席上限咏鹿脯诗,词以代之。同王惟夏、方雪岷、毛大可、允大诸君赋》。同卷《水调歌头·题毛会侯〈戴笠垂竿小像〉》。

按,在手稿本第五册中,这两首《水调歌头》中间相隔一首词,可知应作于同时前后。

又,是夜王昊、毛奇龄、毛际可均有诗或词。王昊《硕园诗稿》卷三十五《集毛会侯大令寓斋,偕陈其年、毛大可、允大诸子分得"云"字》,同书卷末所附《硕园词稿》之《水调歌头·鹿脯》题下原注云:"毛鹤舫大令席上限韵。"毛奇龄《西河集》卷一三六《水调歌头·咏鹿脯》题下原注云:"家会侯邸舍以鹿脯食客,方雪岷、陈其年及予有词。"卷一七〇《同诸公集家明府会侯邸舍,分韵得"花"字》《集家明府,同诸公赋鹿脯分韵》皆为是夜作。毛际可《浣雪词抄》有《水调歌头·鹿脯调和陈其年韵,同大可兄赋》。徐嘉炎《抱经斋集》卷十四《玉台词》有《菩萨蛮·鹿肉》。

另外,同时为毛际可题像亦非一人。《洪昇集》卷二《稗畦集》之《为毛会侯明府题〈戴笠持竿图〉》。《王士禛全集·渔阳续集》卷十一《题毛会侯〈垂竿图〉》。孙枝蔚《溉堂集·溉堂续集》卷六《题毛会侯明府小像〈戴笠垂竿图〉》。

王昊(1627—1679),字惟夏。江苏太仓人。王世贞弟世懋曾孙,举人王瑞璋子。弱冠负盛名,诗文俱工,吴伟业叹为绝才。为"娄东十子"之一。后以奏销案废。别筑当恕轩,寝处其中,研读经史,授徒自给。康熙十八年中博学鸿词,授内阁中书。命下,而先数日卒。著有《硕园诗稿》三十五卷、《词稿》一卷。生平详《硕园诗稿》卷末其孙王良谷跋。

毛升芳,字允大,号乳雪,一号质庵。浙江遂安(今崇安)人。康熙十一年拔贡生,十八年举博学鸿词,授检讨,与修《明史》。著有《毛乳雪诗》《古获斋骈体》等。生平参《昭代名人尺牍小传》卷十、《鹤征录》。

方象璜(1625—1691),字雪岷。浙江遂安人。顺治十六年进士。初授荆州司理。康熙初改授合肥知县。康熙十七年应博学鸿词荐,以后期,未与试。生平参《清朝进士题名碑录》、《两浙辑轩录》卷四、民国《遂安县志》卷七《乡贤》、雍正《合肥县志》卷十二《名宦》。

毛际可(1633—1708),字会侯,号鹤舫,晚号松皋老人。浙江遂安人。顺治十五年进士,官河南彰德府推官,改知城固,调祥符令。康熙十八年应博学鸿词试,不第,回原任。不久以事罢官。工诗古文词。与毛奇龄、毛先舒有浙江"三毛"之称。著有《安序堂文抄》三十卷、《松皋诗选》和《浣雪词抄》。生平详吕履恒《毛先生际可志铭》(见《碑传集》卷九十五)及《清史列传》本传。

次日,毛际可为题《迦陵填词图》。

《陈迦陵填词图题咏》有毛际可《望湘人》上阕云:"看生绡一幅,踞坐者谁?昨宵杯酒曾接。醉后颠狂,闲时落拓,怎便传神眉睫。龙尾香浮,兔毫云涌,欲书还折。想年来应诏金门,豫制宫词三迭。"

此后不久,毛际可复招陈维崧与毛师柱、宋昱、方象瑛、孙枝蔚、宋实颖同集寓斋。

毛师柱《端峰诗选》卷六《家祥符会侯先生招集寓园分韵》题下注云:"同越州宋惧闻、严江方雪岷、关中孙豹人、吴门宋既庭、阳羡陈其年,时诸公皆以荐举集阙下。"卷二《客夜读陈其年检讨诗集,感叹旧游,怅然有作》云:"髯卿已隔平生面,犹记燕山再相见。夜台一别竟千秋,流落人间剩吟卷。篝灯夜读心茫然,一官落拓真可怜。泪珠迸落不知数,一一好似君诗圆。"卷六另有《戊午秋日重客燕台,次和方玉昭见人家书怅然有怀之作》及《己未春仲将之济南,孟宫允绎来先生柱诗赠行,依韵酬谢》两诗,可知毛师柱本次来京的前后时间。

按,陈维崧与方象瑛订交应在本年,并曾为其健松斋作记。《陈迦陵俪体文集》卷九有《遂安方氏健松斋记》。

宋昱,一名祖昱,一名昰,字惧闻。浙江山阴(今绍兴市)人。布衣,博学工词章。毛奇龄引为忘年交。康熙十七年,中书朱尚隆荐为博学鸿词,与试未中。生平见李集《鹤征前录》。

方象瑛(1632—?),字渭仁,号霞庄。浙江遂安人。象璜弟。康熙六年进士,官中书。十八年举博学鸿词,授编修,历官侍讲。二十四年告病归。著有《健松斋集》。生平详《鹤征前录》、《国朝耆献类征初编》卷一〇九、《清史列传·毛际可传》后附小传。

十六日,梁清标庆五十八岁寿,赋诗四首并词一首相贺。

《湖海楼诗集》卷六"戊午"诗《寿大司农梁苍岩先生》四首其三云:"鬓毛衰飒冯唐老,今日方瞻数仞墙。"

《迦陵词全集》卷十三《满庭芳·寿大司农梁苍岩先生》。

徐嘉炎《抱经斋集》卷十四《玉台词》有《百字谣·寿梁大司农用武曾韵》。

按,据李澄中《保和殿大学士梁公墓志铭》载,梁清标生日为十二月十六日。又,在手稿本第五册中,该词紧排在《满庭芳·寿王敬哉先生用棠村词韵》后,故知应作于同年。

张衡索赋雷琴,报以长句。同时题赠者甚众。

《湖海楼诗集》卷六"戊午"诗《张晴峰水部索雷琴诗,漫赋长句》。

雷琴，即雷氏琴。出唐代西蜀著名制琴世家雷氏之手。音色清越，为世所贵。张衡自撰《雷琴篇》跋云："丙辰客燕购得雷氏古琴，修而铭之，一时名流题诗盈卷轴，因述得琴之由，俚言续貂，堪发一噱也。"诗中并云得琴在"五月五日"。梁佩兰《六莹堂集·二集》卷三《大唐雷氏琴歌》自序云："张晴峰水部从燕市上得古琴，断纹斑然，胶漆解散欲脱。属吴门张生亮辅修之。开腹见'大唐雷氏斫'五字，惊为雷琴。遍征海内诸名士为诗，请予作歌。"毛奇龄《西河集》卷六十八《张水部雷琴记》云："幼时谒明代诸王于杭州，见潞王北徙，出庄烈皇帝所赐琴，付北使去其衣，琴烂然有若雷锦。潞王泣指曰：'是雷琴，故宫人以雷文刺衣，而惜当时之未及启视之也。'水部张君得琴燕市中，其上晖下准，龈额长短悉中古法，池有宣和印，尝疑为汴京故物。及胶败木豁，姑苏琴工为析其肌理而窥其中，则镂款于脏，曰'大唐雷氏制'，而其下即附以宣和养正之记。然后知水部所得，实唐时雷琴。而宣和之印，则收藏家所为款也。夫神物显晦，亦各有数，顾非其人勿归。水部古情，则古器归之。风云之从螭，抑又何怪？独是雷氏为琴时，觅琴材于蜀山松雪之中，经营心苦，而后斫之以成器，而传之宣和，五六百年间，其中什袭珍重，不知何等。乃或存或殁，迄于今又五六百年。一为天子之所不能私，诸王之所不能保者，而一为水部有之，此其遇合岂细故与？"

李澄中《卧象山房诗集》卷二十二《张晴峰工部雷琴歌》。李良年《秋锦山房集》卷六《雷琴诗为张晴峰户部作》。施闰章《施愚山集·施愚山诗集》卷三十二《寄题张水部雷琴》。彭孙遹《松桂堂全集》卷二十二（壬戌）《古琴为张晴峰营部赋》。田雯《古欢堂集》卷五《雷琴歌为张晴峰作》。曹贞吉《珂雪全集》本《珂雪词》卷下《潇湘逢故人慢·张晴峰修雷琴成有赠》。李念慈《谷口山房诗集》卷十七《金门集》有《张晴峰水部得雷琴》。王泽弘《鹤岭山人诗集》卷四《张晴峰户部购得旧琴，胶漆尽脱，修葺时开腹得"大唐雷氏斫"五字，盖雷琴也，诗以纪之》。袁佑《霅轩诗抄》卷二"西清集"《题张晴峰雷琴》。陈至言《菀青集》卷五《雷琴篇奉和张晴峰督学》。因先后诸人题诗、词、文甚多，张衡曾将其编辑为《听云阁雷琴篇》十卷，卷一至卷七为各体诗，卷八为诗馀，卷九为张衡自撰《雷琴篇》，卷十为杂文。

张衡（1628—1701），字友石，又字羲文，号晴峰。直隶景州（今河北衡水景县）人。顺治十八年进士，时任工部司官。康熙二十二年任浙江学政,二十七年以参议任陕西延绥郿道。有《听云阁集》。生平见《大清畿辅先哲传》卷十九及《听云阁集》卷首其子张澧所述行状。

李基和招饮,有诗赋赠。

《湖海楼诗集》卷六"戊午"诗《李梅崖先生招饮赋赠》。

李基和(?—1705),字协万,号梅崖,又号梅江。江苏丹徒人,满洲镶红旗籍。康熙十二年进士,改庶吉士。历官镇阳县知县、燕平道、山东按察使、贵州按察使、湖北布政使。康熙四十三年迁江西巡抚,次年因事革职。旋病卒。与叶映榴为儿女亲家,相与唱和。著有《梅崖山房诗意》。生平详《京江耆旧集》卷三。《诗观三集》卷七收其诗十一首。

夜饮冯溥斋头,为其子冯协一题册,赋诗一首。

《湖海楼诗集》卷六"戊午"诗《冬夜小饮益都夫子斋头,嗣君躬暨以册子索书,赋赠一首》有句云:"燕京腊月北风吼,细梅着蕊细如豆";"是时至尊幸南苑,阁门昼静稀文奏。遥呼弟子到后堂,遍洗罌罍泻芳酎。"

按,据《清圣祖实录》卷七十八,康熙帝于本月十八日幸南苑,二十四日还宫。故该诗当作于此期间。

冯协一(1661—1737),字公季,一字躬暨,号退庵。其生父为王明试,江苏金坛人,曾任顺治朝兵部主事,因事灭族,妻妾俱流徙黑龙江。妾李氏于流徙途中生一子,送冯溥收养,即协一。协一后历官广州、台湾知府。生平参曹立会《临朐进士传略·冯溥》及赵执信《中宪大夫福建台湾府知府冯君协一墓志铭》(《饴山文集》卷八)。

二十三日立春,赋《齐天乐》柬高层云,高层云时新纳妾。

《迦陵词全集》卷二十一《齐天乐·立春日柬高谔园》题下自注云:"时谔园新纳姬。"

按,在手稿本第五册中,该词后有宋实颖评语云:"新声艳曲,使人神飞。既庭"宋实颖赴京在康熙十七年夏秋间,次年春与试不中,于初秋离京。故评语当书于本年。另,陈维崧初识高层云是在本次来京后,手稿本第五册所收的基本都是本次来京后的作品。以此可断该词作于本年立春日。

高层云(1634—1690),字二鲍,号谔苑(一作"园"),又号菰村。江苏华亭(今上海)人。康熙十五年进士,历官大理寺评事、广西乡试副考官、《一统志》纂修官、吏科给事中、通政司参议。官终太常寺少卿,卒于任。

其诗书画俱工,善词。著有《改虫斋诗略》《改虫斋词》。生平详徐乾学《憺园全集》卷三十一《太常寺少卿高君层云神道碑》。

二十八日,同储方庆过慈云寺访傅山。傅山为当道敦迫来京,时寓城外,见面后向两人诉其被迫之情,陈维崧为好语慰之。

《湖海楼诗集》卷六"戊午"诗《除夕前二日,同储广期过慈云寺访傅青主先生》云:"入门二客慰且劳,冒絮一翁坐而悚。苦言疾病关鬲冷,只诉衰羸腰脚煨。拼将瘦骨伴山麋,讵有清吟斗秋蜇。盛世偏修聘士仪,老夫滥被征车宠。儿扶孙曳还仗谁,此事商山真作佣。""请翁饮此勿浪恐,黄扉燮理尽大贤。上有至尊坐垂拱,蒲轮会见送翁归,三关一路春花拥。"本年十二月为大月,三十日。

傅山(1607—1690),初名鼎臣,字青竹,后改青主,号啬庐,又号真山、石道人、公之佗、朱衣道人等。山西阳曲(今属太原市)人。明诸生,易代后隐居不出。康熙十七年应博学鸿词荐,坚辞不赴,当道敦迫上路,至京后居住城外,不肯与试,后得放还。傅山性好任侠,于诸子学深有研究。其于诗曲书画无所不工,且擅医术。其学行为世所重,与顾炎武尤善。著有《霜红龛全集》《傅青主男科》《女科》《产后科》等。生平详全祖望《阳曲傅先生事略》,及罗振玉、丁宝铨《傅青主先生年谱》。

按,储方庆系自山西清源任上应征来京,在山西时,尝于康熙十六年十一月,令门人牛兆捷往阳曲访傅山,并延其入清源署中,纵谈三日夜而去。详细情形可参《储遁庵文集》卷一《与傅青主书》后牛兆捷跋。

有书寄徐作肃,通殷勤之意,徐回书索其近诗。

徐作肃《偶更堂集》卷下《再与陈其年书》:"前十一月间,子昭人去,曾以一缄奉寄,及接腊月所惠书,计其入览久矣,乃知经沉浮也。……新诗词更能录赐数篇,一获讽咏,亦可如晤故人也。如何,如何?"

毛升芳为《迦陵填词图》题词。

《陈迦陵填词图题咏》有毛升芳《眉妩》词,后记云:"调寄《眉妩》,为其翁老世台先生填词小像敬题,兼求郢政。戊午嘉平毛升芳书于燕山僧舍。"

赋绝句二首赠曹广端。

《湖海楼诗集》卷六"戊午"诗《曹玉渊有"绿水送春帆"之句,赋赠二绝》。

李念慈以素茧索诗，为作长句报之。时两人均卧病。

《湖海楼诗集》卷六"戊午"诗《李屺瞻以素茧索诗，走笔为作长句》云："长安腊尽后土冻，皮肉皲瘃形拘挛。……闻君卧疴我亦尔，正少秀句供流传。"

李念慈（1628—？），字屺瞻，号劬庵。陕西泾阳人。顺治十五年进士，初授直隶河间府推官。改新城知县，以催科不力，罢归。吴三桂叛后，以奉檄运饷有功，补湖北竟陵知县。康熙十八年应博学鸿词试，因试不入格，报罢。性好风雅，与李容、李因笃有"关中三李"之目。工诗画。著有《谷口山房集》。生平详《清史列传》卷七一、《国朝耆献类征初编》卷二一八。

冬，罗秉伦祖父必显入祀乡贤祠，有诗纪之。

《湖海楼诗集》卷六"戊午"诗《罗太公新祀乡贤，诗以纪事》，该诗题下自注云："侍御振彝先生王父。"

罗必显，字扬廷，本豫章人。万历三十七年副榜贡生。入太学，营宅江宁府城莲花桥，始占籍江宁。事亲孝，精研理学，课徒自给，能周人之急。与子德御先后崇祀乡贤。同治《上江两县志》卷二十二《乡贤》有传。

罗秉伦，字振彝，号继峰。康熙十二年进士，时任江西道御史，荐丘象随与博学鸿辞试。康熙三十一年官至通政使，遂丁艰归。生平见朱汝珍辑《词林辑略》卷二。

为惠周惕题像。像为惠氏北上前，其父与弟为其送行时，倩画工所画，画中为父子三人。及惠周惕至京，其父已去世，故惠氏未能参加次年的博学鸿词试。惠周惕亦有诗戏题陈维崧诗卷后。

《湖海楼诗集》卷六"戊午"诗《题惠元龙暨尊公先生令弟小像》题下注云："元龙北上，其尊公、贤弟送之出门，画工为作此图。"诗中有句云："今年君别家，秋风败墙垣。阿翁不复见，空有斯图存。"

惠周惕《砚溪先生集》卷上《北征集》有《戏题陈征士其年诗卷后》云："年来应诏到京华，匹马凌竞帽欹侧。"

惠周惕（？—1696），原名恕，字符龙，号砚溪，又号红豆老人。江苏吴县人。少从徐枋游，又受业于汪琬，究心经学，精于考据，开后世吴派经学先河。工诗古文词。康熙十七年应博学鸿词荐，以丁忧不与试。三十年成进士，选翰林院庶吉士，散馆后外补密云知县，卒于任。著有《砚溪先生全集)。生平详《砚溪先生遗稿》附惠士奇所撰《行述》及郑方坤《惠吉士周惕小传》。

按,惠周惕父名有声,字律和。明末岁贡生。长于《左传》,以九经教授乡里,与徐枋相善。著有《左传补注》《百岁堂书目》,均不存。周惕子士奇及孙栋均以经学名世。

曹贞吉赋《贺新凉》为陈维崧题词。

曹贞吉《珂雪全集》本《珂雪词》卷下《贺新凉·为其年题词》。

按,在《珂雪词》中,该词排在《贺新凉·冬夜书怀》和《贺新凉·二月二日宣岳州捷,是日大雪,和其年》之间,后一首词作于次年二月,故按时间推之,该词当成于本年冬。

本年与丁炜论交,并索其词,欲刻入《今词初集》。丁炜受其影响,肆力填词,后成《紫云词》一卷,曾乞陈维岳序之。

丁炜《问山文集》卷一《紫云词自序》云:"余早岁习为诗,间从游览下,曾效填词数曲,然弗深知其旨,稿既不留,亦未有以名吾词。迨岁戊午,于燕亭交陈子其年,其年曰:'吾见子之诗矣。迩者将梓海内佳词为一集,子之词未有闻,宁可无以益吾集?'余乃退而肆力谱图,上下唐宋元明所作,于辛、苏、秦、柳、姜、史、高、吴诸名家,尤致专心,虑莫有合。"陈维岳《紫云词序》见原集前。

丁炜(1627—1696),字瞻汝,又作澹汝,号雁水。福建晋江人。回族。幼孤,居家力学。顺治十二年,定远大将军济度取漳州,朝廷诏许自行选拔府县官史。丁炜应试,授漳平县教谕,嗣改鲁山县丞,后升直隶献县知县。康熙八年,内调户部主事。旋转员外郎,升兵部郎中。康熙二十五出任赣北分巡道,累迁至湖北按察使。后以事降职,康熙二十九年补云南姚安知府。终复职为湖广按察使。因上京途中得目疾,遂假归,卒于家。工诗,为"燕台十子"之一。著有《问山诗集》十卷、《问山文集》八卷、《紫云词》一卷、《涉江集》一卷。生平详《清史稿》卷八四八及《清史列传》卷七十。

本年与米汉雯交,为其《始存词》作序。米汉雯为题《迦陵填词图》。米氏适行取至京,亦膺博学鸿词之荐。

《陈迦陵俪体文集》卷七《米紫来始存词集序》云:"台馀此地,最善悲歌,船忆君家,能装书画。……记与高门,久谐凤好。同是杨袁之苗裔,仆不如人;俱为顾陆之子孙,君能念我。溯百年之乔木,谱牒犹新;忆三世之芳兰,游从如昨。敝庐砚北,还标北海之署书;旧业樊南,尚宝南宫之尺牍。余大父少保公,与君大父太仆公为同年,最契。寒家联扁,多太仆署书。其先世往来尺牍,迄今犹在四弟子万箧中。幸重逢于燕市,获相和以楚歌。虽太仆亭台已无夜火,勺园泉石久歇春机。米家灯当时最擅名,太仆曾以端绮赠先大父,上织勺园奇石。而棱棱犀角,知来者之多贤;缦缦龙文,识囊修之克绍。只惭贱子,有愧前人。属题一卷之新词,并话两家之旧事。"

《陈迦陵填词图题咏》有米汉雯《解语花》词。

米汉雯(?—1695),字紫来,号秀岩,又号秀峰、漫园。顺天宛平(今北京丰台区)人。明太仆寺少卿米万钟孙,王崇简婿。顺治十八年进士,初授江西赣州府推官,改建昌县知县。丁忧归。服除,补河南长葛知县。康熙十七年行取至京,应博学鸿词荐。十八年中式,授翰林院检讨。康熙二十八年充江南乡试正考官,以所取非人,削籍。后奉召供奉内廷,迁侍讲,蒙赐第西华门。不久卒。米汉雯生性放浪,多才艺,金石书画,无所不工,兼善诗词,然诗名略逊于书画。著有《漫园诗集》一卷、《始存集》一卷。生平详《清史列传》卷七十、《大清畿辅先哲传》卷二十。

与柯维桢缔交,有词相赠。柯维桢赠以炉扇,致书谢之。

《迦陵词全集》卷六《临江仙·赠柯翰周》云:"玉树三柯偏竞秀,枝枝黛色嶙峋。一枝才苗便凌云。车从新市出,衣用异香熏。　　此日相逢犹未晚,当年真恨离群。狂歌莫问水犀军。好将肠断句,写遍石榴裙。"《陈迦陵俪体文集》卷四《谢柯翰周惠炉扇启》。

按,陈维崧词中的三柯应指柯氏父子三人。柯维桢本年秋与其兄柯崇朴一起应征来京。

柯维桢,字翰周,一字缄三。浙江嘉善人。康熙十四年举人,应博学鸿辞荐,以外艰归。著有《小丹丘诗存》十八卷、《新乐府》一卷。生平见《鹤征前录》、《己未词科录》。

柯崇朴,字敬一,号寓匏。康熙十一年副贡,官内阁中书。著有《振雅堂文稿》一卷、《诗稿》六卷、《词》二卷。生平详光绪《嘉善县志》卷二十四《文苑》。

施闰章亦以应征来京,有诗赠陈维崧。

《施愚山集·施愚山诗集》卷四十《都下赠陈其年》:"青鬓俄看有白

丝,别君犹记少年时。尘中见面宁相识,乱后逢人数寄诗。畏俗疏狂龙性在,买姬飘转蚌珠迟。雄文此日同推荐,赋奏长杨更属谁。"

本年底,应博学鸿词之召至京者凡一百八十六人,除少数系被迫来京者外,馀皆存必得之志,故相互间竞争颇为激烈,文人相轻,在所难免。而科举正途出身之在京官员中,对应征诸人的奔竞投靠也多有不屑。陈维崧深感压力,心绪不佳,储方庆曾与之夜谈,劝其既要谨言慎行,又要放宽胸怀。

储方庆《储遁庵文集》卷十二"戊午存诗"《陈其年姑丈同召至京,夜话志感》云:"太行峻坂曾驱马,底柱中流好放舟。天地本宽何自苦,风云多变几时休。蛾眉见后频逢妒,虿尾当前易结仇。堪叹雁行连下影,不如泛泛水中鸥。"

据毛奇龄《西河集》卷一〇一《自为墓志铭》:"时四方应召者堵长安市,即王公邸里幸舍皆满。"

关于当时应征诸人的背后中伤,从汪琬的遭遇也可见一斑。陆陇其《三鱼堂日记》卷上云:"(十月)初九,柯翰周维桢来会,言初七日荐举诸人会于众春园,有以谩诗缄封呈汪苕文者,众止见其结句云:'杯盘狼藉醉巢由。'"而在京官员对应征之士的态度,以王士禛最有代表性。《颜氏家藏尺牍》卷二有王士禛康熙十八年致颜光敏书云:"昨有偶为邗江友人题墨菊一绝云:'由来苦节本难贞,莫向东篱问落英。征士今年满京洛,不知何处着渊明?'"又王弘撰《山志》二集卷五云:"王阮亭有寄余札云:'顷征聘之举,四方名流云会辇下,蒲车玄纁之盛,古所未有。然自有心者观之,士风之卑,唯今日为甚。如孙樵所云走健仆,囊大轴,肥马四驰,门门求知者,盖什而七八。其自重以重吾道、重朝廷者,靡有之矣。'"(此书亦见缪荃孙《艺风堂杂抄》卷七《王山史语》)

另据刘廷玑《在园杂志》卷一载,当时社会上对博学鸿词非议者也不少,后来有人还称中式者为"野翰林"(见法式善《槐厅载笔》卷十九),赋诗讥刺云:"自古文章推李杜高阳相国霨、宝坻相国立德,而今李杜亦稀奇。叶公懵懂遭龙吓掌院学士方蔼,冯妇痴呆被虎欺益都相国溥。宿构零铢衡主赋,失粘落韵省耕诗。若教修史真羞死,胜国君臣亦皱眉。"更有人篡改"赵钱孙李,周吴郑王"为"灶前生李,周吴阵亡",以相调谑。

另外,同为应博学鸿词之征而未能中式的陈僖,也借臧获之口对当时的奔竞之风有所讽刺："此番征召,乃千载一时,诸公驰骛奔竞,并立朱门,日与槐柳齐。"(见《燕山草堂集》卷四《论仆文》)孙枝蔚《溉堂集·溉堂后集》卷一《久客都门旁观知警而作》末亦云:"争驰九折坂,共戏百寻竿。醉舞傲倪者,何妨不饮观。"

本年及之后为陈维崧填词图题咏的还有尤侗、毛先舒、陆繁弨、李良年、徐钑、李符、彭孙遹、王士禛、梁清标、查铉、柯维桢、纳兰性德、陆进、严绳孙、朱彝尊、汪懋麟、洪昇、高咏、王顼龄、宋荦、林麟焻、毛奇龄、曹贞吉、蒋景祁、徐之凯等。

《陈迦陵填词图题咏》所收的陈维崧同时代人题词,除前面举出的几首外,另有尤侗《浣溪沙》、毛先舒《木兰花慢》、陆繁弨《点绛唇》、李良年《瑶华》(又见《秋锦山房集》卷十一)、徐钑《月华清》、李符《洞仙歌》、彭孙遹《浣溪沙》、王士禛《题髯公填词图二绝句》、梁清标《喜迁莺》、查铉《水晶帘》(按,该词原未标明词牌,此依韵断之)、柯维桢《减字木兰花》、纳兰性德《菩萨蛮》(按,该词原未标明词牌,此依韵断之。另该词与后来收入《饮水词》中的《菩萨蛮·为陈其年题照》文字差别很大)、陆进《清平乐》、严绳孙《金缕曲》(按,该词又见《秋水词》)、朱彝尊《摸鱼儿》、汪懋麟《山花子》、洪昇《集贤宾》、高咏《桂枝香》、王顼龄《相思引》、宋荦《摸鱼子》、林麟焻《瑶华》等。

徐钑《菊庄词二集》有《月华清·题陈其年填词图》下阕有"羡征车似水,子初荐"之句,知为本年作。

蒋景祁《罨画溪词》有《丹凤吟·题其年先生填词图》下阕有句云:"此际凤楼宣召,金莲灿烂特地撒。侍辇陪游处,有玉环微笑,领取歌阕。"

另,毛奇龄《毛翰林词》之《少年游·题陈检讨小影,旁有侍儿坐蕉簟弄笛》、曹贞吉《珂雪全集》本《珂雪词》卷下有《八归·题其年填词图》,徐嘉炎《抱经斋集》卷十四《玉台词》有《玉簟凉·题其年填词图》,以上三首词不见于《陈迦陵填词图题咏》)。

《国朝词综补》卷二有徐之凯《八声甘州·题陈其年填词图》,其下阕云:"犹忆松陵桥畔,伴小红低唱,馀韵悠悠。……还试问、江南春好,何似皇州?"据此可知该词当成于本年后。

陆繁弨,字拒石,号偻胡。浙江仁和(今杭州市)人。工四六文。著有《善卷堂诗文集》。生平详《清史列传》卷七十。

李符(1639—1689),原名符远,字分虎,一字耕客,号桃乡。浙江嘉兴人。李良年弟。工诗词。著有《香草居集》《未边词》。生平详吴修《昭代名人尺牍小传》卷十一、邓之诚《清诗纪事初编》卷七。

查鈜,字子伟。浙江海盐人。海宁籍诸生。

严绳孙(1623—1702),字荪友,号藕塘渔人。江苏无锡人。工诗词,擅书画。康熙十八年举博学鸿词,授检讨,与修《明史》。历日讲起居注,充山西乡试正考官,迁右中允,寻告归。著有《秋水集》。生平详秦松龄《苍岘山人文集》卷四《严中允传》、《清史列传》卷七十、《国朝耆献类征初编》卷一一九。

洪昇(1645—1704),字昉思,号稗畦,又号稗村、南屏樵者。浙江钱塘(今杭州市)人。洪昇幼即能诗,尝受业于骈文家陆繁弨、词曲家毛先舒等人。康熙七年曾赴国子监肄业,未得官。康熙十二年再度赴京谋官,一度以卖文为生。二十八年八月,因在佟皇后丧期招伶人扮演《长生殿》而被劾下狱,出狱后返回故乡,放浪于西湖山水之中。四十三年,曹寅于江宁召集名伶演《长生殿》,应邀往观,归途醉酒堕水而死。著有《稗畦集》《稗畦续集》《啸月楼集》和《长生殿》传奇等。生平详章培恒《洪昇年谱》。

高咏(1622—1685),字阮怀,号遗山。安徽宣城人。年近六十始贡入太学,徐乾学奇其才,延之入家塾。康熙十八年举博学鸿词,授检讨,与修《明史》。未几乞假归。工诗与书画。著有《遗山堂集》,今仅存王相依旧抄本汰选的《遗山诗》四卷。生平详李集《鹤征前录》、《清史列传》卷七十。

王顼龄(1642—1725),字颛士,号瑁瑚。江苏华亭(今上海)人。康熙十五年进士,授太常博士。十八年举博学鸿词,授编修。历官至工部尚书,武英殿大学士,晋太子太傅。卒赠少傅,谥文恭。著有《世恩堂集》。生平见《国朝耆献类征初编》卷十二。

林麟焻(1646—?),字石来,号竹香,又号玉岩。福建莆田人。康熙九年进士。官内阁中书。二十一年随汪楫奉使册封琉球,任副使。三十三年,充贵州提学佥事。以荐授参议,未赴。著有《玉岩诗集》七卷,《竹香词》一卷。生平详《清史列传》卷七十。

徐之凯,字若谷。浙江西安(今衢州市)人。顺治十五年进士,授四川临安县推官,历任湖南桂阳、陕西茂州等知县。以事罢归。时以陕西真宁知县赴宏博试。生平见《国朝词综补》卷二。

本年,应龚翔麟之请为《浙西六家词》作序。

《陈迦陵俪体文集》卷七《浙西六家词序》云:"厘为一卷,约有六家。从此井华汲处,都吟柳永之章;自今绂帕贻来,半织元稹之曲。属有陈琳,寄言龚遂。仆也红牙顾误,雅自托于伶官;绣幔填词,长见呵于禅客。铜官玉女,邑居不百里而遥;小令长谣,卷帙实千篇有羡。倘仅专言浙右,诸公固是无双;如其旁及江东,作者何妨有七? 聊资谐噱,幸恕清狂。"

按,《浙西六家词》为龚翔麟所辑,康熙十八年始刻于金陵。从序文看,龚翔麟(序中之"龚遂")曾将书稿邮寄至京,乞陈(序中之"陈琳")作序。

龚翔麟(1658—1733),字天石,号蘅圃。浙江仁和(今杭州)人。明光禄寺卿龚佳育子。康熙二十年北榜副贡生,补兵部主事,出为广东关榷使。三十三年考选陕西道御史。后致仕归。工诗古文词。与朱彝尊、李良年、李符、沈皞日、沈岸登称"浙西六家"。著有《兰台疏稿》《田居诗稿》《红藕庄词》,辑有《浙西六家词》。生平详顾栋高《御史龚公翔麟传》(《碑传集》卷五五)、《清史列传》卷七一。

约本年,为林麟焻诗集作序。

《陈迦陵俪体文集》卷五《林玉岩诗集序》。

按,该序具体作年无法确定,但陈维崧与林麟焻相识不会早于本年,姑系于此。

为王士禛夫人张氏撰墓志铭。

《陈迦陵俪体文集》卷九《王母张宜人墓志铭》云:"宜人姓张氏,山东济南府邹平县人。……数岁许字新城翰林侍读王阮亭先生。盖先生伯兄吏部亦娶于张,即宜人从姊也。……乃以康熙十五年九月初十日卒于新城之里第,春秋四十。呜呼哀哉! 千秋洒涕,长依思子之台;九日登高,立化望夫之石。侍读公以十六年某月某日葬宜人于某乡某原。花砖改秩,虽未分荣宠于红鋡;韭叶题旌,犹克表幽贞于彩笔。"

按,该文具体作年无考,要当在康熙十七年陈维崧来京以后,康熙二十年岁末追封宜人为恭人前。以情理推之,似当在十七年。因为上一年张氏入葬,陈维崧来京后,或应王士禛之请而撰此。另,张氏卒后,王士禛撰有《诰封宜人先室张氏行述》(见《王士禛全集·渔洋文集》卷十一),并请汪琬为撰墓志铭、朱彝尊和汪懋麟为作传,分别见汪琬《钝翁续稿》卷二十七《诰封王母张宜人墓志铭》、朱彝尊《曝书亭集外文》卷八《张宜人传》、汪懋麟《百尺梧桐阁集》卷五《王宜人传》。

为张贞作《述祖德赋》。

《陈迦陵俪体文集》卷一《述祖德赋》序云："为安丘张杞园作也。"

张贞(1637—1712),字起元,号杞园,又号渠亭山人。山东安丘人。康熙十一年拔贡,官翰林院孔目。十七年荐博学鸿词,以丁母忧,未能与试。其人博雅好古,家富藏书,善金石篆刻,尤工诗古文。著有《渠亭文稿》《潜州集》《虞老集》等。生平详《清史列传》卷七一唐梦赉传后所附小传。

孙旸来京,从陈维崧处得其《沈西草堂诗》部分诗作,其原稿则于康熙十四年避兵时散失。

孙旸《孙蔗庵先生诗选·沈西草》自序云："乙卯避兵海上,书籍尽矣,诗亦亡焉。戊午至都门,从其年箧中得若干首,不及原稿十之三也。"

康熙十八年   己未(1679)   五十五岁

正月初一,同孙枝蔚、毛奇龄、朱彝尊、吴雯、乔莱、汪楫、陈钰等聚饮于曹禾寓斋,限韵赋诗。席间毛奇龄度曲,陈维崧吹紫箫和之。是日候李良年、潘耒、汤右曾不至。丘象随后有诗遥和其韵。

《湖海楼诗集》卷六"己未"诗《己未元日,同孙豹人、毛大可、朱锡鬯、吴天章、乔石林、陈冰壑饮曹峨嵋寓斋,限赋"青"、"咸"二韵》其二末注云："坐上大可度曲。"

孙枝蔚《溉堂集·溉堂后集》卷之一"己未五言律诗"《元日仝毛大可、陈其年、朱锡鬯、汪舟次、乔石林、吴天章集饮曹颂嘉斋中,同用"青"、"咸"韵》其二首联下有注云："大可度曲,其年吹紫箫倚而和之。"

朱彝尊《曝书亭集》卷十"屠维协洽"《元日同孙枝蔚、毛奇龄、陈维崧、吴雯、汪楫诸征士,乔莱舍人、汤右曾上舍集曹舍人禾书斋,迟李良年、潘耒不至,即席限韵二首》。"屠维协洽"指己未,《尔雅·释天》云,太岁"在己曰屠维","在未曰协洽"。

吴雯《莲洋集》卷五《己未元日,同豹人、大可、舟次、锡鬯、其年、子静集峨嵋舍人斋,拈"青"、"咸"韵》:"先酌年谁少,神交眼倍青。吹箫过草阁,大可度曲,其年吹紫萧倚曲和之。饮酒似旗亭。红烛围名士,青毡卧客星。时锡鬯即会宿子静处。盘飧真可贵,不是五侯鲭。"

汪楫《京华诗》"五言律诗"《己未元日,曹舍人颂嘉招同豹人、大可、锡鬯、其年、冰鬯、天章、石林共集,迟武曾、次耕、西崖不至,限韵二首》。

李良年《秋锦山房集》卷六《己未元日止酒斋食,谢曹颂嘉舍人之招,因呈坐上诸公二首》。

丘象随《西轩纪年集·己未集》有《元日孙豹人、陈其年、毛大可、朱锡鬯、吴天章、汪舟次、乔石林、李武曾、潘次耕、汤西崖集曹峨眉饮酒赋诗,遥和其韵二首》。

陈钰,字其相,号冰鬯。江苏宝应人。康熙二十九年岁贡生。与兄陈铣俱有诗名。家贫,以教授自给。著有《巢园集》,不存。《江苏诗征》卷二十八收其诗四首,《淮海英灵集》戊集卷二收其诗十二首,《白田风雅》卷四收其诗三十四首。《清诗别裁集》卷八有朱克生《迟陈冰鬯》诗(该诗亦见《朱秋崖诗文集》)。生平详民国《宝应县志》卷十六《文苑》。

汤右曾(1656—1722),字西崖。浙江仁和人。康熙二十七年进士,改庶吉士,授编修。曾典贵州乡试。康熙五十一年擢翰林院掌院学士,次年授吏部侍郎。卒于康熙六十一年。著有《怀清堂集》。生平详《方苞集·集外文》卷七《翰林院掌院学士兼礼部侍郎汤公墓志铭》。

初四日,与徐钲并辔行东华门道上,作《探春令》一阕。

《迦陵词全集》卷二十二《探春令·新正四日,东华门道上同徐电发并辔作》。卷二十九《莲陂塘·题徐电发〈枫江渔父图〉》。

徐钲《菊庄词二集》有《探春令·己未新正四日,东华道上同陈其年并辔作》。

初七前,梅庚至京,陈维崧尝与之唱和。

施闰章《施愚山集·施愚山诗集》卷三十二《梅耦长至都下》有"梅花将照眼,早趁东风来"之句。另,在诗集中,该诗排在《京邸立春》和《人日阮亭山长见过,同耦长小集》之间。本次立春为康熙十七年十二月二十三日,故断其于首春初七前来京。

《湖海楼诗集》卷六"己未"诗《春又雪次梅耦长韵》末云:"还期稍待泥干日,与尔春游漾夹衣。"

十二日,与陆元辅、宋实颖、吴任臣、吴农祥、徐林鸿、叶奕苞、叶豹文、李圣

芝游白塔寺、楠檀寺,有词。

《迦陵词全集》卷二十九《春风袅娜·正月十二日,同陆翼王、宋既庭、吴志伊、庆百、徐大文、叶九来、道子、李秋森游白塔、楠檀诸寺》。

叶豹文,字道子。江苏昆山人。叶国华幼子,叶奕苞弟。康熙三年武科进士。初任临清守备,后迁江西宁州铜鼓石都司金事。移疾归。生平见光绪《昆新两县续修合志》卷三十《文苑一》叶国华传后所附小传。

李圣芝,字秋森(又作"秋孙"、"秋生"),一字仙照。江苏嘉定(今上海)人。清初,父杭之为乱民所杀,母赴水死。为避仇,逃至太仓,冒王姓补诸生。寻改归本邑。以诗古文词,有名于时。康熙十七年诏举博学鸿词,当事争相推举,为忌者所沮。晚岁归居东城,精研《周易》。年七十馀卒。生平详光绪《嘉定县志》卷十九。另,叶奕苞《经锄堂诗·北上录·倡和诗一》中有李圣芝和其《忆鹤》诗,名下注云:"秋孙,嘉定。"蒋景祁《瑶华集词人》表注李圣芝字"秋生"。邓汉仪《诗观二集》卷七注其字为"秋森"。

柯维桢父柯耸庆六十寿,陈维崧为作启文,在同人中征诗文,并赋《齐天乐》一阕相贺。不久柯耸凶问忽至,柯维桢兄弟奔丧回里,未能与试。

《陈迦陵俪体文集》卷三《征大银台柯素培先生六十寿言启》有云:"乃者节届青阳,筵开绛县。属新岁履端之候,为先生周甲之辰。在银台公入侍鱼轩,敬谢引年之觯;在内翰孝廉君辈出扶鸠杖,愿持介寿之觞。某等幸列通门,欣叨犹子。千春兰谱,聿藉鸣钟馔玉之文;十赉芝函,式逢驾鹤骖鸾之会。伏祈早惠琼瑶,更望广征珠玉。椒觞湛碧,飞来缥碧之笺;火树舒红,唱去小红之曲。谨启。"

《迦陵词全集》卷二十一《齐天乐·早春寿魏塘柯素培先生》云:"东风一夜漫天绿,搓匀柳湖烟水。几树横斜,万株香雪,绝称小楼人倚,梅花天气。正院贴宜春,钗摇燕子,才过新年,六街已闹夜蛾未。　　一轮卿月将满。戟门群献寿,丝竹清脆,绿蚁难干。碧桃旋放,此曲飞琼能记。萱闱日丽,况膝下彩毫承恩天际。箫鼓声中,泥金齐送喜。"从词中"才过新年"、"一轮卿月将满"等句,可知其作于正月十五之前。

柯耸(1619—1679),字素培,号雾园,又号岸初。顺治六年进士,官枣阳知县,行取给事中,历官通政司左参议。著有《雾园诗》。《皇清百名家诗》收有其所著《柯素培诗》一卷。生平详柯崇朴《柯耸传》(见《檇李文系选辑》)、《皇清书史》卷十三、《两浙輶轩录》卷一。

董俞来京,赋《水调歌头》赠陈维崧,倚原韵答之。董俞携来钱芳标寄陈维崧新词,时钱芳标已亡故,因赋《风流子》怀之,并乞朱彝尊继作。

《迦陵词全集》卷十四《水调歌头·元夕前董樗亭至都下,樗亭昨岁射陂遇盗,身被重创,患不克来。今则来也,词以志喜,即用樗亭见赠原韵》。卷二十四《风流子·董樗亭来,始见钱葓鲛寄我新词,而葓鲛之墓已有宿草矣。怆怀我友,渍泪成词,即用葓鲛来韵,并求竹垞朱十亦一继作》。

按,关于钱芳标生卒年,相关文献未见著录。但这首《水调歌头》词下阕云:"重握手,惊往事,剪灯论。追思胥江酒伴,只我与君存。三客弱来一个谓葆酚,公又几为异物,软语剪难分。抹眵细相认,老眼日来昏。"所谓"胥江酒伴",指顺治十三年与陈维崧在吴门会饮的董俞和钱芳标二人。以上两首词均作于康熙十八年正月,则此时钱芳标已经去世。而据《鹤征前录》,"未试丁忧十四人"中有钱芳标,知其康熙十七年春夏间应还在世。故钱芳标去世应在康熙十七年秋冬间。

十五日夜,同高层云、李良年、朱彝尊、董俞、路鹤征、陈治集田茂遇寓斋,限韵填词,作《念奴娇》,高层云、李良年俱有词。是夜,另有《月边娇》词忆储氏、《满江红》词遣怀。同日晚,商丘故人田兰芳作《元宵偶忆燕京诸旧》诗六首,其第五首怀陈维崧。

《迦陵词全集》卷十九《百字令·长安元夕,和家山农倡和原韵》、卷十五《月边娇·己未长安元夕》、卷十二《满江红·闻往岁帝城烟火之盛甲于天下,今年元夜作客都门,适逢新禁,凄然独坐,词以遣怀》。

按,《满江红》收在稿本《迦陵词》第五册中,本册所收主要为康熙十七、十八两年的作品。从题意看,当为其首次在京城度元宵。

《百名家词抄》本高层云《改虫斋词》有《百字令·锡鬯、武曾、其年、苍水、湘舞、三农集髯渊寓斋,正月十五夜限韵》。

李良年《秋锦山房集》卷十二《百字令·田髯渊寓斋元夕小饮,同苍水、谡园、其年、竹垞、湘舞、山农限韵》。

朱彝尊《曝书亭集》卷二十五《江湖载酒集(中)》之《百字令·元夕和陈山农韵》。

田兰芳《逸德轩诗集》上卷《元宵偶忆燕京诸旧六首》其五末注有"陈其年"三字。《逸德轩诗集》系按编年顺序排列,该诗排在上卷末,前为"戊午"诗,中卷起于"庚申"春日。故题卜虽未标年份,但可以确定为本年作。

　　路鹤征,初名乃登,字湘舞,号青城。江苏华亭(今上海)人。研精学古,文采宏丽。著有《畹芗词》。《国朝松江诗抄》卷七、《江苏诗征》卷一三六有传。

　　陈治(1633—?),字山(《改虫斋词》中作"三")农,号泖庄。江苏华亭(今上海)人。监生。工诗善画,喜交游。尝拒耿精忠之聘。著有《贞白堂集》。生平见《清画家诗史》甲上、《国朝松江诗抄》卷二十三、嘉庆《松江府志》卷五十七《古今人物传九》。杨钟羲《雪桥诗话续集》卷二引钱介维《题山农雪景》诗有云:"泖庄老人吾老友,吾生甲戌君癸西。"以理推之,此"癸西"当为崇祯六年。

十六日夜,梁清标在猪市宅内设席,召宴施闰章、陈维崧、高咏、汪懋麟、毛奇龄。席间有内务府供奉太仓王生、无锡陆生、陈生奏曲,并歌毛奇龄所制曲。席上出窝丝糖供客,毛奇龄、陈维崧、徐釚各有词咏之。梁清标、汪懋麟有词和陈维崧之作。

　　毛奇龄《西河词话》卷二:"康熙己未上元夜,予尚依内阁学士李夫子宅。夫子方出阁,招予至东华门旧弘文院夜饭观灯。归第,夫子当夕制《上元观灯曲》,予依韵和之。次日,舍人汪蛟门录予词诣梁尚书请观,值尚书作胜会,设席于猪市。对门王光禄宅有内务府供奉太仓王生、无锡陆生、陈生携笙笛在座。其时荐举来京者,惟施愚山大参、陈其年、高阮怀两文学赴召请到门,尚书立命具小舆招予。酒再巡,二生递歌,王生把笛演旧清曲毕,尚书命二生歌予词,使王生以笛倚之,倜傥嘹亮,一坐皆竦听,尚书大悦。……尚书者,真定相公梁夫子也,时为司农有年矣。"

　　毛奇龄《西河集》卷一三五《唐多令·咏窝丝糖》序云:"梁尚书上元席上出窝丝糖供客,云是崇祯末宫中所制,外间无此也。西山静室有老宫人为比丘尼,尚能制此糖,每上元节必饷以银碗合子,其制如扁蛋,外光而面有二凹,嚼之粉碎,散落皆成丝。尚书乃唱《唐多令》词,命予和之。"《西河词话》卷二对此事亦有记载,内容大致相同。

　　《迦陵词全集》卷二十九《摸鱼儿·咏窝丝糖》题下注云:"糖出大内遗制,今西山一老中监尚能为之,后恐遂失传矣。"

　　手稿本第五册《摸鱼儿·咏窝丝糖》后,附有梁清标、汪懋麟和作。梁清标词又见《棠村词》,题为《摸鱼儿·咏窝丝饧,次陈其年韵》。汪懋麟和词又见于《瑶华集》卷十九。

徐釚《菊庄词二集》有《摸鱼儿·咏窝丝糖》。

尤侗《百末词》卷五《摸鱼儿·咏窝丝糖,和其年韵。糖出大内遗制,今西山一老中监尚能为之》。

徐喈凤《荫绿轩词》续集有《摸鱼儿·和陈太史其年在梁大司农席上咏窝丝糖原韵》,该词当系陈维崧后来寄原作给徐喈凤后,徐所和。从其题中可知,陈维崧词作于当日宴间。

十七日,康熙下诏吏部,命其同翰林院商定考试日期。

李集《鹤征前录》。

二十四日,有诗为内阁学士李天馥上寿。

《湖海楼诗集》卷六"己未"诗《上阁学李容斋先生》末云:"节过上元春蔼蔼,花飞五出雪掺掺。柳丝眠后将成絮,桃靥含时渐启缄。更到玉堂为介寿,凤城暖翠涨晴岩。"

据韩菼《有怀堂文稿》卷十六《诰授光禄大夫武英殿大学士兼吏部尚书李文定公墓志铭》载,李天馥生于明崇祯十年正月二十四日。

二十七日,官军平定四川。当日朝廷于午门宣捷。

徐乾学《憺园集》卷七《正月二十七日,官军收复成都保宁,午门宣捷恭纪》。

内阁学士项景襄招同徐咸清、宋实颖、毛奇龄、邓汉仪、夏骃夜饮,项有子年方十四,能即席射覆,屈坐上客,有诗赠之。

《湖海楼诗集》卷六"己未"诗《学士项眉山先生有子甫十四龄,姿性秀发,即席能射覆,屈坐上客,歌以赠之》有句云:"长安献岁晴色动,御河解泮层冰胶。先生缓带甫下值,入夜为我开春庖。""献岁"为正月。

《两浙辋轩录》卷六徐咸清《阁学项眉山先生于虎林幕府会面,今二十馀年复见燕邸,招同宋既庭、毛大可、陈其年、邓孝威、夏宛来饮,感赋》其二有"上苑春来花尽发,何时同向帝城攀"之句,知其作于春间。而宋实颖本年秋即下第还里,故知此会当在本年春。从陈维崧诗题中"屈坐上客"一语来看,当时坐上当不止其一人。据此可断两诗所记为同一事。

项景襄(1628—1681),字去浮,号眉山。浙江钱塘(今杭州市)人。顺治十二年进士,选庶吉士,授弘文院检讨,充日讲官。历官至兵部右侍郎。生平详徐乾学《憺园集》卷二十八《通奉大夫经筵讲官兵部右侍郎加一级眉山项公墓志铭》、姜宸英《湛园藏稿》卷三《通议大夫兵部右侍郎项公神道碑文》。

正月末,与毛奇龄、吴任臣夜集冯溥斋中,是夜初闻岳州捷奏,有诗和冯溥原韵。

《湖海楼诗集》卷六"己未"诗《春夜宴集,敬和益都夫子原韵》其一有句云:"夜色九衢灯乍落,风光二月柳将新。勾芒近报施春令,鄂渚遥看洗战尘。"最后一句有注云:"是夜始闻岳州捷奏。""灯乍落"言刚过正月二十不久,"柳将新"则表明还未入二月。这一联上联实写,下联虚写,下联所写乃预想之景。

冯溥原诗见《佳山堂诗集》卷六,题为《春日诸子宴集西斋即席赋赠》。毛奇龄和作为《西河集》卷一七九《春夜燕集益都相公邸第,即席和韵,同王舍人,陈、吴二检讨,徐林鸿、咸清、吴农祥三征君暨公子慈彻、协一》。

按,以上三人诗皆为七律二首,末句韵字完全相同,惟毛奇龄所作为两组,可断为同时所作。应该注意的是,此时博学鸿词还未开试,毛奇龄诗题中所书诸人头衔与实际不符,当是后来编集时所加。

因寓舍逼近市场,晨夕皆闻货卖喧嚣之声,感而赋诗。

《湖海楼诗集》卷六"己未"诗《寓舍逼近市廛,晨夕闻货卖者哗嚣声,援笔漫述》云:"城隅傫老屋,柱础半欹压。督隶丞粪除,课仆事畚锸。篱腰刈荸荙,墙脚砌蛎蛤。拂拭黄绅衾,摒挡赤藤夹。聊用妥琴书,差堪展巾箧。独苦迫阛阓,跬步碍履靸。瓦沟矢沾污,灰洞塞蹩躠。垣庳屡响厉,牖缺市器匣。叫卖尤可憎,未晓便呀呷。千声闹猩狒,百喙一鹅鸭。……风便更分明,宵阑倍鸣邑。嗟予耽静阒,遭此剧噂沓。爬搔那可耐,径起破门阖。大呼谯市儿,若辈太稠遝。"

二月二日大雪,康熙帝登午门向臣民宣告岳州捷讯。李霨、杜立德、冯溥及梁清标有诗志喜,陈维崧、毛奇龄有诗和之。陈维崧另有词纪其事,曹贞吉倚韵和之。

《湖海楼诗集》卷六"己未"诗《岳州大捷,上于二月二日宣谕臣民。是日大雪,敬和三相国原韵二首》。同书《迦陵词全集》卷二十八《贺新凉·岳州大捷,上以二月二日宣凯门外,是日正值大雪》。

梁清标《春日雪中宣捷口占》云:"三冬历尽霏春雪,六载初闻取岳州。"(见《诗观三集》卷二)高士奇《随辇集》卷四《恢复岳州宣捷恭纪》。曹贞吉《珂雪全集》本《珂雪词》卷下《贺新凉·二月二日宣岳州捷,是日大雪,和其年》。毛奇龄《西河集》卷一七九《岳州大捷奉和高阳、宝坻、益都三相公,喜赋原韵六首》。王嗣槐《桂山堂文集》卷十一"桂山堂诗选"《上御午门宣岳州大捷十六韵》。徐釚《菊庄词二集》有《贺新凉·岳州大捷,上于二月二日宣凯,是日大雪》。博尔都《白燕栖诗草》卷二《喜长沙岳州捷音踵至》。

依《乐府补题》原韵和词五首。同时和作者有朱彝尊、李良年、沈皞日、李符、龚翔麟、沈岸登、毛际可等。本年,蒋景祁刊《乐府补题》,陈维崧为作序,

《陈迦陵俪体文集》卷七《乐府补题序》云:"《乐府补题》倡和作者为:玉笥王沂孙圣与、蘋洲周密公谨、天柱王易简理得、友竹冯应瑞祥父、瑶翠唐艺孙英发、紫云吕同老和甫、筼房李彭老商隐、宛委练恕可行之、菊山唐珏玉潜、月洲赵汝钠真卿、五松李居仁师吕、玉田张炎叔夏、山村仇远仁近,共十三人,又无名氏二人。题为《宛委山房赋龙涎香》《浮翠山房赋白莲》《紫云山房赋莼》《馀闲书院赋蝉》《天柱山房赋蟹》,调则为《天香》、为《水龙吟》、为《摸鱼子》、《齐天乐》、《桂枝香》凡五,共词三十七首,为一卷。嗟乎! 此皆赵宋遗民作也。……于是竹垞朱子搜于里媪之筐,梧月蒋生镂以国门之板,顿成完好,足任流传。"

朱彝尊《曝书亭集》卷三十六《乐府补题序》云:"《乐府补题》一卷,常熟吴氏抄白本,休宁汪氏购之长兴藏书家,予爱而亟录之,携至京师。宜兴蒋京少好倚声为长短句,读之赏激不已,遂镂板以传。"

清道光十二年王籍手抄本《乐府补题》收录原作三十七首,浙西六家词人和作三十首,后附录陈维崧和词五首。陈维崧和词分别为《迦陵词全集》卷十五《天香·龙涎香》、卷二十《桂枝香·蟹》、卷二十一《水龙吟·白莲》、卷二十一《齐天乐·蝉》、卷二十九《摸鱼儿·莼》。按,在手稿本第五册中,《天香·龙涎香》紧排在《月边娇·己未长安元夕》后,《齐天乐·蝉》《水龙吟·白莲》紧排在《齐天乐·立春日束高谡园》后,故断其为本年春日作。

除以上所举诸人外,同时和作者尚有多人。毛际可《浣雪词抄》有《摸鱼儿·莼》《齐天乐·蝉》《桂枝香·蟹》。徐釚《菊庄词二集》有《天香·龙涎香》《水龙吟·白莲》《齐天乐·暮蝉》《桂枝香·蟹》《摸鱼儿·莼》。王庭《秋闲词》有《水龙吟·白莲》《摸鱼儿·咏莼》《齐天乐·蝉》《桂枝香·

蟹》《天香·龙涎香》《天香·咏龙涎香，因征事再作》。尤侗《百末词》有《摸鱼儿·咏莼》。徐喈凤《荫绿轩词》有《水龙吟·白莲花》《摸鱼儿·莼》《齐天乐·蝉》。陆进《付雪词》三集有《天香·龙涎香》《桂枝香·蟹》《水龙吟·白莲》《齐天乐·蝉》《摸鱼儿·莼》。《词汇三编》有黄虞稷《水龙吟·白莲》。《瑶华集》有沈尔璟《天香·龙涎香》《水龙吟·白莲》。高层云《改虫斋词》有《摸鱼儿·莼》《齐天乐·蝉》《天香·龙涎香》《水龙吟·白莲》。宋荦《枫香词》有《天香·龙涎香》《水龙吟·白莲》《摸鱼儿·莼》《齐天乐·蝉》《桂枝香·蟹》。周在浚《花之词》有《天香·拟山房赋龙涎香，用王圣与韵》《桂枝香·拟天柱山房赋蟹，用唐英发韵》《水龙吟·拟浮翠山房赋白莲，用周公瑾韵》《齐天乐·拟馀闲书院赋蝉，用练行之韵》《摸鱼儿·拟紫云山房赋莼，用唐玉潜韵》。皆为先后所和。

按，蒋景祁刊印《乐府补题》当在本年，陈维崧序乃应其要求而写。蒋景祁《罨画溪词》有《天香·赋龙涎香》。

邵长蘅至京，寓宣武门外保安寺街，客中与陈维崧缔交并互赠以诗，自此两人常相过从。

邵长蘅《邵子湘全集》卷首所附陆嘉淑《麓稿文序》云："己未春，子湘携其文自南来，一日而名动京师。"

《青门旅稿》卷一《自识》云："忆己未客都门，寓保安寺街，与阮亭先生衡宇相望，愚山先生相距数十武，冰修仅隔一墙，偶一相思，率尔造访，都不作宾主礼。其年寓稍远，隔日辄相见。常月夜偕诸君扣阮亭门，坐梧树下，茗碗清谈达曙。"

《湖海楼诗集》卷六"己未"诗《两髯行赠邵子湘》有"两髯意外一握手，熟视无端笑哑哑。家乡流浪不见面，见面乃在长安陌""晚岁交君才更健，出手压倒群儿百""长安雪片大如席，我今误作长安客"之句，知其为两人缔交之作。另，在陈维崧编年诗集中，该诗紧排在《岳州大捷，上于二月二日宣谕臣民。是日大雪，敬和三相国原韵二首》之后，《春又雪次梅耦长韵》《雪后赠张尔成先生》之前。而"长安雪片大如席"一句，正与本年二月初北京的天气相符。

邵长蘅《邵子湘全集·青门麓稿》卷三《结交行赠陈其年》有云："为云为龙不足道，片语千秋心自知。君不见丰城狱中三尺匣，土花蚀尽鹍鹈锷。一朝会合飞上天，神物岂肯遂濩落。"知此时陈维崧尚未与试。《青门旅稿》卷一《陈其年赠余两髯行,戏为狂歌答之,时余将有梁齐之游》对其初次结交情况也有所回忆:"燕京二月尾,雪片飞鹅翎。客中一相见,握手眼为青。君吟两髯行,调我得归且躬耕。我吟与君异,狂歌磊落君试听。"是为相隔一月后所作,故云"二月尾"。

关于邵长蘅至京的具体时间,现未见到明确记载。不过据《青门旅稿》卷一《戊午除夕阿城客舍同杨芝田、汪新又守岁三首》《元日茌平道中》《仲春雪后侍读王阮亭先生招李子德、潘次耕、梅耦长、董苍水同集,用"积素广庭间"韵五首》(其后隔一首即为《送翁武原同知黄州》)所提供的信息推断,应当在正月末二月初。

邵长蘅(1637—1704),一名衡,字子湘,别号青门山人。江苏武进人。顺治朝诸生,奏销案起,以逋欠被黜。后入太学,试得第一,例授州同,入赀即得选,不应。遂淹蹇以终。擅诗文,尤以古文名一时,宋荦以其与侯方域、魏禧为三大家。尝客于江苏巡抚宋荦幕。著有《邵子湘全集》三十卷。生平详陈玉璂《青门山人传》(《邵子湘全集》前附)、宋荦《西陂类稿》卷三十一《青门山人墓志铭》。

雪后有诗次梅庚韵。

《湖海楼诗集》卷六"己未"诗《春又雪次梅耦长韵》。该诗排在下引《雪后赠张尔成先生》前,当作于初八前。

初八日,雪后有诗赠张永祺,时值张永祺生日。

《湖海楼诗集》卷六"己未"诗《雪后赠张尔成先生》有句云:"公缘桑梓情偏惬,我困泥途句类俳。门下况承栖小季,花时只拟过高斋。欣逢揆览星文灿,喜值悬弧鸟韵喈。"另其"今日赤麟方献赋"句下有原注云:"是日初八,令嗣子俶方入礼闱。"

按,从其编年诗的排序,及本年二月初京城有雪的天气情况综合判断,诗中的"初八"当指二月。陆勇强《陈维崧年谱》断其为三月初八,当系误解了秦松龄《送翁武原之任黄州》"三月莺啼皂盖过"句意(考见下文),错将陈维崧《送钱塘翁武原同知黄州》断为三月之作,而在编年诗集中,《雪后赠张尔成先生》又排在《送钱塘翁武原同知黄州》之后,故此致误。

为王申荀题《石坞山房图》,该画为王原祁所作。同时题咏者颇众。

《湖海楼诗集》卷六"己未"诗《题〈石坞山房图〉为王咸中赋》有云:"山

灵苦君恶嘲弄,令汝无故来京师。京师雪后泥一尺,遭我为诉怀乡悲。摩挲更开绿板匣,出画示我添嗟咨。"该诗紧排在《雪后赠张尔成先生》后,且诗中云是雪后相见,则与作前诗相去不远。

　　严绳孙《秋水集》卷六"诗六"《题王咸中石坞山房册》。孙枝蔚《溉堂集·溉堂续集》卷六"戊午五言律诗"《题王咸中石坞山房》诗原注有云:"王茂京原祁为作《石坞山房图》。"《王士禛全集·渔洋续诗集》卷十一"戊午京集"《王咸中石坞山房四首》其四原注亦云:"茂京舍人作石坞图。"施闰章《施愚山集·施愚山诗集》卷三十二《石坞山房诗为王咸中作》二首其二末注云:"王时在都下,故云。"按,施诗作于戊午冬。朱彝尊《曝书亭词·江湖载酒集》有《摸鱼子·题王咸中〈石坞山房图〉》。沈皡日《柘西精舍诗馀》卷一有《摸鱼子·题王咸中石坞山房》。秦松龄《苍岘山人集》卷四《得树轩集》有《题王咸中〈石坞山房图〉》。《邵子湘全集·青门旅稿》卷一《题王咸中〈石坞山房图〉即送之还山》。陈敬亭《午亭文编》卷三十七《石坞山房诗序》云:"尧峰之麓曰石坞,王子咸中筑室读书其间,与钝翁所居为邻,辄相与登临晏息乎坞中,席文石,酌芳泉,揽山川之胜概,舒赠答之雅怀,柴门村径,晨往而夕归。于是钝翁既为《石坞山房记》,又数赋诗以歌咏之。"汪琬《钝翁续稿》卷十八《石坞山房记》云:"石坞在尧峰之麓,居人不及数家,然其行路所践,皆文石也;晨夕所引以灌稻田,汲之以供食饮洗濯者,皆乳泉也。又加以竹树之美,花药之胜,云霞烟霭出没之奇丽,悉与泉石相映带。王子咸中爱之,遂筑别业,读书其间,暇即探泉源,穷石脉,极其登揽所至而休焉。"《汤斌集·汤子遗书》卷三《〈石坞山房图〉记》有云:"王子咸中,旧家吴市,有亭台池馆之胜。一旦携家卜邻,构数椽于尧峰之麓,曰石坞山房,日与钝翁扫叶烹茗,啸歌晏息。钝翁亦乐其恬旷,数赋诗以赠之,称相得也。钝翁应召入都,咸中复从之,舍舟登陆,千里黄尘,追随不少倦,盖其有得于钝翁者深矣。"陈元龙《爱日堂诗集》卷二《王咸中石坞山房》。

　　王申荀,字咸中,号真山。吴县人。王鏊裔孙,王希幼子。家有亭台池馆之胜,然弗居,筑别业于尧峰之麓,曰石坞山房。汪琬应召入都,复随至京。(见赵经达《汪尧峰先生年谱》康熙十五年、康熙十七年有关记述)携王原祁所画之《石坞山房图》遍谒名流,一时题咏者甚众。孙枝蔚《王咸中山居与汪苕文民部为邻,见苕文留题池亭诸作,心窃慕之,因有赠》二首其一云："来往惟三益，看君意最谦。卜邻得王翰，置酒待陶潜。瓦上鸣松鼠，林中吐桂蟾。更逢诗伯至，清兴若为添。"（见《溉堂集·溉堂续集》卷六"戊午五言律诗"。诗题中所指汪琬诸作，当为《钝翁续稿》卷二《坐王咸中池亭》《从王咸中见山亭归，戏题山庄二首》，及卷四《过石坞山房》《题石坞山房》《坐王咸中池上》等诗）王申荀生平详《莫厘王氏家谱》卷十七。

李因笃有诗赠之。

李因笃《受祺堂诗》卷二十《赠陈大其年》云："老眼花惊放，离津柳暗催。春风吹蓟馆，野客卧燕台。缟苎论交日，江山作赋才。归耕安薄分，待子奋龙媒。"

按，从诗意看，当作于春日未试时。另在诗集中，该诗排在第二十卷末尾，而《曹主事正子招集，属赋近体二首》则排在第二十一卷前。

李因笃（1631—1692），字天生，更字孔德，号子德，又号中南山人。陕西富平人。明诸生。博学强记，为人尚气节，有"关西夫子"之称。又与盩厔李颙、郿县李柏并称"关中三李"。学以经世致用为旨，与顾炎武相善。康熙十八年举博学鸿辞，授检讨，旋以母疾辞归。著有《受祺堂集》。生平详顾炎武《亭林文集》卷五《富平李君墓志铭》、吴怀清《李天生先生年谱》（《关中丛书》本）。

十四日，曹广端招同徐釚、李因笃、孙枝蔚、邓汉仪、尤侗、彭孙遹、李念慈、汪楫、朱彝尊、李良年、王嗣槐、陆嘉淑、沈皞日、陆次云、杨还吉、李澄中、顾景星、吴雯、潘耒、董俞、田茂遇、吴学炯等人宴集，彭孙遹、江闿以卧病未至，有诗后成。

徐釚《南州草堂集》卷六《花朝前一日，曹正子招同李天生、孙豹人、邓孝威、尤悔庵、彭羡门、李岂瞻、陈其年、汪舟次、朱锡鬯、李武曾、王仲昭、陆冰修、沈融谷、陆云士、杨六谦、李渭清、顾赤方、吴天章、潘次耕、董苍水、田髯渊、吴星若诸君宴集园亭二首》其二云："苑杏溪桃尚未逢，曹家亭子好从容。支床色借珊瑚映，醉客光浮琥珀浓。爱唱春帆思画楫，朗吟绿水过芙蓉。正子有'绿水送春帆'之句，都人传颂。酒阑更向高台望，残雪西山第几重。园有高台，时同诸公登眺，望西山残雪。"

李因笃《受祺堂诗》卷二十一《曹主事正子招集，属赋近体二首》。王嗣槐《桂山堂文选》卷十二"桂山堂诗选"《花朝前一日，曹主政正子招同宴集分得"齐"字》。吴雯《莲洋集》卷九《己未花朝前一日，诸同人集曹正子园作二首）。孙枝蔚《溉堂集·溉堂后集》卷二"己未七言律诗"《花朝前社集曹正子寓园,分得"凉"字"观"字》。尤侗《于京集》卷一《花朝前一日,曹正子招诸同人雅集二首》。李念慈《谷口山房诗集》卷十七《金门集》有《曹正子部曹招同诸子盛集高斋》。彭孙遹《松桂堂全集》卷十八《己未花朝,诸名士燕集曹玉渊宅分韵赋诗。予方卧疴不至,诗亦后成,即此简曹并诸子》。潘耒《遂初堂集·遂初堂诗集》卷五"梦游草下"《花朝前一日集曹正子斋,分韵得"西"字》。徐嘉炎《抱经斋集·抱经斋诗集》卷九《花朝前一日,曹正子主政宴集同人,即席分得"行"字"先"字》。江闿《江辰六文集》卷一一《曹正子招集园中,抱恙未赴,依分"州"、"开"二韵袖之》二首其一首联云:"羡尔书堂事事幽,当檐百卉弄春柔。"杨还吉《燕游草》(见《杨氏诗文稿》卷二)有《仝人集饮曹正子舍人园亭,即席分得"之"字"人"字》。顾景星《白茅堂集》卷二十"己未诗集"《曹正子园亭偶集》。

陆嘉淑(1620—1689),字孝可,一字冰修,又字子柔,号辛斋,又号射山、删梅道人等。浙江海宁人。其父殉明之难,入清不仕。善诗文,与朱一是齐名,人称"二修"。书法绘画擅一时名。工医善弈。查慎行少时以诗求教,赏其才,遂以女妻之。著有《射山诗选》《辛斋遗稿》等。生平详《国朝杭郡诗辑》卷二、陈乃乾《陆辛斋先生年谱》。

杨还吉(1626—1700),字启旋,一字六谦,号充庵。山东即墨人。清康熙十七年以诸生应博学鸿词荐,罢归。隐居崂山乌衣巷。卒后里人私谥文敬先生。郭琇尝为撰年谱(今似不传)。著有《云门草》《燕台集》《味道楼集》及《即墨旧城考》逾千卷。《晚晴簃诗汇》卷五十三选有其诗。著作今存杨孝敏、杨可岱辑录之《杨氏诗文稿》(同治二年抄本,藏南京图书馆)中。生平详《即墨杨氏家乘》中杨玠所撰之《祖考文敬公传》及《祖考征士文敬先生充庵府君墓碑》。

李澄中(1629—1700),字渭清,别字渔村,号艮斋。山东诸城人。诸生。康熙十八年举博学鸿词,授翰林检讨,与修《明史》。康熙二十九年典云南乡试。由赞善累升至侍读,不久辞归。著有《卧象山房集》《白云村集》等。生平详安致远所撰墓志铭(见《玉硷集》卷四)。

顾景星(1621—1687),字赤方,号黄公,别号玉山居士。湖广蕲州(今湖北蕲春)人。出身于书香门第,生而颖异,有神童之目。长而究心经世之学,于琴、棋、书、画、算数、小学等无所不晓,尤长于诗文。康熙十七年应博学鸿词荐,称病不就。与杜濬齐名,有"杜顾"之称。著有《黄公说字》《来耕集》《南渡集》《白茅堂集》等。生平详顾普所撰《皇清征君前授参军顾公黄翁府君行略》(见《白茅堂集》卷首)。

吴学焵,字星若。江西南城人。室名秋雨堂。著有《秋雨堂集》。魏宪《皇清百名家诗》收其诗一卷。生平见张维屏《国朝诗人征略》初编卷十四、曾燠《江西诗征》亦有传。

十九日,吏部将议定之考试日期及相关礼仪报奏康熙御览,康熙钦定于三月一日举行考试。

李集《鹤征前录》。

毛师柱将游济南,有诗送之。

《湖海楼诗集》卷六"己未"诗《送毛亦师游山左》其一首联云:"夜来玉戏太漫漫,早起开门雪又干。"其二首联云:"浑河二月已开冰,摄舵张帆独未能。"从诗中所写情景来看,当为二月中旬前后。

毛师柱《端峰诗选》卷六《己未春仲将之济南,孟宫允绎来先生枉诗赠行,依韵酬谢》。

叶豹文赴济宁守备任,同人多有诗词相送,陈维崧作《渡江云》赠之。

《迦陵词全集》卷十七《渡江云·送叶道子之任临清守府》上阕云:"一鞭飞锦伞,凤城南去。红杏着花初。建牙男子事,千骑东方,送尔上头居。碧油幢卷,碾轻车、小猎平芜。风流甚、茸茸绿草,浅映绣螫弧。"

朱彝尊《江湖载酒集》之《祝英台近·送叶道子之官临清卫》上阕也有"玉鞭花外,早繁杏、香飘吟袖"之语。从词中所写节物来看,当为仲春季节。

顾景星《白茅堂集》卷二十"己未诗集"《送叶道子之任济宁》诗有句云:"易州美酒玉壶倾,二月都门送汝行。正及落花莺语乱,不伤芳草马蹄轻。"既确定了年代,也确定了月份。

同人赠行的另外有:汪楫《京华诗》"五言律诗"《送叶道之》。毛奇龄《西河集》卷一七〇《叶公子守备清源》。李因笃《受祺堂诗》卷二十一《送叶道子之临清守备任》。徐嘉炎《抱经斋集·抱经斋诗集》卷六《送叶道子之任济宁守备,兼呈观察学亭先生》。王昊《硕园诗稿》卷三十五《送叶道子都尉之任临清二首》。

钱塘翁介眉赴黄州同知任,有诗相送。时辇下同人送行之作颇多,因结为

一集,请邵长蘅序之。

《湖海楼诗集》卷六"己未"诗《送钱塘翁武原同知黄州》。

许曰琮《送武原之黄州》(见《清诗初集》卷八)有云:"二月轻寒驿路长,春风飘拂到垂杨。"可证其离京时间。

同人送行者有:《王士禛全集·渔洋续诗集》卷十二《送翁武原赴黄州岐亭丞》。《施愚山集·施愚山诗集》卷四十《翁武元之官黄州,陈康侯索一言之赠》(陈晋明,字康侯,钱塘人)。吴雯《莲洋集》卷五《送翁武原之官黄州》。朱彝尊《江湖载酒集》之《祝英台近·送翁武原之官黄州郡丞》。王昊《硕园诗稿》卷三十五《送翁武原郡丞之任黄州》。彭孙遹《松桂堂全集》卷十七《送翁武原赴黄州》。王嗣槐《桂山堂文选》卷八《送翁梦白之黄州郡丞任序》、卷十二"桂山堂诗选"《送翁武原佐郡黄州》。冯协一《友柏堂遗诗选》之《送翁武原贰守黄州》。汪楫《京华诗》"五言律诗"《送翁武原之黄州郡丞任》。毛奇龄《西河集》卷一六三《翁司马之任黄州,以诗留别,有赠》。李因笃《受祺堂诗》卷二十一《送翁武原郡丞之黄州任》。徐釚《南州草堂集》卷六《送人佐郡之黄州》。严我斯《尺五堂诗删近刻》卷二《送翁子之任黄州便道省觐》二首。徐嘉炎《抱经斋集·抱经斋诗集》卷八《送翁武原丞黄州》。方象瑛《健松斋集》卷十八《展台诗抄上》有"戊午"《送翁梦白之黄州司马》。翁叔元《送家武原佐治黄州》(见《清诗初集》卷八)。吴任臣《送翁武原之任黄州》(见《清诗初集》卷九)。顾景星《送翁武原之任黄州》(见《清诗初集》卷十)。黎骞《翁武原之任黄州》(见《清诗初集》卷十)。邵长蘅《邵子湘全集·青门旅稿》卷三《送翁武原诗序》云:"钱唐翁君武原来京师谒选,得黄州倅,行有日矣。翁君故善诗,为赋别诗四章,诸与君游者皆和之。谬以予能文,属予序。"

按,陆勇强《陈维崧年谱》据秦松龄《苍岘山人集》卷四《得树轩集》之《送翁武原之任黄州》诗中"永安城外柳烟和,三月莺啼皂盖过"两句,断云:"是三月赴任也。"其实这两句诗并非实写,而是推想其到任时为三月。又陈维崧诗中也有"两岸野花弦子国,五更新月楚人船"之句,则是预言其到任乃在月之上旬(五更见新月)。

翁介眉,字孟白,一字武原。浙江钱塘人。例监生。康熙十八年任黄州同知(驻岐亭),后升广西桂林知府。与武进蒋钺选有《清诗初集》。生平详姜宸英《湛园藏稿》卷四《皇清故桂林知府翁君合葬墓志铭》,云其"字介眉,武原其别号也"。然《清诗初集》翁介眉序后有两方印章,朱文印为"翁介眉印",白文印为"翁氏一字武原"。故知武原为其别字。章培恒《洪昇年谱》康熙十六年注[四]考其名为介眉。另据洪昇《稗畦集·送翁梦白觐省秦中》诗题,及应㧑谦《应潜斋集》卷七《与翁孟白札》下小注"名介眉"等语推断,其字当为"孟白"。李澄中《卧象山房诗正集》卷四"五言排律"有《送翁武原之任桂林》,洪昇《洪昇集》卷二《稗畦集》有《送翁孟白之官桂林》五律四首,均为其康熙二十二年任桂林知府时作。

试前不久,曾设席招妓宴同人,并索毛奇龄题扇。毛奇龄因病未赴,为题七绝一首。

毛奇龄《西河集》卷一四四《陈迦陵妓席予不得与,因索题扇,赋此。时予以病臂赴部辞试,用简棠村夫子诗人字》云:"右手从来惯讪伸,翻因赋洛坼如龟。从今幸免娥媌妒,何必低头见美人。"

按,据《西河集》卷一〇一《自为墓志铭》:"值试前数日,右臂忽疡发,腕胀如瓠,五指不可诎。特诣冢宰暨掌院学士验病求免试,冢宰执不可。选郎杨君,淮人也,朗言曰:'是人免试,则此举为不光矣。'又曰:'此必药误之耳,洗其药则指必可诎。'盖疑为伪也。"知其设席在试前不久。

二十九日,应荐诸人至吏部过堂。

毛奇龄《制科杂录》:"遂于二月二十九日吏部过堂。"

三月一日清晨,应荐诸人先齐集太和殿行九磕头礼,后赴体仁阁参加考试。当日应试者一百三十四人,考试内容为一赋一诗,题目分别为《璇玑玉衡赋》四六序和《省耕诗》五言排律二十韵。中午皇帝赐宴,宴罢继续考试。有至晚未完卷者,命给烛使其完卷,至漏下二鼓始罢。

《陈迦陵俪体文集》卷一《璇玑玉衡赋》。

毛奇龄《制科杂录》:"三月初一日平明,齐集太和门,以鱼贯入诣太和殿前,鸿胪唱行九叩头礼毕。是日,上御殿祭堂子回,命诸荐举人员赴东体仁阁下。太宰、掌院学士捧题出,用黄纸十张,上写题二道,放黄帷桌上。跪领题讫,用矮桌列墀下,坐地作文。及巳牌,太宰、掌院学士复宣旨云:'汝等俱是荐举人员,有才学的,原不必考试。但是考试愈显你们才学。所以皇上十分敬重,特赐汝宴。凡是会试、殿试,馆试状元、庶吉士,俱没有的,汝等要晓皇上德意。'宣讫,命起赴体仁阁。设高桌五十张,每张设四高椅。光禄寺设馔十二色,皆大碗高攒。相传给值四百金。先赐茶二通,时果四色,后用馒首、卷子、红绫饼、粉汤各二套,白米饭各一大盂。又赐茶讫,复就试。时陪宴者太宰满汉二员、掌院学士满汉二员,皆南北向坐,谓之主席,以宾席皆东西向也。馀官提调者皆不与焉。……其夕,晚出者十馀人,皆给烛竣事,然后弥封诸试卷作四封,当夜呈进。"

尤侗《于京集》卷二《三月朔日,太和殿御试,赐饭体仁阁下,恭纪二律》。

相关记载另外可参《鹤征前录》、《己未词科录》及王应奎《柳南随笔》卷四。

许嗣隆以计偕入都,因其寓处绝远,兼以试期临近,陈维崧未能及时过访。俟场后相访,许嗣隆已离京。故人来京,未能一面,深为抱憾。

《同人集》卷四陈维崧本年夏致冒襄《书》有云:"春间山涛兄计偕入都,意欲肃附寸函,恭申候问。不意山涛寓既绝远,及场后奉访,而山兄已行,至今抱怅。晤时乞为道意。"

十五日,叶奕苞撰《忆鹤唱和诗序》成。叶奕苞因久客京华,怀归情切,故园野鹤时入梦中,遂作《忆鹤》诗,邀同人和之。陈维崧有和诗一首。

叶奕苞《锄经堂诗·北上录·倡和诗一》之《忆鹤》小序云:"久客长安,怀归颇切。故园仙骥,时入梦中。偶赋此诗,忽邀同志枉和。到即登梨,遂无伦次。己未三月望日,二泉居士叶奕苞识。"其后附各家唱和之作。陈维崧和诗云:"十载幽栖水榭东,常将瘦影伴梧桐。天风吹上休辞冷,清响谁令彻碧空。"按,该诗不见于《陈迦陵文集》及《湖海楼全集》。

汪楫《京华诗》"五言绝句"有《咏鹤送叶九来南归二首》。

有诗柬陈僖。

《湖海楼诗集》卷六"己未"诗《柬家蔼公》。

陈僖,字蔼公,号馀庵,又号想园。直隶清源(今属河北保定)人。拔贡生。有文名,喜交游。与龚鼎孳、梁清标、李霨、王士禛等交往颇多。康熙十八年应博学鸿词试,报罢归。王泽弘《鹤岭山人诗集》卷四有《陈蔼公下第》诗慰之。著有《燕山草堂集》五卷。生平详李集《鹤征前录》及《大清畿辅先哲传》卷二十《文学二》。

为路鹤征词题诗。并有诗为人题桃菊画幅。

《湖海楼诗集》卷六"己未"诗《题路湘舞词》二首其二有"正是一春愁

病里"之句,知为春日作。同卷《题桃菊画幅》。

为庄冏生《长安春词》作序,并应邀和其《瑞兰诗》。

《陈迦陵俪体文集》卷七《庄澹庵先生〈长安春词〉序》云:"迟迟春日,青阳总四序之先;蔼蔼长安,紫盖会五都之极。宫开阊阖,凤擅神皋;节届勾芒,还饶淑气。惟天时地利之交荣,故短什长谣之竞叶。王勃著春思之赋,岁在咸亨二年;徐陵成春兴之篇,时则洛阳三月。"按,从文意看,该序应作春末的北京。陈维崧康熙十七年秋至京,十八年秋庄冏生去世,故只能断为本年春作。

《湖海楼全集·湖海楼诗集·补遗》之《庄澹庵太史索和〈瑞兰诗〉,漫赋》。

庄冏生(1627—1679),字玉骢,号澹庵。江苏武进人。顺治四年进士,授翰林院检讨。累迁至右庶子兼侍读。后以奏销讹误,里居近十年。康熙十年始得援例纳粟关中,补原官。十八年秋,因北京地震,惊悸而卒。工古诗文,善书画,尤长于山水。著有《澹庵集》《长安春词》等。生平详《毗陵庄氏族谱》卷三及道光《武阳合志》卷三十三。

春,冯溥招同王嗣槐、毛奇龄、吴任臣、吴祥农、徐咸清、徐林鸿、胡渭集广渠门内万柳堂作文赋诗,当日独陈维崧文与毛奇龄赋并见称。

冯溥《佳山堂诗集》卷六《春日同王仲昭、毛大可、吴志伊、陈其年、吴庆伯、徐仲山、徐大文、胡朏明集万柳堂,即席赋》。按,徐咸清于康熙十七年秋应征来京,经毛奇龄引荐识冯溥(见毛奇龄《制科杂录》)。本年春与试未中,秋间即还乡,冯溥尝有诗送之。《佳山堂诗集》卷二《送徐仲山南还仲山名咸清,浙之会稽人也。精字学,著有〈资治文字〉》云:"天涯已白露,犹尔折杨柳。激楚动商音,惜别况病叟。君识子云字,不饮子云酒。兴来过我庐,枵腹恣所扣。……秋色满蒹葭,溯回怀我友。劝君尽一觞,归帆信风吼。愿言各努力,相期在不朽。"据此可知,本次春日雅集为十八年事。

万柳堂,戴璐《藤阴杂记》卷六《东城》云:"国初,益都相国冯文毅仿廉孟子万柳堂遗制,既建育婴会于夕照寺旁,买隙地种柳万株,亦名万柳堂。毛西河奇龄、乔石林莱作赋,陈其年序,朱竹垞记。"冯氏万柳堂约成于康熙十七年前后,适逢朝廷诏举博学鸿词,四方应诏者云集京师,冯溥倾心下交,广为延纳,万柳堂中宴集无虚日,诸人多有诗文记之。

《陈迦陵俪体文集》卷四《征万柳堂诗文启》云:"都城海岱门之东,沙河门之内，有地一区。益都相国冯公顾而乐之，节缩其禄米所入，买以为园，名曰万柳堂。先是，元廉公希宪有堂名万柳，距都门不三十里而近，当时赵承旨诸公侈作诗歌以咏之，其遗址在今丰台左右。公慕廉孟子之为人，又园中种柳不啻以万计，故仍以为名尔。"

朱彝尊《曝书亭集》卷六十六《万柳堂记》云："堂成后，适四方人士应召至京师，公倾心下交，贫者为致馆，病馈以药，丧者赙以金。一时抒情述德，咸歌诗颂公难老，又虑公舍斯堂而请归里也，争赋咏公前，期公乐之而不去。"

毛奇龄《西河集》卷一二七《万柳堂赋》序有云："万柳堂者，益都相公冯公之别业也，其地在京师崇文门外。原隰数顷，污莱广广中有积水，渟瀯流潦，既鲜园廛，而又不宜于粱稻。于是用饔钱买为坻场，垣之墄之，又假而潴之，而封其所出之土以为之山。岩陁块曲，被以杂卉。构堂五楹，文阶碧砌，芄兰薜荔，菆蔓于地。其外则长林弥望，皆柏杨柳，重行迭列，不止万树，因名之曰万柳堂。岁时假沐于其中，自王公卿士，下逮编户马医佣隶，并得游燕居处，不禁不拒，一若义堂之公人者。"另其题下注云："西河征车赴京时，益都相公大开阁，请召诸门下士，共集于城东之万柳堂，即席为赋。时作者三十人，益都以是篇压卷。次日侍读乔君为传写一通，谬为己作，以示曹峨嵋司成，峨嵋曰：'此非君作也。''然则谁作？'曰：'此非西河不能也。'一时竞传之，以为佳话。其后益都致政去，西河致书有云：'昨以修禊复过万柳，虽风物犹昔，而追游非故，攀援柳枝，不觉泪下。'"此注系后来所补。卷一〇一《自为墓志铭》云："城东万柳园，冯公休沐地也。择日开宴，遍请诸应召者来，令赋诗。予为作《万柳园赋》，时同赋者十馀人，独以予赋与宜兴陈生文并称之。生名维崧。"《万柳园赋》即《万柳堂赋》。

尤侗《于京集》卷一《万柳堂二十八韵，呈相国益都公》。储方庆《储遁庵文集》卷三《万柳堂记》。田雯《古欢堂集》卷十一《万柳堂感事作堂为益都别墅》。邵长蘅《邵子湘全集·青门旅稿》卷三《万柳堂记》。江阎《江辰六文集》卷六《万柳堂记》。严绳孙《秋水集》卷五"诗五"《万柳堂柳枝词，为冯易庵相国赋》。李因笃《受祺堂诗》卷二十一《益都冯相国万柳堂五首》。徐釚《南州草堂集》卷十七《万柳堂赋》。潘耒《遂初堂集·遂初堂诗集》卷三"梦游草上"《万柳堂》。方象瑛《健松斋集》卷十《万柳堂铭并序》。

韩菼《有怀堂集·有怀堂文稿》卷八《万柳堂记》。王嗣槐《桂山堂文选》卷六《万柳堂记》。徐旭旦《世经堂初集》卷二《万柳堂赋》。高士奇《蔬香词》有《沁园春·咏益都相公万柳堂》二阕。

胡渭(1633—1714)，初名渭生，字朏明，晚号东樵。浙江德清人。以邑庠生入太学，尝馆冯溥家。一生博极群书，长于考订，尤工经学及舆地之学。徐乾学曾延其分纂《大清一统志》。康熙南巡，尝赐诗扇及御书"耆年笃学"四字。善诗赋，然不以名家。著有《易图明辨》《禹贡锥指》《洪范正论》《大学翼真》等。生平详杭世骏《胡先生渭墓志铭》(见《碑传集》卷一三一)、夏廷域《胡朏明年谱》、支伟成《清代朴学大师列传》卷十六。

春暮，与秦松龄、严绳孙、姜宸英、朱彝尊、纳兰性德郊游，诸人联句赋《浣溪沙》一首，陈维崧为首倡。

朱彝尊《曝书亭集·江湖载酒集》之《浣溪沙·郊游联句》陈维崧首句云："出郭寻春春已阑。"

邓州举人彭始抟会试下第归里，有词送行，并柬其兄彭始奋。

《迦陵词全集》卷二十八《贺新凉·送彭直上下第还邓州，兼柬贤兄中郎》下阕末云："到日贤兄凭寄语，撩乱柳绵飞也，有别绪，与之成把。博望野花红染血，诉行藏，风里休悲咤。恐又震，昆阳瓦。"

施闰章《施愚山集·施愚山诗集》卷四十《彭直上孝廉下第归南阳》首联亦云："南阳归去旧山庐，到日花翻红药初。"从所述景物来看，其到家时应为初夏，故离京当在春末。李基和《梅崖山房诗意》有《送彭直上表兄下第归南阳》。

彭始抟(1646—1732)，字直上，号方洲。河南邓州人。广西右布政使彭而述第五子。康熙十六年举人，二十七年进士，选庶吉士，授检讨，后改御史。旋再入翰林，升侍从。四十五年，督学浙江，擢侍讲学士，迁少詹事，改授内阁学士，兼礼部侍郎。雍正十年卒于家。事具《河南通志》卷五十九《人物三》、《中州先哲传》卷二十三。

另，患立堂本《迦陵词全集》卷十开头所列参选者中有"邓州彭始奋中郎"，卷十一所列参选者中有"邓州彭始抟直上"，可参。

太仓顾梅因新任贵州巡抚杨雍建荐，将随之往剿吴三桂。临行，陈维崧为其诗集作序，以代赠行。

《陈迦陵俪体文集》卷五《娄东顾商尹诗集序》末云："适当天畔之迢

征,大出箧中之奇作。送君万里,序子一言。嗟乎! 事大可为,时犹多难。
阵云忽起,正英贤报主之秋;边马成群,尤志士立功之会。榴花染绶,愿君
著绩于本州;柳叶弯弓,期尔垂名于异国。勉旃大业,早建铜标;行矣故
人,遄挥羽扇。此日参军出牧,长忆君于鹦鹉洲前;他时饮至策勋,重揖我
于凤凰阙下。"

　　顾梅,字商尹。江苏太仓人。康熙二年举人。宣统《太仓州志》卷二
十《人物四》云其"工诗词,兼好击剑,精骑射。时贵州巡抚杨雍建进剿吴
三桂,以梅有文武才,题荐军前效用。署黄平州,旋授印江知县"。后补工
部主事,未及入都,卒。按,据钱实甫《清代职官年表·巡抚年表》,杨雍建
之任贵州巡抚在本年二月。而道光《印江县志》卷二《官师志第五》"知县"
条云:"国朝康熙时:顾梅,太仓举人。十九年任。"由此可以判断,其随行
出都当在本年。至于陈维崧序中"榴花染绶"、"柳叶弯弓"云云,实乃预祝
之词,系指顾氏到达"本州"、"异国"的时间,而不当落实于送行之时。杨
雍建受命在二月,以情理推之,其出行若在三月末四月初,则至阵前时当
为"榴花染绶"、"柳叶弯弓"的季节。

**四月一日榜发,取中者五十人,陈维崧中一等第十名。后同籍五十人曾集
于众春园,仿题名故事,各赋诗一首,施闰章序之。**

　　陈僖《燕山草堂集》卷四《馀庵说》云:"康熙戊午,皇帝诏举博学宏材。
己未三月,御试于体仁阁。四月一日宣旨,留用五十人,其馀回籍。"

　　按,中式诸人名次见李集《鹤征前录》及毛奇龄《制科杂录·康熙十八
年召试博学宏词题名碑录》。

　　毛奇龄《制科杂录》又云:"后同籍五十人集于众春园,仿题名故事,各
赋诗一首,施愚山为之序。"按,该序未见于何庆善、杨应芹点校之《施愚山
集》。《陈迦陵文集》中也未见这次集会所赋之诗。

**施闰章叔父施誉卒于里中,施闰章闻讣,于四月初一为文祭之,并撰行状,
请陈维崧为作诔文。**

　　《陈迦陵俪体文集》卷十《宣城文学施公诔》:"惟康熙十有八年春正月
四日,文学砥园施公卒于宣城里第,春秋七十有八。"

　　施誉(1602—1679),字次仲,号砥园。安徽宣城人。为施闰章叔父。
诸生。一生笃于理学,躬行孝悌。生平详《施愚山文集》卷十七《先叔父文
学公砥园府君行状》,汤斌《汤子遗书》卷六《砥园施先生墓志铭》。《施愚

山集·文集》卷二十四《祭叔父文》:"康熙己未岁四月朔日,不肖侄闰章谨治牲帛酒脯,遥祭叔父大人砥园府君之灵:……叔父捐馆以正月四日,至三月二十三日始讣闻都下,盖距属纩时已八十七日矣。计此八十七日中,宜在哭泣之位者,皆与士大夫从容文酒燕游之日也。"按,施闰章时应博学鸿词之征在京,得堂弟闰严家书始知叔父之死讯,乃为作行状,乞"当世贤有闻者采择,而重之一言"。

初六日,康熙下旨吏部,命取中者五十人俱修《明史》,并让议定诸人应授何等职衔。

李集《鹤征前录》。

二十日,博学鸿词中式诸人到任。先于钦天监火神庙统一着朝服顶戴,然后到衙门行礼。次日共赴史馆。

毛奇龄《制科杂录》云:"乃择四月二十日到任。各朝服顶带于钦天监火神庙,齐到衙门行礼毕。次日赴史馆。"

何庆善、杨应芹点校本《施愚山集·补遗一》中的《试鸿博后家书十四通》之五月二十二日家书有云:"昨二十一日已到翰林任矣,光景不及乡塾老学究,而各衙门人索赏索门包如雨,聒不可耐。"

董俞因报罢还乡,行前请陈维崧为其诗集作序。

《陈迦陵俪体文集》卷五《董苍水诗集序》云:"忆昨西风,同予南内。挥毫自命,尽看花斫桂之人;被酒相呼,悉拔地倚天之句。喟诸贤之被放,喜我友之先鞭。雅命元龙,序其雌霓。嗟乎,技乏吹竽,宁是逢时之客;赋成破镜,终惭下第之人。孟郊之有国难归,罗隐之无肠不断。须知姊为皇后,稍纾赵女之愁;所幸兄作将军,差壮韦娘之色。敢倾腹笥,用报行厨。"从此序看,董俞在落第诸人中,是较先离京的。

邵长蘅《邵子湘全集·青门旅稿》卷一《都门旗亭宴集赠别豹人、赤方、苍水诸子》有句云:"蓟门四月飞絮稀,火齐累累樱桃肥。客中相见不得意,数钱压酒思妖姬。"可知其离京当在四、五月之交。

《王士禛全集·渔洋续诗集》卷十二"己未京集"《送董苍水归云间四首》。

五月十七日,朝廷命下,中式者五十人俱予授衔,陈维崧授检讨。邵长蘅、陶孚尹闻讯均有诗贺之。

《清圣祖实录》卷八十一。李集《鹤征前录》。

邵长蘅《邵子湘全集·青门旅稿》卷一《五月十七日,喜闻诸公同官翰林,赋赠五十韵》序云:"康熙十八年诏举博学鸿词,海内之士应诏集阙下者百馀人,上亲试之,得五十人,悉命官翰林,纂修《明史》,盖异数也。与余雅故者,施愚山闰章、汪钝翁琬、秦对岩松龄、钱宫声中谐、曹峨嵋禾、乔石林莱、李子德因笃、陈其年维崧、毛大可奇龄、朱竹垞彝尊、汪舟次楫、严荪友绳孙、徐胜力嘉炎、潘次耕耒、李渭清澄中、方渭仁象瑛、周雅楫清原暨家戒三远平。"

陶孚尹《欣然堂集》诗集三《诏征博学鸿词,朋好中获俊者七人,各赋一诗寄贺》之四云:"溪山佳处爱填词,藻丽新看劲玉塈。换得锦袍应恸哭,何人为报合肥知。其年游京师,沦落不偶,合肥龚尚书芝麓雅重之,赠诗有'君袍未锦,我鬓先霜'之句。今其年获俊,而尚书墓草已宿。故感及之。阳羡陈其年。"

按,关于各人授衔的具体情况,具体可参李集《鹤征前录》、毛奇龄《制科杂录·康熙十八年召试博学宏词题名碑录》。

四弟宗石还商丘路过北京,徐乾学有诗送之。

徐乾学《憺园集》卷七《送陈子万还商丘》:"燕山五月火云深,送客挥鞭御柳阴。万卷赐书先世泽,一官薄禄古人心。思兄梦得池塘句,对妇愁为洛下吟。期尔清秋重握手,双松古寺酒同斟。"

按,该诗后接康熙十九年正月诗,而康熙十八年前徐乾学丁忧在家,不可能在京为其送行,故断为本年作。

月底,博学鸿词中式者陈鸿绩卒于京,陈维崧为作文祭之。

《陈迦陵俪体文集》卷十《公祭同年陈子逊文》有云:"未有游好方新,欢娱永毕。甫给相如之札,便丁赋鹏之辰;才弹贡禹之冠,即会泣麟之日。是则罄安仁之诔笔,何能叙此酸辛;殚庾信之铭言,未足形兹凄恻矣。……时则紫禁啼莺,红墙语燕;草缬青袍,柳飘金线。云移雉尾,诗成而两省传观;日映螭头,赋奏而九重称善。千百国实异响以毕臻,五十人乃同时而召见。诏修天禄之书,日赐大官之膳。……嗟夫,蝶化蒙庄,鹃迷蜀栈。皓月难圆,彩霞终散。三千里吴关越岫,驿路偏长;十二日金马石渠,流光甚短。"从最后两句来看,陈鸿绩入翰林仅十二日即卒。而前面"紫禁啼莺,红墙语燕。草缬青袍,柳飘金线"等季节描述,亦与夏季时令相符。

陈鸿绩(?—1679),字子逊。浙江鄞县人。顺治十四年举人。曾任睢宁知县。以诖误革职。康熙十八年中博学鸿词二等第二十二名,授翰林检讨,与修《明史》。生平略见李集《鹤征前录》。

六月十八日,陈昌国自京至商丘,以陈维崧近况告徐作肃。徐乃以其兄作霖之行略寄陈维崧,乞为撰墓表。盖其时陈维崧已有翰林之衔,故重之也。

徐作肃《偶更堂文集》卷下《又与其年书》云:"六月十八日亦人先生到,得知先生近况嘉盛,只文字之忙无虚刻,弟敬叹以为真翰林也。向承索及先兄事略,仅成一传,奉教。……每思得先生一墓表,以为先兄宠。蓄之有年,然未敢骤启,俟容专恳可耳。微仪佐缄,知不罪穷措大人情也。一笑。"

有书致冒襄,告以己之近况,并重申其对冒氏的感激之情。此信至八月十九日始达冒氏手中。

《同人集》卷四陈维崧本年夏致冒襄《书》有云:"吴门一别,倏复一年。别时艾叶成丛,今又榴花作缬矣。流光如驶,岁月不居,言之太息。想老伯比来起居,益加康胜。为慰。侄崧自去夏入都,至今春始就御试,荷圣主殊恩,兴朝异数,擢官翰苑,列职史官。在草茅得此,已为不世之荣,但引分增惭,未知作何报称。兼之舆马廉从之费,四顾彷徨,不知所出。徒邀相如献赋之褒,不救方朔长饥之叹。未审知己,何以策我。……侄以麋鹿之性,甫入樊笼,不觉神魂错莫。俟诸冗稍闲,略有就绪,然后再觅绿鳞,细陈丹悃。此时则正在匆剧中,亟欲奉候,故一切未能缕缕也。"

《同人集》卷八"枕烟亭看桂倡和诗"冒襄《跋》云:"己未中秋后,扶病枕烟山亭看桂,有'荆棘满庭,乌茏斥路'之句。是日其年恰有札自都门寄至,耿耿不忘旧雨,而且拳拳寄语诸子焉。"同卷所录冒襄原诗题为《八月十九日水绘庵枕烟亭看桂,杂沓而来者,翻讶多此一人,废然而返》。陈维崧此信的后半部分,主要抒写自己对水绘园及诸故人的怀念。可证冒襄当日收到的正是这封信。同书卷九《哭陈太史其年》之九原注云:"其年承恩第一札内,追忆水绘十年旧事,何致坚之以鹤化鹃啼?余读之私讶不祥,讵意三年竟成妖谶。札刻尺牍中。"是知该信乃其入官后致冒襄之第一札。

陈元龙下第归海宁,有词送行。本年十月,陈元龙父之阉将庆六十寿,为赋《满江红》贺之。

《迦陵词全集》卷二十八《贺新凉·送家广陵下第南归海宁兼以志慰》上阕开首云:"槐影摇清夏。送君行,红亭绿酒,轻衫细马。家世沙堤兼绣毂,谁不旧知名者。"卷十二《满江红·寿海宁家始升六十》上阕云:"风景清佳,天气是梅前菊后。弧悬处,高轩列戟,软帘堆绣。龙笛鹅笙喧午夜,衙香宫锦闹晴昼。笑吾宗今日,又重逢,图南叟。"

按,这两首词均见于手稿本第五册中。在手稿本中,《贺新凉》作《贺新郎》,题中无"家"字,该词紧排在送彭始抟词后。陈元龙康熙十七年乡试中举,本年来京会试,下第后即返乡,临行前曾为其父征祝寿诗文。从其中"天气是梅前菊后"、"笑吾宗今日,又重逢,图南叟"等语看,其父生日当在十月。

陈之闿,字始升。浙江海宁人。海盐籍拔贡生,陈元龙父。后以陈元龙贵,赠礼部尚书兼文渊阁大学士。生平见《海宁州志》卷九《选举下·国朝拔贡》。

陈元龙(1652—1736),字广陵,号乾斋。康熙十七年举人,二十四年成进士,授编修。以绩学工书入值南书房,超擢侍讲。历进正詹事。后乞养归。父丧服除,就家起授掌院学士,补吏部侍郎,历官广西巡抚、工部尚书,转礼部尚书,终拜文渊阁大学士,加太子太傅。卒谥文简。著有《爱日堂诗集》二十八卷。生平详《清史列传》卷十四、《海宁渤海陈氏宗谱》卷八、《海宁州志》卷十《名宦》。另,据《爱日堂诗集》卷二《戊午京邸除夕》注云:"除夕宴外舅广平公寓,亲知并集,忘其为客也。"知其为宋德宜之婿。

与朱彝尊、秦松龄、严绳孙、姜宸英、汪辑、张纯修在纳兰性德渌水亭饮酒赏荷,有词纪事。

据《天风阁丛书》本《饮水词》后所附之张任政《纳兰性德年谱》"康熙十八年"条记载:"夏日集朱锡鬯、陈其年、严荪友、秦留仙、姜西溟、张见阳渌水亭观荷,锡鬯、其年各赋《台城路》词。荪友、西溟各赋五言律诗四首。"

《迦陵词全集》卷二十一《齐天乐·绿水亭观荷》。在手稿本第五册中,该词牌作《台城路》。《湖海楼全集·湖海楼词集》卷十四该词题为《绿水亭观荷同对岩、荪友、竹垞、舟次、西溟饮容若处》。《齐天乐》一名《台城路》。

朱彝尊《江湖载酒集》有《台城路·夏日同对岩、荪友、西溟、其年、舟次、见阳饮容若渌水亭》。

张纯修,字子敏,号见阳。渖阳(今属辽宁省辽阳市)人。隶汉军正白旗。贡生。工书画。康熙十八年任湖南江华县令,康熙三十二年官庐州府知府。与纳兰性德善。在纳兰性德去世六年后,曾于扬州刻其《饮水诗词集》。生平详参张任政《纳兰性德年谱》"康熙十八年"条所录。《八旗文经》卷五十七杨钟羲所撰《作者考》云其为"山西巡抚张滋德子"。《湖南省志·职官十五》也有传。按,据《纳兰性德年谱》,张纯修赴任江华县令在本年秋,《饮水词》之《菊花新·用韵送张见阳令江华》有"木叶下,楚天何处"之句,可证。

赋《齐天乐》题《松萱图》,为姜宸英母祝寿。

《迦陵词全集》卷二十一《齐天乐·题〈松萱图〉为姜西溟母夫人寿》。

按,该词作期不明,但在手稿本第五册中,其紧排在《台城路·绿水亭观荷》后,且词牌亦标《台城路》,疑为同时作。

过辽后妆楼,赋《齐天乐》。

《迦陵词全集》卷二十一《齐天乐·辽后妆楼》。

按,在手稿本第五册中,该词紧排在《台城路·题松萱图为姜西溟母夫人寿》后,词牌亦为《台城路》,惟词中季节为秋日,故应为夏末秋初作。

七月七日,逢节怀人,远念储氏,赋《玉簟凉》。梁清标、宋实颖、徐釚、曹贞吉均有词和之。

《迦陵词全集》卷十五《玉簟凉·己未长安七夕》下阕云:"秋光。旧家节物,往日心情,赢得无限思量。一钩眉样月,记曾照幽窗。粉云此夜,千里盼不到,小院疏廊。银汉底,料有人和泪凝妆。"

按,在手稿本第五册中,该词后附有梁清标、宋实颖、徐釚和曹贞吉的和作。曹贞吉词又见《珂雪全集》本《珂雪词》卷上,题为《玉簟凉·七夕有感和其年》。梁清标词又见《棠村词》,题为《玉簟凉·七夕次陈其年韵》。徐釚词又见《菊庄词二集》,题为《玉簟凉·己未七夕和其年韵》。

据毛奇龄《西河集》卷九十七《陈翰林孺人储氏墓志铭》云:"乃君应制科,置身翰苑,每欲迎孺人到京。一语昔昔,而舟车蹉跎,竟至奄忽。门来羔雁,徒致府侯劝赴之词;身入承明,原无僚婿相欺之意。黄鹄已摩天,未衔雌去;青婴方出浦,难见珠圆。赠红衣于骈蒂荷间,寄尺素在一流泉里。塞垣别鹤,未贻徐氏瑶琴;禁树栖鸾,空咏义安锦帐。游宦度年时,怅关河之阻隔;思君如日月,托昼夜以还生。东瀛将涸,可知床半封尘;北地常寒,不用庭中取冷。"

凉飙飒至,与毛奇龄等在冯溥斋中聚饮,冯溥作五言古诗《秋日饮酒诗》,陈维崧倚韵和之。

冯溥《佳山堂诗集》卷二"五言古诗"《秋日饮酒诗》开首云:"秋色从西来,吾斋何萧洒。凉飔拂襟袖,老眼作小楷。念此筋力微,自笑如童骏。"

《湖海楼诗集》卷六"己未"诗《秋凉饮酒诗和益都夫子韵》记录了当日欢饮的情景:"正逢兴会豪,那遽腰脚惫。刬蛟没溪潭,截虎劈岩巀。人生几两屐,万累直须摆。杯阑更拇战,汹涌临墙骇。依稀研阵还,甲光耀纯锴。"

毛奇龄《西河集》卷一八五《秋凉饮酒诗和冯夫子韵》。

叶封将还黄州,有书致陈维崧,告以归期,为赋五古一首赠之。京华同人,亦多有诗词相赠。

《湖海楼诗集》卷六"己未"诗《送叶慕庐归黄州》有云:"西风满长安,落叶那堪数。隔墙青梧桐,又复滴新雨。秋雨不肯绝,秋怀难自持。楚客昨有信,告我还山期。猿声夹岸闻,树影和烟没。君上洞庭船,定望中秋月。"从引文末尾两句看,该词当作于七月中旬前后。

另,据首联"节近重阳不肯留,黄花苦忆故园秋"两句,及《王士禛全集·渔洋续诗集》卷十二"己未京集"《送叶井叔归樊上六首》之一末"重阳一杯酒,风雨送归人"两句来看,叶封离京时实际已到了九月初。

毛奇龄《西河集》卷一六三《叶主事归黄州有赠》有云:"宫槐初落秋云飞,天街雨来尘渐稀。金门待诏苦寥寂,索米欲炊饥复饥。黄州进士子高后,十载通籍犹羁迟。郎令丞博许就荐,高文足丐圣主知。谁审司事去取异,清河辕固翻令归。"曹贞吉《珂雪全集》本《珂雪词》卷下《多丽·送叶慕庐南归》。方象瑛《健松斋集》卷十八《展台诗抄上》有"己未"《送叶慕庐归黄州》。王顼龄《世恩堂诗集》卷六《送叶慕庐还黄州》。彭孙遹《松桂堂全集》卷十八《送叶慕庐归黄州,即用夏日闲居元韵》。叶方蔼《读书斋偶存稿》卷二《送慕庐兄归楚》。尤侗《西堂全集·于京集》卷二《送叶井叔归黄州》。江闿《江辰六文集》卷九《送叶慕庐还黄州》。潘耒《遂初堂集·遂初堂诗集》卷四"梦游草下"《送叶慕庐还黄州》。徐嘉炎《抱经斋集·抱经斋诗集》卷六《送叶慕庐还武昌,用梅宛陵送游庐山韵》。李良年《秋锦山房

集》卷六《将归浙西,送叶井叔主政还齐安》。袁佑《霁轩诗抄》卷二"西清
集"《送叶慕庐还楚》。高层云《齐天乐·送叶慕庐归武昌》(《瑶华集》卷十
四)。梅庚《送叶井叔还黄州》(蒋钹、翁介眉《清诗初集》卷二)。田雯《送
叶井叔还黄州》(见《清诗初集》五)。钱金甫《送叶井叔还黄州》(见《清诗
初集》卷八)。

　　叶封(1624—1687),字井叔,号慕庐,又号退翁。本籍浙江嘉兴,后以
父任湖北黄陂县令,占籍黄陂。顺治十六年进士。康熙二年授福建延平
府推官,改河南登封知县。十四年迁西城兵马司指挥。康熙十八年与博
学鸿词试,未中,需次补主事归里。后补授工部虞衡司主事,然已先卒。
著有《慕庐集》《嵩游集》等。生平详王士禛《蚕尾文集》卷四《诰授奉直大
夫工部虞衡清吏司主事叶公封墓志铭》。

作《感皇恩·晚凉杂忆》六首。

　　《迦陵词全集》卷八《感皇恩·晚凉杂忆》六首。这组词的作期不明,
但其第五首上阕云:"记在鲁蒙阴,霜枫浓淡,叠巘层崖幻苍绀。秋生海
市,红日一轮孤陷。晚凉催,卸驮投关店。"陈维崧过蒙阴为去年七月十
五,故该词当作于本年后。

为王顼龄诗集题词一首,次田茂遇韵。

　　王顼龄《世恩堂诗集》卷首有田茂遇及陈维崧题词。田茂遇题词末
署:"己未初秋,瑁湖年兄以诗词三种惠教,灯下读之,不禁击节。调寄《三
部乐》,漫识倾倒。惟勿怪佛头之着。同里弟田茂遇。"陈维崧题词末署:
"右调《三部乐》奉题瑁湖年兄先生诗集,即次髯渊原韵。阳羡弟陈维
崧稿。"

　　陈维崧词又见《迦陵词全集》卷十六,题为《三部乐·题王瑁湖新诗卷
首,次田髯渊韵》。

　　按,田茂遇约本年秋南归。汪琬《钝翁续稿》卷五"北征诗"《送田髯渊
南归》有云:"一幅轻帆趁好风,恰如鱼鸟脱钩笼。杨梅烂紫登盘美,莼菜
微青上箸空。"该诗作于本年夏。

**宋实颖应博学鸿词试未中,本月南归,赋五言古诗二十八韵送之。另有
《绮罗香》词为其题像。**

　　《湖海楼诗集》卷六"己未"诗《宋既庭孝廉,余三十年老友也。客岁夏
秋间与余先后被召入都,又同下榻广平夫子寓庐几一载矣。秋日南归,赋

五言古诗二十八韵送之》。

《迦陵词全集》卷二十二《绮罗香·题宋既庭小照》上阕云:"昔梦都非,旧游频换,秋夜一灯吾汝。彩笔凭陵,压尽曹滕邴莒。曾见说猿臂难封,又闻道蛾眉工妒。任纷纷项领儿郎,薰香剃面画衣裤。"该词在手稿本第五册中,又从"猿臂难封"、"蛾眉工妒"等语看,当为宋实颖落第后作。

冯溥《佳山堂诗集》卷六"七言律诗"《送宋既庭》首句云:"燕市相逢酒重沽,又看秋色幂黄芦。"王士禛《王士禛全集·渔洋续诗集》卷十二"己未京集"《题既庭〈松风独乐图〉兼送别》。

施闰章以家乡新寄的敬亭绿雪茶赠王士禛、邵长蘅、陆嘉淑,王士禛作诗赋谢。次日陈维崧亦以家中所寄的芥茗一瓶赠王士禛,并附以自己和王之诗,索其再和,诗中称该茶系储氏亲自采摘炒制而成。数日后,王士禛以新诗见示,陈维崧倚来韵又和一首。

王士禛《王士禛全集·渔洋续诗集》卷十二"己未京集"《愚山侍讲送敬亭茶》有句云:"故山昨有寄,水驿驰江帆。开笿亟分我,芳香透重衾。"该诗排在《初秋索耦长画》和《题既庭〈松风独乐图〉兼送别》之间,可基本断定作于初秋。

《施愚山集·施愚山诗集》卷十三有《以绿雪饷王侍读阮亭及邵子湘、陆冰修,却枉佳句索和》有句云:"马上昨有寄,箬笿将一函。薄可饷邻好,红票银瓶缄。"按,《施愚山集·补遗一·试鸿博后家书十四通》之七有云:"敬亭茶用薄锡瓶装十斤茶事年年劳肇修,前已有数行托詹在老寄谢,其寻常松萝十斤,止要无火气者,用棕箬篓盛好,不必锡瓶,竟交付方玉泰亲翁可也。项已说明,其脚费我自算还。"该信落款时间为"五月二十二日"。

《湖海楼诗集》卷六"己未"诗《阮亭先生有谢愚山侍读赠绿雪茶诗,翼日余亦赠先生芥茗壹器,侑以此作,并索先生再和》有句云:"家园四月中,此物缘崖嵌。闺人适裹致,箬笿黄蜡箝。送君秋雨馀,谷泉正垂帘。"该诗后一首即为《送茶次日,阮翁语我又得一事,乃迟迟不遽出,昨始示我,仍迭来韵》。

王士禛和诗仍见《王士禛全集·渔洋续诗集》卷十二"己未京集",题为《陈其年检讨见和绿雪之作复遗芥茶一器索赋诗》,中有句云:"白甄题红签,细君自蒸焙。"

李因笃因母病辞归,旨准将行,有诗相送。

　　《湖海楼诗集》卷六"己未"诗《送同年李子德终养还秦中》二首其一云："金商肃初秋,凉飙荡游氛。荒途跃麑兔,旷野呦惊麇。之子离京邑,驾言迈西秦。倾都耀冠盖,祖饯弥通津。矧我同门友,欢爱尤所敦。念当翻飞日,恹悢怀其群。黄叶落长安,飘摇辞本根。天风一汝送,仍堕瀤浐滨。人生恋乡土,畴不思仁亲。款款临岐言,恻恻难重陈。"

　　汤斌《汤斌集·汤子遗书》卷十《送李子德奉旨归养二首》其一有云:"蓟门疏雨澹秋阴,惟尔斯行重古今。赋就上林才赐第,表陈东掖蚤抽簪。"尤侗《西堂全集·于京集》卷二《送李子德检讨归养二首》。严绳孙《秋水集》卷六"诗六"《送李天生同年侍养归秦中》。徐釚《南州草堂集》卷七《送李天生还山五百字》。惠周惕《砚溪先生集》卷上《北征集》有《别李天生检讨》。潘耒《遂初堂集·遂初堂诗集》卷三"梦游草上"《送李天生还关中》。方象瑛《健松斋集》卷十八《展台诗抄上》有"己未"《送李天生奉旨归养》。李良年《秋锦山房集》卷六《送天生检讨兄归关中三首》。王顼龄《世恩堂诗集》卷六《送李天生归养》。高士奇《苑西集》卷一《李天生检讨将归关中,同严耦渔、朱竹垞、潘稼堂、李武曾小斋话别》三首。袁佑《雾轩诗抄》卷二"西清集"《送同年李天生终养旋里》。《洪昇集》卷三《稗畦续集》有《送李天生归秦中》。博尔都《白燕栖诗草》卷二《送李天生归养》。梁清标《送李天生检讨归养》(《诗观三集》卷二)。

八月十五,赋《念奴娇》词书怀。时京城刚过地震,此后馀震不断,当夜微云掩月,情怀不佳。曹贞吉、梁清标均有词和之。

　　《迦陵词全集》卷十九《百字令·己未长安中秋》题下有注云:"时值京都地震,是夜微云掩月。"在手稿本第五册中,该词牌作《念奴娇》。《念奴娇》又名《百字令》。

　　曹贞吉《珂雪全集》本《珂雪词》卷上《百字令·中秋和其年,时甫过地震》。

　　梁清标《棠村词》有《念奴娇·中秋次其年韵》。

　　按,据叶梦珠《阅世编》卷一"灾祥"条记载,康熙十八年"七月二十八日庚申,京师地震。自巳至酉,声如轰雷,势如涛涌,白昼晦暝,震倒顺承、得胜、海岱、彰仪等门,城垣坍毁无数,自宫殿以及官廨、民居,十倒七八。……二十九、三十日,复大震。通州、良乡等城俱陷,裂地成渠,流出黄黑水及黑气蔽天。……朝廷驻跸煤山凡三昼夜,臣民生者露处枵腹,死者秽气熏蒸。……自是以后，地时微震。惟初八、十二三日复大震如初。近京三百里内，压死人民无算。"另可参《清圣祖实录》卷八二。

邵长蘅《青门旅稿》卷一《地震诗戏效昌黎体》亦有句云："岁在己未斗指申，月之廿八朝日暾，京师地震骇厥闻。"

陈宗石还商丘，有诗寄徐作肃、侯方岩并怀田兰芳。时北京刚发生地震，诗中及之。

《湖海楼诗集》卷六"己未"诗《舍弟还商丘，凭寄徐孝廉恭士》二首其一末云："谁遣故人成薄宦，聊凭小弟寄新诗。县南黄叶堆行满，何日幽寻果凤期。"该诗后紧接的是《寄侯六丈叔岱并怀田梁紫》二首，其二前两联云："金门羁绊意茫然，月黑狂歌白昼眠。近日六鳌翻厚地，多时一雁喜晴天。"

按，陈维崧诗题中的"舍弟"，当指陈宗石。陈宗石大概于本年秋经北京还商丘探亲，来年清明前复过北京，陈维崧有诗送之。考见下年清明前。

张含瑾选宜兴县令，将离京赴任，陈维崧有诗送之，以地方灾情及民生艰难相告，冀其有所体察。

《湖海楼诗集》卷六"己未"诗《送邑侯张荆山之任》。按，在编年诗集中，该诗紧排在《寄侯六丈叔岱并怀田梁紫》后，故可大致断为八月末作。

张含瑾，字荆山，又作荆涵（《临潼县志》、《山西通志》均作"函"）。山西蒲州人，占籍陕西临潼。顺治十四年举人，十六年成进士，初授推官（见乾隆《临潼县志》卷六《选举》）。康熙十八年任宜兴县令（见嘉庆《宜兴县志》卷五），在任一年离去。生平详雍正《山西通志》卷一二五《人物志》本传。

潘江闻得陈维崧等中博学鸿词者皆授翰林院编修、检讨之职，有诗贺之。

潘江《木厓续集》卷四"莱戏草三"《闻宏博诸公特授翰林院编修、检讨等官，其中如毛子大可、陈子其年、倪子阆公、丘子季贞、汪子舟次、徐子电发、龙子理侯，皆予布衣旧好也，感赋却寄》。该卷首注云："起己未正月，尽八月。"本诗为该卷最末一首，故应作于八月。

九月初，邵长蘅将往登州，赋七古一首送之，并寄登州知府谭吉璁。同人施闰章、毛奇龄、王士禛、梅庚、陆嘉淑等并有诗相赠。

邵长蘅《青门旅稿·自序》有云："予自己未春入都,涉秋东之海上,登蓬莱阁,求三神山不可见,已乃转客淄青,客历下,又往来都门者数年。"另,《青门旅稿》卷一《将至登州留别阮亭、愚山两先生、冰修、其年、耦长诸子》诗后,附有施闰章、王士禛、毛奇龄、陈维崧、梅庚、陆嘉淑所作之《送子湘至登州》同题诗,其后有陆嘉淑跋云："重九前一日,将送青门友兄之登州,适得晦木寄诗,辄和其韵。晦木题纸尾,自诡非子瞻不能作,非半山不能读。余才不及晦木,而青门当不逊半山,读罢知为鞦然也。试以呈舟石太守、左羽孝廉。嘉淑又跋。"

陈维崧诗又见《湖海楼诗集》卷六"己未"诗,题为《送邵子湘至登州,并寄谭舟石太守》。

潘耒《遂初堂集·遂初堂诗集》卷三"梦游草上"《送邵子湘赴登州,兼怀谭舟石太守》。徐嘉炎《抱经斋集》卷十四《玉台词》有《虞美人·送邵子湘之登州》。

工部郎中田雯移居粉房巷,作《移居诗》。京华同人多和之,陈维崧作七古一首。

《湖海楼诗集》卷六"己未"诗《移居诗为田纶霞郎中赋,即次原韵》。粉房巷,即粉房琉璃街。

田雯《古欢堂集》卷十九《杂著·诗话》云："己未,余领冬曹节慎库,七月地震,自横街移居粉房巷。先至其处,督奴子搬家具,闷坐久,作诗一篇题壁上,有'东野家具少于车''墙脚残立山姜花'之句。俄渔洋至,见而和之,次日遍传都下,和者百人。"其原诗见《古欢堂集》卷五,诗后附有王士禛、施闰章、曹贞吉、林尧英、汪楫、曹禾、汪懋麟、陈维崧、朱彝尊的和诗。另外和诗前有陈维崧所作序云："水部田纶霞先生,画省望郎,金闺贵客。门高京兆,风流题柱之才;班簸虞衡,潇洒含香之彦。风樯阵马,诗追韩愈之恢奇;铁画银钩,字笑羲之之姿媚。东华休沐之暇,庭鲜杂宾;西曹退食之馀,门多好事。然而一官落落,竟无百花潭上之庄;八口摇摇,何来万里桥边之宅。相逢詹尹,惟话卜居;不遇伯通,谁为赁庑。盐瓶酱瓿,频戛触于宣武街前;豚栅鸡栖,几转徙于崇文门外。每因赊酒,惯恼邻翁;只为担书,恒吁老仆。此乌飞三匝,先生既自起而嘲;鹪借一枝,众客亦同声以赋也。仆有狂言,聊为善谑。莫因数溷,便掩柴荆;纵使三迁,宁迷巷曲。但得半弓隙地,亟令阿段以栽花;矧逢九月凉秋,须遣长鬣为种秫。君其无怒,仆尚能来。倘询酿进,请看和韵之诗;若论为欢,且出售文之直。聊题数语,并示同游。"按,该序陈集各种刻本均未载。

徐釚《南州草堂集》卷七《和田子纶虞部移居诗》。潘耒《遂初堂集·遂初堂诗集》卷三"梦游草上"《和田纶霞移居诗》。徐嘉炎《抱经斋集·抱经斋诗集》卷六《和田纶霞虞部移居》。方象瑛《健松斋集》卷十八《展台诗抄上》有"庚申"《和田子纶移居》。梅清《天延阁后集》卷六"己未、庚申诗略"有《水部田纶霞先生属写长安移居图,并作短歌》。魏麐征《石屋诗抄》卷一《补和田纶霞水部移居诗》。《诗观三集》卷七有于觉世《和田纶霞郎中移居》诗。丁炜《问山诗集》卷三《次和田子纶移居》。

田雯(1635—1704),字纶霞,又字子纶,号漪亭、蒙斋、山姜。山东德州人。康熙三年进士,由内阁中书历官江宁、贵州巡抚。后以丁忧归里,服阕补刑部右侍郎,调户部左侍郎。以疾归。工诗。著有《古欢堂集》四十九卷。生平详田雯《蒙斋自编年谱》。

连日秋雨。初八日,与曹贞吉、田雯、乔莱、汪楫同集曹禾斋中,为汪懋麟接风,时汪懋麟初至京。席间限韵赋诗,有作。

《湖海楼诗集》卷六"己未"诗《重九前一日,喜汪蛟门至,集曹峨嵋斋同曹升六、田子纶、乔石林、汪舟次限"六"、"月"韵》开首云:"秋檐滴沥不肯歇,街泥潆潆双髁没。重阴那许洗袍裤,积雨偏令浣靴袜。堆盘不见大官羊,苦被人讥饱糠粃。扪壁惟看画上鹰,持灯只照墙边蝎。故人谁为送消息,昏黑昨已抵城阙。"

汪懋麟《百尺梧桐阁遗稿》卷一"己未"诗《重九前二日,其年、升六、子纶、颂嘉、子静、舟次家兄喜余抵京,集饮颂嘉邸斋,同用"六"、"月"韵》首句云:"舟车两月几曾歇,昨到城门日将没。"

按,关于这次集会,陈维崧与汪懋麟所记日子相差一天。汪懋麟康熙六年举进士,十二年以丁母忧归。十五年服阕至京,年底又以父老归,归途父殁。十七年诏举博学鸿词,兵部尚书王熙、工部尚书陈敳永荐之,以未终制坚辞。十八年服除,徐乾学荐修《明史》,遂于九月初至京。

初九日,汪懋麟招同曹贞吉、田雯、乔莱、汪楫、曹禾、李澄中、潘耒赴南城黑窑厂黑龙潭登高,有诗并词。当日,冯溥曾招陈维崧同王嗣槐、毛奇龄、吴任臣、陆菜登善果寺毗庐阁,因其先往黑龙潭,未得从游,后有诗纪之。

《湖海楼诗集》卷六"己未"诗《九日同升六、子纶、蛟门、石林、舟次、峨

嵋、渭清、次耕黑龙潭登高,再迭前韵》《益都夫子九日招登善果寺阁,余以先往黑龙潭不克从游,三迭前韵》。同书卷七"庚申"诗《送田纶霞督学江南》回忆当日从游之况云:"昨秋九月菊蕊放,群公招我来登高。风流京兆骑马至,满贮蛮榼堆花糕。黑龙潭上架小阁,夜夜龙吼安能牢。白杨离披不晓事,晚更助以声飂飂。我辈渴笔写长句,兀�欲与天风鏖。君诗跌宕倍深警,陵轹韩杜驱雄褒。是日轰轰大笑乐,飒如猛吹翻旌旄。龙亦为之徙其窟,雁亦为之求其曹。"善果寺,在宣武门外西南二里白纸坊。

曹贞吉《珂雪全集》本《珂雪词》卷下《笛家·九日蛟门招集诸子游黑龙潭》。

《迦陵词全集》卷二十九《笛家·己未九日,蛟门招同诸子游黑龙潭,次实庵韵》。

田雯《古欢堂集》卷六《九日同其年、升六、舟次、蛟门、石林集黑龙潭和韵》。

汪懋麟《百尺梧桐阁遗稿》卷一"己未"诗《九日游黑龙潭,同其年、升六、子纶、颂嘉、子静、舟次家兄再迭前韵》。

潘耒《遂初堂集·遂初堂诗集》卷三"梦游草上"《重九陈其年招同诸公登高分赋》。

另,冯溥《佳山堂诗集》卷三《九日同王仲昭、毛大可、吴志伊、陆义山登善果寺毗庐阁》乃当日记游之作。毛奇龄《西河集》卷一七九《九日登善果寺后毗卢阁,示同馆诸公》、卷一八五《九日陪冯夫子登善果寺毗卢阁,和韵示同游诸公》。徐嘉炎《抱经斋集·抱经斋诗集》卷六《九日同乡诸子招集登高,闻诸同人快饮黑龙潭,次其年韵》。皆当作于同日。

陆葇(1630—1699),原名世枋,字次友,号义山,一号宜山,又号雅坪。浙江平湖人。康熙六年进士,除内阁典籍。康熙十八年,由兵部侍郎孙光祀荐举博学鸿词,中一等第十二名,授翰林院编修,与修《明史》。历官詹事府左春坊左赞善、内阁学士、礼部侍郎等。工诗词,与朱彝尊为中表,时相唱和。著有《雅坪诗文稿》十卷、《雅坪诗稿》四十卷、《雅坪词谱》三卷、《选历朝赋格》十五卷。生平详毛奇龄《西河集》卷一〇八《陆公神道碑铭》、《国朝耆献类征初编》卷五九。

初十日,冯溥以昨日登高纪游之作见示,为遥和一首。

《湖海楼诗集》卷六"己未"诗《次日,益都夫子垂示善果寺登高之作,遥和一首》。

　　按,在编年诗集中,该诗紧排在《益都夫子九日招登善果寺阁,余以先往黑龙潭不克从游,三迭前韵》后。

十五日夜月食,随诸官趋拜,五更始归,当夜无寐,有诗纪事。

　　《湖海楼诗集》卷六"己未"诗《九月十五夜月食纪事》有句云:"月中妖蟆骋雄怪,开口龂龂惯嘈嗻。攫拿直犯烂银盘,么么敢浼琉璃界。冰轮药臼吐复吞,桂阙蟾宫癣成疥。此时下土虮虱臣,亦逐群官下阶拜。庙门万鼓怒霆轰,堂口千灯乱星挂。须臾完完碧海东,依然滓秽少纤芥。……五更归卧曲盎床,丛菊半畦霜月晒。不眠唧唧斗寒螀,达曙狂歌吾未惫。"

十七日夜,冯溥次子慈彻、四子协一招同王嗣槐、毛奇龄、吴任臣、汪楫、潘耒、胡渭饮冯氏西斋。次日,冯溥用陈维崧九日登高韵赋诗见示,陈维崧和作一首,冯溥有诗再和。

　　《湖海楼诗集》卷六"己未"诗《九月十七夜,同王仲昭、毛大可、吴志伊、汪舟次、潘次耕、胡朏明饮冯冒闻、躬暨西斋。翌日益都夫子用拙韵作诗见示,仍迭前韵》。

　　冯溥诗见《佳山堂诗集》卷三《秋日王仲昭、毛大可、吴志伊、陈其年、汪舟次、潘次耕、胡朏明小集西斋,和其年重阳登高见忆之作原韵》《其年复以前韵见赠,仍次韵答之》。

　　毛奇龄《西河集》卷一六三《益都师相请,召同馆生西堂燕集,用陈检讨即席原韵命和》。

　　冯慈彻,字冒闻,号玉爽。冯溥次子。荫监生。官兵部司务。

冯溥用陈维崧九日登高韵戏作宫怨诗一首相简,为再和七古一首,毛奇龄亦有和作。

　　冯溥《佳山堂诗集》卷三《再用前韵戏为宫怨,简陈其年》。

　　《湖海楼诗集》卷六"己未"诗《益都夫子复用前韵戏作宫怨诗见简,再和一首》。

　　毛奇龄《西河集》卷一六三《西堂燕毕,仍用前韵拟宫怨诗,益都师相诗先成,命予援笔立和其后》。

姜宸英母去世,将南归,陈维崧和纳兰性德送别韵赋《贺新凉》赠之。

　　《迦陵词全集》卷二十八《贺新凉·送西溟南归,和容若韵》云:"三载徐园住。记缠绵,春衫雪屐,几曾离阻。又作昭王台畔客,日日旗亭画句。

最难得他乡欢聚。眼底独怜君落拓，又何堪鹊鸟啼红去。都不信，竟如许。　　千丝漫理无头绪。问愁悰，原非只为，渭城朝雨。如此人还如此别，说甚凌云遭遇。笑多少痴儿呆女。本拟三冬长剪烛，怅今番旧约成辜负。和残菊，隔篱语。"该词题下注云："时西溟丁内难。"

纳兰原倡附在手稿本第五册陈维崧和作之后，《饮水词》中未收该词。

为孙致弥《梅沜词》题诗，时孙将南归，和李良年韵赋《解连环》词相送。

《湖海楼诗集》卷六"己未"诗《题孙恺似孝廉〈梅沜词〉》。因该诗紧排在《九月十七夜，同王仲昭、毛大可、吴志伊、汪舟次、潘次耕、胡胐明饮冯冒闻躬己西斋……》后，故可断其作于秋季。另，《迦陵词全集》卷二十三《解连环·送孙恺似孝廉南归。恺似陪使朝鲜，曾辑〈采风〉一编，载彼国士女诗词略备，故后半阕专及之，和李武曾韵》上阕开首云："渭城朝雨，怕声繁拍促，凄如结楚。谁砌满、黄叶中原，恰暗卷归人，渡滹沱去。"

孙致弥《杕左堂集》之《梅沜词》卷二有《解连环·己未秋客长安将归，留别同学诸子，次武曾韵》。《杕左堂集续集》卷一《中秋后一日，同华亭钱越江、石门吴青坛、常熟归惺厓、武进杨芝田、嘉善曹蓼怀、吴县沈东田、华亭陆敬峰、昆山叶渊发、澄夏、吴江周惟念雅集，芝田有作，次韵和之，即以留别》题下自注云："是岁七月地震不已，九月望当月蚀，余将南归。"是知其南归当在九月末。

按，李良年原唱实为孙致弥陪侍朝鲜时的赠行之作，应作于康熙十七年夏孙氏出使时，见《秋锦山房集》卷十一《解连环·送孙恺似陪侍朝鲜》。

张廷瓒《传恭堂诗集》卷一《送同年孙恺似归吴门》序云："戊午春，召遣内侍之高丽，搜求遗书，更选文士一人与之为贰。内侍遂举恺似，并取其平日所著诗文以进，上大嘉赏。使事毕，藩王厚贻恺似金，坚拒不受，中外咸称其廉。秋八月，与余同举于乡，明年春试礼部不第，又数月始束装南归，同人治具征歌，饯之于张氏园林，因赋此以送之。"

徐嘉炎《抱经斋集》卷十四《玉台词》有《解连环·送孙恺似之濠梁，用诸公韵兼示武曾》。高士奇《苑西集》卷一《送孙恺似孝廉》亦当作于本年（按，原书注明该卷止于己未九月）。徐釚《菊庄词二集》有《解连环·用李十九武曾韵，送孙恺似之凤阳》。陆葇《雅坪词谱》有《解连环·送孙孝廉恺似，和李秋锦韵》。

孙致弥（1642—1709），字恺似，号松坪。江苏嘉定（今上海）人。康熙十七年举顺天乡试。同年清朝颁孝昭皇后谥于朝鲜，孙致弥以太学生被赐二品服，充副使，奉命采诗。四月命下，六月出行。二十七年成进士，改翰林院庶吉士。后因事下狱，久之得雪。历官山西乡试副考官、编修，累迁至侍读学士。工诗词，为"练川八子"之一。著有《杕左堂集》《梅泚词》。生平详《清史列传》卷七一、《国朝耆献类征初编》卷一二一、程祖庆《练川名人画像》卷四等。

有诗柬李澄中，兼向其索饼。

《陈迦陵俪体文集》卷四《戏与李渭清素饼启》有云："家原吴地，夙耽虾菜之风；游到梁园，偶习饩馎之味。酒垆阛阓，偕铃卒以加餐；葱肆氍氄，共骑奴而属餍。自客都亭，长怀宛洛。人非雁鹜，何来泽畔之粮；行类偻儒，并乏囊中之粟。犹忆前宵，曾蒙设食。膏环一捻，玲珑映字以俱明；粔籹千堆，柔弱因风而欲起。遍骄座客，还诧家僮。颇馀望蜀之思，仍作发棠之请。想何年归去，细说于荒桥野店之傍；来日过从，大嚼于淡月轻烟之候。不烦脾臄，以恩公为，但有宽焦，可迟宾至。毋嫌恶客，纵怀矣而何妨；倘属戏言，即画之而亦可。"

《湖海楼诗集》卷六"己未"诗《柬同年李渭清，兼申吃饼之约》云："满空黄叶喧秋井，飒飒敲窗疑蚁蛩。忆昨重九去登高，山东李生最精猛。作势横牵恶马骋，爱看霜林电光骋。间者阔焉久不见，令我凭阑想形影。一日李生来打门，握手上阶帻不整。为言昨宵吾丧我，甲夜沉迷直至丙。颠挤犹如坠崖谷，昏黑得毋填坑阱。此后重生极偶然，当时不死良天幸。对君狂笑君须省，身世从来类萍梗。千古疾如羊熟胳，一官赘比肩垂瘿。只应拼作半生狂，慎莫徒为百忧耿。青州面抵齐纨靓，翠甑炊成雪肌冷。再买京城早韭芽，要趁秋灯来说饼。"

许嗣隆弟许容时客京华，将返如皋，为题其所著《说篆》册子兼以送行，并呈冒襄、冒褒、冒裔、冒嘉穗、冒丹书、许嗣隆诸游好。

《湖海楼诗集》卷六"己未"诗《题许实夫〈说篆〉册子，兼送其归东皋，并呈巢民先生暨无誉、爱及、谷梁、青若、裔承、山涛诸游好》末云："长安秋雨歇，缪篆肯予饷。烂铜蚀不完，破玉瘦逾旺。此时篱菊吐，正拟沽涞酿。如何忽告归，念兹色惆怅。东皋我昔游，不死须仍访。碧脆椒鸡羹，黄鲜蛏蛤酱。桃膏红溜匙，花露滑凝盎。杨枝别来久，不审作何状。那能花月边，再试玲珑唱。君归见故人，历历问无恙。宵长秋梦多，蟋蟀闹衣桁。"

　　许容,字默公,号实夫。江苏如皋人。许嗣隆弟,与冒襄为中表兄弟。精于篆刻,为康熙朝著名的金石篆刻家,亦是如皋印派的创始人。曾应邀至北京,为名公巨卿制印。官福建福州府检校。著有《破难草》、《石鼓文抄》二卷、《许默公印谱》一卷、《谷园印谱》六卷、《说篆》一卷等。冒襄《巢民文集》卷六有《书许默公印谱后》。生平详嘉庆《如皋县志》卷十七、《江苏诗征》卷一〇〇、《东皋诗存》卷十二。

汪存庵出京,陈维崧、冯溥皆有诗送行,陈另有赠序一篇。

　　《湖海楼诗集》卷六"已未"诗《送汪存庵广文出都》云:"西风飒沓黄茅店,独树野田遭岁歉。此时老友趁急装,淅沥霜花肌骨砭。忆昔交君在乡井,当时握槊争坛坫。毛骨英英万马惊,容华灼灼群姬艳。酒社分吟陌上花,猎徒并载车中猃。倘称袁伏果何甘,若论曹刘真不忝。狐白之裘红罽襜,纷纷万态若曹僭。斯世何人少八驳,官今所职仍铅椠。居无华堂出无幰,夔相圃中苜蓿占。腊肉空劳掾史颁,俸钱肯向生徒敛。君不见易州酿胜葡萄酽,滦河鲫斗鲈腮嗛。肥羊硬饼且啖之,一笑须如填坑堑。广文虽冷勿复愁,耿耿为君倚长剑。"

　　《陈迦陵俪体文集》卷八《送汪存庵广文出都序》有云:"仆语未阑,君行毋遽。忆订尹班之契,颇联袁灌之交。绿窗红烛,值肥肠满脑之秋;白酒黄鸡,当须奋髯张之候。先生既拔帜以摩旌,贱子亦脱冠而免胄。掷杯以起,谁云曲逆之长贫;蹋臂而遨,自信买臣之必贵。由今溯昔,曾几何时? 谈天客去,抚邹衍以悲来;繁露书成,眷江都而涕下。山丘华屋,里巷宵迷。鬻笡吹箫,朋游星散。何期万事之都非,窃幸两人之斯在。"

　　冯溥《佳山堂诗集》卷四有《送汪存庵学博》五律二首,其二末两联云:"汾水优英杰,扶风列女倡。何如官廨静,化雨近宫墙。"

　　毛奇龄《西河集》卷一七九《与汪广文》云:"讲学河汾年又年,长安相遇见华颠。空囊尚载田何易,沽酒曾无司业钱。绛帐经传燕市曲,青袍草映御河边。金门万里云霄近,莫问沧江有钓船。"

　　彭孙遹《松桂堂全集》卷十七《送徐州汪广文》:"秋来曾此折蔬麻,千里相思未有涯。平子情深青玉案,扶风帐拥绛云纱。鸣鸡山迥征鸿过,戏马台空夕照斜。莫自登临耽逸兴,彩毫留咏上林花。"

　　汪存庵其人名字生平俟考,存庵当为其号。江苏徐州人。曾在山西河汾一带任教谕或儒学训导之职。陈维崧早年曾与之交,后汪中举得官,两人久不相见。民国《临汾县志》清初教谕中未见汪姓,训导则缺康熙三十四年以前记录。《徐州府志》亦未见著录。

徐咸清因与试未中,将南归,陈维崧为之送行。酒间,徐咸清出其夫人商景徽诗集相示,陈维崧览罢为之撰序。

《陈迦陵俪体文集》卷六《闺秀商嗣音诗序》题下原注云:"友人徐仲山夫人。"序云:"有我友之高才,际兴朝之盛典。严终接轨,挥毫于鸤鹊观前;枚马联镳,授简于凤凰阙下。辞章温丽,至九重亦悉其名;体制雕华,即两省尽传其赋。会遭逢之未偶,遽行李之将归。西风落叶,别子三秋;北渚微波,送君千里。爰于酒半,自说生平;并倚风前,为言乡里。乃知高柔室内,正有贤妻;苟粲房中,非无令妇。示我玉台之咏,玩其锦瑟之章。盖嗣音商夫人者,即君之德配,而前太傅商公之季女也。"

商景徽,字嗣音。浙江会稽(今绍兴市)人。商周祚女。与姊商景兰俱能诗,兼工词。著有《咏雏堂集》。生平详《全清词抄》卷三十、施淑仪《清代闺阁诗人征略》卷一。

汪锷给假省母,将归,为序送之。

《陈迦陵俪体文集》卷八《送汪考功钟如给假省亲序》云:"萧萧兮风也,燕地从来饯别之区;青青者柳邪,阳关大抵送行之曲。越禽恋燠,代马怀寒。潞河桥下,单舸联翩;督亢城边,轻装络绎。……斜阳祖道,濒行而挽子之祛;长笛歌骊,半起而揽君之袂。宾徒眷恋,愿纡已授之绥;亲懿追攀,冀缓方道之轸。而先生则挥手离亭,顾同官而致语;横襟旷野,向我友以鸣怀。畴昔之辰,小人有母。盖以故乡娿歆,侨籍薪黄。此地实当三巴百粤之冲,向年属有豨突鸱张之事。……兹者一官,俄焉六载。幸蛮荒之帖伏,南徼粗安;喜江介之承平,北堂无恙。……吾行已决,幸故人鉴余乌哺之私;此别无多,但来年俟我风池之上。于是南浦霜红,擘琵琶而捉柱;西山日紫,倾凿落以行杯。绕朝赠策,群公既立马以歌诗;疏广还乡,贱子亦班荆而作序。"按,此序具体作年无考。从文意看,当在陈维崧入仕以后,两湖初平之时,汪任户部主事时已六年。而清廷平湖南在上年底本年初。以情理推之,汪锷请假省母当在本年。

汪锷,字钟如。本安徽休宁人,入湖北江夏籍。康熙二年举人,九年成进士。初任中书,转户部主事,典仓储,手自清算,积弊一清。考选吏部,历四司者十年,黜陟大政,不徇私情。康熙十四年分校顺天、二十三年以吏部员外郎出任陕西乡试副主考,皆称得人。事母极孝,性笃友爱。年六十卒。生平详《湖广通志》卷四十七、《国朝耆献类征初编》卷一四三。

关外贡鹰使者入京,吴兆骞有书致陈维崧,兼乞药物。

《湖海楼诗集》卷六"己未"诗《秋日贡鹰使者入关,接吾友汉槎书,兼乞药物。广平夫子既以枸杞地黄二种缄寄,余则寄〈乌丝词〉稿一部,仍系四绝句兼呈卫玉叔》。广平夫子,指宋德宜。

钱金甫以所藏司马相如古碧玉小印、箭决相示,作七言古诗一首赠之。毛奇龄、潘耒亦各有诗。

《湖海楼诗集》卷六"己未"诗《钱编修所藏司马相如古碧玉小印歌》。

毛奇龄《西河集》卷一六三《钱编修所藏司马相如玉印歌》。潘耒《遂初堂集·遂初堂诗集》卷十一"补遗"《司马相如玉章歌》。

钱金甫(1638—1692),字越江,号瞻屺。江苏华亭(今上海)人。少负才藻,工诗古文。康熙十八年进士,授庶吉士。同年,因户部主事邵延龄荐,举博学鸿儒,试列二等,除翰林院编修。以同年并中两榜,故而名重一时。康熙二十三年典江西乡试。历官至侍讲学士。卒于官。著有《保素堂稿》。生平详《江苏诗征》卷三十六。

惠周惕、宋涵、徐钪、潘耒、侯开国秋日尝于灵佑宫登高,陈维崧以事未能同往,后读其酒间之作,和韵赋七古一首述怀。

《湖海楼诗集》卷六"己未"诗《读惠征士元龙同宋征士叔邃、徐检讨电发、潘检讨次耕、侯秀才大年灵佑宫会饮之作,和韵写怀一首》有云:"霜郊细马挈蛮榼,公等于此兴不凡。更提健笔扑险怪,猛虎背痒摩枯杉。昨余羁绊未曾去,琳宫遥望青红嵌。安得幻为老蝙蝠,扱身直上浮图摲。嗟余垂老乃新嫁,窘束不得褰屏帘。六宫女伴半娇横,谁其脱赠茱萸衫。独馀数子癖痂嗜,许擘新蟹围晴檐。那知百事只我误,更觅四美知谁兼。……不图皇天有深意,要我宦海尝酸咸。宵编青史苦堆垛,早朝丹禁愁森严。易州老春拦液局,禁赊每每标红签。斜街菊本太瘦细,欲摘风枝无二三。……一冬臂痛近差减,舼船沺沺还能拈。来朝续饮亟报我,不尔曾遣长髯馘。丹房石鼎倘联句,狂道士语吾为添。"灵佑宫,在先农坛北仁寿寺东。

惠周惕《砚溪先生集》卷上《北征集》有《同侯大年用杨铁厓、范石湖诗韵作歌》,疑当日作。

宋涵,字叔邃。江苏溧阳人。诸生。工诗古文词。康熙十七年应博学鸿词之荐至京,次年与试不中,于年底归里。归后不事干谒,徜徉泉林以终。著有《兰楚堂集》,已佚。生平详嘉庆《溧阳县志》卷十三《人物志·文苑》。

按,侯开国因江南大旱,家庭遭饥,时寓北京。

为乔莱题《桃花流水图》。

《湖海楼诗集》卷六"己未"诗《〈桃花流水图〉歌为乔编修石林赋》。《迦陵词全集》卷十《洞仙歌·题乔石林舍人桃源图小照》。

毛奇龄《西河集》卷一四八《题同年乔编修桃花泛舟画像五首》。

汪琬《钝翁续稿》卷五"北征诗"《题乔舍人画二首》其一首二句云:"桃花流水洞中春,有客停舟解问津。"知其亦为题该画之作。

月底前,沈尔燝南还,作《水调歌头》送之。并有词题其《被园偕隐图》。

《迦陵词全集》卷十四《水调歌头·酬别沈风于即用来韵》上阕云:"君住马溪上,我住涡湖中。平生酒颠花恼,此事那输公。自逐鹓班鹭队,回忆练裙檀板,甚日恰重逢。也料秋江畔,开到粉芙蓉。"知其为中博学鸿辞后所作。又下阕有句云:"青山见人分袂,替作别时容。"知在冬前。又,卷三十《穆护沙·题苕中沈风于孝廉被园偕隐图》亦当作于同时。

沈尔燝(1631—?),字翼昭,号风于(一作"宇")。浙江乌程(今湖州市)人。康熙二年举人,二十一年成进士,官公安知县。工词。夫妻皆能诗,尝偕隐被园。曹贞吉《珂雪全集》本《珂雪词》卷上《露华·题沈风于被园》上阕开首云:"沈郎学圃,傍罨画溪边,点染千树。"王士禛《渔洋续诗集》卷十二"己未京集"有《被园偕隐为沈风于赋》。徐嘉炎《抱经斋集·玉台词》有《满江红·题沈风于被园偕隐图》。蒋景祁《瑶华集词人》表有著录。生平详同知《湖州府志》卷七十六《人物传·文学三》。

本年五月,施闰章故园老梅开四花,适逢其与同里孙卓、茆荐馨、高咏同官翰林,里中故人人以为祥瑞,为之绘图作歌,题卷封轴,寄至北京。京华同人见之,多为作歌,陈维崧亦有五古一首。

《施愚山集·施愚山诗集》卷二十三《己未夏,家园老梅作四花。余适同孙予立、茆楚畹、高阮怀并官翰林,里中梅渊公诸故人作〈瑞梅图歌〉索和,漫题其后》有句云:"花枝人数适相符,四子同时登翰苑。主人爱闲不爱官,可怜亲旧满堂欢。绘图作诗侈花瑞,封题卷轴来长安。"

《湖海楼诗集》卷六"己未"诗《宣城施愚山先生家园有梅数株,横斜阁外。今岁四五月中,梅忽吐二枝,适孙、茆两鼎甲捷音至,无何复绽二萼,则先生侍读之命又与高检讨同日下,四花前后正与四公第宅相望也。同人作诗纪之,余亦殿以五古一章》有句云:"梅精陡放颠,琼粟绽湘蒂。一花值一家,历历开以四。无何四先生,前后吉语至。底用卜莲䈈,居然握符契。宣城一画手,乃是都官裔。作图远寄将,字脚春蚕细。余适忝词垣,同官出相示。披图笑咥咥,憨直吐肠胃。……施公骨坚凝,峨峨天庙器。高茆淡泊人,洒脱摆俗腻。孙君雅未识,亦不恃门地。"

按,以情理推之,梅庚作《瑞梅图》当在五月下旬以后,该图邮至北京应在入秋以后。从《湖海楼诗集》本年的排序看,陈维崧这首诗应作于秋冬之际。

毛奇龄《西河集》卷一三五有《虞美人·己未四月,宣城施少参寄云楼下梅树忽发二花,值是科殿试榜发,同邑孙予立、茆楚芬以一甲同授馆职。既而又发二花,则少参与同邑高阮怀并以制科授馆职。一时相传,以为草木之瑞非偶也。举人梅渊公绘为〈瑞梅图〉寄至京,同馆各为诗颂之,予和少参词书图卷尾》。

戴璐《藤阴杂记》卷一云:"同邑一榜及第:康熙己未榜眼孙卓、探花茆荐馨,俱宣城人。"

孙卓(1648—1683),字予立,号如斋。安徽宣城人。五岁而孤。康熙十八年榜眼。二十二年奉使册封安南,行至粤西全州,暴病卒,得年三十六岁。著有《甓社稿》。生平详光绪《宣城县志》卷十八《文苑》。

茆荐馨(1629—1681),字楚畹,号一峰。安徽宣城人,占籍浙江湖州府长兴县。康熙十八年探花。生平详光绪《宣城县志》卷十八《文苑》、《国朝耆献类征初编》卷一二〇。

十月,同王嗣槐、毛奇龄陪冯溥至善果寺沐浴并看雪,冯溥、陈维崧、毛奇龄各有诗。归后,冯溥与毛奇龄、王嗣槐、胡渭于灯下和陈维崧韵各有作。

《湖海楼诗集》卷六"己未"诗《冬日陪益都夫子善果寺看雪》有云:"此时朱门正行酒,锦帷四面笼琵琶。花羔缕切落红雪,那顾后世嘲淫奢。何如我曹淡生活,不斟绿蚁惟斟茶。须臾解衣趁浴鼓,所喜背痒便搔爬。风狂腊雪定为瑞,来年饥窘宁无涯。"

冯溥《佳山堂诗集》卷三《冬日同王仲昭、毛大可、陈其年善果寺看雪》

有云："浴室香温濯垢盘,红炉围幕却初寒。菊花十月犹争艳,门外天风带笑看。我今与子真仙人,水晶之域迥绝尘。君不见马牛猬缩车辙没,夜哭啾啾多冻骨。"同卷另有《和陈其年善果寺登高看雪原韵》,乃其和韵之作。

毛奇龄《西河集》卷一六三《雪中陪益都相公请沐善果寺,即事奉和原韵》、卷一六五《大雪陪益都夫子游善果寺归,灯下同夫子和陈检讨诗,一人呼韵一人给写,信口占叶,不许停刻。时王二舍人、胡征君在旁,知状后,舍人亦有和诗,纪其事》。

王嗣槐《桂山堂文选》卷十一"桂山堂诗选"《冬日走笔和其年韵示大可、胐明二子》云："昨日看雪浴僧家,汲泉石井煮兰芽。陈子赋诗相赠答,行间字里飞春花。相国属和洵健笔,强韵浑脱点不加。毛生侍坐兴勃发,秃笔挥洒纷沙沙。"又《冬日同大可、志伊、冒闻、躬暨陪益都公善果寺看雪和韵》云："皇州十月黄云丽,朔风委羽龙吹异。"

贡鹰使者将出关,以《乌丝词》稿一部寄吴兆骞,并系四绝句兼呈族叔玉铸。

《湖海楼诗集》卷六"己未"诗《秋日贡鹰使者入关,接吾友汉槎书,兼乞药物。广平夫子既以枸杞地黄二种缄寄,余则寄〈乌丝词〉稿一部,仍系四绝句兼呈卫玉叔》其一云："青海奇鹰雪不如,贡来都下北风初。自怜亦似离乡客,特为流人寄纸书。"其四云："殷勤并语长流叔,雪窖频年况铁衣。月底琵琶千帐起,听他弹罢定思归。""铁衣"云云当指陈玉铸入水军事。

为尤侗题画作二绝句。十月间,尤侗以"家在江南杨柳村"为题乞梅庚作画,并自题二绝句,索诸人和之。同赋者有梅庚、王士禛、施闰章、汪琬、毛奇龄、彭孙遹、倪灿、汪懋麟。

《湖海楼诗集》卷六"己未"诗《题画为尤悔庵赋》二首其二末句云："老梅未放香生树,野鸭群飞响过门。"

尤侗《西堂全集·于京集》卷三《题画二首》序云："予岁朝作诗,有'家在江南杨柳村'之句,盖思归也。羁旅经年,忽忽如梦,因乞梅子耦长图之,以代卧游。题二断句贻诸公属和焉。"

按,依《西堂全集》的编年说明,《于京集》卷三所收为己未十月至庚申十二月间诗,《题画二首》正列于卷首,故知为十月间作。《于京集·题画二首》后附有梅庚、施闰章、王士禛、汪琬、彭孙遹、陈维崧、毛奇龄、黄与坚、彭定求、倪灿、汪懋麟和诗。施闰章《施愚山集·施愚山诗集》卷五十《尤悔庵检讨以"家在江南杨柳村"作二联句,属耦长画,率尔用韵缀卷后》、毛奇龄《西河集》卷一四二《漫和尤太史马上口占原韵二首》),即为当时和作。

十一月十五日夜,同诸人饮于冯溥斋中。次日冯溥作七古一首相示,为和一首。

《湖海楼诗集》卷六"己未"诗《仲冬望夜,同诸子侍饮益都夫子堂中,翌日夫子作歌枉示,敬和一首》。

按,冯溥原倡为《佳山堂诗集》卷三之《岁晏行》。

十九日后,与钮琇、严绳孙、朱彝尊、徐釚、汪楫、潘耒集慕国璠寓斋,分韵赋诗,得二绝句。

《湖海楼诗集》卷六"己未"诗《冬夜同诸子小集慕华平舍人斋头,分韵二首》。

钮琇《临野堂集·临野堂诗集》卷五《后筑音》有《长至后,同荪友、锡鬯、其年、电发、舟次、次耕翰林诸公集慕公子寓斋,分韵得"黄"字"心"字》。《临野堂集·临野堂诗馀》有《昼锦堂·慕公子寓斋》。

徐釚《南州草堂集》卷七《慕在玉招饮即事》云:"下值逢佳宴,还从款段骑。宫鸦寒色浅,梅蕊放香迟。佩向金鱼解,吟教白雪随。诸公饶逸兴,把酒覆残棋。"

按,本年冬至为十一月十九日。

钮琇(?—1704),字书城,号玉樵。江苏吴县人。康熙十一年贡生。历知河南项城县、陕西白水县,后任广东高明县令,卒于任。著有《觚剩》《临野堂集》。生平详《清史列传》卷七十、《国朝耆献类征初编》卷二二二。

慕国璠,字在玉,号华平。甘肃静宁人。江宁巡抚慕天颜季子。乾隆《静宁州志》卷五《选举》载其"字在玉,天颜季子",康熙十四年北榜举人。乾隆《甘肃通志》卷三十三《选举志》康熙十四年己卯科有"慕国璠,静宁人,授中书舍人"。汪楫举博学鸿词为慕天颜所荐,本次集会或即与汪楫有关。

李涛为其母董氏庆六十寿,为作启以征祝寿诗文。

《陈迦陵俪体文集》卷三《征李母董太宜人六十寿言启》云:"李母董太宜人者,观察某某先生之淑配,而太史紫澜先生之寿母也。"《王士禛全集·蚕尾续文集》卷八《李母董太宜人传》云其"生万历庚申十一月二十四日,卒康熙四十二年癸未正月二十八日"。知其本年满六十岁。

李涛(1645—1717),字紫澜,号述斋。山东德州人。康熙十五年进士。与兄李浃,同县李源有"三李"之称。历任江西临江知府、浙江盐运使、广西布政使、光禄寺卿。晋左副都御史、刑部左侍郎。卒于任。

十二月十七日,清廷开史局,总裁为翰林院掌院学士叶方蔼、掌坊学士张玉书,以徐元文为监修官。史局分为五班,将自洪武至正德间之历史分作五截,每班拈阄分题。尤侗、毛奇龄同分在第五班。陈维崧分得王崇古等传。

尤侗《悔庵年谱》"康熙十八年"云:"是冬,史局开。总裁为掌院叶切庵方蔼先生、掌坊张素存玉书先生,而徐立斋学士即家起为监修官。予列第五班,分纂弘正诸臣列传。"

毛奇龄《西河集》卷二十《复蒋杜陵书》:"惠寄三札前后收到,宛陵、阳羡两君亦并致意去,因酬应稍烦,恫怳度日,友朋之怀徒抱胸次。今则史馆稠杂,除入直外,日就有书人家怀饼就抄,又无力雇书史代劳,东涂西窃,每分传一人,必几许掇拾、几许考核,而后乃运斤削墨,侥幸成文。其处此亦苦矣,又况衣食之累,较之贫旅且十倍艰难者耶。今同馆诸公,分为五班,自洪武至正德作五截阄分,某班只分得弘正两朝纪传,而志表则均未及焉。某于两朝中又分得后妃六篇、名臣二十五篇、杂传一篇,合三十篇。既又以盗贼、土司、后妃三大传谬相推许,统属某起草,在阄分之外。"

方象瑛《健松斋集》卷十六《纪分撰明史》有云:"余以己未五月奉命修《明史》,十二月十七日开馆,明年正月分撰《景帝本纪》,景泰、天顺、成化朝臣传王翔、于谦等,辛酉六月暂分天启、崇祯朝臣传顾大章、朱燮元等,壬戌四月分隆庆、万历朝臣传梁梦龙、许平远等,计七十七传。又陈检讨维崧殁,昆山徐公属续构王崇古等八传。睢州汤公属补登廷赞、胡拱辰二传。通八十七传,次第上史馆。"

宋涵将归溧阳,作七言古诗相送。

《湖海楼诗集》卷六"己未"诗《送宋征士叔遂归平陵》有句云:"江南是月梅渐放,翁归一笑应狂颠。"是为腊月景色。

《施愚山集·施愚山诗集》卷四十《赠宋叔遂》。李基和《梅崖山房诗意》有《送宋子叔邃南归兼柬令弟允文》。

吴震方母庆六十寿，陈维崧为作启，征祝寿诗文。

《陈迦陵俪体文集》卷三《征吴老年伯母六秩诗文启》末云："某等与青坛年兄，秋风雁塔，或附齐年；夜月龙墀，或称同馆。芸阁绅书之暇，获聆贤母之芳风；花传珥笔之馀，略悉高门之盛事。兹当腊月小春，适遘华筵六秩。桃开蓬岛，星妃设帨之辰；菊满金屏，月姊称觞之候。人间节孝，行看表双阙以乌头；天上褒嘉，伫见降九重之紫绫。"按，此文作年不详，但应成于康熙十八到二十年间。为编年方便，暂系于此。

吴震方(1651—?)，字右弨，号青坛。浙江石门人。康熙十八年中二甲一名进士。由翰林改陕西监察御史，耿直敢谏，以参关弊罢归。因辑《朱子论定文抄》进呈，得复原官。生平详光绪《石门县志》卷八《人物志·政绩》。

三弟维岳将随新选江阴县令王敏资暂往山西度岁，前来辞行。维岳拟于来春随王敏资入江阴幕中，冯溥有诗为其送行。

《湖海楼诗集》卷六"己未"诗《送纬云三弟同王鹤升邑令暂往山右度岁，来春即下榻澄江署中》有云："吾弟好大言，居恒向余话。只思汾晋游，每恨乾坤隘。……今晨走别我，作装太狡狯。知从贤主人，真历飞狐界。"

冯溥《佳山堂诗集》卷三《送陈纬云赴江阴幕》。

王敏资，鹤升当为其号。山西沁水人。监生。生平不详。《江南通志》卷一百七《职官志·文职九》著录之江阴县令有："王敏资：沁水人。监生。康熙十九年任。"嘉庆《沁水县志》卷六《选举·官阶》但云其为"江南江阴县知县"，而无其他信息。

陈长庆暂返商丘，即赴南昌府幕。作五律三首相送，其二有怀侯方岩及徐作肃。

《湖海楼诗集》卷六"己未"诗《京邸岁暮送其白弟暂返梁园即赴南昌郡幕三首》其一云："尔到睢阳郭，多应四节除。难沾分岁酒，差胜寄家书。久客妻孥瘦，长贫兄弟疏。愁惊翻倒极，白发漫盈梳。"按，时任南昌知府者为甘国栋。

冯慈彻将任国子学正，次汪楫韵作长歌相赠。

《湖海楼诗集》卷六"己未"诗《益都夫子次君冒闻将膺国子学正之命，长歌奉赠，次汪舍人韵》末句云："入春花发上丁日，定有觥肉膰吾徒。"从诗意看,应作于十二月。按,乾隆《国子监志·师官表》未载其人。

毛奇龄《西河集》卷一六三《书冯二世兄学正卷子》一首。

本年,冒襄有书复陈维崧,告以己之近况。

《湖海楼诗集》卷六"庚申"诗《寿冒巢民先生七十》有云:"隔岁先生寄一纸,行楷瘦硬萦蛛丝。上言子已得官爵,别久脱复将余思。下言皋俗子眼见,老夫况复年来衰。田园斥尽歌舞罢,宾客谢绝亭台欹。"

按,冒襄此书盖为答其夏日之书。

明年九月,张新标夫妇将庆双寿。届时张新标六十二岁,夫人阎氏则满六十岁。陈维崧应其子鸿烈请,为作启预征祝寿诗文。

《陈迦陵俪体文集》卷三《征淮安张鞠存年伯双寿诗文启》:"在今春徂逢盛事。圣主辟翘材之馆,熙朝开博学之科。枚皋、枚乘,共挥毫于鸂鶒楼头;崔瑗、崔骃,同献赋于鸳鸯殿下。笑语历云霄而上,父子俱荣;赓歌在殿陛之间,君臣交泰。而先生则谓舒祺年小,幸充珥笔之臣;烛武精销,应作归田之叟。一出一处,洵哉显晦之攸宜;为箕为裘,展也后先之济美。更以来年,欣闻双寿。太君则六旬设帨,庚申度值其初;先生则九月悬弧,甲子方逾其二。斑衣灿锦,遥飞千里之觞;仙醴流霞,合祝万年之嘏。某等与毅文年兄分拟荀陈,情叨孔李。丹崖春霁,宜陈朱萼之篇;绿野秋开,应赋白花之句。"

张新标(1618—1679),字鞠存,号淮山,又号曾若。江苏山阳(今淮安市)人。顺治六年进士,授中书。后擢吏部考功司主事,改户部主事。顺治十三年坐事谪黑水监驿丞,以疾归。康熙十八年应博学鸿词荐,不举。性孝友,重义气。陈名夏得罪遭弃市,无人敢收葬,惟张新标遣仆制棺往殓。生平详方象瑛《健松斋集》卷十三《张吏部传》。

张鸿烈,字毅文,号泾原,又号岸斋。廪监生,新标子。康熙十八年应博学鸿词试中式,授翰林院检讨,与修《明史》。后除国子监助教,迁大理寺副,丁忧归。圣祖南巡过淮上,鸿烈迎献诗赋,复原职。辑有《淮南诗抄》二卷。生平见李集《鹤征前录》。

李青孚本年成进士,馆选出宋德宜门下,遂托陈维崧、毛奇龄、钱金甫为媒,聘宋氏幼女为配。然李幼时曾聘其父同年王氏女,王氏因吴三桂乱而滞留西南,诸人皆不知其情。后临娶时,朝廷收复滇南,王氏归命还朝籍,因追道前事,宋德宜憾之。后李青孚两女同娶,以宋氏为正室。

毛奇龄《西河集》卷十七《上宋大司马论婚姻书》序云:"李丹壑庶常,内阁学士容斋公之子也。儿时曾聘公同年生王君女,未娶,会三藩兵变,王君仕西川,阻绝有年。丹壑年十六,于己未科成进士,馆选出宋大司马廖天公门下,遂乞司马公息女为配。临娶,而王师收复滇南,西川先辟,王君已归命还朝籍,奏兵部,于是始纷纷追道前事。司马公大憾前此成说,时蹇修有人,而吴俗行聘必借诸亲友为之傧价。西河为阁学门下士,与钱编修庸亭、陈检讨其年同往行聘,至是司马公并责备诸君,谓预知其事,故为隐匿,且日夕聚议不决。西河乃上书自明,后亦究用西河书中语定长次焉。"

平步青《霞外捃屑》卷九《小楼霞说稗·双娶》亦记其事。

本年曾为黄与坚宫词作序。

《陈迦陵俪体文集》卷七《黄编修庭表宫词序》云:"以我同官之雅,矧尔齐年;遂于校史之馀,属之撰序。"

黄与坚(1620—1701),字庭表,号忍庵。江苏太仓人。顺治十六年进士,授推官,旋以奏销诖误。康熙十八年中博学鸿词,授编修,擢赞善。曾典贵州乡试。后以葬亲乞归。为"太仓十子"之一。著有《忍庵集》,吴伟业为辑入《太仓十子诗选》。生平详李集《鹤征前录》、《清史列传》卷七十、《复社姓氏传略》卷二。

康熙十九年　庚申(1680)　五十六岁

约正月十五前,王嗣槐将赴常州知府幕,有诗送行。

《湖海楼诗集》卷七"庚申"诗《送王仲昭舍人赴兰陵郡守幕》有云:"正期促膝守砚北,何意掉臂还江南。江南此时梅㿔破,横枝眠处溪拖蓝。或当风日弄妍暖,酒船衔尾摇晴潭。"按,时任常州知府者为孟宗舜,天津人,顺治十六年进士。

冯溥《佳山堂诗集》卷三《送王仲昭之江南》有云:"去岁上书谒帝阍,今岁驱车怜芳草。丈夫志气凌霄上,潦倒思向丘园老。……帝里元宵风气清,大馆不见伤别情。鞭赠绕朝无复尔,好将皓月送君行。"

毛奇龄《西河集》卷一六四《赠王舍人赴常州幕》云:"去年同诣公车门,有司藉藉推公孙。雄文博藻骋伟辩,开牍殿前惊至尊。须臾授职令著作,不及郎官并丞博。独怜垂老轶清河,但入中书咏红药。天街对酒冬复春,高粱柳色侵衣新。师门相倚顿分袂,令我黯然伤远神。兰陵酒熟野花发,此去江南好时节。那堪羸马夜归来,空望金台一轮月。买田阳羡心自闲,莫嫌莲幕春风寒。他时忆我新诗好,应在荆溪水榭间。"

《施愚山集·施愚山诗集》卷四十一《送王仲昭舍人》。方象瑛《健松斋集》卷十八《展台诗抄上》有"庚申"《送王仲昭之毗陵》。

十五日后,同严绳孙、倪灿、范必英、汪楫、乔莱、潘耒、顾汧过李楠斋,灯下看盆梅,触景思乡,即席次韵赋五律四首。

《湖海楼诗集》卷七"庚申"诗《早春同严荪友、倪阆公、范秋涛、汪舟次、乔石林、潘次耕过李木庵前辈斋,灯下看盆梅,即次原韵四首》其一尾联云:"方法凭传语,明年我定栽。"

李楠《药圃诗》"己未至癸亥燕台稿"《招严荪友、陈其年、范秋涛、汪舟次、倪阆公、潘次耕、乔石林再集梅花下》三首为原倡。

按,在《药圃诗》中,该诗前为《元夕偶得梅花数本,前辈秦对岩暨刘彦度、王鹤汀、翁林、家醒斋月下过饮漫赋》二首,秦松龄《苍岘山人集》卷四《得树轩集》之《元夕同史馆诸公集李倚江检讨斋中看梅,和倚江韵》、李振裕《白石山房文稿》卷二《灯夕饮木庵弟寓斋,梅花下赋诗,依韵奉答四首》为当日和作。是知其招陈维崧等再集当在十五日后。潘耒《遂初堂集·遂初堂诗集》卷五"梦游草下"《同陈其年诸子集李木庵斋,盆梅满屋,灯影横斜,分韵四首》、严绳孙《秋水集》卷六"诗六"《李依江前辈斋看梅次韵》四首、顾汧《凤池园诗集》卷三《过李木庵寓,盆梅盛开,即次原韵四首》,均为同时作。另,李基和《梅崖山房诗意》亦有《和倚江兄咏斋中梅花》四首。

李楠(1647—1704),字倚江,号木庵。江苏兴化人。李清季子。康熙十二年进士。由检讨官至左都御史。著有《大远堂文集》《药圃诗》。生平详金门诏《金东山文集》卷九《木庵李公暨原配叶夫人合葬墓志铭》、焦循《扬州足征录》卷二。

顾汧(1646—1712),字伊在,号芝岩。江苏长洲籍,顺天大兴(今北京市)人。康熙十二年进士,历官至礼部侍郎、河南巡抚,后降大理寺少卿,调奉天府丞,宗人府府丞。著有《凤池园集》。生平详《词林辑略》卷二、潘增莹《墨缘小录》及《凤池园集》卷首诸人序。

十五日后,赋《贺新郎》为冯溥子冯协一催妆。

《迦陵词全集》卷二十八《贺新郎·为冯躬暨催妆》题下注云:"躬暨,益都夫子三世兄。是日夫子方有御书之赐,'白马珊鞭',书中句也。"该词下阕开首云:"火城才散朝回骑。""火城才散"谓元宵刚过。

按,在手稿本第五册中,该词与《贺新郎·送吴璨符归武林》《贺新郎·寄赠吴兴沈凤于》接抄在一起,不另书词牌,而这两首词均作于本年(考见本年秋日),故知该词亦成于本年。但是,从手稿本中接抄在一起的这几首《贺新郎》各自所显示的季节看,其排列比较混乱,依次是:《双鱼问为阎牛叟赋》《送吴璨符归武林》《为冯躬暨催妆》《夏日为代菊岩催妆》《寄赠吴兴沈凤于》《诸城李渭清赠我以龙须数茎,同曹舍人实庵、陆编修义山、沈大令融谷赋,余箧中旧有虎须,故篇中及之》。其中《送吴璨符归武林》作于九月,《为冯躬暨催妆》作于正月十五以后,《夏日为代菊岩催妆》作于端午后,《寄赠吴兴沈凤于》作于闰中秋后。所以,可以断定它们并不作于同一个时间段,但应作于同年,且应是同时誊抄的。

约正月末二月初,梁清标夫人吴氏卒,京华同人举行公祭,陈维崧为撰祭文。

《陈迦陵俪体文集》卷十《公祭梁老师母吴夫人文》云:"万树梅开,六街灯罢。我侪小子,群游挚下。并辱提携,俱蒙奖借。问字花朝,执经雪夜。彩毫揿赋,锦瑟填词。公与生徒,朝斯夕斯。值公廨日,端居不怡。微闻德耀,沉疴中之。我党私忧,时还窃拟。天相夫人,勿药定喜。何图恶耗,遽入于耳。"

按,关于梁清标夫人吴氏具体卒日今无考。李澄中所撰梁清标墓志铭中未载,《梁氏族谱》因其后人密不示人,未能看到有关梁清标的关键材料,故不能断定其有无著录。不过从陈维崧祭文可以看出,大致时间应在康熙十九年正月下旬到二月初。所谓"万树梅开,六街灯罢",说明是在正月下旬左右。故断于此时应该是可靠的。

三月初一,朝罢入直史馆,见御河新水泛绿,有诗抒怀。施闰章、徐钅九见而和之。

《湖海楼诗集》卷七"庚申"诗《三月朔日,朝罢入直史馆,见御河新水,诗以赋之》。

《施愚山集·施愚山诗集》卷四十一《三月一日入直史馆,见玉河水色,次韵陈其年》。

徐钪《南州草堂集》卷七《朝罢入直，见御沟新水，和其年韵》。

初三日，同蒋景祁、黄庭、陶自悦雨中过万柳堂，用蒋捷词韵赋《垂杨》一首。

《迦陵词全集》卷十六《垂杨·上巳万柳堂雨中即事用竹山词韵》。在手稿本第二册中，该词题后有"同京少、蕺山、艾圃"六字。

按，陈维崧康熙十七年夏秋之交至京。十八年有万柳堂之会，二十年上巳、二十一年上巳均与同人在万柳堂修禊，惟本年未见相关记录，故该词应作于本年。

黄庭（1625—1704），字守中，又字蕺山，号说岩。江苏无锡人。康熙十四年举人。著有《采香泾词》《岁寒词》《玉河西干词》《消夏词》。彭定求《南畇文稿》卷三《送黄蕺山南归序》云："蕺山名家子，少能文，兼通诗词，宜以儒学进，而困童子试。习孙吴家言，举于乡。既数年试官，辄不利，求升斗之禄不可致。……余旅居无聊，常与蕺山共晨夕。其人爽朗可喜，把酒谈诗，亹亹不倦，决不以奔走干谒为事。今且久客将归，而其穷特甚矣。予思解蕺山之穷而无从也。"生平详陆楣所撰墓志铭（《铁庄文集》卷七）。

陶自悦（1639—1709），字心兑，号艾圃。江苏武进人。性敦厚，通经学。康熙二十年北榜举人，二十七年进士，官至泽州知州，以病乞归。归后受亲家唐执玉之托，为照料唐氏陈渡草堂，时人称为陶园。著有《亦乐堂诗抄》六卷。生平详《亦乐堂诗抄》后所附蒋金式《皇清诰授奉直大夫山西泽州知州艾圃陶公墓志铭》。

初四日寒食节，友人斋头梅花始开，有诗纪之。

《湖海楼诗集》卷七"庚申"诗《寒食友人斋头梅始花》。

清明前，四弟宗石赴黎城路过北京，有诗送行，彭孙遹亦有诗相送。

《湖海楼诗集》卷七"庚申"诗《送子万弟还黎城署》云："小弟朝来别我行，正逢京国逼清明。一鞭晚过临铭驿，三月人归上党城。远道梦随春水阔，微官装抵柳花轻。阿兄索米尤堪哂，可及哦松格调清。"

彭孙遹《松桂堂全集》卷十八《送陈子之黎城》："故人西上怅分携，杨柳津亭绿未齐。一路春山相向碧，铜鞮宫外草萋萋。"

初六日清明，游万柳堂，有诗纪事，并以该诗示彭孙遹、惠周惕、徐钪索和。是日，梁清标有词悼亡，陈维崧有词和之。

《湖海楼诗集》卷七"庚申"诗《清明游万柳堂》。手稿本第五册有《琐窗寒·和梁棠村先生寒食悼亡之作》,当作于本年。该词《迦陵词全集》未收。

彭孙遹《松桂堂全集》卷十八《和其年清明日游万柳堂忆故园风景》。

惠周惕《砚溪先生诗集》卷上《北征集》有《陈其年太史索和清明日遣兴诗次韵》。

徐釚《南州草堂集》卷七《春日和其年韵》所和亦为本诗。

梁清标《棠村词》有《琐窗寒·清明悼内》。

有书并诗寄黄宗羲,求为其父贞慧撰墓志铭。

陈维崧原信见陈乃乾编次之《黄梨洲文集》附录二十一,诗见《湖海楼诗集》卷七"庚申"诗《寄黎洲先生求为先人志墓》。

按,该信不见于《陈迦陵文集》及《湖海楼全集》。诗在编年诗集中排在《寒食友人斋头梅始花》和《寿冒巢民先生七十》之间,故应为此期作。

黄宗羲《南雷集·吾悔集》卷一《陈定生墓志铭》末云:"维崧以先生卒后六年十一月葬于亳村新阡,又后十有八年,从京师函币寄余,求铭幽石。维崧以博学弘儒征入史局,天下方藉以发潜德之幽光,而况于其先公乎?乃不惮数千里之远,下讯草野,其亦司马子长征于夏无且之意欤?"陈维崧父母合葬于康熙元年十一月,再过十八年即为本年。

十五日,冒襄七十大寿,赋七言长诗相贺,施闰章亦有诗贺之。

《湖海楼诗集》卷七"庚申"诗《寿冒巢民先生七十》有句云:"我今遭际本意外,一身甘受朝衫羁。空馀东皋诸巷陌,历历秋灯时梦之。"

施闰章《施愚山集·施愚山诗集》卷四十一《寄冒巢民是年七十》。

为人题画兰,有诗。

《湖海楼诗集》卷七"庚申"诗《题画兰》。

春暮,彭孙遹作《春日忆山中故居》八首,与徐釚、袁佑各有诗和之。

《湖海楼诗集》卷七"庚申"诗《春暮杂忆八首和彭羡门韵》。

彭孙遹原韵即《彭羡门全集》卷十九《春日忆山中故居》。

徐釚《南州草堂集》卷七《春暮杂忆,和羡门韵四首》。

袁佑《霁轩诗抄》卷二"西清集"《暮春思山中旧居,和彭羡门同年韵》。

袁佑(1634—1699),字杜少,号霁轩,又号随园。直隶东明(今属山东)人。贡生,官内阁中书。康熙十八年举博学鸿词,授编修,历官中允。

康熙三十五年典浙江乡试。著有《雾轩诗抄》五卷、《左史后议》、《杜诗注驳》等。生平详徐秉义《袁杜少传》(见乾隆《东明县志》卷八下)、《清史列传》卷七十、《大清畿辅先哲传》卷二十《文学二》、《国朝耆献类征初编》卷一一八等。

同徐钪、李澄中、李铠、毛升芳等游刺梅园,饮于古松下,有诗并词。庞垲以卧病未能与游,后见诸人当日所作,有诗和之。

《湖海楼诗集》卷七"庚申"诗《春杪同诸子饮刺梅园古松下》有云:"两年缚朝衫,小心事卿相。同袍四五人,各各色惆怅。春山未得归,遇酒且跌宕。"《迦陵词全集》卷七《辊绣球·纪游》上阕云:"淡荡刺梅园,被紫蝶成团勾去。杂花眠砌,雏莺梳院,赤栏银井,想经昨夜,一场新雨。"

徐钪《南州草堂集》卷七《同其年、渭清、公凯、允大刺梅园小饮》。

庞垲《丛碧山房诗初集》卷五"庚申京集·翰苑稿"《陈其年、李渭清、公凯以游刺梅园诗见示,余方卧疾,感而属和》。

刺梅园,在北京南城陶然亭附近。戴璐《藤阴杂记》卷十云:"城南刺梅园,士大夫休沐馀暇,往往携壶榼班坐古松树下,觞咏间作。"

李铠(1638—1707),字公凯,号艮斋,又号惺庵。江苏山阳(今淮安)人。少孤力学。顺治十八年进士,补奉天盖平县知县,调铁岭,丁母忧归。康熙十八年中博学鸿词,授翰林编修,与修《明史》。历官内阁学士兼礼部侍郎。予告归。著有《艮斋诗文集》《惺庵集》《恪素堂集》等。生平详光绪《淮安府志》卷二十九《人物》、《清史列传》卷六十八、《中国历代人物年谱考录》正编卷九。

庞垲(1641—1725),字霁公,号雪崖,晚号牧翁。直隶任丘(今属河北)人。康熙十八年中博学鸿词,授检讨,与修《明史》。后迁工部主事、户部郎中,改福建建宁知府。庞垲笃于友谊,曾为李澄中刻集。著有《丛碧山房集》。生平详《清史列传》卷七十、《大清畿辅先哲传》卷十九《文学一》。

本年夏,毛奇龄纳丰台卖花张翁女阿钱为妾。毛氏为其征名,招陈维崧饮,陈为更名曼殊,并作《贺毛大可新纳姬人序》。

《陈迦陵俪体文集》卷八《贺毛大可新纳姬人序》题下小注云:"姬性好佛,因字曼殊,予所命也。"

毛奇龄《西河集》卷九十六《曼殊葬铭》有云:"曼殊小妻张姓,京师丰台人。十八归予，能食贫，人谓之糟糠之妾。既而大妇至，徙居右安门坟园，累病不可解。尝梦邻庙阿母唤之去，牵予衣不忍，醒而恶之，饰桃梗貌己送庙间，若代己者，乃复图其影于幛，而自题之名《留视图》，观者哀焉。先是曼殊将归，时相国冯公予师也，为予择娶之，而怜其慧，视若己女。……康熙二十四年五月二日，病发卒，年二十四。"同卷《曼殊别志书砖》有云："予来京师，益都夫子为予谋买妾，有以阿钱言者，豫遣二世兄往视，不许。……越数日，予亲往，询予喜甚，且有谬誉予善文者。……其母兄与其母疑予年大又贫，且相传妇妒，欲悔之，阿钱不然。及娶，检讨陈君就予饮，更名曼殊。曼殊者，佛花也。"

　　按，曼殊十八岁归毛奇龄，康熙二十四年卒时二十四岁，则出嫁时为康熙十八年。又《曼殊别志书砖》引周清原《续长恨歌》云："相国冯公重古风，为访名妪到韦曲。韦曲春花烂熳生，求婚三唱踏莎行。忽传妇妒几中止，官贫复恐离乡里。阿钱却喜嫁才人，委身情愿同生死。"又引丘象升诗云："昨夜优昙带露开，簪花迤逦到丰台。湘帘一控春如海，万朵花光入座来。"知其求聘当在仲春以后，迎娶最早也当在入史局后。

　　尤侗《百末词馀》有《新样四时起·贺毛大可纳姬》。陆菜《雅坪词谱》有《金菊对芙蓉·毛大可纳姬》。潘耒《遂初堂集·遂初堂诗集》卷三"梦游草上"《毛大可纳姬二首》其一首云："披烟拂柳出青门，十里娇花浥露痕。"《曼殊诗》序云："曼殊者，毛检讨大可之小妻也。大妇颇严，欲诱而嫁之，曼殊誓死不从。君子哀之，作曼殊诗。"

钱金甫暂假归里省亲，与王顼龄、施闰章、毛奇龄等均有诗送行。

　　《湖海楼诗集》卷七"庚申"诗《送钱编修越江暂假还松江》有句云："君言此事大不尔，家有垂白形敦庞。自从入官子别母，如形辞影孑不双。"

　　王顼龄《世恩堂诗集》卷七《送同年钱越江归里》亦云："五月金萱甘露滋，羡君归捧北堂卮。东华并踏三春草，南浦高吟九夏诗。自有板舆供母乐，不愁玉漏趣朝迟。望云我日思家切，况对仙郎昼锦时。"

　　施闰章《施愚山集·施愚山诗集》卷四十一《钱月江编修暂假南归》。毛奇龄《西河集》卷一八〇《送钱编修归养云间》。徐釚《南州草堂集》卷七《送钱越江假归云间》。徐嘉炎《抱经斋集·抱经斋诗集》卷八《送同年钱越江南归二首》。潘耒《遂初堂集·遂初堂诗集》卷三"梦游草上"《送同年钱越江归省》。方象瑛《健松斋集》卷十八《展台诗抄上》有"庚申"《送钱越江归省》。

按，从陈维崧与王顼龄诗意看，钱金甫乃为省母而归里。陆勇强《陈维崧年谱》据王诗中“五月金萱甘露滋”之句，判定钱金甫是五月归里。然细察其诗意，两句所言当指其归家后为母奉寿事，故不能据此定其归期。从陈维崧诗集的编年顺序看，陈诗应作于春末。

史逸裘赴任东兖分巡道，有诗送之，诗中追忆往事，颇多感慨。

《湖海楼诗集》卷七“庚申”诗《送史省斋观察兖东》有云：“两丸日月大难料，一往梭掷逾奔蛇。别君倏忽一十载，余忝馆职官京华。君亦需次傍辇谷，一握笑语宵灯哗。词垣冷署世所唾，君独见嗜如疮痂。东风潜到驳娑馆，意欲渐放长安花。风光正好君又别，夕阳亭下谁拦遮。人生作官要济物，不尔受禄何为邪。惭予娖娖溷铅椠，鲁鱼亥豕徒纷拏。孔陵苍桧拗积铁，穹碑宰木高齵齖。我生结发未一到，东瞻阙里长咨嗟。梦中仿佛从君事，飞鞚轩辕凉月斜。”

《山东通志》卷二十五之二《职官二·东兖道》：“史逸裘：浙江仁和人。进士。”

周纲入蜀，有诗送之。

《湖海楼诗集》卷七“庚申”诗《送周翼微入蜀》首两句云：“瓶中易酒蜜样甜，沟边柳花堕满檐。”知其为春末季节。

李楠《药圃诗》“己未至癸亥燕台稿”《次高曼园韵送周翼微入蜀》。

约春末前后，向毛奇龄询及浙中诗人，毛以徐昭华对，并以其诗集相示，读后为之作序。

《陈迦陵俪体文集》卷五《徐昭华诗集序》述其前后经过云：“濑中夫子，偕游细柳之仓；毛颖先生，并辔长楸之馆。铜沟清泚，啸咏方遒；绮陌轻阴，谈谐甫畅。相与数朋游于故国，抑且论人物于当年。顾谓毛君：卿家于越，学杨雄之奇字，定有侯芭；传正则之离骚，宁无唐勒？君笑而言：居吾语汝。频年濩落，比岁幽忧。人屑瑟而在芦，坛萧条而无杏。篮舆寂寞，半讳言陶令之门生；绛帐飘零，畴自引马融之弟子。爰有一人，猗欤独立。讵图徐淑，知有毛公。隔纱屏而请受经文，濡彩笔而愿为都讲。拟之贤媛，不愧窦妻鲍妹之间；其在词流，何惭宋艳班香之辈？余也侧聆高论，窃慕惊才。神惝怳以靡宁，心然疑而未果。倘其善谑，姑好大言。如谓非诬，求观丽制。若乃椒花新句，探自枕中；香茗清文，出之袖里。……仆也玩荳蔻窗前之集,诸什咸工;览茱萸帐底之篇,古诗尤妙。……仆也天涯薄宦,惜潘鬓之徒凋;故国难归,怅江花之早谢。酒无红药,聊凭彤管以消愁;花少青棠,漫托缃签而释恧。愿为逸少,长学书于茂漪;讵意毛苌,反授经于伏氏。羡诚有是,妒亦宜然;爰缀俚言,用题新咏。问其桑梓,千春西子之乡;询彼丝萝,四杰骆丞之婿。"

按,从序中"铜沟清泚"、"绮陌轻阴"等语看,应为春末景象。而据"天涯薄宦"、"故国难归"等语观之,则在中博学鸿词授官后。故以情理推之,该序应作于康熙十九年或二十年春末,因无具体证据,暂系于此。

徐昭华,字伊璧,号兰痴。浙江上虞人。徐咸清女。嫁于骆襄锦(序中所谓"四杰骆丞之婿"是也)。工隶楷,善丹青。尝从毛奇龄学诗,称女弟子。著有《徐都讲诗》一卷,《四库全书》附于毛奇龄《西河集》后。《晚晴簃诗汇》卷一八四有传。毛奇龄《征士徐君墓碑铭》云咸清"子东、女昭华,皆有才名。越中闺秀,旧称伯仲商夫人。其后伯商夫人女有祁湘君者,继夫人起,而仲商夫人则昭华继之。既而昭华名藉甚,过于湘君。嘉兴曹侍郎曰:自左嫔、苏若兰后,文章之盛,无如徐昭华者。昭华婿骆生名襄锦。"

春末夏初,送陈国昌赴任南阳通判。

《湖海楼诗集》卷七"庚申"诗《送家北山别驾之任南阳》。

《施愚山集·施愚山诗集》卷四十一《送陈北山之南阳》有云:"行吟驿路河声转,坐啸官斋夏木繁。"可证其到任时已为夏季。而在陈维崧编年诗集中,《送家北山别驾之任南阳》紧排在《送子万弟还黎城署》后,则其出发时最迟应不晚于三月。汤斌《汤斌集·汤子遗书》卷十《送陈别驾之南阳》。

陈国昌,号北山。字及生平待考。《河南通志》卷三十六《职官七·各府通判》于"南阳府"下记云:"陈国昌:福建同安人。康熙十九年任。"按,据《福建艺文志存目》卷二十五及《福建通志》卷七十二记载,曾任商丘通判之陈昌国著有《北山图书谱》一卷。如是则"北山"或又为陈昌国之别号,陈国昌与陈昌国疑为同一人。另,汤斌《汤斌集·汤子遗书》卷十《送陈别驾》云:"自余结茅东涧侧,往来车盖不相识。大幅长篇挂素壁,邻翁相见各自失。平生性僻耽丘壑,十年未履郡斋阈。知君为政最风流,雪苑桑麻清露湿。忽传使君闻双讣,远近父老泪沾臆。云昔板舆迎养时,莱衣进酒乐何极?高堂忽动枌榆念,万里舟车随不得。马嘶岭上白云晓,帆落江边村树黑。此时海内尚承平，游子南望情默默。一旦烽火照三山，关河咫尺分南北。梁园闽海春复秋，梦想何由生羽翼。今年银汉洗甲兵，家书才到颜如墨。……我闻此言叹且泣，送君南阳百端集。吴江水碧越山青，一路望君情恻恻。"汤斌为睢阳人，则此陈别驾当为陈昌国无疑。《迦陵词全集》卷二十一《石州慢·题家别驾亦人孝感册并感旧游，次遽庵先生韵》云："昨客睢阳，古寺开元，水木妍雅。我方避暑，兄过挈榼，一樽同把。讵知别后，使君风木，衔凄书来，双袖鲛珠惹。拟补白华诗，倩广微烘写。

难画缠绵至性，恨抵啼猿，感深封鲊。太息鲤湖雁杳，辽城鹤化。饭僧香积，啁啾百鸟悲鸣，灵旗惝恍居为马。盛事遍流传，得之余季也。_{子万四弟自宋来宜，述之甚详。}"两诗皆写到其闻讣后感恸之情，且汤诗述陈昌国在商丘为政及其迎养双亲过程、三藩乱起后与家乡音书难通、乱后始知父母双亡等情形颇详。

潭柘寺行脚僧人古灯上人将归嘉兴，与彭孙遹有诗送之。另撰二绝句为其书册子。

《湖海楼诗集》卷七"庚申"诗《送古灯上人还嘉禾》："禅师行脚来潭柘，两见绯桃泼眼红。亟打腰包返山寺，为防园笋要成丛。"《书南来僧册子》二首其一首联云："斑斑小雨渐成泥，满树丁香几簇齐。"两诗在编年诗集中接排在一起，当为同一人作，且时间应在初夏。

彭孙遹《松桂堂全集》卷十八《送古灯上人还樵李》。

潘耒《遂初堂集·遂初堂诗集》卷三"梦游草上"《送古灯上人还金明三首》其一首云："西山兰若翠层层，龙象谁堪嗣一灯。"

释古灯，本姓杨，旧名毓岳。浙江永嘉人。甲申后弃铅椠，赴杭州径山谒费隐和尚，遂剃发。生平见冒广生《永嘉高僧碑传集》卷八。

五月初五，赋《水调歌头》抒怀，曹贞吉有词和之。

《陈迦陵词全集》卷十四《水调歌头·庚申五日》。

曹贞吉《珂雪全集》本《珂雪词》卷上有《水调歌头·午日和其年》，与陈维崧此词同韵。

端午过后，赋《贺新郎》为代义催妆。

《陈迦陵词全集》卷二十八《贺新郎·夏日为代菊岩催妆》题下注云："菊岩，满洲人，乙卯孝廉。"该词上阕有云："乳燕飞晴昼。凤城边、灵符刚换，女儿节后。"

代菊岩名乂,生平不详。据《钦定八旗通志》卷一百五《选举四·八旗科第题名二·历科举人》著录,康熙十四年乙卯科满洲举人共十名,最后一名为代乂,属镶蓝旗勒布佐领。

按,在手稿本第五册中,该词与《贺新郎·送吴瑔符归武林》《贺新郎·寄赠吴兴沈风于》接抄在一起,不另书词牌,故知该词亦成于本年。

宋荦还京复命。

据宋荦《西陂类稿》卷四十七《漫堂年谱》,本年五月宋荦由赣州入都复命。

经惠周惕介绍识劳之辨,并送其赴任贵州粮驿道。

《湖海楼诗集》卷七"庚申"诗《送劳书升前辈观察贵竹》有云:"东吴惠生元龙树志节,评陟朝士精而严。说侯顾独感次骨,语未离吻巾为沾。……我生恨未识侯面,昨者剥啄寻精蓝。入门老树百围古,天风吼动松针尖。见侯意气便疏豁,恕我礼法无拘牵。今年王师大拓地,已辟梁益平滇黔。侯时适选人格,拥传直落天西南。今人值选预怔忪,日费鸡卜烦龟占。之官道里稍辽远,屡顾妻子愁詹詹。"

按,在编年诗集中,该诗接排在《书南来僧册子》后,故当为初夏作。

施闰章《施愚山集·施愚山诗集》卷十四《送劳书升督储黔阳》题下注云:"初以庶吉士礼部郎中典试江南,督学山左。"诗中有句云:"骄阳煽炎歊,修途缅崩峭。"亦可证其离京在夏季,时间当晚于陈维崧拜访时。

惠周惕《砚溪先生集》卷上《北征集》有《送石门劳先生之任贵州五首》。汪懋麟《百尺梧桐阁遗稿》卷二《送劳书升之任黔中三首》。潘耒《遂初堂集·遂初堂文集》卷九《送劳书升前辈参藩贵州序》。尤侗《西堂全集·于京集》卷三《送劳少参之黔中》。

劳之辨(1639—1714),字书升,号介岩。浙江石门人。康熙三年进士,由庶吉士改户部主事,历官礼部仪制司郎中、山东按察司佥事、提督学政、布政司参议、通政司参议、太仆寺卿、大理寺卿、顺天府丞、左右通政,官至左副都御史。著有《静观堂诗集》三十卷。生平详杨瑄《都察院左副督御史诰授中宪大夫劳公之辨墓志铭》(《碑传集》卷二十)、光绪《石门县志》卷八《人物志·政绩》。《贵州通志》卷十八《秩官·清军粮驿道》:"劳之辨:石门人。进士,康熙十九年任。"

送蒋龙光之任福建海巡佥事。

《湖海楼诗集》卷七"庚申"诗《送蒋芳荨观察八闽》末云："嗟予金门苦索米,一官捐捐愁铅黄。海天奇秀不挂眼,敢望晞发升扶桑。饱闻离支入夏熟,千树万树朱砂囊。何由便趁鲞帆去,蛟宫蜃市同翱翔。临风快擘三百颗,一洗腐儒藜苋肠。"可知其时当为夏季。

蒋龙光,字誉文,号芳荨。《福建通志》卷三十《名宦二》云:"蒋龙光:宜兴人。顺治乙未进士。康熙十九年任巡海佥事。值海寇沸腾,龙光设法固御,令井里自守。官兵驻集,米价骤昂,乃请总制姚启圣檄江西运米协济。兵民交赖之。启圣平定金门、厦门十七岛,龙光抚绥难民,使复故业,请弛海禁,资民采捕。往来驾驶楼船,于定海间操练水师,规取台湾之计,多所区画。寻迁浙江参议,兵民请留不可,勒石于福州南台以志遗爱。"生平详嘉庆《宜兴县志》卷八《人物·治绩》。

吴孟坚闻知清廷修《明史》,夏日至京请为其父吴应箕立传,以表彰忠烈。陈维崧于贫病之中,勉力为之设馆授餐,并为吴应箕遗著《留都见闻录》作序。期间,常念冒襄父子不去口。

《陈迦陵文集》卷一《留都见闻录序》有云:"庚申夏,子班闻史事,来燕视余,以夫子是编发函伸纸,顿还旧观。"

潘耒《遂初集·遂初堂文集》卷九《赠吴子班序》云:"庚申之夏,其孤子孟坚子班来都,以其先友张苣山所撰墓志及《楼山甲乙诗》示余,于是次尾之行事颇可诠次。……子班伤其先人之惨死,隐居不出。闻有史事,布衣扉履,跋涉三千里叩国门,求表章前烈。"

《同人集》卷九冒襄《哭陈其年太史》之二十云:"秋浦重相过,因君夜话添。官贫眠食共,腰瘦带围嫌。念我朝昏并,尊师叙述严。岂知才两月,一死羽毛纤。"诗后原注云:"吴子班今夏忽过访,云自北都回。手捧为父求立史传,踢索余序。余追述始末,为作三千言。并悉其年在都贫且病,然子班在都,勉力适馆授餐。其念余父子则不去口,师友之谊如此。"按,据诗序,该诗作于壬戌(康熙二十一年)中元时。

六月,送周爱访之任荥阳县令,赋《百字令》词。

《迦陵词全集》卷十九《百字令·送周求卓之任荥阳》。

潘耒《遂初集·遂初堂文集》卷九《送周求卓知荥阳序》。

按,周爱访赴任荥阳知县的具体时间无考。但在手稿本第五册中,该词与后面送钮琇、陆次云的两首《百字令》接抄在一起。由于钮琇、陆次云赴任的大概时间在六月(考见下文),故可判断周爱访赴任荥阳令也在本年六月。光绪《荥阳县志》卷七《秩官·县令》云:"周爱访:由进士任。廉明耿介,礼士爱民,历升江西提学道。"然未注明其到任之年。雍正《河南通志》卷三十七荥阳知县中则未载周爱访。

周爱访(?—1698?),字求卓,号裕哉。江苏吴江人。康熙三年进士,历任宁晋、荥阳知县。擢云南昆阳知州,复调知南安州。内迁礼部仪制司员外,以丁内艰未赴任。服阕,补祠祭司,进郎中。出典山东乡试,旋任江西提学道。卒于任。生平详乾隆《吴江县志》卷三十七《别录》及《江苏艺文志·苏州卷》。

送钮琇之任项城县令,赋《百字令》词,钮琇亦有词相赠。朱彝尊、徐釚、潘末皆有作。

《迦陵词全集》卷十九《百字令·送钮书城之任项城》。

钮琇《临野堂集·临野堂诗馀》有《庆清朝·赠陈其年内翰》末云:"休吟道,旧山悔别,微禄羞沾。"

按,据宣统《项城县志》卷三《秩官表》载,钮琇康熙十九年任项城县令。

朱彝尊《江湖载酒集》之《水调歌头·送钮玉樵宰项城》。徐釚《南州草堂集》卷七《送钮玉樵之任项城》。潘末《遂初堂集·遂初堂文集》卷九《送钮玉樵知项城序》。

陆次云以家藏万年冰扇坠相示,为赋《百字令》词。其将任河南郏县令,又赋《祝英台近》送之,陆次云有词相和。陆云次行时,其兄陆进与同往。

《迦陵词全集》卷十九《百字令·咏陆云士万年冰扇坠》首两句云:"长安六月玉河桥,柳下凉冰争卖。"卷九《祝英台近·送陆云士之任郏县》。据《郏县志》卷二《职官·知县》载,陆次云"康熙十九年任"。

陆次云《玉山词》之《菩萨蛮·次韵》自记云:"余家有万年冰一块,长安诸公赋之者众,此和展成先生韵也。"尤侗原词未见于《百末词》,然《词苑丛谈》卷十一曾提及该词。《玉山词》之《少年行·次韵》末注云:"此和丹壑太史为余咏万年冰作也。"《浪淘沙·次韵》自记云:"此和电发先生为余咏万年冰韵也。"《唐多令·次韵》末注云:"此义山伯兄为余题万年冰,兼送余之陕之作也。"《祝英台近·和韵》词末自记云:"此和其年检讨原韵作也。"另,陆次云《北墅绪言》卷三《三苏先生墓》有云:"岁庚中,次云承乏是邑。"

　　陆进《巢青阁集》卷五《送云士弟令陕邑,经四阳桥、圆津庵,与澄之上人》有云:"相送汝阳路,停车此上方。竹声消溽暑,槐影散清凉。"

　　冯溥《佳山堂诗集》卷三《题陆天涛万年冰》后另附其两子冯慈彻、冯协一题诗。吴雯《莲洋集》卷十《咏陆云士万年冰二首》。江闿《江辰六文集》卷九《题陆天涛水晶扇坠》。潘耒《遂初堂集·遂初堂诗集》卷三"梦游草上"《送陆天涛之官郏县》。方象瑛《健松斋集》卷十八《展台诗抄上》有"庚申"《万年冰送陆云士宰郏县》。毛奇龄《西河集》卷一四三《陆明府有水晶一团,中含水草,影碧色,名万年冰,属赋率笔》、卷一八〇《陆明府之郏》有句云:"初拜郎官汝水边,河鱼秋上待烹鲜。"徐釚《南州草堂集》卷七《拟行行重行行,送陆荩思之汝南,时令弟云士为郏县令》、《菊庄词二集》之《浪淘沙·咏万年冰》。徐嘉炎《抱经斋集·抱经斋诗集》卷八《送陆荩思之中州,兼寄令弟云士大令》。陆棻《雅坪词谱》有《唐多令·题万年冰,送天涛之陕城》末注云:"水晶也,形如钟,实如锤,中有水草,碧鲜可爱。"施闰章《施愚山集·施愚山诗集》卷四十一《送陆云士为陕令,时令兄荩思同往》有云:"邑有峨嵋胜地偏,到时风物正清妍。千回汝水秋林外,百里嵩云晓幔前。"方象瑛《健松斋集》卷十八《展台诗抄上》有"庚申"《送陆荩思南归,兼慰悼亡》二首其二有云:"千里离愁江上远,三秋归梦客中迟。"可知其送行时当为初秋季节。

由钱中谐引见,微凉后雨中访刑部左侍郎冯甦,为其所著册子题诗三首。

　　《湖海楼诗集》卷七《庚申》诗《书少司寇冯再来先生册子三首》其三末云:"恒思扫公门,只为毒热阻。祝融秉烈火,燔灼麦与黍。园官菜把枯,稀疏到苨苣。同官有钱子,唤我就公语。稍待微凉生,瓦沟响新雨。"该诗于"同官有钱子"句后有注云:"谓庸亭。"庸亭为钱中谐之号。

七月初七前后,赋《沁园春》词为王岱题像。

　　《迦陵词全集》卷二十五《沁园春·题王山长小像》下阕有云:"相逢各已华颠,算燕市论交亦偶然。叹破砚枯琴,此间孤冷,豪丝脆管,别屋天妍。三尺生绡,一泓冰雪,貌尔萧疏老郑虔。掀髯笑,笑人间何限,图画凌烟。"该词在手稿本第五册中,且与《沁园春·咏慈仁古松送陆荩思归钱塘》接抄在一起(该词排在前面),不另书词牌。可知当作于同时。

　　严绳孙《秋水集》卷五"诗五"亦有《题王山长教授小照》。

王岱(？—1686)，字山长，号了庵，又号且园、九青。湖南潭州(今湘潭)人。明崇祯十二年举人。入清后屡试不第，选安乡教谕，迁随州学正、顺天教授。康熙十八年应博学鸿词试，不第。二十二年迁澄海知县。王岱工诗文，能书画，为三楚名儒。著有《了庵诗文集》《且园近诗》《且园近集》等。生平见《国朝耆献类征初编》卷二一五。

陆进有悼亡之戚，遂返杭州，汝南之行似未果。陈维崧在慈仁寺为其送行，有词相赠。

《迦陵词全集》卷二十五《沁园春·咏慈仁古松送陆葰思归钱塘》有云："种自何年？金邪元邪？穆乎高苍。恰崩涛乱泻，熊啼兕吼，枯根直裂，虎跛龙僵。客有将归，我来树下，万斛藤萝漏夕阳。摩挲歇，笑树犹如此，时代苍茫。　　青春正好还乡。只唱罢阳关易断肠。记前月挥鞭，将游梁苑。今朝分袂，竟返钱塘。世事何堪，人生难料，柿叶翻时又悼亡。归休恨，有一湖晴渌，西子新妆。"从词中"将游梁苑"、"竟返钱塘"两句看，陆进郏县之游实未成行。"柿叶翻时"指秋天。按，慈仁寺在广宁门内大街，亦名报国寺，内有元植二松。

施闰章《施愚山集·施愚山诗集》卷四十一《送陆葰思归武林，兼慰悼亡之感》有"悬装入洛又南旋，驿路凉风客鬓边"、"谁信清秋游子泪，消魂重续悼亡篇"之句，也可证其实未入洛。

曹贞吉《珂雪全集》本《珂雪词》卷上《孤鸾·送陆葰思归武林，时新有悼亡之戚》有"新秋天气"、"忆去年瓜果闲庭里。看儿女灯前，乞巧欢意"等句。

毛奇龄《西河集》卷一八一《七夕送陆大学博南归，时大有悼亡之信》。

王岱有词相赠，次其来韵赋《贺新凉》酬之，相约赏菊之日细说生平。

《迦陵词全集》卷二十八《贺新凉·酬赠王山长即次来韵》上阕有云："城与银河接。正新秋、千门碧瓦，万重晴雪。薄宦京华愁不了，聊唱新词数阕。"下阕有云："笑乞米频劳书帖。稍待酒香篱菊放，尽生平、细共先生说。"从词意看，陈维崧此时已经中博学鸿词。该词收在手稿本第五册中，紧排在《沁园春·题王山长小像》后。

惠周惕南还，雨中有诗送之。惠周惕在京时，居处与陈维崧相邻，两人时相过从，以消羁愁。惠氏行前，京华同人曾置饯相送，陈维崧因卧病兼旬，未能赴。本年，惠周惕母适庆七十寿，别前曾请汪琬、汤斌为作寿序。

《湖海楼诗集》卷七"庚申"诗《送惠元龙南归》有云："一城吹角声,呜咽不肯住。杂以雨霏霏,飒沓空庭树。心知又及秋,身世关百虑。况我同袍友,作装抑何遽？正复搅离忧,如梦魇难寤。我生蓤荇肠,鲜腴匪所慕。三载溷长安,蹙蹙鸟在笯。……隔墙吾子在,高论豁蒙瞀。赖此破羁愁,宵灯翳复吐。……群公昨置饯,邀我未遑赴。实因病兼旬,疲曳到腰胯。写意成此篇,连娄叙情愫。诗成雨淙淙,秋檐复如注。"

汪琬《钝翁续稿》卷十七《惠母陈太君七十寿序》开首云："元龙留京师,日夕往还于予之门,相与讲道术,勖文谊,甚欢也。既而念其母太君年七十,将南归为寿,乞予序以一言。"汤斌《汤斌集·汤子遗书》卷三《惠母陈太君七十寿序》。潘耒《遂初堂集·遂初堂诗集》卷三"梦游草上"《送惠元龙》。

王顼龄有悼亡之戚,为赋《征招》悼亡。

《迦陵词全集》卷十三《征招·为王瑁湖编修悼亡》云："柿叶翻时人病起,凄然悼亡新赋。画箧尽伊搜,奈蕙丛先去。元和才子恨,拼细砑、凤笺零谱。不分西山,风前还斗,旧年眉妩。　故国水云多,曾侧帽、共听半船疏雨。粉腕研䀋香,更翠莼凝箸。如今秋夜笛,只递入、客窗偏苦。缒蛛丝、丁字帘西,记有人行处。"

王顼龄《世恩堂诗集》卷七有《悼亡四十二韵》,诗集原注云该卷"起庚申二月尽壬戌十二月",而本诗排在卷首。方象瑛《健松斋集》卷十八《展台诗抄上》有"庚申"《为王颙士悼亡四首》。据此,则王顼龄之赋悼亡是在本年。

毛奇龄《西河集》卷一八一《悼亡诗后》。徐釚《南州草堂集》卷七《王瑁瑚出示悼亡诗,题绝句二首》。徐嘉炎《抱经斋集·抱经斋诗集》卷九《读王瑁瑚同年悼亡诗》。严我斯《尺五堂诗删近刻》卷三《为王瑁瑚编修悼亡》。

八月中旬左右,梅庚南还,有诗相送。

《湖海楼诗集》卷七"庚申"诗《送梅耦长还宛陵》有云："两年燕市忽合并,白发怕对红妆搔。都城百事君所见,刮毡龟背愁无毛。园官送菜苦酸涩,三日博得一冷淘。我今骨相耐贫薄,空仓饥雀拼嗷嗷。"

王士禛《王士禛全集·渔洋续诗集》卷十三"庚申京集"《送梅耦长归江南五首》其一首联云："萋萋秋卉腓,稍稍凉风至。"

施闰章《施愚山集·施愚山诗集》卷十八《送耦长归宣城》云："期君别在重阳后,才过中秋即分手。暮雨寒凝阁皂云,朔风吹折萧滩柳。"

汪懋麟《百尺梧桐阁遗稿》卷二《送梅耦长南归兼简渊公》。

送侯开国南还,有诗。

《湖海楼诗集》卷七"庚申"诗《送侯大年还嘤》三首其一云："庭中老槐树,树叶颇纂纂。秋风一何多,欲脱讵能懒。五更独客枕,万事到来满。所藉二三子,过存极悃款。如何烟际樯,装尽还乡伴。从兹剥啄声,后定吴音罕。"其二云："昨岁火龙怒,焦尽江淮田。今年水怪横,轰豗泻长川。嗟哉此邦人,频岁愁颠连。五行迭相厄,互复司其权。君归认井灶,或在洲渚边。闭门看苇花,移床上钓船。"

王士禛《王士禛全集·渔洋续诗集》卷十三《送侯大年归嘉定》,排在《九日独游闵忠寺》后,其中有句云："扁舟逐阳雁,秋色老江萍。"

吴雯《莲洋集》卷十一《题侯大年〈凤阿山房图〉二首》："凤德如何尚苦饥,有巢端可隐毛衣。山中休恋琅玕实,还趁高冈向日飞。""最爱宜兴陈检讨_{其年},赠君佳句动江乡。伤心空有人琴感,残墨还应照草堂。"

汪琬《尧峰文抄别录》卷一《题侯大年画册二首》："翩然拂袖别交知,归趁清阴翠霭时。回首长安应拊手,笑他鸠集凤皇池。""桐花竹翠迥无尘,位置琴书绝可人。他日轻帆定相访,恼君烧笋煮溪鳞。"

徐乾学《憺园集》卷七《送侯大年》："青绮门边木叶飞,行人九月绽寒衣。掀髯漫笑吟诗苦,弹铗虚怜久客归。薄海征徭边堠急,频年水旱爨烟稀。君乎岂合风尘老,莫向沧江买钓矶。"

孙旸《孙蔗庵先生诗选·入关草》有《送侯大年归里二首》其一云："木落燕台候雁飞,红亭菊黄晚依依。"

徐钪《南州草堂集》卷七《送侯大年南归二首》。潘耒《遂初堂集·遂初堂诗集》卷三"梦游草上"《送侯大年南归二首》。

送田雯督学江南。

《湖海楼诗集》卷七"庚申"诗《送田纶霞督学江南》。

王士禛《王士禛全集·渔洋续诗集》卷十三"庚申京集"《雨集孙树百给谏宅,送田子纶霞学使之江南,听小史弹琴作》开首云："秋霖应商节,回飙散高树。萧萧梧叶冷,稍稍征鸿去。"

冯溥《佳山堂诗集》卷六《送田子纶督学江南》。

按,田雯自撰《蒙斋年谱》云:"(康熙十九年)六月,升提督江南通省学政按察使司金事。"田雯之升江南学政在六月,其实际赴任则在秋季,故各家赠行之诗亦不成于一时。王士禛诗成于闰中秋前,且排在《送侯大年归嘉定》前。在《湖海楼诗集》中,《送田纶霞督学江南》则紧排在《送侯大年还暻》后。

送彭师度之尉氏,兼怀卢元昌。

《湖海楼诗集》卷七"庚申"诗《送彭古晋之尉氏,并怀卢文子》末云:"愁予颜面日衰丑,君亦颇觉须眉苍。崇文街上莽相遇,柴车十丈沙尘扬。我时窃禄更寒饿,尔纵困惫谁扶将?长安客子习婵娟,称姪跰跹登高堂。君独强直喜自遂,然实洞豁无他肠。贵游妄意君善罳,预敕典谒为深藏。出门伬伬竟何诣,蒲桃酿熟何由尝。滦河八月秋气动,君忽跨马作急装。告予将适尉氏县,乘兴一上三亭冈。"

王士禛《王士禛全集·渔洋续诗集》卷十三"庚申京集"《送彭古晋二首》。

江闿授湖南益阳县令,秋日赴任,有词送之。

《迦陵词全集》卷二十三《秋霁·送江辰六之任益阳》:"去去定遇新月,巴船夜阑,橹声触醒沙鸟。遍江乡、白苹红杜,客愁应并楚天杳。此地西风知倍早。君更为我,试问陶侃当年,空滩战舰,尚馀多少。"

按,江闿《江辰六文集》卷六《益阳县儒学记》有云:"予以康熙十九年冬受县事。"至于具体几月离京,已不可考。然《王士禛全集·渔洋续诗集》卷十三"庚申京集"《送江辰六令益阳三首》,排在《送彭古晋二首》和《供奉某君归吴门索诗五首》之间。在陈维崧编年诗集中,送彭师度诗与送周道诗的编排顺序与渔洋集中一致。

方象瑛《健松斋集》卷十八《展台诗抄上》有"庚申"《送江辰六之官益阳》。徐钪《南州草堂集》卷七《忆昔行送江辰六之任益阳,兼柬罗弘载》(罗坤,字弘载。浙江会稽人)。潘耒《遂初堂集·遂初堂诗集》卷三"梦游草上"《送江辰六令益阳》。徐嘉炎《抱经斋集·抱经斋诗集》卷八《送江辰六赴益阳任》。

吴门画家周道供奉期满,将南还,临别前曾为陈维崧作《洗桐图》,陈有诗送之。周道于康熙十七年以布衣应诏至京,供奉内廷,时与陈维崧相往还,陈维崧尝有《百字令》词赠之。

《湖海楼诗集》卷七"庚申"诗《赠周舍人履坦,兼送其南归》云:"曾鲸去远老莲老,后来画者只皮相。国朝好手谁第一,吴下周生最跌荡。……前年布衣竟召见,徒步直入含元仗。圣人正坐乾清门,御榻铜舆屹相向。紫殿深沉景物闲,黄绫滑腻神情旺。诏写三班学士容,兼图百战功臣像。……昨朝并辔早朝罢,手提束绢遽来访。怜我嵚崎历落人,亟图一幅把予饷。嗟余形貌实阘冗,每被时流恶嘲谤。或谑诸毛绕涿居,或嗤修竹缘坡长。李家奁师走踆踆,亦思捉搦张飞样。何期妙笔一纵横,共讶微躯竟偶傥。矧君设色有天趣,规检经营劳意匠。藤几桐窗最静便,笛床茗碗何精当。吾生志气本疏豁,富贵区区非所望。每虞钝笔苦描画,尔曹用意太孟浪。何如置我丘壑间,俾我谈谐忽焉畅。江东秋水绿新酿,君去延缘弄菰蒋。来年我亦摘船归,此语硁硁讵君诳?"

《迦陵词全集》卷十九《百字令·赠吴门周履坦时以丹青供奉内庭》。

翁方纲《复初斋外集·诗》卷九《题陈其年检讨〈洗桐图〉后四首》其一云:"填词图后第三春,骈体工夫应制辰。一唱倚声皆律吕,新桐早已识伶伦。"

王士禛《王士禛全集·渔洋续诗集》卷十三"庚申京集"《供奉某君归吴门,索诗五首》其二云:"归钓吴松四十鲈,手炊枫叶饭雕胡。却思待诏蓬莱上,细写淋池斫鲙图。"其三云:"弄笔明窗作卧枝,写生妙处几人知。筐中藤角光于水,貌得蛮鸠义燕儿。"从诗意看,所赠对象当为一画师,应为周道无疑。

蒋士铨《忠雅堂全集·忠雅堂词集》卷上有《陈其年〈洗桐图〉,康熙庚申周履坦画》组词(分别调寄《贺新凉》《大江东去》《春云怨》《梦芙蓉》),其所咏之《洗桐图》,即陈维崧诗中所述之画像。另按,在手稿本第五册中,《百字令·赠吴门周履坦时以丹青供奉内庭》词牌作《念奴娇》,紧排在《念奴娇·长安元夕和家山农韵》后。故该词似当作于康熙十八年。

按,《洗桐图》载冯溥、梁清标、李澄中、博尔都、王泽弘、王又旦、林尧英、叶封、林麟焻诸人题词。其中冯溥题词署"康熙庚申秋日",王泽弘题词署"辛酉仲秋",王又旦题词署"壬戌春正月"。《洗桐图》现藏上海博物馆。

周道,字履坦。江苏吴县人。为清初著名画家。人物、花鸟俱工。《中国美术家人名大辞典》云其"康熙十八年,供奉内廷"。《中国历代画家人名辞典》则云其"康熙二十八、九年间,为'内廷供奉'",时间上差了十年。高士奇《苑西集》卷一己未稿《周履坦为余画〈江村垂钓图〉,长歌赠之》、王泽弘《鹤岭山人诗集》卷五"己未年稿"有《访周履坦不遇》。均可证明其供奉内廷当在康熙十八年前后。

梅清为施闰章画《古松图》,并向其索诗。施闰章邀同人题诗,陈维崧、汪懋麟、王士禛、毛奇龄均应邀有作。

《湖海楼诗集》卷七"庚申"诗《题梅渊公画松为愚山先生赋》。

施闰章《施愚山集·施愚山诗集》卷二十三《画松歌为梅瞿山作》云:"梅郎为我画松索我歌,古来画松歌已多。"汪懋麟《百尺梧桐阁遗稿》卷二《画松歌寄渊公》。王士禛《王士禛全集·渔洋续诗集》卷十三"庚申京集"《瞿山画松歌寄梅渊公》《夜雨再题瞿山画松》。毛奇龄《西河集》卷一六六《瞿山画松歌和施学士》有注云:"时瞿山以画松易诗。"潘耒《遂初堂集·遂初堂诗集》卷四"梦游草下"《画松歌为梅瞿山作》。

另,梅清《天延阁赠言集》卷三"画松歌"录同人所赠诗作有:施闰章《梅瞿山先生画松歌》、王士禛《画松歌寄赠瞿山先生》、陆嘉淑《和愚山、阮亭两先生画松歌寄梅瞿山》、汪懋麟《画松歌寄瞿山先生》、毛奇龄《和画松歌寄瞿山先生》、陈维崧《寄瞿山先生画松歌》、潘耒《画松歌》、汪征远《赠瞿山先生画松歌》、曹溶《画松歌为瞿山先生赠》时同寓长干寺、邓汉仪《画松歌赠瞿山先生》、宗观《画松歌》、白梦鼎《画松歌》、何棨《画松歌赠瞿山先生》、宋曹《画松歌为瞿山先生赠》、袁启旭《阮亭祭酒堂中见瞿山先生所画黄山松石图,作歌寄赠》等。

梅清(1623—1697),原名士羲,字渊公,号瞿山。安徽宣城人。顺治十一年举人,此后屡试不第。遂往来燕、齐、梁、宋间,或家居读书。梅清有诗名,且善画,为清初著名画家,是黄山画派的代表画家之一。著有《天延阁诗前后集》,辑有《梅氏诗略》。生平详《清史列传》卷七十、光绪《宣城县志》卷十八《文苑》。

为刑部郎中房廷祯赋七古一首,颂其父建极忠烈之德。

《湖海楼诗集》卷七"庚申"诗《老柏行为房慎庵比部赋》。

王士禛《王士禛全集·渔洋续诗集》卷十三"庚申京集"《三原贞靖房先生祠白松诗》。施闰章《施愚山集·施愚山诗集》卷二十三《贞靖祠堂双白松歌》。毛奇龄《西河集》卷一八五《房贞靖祠堂双白松卷子题后》。方象瑛《健松斋集》卷十八《展台诗抄上》有"庚申"《白松诗为房慎庵比部作》。李振裕《白石山房文稿》卷二《贞靖先生祠中双松歌》。

房廷祯(1622—1686),字兴公,号慎庵。陕西三原人。顺治十六年进士,授丰城令,累官通政司参议。黎元宽《进贤堂稿》卷十二《寿慎庵房公序》有云:"而慎庵房公以辛亥壬月为五十初度寿,门下士十馀辈相率而征文特祝之。"据此,房廷祯生于天启二年。廷祯父建极,号仪凡。天启四年举人,崇祯四年进士,崇祯七年任新乡令,累官兵部主事。崇祯十七年,京师陷,欲绝食死,子廷祥劝止,未几以忧愤卒,乡人私谥贞靖。《河南通志》卷五十五《名宦》:"房建极,陕西三原人。进士,崇祯七年知新乡县。流寇逼境,躬率乡勇,扞御保全。性耿介,民间有'不饮新中水,惟着旧时袍'之颂。"

叶方蔼《读书斋偶存稿》卷四《途次遇房慎庵候考吏部入都》似当作于康熙十八年后,如此则陈维崧此诗应作于其考补吏部后不久。施闰章《施愚山集·施愚山文集》卷五《房枢部文集序》末云:"枢部房君慎庵出其文若干首,大抵正学术、闲人心、坦然洞达之言。"又同书卷十九《房季子墓志铭》:"兵部尚书郎三原房氏兴公,状其季弟发公之行,以属施子曰:……且廷桢兄弟三人,而先大人患难、疾病,始终惟季弟侍左右,其事为独难。"又《施愚山诗集》卷二十二《关中房仪凡驾部初令新乡,有殊绩。及闻李贼陷京师,痛哭山中,不食死,乡人私谥曰贞靖,有表忠祠碑,敬书短歌其后》:"史不特书里有谥,千人堕泪表忠碑。"彭孙遹《松桂堂全集》卷十《挽房仪凡枢部,兴公尊先生也,甲申之变,以忧愤而卒》《读贞靖先生遗事感赋赠兴公》。

有诗柬李澄中,感叹官微俸薄,生计艰难。

《湖海楼诗集》卷七"庚申"诗《秋晓柬李渭清》:"树杪露残月,因之启户看。照来君定瘦,望去夜初寒。驰褐他乡薄,稀苓俭岁难。生涯那易遂,俯首愧微官。"

三十日,宫中赐藕,有诗纪之。同日,次尤侗韵咏翰林院中古迹。

《湖海楼诗集》卷七"庚申"诗《八月三十日赐藕恭纪》。同卷《咏翰林院中古迹次尤悔庵韵》其一首联云:"黄帕低笼雪藕寒,九重分赐遍长安。时以赐藕入院。"按,前一首诗在《湖海楼全集·湖海楼诗集》卷十一题作《八月十三日赐藕恭纪》,误。

施闰章《施愚山集·施愚山诗集》卷三十三《敕赐翰詹诸词臣鲜藕纪

恩》题下自注:"八月三十日。"同书卷四十四《敕赐翰詹诸词臣鲜藕纪恩》。按,施闰章诗前一首为五律,后一首为七律。汪楫《京华集》"七言律诗"《八月三十日上御瀛台,赐翰林院诸臣鲜藕,恭纪八首》。毛奇龄《西河集》卷一五三《八月三十日上赐翰林院诸臣御河鲜藕,恭纪一十八韵》、卷一八〇《敕赐瀛台秋藕,叩谢恭纪》。尤侗《西堂全集·于京集》卷三《赐藕恭纪八月晦日》。严绳孙《秋水集》卷六"诗六"《秋日赐翰林詹事官太液池藕》。徐釚《南州草堂集》卷八《八月晦日上驻瀛台赐藕恭纪》。方象瑛《健松斋集》卷十八《展台诗抄上》有"庚申"《赐藕纪恩》。李振裕《白石山房文稿》卷三《瀛台赐藕恭纪二十韵》。秦松龄《苍岘山人集》卷四《得树轩集》之《庚申八月三十日,赐翰林詹事官太液池藕,恭纪十韵》。

又,尤侗原倡为《西堂全集·于京集》卷三《刘井柯亭二首》,序云:"翰林院中旧有柯亭、刘井,井为刘文安定之所凿,柯学士潜手植二柏,造瀛洲亭以临之。李西涯诗所云'我行树阴日千匝'是也。今遗迹尚存,而其人已往,予过之慨然有感,为二诗志之。"按,在《于京集》卷三,尤侗原诗排在《赐藕恭纪》前。

施闰章《施愚山集·施愚山诗集》卷四十一《刘井柯亭》二首序云:"翰林院有石井,相传刘文安定之所凿,柯学士潜作亭其旁曰'瀛洲',夹植双柏。李文正东阳诗所谓'我行树阴日千匝'也。今井存亭废,亦无双柏,惟馀老槐。感怀旧迹,和尤悔庵同年。"毛奇龄《西河集》卷一八〇《翰林院中旧有柯亭、刘井,井为刘文安定之所凿,柯学士潜手植二柏,建瀛洲亭以临之。李西涯诗有云'我行树阴日千匝'是也。今遗迹尚存,而其人已往。同年尤太史过此,慨然有感,遂成二诗,予与施侍讲、彭编修、陈检讨同和其韵》二首。彭孙遹《松桂堂全集》卷十九《和悔庵刘井柯亭韵》。徐釚《南州草堂集》卷七《刘井柯亭二首有序》。

闰八月,邀毛奇龄、汪楫、毛端士、陆弘承、冯慈彻、冯协一陪冯溥游万柳堂,冯溥先成五律二首,再迭二首。陈维崧、毛奇龄各和二首。

冯溥《佳山堂诗集》卷四"五言律"《秋日其年邀同大可、舟次、行九、子启暨儿慈彻、协一集万柳堂分赋》。《又得二首》。按,关于这组诗的作期,并无明确记载。但在《佳山堂诗集》中,这组诗后紧接的为《闰月中秋》二首,据此可断其成于闰中秋前。

毛奇龄《西河集》卷一七三有《陪冯夫子游万柳堂和韵,同汪春坊、陈检讨、林主事诸公》二首。按,这两首诗的末韵韵字都是"然",与冯溥两组诗完全一致,故断其为同时作。

按,陈维崧和诗未见于《湖海楼诗集》。

陆弘承,字子启。江苏武进人。康熙三十年官兴平县丞。钱陆灿《调运斋文抄》前所列门生有:"陆弘承:子启。武进。"

林尧英,字蜚伯,号澹亭。福建莆田人。顺治十八年(1661)进士,授江西饶阳县知县,擢户部江西司主事,转刑部郎中,出视河南学。性好学,工诗歌,为"燕台十才子"之一。著有《澹亭诗略》。(秦瀛《己未词科录》卷七)

十五日,有诗,并赋《百字令》词述怀,曹贞吉、梁清标均有和作。徐喈凤后得其词,亦有和作。

《湖海楼诗集》卷七"庚申"诗《闰中秋》。《迦陵词全集》卷十九《百字令·庚申长安闰中秋》。

曹贞吉《珂雪全集》本《珂雪词》卷上《百字令·庚申闰中秋和其年韵》。梁清标《棠村词》之《百字令·庚申长安闰中秋,次陈其年韵》(按,该词又附见于手稿本第五册陈维崧原倡后)。徐喈凤《荫绿轩词》续集有《百字令·和陈太史其年长安闰中秋原韵》。

有《贺新郎》寄赠吴兴沈尔燝。

《迦陵词全集》卷二十八《贺新郎·寄赠吴兴沈凤于》下阕有云:"难得中秋逢两度。"该词题下注云:"时正五十。"可考沈尔燝之生年。

次冯溥韵赋诗,咏其盆栽桂花。

《湖海楼诗集》卷七"庚申"诗《咏盆桂次益都夫子韵》。

按,冯溥原倡为《佳山堂诗集》卷四《咏斋中盆桂兼赠行九》。

二十八日,王士禛庆四十七岁生日,与施闰章、曹贞吉、陆嘉淑等有诗词相贺。

《湖海楼诗集》卷七"庚申"诗《寿王阮亭先生》题下自注云:"先生以甲戌闰八月生,至今岁始值再闰,已四十七年矣。"

据王士禛《渔洋山人自撰年谱》,王士禛生日为崇祯七年闰八月二十八日。

施闰章《施愚山集·施愚山诗集》卷四十一《王阮亭侍读生日》题下自注云:"君以闰八月廿八日生,今岁八月始再闰。"曹贞吉《珂雪全集》本《珂雪词》卷上《百字令·闰八月寿阮亭》。陆嘉淑《辛斋遗稿》卷十四《寿王阮亭士禛》。

为程嘉燧外甥题《种菊图》，有诗。

《湖海楼诗集》卷七"庚申"诗《题虞山友人种菊图程孟阳甥》。

九月九日，曹禾招同李澄中、陆棻、范必英、龙燮、秦松龄等赴黑龙潭登高，顺道游崇文门外祝氏园，有诗纪事。

《湖海楼诗集》卷七"庚申"诗《九日黑龙潭登高同用"九"字》云："霜醅嫩蕊斑，潦减古潭黝。年年选此地，相将作重九。今年闰中秋，节候颇杂糅。虽喜得月频，却误登高久。兹辰倍澄鲜，霁旭散原阜。泼眼秋景佳，招寻况我友。十夫舁食器，捆载类束韭。满篮野菊黄，红紫亦多有。我时飞鞚到，怕落群贤后。逸兴莽滔滔，雄谈剧纠纠。……扪摸遍崎嵚，经过阅林薮。客秋所坐地，依旧苔纹厚。悲台更宠炊，坏壁尚抖擞。独有昨年人，屈指少谁某。而我明年来，吾徒仍健否？人生贵作达，万象总刍狗。"

李澄中《卧象山房诗正集》卷一"五言古诗"《与其年、义山、秋涛、石楼自黑龙潭游祝园》。祝园，《天咫偶闻》卷六有载。

秦松龄《苍岘山人集》卷四《得树轩集》有《庚申九日，曹峨嵋编修招同馆中诸公乌龙潭登高，得"九"字》。

吴仪一还杭州，有词送之。吴仪一重阳期间自奉天来京，曾稍作停留，其在京寓洪昇处。

《迦陵词全集》卷二十八《贺新凉·送吴瑑符归武林》云："君去还来否？倚西风、频搔短鬓，且攀衰柳。词句沉雄兼感激，似尔惊才希有。论笔势，苍然最陡。可惜男儿分袂易，遍长安、寻煞无红袖。谁为我，劝君酒。　　芒鞋忆昨三边走。正严寒、连营毳帐，几重刁斗。从古阴山花最少，只有土花铺绣。更只有，六花狂吼。今日秋容偏激艳，小湖头、西子妆才就。归去也，恰重九。"

按，方象瑛《健松斋集》卷十八"丁巳"诗有《送姜定庵京兆之奉天》《赠吴瑑符赴姜京兆幕》。黄百家《学箕初稿》卷二《送定庵姜先生赴任盛京奉天府序》云："康熙丁巳孟冬，定庵姜先生赴任盛京奉天府，将有数千里之别。百家辱受知先生，特书一言于箧中，持以走送于舟次。"是知陈维崧词中"芒鞋忆昨三边走"所写即其在奉天事。

又按，丘象升《南斋诗集》"庚申"诗《喜逢吴瑑符》有句云："昨读惊人句,因知塞上还。"陆进《巢青阁集》卷六《吴璨符同姜定庵京兆归自奉天,喜值于李悒庵太史座上》有句云:"辽海风寒敧皂帽,燕台秋色冷黄金。"故知其本年路过北京,曾暂作停留。另外关于吴氏在京的相关情况,可参章培恒《洪昇年谱》本年的考证。章先生考订甚详,本处多有参考。

吴仪一(1647—?),字璨符,一字舒凫,又字吴山,别名吴人,号芝坞居士。浙江钱塘(今杭州市)人。髫年游太学,名满都下。尤工词,为王士禛所称。康熙十六年至十九年,曾应奉天府丞姜希辙之聘,入其幕中。著有《吴山草堂词》十七卷。生平详乾隆《杭州府志》卷九十四、《国朝杭郡诗辑》卷二、王晫《霞举堂集》之《芝坞居士传》。

为宋荦题《双江唱和集》,宋荦亦为其词集题词。同时书恳宋荦为其填词图题词。

《湖海楼诗集》卷七"庚申"诗《题宋牧仲员外〈双江倡和集〉,即次其集中原韵》末云:"秋晴连日剧无赖,野篱菊蕊行将抽。何能与汝出城去,倒骑乌犉西山头。"

宋荦《和松庵存札》有陈维崧致宋荦书云:"新诗变化超忽,无美不备。勉力作一歌奉扬,未美。愧腕弱不能进也,如何,如何。谨同原稿驰上。所恳《填词图》题词,倘已脱稿,幸即书付。为感。弟维崧顿首牧老年台先生。"

按,《双江唱和集》后附有施闰章、陈维崧、林尧英、曹贞吉、谢重辉、汪懋麟、曹禾题诗。林尧英诗后有注云:"时牧仲同阮亭、实庵、漪亭、峨嵋、蛟门、方山集余寓斋。"施闰章诗另见《施愚山集·施愚山诗集》卷五十,题为《题宋牧仲〈双江唱和集〉》。

宋荦《枫香词》之《珍珠帘·题陈其年词集》末云:"喜晚岁、遭逢非小。堪傲。有牛腰词卷,将人压倒。"

和叶方蔼题翰林院壁诗有作,一时同和者甚众。

《湖海楼诗集》卷七"庚申"诗《恭和掌院叶讱庵先生题翰林院壁次东坡清虚堂韵》。

叶方蔼原倡为《读书斋偶存稿》卷三《题翰林院壁用东坡清虚堂韵》,该诗后附有王士禛和作。

冯溥《佳山堂诗集》卷三《和叶讱庵尚书翰林院题壁之作》。施闰章《施愚山集·施愚山诗集》卷二十三《奉和叶阁学题院壁原韵》。毛奇龄

《西河集》卷一六三《奉和昆山叶掌院夫子题翰林院壁,用东坡清虚堂韵》。尤侗《西堂全集·于京集》卷三《叶掌院先生和东坡清虚堂诗题翰林院壁,次韵》。徐釚《南州草堂集》卷八《奉和院长南阳先生用东坡清虚堂韵题翰林院壁》。徐嘉炎《抱经斋集·抱经斋诗集》卷六《掌院䏑庵夫子见示题院壁诗,用东坡清虚堂韵,同诸子作》《迭前韵述怀,再呈掌院夫子》。方象瑛《健松斋集》卷十八《展台诗抄上》有"庚申"《和叶䏑庵院长题翰林院壁,用东坡清虚堂韵》。

在前门外虎坊桥遇一相士,有《菩萨蛮》相赠。

《迦陵词全集》卷二《菩萨蛮·燕市赠相者》上阕有云:"虎坊桥畔逢唐举,西风酹酒为君语。"

十月七日后,与方象瑛、徐釚、毛奇龄陪冯溥游祝园赏雪,冯溥作五律四首,和其原韵有作。

《湖海楼诗集》卷七"庚申"诗《雪后陪益都夫子游祝园,敬和原韵四首》其一有云:"谁割龙潭景,添成物外栖。"其二有云:"前月期吾友,朝回信马过。"从其诗意看,祝氏园当在黑龙潭附近。而"前月"句所指,当为其与友人九日登高事。同书同卷另有《祝园看雪长句和韵》。

冯溥原倡为《佳山堂诗集》卷四《冬日诸子邀饮祝氏园亭》。方象瑛《健松斋集》卷十八《展台诗抄上》有"庚申"《冬日陪益都夫子游祝园,即席奉和原韵》《又和益都公祝园宴集韵》。徐釚《南州草堂集》卷八《雪后陪益都公饮祝氏园林,奉和原韵四首》。毛奇龄《西河集》卷一七三《陪游祝氏园,即席和益都夫子原韵四首》。徐嘉炎《抱经斋集·抱经斋诗集》卷六《祝园宴集,次益都夫子韵》《夫子再示长歌并和》,卷八《冬日奉陪相国益都夫子游祝家园,次原韵四首》。

按,《王士禛全集·渔洋续诗集》卷十三"庚申京集"有《十月七日雪,过念东先生》《十月初七日夜雪中作》两首,知本年初冬十月初七有雪。

十九日,冯溥招同徐釚、徐嘉炎、方象瑛、毛奇龄、潘耒游王熙怡园,并赋五律四首,诸人均有诗和其原韵。

《湖海楼诗集》卷七"庚申"诗《益都夫子招游王大司马怡园,敬和原韵四首》。

冯溥原倡为《佳山堂诗集》卷三《冬日同诸子游王大司马园亭四首》。

徐釚《南州草堂集》卷八《十月十九日,益都公招游王司马怡园,奉和原韵四首》。

徐嘉炎《抱经斋集·抱经斋诗集》卷八《孟冬十有九日,益都大子招集王大司马怡园,奉和原韵四首》。

方象瑛《健松斋集》卷十八《展台诗抄上》"庚申"《益都公招集王司马怡园,和原韵》。

毛奇龄《西河集》卷一七三《益都相公携门下诸子游王大司马园林,即席奉和原韵四首,时首冬雪后》。

潘耒《遂初堂集·遂初堂诗集》卷三"梦游草上"《从益都公游土大司马园亭作》。

赵吉士赴任扬州抄关榷使,有诗送行。

《湖海楼诗集》卷七"庚申"诗《送赵天羽郎中出榷扬州抄关》二首其一首句云:"雪后千门皓不收,送君乘传下邗沟。"知其为十月雪后不久。

按,赵吉士《万青阁诗馀》之《沁园春·题迦陵词后》有"诗酒功名,莺花事业,白发飘零误一官","人何处,向迦陵集里,想杀陈髯"等语,味其语气,当作于陈维崧去世后。

施闰章《施愚山集·施愚山诗集》卷十四《赵天羽户部榷扬州》。方象瑛《健松斋集》卷十八《展台诗抄上》"庚申"《送赵天羽户部榷扬州》。潘耒《遂初堂集·遂初堂文集》卷九《送赵天羽榷邗江序》。徐嘉炎《抱经斋集·抱经斋诗集》卷九《送赵天羽民部榷关邗上二首》。严我斯《尺五堂诗删近刻》卷三《送赵仪部之维扬》。

赵吉士(1628—1706),字天羽,一字恒夫。安徽休宁人,浙江钱塘籍。顺治八年举人。康熙七年,授山西交城知县。五年后内迁户部主事。康熙十九年,出榷扬州抄关,擢户科给事中。后以事罢职,久乃补国子监学正。晚乔寓宣武门西之寄园,吟咏自娱。著有《万青阁全集》。生平详朱彝尊《朝议大夫户科给事中降补国子监学正赵君吉士墓志铭》(《曝书亭集》卷七十七"墓志铭四")。《江南通志》卷一百五《职官志·文职七》"扬州抄关":"赵吉士:浙江人。举人。康熙十九年任。"

戴移孝因朝廷修《明史》,为其父戴重死难事,至京求为立传,不久南还。陈维崧有诗送之,并为其诗集作序。

《湖海楼诗集》卷七"庚申"诗《酬赠戴二无忝并送其南归,兼寄务旃,次原韵》云:"风欢掣冷烛,冰厚裂破砚。平明挽马挝,送子出京甸。吾子一世豪,昂藏路人羡。狂馀态傥莽,醉后兴缠绻。忆昔起孤童,奋身压时彦。每拊邯郸筝,恒舞洛阳剑。出亡晋重耳,忍询越勾践。平生触十死,性命剩一线。年来卖医卜,誓不弄刀箭。有屋八九间,有史十百卷。有儿能贩脂,有妇工织绢。山色露墙匡,湖光洗门扇。奚复入长安,车脚恐不贱。长安牛马矢,累并宜春苑。居间软媚多,子又性苦卞。此行定底急,投谒秘书院。答言鼎革初,先子狗一战。填海海已焦,逐日日苦晏。幸逢修史诏,设局移中监。先迹久沉霾,倘获厕文献。树为臣子鹄,奉作千秋鉴。呜咽绝辛酸,语罢泪交溅。太息谢故人,忠邪久自见。况值不讳朝,子且还乡县。总裁又大贤,庶以慰凄恋。不闻有元世,亦立文山传。我非迁固俦,并乏金张援。只有一寸心,炯炯可以鉴。归行晤汝兄,缊火荜床荐。定忆燕山隅,此时雪成片。饥朔正冲寒,早直麒麟殿。”

　　《陈迦陵俪体文集》卷五《戴无忝诗序》末云:“当年送别,犹有白衣;此日相逢,可无红豆? 于是悲哀不少,惆怅绝多。蠖伏联篇,则河北胶东之纸;龙蟠累牍,则宋风谢月之文。所谓辟恶时熏,不蚀羽陵之蠹;龙威私守,直通北望之槎也。仆本卫玠之多愁,近更屈平之被放。挚虞沦薄,已罢觞歌;束皙艰辛,久疏文笔。属击汰以将离,遂吮毫而撰序。吟成越弄,依稀庄舄之哀;曲奏楚音,仿佛钟仪之调。归逢康乐,行念陈琳。”从末尾文字看,当为戴移孝离京前事。

　　《王士禛全集·渔洋续诗集》卷十三“庚申京集”《戴无忝至自和州,得务游书》,排在《十月初七日夜雪中作》和《十一月六日星变召对纪事》之间,可知戴移孝来京时间为十月中旬至十一月初之间。

十一月初二,徐乾学称五十觞,为作序贺之。

　　《陈迦陵俪体文集》卷八《寿徐健庵先生序》开首云:“节逾亚岁,日居狼骏之山;律转初阳,星纪牵牛之次。五纹弱线,昬逢南至以加长;一寸飞灰,候迫东皇而早暖。则有西豪贵胄,南路华卿。大夫当服政之年,君子正悬弧之日。”

　　按,据韩菼《资政大夫经筵讲官刑部尚书徐公乾学行状》,徐乾学生于崇祯四年十一月初二日。又,本年十一月初一冬至。故序中有“昬逢南至以加长”之语。陆勇强《陈维崧年谱》引《礼记·曲礼上》“四十曰强,而仕;五十曰艾,服官政”之语,解“大夫当服政之年”为代指五十岁,是。

高珩将还淄川,有诗题其所藏文征明《雪景》图,以代送行。

《湖海楼诗集》卷七"庚申"诗《题文衡山〈雪景〉,送少司寇高念东先生还淄川》。

《王士禛全集·渔洋续诗集》卷十三"庚申京集"《送高念东先生予告还山八首》《再送高念东先生八首》两组诗,紧排在《十一月六日星变,召对纪事》后,知其作于十一月初。据此可考知高珩的大致归期。

《施愚山集·施愚山诗集》卷二十三《为高念东侍郎题衡山雪卷》、卷五十《送少司寇高念东先生归淄川》八首。宋荦《西陂类稿》卷三《奉送高念东先生予告还山六首》。徐釚《南州草堂集》卷八《题文待诏〈雪景〉,送高念东侍郎归淄川》。冯溥《佳山堂诗集》卷二《送少司寇高念东先生东还》。徐乾学《憺园集》卷七《送侍御念东先生二首》。徐嘉炎《抱经斋集·抱经斋诗集》卷十《送高念东少宰还山二首》。方象瑛《健松斋集》卷十八《展台诗抄上》有"庚申"《送少司寇高念东先生予告归淄川》。

按,据《清圣祖实录》卷九十二,康熙十九年十月戊申,"刑部右侍郎高珩以老乞休。允之。"按,本月丙戌朔,故戊申为二十三日。

徐元文由内阁学士擢左都御史,代宋德宜撰序贺之。

《陈迦陵俪体文集》卷八《贺徐立斋先生新升总宪序》题下注云:"代相国宋夫子作。"

据韩菼《资政大夫文华殿大学士户部尚书掌翰林院事徐公元文行状》,徐元文升左督御史在本年十一月。

毛升芳以竹鼠佐酒,有诗咏之。

《湖海楼诗集》卷七"庚申"诗《竹鼠》序云:"赞宁《笋谱》曰:'竹根大鼠名竹豚,亦名稚子。'杜诗'笋根稚子'是也。《玉篇》曰'鼶'。浙江遂安有之。毛子允大出以佐酒,遂成此诗。"

十二月初六日,为陈维崧五十六岁生日。此日凌晨五更,妻储氏卒于宜兴老家。临殁留言,嘱陈维崧广求妾媵,及早延嗣。

《湖海楼全集·湖海楼文集》卷六《赠孺人储氏行略》:"两年来,余荷圣朝不次之恩,擢居史馆。余既谊不敢去,妻又力不能来,脉脉三年,悠悠两地。迨昨年大歉,连岁奇穷,妻遂永断京华之梦,而长辞烦恼之缘也。妻计得矣,余则何堪? 妻临没时,绝不作寻常酸楚语。十二月初五夜,犹忆诘朝为余诞日,戒婢子以供佛时,须用新鲜蔬果。夜漏五下,呼家人:'亟起! 我将去矣。'留言寄别,惟以广求妾媵,早延嗣息为嘱。起坐盥栉,端然而逝。呜呼,痛哉! 何期京邸悬弧之日,即是空闺撤瑟之辰也。妻生甲子九月初六日酉时,卒康熙庚申十二月初六日丑时。享年五十有七。"

十五日早朝时,有诗和尤侗韵。

《湖海楼诗集》卷七"庚申"诗《春朝漫兴和尤悔庵同年韵》中有注云:"是日早朝侍班。"

尤侗原倡见《西堂全集·于京集》卷四《春朝漫兴》。

按,本年立春为十二月十五日。

尤侗作《岁暮杂诗偶用僻韵三十首》,陈维崧为其题词。

尤侗《西堂全集·于京集》卷三"庚申年"《岁暮杂诗偶用僻韵三十首》后,附有陈维崧题词云:"半庄半屈,亦史亦经,出入于石湖、剑南之间,而得其神髓。要而论之,执戟之《解嘲》,岁星之《客难》也。"

按,陈维崧题词未必作于本年末,为编排方便,暂系于此。

王士禛、宋荦、施闰章、谢重辉、钱柏龄、潘耒、程谦、袁启旭等数次相聚,有联句诗数首。陈维崧晤王士禛时得讯,遂致书宋荦索其稿。

《王士禛全集·渔洋续诗集》卷十三"庚申京集"《圣安寺僧舍联句》下注:"高念东先生、施愚山、宋牧仲、王阮亭、谢方山、钱介维、袁士旦。"《说饼联句》下注:"王阮亭、曹峨眉、谢方山、潘次耕。"《即席赋送念东先生还山联句》下注:"高念东先生、施愚山、宋牧仲、王阮亭、谢方山。"《筵上咏铁脚联句》下注:"周紫海、宋牧仲、王阮亭、谢方山、钱介维、程山尊、袁士旦。"

诸诗亦见宋荦《西陂类稿》卷二十二,惟《西陂类稿》多《读念东先生琼花观诗,因怀广陵旧游,即席联句》一首。

又,宋荦《和松庵存札》收陈维崧书云:"不晤旬馀,可胜念切。适晤阮亭先生,云有《说饼联句》,稿在先生处,乞并将前日壁间联句同录一纸。尺付为感。诸容面尽。弟维崧顿首牧老年翁先生。"

钱柏龄(1634—1717),字介维,号立山,又号鹿窗。江苏华亭(今上海)人。监生。宋荦赴赣,曾招之入幕。著有《淀湄草庐诗存》。生平详杨钟羲《雪桥诗话续》卷二。

程谦,字山尊。安徽歙县人。工五言律诗。著有《一石山房稿》《春帆集》。生平略见民国《歙县志》卷十、施闰章《施愚山集·施愚山文集》卷七《程山尊诗序》、魏禧《魏叔子文集外编》卷九《一石山房诗序》。邓汉仪《诗观初集》卷十一收其诗七首、《诗观二集》卷七收其诗十一首。

　　袁启旭,字士旦,号中江。安徽宣城人。诸生。工诗。著有《中江纪年诗集》《黄山纪游诗》《辇下和鸣集》。生平详《国朝耆献类征初编》卷四三。

　　周紫海,俟考。

二十九日夜,灯下读王士禛、宋荦等人冬夜联句诗,戏和其韵有作。

　　《湖海楼诗集》卷七"庚申"诗《除夕烛下读阮亭、牧仲诸公冬夜联句,即事戏和其韵》。

本年,曾致书毛先舒,求为其所作骈体文撰序,盖其时曾有刻集之计划。信中对自己作骈体之心得有所交代。毛先舒亦乞其为作《填词序》。

　　毛先舒《思古堂集》卷二《与吴志伊书》云:"仆庚岁山中接其年札,谓拟刻骈体百篇,要仆序之,仆亦烦其作填词序。嗣后通书者再,未尝不谆谆问此也。仆于去秋操觚,完此宿诺。八月械寄书并序邮入燕邸,而闻其在五月中即世。伤哉!计仆文脱稿时,则其年撤瑟已九十馀日矣。此君风气清醇,辞笔标俊,求之古人,怀文抱质。至其俳俪之作,真足凌轹昔才。尝论四六虽非极尚,然非星宿罗胸,风云随腕,挥斤入妙,未易轻谈。子瞻宕往逸才,往往有非薄《文选》语。试取《上林》《羽猎》《两都》《二京》,与前后《赤壁》相絜,岂止螳臂当轮,鲁缟冒矢。匜短逃虚,讵能折服?至若其年之妙,则又顿挫舒卷,波属云兴,匪徒挦藻便称能事。今闻其绝无冢息,兼之官贫,一卷之书未悬都邑。想属同心,俱怀愤痛。日者舟次驻节西湖,具云抄得副本,天东使旋,即谋剞劂。鼓吹倡和,须藉群力,领袖屈指,君便一人。忆其与仆书有云:'仆于俪体,颇有所得。大约取左史之排宕,兼韩杜之沉郁,长篇短幅,欲尽见之。专望先生为我序此卅年密契。千里心期,谅在知己不我靳也。'开函读之,宛如昨日。九原莫作,悲矣如何?今将仆拙序更写一通,呈诸左右,幸赐裁择。词序简其年稿中,或已作之,仍望惠然,庶不虚负其遗墨耳。"

　　按,毛先舒此序《陈迦陵文集》本及《湖海楼全集》本均可见,又见于《思古堂集》卷三,题为《陈其年骈体序》。

阎修龄本年新纳一妾,同人赠以诗词,题曰《贯花词》。阎修龄托淮估致书陈维崧,陈为作催妆词,并为《贯花词》作序。

　　《迦陵词全集》卷二《菩萨蛮·为阎牛叟新纳姬人催妆》二首其一上阕

云:"悼亡才写菖蒲幅,定情又索消魂曲。淮估附书来,红械和笑开。"

《陈迦陵俪体文集》卷七《阎牛叟贯花词序》题注云:"牛叟向有悼亡之戚,曾为赋《兑阁遗徽》词十首。今新纳小姬,同人赠句,颜以贯花,仍为制叙。"序中有云:"独是七载恒鳏,终年独宿。盆才罢鼓,尚馀愀怆之思;箫已重吹,忽作柔靡之想。"据此,则阎再彭纳妾在其赋悼亡七载之后。阎妻丁氏卒于康熙十三年,过七载即本年。

本年有书致候毕际有,书中曾询及刘大成近况。毕际有托蒲松龄代拟答书,告以刘大成已死,并随信寄来家乡土物。

《蒲松龄集·聊斋文集》卷五《代毕刺史际有答陈翰林书》有云:"忆昔握手狼山之下,同舟邗水之间。我未暍阴,君犹齿茂;纵饮雄谈,欢呼彻曙。直欲挥白日使停晷,止参斗使不坠。每一文成,迭肩击节,追随晨夕,使人乐而忘疲。……独是王孙归去,仅有鹤琴;倦鸟飞还,未存松菊。牛羊作侣,麋鹿为曹,忽忽十七年,不觉龙钟殊甚。于思犹故,但所异于昔者白耳。……客岁偶阅邸抄,乃知弁冕词林,此中欣慰,如获异宝。虽犹是于热闹场中作冷淡生活,然读书稽古,庶知苍苍者不相背负耳。私心窃拟申贺,不图高雅先施,致音书于穷谷。盥手蔷薇,喜泪交并! 孔集老友,奄然物化,忽蒙讯及,弥深涕零! 遂因鸿便,聊附尺帛。土物戋戋,少当远音。"

按,关于该信的作年,虽无明确的记载,但从文意大概可以确定为本年。陈维崧与毕际有交往在其任南通州知府时。信中提到的狼山即在南通,位于长江北岸,与常熟的福山对峙。而毕际有"以通州所千总解运漕粮,积年挂欠,变产赔补不及额,罢归"(《淄川毕氏世谱》),时在康熙二年。"忽忽十七年"后,即为本年。又,陈维崧"弁冕词林"在康熙十八年,信中云"客岁",亦可证其作于本年。

另,《聊斋诗集》卷二《伤刘孔集》编在"壬戌"年,陆勇强先生《陈维崧年谱》乃据以断定《代毕刺史际有答陈翰林书》作于康熙二十一年。其实《聊斋诗集》的编年系路大荒所为,对蒲松龄早期诗作的编年多有不准。另,路大荒《蒲松龄年谱》则录其事于康熙十九年,云:"代毕际有作'答陈翰林其年(维崧)书'。"可参。

蒲松龄(1640—1715),字留仙,一字剑臣,别号柳泉居士。山东淄川人。顺治十五年以县、府、道试第一补诸生,此后屡困场屋,康熙四十九年始贡于乡。一生除短期的游幕外,长期以坐馆为生。长于诗文、小说、俚曲创作,尤以文言志怪小说《聊斋志异》享誉身后。生平详路大荒《蒲松龄年谱》、袁世硕师《蒲松龄事迹著述新考》)。

商丘旧交戴望、戴信兄弟,托陈长庆乞陈维崧为其父戴可赞及母吴孺人撰墓表。

《陈迦陵文集》卷五《新安戴处士暨配吴孺人合葬墓表》云:"余十年前往来梁宋间,与徐恭士、侯叔岱、徐迩黄、宋牧仲诸君游。诸君皆磊砢负志节,能读书,盖邑中所称贤士大夫也。外则又有戴企之、孚尹兄弟。企之名望,孚尹名信,新安人,侨寓宋中。早年事儒业,继苦贫,不能读书,而隐于阛阓间。企之为人沉毅笃至,悃愊有信行,中年属有张籍之疾,不良于视,家事一切藉孚尹管钥之。孚尹则南游濠亳,北走汳雒,纤悉刻苦,逐什一之利以资俯仰,奉其兄若严君然,秩秩如也。余交戴氏兄弟,而二人亦乐交余。年来余宦游都下,不至睢阳六七年矣,睢阳诸子则时时以尺一相闻。一日戴氏兄弟介余从弟长庆,以父处士公暨母吴孺人墓门之碣请。夫余既雅知戴氏兄弟绰有古贤士大夫风,而新安戴氏有迁居丁义兴者,固弟长庆妇家也。孚尹则又与四弟宗石缔密姻,称凤好。余虽不文,其何敢辞?按状处士公讳可赞,字育卿,徽州人也……"

按,文中有"年来余宦游都下,不至睢阳六七年矣"之句,是则其入仕似仅一年多时间。又,陈维崧最后一次到商丘为康熙十四年,康熙十九年刚好为其离开商丘的第六个年头。综合此两条判断,该墓表当作于本年。

约本年前后,为庞垲诗集作序。

《陈迦陵俪体文集》卷五《庞霈公诗集序》云:"仆也邑岂鲁邦,徒嗟异地;交如王贡,所幸同朝。猥邀敬礼为定文,每许桓谭为知己。何来爝火,谬依列缺之光;讵有铅刀,妄逐刺蜚之队。属良朋之谣诼,援弱翰以揄扬。"

经翰林院同官介绍,本年得识胡介祉,并为其诗集作序。

《陈迦陵俪体文集》卷五《胡智修诗序》有云:"仆也十载清狂,两年羁宦。白团扇上,曾披柳恽之诗;金水桥头,乍识李邕之面。属同官为传语,命贱子以定文。不揣揄扬,用承谣诼。"

胡介祉(1659—?),字智修,号循斋,又号茨村。浙江山阴(今绍兴市)人,入直隶宛平籍。由荫生历官河南按察使。能诗。著有《谷园诗集》《随园诗集》《广陵散》传奇等。生平详陶梁《国朝畿辅诗传》卷十七。

李澄中曾以龙须数茎相赠,同曹贞吉、陆棻、沈皞日有赋,陈维崧作《贺新郎》。

《迦陵词全集》卷二十八《贺新郎·诸城李渭清赠我以龙须数茎,同曹舍人实庵、陆编修义山、沈大令融谷赋。余箧中旧有虎须,故篇中及之》。

按,在手稿本第五册中,该词与《贺新郎·寄赠吴兴沈凤于》接抄在一起,不另书词牌,应为同年作。

曹贞吉《珂雪全集》本《珂雪词》卷下有《霓裳中序第一·咏龙须为渭清赋》。陆棻《雅坪词谱》有《霓裳中序第一·龙须》。均应为同时之作。沈皞日《柘西精舍诗馀》卷二有《霓裳中序第一·龙须》、《解红·再咏龙须》。

约本年前后,博尔都有诗为题《洗桐图》。

《白燕栖诗草》卷三《题陈其年〈洗桐图〉》云:"披氅科头与世疏,银床花落碧梧处。比来何事关情甚?茶熟香清一卷书。"

按,该诗作期不明,但最早当在本年,故系于此。

康熙二十年　辛酉(1681)　五十七岁

正月初一早朝,同徐釚有诗纪新岁,并颂朝廷平南。

《湖海楼诗集》卷八"辛酉"诗《元旦早朝》:"卷尽宫鸦翠辇过,千官虎拜溢鸾坡。未央日上黄初映,太液风来绿始波。岁纪重光连作鄂 辛为重光, 西为作鄂,天开越峤绕牂牁 时王师已渡滇南铁索桥。词臣愿进平南颂,竞托隃糜盾鼻磨。"

徐釚《南州草堂集》卷八《辛酉元旦,早朝即事》。

初七,李铠招饮,有诗纪事。

《湖海楼诗集》卷八"辛酉"诗《人日李公凯招饮,同用"人"字》。

十五日夜,与黄庭同赋《丰乐楼》词,记京城元夜灯市盛况。

《迦陵词全集》卷三十《丰乐楼·辛酉元夜》。

按,在手稿本第二册中,该词题为《辛酉元夜,同葳山赋》。

元宵节前后,梁清标招饮,与毛奇龄有词咏梁斋之米家灯。梁清标、尤侗、徐釚等有词和其韵。

《迦陵词全集》卷十九《百字令·棠村夫子席上咏米家灯》下阕云:"闻说上国楼台,东京士女,最重元宵夜。两载传柑浑寂寞,辜负月明鸳瓦。诓意今年,尚书座上,人在春灯下。升平遗事,廊边鹦鹉能话。"陈维崧康熙十七年秋至京,寂寞而过两元宵,此为第三个元宵节,应为康熙二十年。

毛奇龄《西河集》一三六《剔银灯·咏米家灯》序云:"梁尚书席上有灯,为宛平米氏所制。堆纱迭縠,作山水、花鸟、人物,座客各有词属和焉。"

手稿本第五册陈维崧词后附有梁清标和词。该词又见《棠村词》,题为《百字令·咏米家灯,次陈其年韵》。

尤侗《西堂全集·百末词》卷四《念奴娇·咏米家灯,和其年韵》。

徐釚《菊庄词二集》有《百字令·棠村席上咏米家灯,和其年韵》。

朱彝尊、陆菜招饮,肴馔甘美,快饱之后,感而赋诗,成二十四韵。

《湖海楼诗集》卷八"辛酉"诗《春夜朱锡鬯、陆义山两君招饮,馔甚甘腆,一饱之后,快然成诗,得二十四韵》云:"女几辛敬之,才高多触误。一语最可悲,平生饱有数。每逢李钦叔与元裕之,辄为盛张具。得食便津津,识量诚卑污。将毋馌歜流,诓免老饕赋。我生本贫薄,然不耐蔬素。南人侨北地,食性两相忤。硬饼累龈腭,官羊招哕呕。时时冀填仓,顿顿怕蒸瓠。朝来食指动,心莫省其故。果得我友信,奔趋不遑屦。入门脱帽狂,由窦大声呼。"

博尔都将有事出关,有诗留别王士禛、汪琬、施闰章、毛奇龄、陈维崧、徐元梦。

《白燕栖诗草》卷三《东行留别阮亭、钝翁、愚山、大可、其年、蝶园诸子》三首其一有"夜雨惊心翻潞水,春风吹泪度榆关"之句,时为春间。

按,博尔都《问亭诗集》卷三《送别汪钝翁》诗下注曰:"时予有辽东之行。"故系于此。另施闰章《学余堂诗集》卷四十一有《答博问亭留别时送祖母太夫人榇归葬辽阳》。

博尔都(1648—1707),字问亭,号东皋渔夫。满洲人。辅国公拔都海之子,袭封三等辅国将军。少失怙,喜吟咏。著有《问亭诗集》。陈维崧卒后,曾有《吊陈其年》云:"梁甫词清百遍吟,许身曾不愧南金。自骑黄鹤九秋逝,空抱白云千载心。河洛仅留书卷味,湘沅难写郁陶深。今逢寒食梨花雨,怅望青原何处寻?"(见《白燕栖诗草》卷一)生平详邓之诚《清诗纪事初编》卷六。

二月初,储氏讣至京,于邸中为位哭之,京华同人皆往吊之。

尤侗《西堂全集·西堂杂组三集》卷八《陈孺人诔》序云:"康熙十有九年十二月六日,吾友陈其年太史夫人储氏以疾卒于家。明年正月讣至京,太史为位邸次,哭之恸,凡同人之在长安者,无不吊也。"序中另有"钿盒金钗,鸳阁之留贻尚在"之句,所指即储氏以钿盒相贻事。

《湖海楼全集·湖海楼文集》卷六《赠孺人储氏行略》:"自二月闻讣以来,白昼则憪然中恶,意忽忽有所忘,中夜则泪直浮枕簟去。私欲排纂生平一二事迹以不死吾妻,而伸纸舐墨,哽嗌不成一字者数矣。若终焉塞默,无以告哀,是既负之生前,又泯之地下也。余何忍哉?"

储氏死讯至京的时间,两人的记述相差一月。造成这种不一致的原因,估计是实际时间可能在正月末二月初之交。

送陆弘承之徐州赴徐淮道刘元勋幕。

《湖海楼诗集》卷八"辛酉"诗《送陆子启之彭城》云:"东风二月不肯闲,烘桃染杏成朱颜。出门骑马走送客,杂英满路红斑斑。问君此别竟安适?答云要上云龙山。"按,时任分巡徐淮道者为刘元勋,咸阳人。

冯溥《佳山堂诗集·佳山堂诗二集》卷三有《赠陆子启读书长椿寺》二首。卷四《送陆子启赴淮徐道刘公之招,即用其志别原韵》。卷四《赠陆季雍》题下自注云:"子启尊人也。"

王元弼将赴湖南零陵知县任,赋《石燕行》为其送行。

《湖海楼诗集》卷八"辛酉"诗《石燕行为零陵太守王良辅赋》有"一过春社芹泥暖,便望零陵书信来"之句,知其时刚过春社,当为二月初。另,在本集中,该诗紧排在《送陆子启之彭城》后。

施闰章《施愚山集·施愚山诗集》卷三十三《王良辅令零陵》(按,在《施愚山诗集》中,该诗排在《沙河》之后)。《王士禛全集·渔洋续诗集》卷十四"辛酉京集"《湘水行送良辅宰零陵》。毛奇龄《西河集》卷一七九《王明府之任零陵》。严我斯《尺五堂诗删近刻》卷三《次韵送人宰零陵》。

王元弼,字良辅,号慎馀。奉天(今属辽宁)人,隶镶红旗。监生。康熙十二年任云南蒙自知县,十八年任湖南零陵知县,在任六年。后曾任贵州遵义知府。著有《慎馀堂诗集》。生平略见于《云南通志》卷十八"下之一"《蒙自县知县》、康熙《零陵县志》卷六《官师》、《贵州通志》卷十八《秩官·职官·遵义府知府》。

十五日，魏坤将南归，为其诗集作序以代送行，序中相期于来年秋日在江南相见。盖其时陈维崧已有南归之意矣。

《陈迦陵俪体文集》卷五《魏禹平诗序》云："满城柳色，笛声已入阳关；二月花朝，天气渐逢寒食。属文通之赋别，令敬礼以定文。且尽馀杯，为谭往事。窃述两家之旧德，聊充四座之新闻。……既而下宫难息，孤出绮中；北海冤消，人还壁里。则有余父赠检讨公，风度鸿骞；君叔庶常公，仪观鹄举。江深故国，相逢石子冈头；花落空宫，并坐瓦官阁下。而乃社犹窜鼠，城尚凭狐。华林半部，多是佃夫之伎人；建业三更，齐唱总持之艳曲。……仆也久从吴会，披异采之缤纷；近在幽燕，捧名篇之络绎。讵意灞桥草碧，遽理归装；何图韦曲花红，难牵别袂。遂题数语，爰集百端。君其姑去，送子在绿波南浦之前；仆亦遄归，俟我于黄叶西风之后。"按，本年寒食节为二月十四日。

魏坤(1646—1705)，字禹平，号冰村。浙江嘉善人。魏大中族孙。康熙三十八年举人。少负才名，游京师，入太学。与陆元辅、陆嘉淑订忘年交。著有《依晴阁诗抄》《水村琴趣》等。生平详《国朝耆献类征初编》卷四三〇、阮元《两浙辖轩录》卷十。

十九日，仁孝、孝昭两皇后灵柩赴葬遵化陵园，诸王以下满汉官员俱举哀跪送，陈维崧亦随众送至沙河城外。

《湖海楼诗集》卷八"辛酉"诗《春日沙河城外恭送仁孝、孝昭两皇后梓宫，纪哀二首》。

据《清圣祖实录》卷九十四，仁孝、孝昭两皇后灵柩二月癸卯（十九日）启行，时"王以下满汉官员，及公主王妃以下、大臣命妇以上，俱齐集举哀跪送"。

施闰章《施愚山集·施愚山诗集》卷三十三《沙河》之二有云："春色已过半，何无一雁飞？地荒花树少，旱久麦苗稀。"该诗题下自注云："时百官赴沙河恭送两皇后梓宫，大驾亲赴山陵。"

毛奇龄《西河集》卷一四三《敬制仁孝皇后、孝昭皇后挽歌词十四章》序有云："康熙辛酉春仲，臣奇龄恭送大行两皇后梓宫于沙河城东之窦家庄，敬随诸臣后，迎仗而泣。爰思古者虞殡，必有歌词；近世执绋，不止铃铎。故灈龙望幸，朱奢进诗；筮龟而行，潘岳作颂。"卷一五三《恭送仁孝、孝昭两皇后哀词》序有云："康熙二十年二月一十九日,仁孝皇后、孝昭皇后两梓宫启自沙河,将迁葬于遵化陵园,群臣送之者,齐集于窦家庄之西塍。惟时龙辀午移,銮卫先发;晓月未落,悲风斯起。皇帝亲临祖馈,躬奠殡阶。六衣在筵,双帝载道。……自亲王满汉诸大臣暨福晋、公主、格格、奉恩将军之妻,皆俯伏舆傍,哀号道左。天惨地裂,山鸣雷动,咸思仰攀黄帷,俯挽朱绋。"

尤侗《西堂全集·于京集》卷四《恭送仁孝皇后、孝昭皇后两宫大葬,拟挽歌四首》。徐元文《含经堂集》卷七《恭送仁孝、孝昭两皇后赴葬昌瑞山林》。徐嘉炎《抱经斋集·抱经斋诗集》卷八《辛酉仲春同馆诸公过沙河恭送仁孝、孝昭二皇后殡即事二首》。方象瑛《健松斋集》卷十九《展台诗抄下》有"辛酉"《沙河过施愚山、高阮怀、倪阇公》。

三月三日,与施闰章、徐釚、方象瑛、毛奇龄、严绳孙等随冯溥修禊万柳堂,席间限韵赋诗,冯溥作《三月三日万柳堂修禊倡和诗》五、七律各二首,诸人各有和作。诗成,陈维崧撰《万柳堂修禊倡和诗序》。

《湖海楼诗集》卷八"辛酉"诗《上巳修禊万柳堂,和益都夫子原韵》。《陈迦陵俪体文集》卷五《万柳堂修禊倡和诗序》云:"诗成七律,人各二章。庶几南楼清兴,老子何减于诸君?依稀东鲁高风,狂士偕游乎童冠云尔。"

冯溥原倡为《佳山堂诗集·佳山堂诗二集》卷四《三月三日万柳堂修禊倡和诗有序》,同书卷三另有五律《三月三日万柳堂修禊倡和诗二首》。

施闰章《施愚山集·施愚山诗集》卷四十一《冯相国上巳招集万柳堂限韵》(按,施闰章诗仅存七律一首)。毛奇龄《西河集》卷一七三《上巳万柳堂修禊,奉和益都夫子原韵二首即席》(按,毛奇龄所和为五律二首)。徐釚《南州草堂集》卷八《上巳万柳堂宴集,奉和益都公韵二首》。徐嘉炎《抱经斋集·抱经斋诗集》卷九《辛酉上巳万柳堂宴集,和益都夫子韵二首》。方象瑛《健松斋集》卷十九《展台诗抄下》有"辛酉"《万柳堂修禊,和益都夫子韵》。严绳孙《秋水集》卷六"诗六"《上巳日宴集万柳堂,奉和开师冯易斋先生韵》二首。以上诸诗末尾韵字分别均为"烟"、"侪"。

初八日,仁孝皇后、孝昭皇后葬礼成,有诗纪哀。

《湖海楼诗集》卷八"辛酉"诗《春日沙河城外恭送仁孝、孝昭两皇后梓宫,纪哀二首》有"天上春经三月暮,人间泪作百花红"之句。

冯溥《佳山堂诗集·佳山堂诗二集》卷四《辛酉二月十九日沙河恭送

仁孝皇后、孝昭皇后两梓宫赴葬山陵，三月初八日葬礼成，谨述三首》。

从陈维崧诗中"天上春经三月暮"之句，可知其作成于三月，而非二月十九日在沙河时。

十八日立夏，施闰章招同徐釚、倪灿、潘耒共饮。

徐釚《南州草堂集》卷八《送春日愚山招同阁公、其年、次耕小饮，再迭前韵时其年方有鼓盆之戚》。

袁景澜《吴郡岁华纪丽》卷四"四月"《饯春宴》云："柳絮蒙蒙，园林春尽，人家争作饯春宴。……立夏日，俗尚啖李。"同卷所录袁景澜《立夏日即景》四首之一原注云："阊门绣谷园，刺史蒋深所筑。康熙己卯，集郡中名宿尤西堂、朱竹垞两太史，张匠门、惠天牧、徐澄斋诸君，为送春会，赋诗作画，纪一时之盛。乾隆己卯，复举送春会于园中，则以沈归愚宗伯为首坐矣。"是知送春日乃立夏之别称。

有春日感怀诗柬方象瑛，方象瑛有诗和之。

方象瑛《健松斋集》卷十九《展台诗抄下》有"辛酉"《答陈其年春日感怀见柬，用万柳堂禊饮韵》。按，陈维崧原诗未见于《湖海楼诗集》。

春，徐喈凤曾有书来，力劝其早归。

徐喈凤《荫绿轩词》续集《十二时·哭陈太史其年》开首云："去年春，曾邮尺牍，力劝先生归早。休滞留、古长安道。日苦柴空米少。"

徐喈凤《愿息斋文集》有《寄陈太史其年书》云："尝思朋友居五伦之一，其情义与兄弟等。兄弟日聚而日亲，朋友亦日聚而日洽。当聚洽之时，忽挥手远别，别且数载，其离索之感，谁能遣此？如弟与足下年齿相近，衡宇相望，或同舟于溪渚，或联屐于山阿，花月嬉游，诗词倡和，诚彼我忘形而应求无迹者也。自足下北行后，溪头明月，山上鲜花，与曩时无异。乃月下孤吟，苦思玄度；花间独坐，怅忆休文。竟无得志之句，亦少和歌之人。虽有数友翰墨往来，未免稍涉行迹，求如足下之坦衷相示，匪不逮而教不能，可以称素交者殊罕也。况连遭旱魃，复遇天吴，室人有谪，瓶无粟储。惨淡陶君之柳，寂寂扬子之居。每望远而难晤语，际穷愁而慵著书。荫绿轩前，啼残黄鸟；愿息斋内，唅杀红鱼。未审足下修史，何日告成，肯赋归来，慰我饥渴乎？抱膝无聊，率陈别绪，仿嵇康绝交之论，似杨恽报孙之书。足下览竟，掷付杖头火可也。"

夜偶读龚鼎孳《香严词》，读至其戊申相赠之作中"君袍未锦，我鬓先霜"之

语,感慨万端,因和其集中秋水轩唱和原韵赋《贺新郎》一首悼之,并示其子龚士稹。

《迦陵词全集》卷二十八《贺新郎·戊申余客都门时,风尘沦落,而合肥夫子遇我独厚。填词枉赠,有"君袍未锦,我鬓先霜"之句。一别以来,余承乏词垣,而夫子之墓已有宿草久矣。春夜偶读香严此词,往复缠绵,泪痕印纸,因和集中秋水轩倡和原韵,以志余感。昔夫子填此韵最多,集中常叠至数十首。今者填词用此,亦招魂必效楚声之意也。并写一纸以示伯通》。

按,手稿本第二册中,在丙辰年所作的一组《贺新郎》中,插入了本年的一组。两组词的内容差异很明显,且书写笔迹也截然不同。本词排在《贺新郎·十六夜步月惠山泉亭》和《贺新郎·立秋夜雨感怀和尤悔庵原韵》之间,显然是后一组的第一首,故断其作于本年。

居停主人蒋元肤砌畔白丁香花盛开,蒋氏隔墙呼饮,遂连日与龚胜玉、李圣芝、黄庭、姚潜诸友饮于花下。感而赋诗,有悼亡之意,并作《白丁香花赋》以抒怀。

《湖海楼诗集》卷八"辛酉"诗《连日同诸子小饮蒋元肤白丁香下感赋》云:"丁字帘边丁子香丁香一名丁子花,花开时节倍伥伥。团圞昼挂三更月,羃䍡春飘半院霜。照处偏宜红蜡烛,看时雅称白衣裳。如何打得同心结,只与安仁助悼亡。"《陈迦陵俪体文集》卷一《白丁香花赋》小序云:"余居停主人蒋元肤砌畔种有此花,三春欲暮,花开似雪。元肤隔墙呼饮,并言每岁有紫花半树,交枝并跗,掩映殊佳,今紫者萎矣。属予有骑省之悼,一聆斯语,泫然不知涕泗之何从也,聊为赋之。"

龚胜玉《仿桔词》有《丁香结·蒋元肤庭下丁香盛开,隔墙一望,灿然如雪。同陈迦陵、李秋生、黄蕺山、姚仲潜、徐郿伯挈榼觞咏其下》。

姚潜,原名景明,字仲潜。安徽歙县人,家于江都。明末诸生,甲申后弃举子业,以诗酒自豪。值其妹家被祸,没入戚里为奴,乃走京师,罄赀赎妹及孤甥归。中年妻子俱丧,遨游自适。晚年馆于曹寅家二十年,年八十五终。与宜兴陈枋、昆山叶藩、长沙陶煊、邗江唐祖命及曹寅,有"燕市六酒人"之目。《江苏诗征》卷三十九录有其诗十三首。曹寅《楝亭集》中多有与之唱和之作。生平详杨钟羲《雪桥诗话三集》卷三、卓尔堪《明遗民诗》卷十三。

徐郿伯，杭州人。名号、生平俟考。

蒋元肤，俟考。

有书寄陆进，并附有为其悼亡之词，陆进有诗答之。

陆进《巢青阁集》卷六《答陈其年太史》："故人书札自幽燕，手启还知绝可怜。慰我漆园伤逝泪时寄悼亡妇词，思君萧寺饯离宴。看花上苑应如锦，簪笔彤庭信似橼。词汇几时成妙选，塞鸿翘首暮云天。"从"看花上苑应如锦"之句看，该诗当作于春日。陆进妻亡于上年秋，故陈维崧悼亡词当于本年春寄至。

本年四月，李清寿八十，为作启征诗文祝寿。

《陈迦陵俪体文集》卷三《李映碧先生八十征诗文启》。

按，据《兴化李氏传略》，李清生于万历三十年，卒于康熙二十二年。又，朱彝尊《曝书亭集》卷十《兴化李先生寿诗》有云："年今八十能抱真，齿儿发秀目绿筋。""玉堂才子念明发，四月正及悬弧辰。"是知其生日在四月。陈维崧此启盖应李楠之请而作。

李清（1602—1683），字心水，号映碧，又号枣园、碧水翁、天一居士等。江苏兴化人。明崇祯四年进士，授宁波府推官，擢刑科给事中。后调吏科给事中。南明弘光朝，任工科给事中，迁大理寺左寺丞。明亡，隐居不出。著有《三垣笔记》《南渡录》《明史杂著》《澹宁斋集》等。生平详汪琬《尧峰文抄别录》卷二《前明大理寺左寺丞李公行状》、缪荃孙《艺风堂杂抄》卷三《李映碧事辑》。

四月初，与程谦、叶藩、姚潜、徐郿伯饮于邸舍老槐树下，限韵赋诗，得二首。

《湖海楼诗集》卷八"辛酉"诗《余邸舍有老槐数本，夏日同程山尊、叶桐初、姚仲潜、徐郿伯诸子小饮其下，赋得"老树空庭得"，限"兄"字"心"字两韵》二首其一云："儌值原多暇，欣来好弟兄。眼边春竟去，意外酒同倾。京雒饶花草，高低总发生。独怜庭畔树，摇落倍含情。"可知其为初夏时节。

次日，与诸人至丰台看花，有诗。当日程谦以事未至，有诗恼之。

《湖海楼诗集》卷八"辛酉"诗《次日偕诸子看花丰台，山尊不至，诗以恼之》《丰台看花歌》。《丰台看花歌》有句云："燕市风光谷雨馀，丰台芍药弄晴初。""君不见四月东吴赏菜花，千围绣幄烂朝霞。此间芍药如泥贱，苦荬瓜蒌共一车。"

早年从黄周星之口知泗州戚玾才气不群,本年夏于京中始识之,次日有诗相赠,戚玾有诗答之。

《湖海楼诗集》卷八"辛酉"诗《赠泗州戚缓耳缓耳名玾,一字莞尔。著有〈笑门诗集〉》有云:"畸人黄九烟,称许未常苟。介性最崚嶒,豪气极抖擞。道逢磊砢辈,挥弃等唾溲。……酒间一值余,意独与余厚。为余说贤豪,落落只谁某。第一泗戚生,才气压侪偶。余也闻是言,藏子中心久。……频思一诣君,愁惊仗君剖。野鸭响苇花,难认门前柳。含情卒未申,咫尺限川阜。两年大左计,蹙若鱼在笱。腼颜号官人,袍绔总泥垢。残冬接家信,室有病死妇。所愧未忘情,安能击庄缶?朝来干鹊噪,剥啄到门牖。顾然欻见君,急起握君手。思君亦已多,今始不相负。更喜把君诗,卯读直到酉。"

戚玾《笑门诗集》卷五《答陈其年太史》云:"我闻离里峰高百千尺,上有冲云独立之神石。又闻罨画溪中溪水光,花影竹影生文章。山川灵旷乃如此,生乎才者往往高古而清狂。我未游其里,曷为知其然?闻之老前辈,石城黄九烟。九烟白眼空天下,气节才名凌泰华。潇洒生憎醒醍儿,叱而怒之供笑骂。意中舌中笔墨中,荆溪独许其年翁。具道先生交耐久,意气孤傲才幽雄。予闻此言深向往,未能缩地心忡忡。无何内召传温旨,先生奏对明光里。弘辞博学起巍科,皇天不负真才子。彩笔提携上木天,手纪兴亡定前史。是非二百七十年,正直好回辨朱紫。……惭予四十始明经,短褐骑驴入帝京。衣尘未浣亟往见,交虽倾盖欢平生。江山迢迢路修阻,共道相思梦魂苦。解衣脱帽坐匡床,雄谈直欲空千古。明日长须赠我诗,顿挫沉雄逼杜甫。情文勃勃气苍苍,崚嶒丰骨带声光。备言黄公道姓字,神交廿载心彷徨。又云公车游梁宋,扁舟往来经吾乡。……君高吟,我低和,言念黄公泪双堕。"

戚玾(1635—1687),字莞尔,又字缓耳,一作后升。安徽泗州人,居盱眙。康熙十九年贡生,由明经教习授知县。旋罢。康熙二十六年靖逆侯张鹏举提督闽省军务,招游闽,至即患暴疾,卒于归途。著有《笑门诗集》。生平略见于光绪《泗虹合志》卷十《选举》、卷十一《人物志上·文苑》、康熙《泗州志》卷十《人物志·文苑》。李天馥《笑门诗集序》云:"自农部(按,指黄周星)赴汨罗死,笑门只轮单翼,益复无知之者,乃负笈走金台。金台为诗文渊薮,以笑门处之,不啻聋鼓。而予与宫詹王公阮亭亟称之。笑门曰:文章千古,得失寸心。有两先生在,吾道为不孤矣。因及予门者二年。每当酒后耳热,秉烛论文,落纸兴酣,歌咏迭奏。此其中深有得于笔墨几杖之外,非他人所可同年语也。甫得升斗之禄,尚需次,仍出走江南北间,客死湖上。"

夏雨中,用东坡韵为毛升芳册子题诗。

《湖海楼诗集》卷八"辛酉"诗《雨窗书允大册子,用东坡渼陂鱼韵》有云:"一官自恨蚁盘磨,万事莫矜犀出梐。纵使插貂踏省门,讵如驱豸还山店。赋迈班杨让尔工,交方袁灌愁余僭。"

冯溥招同方象瑛游善果寺。

方象瑛《健松斋集》卷十九《展台诗抄下》有"辛酉"《夏日益都夫子招同其年游善果寺》。

与何士晋子何御庵交,有诗赠之。

《湖海楼诗集》卷八"辛酉"诗《赠何御庵尊人何武卨司马为先少保公同年》有云:"人生君父二大事,问谁憾不遗纤毫。只兹忠孝两无负,国宬家乘争扬褒。翟泉鹅出铜犊横,乔木一半摧为蒿。翁才脱襁侨外县,迄今六十心烦忉。与子握手在碣石,酒酣说旧声嘈嘈。翁言吾亦欲归耳,连朝摒挡还山包。"

何武卨即何士晋,江苏宜兴人。万历进士。泰昌中擢尚宝少卿,迁太仆寺。天启四年以兵部右侍郎总督两广军务,兼巡抚广东。明年遭御史田景新诬劾,被除名,愤郁卒。《明史》有传,该传极有可能即出自陈维崧之手。从陈维崧诗中"人生君父二大事,问谁憾不遗纤毫。只兹忠孝两无负,国宬家乘争扬褒"四句看,何御庵似乎因担心《明史》之何士晋《传》会有遗漏,而特意来京提供素材的。

何御庵,名号、生平俟考。从陈维崧诗意看,其人幼即离乡,未在宜兴生活过,本年在京与陈维崧系初次见面。

因无力购置车马和雇佣舆夫,每徒步入直,路遇骑马者喝道,有感而作《徒步行》。

《湖海楼诗集》卷八"辛酉"诗《徒步行》云:"我生骨相原徒步,高轩轰隐非吾素。相携况复有同官,指点遥汀散鸥鹭。道逢谁何联辔来,十夫夺隘声喧豗。从奴楸罻倍光丽,遥望戟手相呫台。我行弛缓避不得,立向道旁土锉侧。人生邂逅亦偶然,细故何至露颜色。西山沐雨更鲜妍,寄谢马上诸豪贤。区区幸不妨君辙,慎勿嗔折珊瑚鞭。"

有诗为毛司百赋听月楼。

《湖海楼诗集》卷八"辛酉"诗《听月楼为毛司百赋》。

冯溥《佳山堂诗二集》卷四《题毛司伯听月楼》。

毛司百,武进人。俟考。

作《海盐女》,纪海盐烈女徐氏事。

《湖海楼诗集》卷八"辛酉"诗《海盐女》。

六月二十四日立秋,是夜有雨,灯下感怀,和尤侗韵赋《贺新凉》忆亡妻储氏,情怀悲怆。

《迦陵词全集》卷二十八《贺新凉·立秋夜雨感怀,和尤悔庵原韵》云:"蓦又廉纤矣,想天边、也应长恨,泪如铅水。墙脚野花无赖极,细算今朝开几?攀摘罢、定然流涕。拟到桥头寻日者,问半生、骨肉何如此。行人少,天新雨。　　飕飀况是秋盈耳。忆家园、黔娄有妇,宛然乡里。飒飒西风吹去了,留赠黄金钿子。难怪我、桐枯心死。冷雨茜裙都染血,忍相挤、送入秋坟里。凭恨曲,唤他起。"

尤侗原词见《西堂全集·百末词》卷五《贺新郎·立秋夜雨》,同卷《贺新郎·中元再和》后有注云:"其年三和原韵,后及之。"

七月初七,经宣武门边魏裔介旧居。回忆十二年前的七夕,魏裔介曾在此招饮,如今其归柏乡已十年。有感于人事今昔,遂赋诗相寄。当日午后戚珅来访,至月上始归。是夜有《贺新凉》词怀储氏。

《湖海楼诗集》卷八"辛酉"诗《寄上柏乡魏贞庵夫子》有云:"人生岁月算不得,破空乌兔何奔忙?霍如庄叟快说剑,奋迅僄疾谁能当。公归东山又十载,晞发暂驻恒山阳。嗟予垂老倏遭际,献赋获缀鹓鸾行。宣武门边赁老屋,与公旧邸还相望。秋经向所命酒处,葡萄压架榴坼房。佳节矧逢仍七夕,昔游瓜果真难忘。"

《迦陵词全集》卷二十八《贺新凉·七夕感怀,再用前韵》:"鹊又填桥矣,满长安、千门砧杵,四围云水。长记常年茅屋下,佳节团圞能几?有和病、云鬟挥涕。纵病倘然人尚在,也未应、我泪多如此。弹不尽,半襟雨。　　如今剩有孱躯耳。便思量、故乡瓜果,也成千里。谁借针楼丝一缕,穿我啼红珠子。奈又说、春蚕竟死。嘱付月钩休激泄,幸怜人、正坐罗窗里。风乍吼,粉云起。"该词为悼储氏而作,应成于本年。

戚珽《笑门诗集》卷八《七夕过陈其年太史》云:"金台新卜宅,仍似草堂幽。老石当门古,疏花扑地秋。宦情吴郡木,乡思仲宣楼。深话斜阳晓,归途月一钩。""良辰当此夕,把酒坐亭高。河鼓风云乱,花针儿女劳。文章新国史,湖海旧诗豪。会见清吟好,东方让锦袍。"

为扬州潘楚吟赋《停帆诗》。

《湖海楼诗集》卷八"辛酉"诗《停帆诗为广陵潘楚吟赋》。

潘楚吟。直隶大兴(今北京)人。潘荣陛祖父。潘荣陛《帝京岁时纪胜》"药王庙"条云:"昔我王父楚吟公曾筑室于此。"曾为顾与治诗刻补遗。其名号生平俟考。

冯甦当年只身脱离吴三桂,妻孥俱留昆明,母殁不得归葬。本年清军破昆明,始通消息,知阃门无恙,亟上书乞假迎归,并扶枢归葬。陈维崧有诗送之。

《湖海楼诗集》卷八"辛酉"诗《送少司寇冯再来先生暂假葬母》有云:"临海冯公忠孝士,一官正触乌蛮烟。艰贞濡忍得归阙,雀立不转神狂癫。回首滇云一万里,九隆六诏何联蜷。此时妻孥尚陷贼,忆昔诀别谁迁延。仓皇讵暇顾细弱,漂泊何处租蹄犍?公更号呼殿墀下,先时母没悲重泉。殊方绝徼归不得,土花绣血凝荒阡。至今魂叫澜沧侧,呜呼臣罪真通天。从来劫运有往复,昆明灰黑曾几年。乱臣贼子莫浪喜,会缚汝辈供炮煎。王师顷刻扫秋箨,铲削梁益恢左绵。姜维胆自沓中破,董卓脐又东京燃。公家阃门固无恙,与鸢跕水偕飞旋。我公闻信作急请,诏下为许迎归船。尔时昭丘秋雨歇,洞庭袅袅凉蟾圆。一棺远自蛮中落,八口遥向涛头穿。死生会合浑一哭,能不化作啼红鹃。公家赤城好岩壑,沟兆恰枕山之肩。如防合葬公事了,越巫上食鸣神弦。还思全家堕虎阱,马鬣岂料今能完。茫茫痛定转呜咽,潸潸泪尽翻潺湲。"

尤侗《西堂全集·西堂杂组三集》卷七《双节赞》乃为冯甦祖母及母亲作,其题下注云:"冯少司寇祖母陈氏、母陈氏。"其末有云:"王师南下,滇逆既除。乞归葬母,旅榇是扶。"毛奇龄《西河集》一六五《西台先生行,奉送临海冯少司寇葬亲请假归里》。潘耒《遂初堂集·遂初堂诗集》卷四"梦游草下"《冯氏双节诗》《题双节诗卷,并送冯再来少司寇请假归葬四首》。徐嘉炎《抱经斋集·抱经斋诗集》卷十《送冯再来少司寇得请归葬》。戚珽

《笑门诗集》卷二十一《送冯司寇太母归葬武林》。

早秋卧病,李澄中有诗相讯,病后作诗答之。

《湖海楼诗集》卷八"辛酉"诗《早秋病后,承渭清以诗枉讯,依韵奉酬》。

为户部主事徐元梦咏诗枕,有作。

《湖海楼诗集》卷八"辛酉"诗《咏徐蝶园诗枕》末句云:"栩栩上花枝,秋光正淰淰。"

冯溥《佳山堂诗集·佳山堂诗二集》卷三亦有《题徐蝶庵诗枕》。毛奇龄《西河集》卷一三六《念奴娇·徐都官裁枕函实诗,名为诗枕,制词索和,漫次其韵》、卷一八〇《徐起部以小箱作枕函,外裹以绮,名曰诗枕,自题索和》。

徐元梦(1655—1728),字善长,号蝶园。满洲正白旗,舒穆禄氏。康熙十二年进士,改庶吉士,授主事。康熙二十二年官侍讲。三十二年以学问优长、精于满文,入值上书房,教习皇子读书。五十三年授浙江巡抚。雍正元年官户部尚书、协办大学士,四年以翻译失误落职。乾隆即位,复起礼部侍郎。后病卒。赠太子太傅,谥文定。生平详陈兆仑《紫竹山房文集》卷十五《太子少保礼部侍郎徐公行状》、《晚晴簃诗汇》卷三十七。

高佑钅巳将还嘉兴,有诗赠之,并柬曹溶。

《湖海楼诗集》卷八"辛酉"诗《送高念祖还嘉禾》二首其一云:"经时伏枕入秋慵,信到翻教惜别重。两载羁愁牵蓟北,一帆归兴杳吴淞。传家事业青细贵,爱日庭闱禄酒浓。西水驿边昏似梦,自怜何日始君从。"其二自注云:"第二首并柬秋岳先生。先生赠念祖诗有云:'贫许壁鱼依老鬓,怨深征马入通都。'且云:'念祖在家时,频借书资我也。'故是章专及之。"《迦陵词全集》高佑钅巳序有云:"辛酉九月,予从京师南还,其年尚赋诗二章赠别。"然从"经时伏枕入秋慵"一句来看,陈维崧诗当作于初秋,盖其时病起不久。且在其编年诗集中,该诗也排在《瀛台赐宴恭纪》之前。

毛奇龄《西河集》卷一八二《送高生佑钅巳南还并游会稽,和曹侍郎韵》。

高佑钅巳(1629—1713),字念祖,号怀寓主人。浙江秀水(今嘉兴市)人。贡生,考授州判。著有《怀寓堂诗》。生平见光绪《嘉兴府志》卷五十一《嘉兴文苑》、《晚晴簃诗汇》卷三十九。

曹溶(1614—1685),字洁躬,一字鉴躬,号秋岳,一号倦圃,晚号金陀老人,又号锄菜翁。浙江秀水(今嘉兴市)人。明崇祯十年进士,官监察御史。入清，官至户部侍郎，出为广东布政使，左迁山西阳和道，裁缺补用，保举签发四川军前。康熙十八年应博学鸿词荐，以丁忧未与试。十九年，徐元文荐修《明史》。诗与龚鼎孳齐名，时称"龚曹"。家富藏书，性爱才，主盟诗坛数十年。亦工词。著有《崇祯五十宰相传》一卷、《粤游草》一卷、《续献征录》六十卷、《静惕堂诗集》四十四卷等。生平详《清史列传》卷七八《贰臣传甲》。

十五日，再依尤侗韵赋《贺新凉》，抒悼亡之情。

《迦陵词全集》卷二十八《贺新凉·中元感怀，仍次前韵》云："节届中元矣，九门边、冷云新画，明罗迭水。朝罢千官纷笑语，知我凝情有几？悄背着、红墙流涕。惨不成行西苑柳，奈秋来、是物犹如此。能禁得，几场雨。　　总调姜橘徒然耳。想珊珊、魂来也怯，路三千里。丞倩兰陀张净馔，抛作贝多罗子。早勘破、人间生死。觉路莲灯飘万盏，尽胭脂、倾向银塘里。化一片，彩霞起。"

二十一日，康熙帝在景山瀛台召满汉诸臣泛舟、赐宴、颁彩币，宴毕赐菱藕。陈维崧有诗纪恩，并作《瀛台赐宴诗序》。

《湖海楼诗集》卷八"辛酉"诗《瀛台赐宴恭纪》。《陈迦陵俪体文集》卷五《瀛台赐宴诗序》。

尤侗《悔庵年谱》"康熙二十年"云："七月二十一日，上御瀛台，召满汉诸臣泛舟赐宴，兼颁彩币有差，宴毕仍赐莲藕。"

宋荦《西陂类稿》卷三《康熙二十年七月二十一日，上御瀛台召满汉诸臣泛舟赐宴，兼颁彩币有差。宴毕，仍赐菱藕。纪恩二十韵》。《王士禛全集·渔洋续诗集》卷十四"辛酉京集"《七月二十一日，瀛台赐宴，恭纪六首》。施闰章《施愚山集·施愚山诗集》卷四十一《瀛台引见》。徐钪《南州草堂集》卷八《七月二十一日，上御瀛台召满汉大臣、翰詹科道及部侍五品以上官员，特赐宴兼颁彩币有差，恭赋纪恩诗四首有序》。毛奇龄《西河集》卷一二六《瀛台赐宴赋应制有序》序云："皇帝御极之二十年，六幕既熙，万象咸皙。内有宪稽之治，外宣班叙之文。"尤侗《西堂全集·于京集》卷四《七月二十一日，上御瀛台召满汉诸臣泛舟赐宴，兼颁彩币有差，宴毕仍赐莲藕，恭纪诗三十首》。潘耒《遂初堂集·遂初堂诗集》卷四"梦游草下"《赐宴瀛台诗》。潘耒《遂初堂集·遂初堂文集》卷一《瀛台赋》。徐嘉炎《抱经斋集·抱经斋诗集》卷一《拟赐宴瀛台观荷三首应制》、《辛酉七月二十一日壬申,皇上赐宴瀛台,并赍文绮表里、莲藕,恭纪四十韵_{有序}》。李澄中《卧象山房诗正集》卷五"七言律诗"《七月二十一日,上御瀛台大宴群臣,兼赐彩币有差_{二首}》。方象瑛《健松斋集》卷六《瀛台宴赍记》:"七月二十一日,驾幸瀛台,召内阁九卿翰林詹事科道及部曹五品以上官入赐宴。"卷十九《展台诗抄下》有"辛酉"《瀛台赐宴纪恩二十四韵》。李振裕《白石山房文稿》卷三《孟秋日宴诸臣于瀛台,兼赐文绮,遥颂三十韵_{有序}》。顾汧《凤池园诗集》卷六《瀛台宴赍纪恩百韵》序云:"皇上御极二十年秋七月壬申,驻跸瀛台,召赐阁部院大臣翰詹科道部郎等官。"袁佑《霁轩诗抄》卷二"西清集"《瀛台宴赐纪恩恭赋》。李楠《药圃诗》之《赐宴瀛台恭纪八章》。

王雅将入广东三水幕,有诗送之。

《湖海楼诗集》卷八"辛酉"诗《送王正子之粤东三水幕》有云:"王郎栖栖不得志,三年三入长安中。前年别我襄阳去,女儿不见如花红。悲歌燕市偏呜咽,昨年又作溪河别。安陆城头水拍天,东湖村畔花成雪。贫贱依人百不聊,君今又欲向高要。蛮天抹厉香应满,海国槟榔瘴已消。猩红屐子珊瑚扇,番禺风景人争羡。蝶为葛令鲍姑裙,花是刘张宫女面。君家尚有白头人,何铁疏狂亦近邻。何时送尔还乡去,菰米莼丝养老亲。"诗中的"白头人"、"老亲"均指王雅的母亲。

方中通将随邓铤之唐山任,有诗赠别。

《湖海楼诗集》卷八"辛酉"诗《赠别方二位伯兼寄令弟素伯》有云:"开门风满天,落木群飔飚。赠君当马棰,破空秣幽州。男儿状昂藏,讵熟媚与柔。安能学称娗,老事东诸侯。……忽复忆令弟,关河莽修修。遥知斋前稻,此时花正抽。"该诗后一首为《送龙眠邓田功之任唐山_{田功最工集杜}》,末云:"方二位伯_也文忠之子孙,挥鞭一笑同出门。柏人县小官多暇,定与联吟秋树根。"

邓铤,字田功,号栲岑。安徽桐城人。康熙二十年由贡监筮仕唐山知县(光绪《唐山县志》卷七),未几乞归。筑北山草堂,与诸同志相倡和。有《集杜诗》三十六卷行世。生平详《桐城续修县志》卷十二《人物·宦迹》。

高士奇有书索宜兴紫砂壶,遂以圆壶、方壶各一只相赠,并系以诗。高士奇有诗答之。

《湖海楼诗集》卷八"辛酉"诗《赠高侍读澹人以宜壶二器,并系以诗》。

在编年诗集中,该诗排在《送龙眠邓田功之任唐山》后。

高士奇《苑西集》卷三《宜壶歌答陈其年检讨》有云:"秋来独坐北窗下,玉川兴发思山溪。致札元龙乞嘉器,遂烦持赠走小奚。两壶圆方各异状,隔城郑重裹锦绣。"按原注,该卷"辛酉正月起至壬戌四月止"。时间上与陈维崧诗集编年亦相吻合。

陈紫芝祖父九月十日庆九十寿,将假归四明,有诗送之。

《湖海楼诗集》卷八"辛酉"诗《送家黄门非园假归四明,为太翁越蜉先生称九十觞》末尾自注云:"太翁以九日后一日寿。"按,紫芝父九月十日庆寿,则其离京当不晚于八月。故系于此。

陈紫芝,字非园。浙江鄞县人。玉纶(字尔昌)子。曾从黄宗羲受学。康熙十八年进士。主考叶方蔼重其才,荐入馆选,旋以亲老归省。后改御史。升奉天府丞,再升大理丞。未几卒。生平详乾隆《鄞县志》卷十七《人物》。

陈越蜉,名字生平俟考。

八月十五,再依尤侗韵赋《贺新凉》悼储氏。

《迦陵词全集》卷二十八《贺新凉·中秋感怀再和前韵》上阕末云:"便是月华圆不缺,到良宵、端正长如此。翻令我,泪如雨。"

十八日,浙江总督李之芳庆六十寿,为作启征祝寿诗文。

《陈迦陵俪体文集》卷三《征浙江总督李邺园先生寿言启》云:"倏王师之直下,俄宗子之遄征。浙土全收,闽疆再造。七年擐甲,力竭于飞笺草檄之中;五夜援枹,恩深于伐畔侮亡之外。遂使无诸城上,依然荔子之红;顿令仙鲤洲边,不改槟榔之绿。"

按,据《浙江通志》卷一百二十一《职官十一》,李之芳于康熙十三年任浙江总督,过七年("七年擐甲")即本年。又,李之芳生于天启二年八月十八日。

李之芳(1622—1694),字邺园。山东武定(今滨州市)人。顺治四年进士。初授浙江金华府推官。历任刑部主事、员外郎、郎中,补授广西、湖广、河南道监察御史,升都察院右副督御史、浙江总督,以功晋兵部尚书,旋升文华殿大学士、吏部尚书。卒谥文襄。生平详赵士麟《相国李文襄公之芳传》、杜臻《李相国文襄公传》、张玉书《诰授光禄大夫吏部尚书文华殿大学士拖沙啦哈番谥文襄李公墓志铭》、沈德潜《李文襄公传》(以上俱见

《碑传集》卷十四）及程光裖《李文襄公年谱》。

九月初，范必英暂假南归，有诗送之。诗中羡其举事果决，感慨自己徒有家园之思。

《湖海楼诗集》卷八"辛酉"诗《秋日送范秋涛暂假归里》二首其一有句云："御河新水记联吟，俱为莼鲈系此心。万事直输君果决，三年翻怪我侵寻。"其二云："秋帆的的映层波，才说将归妒若何。九日定沽前路酿，一官难抵旧时襄。苇花橘树江头市，月晓风清水面歌。如我何人希此乐，但思濯足傍浑河。"从"九日定沽前路酿"之句可知，其出发当在重阳前。

王顼龄《世恩堂诗集》卷七《送范秋涛同年归里》有云："三年载笔翻青简，八月鸣榔动白萍。"毛奇龄《西河集》卷一六三《送同年范太史还吴门》。叶方蔼《叶文敏公集》卷十三《送范秋涛》。潘耒《遂初堂集·遂初堂诗集》卷四"梦游草下"《送同年范秋涛假归二首》。

初九日，又依尤侗韵赋《贺新凉》，抒其悲怀。

《迦陵词全集》卷二十八《贺新凉·九日感怀再用前韵》下阕云："诸君未识吾悲耳。尽豪狂、功夸汉武，智夸樗里。到得伤于哀乐后，几阵邻家笛子。心不许、英雄不死。岁岁黄花清瘦极，有和花、比瘦人帘里。肠断也，怕提起。"

初十日，陪冯溥游长椿寺，兼送毛端士游闽，和冯溥韵有诗。此次同集者有毛奇龄、方象瑛、徐嘉炎、徐釚、汪楫、潘耒等。

《湖海楼诗集》卷八"辛酉"诗《辛酉重阳后一日，陪益都夫子游长椿寺，兼送毛行九闽游，即和夫子原韵》其二有注云："时行九省其尊人入闽。"

冯溥原倡见《佳山堂诗二集》卷四《重阳后一日，毛大可、陈其年、方渭仁、徐胜力、徐电发、汪舟次、潘次耕邀予集长椿寺，兼送毛行九南还即席赋》。

毛奇龄《西河集》卷一八一《重阳后一日，奉陪益都夫子游长椿寺，兼送家行九南归。同方象瑛、徐嘉炎、陈维崧、潘耒、汪楫诸同馆，和夫子首倡原韵即席》。方象瑛《健松斋集》卷三《毛行九诗序》有云："吾闻行九不得志，将省亲延平。"卷十九《展台诗抄下》有"辛酉"《重阳后一日长椿寺宴集，和韵送毛行九南归》。徐釚《南州草堂集》卷八《重阳后一日，集长椿寺送毛行九南还，奉和益都公原韵二首》。徐嘉炎《抱经斋集·抱经斋诗集》

卷十《辛酉九日，随益都夫子同年诸公宴集长椿寺，送毛行九之闽，分韵赋二首》。潘耒《遂初堂集·遂初堂诗集》卷四"梦游草下"《奉和益都公重九后一日，集长椿寺送毛行九南还二首》。

毛端士《佳山堂诗集·后序》有云："余侍夫子八阅月矣。"末署："康熙庚申秋八月，毗陵受业毛端士百拜撰。"可略知其与冯溥相识是在康熙十九年初。

十九日，同贲琮、田敬锡、毛奇龄登慈仁寺毗卢阁，有诗。毛奇龄是日初识贲琮，并读其诗。

《湖海楼诗集》卷八"辛酉"诗《九月十九同贲黄理、田公燮登慈仁寺内毗卢阁，分赋登高二韵》。

毛奇龄《西河集》卷三十四《贲黄理〈承闲堂集〉序》："阳羡陈其年，每推如皋贲黄理为诗中之豪。予因介其年一见黄理于慈仁寺中。时杂坐之顷，得读其《望摩诃山》诗，以为善也。"

贲琮（1630—?），字黄理。江苏如皋人。童生。冒襄《巢民文集》卷二《题水绘庵学诗诸子诗小序》云其"累世尚节概"，"为诗气韵沉雄"，"工书，运腕遒逸"，"郡县试辄冠军而数屈台试，犹艰一衿"。以四处坐馆为生。著有《承闲堂诗》。

田敬锡，字公燮，号左拾。江苏泰州人。由岁贡考授中书。迁刑部主事，历升员外郎、郎中。有政声。归里后捐千馀金为义学及囚粮之费。治别业名半园。卒祀乡贤。曾著有《青棠阁稿》十卷。生平见道光《泰州志》卷二十三及同治《扬州府志》卷二十二。

秋，赵随榷使扬州抄关，将离京，有诗赠行，并托其关照吴绮。

《湖海楼诗集》卷八"辛酉"诗《送赵武昔郎中榷关杨州》三首之二首云："长安十万户，何巷无清砧。愁人一细听，始知寒气深。"是知为深秋季节。之三末云："湖州狂太守谓园次，穷老江乡住。君其酿斗酒，亟趁官梅树。梅前时醉之，是善为奇句。"

《江南通志》卷一百五《职官志·文职七》"扬州抄关"："赵随：浙江人。进士。康熙二十年任。"

毛奇龄《西河集》卷一六三《送赵郎中榷使扬州》。徐钒《南州草堂集》卷八《送赵雷文榷扬州关》。潘耒《遂初堂集·遂初堂诗集》卷四"梦游草下"《送赵武昔榷关扬州》。徐嘉炎《抱经斋集·抱经斋诗集》卷十二《送赵雷文祠部榷关扬州兼呈恒夫二首》。方象瑛《健松斋集》卷十九《展台诗抄下》有"辛酉"《送赵雷文仪部榷扬州》。

赵随,字武昔,号雷文。浙江嘉兴人。康熙二年举人,六年进士。康熙二十年榷扬州抄关,二十四年任福建督学道。

李良年介绍其族叔李我郊至京,有书托陈维崧为之为代觅幕席。

李良年《秋锦山房外集》卷二《与陈其年》云:"前者潦倒作别,流光如驶,顿阅三秋。长兄领袖石渠,纵览一代之书,手定千秋之业,非人间岁月可拟。乃闻旗亭歌板,仍不叹陈翰林新制寂寞。健羡固深,驰思日积。近传长编已就,信史可待,艺林想望,谓出长兄辈数公巨手,班、马、陈、欧阳而外,又屈一指也。竹垞南下,亟欲面询嘉祉,而弟偶滞家园,尚失解后。适约山家叔入都,奉候之便,附此布意。家叔为健庵翁先生门下士,向曾被逾格知爱。今负奇而游,思为砚田计。先生相见时,更藉齿芬,广其交识。一切玉成,皆本缌衣之好,不独弟感推分矣。"

按,"砚田计"可为作幕生涯的代称,祁理孙子祁昌征撰《先考奕庆府君行略稿》曾将稿本中"佣书官幕"四字圈去,改为"以砚为田",即为一证。另,据杨谦《朱竹垞先生年谱》载,朱彝尊本年七月典江南乡试,其离京南下当在七月后,至次年春始复命入都。故此信应写于七月后。又信中有"顿阅三秋"之语,而李良年康熙十八年应博学鸿词试落第南归也在秋天,故此"三秋"既概指三年,也实指其时为第三个秋天。

李我郊(?—1717?),字约山。浙江嘉兴人。为李良年族叔。贡生,历鞏昌同知。时清廷征准噶尔,委办军需。以功擢工部员外郎,迁兵部,康熙四十年分巡四川永宁道。转广西苍梧道,卒于任。生平详光绪《嘉兴府志》卷五十《嘉兴列传》。

为方象瑛《都门怀古诗》作序。

《陈迦陵俪体文集》卷五《方渭仁〈都门怀古诗〉序》有云:"金飙萧屑,偏带商声;秦缶高凉,最含西气。嗟乎上客端忧,正奉倩伤神之后;故人工病,亦安仁悼妇之馀。"该序又见方象瑛《健松斋集》卷二十四《都门怀古诗》之首,末署"康熙辛酉秋日宜兴陈维崧撰"。

十月初一,民间有送寒衣之俗,京城士女各于门外竞烧冥币,祭奠故去的亲人。陈维崧病中感怀,再用尤侗韵赋《贺新凉》词荐储氏。

《迦陵词全集》卷二十八《贺新凉·十月朔病中感怀,仍用前韵是日京城士女竟烧冥帛于门外,谓之送寒衣》云:"伏枕经旬矣,掩晴窗、谁为称药,谁为量水。又报凤城颁正朔,佳节来年有几? 便有也、徒增悲涕。壁角风吹残历本,细于尘、蛛网遍萦此。新和旧,恨如雨。　　梵钟故递愁人耳。是邻家、寄寒衣去,北邙蒿里。畴昔春衫夸样好,描尽花儿凤子。才直得、红蚕一死。今日纵然随例送,怕燕妆、难称伊心里。烧罢也,彩灰起。"

初冬,侄陈枋与陈履端送其新纳之妾陶三来京,曹亮武为之送行,且有《贺新凉》词寄陈维崧,慰其亡妻之痛。

曹亮武《南耕词》卷三《贺新凉·寄其年兄八用前韵》云:"才可凌云者。又何须、江淹一梦,笔花飞洒。最忆君家前朝事,充栋赐书藏画,湖海气、动如潮泻。一上君王征车去,已三年不共乡关话。知昔日,待其价。　　游鞭久傍金台挂。算分明、君如威凤,我如羸马。白石青泉君休恋,闻道天恩频下,喜寄我、新词盈把。载得雏姬蹒跚去,料明年便向天狼射。亡嫂痛,且休也。"词末原注云:"其兄艰子,买妾入都,时方悼亡。"

按,曹亮武《贺新凉》是叠韵组词,共三十首。其第一首题为《辛酉岁暮,天篆自金陵归,携何省斋侍读〈西泠词〉索和,因次原韵》(按,何省斋名采,字第五,江宁人),第二十首题为《辛酉除夕二十用前韵》,第二十一首题为《壬戌元日二十一用前韵》,第二十九首题为《元夕二十九用前韵》。据此可知这组词当起于本年冬季,终于明年正月,而《贺新凉·寄其年兄八用前韵》适在《辛酉除夕二十用前韵》前,故应成于本年底,这与词中"已三年不共乡关话"的时间表述完全相符。依此时间推之,其两人出发当在初冬时节。又,同书卷五《采桑子·送次山再游京师》云:"昔年作别风流甚。执手依依,裘马轻肥。为忆髯兄一寄诗。　　如今同进西州泪。情绪如丝,更有谁知? 送尔春堤再去时。"陈维崧康熙二十一年夏去世,该词作于其去世后的某个春季,理应在康熙二十二年后。

《湖海楼诗集》卷八"辛酉"诗《赠董侍讲默庵》三首其二有云:"我家两犹子,矍鑠洮湖滨。不知有何故,来踏京都尘。端也态曲谨,娓娓还踆踆。枋也剧清狂,颇患不得驯。都不谙世故,难令游大人。先生一见之,爱彼言笑真。授餐更适馆,师也骨肉均。羁孤免冻饿,砠错藉陶甄。感激讵能忘,千载犹若新。"是知陈枋本年与陈履端曾一起来京。陈枋入京,曹亮武为之送行,且曾"为忆髯兄一寄诗",所寄之诗即为上举之《贺新凉》词。

另,关于陈维崧买妾事,相关记述中只有中州一次。以陈维崧当时的经济条件来看,在他应召北上的时候,根本无力买妾。而储氏临终前之所以以"广求妾媵"为嘱,也说明他在北京并没有再纳妾。储氏亡后,陈维崧似从家乡买一妾,由两犹子送之京中,妾名陶三,考见后文。

陈履端(1649—1726),字求夏,号晚耘。陈维嵋长子,后出继陈维崧。由廪贡授淮安府山阳县训导。著有《晚耘全集》。生平详《家乘》卷三。

有诗赠翰林侍讲董讷,时与董讷同住一条街。其两侄陈履端、陈枋到京,董讷为之授餐适馆,颇多关照,诗中谢之。

《湖海楼诗集》卷八"辛酉"诗《赠董侍讲默庵》三首其一云:"京华冠盖多,交织日如驽。必逢贤豪人,始可话情愫。平原董先生,英爽照衢路。文籍雅纵横,容观极魁梧。每于单寒子,加以国士遇。朔风何飘萧,同在一街住。落叶满四邻,是我斋前树。昨随黄叶飞,闲过下帷处。先生正翛然,匡歌著繁露。"其二已见上条所引,主要对董讷给陈履端、陈枋所提供的照顾,表达感激之意。

董讷《柳村诗集》卷三《移居十首》序云:"顺城门右有宅一区,原益都冯夫子所置,而予僦居之者也。"陈维崧所居当距其不远。

董讷(1639—1701),字兹重,号默庵,又号俟翁。山东平原人。康熙六年探花,官编修。曾任顺天学政,主康熙二十四年会试。康熙二十六年出任两江总督。三十一年内召左督御史。告归。后分修黄河高堰,卒于清河。著有《柳村诗集》十二卷。生平详乾隆《平原县志》卷八《乡贤》、邓之诚《清诗纪事初编》卷六。

袁佑之兄病故,有诗挽之,并慰袁佑。

《湖海楼诗集》卷八"辛酉"诗《挽东明袁欧少并慰杜少同年》。

按,袁佑《霁轩诗抄》卷二《西清集》有《重阳后四日,来庵兄、密山、楚白、衡三诸弟登毗卢阁,怀欧少兄卧病真空庵中》《送胡智修观察湖广》《哭敬一舅旅榇慈源寺》诸诗。《哭敬一舅旅榇慈源寺》题下注云:"时家欧少兄新殁。"《西清集》本"起丁巳至壬戌",胡介祉观察湖广为本年事。是知至少本年九月十三日前,袁佑之兄已卧病,时隔不久即去世。陈维崧此诗应作于其去世不久。

屡过徐乾学斋,不得晤吴雯,有诗柬之。后吴雯为题《陈迦陵填词图》。

《湖海楼诗集》卷八"辛酉"诗《屡过东海先生家,不得见吴丈修龄,诗以柬之》。

《清词综补》卷二有吴汋《人月圆·题陈其年填词图》,当作于本年在京时。

吴汋《围炉诗话自序》云:"辛酉冬,萍梗都门,与东海诸英俊围炉取暖,啖爆栗,烹苦茗,言笑飙举,无复畛畦。"

十一月十六日后,吴兆骞得徐乾学、顾贞观等京华友人之助,自戍所放归来京,馆于纳兰性德斋。徐乾学为设宴洗尘,并有诗相贺。一时莘下和者甚众,陈维崧亦有和作一首。

《湖海楼诗集》卷八"辛酉"诗《喜汉槎入关和健庵先生原韵》。

据吴桭臣《宁古塔纪略》载,吴兆骞从宁古塔起行是在"九月二十日"。麻守中点校之《秋笳集》附录六有张翼《辛酉子月望后喜汉槎年兄入关和东海夫子原韵八首》,子月为十一月之别称,据此可知其至京是在十一月十六日。

纳兰性德《通志堂集》卷四《喜吴汉槎归自关外,次坐主徐先生韵》。张任政《纳兰性德年谱》"康熙二十年"有云:"是年冬,吴汉槎放归田里,馆先生家。"

毛奇龄《西河集》卷一八一《喜吴兆骞入塞,和徐健庵春坊韵》。尤侗《西堂全集·于京集》卷四《吴汉槎自塞外归,喜赠二首》。徐釚《南州草堂集》卷八《喜汉槎入关,和健庵叔韵》。叶方蔼《叶文敏公集》卷十三《吴孝廉归自塞外》。徐元文《含经堂集》卷七《吴汉槎自塞外还,次家大兄韵二首》。潘耒《遂初堂集·遂初堂诗集》卷四"梦游草下"《汉槎表兄归自塞外,次韵志喜二首》。严我斯《尺五堂诗删近刻》卷三《喜吴汉槎入关,次健庵韵》。陈元龙《爱日堂诗集》卷三《赠吴汉槎,和徐夫子原韵》。戚玾《笑门诗集》卷八《吴江吴汉槎孝廉自塞外还燕,太史徐健庵先生昆季以诗志喜,次韵二律》。王顼龄《世恩堂诗集》卷七《喜吴汉槎入关和韵》。王嗣槐《桂山堂文集》卷十二"桂山堂诗选"《喜吴汉槎塞外还,和益都相国韵》《又和徐健庵先生韵赠之》。孙旸《孙蔗庵先生诗选·归来草》有《和徐健庵赠吴汉槎入关二首》(其后一首即《壬戌除夕,冢宰宋蓼天第团饮梅花下,口占四绝》)。李楠《药圃诗》之《喜吴汉槎入关和徐健庵前辈韵》。

在万柳堂眺雪,和韵有诗。

《湖海楼诗集》卷八"辛酉"诗《万柳堂眺雪和韵》二首之二末注云："时初闻平滇捷音。"

十一月十八日，朝廷露布下。吴三桂之子吴世璠十月二十八日自杀，清军攻克昆明城，至此三藩之乱彻底平息。辇下诸人多有诗文颂其事，陈维崧亦作《平滇颂》。

《陈迦陵俪体文集》卷二《平滇颂》记云："遂以康熙二十年十月二十八日恢我边疆，入其郛郭。"

高士奇《随辇集》卷六《十一月十三日夜，滇南奏捷，臣士奇谨同学士臣张英，至乾清宫御榻前叩首称贺》。

《王士禛全集·渔洋续诗集》卷十四"辛酉京集"《十一月十八日纪事》有云："招摇方指子，七日后长至。……公卿俨行列，百僚咸备位。云中露布下，琅琅动天地。十月日在未二十八日，军府秉咨议。雷动传滇城，十万连步骑。贝子坐武帐，诸道师总萃。……孺子一匕诛贼首吴世璠自刭死，伪相五刑备伪官方某等刑于军前。……妖氛一朝洗，摩崖勒文字。……敢告载笔臣，著之大事记。"

冯溥《佳山堂诗集》卷四《滇平志喜四首》题下注云："辛酉十月二十九日克取滇城，诸郡悉平。"其二首联云："捷书五夜奏深宫，喜拜天颜蜡炬红。"

徐乾学《憺园集》卷一《平滇颂并序》。尤侗《西堂全集·西堂杂组三集》卷二《平滇颂》。严绳孙《秋水集》卷六"诗六"《平滇恭进诗》。徐釚《南州草堂集》卷十七《平滇雅》。潘耒《遂初堂集·遂初堂诗集》卷三"梦游草上"《滇南告捷》、《遂初堂文集》卷一《平滇赋》。徐嘉炎《抱经斋集·抱经斋诗集》卷一《荡平滇黔恭进铙歌鼓吹曲十四首并序》。严我斯《尺五堂诗删近刻》卷三《平滇诗》。李澄中《卧象山房诗正集》卷七"七言绝句"《平滇曲存四》。方象瑛《健松斋集》卷十《云南荡平颂有序》，卷十九《展台诗抄下》有"辛酉"《云南平午门宣捷恭纪四十韵》。李振裕《白石山房集》卷十三《平滇颂有序》。王顼龄《世恩堂经进集》卷一《平滇雅》。

黄秋水新婚索诗，有赠。

《湖海楼诗集》卷八"辛酉"诗《黄秋水新婚索诗，辄题长句赠之》开首云："北风檎腊决土囊，酱瓶酒瓿群雷硠。野翁瑟缩色如土，啖醋嗽嘆神枯僵。隔街黄郎欻见过，靴刀缚裤姿昂藏。自言结缡昨宵是，要我赠句翻清商。"

　　黄秋水,名里生平俟考。从陈维崧诗意看,其人与他为邻居,平时曾有来往。

十二月初六日,为陈维崧生日,亦是其妻忌辰,有词志痛。

　　《迦陵词全集》卷二十八《贺新凉·腊月初六日是余生日,即亡妇忌辰也,词以志痛,仍用前韵》上阕云:"嫁与黔娄矣。忆糟糠、搵他不住,两眸清水。为我悬弧翻梵夹,下到瑶签第几。直絮得、鹦哥流涕。今日莲幢余转拜,愿相怜、再世休如此。花蔌蔌,堕成雨。"

十二月下旬,为陈枋《岁寒词》作序。时相与倡和者有弟维岳、侄枋、黄庭、蒋景祁、尤侗等。

　　《陈迦陵俪体文集》卷七《岁寒词小序》云:"斗室恒关,双扉久堙。饧香豆软,正当祀灶之辰;酿熟鸡肥,恰值消寒之会。三年执戟,急景匆匆;五夜雠书,浮踪落落。……端居不乐,僵卧常愁。乃有绣虎才人,乘羊犹子。双拈玳管,倚小令以分吟;并劈苔笺,向长宵而睹写。传诸好事,目以词豪。播在通都,资为谈助。属鄙人之技痒,更我友之神来,和有数家,锓成一集。""三年执戟",知在今本;"祀灶之辰",知为腊月末。

　　《家乘》卷十六《目录》列有黄锡朋《陈次山岁寒词小序》和陈维崧《次山侄岁寒词小序》。由于原谱该卷残缺,未审陈维崧所作是否即该序,但从本序中"乘羊犹子"一语看,应当不误。

　　尤侗为曹亮武所作《岁寒词序》云:"然予在京师,尝与其年和《岁寒词》,时则有纬云、次山与戴山、京少诸子,角立杰出。今风流云散,而二君复有是作,感慨之馀,继以叹羡。"

　　按,在手稿本第二册末尾有《岁寒词》一卷共十一首,卷端书《岁寒词》,下署"宜兴陈维崧其年号迦陵"。上有眉批(从笔迹判断,应为宗石书)云:"此段词已有刊本。"故知此集曾经刊行。该卷中的十一首词分别为:《喜迁莺·立冬》《梦芙蓉·寒月》《画堂春·小春》《风入松·寒鸦》《瑞鹤仙·慈仁寺松》《凄凉犯·寒桥》《疏影·黄梅》《霜叶飞·黄芽菜》《宣清·玉河冰》《花犯·西山雪晴》《十二时·观猎》。从词中所写景物看,当为入翰林后。

　　蒋景祁《罨画溪词》亦有《风入松·寒鸦》《梦芙蓉·寒月》《瑞鹤仙·慈仁寺松》《疏影·黄梅花》《疏影·再赋黄梅花》(分别又见《瑶华集》卷

八、卷十一、卷十四、卷十六)和《霜叶飞·黄芽菜》《十二时·观猎》。

《瑶华集》卷九有陈枋《凄凉犯·寒杵》。卷十九有黄庭《疏影·黄梅》。当为同时作。

陆棻《雅坪词谱》有《喜迁莺·立冬》《梦芙蓉·寒月》《凄凉犯·寒杵》《霜叶飞·黄芽菜》《疏影·黄梅》《瑞鹤仙·慈仁寺松》《花犯·西山雪晴》《宣清·玉河冰》《十二时·观猎》。

本年底有诗赠江宁知府陈龙岩。

《湖海楼诗集》卷八"辛酉"诗《赠江宁家转庵太守》。

陈龙岩(?—1682),字符瞻,号转庵。福建惠安人。顺治间以贡授石阡节推。历思南知府,丁内艰归,起补江宁。居官以清介闻,涤宿弊,革陋规,事无巨细,悉自裁断。卒于官。生平详《福建通志》卷四十五《人物三·泉州府》、王士禛《池北偶谈》卷十。《江南通志》卷一百零七《职官志·文职九》"江宁知府"条云:"陈龙岩:福建人,康熙十八年任。于成龙,奉天人。荫生。康熙二十一年任。"又,于成龙《于清端政书》卷六《请补江宁知府疏》有云:"到任以来,目睹江宁知府陈龙岩老成持重,廉洁自矢。且其料理各项钱谷,应付往来官兵,尤征肆应之才。臣深幸其得一良吏,可以收臂指之效,而表式乎群僚。不意于康熙二十一年六月十九日未时病故,臣闻报如失左右。"

乔莱赴桂林主持广西乡试,有诗赠行。

《湖海楼诗集》卷八"辛酉"诗《长歌送乔石林同年典试粤西》有云:"同官爽朗得乔子,才性燂若晨霞鲜。来年校士始安去,残腊先买零陵船。"

冯溥《佳山堂诗集》卷四《送乔石林典试粤西》排在《滇平志喜四首》后,末云:"五君高咏天垂尽,三判馀氛地始除。却羡敷文光被远,秋风鹦荐逮春初。"其后原注云:"粤西以次年二月举乡试。"汪懋麟《百尺梧桐阁遗稿》卷三"辛酉"诗《送子静主桂林省试五首》紧排在《腊月三日同诸子携酒佳山堂,与益都公为寿,蒙示二诗,即席奉和》之前。施闰章《施愚山集·施愚山诗集》卷四十二《闻乔石林编修补粤西主考》。

与刘廷玑时相往来,刘廷玑常过其邸舍与之论文,称忘年交。

刘廷玑《在园杂志》陈履端跋有云:"忆辛酉、壬戌间,履端随先君子检讨公官京师,时观察公方仿佛陆生入洛之岁,仲华拜衮之年,常过邸舍与先君子论诗,称忘年交。"

　　刘廷玑(1654—?),字玉衡,号在园,又号葛庄。隶汉军镶红旗。由荫生任处州知府,有政声。累官至江西按察使,缘事降江南淮扬道。生平博学,留心风雅,著有《葛庄分类诗抄》《在园杂志》等。卒后崇祀于浙江名宦祠。生平详《钦定八旗通志》卷二百三十九《刘廷玑传》。

送叶藩还东阿幕中,次其韵作《满江红》赠之,陈枋亦有《念奴娇》送之。并代其向宋荦乞和词。

　　《迦陵词全集》卷十二《满江红·送叶桐初还东阿,即次其与曹雪樵倡和原韵》。在患立堂本中,该词排在《满江红·寿宝坻杜相国》前,当为同年作。

　　宋荦《和松庵存札》有陈维崧书云:"娄东叶桐初,系茶村先生令坦也,人文英妙,久企龙门,愿一识荆,幸进而见。弟辈有送桐初南归词,先生能一和,尤感。昨有访不值,怅怅。附及牧仲老年台先生。期弟崧顿首。"

　　《瑶华集》卷十二有陈枋《念奴娇·送叶桐初返东阿幕用原韵》,所写亦为岁暮天寒景象,当为同时作。

　　按,陈枋本年冬来北京,故其送行当为年底前。

除夕前,连日大雪,计叶藩尚未达东阿,有《探春慢》词忆之,并索蒋景祁、黄庭和之。

　　《迦陵词全集》卷二十二《探春慢·连朝大雪,计桐初尚未达东阿也,词以忆之,索京少蕺山和》上阕云:"四野珑松,一城飘瞥,滕六作黄獐舞。低阁凭阑,遥天策骑,人在最微茫处。曾对君家说,且看了春灯方去。那知一夜离情,六花顿酿如许。"

　　《瑶华集》卷十四蒋景祁《探春慢·迦陵太史有雪中忆桐初东游之作,予亦栖迟未归,慨然属和》。

十二月二十四日,清廷因加两宫徽号,颁发恩诏,封赠储氏为孺人。

　　《家乘》卷一《翰林院检讨陈维崧暨妻敕命》落款日期为"康熙二十年十二月二十四日"。又据《清史稿·圣祖本纪》载,康熙二十年十二月"癸卯(按,二十四日),加上太皇太后、皇太后徽号,颁发恩诏,赐茶室,赉外藩,予封赠。"冯溥《佳山堂诗集》卷四《十二月二十日午刻,以滇平颁赦。二十四日午刻,以加上两宫徽号,再颁赦。次日迎春,时积雪未消,人占丰年》。

二十九日夜,门庭冷落,抄《战国策》以排遣寂寞,戏作七古一首。

《迦陵词全集》卷二十八《贺新凉·辛酉除夕恭遇两宫徽号覃恩,臣妻亦沾一命,感怀纪事,仍用前韵》。《湖海楼诗集》卷八"辛酉"诗《除夕抄〈战国策〉,戏作长句》。

本年三月六日,毛际可女毛孟配方象瑛之子方奕昭未及旬月,方奕昭病死,毛氏女跳楼殉夫,遇救获苏。事闻于京中,其父辈同人感之,多有诗文颂之。陈维崧为作《毛贞女堕楼诗序》。

《陈迦陵俪体文集》卷六《毛贞女堕楼诗序》题下自注云:"贞女,祥符令毛会侯女,许字方渭仁子奕昭。奕昭死,贞女堕楼以殉,遇救获苏。详西河大可序中。"

毛奇龄《西河集》卷六十六《家贞女堕楼记》载其经过甚详,云其"康熙二十年三月六日日暝登楼,呼女僮执烛随后,示不疑。行至窗栏,将闭窗,委身而堕。楼去地二丈许,下甃以石,攒掷之,将必靡碎。而肢体不坏,惟口呕阂血,眸子黑白溷数日,一若有鬼神维护之者。"堕楼地点为毛际可祥符官舍。

李澄中《白云村文集》卷一有《毛烈妇传》。《王士禛全集·渔洋续诗集》卷十五"辛酉京集"《遂安毛贞女诗》。施闰章《施愚山集·施愚山诗集》卷十四《坠楼篇为毛明府女咏》。徐嘉炎《抱经斋集·抱经斋诗集》卷六《方烈妇诗毛氏女》。孙泫《担峰诗》卷一《毛贞女堕楼歌毛会侯女适方渭仁子引祀》。章藻功《思绮堂文集》卷一《毛贞女堕楼诗序》。王嗣槐《桂山堂文选》卷二《遂安方烈妇序》。袁佑《雱轩诗抄》卷四"补史集"《方妇毛氏节烈歌》。陈至言《菀青集》卷五《孤鸾引为毛贞女赋》题下自注云:"女名孟,睦州毛明府会侯女,适方翰林渭仁子甫三日,方病卒。女堕楼引决,以救不得死。事详西河毛太史序。"据陆勇强《陈维崧年谱》,民国《遂安县志》卷十录有李霈《毛贞女堕楼诗》。从内容看,王嗣槐序文及袁佑诗,当作于毛女死后。

按,从诗集编年顺序看,王士禛诗当作于十月末、十一月初,施闰章诗也作于秋冬季节典试河南时。故以情理推之,关于此事的传播和颂扬当主要在本年秋冬之际,陈维崧的序也应成于同时。

又按,《西河集》卷一三〇《家烈妇诔文》序云:"康熙二十九年十二月二十七日,遂安方公子妻毛氏以殉夫身死,其舅氏编修君与予同馆同籍,而其父明府君则又予同谱弟也。当予官京师,正值公子就婚,烈妇守志之际,在庚申四月。维时目睹心怛,曾为文记堕楼事,示京师属文者。暨乙丑之冬,予与编修君先后南还,而烈妇亦扶夫柩室归里门,距守志之岁又逾十年,烈妇年二十七矣。乃请营高丘,矢与同穴,绝食廿日,毕命一旦,呜呼哀哉。"此处所谓"庚申四月",当属后来记忆之误。这篇诔文对毛氏女后来的情况作了简要交代。

本年曾以黄色绢为币乞毛奇龄为储氏撰墓志铭。

《西河集》卷九十六《曼殊别志书砖》末云:"初陈检讨孺人死,索予为墓铭,而贻予以绢,绢浅黄色。"卷九十七有《陈翰林孺人储氏墓志铭》。

尝有书答徐喈凤,约定明年春日修史讫,最晚秋底前将请假南还。

徐喈凤《荫绿轩词》续集《貂裘换酒·雨窗独坐,陈太史其年书至,作词奉怀,四迭前韵》上阕有云:"遥念髯翁京华去,已三年不共连床话。书适之,千金价。"下阕有云:"约定明春修史讫,乞假扬帆南。"《十二时·哭陈太史其年》上阕有云:"迢接回函,归期预定,不越今秋杪。"

尝为林麟焻《玉岩诗集》作序。

林麟焻《玉岩诗集》卷首有陈维崧序,末署:"康熙二十年阳羡弟陈维崧拜题于燕京邸舍。"按,该序未见于《陈迦陵文集》及《湖海楼全集》。

约本年底,徐乾学为陈维崧诗集作序。

徐乾学《憺园集》卷二十一《陈其年湖海楼诗序》末云:"……而及今邂逅于京师也,已五六年矣。……其年则膂力方刚,遭遇国家盛典,致身侍从。夫志和者其音乐也,于是又将变其激昂嘘唏者。比于朱弦疏越以奏清庙,而傧鬼神,而出于前代诗人之所不及见。则陈子于诗,殆又将变已。"

按,该序与患立堂诗集前所收之序不同,亦未见于浩然堂本。从序中所说两人密切交往的时间为"五六年",且陈维崧其时已"致身侍从"来看,该序应作于本年底或明年四月前。因为徐乾学康熙十五年底奔丧回家,陈维崧始与之有密切来往,粗算起来,至本年恰为五年。又,该序应该是徐乾学应陈维崧之请而作的,序成之时,陈维崧身体尚健,但未久即病故。后来陈宗石刻集时,又请徐另作一序,序中对其创作进行了总结。

冯溥本年刻《佳山堂诗集》,陈维崧曾参与雠校之役,并为撰序。

《陈迦陵俪体文集》卷五《佳山堂诗集序》云:"崧以菲材,获承隆眷。道旁苦李,过蒙匠石之知;爨下焦桐,谬荷钟期之听。雕惭宰我,铸愧颜回。猥于钻仰之馀,得与校雠之役。于是部厥纷繁,厘其前后。同西园之子弟,商订鲁鱼;偕东阁之生徒,整齐亥豕。悬之通国,副在名山。极知卑不颂尊,愚难知圣。敢矜莛叩,思拟议夫渊深;遑恧管窥,冀称扬夫高厚。只以一堂请益,数载从游,略缀辑夫俚言,敬敷陈乎末简。窃比卜商,握管弁毛诗之首;粗同安国,濡毫序书传之前云尔。"

按,《佳山堂诗集》前有毛奇龄、曹禾序,均作于康熙十九年秋。后有徐乾学序,署为康熙二十年作。陈维崧序排在徐乾学序之后,故亦断为康熙二十年作。

汪文柏本年尝以诗稿相寄,乞为撰序。

《陈迦陵俪体文集》卷五《汪季青诗稿序》云:"倏初心之莫遂,沟水东西;俄旧雨之长垂,浮云南北。空縻好爵,文园则引疾偏多;徒点华班,骑省则闲居不少。忽接山中之信,获披霞上之编,按节狂歌,临风卒读。……仆也一官落拓,恨与年增;三载羁栖,才因兴减。藻思销歇,既输君十倍之才;宦况聊萧,甘让尔五湖之长。乃犹膏唇拭舌,序王裴辋水之诗;舐墨含毫,弁皮陆松陵之集。多恐青猿献诮,将毋白鹤腾讥。君纵忘言,仆犹知愧。或者久要有在,请待来年;昔梦难忘,遥申一语。竟获右军誓墓,平子归田。红帘白舫,往来苔雪之间;酒幔茶橱,灭没凫鹥之队。与君倡和,定自成声;偕我流连,差堪作达。"从其中"忽接山中之信,获披霞上之编",及"三载羁栖"等语看,本年汪文柏曾寄诗集给陈维崧。按,该序又见于汪文柏《柯亭馀习》卷首。

汪文柏(1659—1725),字季青,号柯亭,又号篛溪。浙江桐乡人。监生。曾官北城兵马司指挥。工诗词。著有《柯亭馀习》。生平详光绪《桐乡县志》卷十五本传、邓之诚《清诗纪事初编》卷七。

本年,胡亦堂来京,为陈维崧题填词图,陈维崧为其拟古乐府诗集作序。

胡亦堂词见《陈迦陵填词图题咏》,调寄《满江红》。

《陈迦陵俪体文集》卷七《胡二斋拟古乐府序》。按,胡亦堂于康熙十九年冬离开江西北上,其与陈维崧相交应在康熙二十年。

胡亦堂,字质明,又字二斋。浙江慈溪人。顺治八年举人。康熙九年至十四年任新昌县令,十五年至康熙十九年任临川县令,颇有政声。康熙十九年行取主事,于冬日离开临川北上。著有《二斋文集》《梦川亭诗集》,编有《临川文献》。雍正《慈溪县志》卷四《选举志》有著录。

康熙二十一年　壬戌（1682）　五十八岁

正月十五夜，与姜宸英、严绳孙、顾贞观、朱彝尊、吴兆骞、曹寅同集于纳兰性德花间草堂，席间，各赋《临江仙》一阕咏堂中纱灯上图绘古迹。此时常与曹寅唱和，当夜有词。

姜宸英《湛园集》卷七《题蒋君长短句》："记壬戌灯夕，与阳羡陈其年、梁溪严荪友、顾华峰、嘉禾朱锡鬯、松陵吴汉槎数君同饮花间草堂。中席，主人指纱灯图绘古迹，请各赋《临江仙》一阕。余与汉槎赋裁半，主人摘某字于声未谐，某句调未合。余谓汉槎曰：'此事终非吾胜场，盍姑听客之所为乎？'汉槎亦笑，起而阁笔。"按，花间草堂为纳兰斋中堂名。

姜宸英《湛园藏稿》卷三《跋同集书后》云："往年容若招予住龙华僧舍，日与荪友、梁汾诸子集花间草堂，剧论文史，摩挲书画。于时禹子尚基亦间来，同此风味也。自后改葺通志堂，数人者复晨夕相对。"

曹寅《楝亭集·楝亭词抄别集》有《貂裘换酒·壬戌元夕，与其年先生赋》。

王朝璛《楝亭词抄序》云："当己未、庚申岁，陈、朱两太史同就征入馆阁，而公以期门四姓官为天子侍卫之臣。……顾每下直，辄招两太史倚声按谱，拈韵分题，含毫邈然，作此冷淡生活。每成一阕，必令人惊心动魄，两太史动以陈思天人目之。时又有检讨从子次山、阳羡蒋郡丞京少、长洲黄孝廉葳山相与赓和，所作甚夥。"

曹寅（1658—1712），字子清，号荔轩，又号楝亭。满洲正白旗人。父玺自康熙元年任江宁织造，曹寅自幼居住在人文荟萃之地南京，深得名流的指导和熏陶。稍长，又被召入宫作康熙帝的伴读，后充侍卫。康熙二十九年出任苏州织造，三十九年兼任江宁织造。后曾巡视两淮盐务，官至通政使。曹寅一生结交广泛，诗、词、文俱工，著有《楝亭集》。生平详胡绍棠《楝亭集笺注》后所附《曹寅生平简表》。

十八日夜，陈维崧妾陶三与毛奇龄妾曼殊别，曼殊有诗赠陶三。

毛奇龄《西河诗话》云："陈检讨孺人死后，其房中人陶三自南至。以予与检讨亲厚，愿一见曼殊。曼殊往，陶三为不食累日，曰：'南中无此人也。'时元夕后三日，曼殊作五字诗赠陶三云：'元夕逾三日，天花傍一枝。二更才上月，翻恨见成迟。'以十八日月下相别，故云。陶三乞检讨代为答诗甚佳,今不存矣。曼殊死前一日,似预知期至者,逼忆诸旧事,语絮絮。忽语及陶三,泣曰:'陈太史亡后,恐其人不能无恙在也,吾甚思之。'及死后,予遇检讨仲弟于李少宰师席上,询之,愀然曰:'陶三故义兴王氏家人,王氏以籍没,名连陶三,州县官捕逮,按名点解,计留之不得,今已在旗作官奴矣。或曰似隶内务各局,如浣衣者。'此甚可感事。"其述陶三生平颇详。

按,这条材料见于《昭代丛书》本《西河诗话》。结合上年冬曹亮武赠陈维崧词中"载得雏姬蹒跚去,料明年便向天狼射。亡嫂痛,且休也",及注中"其兄艰子,买妾入都,时方悼亡"等语看,陶三系上年冬由陈履端、陈枋送至北京。惟《家乘》及陈维崧碑、传中均未见记载。

十九日,同施闰章、杜首昌过吴琠嘉禾阁观剧。

杜首昌《绾秀园词选》之《春从天上来·灯节后四日同施愚山学使、陈其年检讨过吴馨闻嘉禾阁观剧》上阕有云:"问春来几许,锦屏上、细驻韶光。"按,据何庆善、杨应芹《施愚山年谱简编》,施闰章从顺治十三年任山东学使,至十七年秩满。而此时陈维崧尚未任检讨。此称学使者,当指其康熙二十年秋,奉命典试河南事。当年奉使毕,施闰章曾回乡探亲,于冬杪返京。

《如皋冒氏丛书》之《冒氏词略》有冒襄《春从天上来·次馨闻先生集嘉禾阁观剧韵》。

杜首昌(1632—1698),字湘草。江苏山阳(今淮安)人。诸生,尝入望园诗社。嗜读书,不事生产。工诗词书法,喜交游,家有绾秀园,胜甲一郡。康熙三十七年卒,年六十七。著有《绾秀园诗选》三卷、《词选》一卷、《栀蜡草》一卷、《杜稿编年》。事具乾隆《淮安府志》卷二十二《文苑》、阮葵生《茶馀客话》卷十二《淮故》。

吴琠,字馨闻,号似庵。扬州人。《同人集》卷十"甲子倡和"集收其《甲子王正十九日集嘉禾阁观剧调寄〈春从天上来〉呈巢翁夫子》词一首,题下注:"十琴吴琠馨闻。"陆勇强先生据焦循《扬州北湖小志》卷五《书诗话第五》考得其生平大概云:"吴琠,字馨闻,号似庵。其先山西襄陵人,康熙甲寅乙卯间居湖,大会宾客,其柬客诗有'不用鸣锣集'之句,用东坡湖上宴客事也。是年东轩落成,范荃题以诗云……后似庵城居,湖上别业屋宇垣墙,多为风雨所坏。似庵偶一至湖,荃复以诗寄慨云……似庵以贡生考授盐运使通判。其本末不可详,别业亦莫知其处也。"邓汉仪《诗观初集》卷十收其诗十五首,小传云其为"山西襄陵人,扬州籍",著有《瑕瑜稿》。

　　按,上举杜首昌、吴琠两首《春从天上来》均作于正月十九日,地点又均在嘉禾阁,而且同是观剧。不知是出于巧合,还是其中一个记述有误。从杜首昌词题中显示的信息看,时间应该是康熙二十一年,地点应该在北京;吴琠的词题中则明确说是在甲子年(即康熙二十三年),地点是在扬州,因为该词后有冒襄的和作。另外这两首词韵也不同,可以肯定它们没有唱和关系。如果两首词记述都不误,那就说明吴琠把北京、扬州的居处都曾取名为嘉禾阁。当然,陈维崧卒于康熙二十一年,他显然不可能参加康熙二十三年的观剧活动了。

二月初四前,上《乐章议》。

　　《陈迦陵文集》卷六《乐章议》。

　　据《康熙实录》,康熙二十一年二月初四,"先是,左副都御史余国柱请厘正郊庙燕享乐章。上曰:'飨祀乐章,一代制作所系。礼部翰林院集议以闻。'至是,部臣等议:自古庙乐原以颂述祖宗功德,本朝郊祀天地各坛庙乐章曲名曰《平》,见今遵用已久,况太祖、太宗、世祖同在太庙致祭,不便分庙另撰,宜如旧。惟朝会燕飨等乐,会典所载,曲调风雅未备,宜敕下所司,酌古准今,求声律之原,定雅奏之节,进呈请定嘉名,以昭盛典。从之。"

二月二十七日清明,侄履端在京作《花心动·燕京清明》抒怀。

　　《瑶华集》卷十五有陈履端《花心动·燕京清明》。按,陈履端上年冬来京,本年初夏陈维崧卒后即扶榇归里。故该词当作于本年清明。

三月三日,与冯溥、施闰章、王嗣槐、袁佑、尤侗、严绳孙等三十二人修禊万柳堂,和冯溥韵有作。陈维崧诗成,为同游诸子称首。

　　《湖海楼诗集》卷八"壬戌"诗《和益都夫子禊日游万柳堂原韵》。

　　王嗣槐《桂山堂文选》卷一《万柳堂修禊诗序》云:"康熙二十一年,岁在壬戌,暮春三日,文华殿大学士兼刑部尚书益都冯公修禊事于万柳之堂,从游者三十有二人。……公赋七律二章,属和既毕,就席而饮,笑谈弥日,油油也。……时从游者左春坊赞善徐健庵乾学、翰林院侍讲施愚山闰章、编修徐果亭秉义、陆义山棻、沈映碧珩、黄忍庵与坚、方渭仁象瑛、曹峨嵋禾、袁杜少佑、汪东川霖、赵伸符执信、检讨尤悔庵侗、毛大可奇龄、陈其年维崧、高怀咏阮、吴志伊任臣、严藕渔绳孙、倪阇公灿、徐胜力嘉炎、汪悔斋楫、潘稼堂耒、李渭清澄中、周雅楫清原、徐电发钪、龙石楼燮、纂修主事汪蛟门懋麟、刑部主事王尔迪无忝、中书舍人林玉岩麟煜、督捕伺务冯玉爽慈彻、候选郡丞冯躬暨协一与嗣槐，共三十有二人，各为七言律诗二首。"

按，冯溥原倡见《佳山堂诗二集》卷五，题名《三月三日万柳堂雅集》，为七律二首。

施闰章《施愚山集·施愚山诗集》卷四十二《三月三日集万柳堂，奉和冯相国原韵二首》。尤侗《西堂全集·于京集》卷四《上巳万柳堂禊集，和益都公原倡二首》。严绳孙《秋水集》卷六"诗六"《上巳重集万柳堂，次冯阁师韵》七律二首。徐嘉炎《抱经斋集·抱经斋诗集》卷十《壬戌上巳万柳堂重修禊事，和益都夫子韵二首》。李澄中《卧象山房诗集》卷二十二《上巳相国冯公招饮万柳堂次韵》。袁佑《霁轩诗抄》卷二"西清集"《上巳冯益都相国招集万柳堂》《和益都相国万柳堂上巳雅集》。以上诸诗末尾韵字分别均为"洲"、"湘"，李澄中和诗今存一首，末尾韵字为"洲"。

另，王嗣槐《佳山堂文选》卷十二《挽陈其年太史》四首其二"那知上巳春澜句"后有原注云："其年壬戌上巳修禊诗，为诸子称首。"

陆元辅南归，有七言古诗一首并赠序一篇送之。

《湖海楼诗集》卷八"壬戌"诗《长歌奉送翼王陆先生南归》有云："先生矻矻嗜书籍，穷饿偪侧百不忧。日作蝇头字千百，两腕苦脱神逾遒。京师雕板苦难致，麻沙价亦同天球。侯门抄本间常有，缄縢只倩缥囊收。安知此物擅光怪，不遭豪夺并巧偷。先生京华四年住，零丁失物招帖也第为书爬搜。倾筐倒庋尚不给，阑入恒被僮奴咻。自言群书浩烟海，讵有心力攻敚搜。聊作件系编总目，兼撮义例穷根由。只贪油素不归去，如鱼粘饵鹰恋韝。家书昨日抵死劝，老翁六十真何求？自翁离家岁荒歉，索租吏诟柴门头。抄书录史有底急，遮莫一念妻孥不。幡然翁始动归兴，捆书同上乌犉牛。跨牛觳觫遍走别，明朝便可逾芦沟。"《陈迦陵俪体文集》卷八《赠陆翼王序》。

按，陆元辅南归时间当在三月初。在陈维崧编年诗集中，《长歌奉送翼王陆先生南归》紧排在《和益都夫子禊日游万柳堂原韵》后。而《施愚山集·施愚山诗集》卷四十二《送陆翼王》则紧排在《三月三日集万柳堂奉和冯相国原韵二首》前。另施闰章诗中也有"墙东避世征车重，箧里抄书秘本多"之句，知陆元辅在京期间一直在寻访古书，抄录秘籍，并编有总目。高士奇《苑西集》卷三《送陆翼王》有句云："马首东风二月时，轻黄杨柳渐成丝。""二月"应为其赠诗之时，非实际离京之时。王泽弘《鹤岭山人诗集》卷七《送陆翼王南归》末云："惆怅东风官道侧，江花江柳送归船。"同人送行诗另有徐釚《南州草堂集》卷八《送陆翼王南还》，陈元龙《爱日堂诗集》卷三《送陆翼王南归》，等等。

自初八日始，蒋景祁每日邀同人在蒋元肤斋丁香花下集会，每集辄赋《醉花阴》一首，十日共得十阕。当日陈维崧与会。

蒋景祁《罨画溪词》之《醉花阴·丁香花下词十首》序云："壬戌暮春，予旅滞京师，距元兄斋数十武，有白丁香花二株盛开。文酒过从，浃旬弥日，坐眠花下，情不自遣，每集成《醉花阴》一阕，诸同人有属而和者。"这组词第一首题为《三月初八日集》，最后一首题为《十七日风雨摧花欲谢，招诸友作别词，子厚、蕺山不至，予与心兑颓然竟醉，醒而赋此》。

三月九日，再与蒋景祁集丁香花下。此后初十、十一日、十二日皆有集。

蒋景祁《罨画溪词》之《醉花阴·丁香花下词十首》之二题为《初九日陪其年太史再集》。之三、之四、之五分别题为《初十日集，俞大文适至，时大文将归》《十一日茗坐》《十二日初度作》。

三月十三日再集，待陈维崧而未至。

蒋景祁《罨画溪词》之《醉花阴·丁香花下词十首》之六题为《十三日集，迟其年先生不至》。

暮春，招毛奇龄、戚珫会于宅中。

戚珫《笑门诗集》卷五《赠毛大可太史》有云："痌瘝闻声三十载，把臂恰值长安春。犹记相逢春欲暮，荆溪太史陈君署壬戌春晤于陈其年太史处。屈指人琴感逝波，莺花空绕留题处。"

春间，吏部给事中王又旦继室张氏亡，为作哀辞。

《陈迦陵俪体文集》卷十《王母张孺人哀辞》云："孺人姓张氏，家世由大同徙长安，遂为长安人，余友给事中王黄湄先生继室也。……人夸彩笔，弥工伤逝之篇；官是黄门，惯作悼亡之赋。缘余同病，属以序哀。仆也曾经此恨，甫当除服之时；何以为情，况届营斋之日。香徐幄里，倍知奉倩之愁;粉剩奁间,偏悉子荆之痛。……四载中间,嗟余越乡;每擿芜制,为人悼亡。虞歌竟箧,挽唱联箱。间一临文,心疑不祥。讵意斯悲,我躬洊及。犹有馀波,助君沾臆。"按,古人期之丧,十一月而练,十三月而祥,十五月而禫。禫者,除服祭也。陈维崧妻储氏上年十二月初六去世,故其除服当在本年春。又,该哀辞中有"四载中间"之语,亦符合其入仕的时间。

王又旦(1636—1686),字幼华,别字黄湄。陕西郃阳人。顺治十五年进士。初授潜江知县,以治行征至阙下,需次授给事中,康熙十四年以父丧归里。服除,补吏科给事中,转户科给事中。康熙二十三年典广东乡试。工诗,深为王士禛所称。著有《黄湄诗选》。生平详朱彝尊《曝书亭集》卷七十五《儒林郎户科给事中郃阳王君墓志铭》)。

本年作《吴曹三子叠韵词序》。

《陈迦陵俪体文集》卷七《吴曹三子叠韵词序》云:"仆也三年委贽,莫逢休沐之期;千里怀乡,长负耦耕之约。年年濠上,只想观鱼;日日街头,偏逢骑马。幸故人之见忆,虽远道以相怜。烦谢吴均,并询曹植。感卿爱我,愿毋忘息壤之盟;惟尔知予,须一寄当归之药。"在康熙刻本《叠韵词》中,该序末署:"康熙壬戌春日陈维崧题于燕山邸舍。"

按,序中"吴"指吴本嵩,"曹"指曹亮武。

本年,叶封尝至京,出其悼亡诗相示,陈维崧为之撰序。

《陈迦陵俪体文集》卷六《叶井叔悼亡诗序》云:"寒风寥汆,杨雄但解客嘲;晏岁峥嵘,孙楚新除妇服。祥琴乍鼓,暗惊四节之如驰;庄缶载赓,倍觉寸心之若结。"

按,据王士禛《叶母张宜人墓志铭》(见《王士禛全集·渔洋文集》卷九),叶封夫人张氏卒于康熙十八年十一月十五日,故其除服当在本年。又其《诰授奉直大夫工部虞衡清吏司主事叶公封墓志铭》云,叶封尝"壬戌再至京师,未几又归"。由于陈维崧不久即去世,故此序当作于其发病前。

丁炜自赣州有书相寄,托其删定《紫云词》。

丁炜《问山文集》卷三《与陈其年检讨书》云:"青门执手,情深千尺桃花;素浐分襟,恨寄三春芍药。奉仁风于尺牍,恍悒陈遵;投明月于寸心,辄思元度。绿波碧草,吟赠赋以魂销;红树白云,忆伊人而肠断。奋飞无翼,结想徒劳。缅昔先生花砖入直之会,属当下走潞水还车之辰。何思澄彩笺盈束,窃愿通名;阮步兵青眼一双,谬邀回顾……既未甘于覆瓿,投以籧篨;因妄拟夫灾梨,厘成卷帙。倩凌风之朔雁,衔置君前;类落叶之哀蝉,徒凄人意……所望丹黄在御,笔削如绳。划厥生疏,漫惜揉残酥粉;刊兹谬误,何妨拆碎楼台。"

　　按,据《江西通志》卷四十八《秩官三》"南赣道":"丁炜,康熙二十年任。"而从其书中所写看,陈维崧与丁炜交往主要在康熙十七年至十八年五月(即其中博学鸿词后)。康熙二十年丁炜赴赣。因该书作于春末季节,当为本年。

四月初发病。时常熟戴浞将出都南归,前来告别,适逢其因病假注籍。

　　《同人集》卷九"哭陈其年太史倡和诗"有戴刘浞《巢民先生于壬戌中元日,荐其年检讨于定惠寺,追和其年己亥中元韵以哭之,走笔命和,亦得二首,哀心所感,不计工拙也》其二首句"别君方注籍"后有原注云:"予四月初旬出都,别君邸舍,君方以病假注籍。"另,其第二句云:"讵料病添加。"可知此后陈维崧的病情不断加剧,未有好转。

　　徐乾学《憺园集》卷二十九《陈检讨志铭》云其"年五十八而病作,疗发于面,已患滞下,积四十馀日。"

　　储欣《在陆草堂文集》卷三代蒋永修所作《陈检讨传》云:"壬戌,患头痛,遂不起。"

　　戴浞,亦作戴刘浞,字介眉,晚字稼梅。江苏常熟人。顺治初曾与孙旸、陆庆曾、叶方蔼、章在兹等同举同声社。康熙二十年举顺天乡试,榜姓刘。善书,尤喜鼎彝古玩。著有《牧豕集》二卷、《戴刘浞诗》一卷。生平详《重修常昭合志》卷十八。

四月十三日,见窗外丁香,感春意阑珊,赋《愁春未醒》,此后不复有作,遂成绝笔。蒋景祁有和作。

　　《迦陵词全集》卷十《愁春未醒·墙外丁香花盛开感赋》云:"攀来尚隔,望处偏清。算开到此花,阑珊春已在长亭。滴粉搓酥,小红墙角倍分明。年年此际,笼归马上,递遍春城。　　昨岁看花,有人秃袖,擘阮捱筝。怅新来、梁间燕去,往事星星。只有邻花,依依不作路旁情。夜深难睡,缤纷花影,筛满空庭。"其后陈宗石注云:"此先兄壬戌年四月十三日作也。先兄即于五月初七日捐馆。读'算开到此花,阑珊春已在长亭'十二字,竟成词谶。宗石于己巳年捐俸授梓,校阅之馀,不禁声泪俱下。此阕已后,广陵散不复弹矣。呜呼痛哉,四弟宗石谨志于强善堂。"

　　另，在手稿本第二册中，该词题为《墙外丁香花盛开感赋，索京少、戢山和》，但后六字系另笔所加，原稿上有删除痕记。词后有尤侗、蒋景祁、黄庭三人评语。蒋景祁评语云："此先生四月十三日作，绝笔也。先生三年冷署，人情炎凉，往往托之笔墨，此词其一也。是时先生索予辈属和，予草草命笔，实不知先生意指所在。不意此篇而后，遂如广陵散不复弹矣。噫！壬戌端阳后三日，京少记。""京少记"三字虽被抹去，然仍清晰可辨。

　　蒋景祁《罨画溪词》有《愁春未醒·赋丁香花感旧和迦陵》，为其和作。

五月初五，自感病情难愈，知将不起，以其生平所著诗古文词泣付三弟维岳，嘱为删定润色。此前，曾将其著作托之蒋景祁。病笃时，屡询徐乾学，计四弟宗石来京之日，欲与诀别，并将生平著作托其付梓。盖其时陈氏三兄弟中惟宗石有此力也。

　　《陈迦陵俪体文集》陈维岳跋有云："先兄以壬戌年五月日卒于检讨之任，予时适在京师，视兄疾。易箦之前二日，执余手而泣曰：'吾生平所为诗词古文，吾死后，弟为吾润色删定之。'余涕泗滂沱，不能答。余诗文远不逮大兄，而命之以润色删定之语，何敢当。兄又曰：'吾四六文不多，固吾擅场之体，恨未尽耳。'呜呼！其可悲也。"

　　储欣《在陆草堂文集》卷三代蒋永修所作《陈检讨传》有云："髯疾时，余子景祁适在京师，问疾拜床下。髯悉出所著诗古文词手授祁。癸亥祁归，与曹子南耕编次校雠而锓诸版。"

　　《陈迦陵俪体文集》陈宗石跋有云："（兄）不幸壬戌之夏奄逝京任。宗石从黎城来，而兄已不及见矣。呜呼，痛哉！闻兄病笃时，曾屡询东海先生，计余抵京之日，盖欲一诀，尽付生平著作为之校梓，以卒其愿也。嗟乎，余虽不及见兄，而兄之意可想见矣。"

五月初六，李澄中来探视。

　　李澄中《卧象山房诗正集》卷一"五言古诗"《哭陈其年检讨》云："我昔病窭贫，君来数相望。昨日视君归，卧病闻君丧。泪下如缫縻，气竭神自伤。斯人或列仙，误卧黄金床。谪坠向人世，困顿芰荷裳。十龄足文史，十三推擅场。白首志不就，盛名多周章。征书一朝至，献赋追班杨。文采结主知，珥笔石渠傍。有酒共斟酌，直庐随雁行。寻松刺梅园，角韵龙湫阳。饮啖夸健在，大笑苍髯张。金谓长者心，忠厚后必昌。世事难预料，天道竟茫茫。无室与只儿，一官死他乡。维馀身后名，寂寞归山乡。"

五月初七日,卒于京邸。病革时,犹心念故园,口吟断句,手作推敲之势。

《迦陵词全集》卷十《愁春未醒·墙外丁香花盛开感赋》陈宗石注云:
"先兄即于五月初七日捐馆。"

《家乘》卷三陈维崧传亦云其"康熙二十一年壬戌五月初七卒于
京邸"。

储欣《在陆草堂文集》卷三代蒋永修所作《陈检讨传》有云:"始崧未疾
时,屡以湖山鱼鸟为念,欲告归。会史局未竣,不敢请。疾亟,吟断句云:
'山鸟山花是故人。'犹振手作推敲势。"

五月初九,蒋景祁与黄庭检其遗集,感而作《贺新郎》一首。

《瑶华集》卷十八蒋景祁《贺新郎·端阳后四日检迦陵遗集有感》。
《罨画溪词》该词题为《端阳后四日,检迦陵遗集有感,四叠韵同戢山》。

陈维崧卒后无子,贫无以葬。徐乾学、冯溥及诸大夫出资为其治丧,使于
礼无缺,又议立其侄履端为后,然后由其扶柩归葬阳羡故里,其归葬实出
宋德宜之力。

徐乾学《憺园集》卷二十九《陈检讨志铭》云:"诸同年故旧,问饷延医,
供药饵不绝,卒而哭之咸尽哀。余偕旧相益都公及诸大夫,出赀助含殓治
丧,无缺于礼。又议立其仲兄子履端为后。然后得僦舟归柩于故里阳羡
之某原,启储夫人攒合葬焉。"

冒襄《定惠寺哭和其年旧诗二首后,秋雨卧病,泪凝枕上,杂拉复和十
八首。幽抑怨断,付之鹍弦铁拨,当知其哀也》其十七后原注云:"其年疽
发于面,幸纬云在都,骨肉无憾,又有玉山、新城、吾郡诸先生含殓甚厚。
人生死兄弟朋友之手,胜死妇人手多矣。"

储欣《在陆草堂文集》卷三代蒋永修所作《陈检讨传》云:"崧返葬多出
宋公力,曰:'生,吾荐诸朝;没,吾归诸原。'崧无子,以亡弟维嵋之子履端
为子,在崧亡后。"

京师同人为其举行公祭,尤侗作《公祭陈其年检讨文》,哀其身穷、寿短、无
嗣。尤侗、冯溥、方象瑛、洪昇、曹寅、庞垲、王嗣槐、袁佑等皆有挽诗。

尤侗《西堂全集·西堂杂俎三集》卷八《公祭陈其年检讨文》。《西堂
全集·于京集》卷五《哭陈其年二首》其二有云:"贫向金门空索米,老来玉
局漫抽书。前程暗淡旌铭冷,后事凄凉砚匣虚。"

冯溥《佳山堂诗集·佳山堂诗二集》卷之五《挽陈其年》二首云:"穷巷

栖迟寄一官,萧条无减布衣寒。梦中彩笔重遗管,阶下芳荪未见兰。照阁青藜憎好爵,修文白玉庆弹冠。大招欲赋盈眶泪,不尽低徊倚石栏。""昨岁占爻困蒺藜,伤心沟木已东西。悼亡触绪霜盈鬓,感旧孤吟月满溪。天上仙音怜翔凤,人间薄宦叹酰鸡。牛眠未卜归何处,遗稿凄然洺品题。"

方象瑛《健松斋集》卷十九《哭陈其年检讨和益都公韵》四首云:"半世穷愁博一官,敝裘犹拥旧时寒。著书未竟悲遗砚,环经何人泣梦兰。漫羡金门留姓字,便从蒿里殉衣冠。魂来缥缈归何处,惆怅空阶对药栏。""蹉跎非为恋微官,旅梦萧萧五夜寒。六代文章馀纸墨,十年意气托金兰。无儿寂寞怜孤榇,有弟飘零着白冠。剩得人情千古泪,临风凄绝一凭栏。""高阁谁然太乙藜,一官相对禁城西。尽知庾鲍登华省,每逐陶刘过虎溪。客久不堪悲断燕,朝回谁共听鸡鸣。临歧执手言如昨,倡和诗成不忍题。""才赴征书起杖藜,平津邸舍玉河西。愁中岁月凭书卷,梦里乡园忆旧溪。华表未归千岁鹤,篝灯时伴五更鸡。所忠他日求遗稿,一卷迦陵手自题。"

洪昇《稗畦集·哭陈其年检讨》二首云:"相逢白首未嫌迟,谁料黄垆永别离。地下那能偿旧序,人间何处乞新词?开尊东阁看花夜,飞盖西园踏月时。犹记先生相对语,好风吹动万茎髭。""四十馀年海内名,一官迟暮慰生平。凌云天上悬词赋,霁月人间见性情。无复衰师承旧业,不留樊素守孤茎。亳村风雨清明日,谁有哀猿嗷嗷鸣。"

曹寅《楝亭集·楝亭诗别集》卷二《哭陈其年检讨》云:"百年重五恨,一夕上元游。岂合人间住,多应天上留。玉箫寒倚月,杨柳暮侵楼。得似辽东鹤,重来吊故丘。"

庞垲《丛碧山房诗初集》卷七"壬戌京集·翰苑稿"《哭陈其年检讨》四首云:"阴云惨白日,凉风吹户牖。晨起怀感伤,惊悼失良友。之子志业勤,读书穷二酉。赋诗见性情,摛文工俪偶。当今著作林,苍然推老手。况乃道德身,百行失无苟。一命初见荣,中年尚无后。斯人有斯疾,天道于何有。""昔余与夫子,献赋谒承明。承恩官同日,侍从直西清。退朝并马出,寻幽携手行。往还历四载,相亲如弟兄。我陋惭吾丘,君才似长卿。幸托无讳朝,歌咏纪太平。文章报圣主,彪炳追西京。胡为遘厉疾,溘焉殒其生。九原宁可作,崩迫伤吾情。""陈生古志士,坚忍能达道。四载官清华,半菽常不饱。潇洒户牖间,高文发坦抱。能令忌者心,见之亦称好。生平念若人,不应常枯槁。五十为未衰,一死何草草。""天地若蘧庐,人生皆偶寄。寿夭古难齐，何足为君异。悲君数尤奇，少年不得志；将老博一官，京华长憔悴。生死惟一身，棺殓谁为备？深感冯夫子，捐金见高谊。亲戚隔远方，童仆违灵次。伤心非一端，欲哭反无泪。"

王嗣槐《佳山堂文选》卷十二《挽陈其年太史》四首云："儿时共学六朝文，白首同游痛失群。自是梁崩伤卫玠，还将天问哭刘蕡。春闱镜掩鸾初逝，秋阁琴亡雁又分。只有床头遗稿在，披帷一读泪纷纷。""几载青门携手随，林塘花月共衔卮。那知上巳春澜句其年壬戌上巳修禊诗为诸子称首，竟入山阳短笛吹。长史灯前拈麈惜，季鹰床上抚弦悲。有才无命今如此，倚马书鞭更属谁。""空闻仙史住蓬莱，但见吟诗笑口开。长昼有书眠白社，寒宵无被直灵台。千秋才调留青竹，几日门庭长绿苔。寂寞梁溪归垄后，何人挂剑一徘徊。""伯牙弹辍黯伤神，正为公私惜此人。东观班家书未奏，西园枚叔齿先沦。黄公垆在河山邈，白玉楼高爵里新。楚些一招双泪落，汝南殷郅愧同论。"按，冯溥《佳山堂诗集·佳山堂诗二集》卷三《喜王仲昭至都》云："峥嵘当岁晏，相见拂征尘。生计依亲串，羁怀数水薪。乾坤吾自老，书剑尔常贫。且尽尊前酒，无为话苦辛。"从排序看，该诗当作于康熙二十年。又，同集卷五《赠王仲昭有序》为冯溥康熙二十一年告老还乡前的赠别诗。由此可以断定，王嗣槐于上年底至京，一直盘桓至年底未去。故陈维崧去世时其在北京。

袁佑《霁轩诗抄》卷二"西清集"有《哭陈其年、李石台两同年》，该卷下原注云："起丁巳至壬戌"。

江南友人吴绮有诗挽之。

吴绮《林蕙堂全集》卷十八《哭陈其年太史》四首云："谁传妖梦骇人闻，痛哭山阳已暮曛。异数三年曾近日，虚名一代自凌云。谪仙此日无遗女，方朔当年少细君。阳羡荒田无二顷，不知何处垒孤坟？""瑜亮同称旧辈行，可怜为位寝门傍。剖鱼虚报还相见，下鹏宁知果不祥。好友谁能归广柳，诸生犹自重长杨。可怜身隐名空在，此日人琴转自伤。""岁厄非关巳与辰，忧多如尔竟戕身。传来直谓时相忌，问到虚疑梦未真。久信奇才无厚福，可能名士有多人。夜台不断痴情在，一片梨云别是春。""金门侍从尽高华，索米怜君独可嗟。半世不归因作赋，一官如此竟无家。单车有约言犹在，白马能来梦转赊。满目英雄谁是操，招魂空有泪痕斜。"

七月十五日，冒襄携两子诸孙于如皋定惠寺追祀之，并成悼诗二首。冒嘉

穗、冒丹书、许承家亦各有诗。

《同人集》卷九"哭陈其年太史倡和诗"冒襄《壬戌中元日忏其年世兄于定惠禅院，率两儿诸孙为位哭之。忆己亥中元，为其年与两儿读书水绘之第二岁。盂兰水陆，余追荐祖考于定惠以为恒，兼荐其年先人者共十载。己亥其年有赋谢二律，时海警正亟，措词用韵备极艰险。检读〈同人集〉中，以泪研墨，步韵奉挽。才尽心伤，殊不成语。凡与其年交者请和之》二首云："合祀思君考，中元荐两行。老人悲宿草，儿子赋同裳。天上还星宿，文坛失伯王。并州留十载，魂返莫他乡。""哭君仍梵刹，老泪更横添。行秘书何在，修文郎可嫌。天真全未丧，血胤斩何严。绝笔书前至，披衷到细纤。"

同卷有冒嘉穗、冒丹书《壬戌中元荐其年长兄于定惠寺追和其己亥中元赋谢原韵以哭之》同题各二首。冒嘉穗诗又见《寒碧堂诗辑》，冒丹书诗见《枕烟堂诗辑》。

许承家《猎微阁诗集》卷四《挽陈其年和冒辟疆韵》。

中元后，冒襄伏枕卧病，于秋雨中拉杂再和前韵成十八首，诗中历述其与陈维崧交往的前前后后，血泪交迸。戴浰、邓汉仪、许承家、吴寿潜等均有和作。

《同人集》卷九"哭陈其年太史倡和诗"冒襄《定惠寺哭和其年旧诗二首后，秋雨卧病，泪凝枕上，杂拉复和十八首。幽抑怨断，付之鸥弦铁拨，当知其哀也》十八首，后有戴刘浰跋。组诗后附有戴刘浰《巢民先生于壬戌中元日追荐其年检讨于定惠寺，追和其年己亥中元韵以哭之，走笔命和，亦得二首。哀心所系，不计工拙也》，邓汉仪《予已有七律挽其年矣。谷梁至邗，出尊君巢民先生定惠寺中元追荐其年五律次韵二十首见示，索余再和。余因走笔，聊跋佳吟。至阳羡交情，诗岂能尽》，及许承家、吴寿潜与邓汉仪同题之作各二首。

吴寿潜，字彤本，江苏如皋人。

陈宗石自黎城抵都，哀陈维崧散文遗稿，得百篇。请吴任臣、李澄中为之选订，存八十馀篇，编成《陈迦陵文集》。

《陈迦陵文集》陈宗石跋云："兄散文不名一家，脱稿随手佚去，多不存者。壬戌五月卒京邸，余自黎城七月抵都，哀其遗稿渐次辑成，所存仅仅百篇。志伊、渭清两先生为之选订，所存八十馀篇。"

《陈迦陵文集》李澄中序云："吾友陈其年既殁之三月,其弟子万自黎城来,乃搜其遗稿编次成帙。时子万方需次未补,住京师甚久,数过余谋付梓。"

八月十五前后,陈宗石归商丘,中州友人田兰芳闻陈维崧凶问,有诗挽之。

田兰芳《逸德轩集·逸德轩诗集》中卷《闻陈其年凶问哀之四首》云:"才闻供客典春裘,又报兰台哭魏收。挂幔仍圆燕市月,扬舻长废五湖舟。千秋大业风中絮,一代荣名墓道侯。不惯书生膺异数,至今野老尚啾啾。""遥将杯酒酹其年,回首浮云万虑缠。淹蹇争尤韩内史,风流谁吊柳屯田。朝中执戟仍无粟,地下修文讵有钱?生死一般贫彻骨,何劳蒿里费黄缘。""梁园雪满忆从君,握手花塍意倍殷。分谱颇因尊癖性,盍簪终为赏雄文。春蛇蜿蜒留新帖筒多其年手帖,候雁飘零感旧群时令弟子万初归。有约重来今已矣,平台原树正斜曛。""龙门咫尺昔同归,转眼人间万事非。身后无儿冲积雪,天边有妾处重闱。驱车送客侯赢老谓叔岱,剪纸招魂宋玉稀谓牧仲。采采春花红满袖,泉台应悔失因依。"

按,陈宗石七月至京,收集完陈维崧遗稿后始得返商丘,其时当不早于八月。又,田兰芳诗中有"挂幔仍圆燕市月"之句。故其得讯似当为中秋季节。

毛先舒为陈维崧俪体文作序成,并随书邮往京师。后乃知其已弃世九十馀日矣。

毛先舒《思古堂集》卷二《与吴志伊书》有云:"八月缄书并序邮入燕邸,而闻其在五月中即世。伤哉!计仆文脱稿时,则其年撤瑟已九十馀日矣。"

八月末、九月初,柩归故里,徐喈凤为募助葬事,并同曹亮武、徐玑等有诗词挽之。

徐喈凤《愿息斋文集》有《募助陈太史其年葬事小引》。另,《荫绿轩词》之《十二时·哭陈太史其年》云:"去年春,曾邮尺牍,力劝先生归早。休滞留、古长安道。日苦柴空米少。迨接回函,归期预订,不越今秋杪。我盼到桂发南山,菊绽东篱,醉捋虬髯谑笑。　猛闻得,时当夏五,已赴玉楼之召。箧内笺残,扇头字暗,想象音容杳。叹书遗、茂陵空传,笔墨鸿宝。　念吾年长君三岁,恰值亡儿悲悼。哭已无声,泣惟有涕,生趣都无了。正断肠时候,一恸意绝倒。"

曹亮武《南耕词》卷四《贺新郎·迦陵卒于京师,驰驿归葬,拊棺哭之》云:"丹旐归乡里。感皇恩、辒车驿送,荣君之死。赍酒灵床长太息,一代风流尽矣。禁不住、泪如铅水。天上修文何太促,恨匆匆、未了人间史^{时史职未竣}。休复问,旧游事。　　双鱼屡寄山斋里。约他年、清泉白石,徒虚语耳。重到垆头分手处,却已殡宫长闭。但一作、驴鸣而已。我有新词谁和我,向灯前、剪招魂纸。风飒飒,恍然至。"

徐玑《湖山词》之《沁园春·悼迦陵先生》云:"太息时艰,落拓书生,徒然激扬。算天涯策蹇,无如公健;南楼看月,那比公狂。金马新门,铜驼旧路,醉酒高歌总不妨。今何在,岂无心尘世,故把身藏?　　从兹罨画文场,少绣虎、雕龙一子长。纵买茶南涧,邻船女唱;采兰北岭,别院蜂忙。公如有知,应嗟寂寞,谁理年时按拍腔。悲风起,打城头怒浪,彻夜汪汪。"

王仲儒闻讯,有诗挽之。

王仲儒《西斋集》"西斋庚申至壬戌诗"《挽陈检讨其年》末云:"昔君游雄皋,短棹芜城税。法曹开广宴,末座辱投契。老大吴陵亭,追欢若昆弟。乌丝问结撰,马齿悲留滞。隔别五六年,书信误邮递。"

王仲儒(1634—1698),字景州,号西斋。江苏兴化人。明诸生。入清不事举业。著有《西斋集》。生平详《渔洋山人感旧集》卷十六。乾隆四十六年,以《西斋集》内有忌讳之语,书被禁,仲儒遭戮尸。

冬日,王士禛有诗挽之。

《王士禛全集·渔洋续诗集》卷十五"壬戌京集"《挽其年检讨》云:"晚踏凤凰池,霜花已上髭。不堪嫁阿鹜,差喜得龟儿^{其年殁后立侄为嗣}。皂荚村南社,青溪水畔祠。至今传乐部,多是两人诗。"从编年诗的排序看,该诗当作于初冬。

本年,李良年闻其死讯,致书叶奕苞,询问其身后事宜,并感叹其为人之难得。

李良年《秋锦山房外集》卷二《与叶九来》有云:"其年长逝,殊堪凄悼,不识旅榇曾南归否?亦有好友为收拾遗文否?浮名何补?增人达观齐物之想。可惜此老胸无城府,交游中难再得耳。"附叶九来回书有云:"陈其兄旅榇遗文总无实耗。才人命薄,往往如斯。追念憺园游迹,未免心恻。先生决有挽什,能寄示属和否?"

康熙二十二年　癸亥（1683）　卒后次年

蒋景祁携陈维崧文稿南归，与曹亮武编次印行。

储欣《在陆草堂文集》卷三代蒋永修所作《陈检讨传》云："髯疾时，余子景祁适在京师，问疾拜床下。髯悉出所著诗古文词手授祁。癸亥祁归，与曹子南耕编次校雠而锓诸版。"按，蒋景祁、曹亮武选刊本即康熙二十二年序刻之《陈检讨诗集》四卷，现存于无锡市图书馆及日本国会图书馆。

康熙二十三年　甲子（1684）　卒后三年

蒋景祁在苏州刻其诗词文合集，名《陈检讨集》，由徐喈凤作序。然该集误漏甚多。

《陈迦陵俪体文集》后陈维岳跋云："兄殁之二年，同邑蒋京少为遴选镂板吴门，一时风驰纸踊。然诗词只锓十之三四，四六文尚遗失三十许篇，且字多讹谬脱落。"

徐喈凤《愿息斋文集》之《陈检讨集序》云："吾友陈检讨其年卒于京师，蒋子京少搜其所著诗词古文归，慨然捐赀，先梓其骈体以传，曹子南耕序之详矣，更属序于徐子，徐子慨然曰：呜呼，其年归泉府，而其文独存，物在人亡，心酸泪下，何能为之序乎？然其年莫逆交，重以京少之命，不可无一言以序之。"

按，蒋景祁康熙二十三年天黎阁刻本为《陈检讨集》十二卷、《诗抄》十卷、《词抄》十二卷。陈维岳跋文中所指即是这个本子。该本南京图书馆、广东省图书馆、中国人民大学图书馆、日本内阁文库等藏。

康熙二十五年　丙寅（1686）　卒后四年

春，四弟宗石迎三弟维岳至其安平署中，共同编订《陈迦陵俪体文集》，越两月而告竣。

《陈迦陵俪体文集》后陈宗石跋云："癸亥，宗石承乏安邑，匆匆簿书，未遑谋及。至丙寅春，迎三兄至署，簿书抽暇，相与裒辑厘正，凡两阅月，计文一百六十馀篇，兄俪体之文尽于此矣。字句勾校，悉遵原本。遂捐俸购工，付之剞劂，阅四月而始竣。"陈维岳跋云："丙寅春，余过子万四弟安平署斋，共校订大兄四六文一月，所遗三十许篇既尽入之集，字亦悉改正。所为润色删定者终不敢，篇数宁存无遗。适叶苍岩观察相约寄稿，刻之任中，未果。明年，余在都下，万弟信来云：'叶观察之雅意固在，捐俸镂板，弟当力任之矣。'余为之悲且喜，而跋之。"

康熙二十六年　丁卯（1687）　卒后五年

春，陈宗石出资付刻《陈迦陵俪体文集》，越四月而成。

《陈迦陵俪体文集》后陈宗石、陈维岳跋。陈宗石跋署云："丁卯孟夏弟宗石谨跋于患立堂。"陈维岳跋署云："丁卯孟春弟维岳跋于京师东城寓中。"从时间来推算，其决定付刻当在正月。决定后，陈宗石即有书致陈维岳（陈维岳跋语中"万弟信来"所指即此），陈维岳于二月（孟春）接信后写了自己的跋语。五月（孟夏）镂版初成，陈宗石最后撰写了自己的跋语。

按，患立堂为陈宗石任安平知县时所取堂名。彊善堂本《宜兴陈氏家言》第三册陈维岳《患立堂记》云："患立堂者，吾弟子万宰安平时所颜其堂之名也。……丁卯孟春兄维岳苦庵氏撰于京师东城之寓。"又其《患立堂后记》云："四弟子万颜其堂曰患立，予既捃摭患立字义以记之矣。时余寓京师东城，地稍偏远，无缙绅旅士友朋往来，仿曹孟德读书精舍，取泥水自障蔽之意，颇得键关息影，闲馆课徒之暇，孤灯荧然。……吾今年五十三，弟今年四十五矣。……丁卯孟春，兄维岳稿。"

夏，陈宗石编订《陈迦陵文集》成，请李澄中、胡献征为作序。

《陈迦陵文集》李澄中序云："丁卯夏，（子万）以书抵余曰：'日者先兄遗文，辱君不鄙弃其馀，予得尽载以去，敬付梓人。俪体已告竣矣，尚有散体在，君其一言志首简，以告世之不尽知先者。'"胡献征序云："先是，蒋子京少集陈检讨俪体文行世，谓其散体古文在季弟子万所，而无其副，余企慕久之。今年六月，子万自安平来保阳，手一册示余。余读之而叹曰：……顾余于此独有感焉。忆昔平远追陪，即席分赋；京华晤对，握手言欢。夫何执鞭之慕，同变幻于廿年；挂剑之悲，徒萦怀于身后。安能不抚遗编而三叹也哉!"

冬,陈宗石编订《湖海楼诗集》成。

《湖海楼诗集》后陈维岳跋云:"大兄临终时,自云吾诗在唐宋元明之间,不拘一格。其诗学之成欤?今集自辛丑迄壬戌诗是也。四弟既刻其古文全集矣,复取而授之梓,得若干卷,视京少天藜阁所选为备。《湖海楼少作》《湖海楼稿》已刻者今不载。丁卯冬十二月弟维岳谨跋。"

康熙二十七年　　戊辰(1688)　　卒后六年

三月末,陈宗石刻《湖海楼诗集》成。

《湖海楼诗集》后陈宗石跋云:"至壬戌捐馆,搜其遗集,皆伯兄手录成帙,多钜公名家所丹铅者。石尽刻之,分为八卷,以备当代大君子论定焉。嗟乎,吾兄惊才绝艳,晚岁始拜一官,而又不禄,心切恸之。石以其文学宦迹白之当事,于康熙二十七年三月念有七日,同先大父、先大人崇祀乡贤,一堂四代先曾祖孝洁先生祀于前明,几筵俎豆,世世享之。九原有知,兄亦可以鉴予怀矣。戊辰小春四弟宗石谨跋于彊善堂。"

康熙二十八年　　己巳(1689)　　卒后七年

春,弟宗石编订《迦陵词全集》成。

《迦陵词全集》后陈宗石跋云:"先伯兄诗古文,予于丙寅、丁卯两年节俸金次第付梓。惟词最富,因力不逮,至己巳春,又鸠工镂板,簿书之暇,反复校雠。"

四月中旬,《陈迦陵文集》刻成。

《陈迦陵文集》卷一末陈宗石跋云:"《和松庵》《筠廊偶笔》两序,先兄为宋牧仲先生作,原稿所轶。牧仲先生自济南邮寄,时文集剞劂已竣,命工续刊附于一卷末矣。己巳孟夏,贵池吴子班访予南平,出示先兄《留都见闻录》一序。《留都见闻录》乃楼山父执之遗稿也,子班急命予录入集中。追思先兄文章随手付人,不留稿者岂仅此二三作哉。倘海内君子与先兄有稿纻好者,搜葺寄我,补登梨枣,共成完璧,余窃有厚望焉。弟宗石书于南平公署之患立堂,时己巳四月十有三日也。"

康熙二十九年　庚午(1690)　卒后八年

冬,陈宗石刻《迦陵词全集》成。

《迦陵词全集》高佑钯序署日期为"康熙二十九年秋七月",任玑序署日期为"康熙二十九年庚午仲冬长至前十日"。然陈宗石跋所署日期为"康熙二十八年岁次己巳季冬朔八日"。以情理推之,该词集很可能于上年末已基本刻成,这两篇序应该是后补的。

乾隆六十年　乙卯(1795)　卒后一一四年

三世从孙陈淮编次并刊行《湖海楼全集》五十一卷。《迦陵填词图》亦复刻。

浩然堂本《湖海楼全集》版叶上题有"乾隆乙卯新镌"、"浩然堂藏板"字样。

王文治《梦楼诗集》卷五《陈其年先生填词图》首云:"迦陵词笔辛苏俦,百年图画存中州。"

陈淮(1732—1810),字望之,号心樵。陈宗石长子履中长子。归德府廪生。乾隆十八年拔贡。二十六年选授广东廉州府知府,三十六年七月补韶州府,三十七年调广州府。三十八年十一月擢浙江盐法道,四十三年七月擢安徽按察使,后以事得罪,被革职。再起补山东青州知府,迁甘肃肃州道。乾隆五十年正月升甘肃按察使,五十一年十月升湖北布政使,五十六年十二月擢贵州巡抚,调江西巡抚。嘉庆二年,因事被革职,迁戍新疆。嘉庆三年十二月赎罪回籍。卒于商丘。生平详《家乘》卷三及《商丘县续志资料》。

参 考 书 目

一、史书、工具书

《碑传集》钱仪吉纂　　靳斯标点　　　中华书局 1993 年版

《词律》万树编　　四库全书本

《广清碑传集》钱仲联主编　　苏州大学出版社 1999 年版

《江苏艺文志·常州卷》南京师范大学古文献整理研究所编著　　江苏人民出版社 1995 年版

《江苏艺文志·南京卷》南京师范大学古文献整理研究所编著　　江苏人民出版社 1995 年版

《江苏艺文志·南通卷》南京师范大学古文献整理研究所编著　　江苏人民出版社 1995 年版

《江苏艺文志·苏州卷》南京师范大学古文献整理研究所编著　　江苏人民出版社 1996 年版

《江苏艺文志·无锡卷》南京师范大学古文献整理研究所编著　　江苏人民出版社 1995 年版

《江苏艺文志·徐州卷、连云港卷》南京师范大学古文献整理研究所编著　　江苏人民出版社 1995 年版

《江苏艺文志·盐城卷、淮阴卷》南京师范大学古文献整理研究所编著　　江苏人民出版社 1995 年版

《江苏艺文志·扬州卷》南京师范大学古文献整理研究所编著　　江苏人民出版社 1995 年版

《江苏艺文志·镇江卷》南京师范大学古文献整理研究所编著　　江苏人民出版社 1994 年版

《金陵前明杂文钞》陈作霖编　　冶麓山房丛书本

《金陵文征小传》张西亭撰　　冶麓山房丛书本

《金陵传记杂文钞》陈作霖编　　冶麓山房丛书本

《临朐进士传略》曹立会著　　齐鲁书社 2002 年版

《明代传记丛刊索引》周骏富编　　台北明文书局 1991 年版

《明季稗史初编》留云居士辑　　上海书店 1988 年影印商务印书馆 1936 年初版本

《明季北略》计六奇撰　　中华书局 1984 年版

《明季南略》计六奇撰　　中华书局 1984 年版

《明清江苏文人年表》张慧剑著　　人民文学出版社 2008 年版

《明实录》　　台北"中研院"历史语言研究所校勘本

《明史》张廷玉等撰　　中华书局 1974 年版

《明史纪事本末》谷应泰撰　　中华书局 1977 年版

《南疆逸史》温睿临撰　　中华书局 1959 年版

《南明史》钱海岳著　　中华书局 2006 年版

《平湖经籍志》陆惟鎏纂,郭杰光、陆松筠整理　　平湖市志办公室排印本

《钦定八旗通志》李洵、赵德贵、周毓方、薛虹校点　　吉林文史出版社 2002 年版

《清朝进士题名录》江庆柏编著　　中华书局 2007 年版

《清朝野史大观》裴毓麟辑　　上海书店 1981 年版

《清代碑传文通检》陈乃乾编纂　　北京图书馆出版社 2003 年版

《清代传记丛刊索引》周骏富编　　台北明文书局 1986 年版

《清代朴学大师列传》支伟成著　　岳麓书社 1998 年版

《清代人物大事纪年》朱彭寿编著　　北京图书馆出版社 2005 年版

《清代人物生卒年表》江庆柏著　　人民文学出版社 2005 年版

《清代学者著述表》萧一山编　　商务印书馆民国三十三年版

《清代燕都梨园史料》张次溪编纂　　中国戏剧出版社 1988 年版

《清代职官年表》钱实甫编　　中华书局 1980 年版

《清人别集总目》李灵年、杨忠主编　　安徽教育出版社 2000 年版

《清人诗集叙录》袁行云著　　文化艺术出版社 1994 年版

《清诗纪事初编》邓之诚撰　　上海古籍出版社 1984 年版

《清实录》　　中华书局 2008 年影印本

《清史编年·康熙朝(上)》中国人民大学清史研究所编　　中国人民大学出版社 1988 年版

《清史编年·顺治朝》中国人民大学清史研究所编　　中国人民大学出版社 1985 年版

《清史稿》赵尔巽等撰　　中华书局 1977 年版

《清史列传》　　中华书局 1982 年版

《三千五百年历日天象》张培瑜著　　大象出版社 1997 年版

《中国词学大辞典》马兴荣、吴熊和、曹济平主编　　浙江教育出版社 1996 年版

《中国历代官制词典》徐连达主编　　安徽教育出版社 1991 年版

《中国历代画家人名词典》朱铸禹编　　人民美术出版社 2003 年版

《中国历史大辞典·明史》　　上海辞书出版社 1995 年版

《中国历史大辞典·清史》　　上海辞书出版社 1992 年版

《中国文学家大辞典·清代卷》钱仲联主编　　中华书局 1996 年版

《中西回史日历》陈垣著　　中华书局 1962 年版

《中州文献总录》吕友仁主编　　中州古籍出版社 2002 年版

二、别集

《艾陵文钞》雷士俊著　　四库禁毁书丛刊影印康熙莘乐草堂刻本

《爱日堂全集》孙宗彝著　　四库未收书辑刊影印乾隆三十五年孙全邵刻本

《爱日堂诗集》陈元龙著　　四库全书存目丛书影印乾隆刻本

《安序堂文钞》毛际可著　　四库全书存目丛书影印康熙刻本

《白耷山人诗集》《白耷山人文集》阎尔梅著　　续修四库全书影印清康熙刻本

《白茅堂集》顾景星著　　四库全书存目丛书影印康熙刻本

《白石山房集》李振裕著　　四库全书存目丛书影印康熙香雪堂刻本

《百尺梧桐阁集》《百尺梧桐阁遗稿》汪懋麟著　　上海古籍出版社 1980 年影印康熙刻本

《宝纶堂集》许缵曾著　　四库全书存目丛书影印清稿本

《抱经斋诗集》徐嘉炎著　　四库全书存目丛书影印康熙三十八年刻本

《北墅绪言》陆次云著　　四库全书存目丛书影印康熙二十三年宛羽斋刻增修本

《遍行堂集》《续集》金堡著　　四库禁毁书丛刊影印乾隆五年刻本

《变雅堂遗集》杜濬著　　续修四库全书影印光绪二十年黄冈沈氏刻本

《莽苍园稿》张斐著,刘玉才、稻田耕一郎编纂　　凤凰出版社 2010 年版

《苍梧词》董元恺著　　康熙刻本

《苍岘山人文集》秦松龄著　　四库全书未收书辑刊影印嘉庆二年秦瀛刻本

《曹贞吉集》王佩增、宋开玉点校　　山东大学出版社 1994 年版

《查浦诗钞》查嗣瑮著　　四库未收书辑刊影印清刻本

《柴省轩先生文钞》柴绍炳著　　四库全书存目丛书影印康熙刻本

《巢民文集》《巢民诗集》冒襄著　　清宣统三年刻如皋冒氏丛书本

《巢青阁集》陆进著　　四库未收书辑刊影印康熙刘愫等刻本

《巢松集》王抃著　　四库全书未收书辑刊影印清抄本

《沉吟楼诗选·广阳诗集》金圣叹等著　　上海古籍出版社 1979 年影印清抄本

《陈迦陵文集》陈维崧著　　康熙二十八年患立堂刻本

《陈检讨四六》陈维崧著,陈师恭注　　道光二年刊本

《陈士业先生集》陈弘绪著　　四库全书存目丛书影印康熙二十六年刻本

《陈忠裕全集》陈子龙著　　嘉庆八年刻本

《陈子龙诗集》施蛰存、马祖熙标校　　上海古籍出版社 1983 年版

《诚斋诗集》盛符升著　　十贤祠藏清抄本

《澄江集》陆次云著　　四库全书存目丛书影印康熙刻本

《尺五堂诗删初刻》《尺五堂诗删近刻》严我斯著　　四库全书存目丛书影印康熙二十七年刻本

《耻躬堂文集》王命岳著　　四库全书存目丛书影印康熙二十三年

刻本

　　《出门吟》《悔斋诗集》《又新集》《怡老篇》《集外录》李赞元著　　四库未收书影印康熙师白堂刻汇印本

　　《储遁庵文集》储方庆著　　康熙四十年刻本

　　《传恭堂诗集》张廷瓒著　　四库未收书辑刊影印康熙刻本

　　《丛碧山房诗初集》庞垲著　　四库存目丛书补编影印康熙刻本

　　《颛颔集》吴骐著　　四库全书未收书辑刊影印康熙刻本

　　《大汕和尚集》万毅、杜蔼华、仇江点校　　中山大学出版社2007年版

　　《担峰诗》孙洤著　　四库未收书辑刊影印康熙刻本

　　《胆馀轩集》孙光祀著　　康熙三十四年刻本

　　《但吟草》萧惟豫著　　四库未收书辑刊影印康熙五十年刻本

　　《憺园集》徐乾学著　　续修四库全书影印康熙刻冠山堂本

　　《德星堂文集》《续集》《河工集》《诗集》许汝霖著　　康熙刊本

　　《杕左堂集》孙致弥著　　四库全书存目丛书影印乾隆刻本

　　《调运斋诗》《和陶诗》《调运斋文钞》《调运斋集》钱陆灿著　　四库未收书辑刊影印康熙刻本

　　《定峰乐府》沙张白著　　四库全书存目丛书影印康熙刻嘉庆印本

　　《定山堂诗馀》龚鼎孳著　　四部备要本

　　《定山堂文集》龚鼎孳著　　龚氏瞻麓斋1924年重刊本

　　《东谷集》白胤谦著　　四库全书存目丛书影印顺康间所刻“东谷全集”本

　　《东江诗钞》唐孙华著　　上海古籍出版社1979年影印康熙刻本

　　《东郊草堂集钞》张坛著　　清康熙刻本

　　《东舍集》蒋景祁著　　康熙四十一年刻本

　　《东苑文钞》《东苑诗钞》《小匡文钞》《潠书》《思古堂集》毛先舒著　　四库全书存目丛书影印康熙思古堂十四种书本

　　《读书堂彩衣全集》赵士麟著　　四库全书存目丛书影印康熙三十五年刻本

　　《读书斋偶存稿》叶方蔼著　　四库全书本

　　《独漉堂集》陈恭尹著,郭培忠点校　　中山大学出版社1998年版

《端峰诗选》毛师柱著　　四库全书未收书辑刊影印康熙三十三年王吉武刻本

《钝斋诗选》方孝标著，唐根生、李永生点校　　黄山书社1996年版

《方苞集》刘季高校点　　上海古籍出版社1983年版

《方孝标文集》石钟扬、郭春萍校点　　黄山书社2007年版

《焚馀集》瞿有仲著　　清康熙抄本

《冯舍人遗诗》冯大魁著　　四库全书存目丛书影印雍正十一年刻本

《凤池园集》顾沂著　　上海古籍出版社1980年影印康熙刻本

《芙蓉集》宗元鼎著　　四库全书存目丛书影印康熙元年刻本

《浮筠轩遗稿》吴铤著　　四库未收书辑刊影印康熙五十三年阮尔询刻本

《抚云集》钱良择著　　常熟瞿氏铁琴铜剑楼抄本

《复初斋诗集》翁方纲著　　清刻本

《复园诗钞》龚士荐著　　康熙五十六年刻本

《改亭集》计东著　　续修四库全书影印乾隆十三年计璸刻本

《溉堂集》孙枝蔚著　　上海古籍出版社1979年影印康熙刻本

《呆堂文钞》李郱嗣著　　四库全书存目丛书影印康熙刻本

《葛庄编年诗》刘廷玑著　　四库全书存目丛书影印康熙刻本

《艮斋文选》《卧象山房赋集》《文集》《卧象山房诗集》李澄中著　　四库全书存目丛书影印康熙刻本

《古欢堂集》田雯著　　四库全书本

《谷口山房诗集》《文集》李念慈著　　四库全书存目丛书影印康熙二十八年杨素蕴刻本

《顾景行诗集》顾景文著　　四库未收书辑刊影印康熙三十一年刻本

《顾亭林诗集笺注》王蘧常辑注，吴丕绩标校　　上海古籍出版社1983年版

《顾亭林诗文集》华忱之点校　　中华书局1983年版

《归庄集》归庄著　　上海古籍出版社1984年版

《桂山堂文选》王嗣槐著　　四库未收书辑刊影印康熙青筠阁刻本

《憨叟诗钞》纪映钟著　　民国二十六年商务印书馆"丛书集成初编"本

《含经堂集》徐元文著　　续修四库全书影印清刻本

《寒碧堂诗辑》冒嘉穗著,冒广生辑　　清宣统三年刻如皋冒氏丛书本

《鹤岭山人诗集》王泽弘著　　四库全书存目丛书补编影印康熙刻本

《红叶村稿》梁逸著　　四库未收书辑刊影印康熙刊本

《洪昇集》刘辉校笺　　浙江古籍出版社 1992 年版

《侯方域集校笺》何法周主编,王树林校笺　　中州古籍出版社 1992 年版

《侯方域诗集校笺》何法周主编,王树林校笺　　中州古籍出版社 2000 年版

《湖海楼全集》陈维崧著　　乾隆六十年浩然堂刻本

《湖海楼文集拾遗》冒广生编次　　宣统元年晨风阁丛书本

《槐轩集》王曰高著　　四库全书存目丛书影印康熙八年自刻本

《黄梨洲文集》黄宗羲著,陈乃乾编　　中华书局 1959 年版

《会侯先生文钞》毛际可　　四库全书存目丛书影印康熙刻本

《绩学堂文钞》《绩学堂诗钞》梅文鼎著　　续修四库全书影印乾隆梅毂成刻本

《霁轩诗钞》袁佑著　　四库未收书辑刊影印康熙五十六年陆师等刻本

《佳山堂诗集》冯溥著　　四库全书存目丛书影印康熙刻本

《迦陵词》陈维崧著　　南开大学出版社 2009 年影印手稿本

《嘉遇堂诗》沈广舆著　　四库未收书辑刊影印康熙刻本

《兼济堂文集》魏裔介著　　四库全书本

《健松斋集》方象瑛著　　四库全书存目丛书影印康熙世美堂刻康熙四十年续刻本

《江辰六文集》江闿著　　四库禁毁书丛刊影印康熙政在堂本

《江泠阁诗集》《江泠阁文集》冷士嵋著　　四库全书存目丛书影印康熙刻本

《姜先生全集》姜宸英著　　广陵古籍刻印社 1983 年影印光绪十五年刻本

《蒋慎斋遇集》《苴楚学记》《日怀堂奏疏》将永修著　　四库全书存目

丛书影印康熙天藜阁刻本

《蕉林诗集》梁清标著　　四库全书存目丛书影印康熙十七年梁允植刻本

《金阊斋先生集》金敞著　　四库全书存目丛书补编影印康熙三十九年共学山居刻本

《金台集》许承宣著　　四库未收书辑刊影印康熙衣德堂刻本

《京华诗》汪楫著　　清刻本

《经锄堂诗稿》叶奕苞著　　四库禁毁书丛刊影印康熙刻本

《经义斋集》熊赐履著　　四库全书存目丛书影印康熙二十九年刻本

《居易堂集》徐枋著，黄曙辉、印晓峰点校　　华东师范大学出版社2009年版

《柯庭馀习》汪文柏著　　四库未收书辑刊影印康熙刻本

《客装》《里音》曹尔堪著　　顺治刻本

《孔尚任全集辑校注评》徐振贵主编　　齐鲁书社2004年版

《窥园诗钞》朱峓著　　四库未收书辑刊影印康熙刻本

《昆林小品集》魏裔介著　　四库全书存目丛书补编影印清初刻本

《赖古堂集》周亮工著　　上海古籍出版社1979年影印康熙十四年周在浚刻本

《乐圃集》颜光敏著　　四库全书存目丛书影印康熙刻十子诗略本

《乐志堂诗集》李明嶅著　　四库未收书辑刊影印康熙李宗渭刻本

《李介节先生全集》李天植著　　四库未收书辑刊影印嘉庆十九年钱椒刻本

《莲洋集》吴雯著　　四库存目丛书补编影印乾隆三十九年荆圃草堂刻本

《莲洋诗钞》吴雯著　　四库全书本

《楝亭集》曹寅著　　上海古籍出版社1978年影印康熙五十二年刻本

《楝亭集笺注》曹寅著，胡绍棠笺注　　北京图书馆出版社2007年版

《蓼斋集》李雯著　　四库禁毁书丛刊影印顺治十四年石维昆刻本

《了庵文集》王岱著　　四库全书存目丛书影印康熙四年刻本

《林蕙堂全集》吴绮著　　乾隆三十九年刻本

《林屋诗集》邓旭著　　四库未收书辑刊影印道光三年邓廷桢刻本

《林屋文稿》《诗稿》宋征舆著　　四库全书存目丛书影印康熙九箓楼刻本

《林下词选》周铭著　　四库全书存目丛书补编影印康熙十年周氏宁静堂刻本

《临野堂集》钮琇著　　四库存目丛书影印清康熙刻本

《柳村诗集》董讷著　　四库全书存目丛书影印康熙刻本

《六松堂集》曾灿著　　四库未收书辑刊影印清钞本

《六莹堂集》梁佩兰著，吕永光校点辑补　　中山大学出版社 1992 年版

《楼山堂集》吴应箕著　　民国二十四年商务印书馆"丛书集成初编"本

《芦中集》王摅著　　上海古籍出版社 1981 年影印康熙刻本

《陆密庵文集》《录馀》《诗集》《诗馀》陆求可著　　四库全书存目丛书影印康熙二十年王霖刻本

《旅堂诗集》胡介著　　四库未收书辑刊影印康熙刻本

《马太史匡庵前集》《马太史匡庵集》马世俊著　　四库未收书辑刊影印康熙刻本

《眉三子半农斋集》蒋中和著　　四库全书存目丛书影印康熙二十年刻本

《梅东草堂诗集》顾永年著　　四库未收书辑刊影印康熙增刻本

《梅崖山房诗意》李基和著　　清刻本（附刻于叶映榴《苍霞山房诗意》后）

《湄湖吟》《松轩遗文》杜濬著　　四库未收书影印康熙刻道光九年杜堮增修本

《梦楼诗集》王文治著　　道光二十年补修乾隆六十年本

《绵津山人诗集》宋荦著　　四库存目丛书影印康熙刻本

《鸣鹤堂文集》任源祥著　　康熙四十三年刻本

《默镜居文集》范方著　　乾隆刻本

《木厓集》潘江著　　四库禁毁书丛刊影印康熙刻本

《木厓续集》潘江著　　四库禁毁书丛刊影印康熙二十年增修本

《南车草》朱彝尊著　　嘉庆二十三年蒋楷刻本

《南村诗稿》《南村诗稿乙集》潘高著　　四库全书未收书辑刊影印康熙鹤江草堂刻本

《南耕词》《叠韵词》《岁寒词》曹亮武著　　康熙二十九年刻本

《南山堂自订诗》《续订诗》《三订诗》吴景旭著　　四库未收书辑刊影印康熙刻本

《南畇文稿》彭定求著　　四库全书存目丛书影印雍正四年刻本

《南州草堂集》徐釚著　　续修四库全书影印康熙三十四年刻本

《瓯香馆集》恽格著　　《丛书集成新编》排印本

《偶更堂集》徐作肃著　　上海古籍出版社 1982 年影印清传盛堂刻本

《彭省庐先生文集》《诗集》彭师度著　　四库全书存目丛书影印康熙六十一年彭士超隆略堂刻本

《平圃遗稿》张宸著　　四库未收书辑刊影印五石斋抄本

《蒲松龄集》路大荒整理　　上海古籍出版社 1986 年版

《曝书亭词》朱彝尊著，吴肃森编校　　广东人民出版社 1987 年版

《曝书亭全集》朱彝尊著　　四部丛刊本

《七颂堂集》刘体仁著，王秋生校点　　黄山书社 2008 年版

《栖云阁诗》《拾遗》《文集》高珩著　　四库全书存目丛书影印乾隆三年刻、四十四年刻合印本

《祁彪佳文稿》　　书目文献出版社 1991 年影印清抄本

《杞田集》张贞著　　四库未收书辑刊影印康熙四十九年春岑阁刻本

《千之草堂文钞》万承勋著　　丛书集成续编影印《四明丛书》本

《钱牧斋全集》钱仲联标校　　上海古籍出版社 2008 年版

《钱遵王诗集笺校》谢正光笺校　　台北"中研院"中国文哲研究所 2007 年 12 月版

《强恕堂诗集》高之騊著　　四库全书存目丛书影印乾隆三年刻本

《樵山堂集》张恂著　　清初刻本

《青箱堂诗集》《文集》王崇简著　　四库全书存目丛书影印康熙刻本

《青岩集》许楚著　　四库全书未收书辑刊影印康熙五十四年许象缙刻本

《清风堂文集》曾王孙著　　四库未收书辑刊影印康熙四十五年曾安世刻本

《清吟堂集》《城北集》《苑西集》《独旦集》《随辇集》《续集》《经进文稿》《竹窗词》《蔬香词》高士奇著　　四库未收书辑刊影印康熙刻本

《晴江阁集》何絜著　　四库未收书辑刊影印康熙刻增修本

《秋笳集》吴兆骞著，麻守中校点　　上海古籍出版社1993年版

《秋锦山房集》李良年著　　四库全书存目丛书影印康熙刻乾隆续刻李氏家集四种本

《秋水集》严绳孙著　　四库禁毁书丛刊影印康熙雨青草堂刻本

《全祖望全集汇校集注》朱铸禹汇校集注　　上海古籍出版社2000年版

《善卷堂四六》陆繁弨著　　四库全书存目丛书影印乾隆三十五年陈明善刻本

《邵子湘全集》邵长蘅著　　四库全书存目丛书影印康熙刻本

《慎墨堂全集》邓汉仪著　　道光七年刻本

《施愚山集》何庆善、杨应芹点校　　黄山书社1993年版

《十笏草堂诗选》《辛甲集》《上浮集》王士禄著　　四库全书存目丛书补编影印康熙刻本

《石屋诗钞》魏麐征著　　四库全书存目丛书影印康熙四十九年玉石斋刻本

《石月川遗集》石泃著　　康熙陈君仲法古堂刻本

《世恩堂诗集》《词集》《经进集》王顼龄著　　四库全书存目丛书补编影印康熙刻本

《世经堂初集》徐旭旦著　　四库未收书辑刊影印康熙刻本

《世经堂集唐诗词删》徐旭旦著　　康熙世经堂刻本

《受祺堂诗》李因笃著　　四库存目丛书影印康熙三十八年田少华刻本

《霜红龛集》傅山著　　山西人民出版社1985年影印宣统三年丁宝铨刻本

《水西近咏》《红鹤轩诗草》《水西高逸咏》《南帆唱和》田茂遇著　　四库未收书辑刊影印顺治刻本

《说诗堂集》诸匡鼎著　　四库全书存目丛书影印康熙刻本

《硕园诗稿》《词稿》王昊著　　四库全书未收书辑刊影印清五石斋钞本

《思复堂集》邵廷采著　　四库全书存目丛书影印康熙刻本

《思绮堂文集》章藻功著　　四库全书未收书辑刊影印康熙六十一年刻本

《四香楼诗钞》范缵著　　四库全书存目丛书影印康熙刻本

《四照堂诗集》《乐府》《诗馀》卢绋著　　四库未收书辑刊影印康熙汲古阁刻本

《四照堂文集》《诗集》王猷定著　　四库全书未收书辑刊影印康熙二十二年王(王巩)刻本

《松桂堂全集》彭孙遹著　　四库全书本

《宋琬全集》辛鸿义、赵家斌点校　　齐鲁书社 2003 年版

《素吟集》崔勉著　　四库未收书辑刊影印康熙刻本

《岁寒堂初集》林璐著　　四库全书存目丛书影印康熙二十五年林氏崇道堂刻本

《遂初堂集》潘耒著　　续修四库全书影印康熙刻本

《孙宇台集》孙治著　　四库禁毁书丛刊影印康熙二十三年孙孝桢刻本

《孙蔗庵先生诗选》孙旸著　　清抄本

《泰云堂集》孙尔准著　　续修四库全书影印道光刻本

《汤斌集》范志亭、范哲辑校　　中州古籍出版社 2003 年版

《腾笑集》朱彝尊著　　上海古籍出版社 1979 年影印康熙刻本

《藤坞诗集》梁允植著　　四库未收书辑刊影印康熙刻本

《天延阁删后诗》《敬亭倡和集》《敬亭唱和诗》《天延阁后集》《天延阁赠言集》梅清著　　四库存目丛书影印康熙刻本

《铁堂诗草》许珌著　　四库未收书影印乾隆五十五年兰山书院刻本

《听云阁集》张衡著　　光绪十八年景州李氏刊本

《通志堂集》纳兰性德著　　上海古籍出版社 1979 年影印康熙三十年刻本

《突星阁诗钞》王戬著　　四库全书存目丛书影印康熙刻本

《嵞山集》方文著　　上海古籍出版社 1979 年影印康熙刻本

《蜕庵集》贺裳著　　四库未收书辑刊影印清初鸳浆阁刻本

《绾秀园诗选》《词选》杜首昌著　　四库未收书辑刊影印乾隆刻本

《菀青集》陈至言著　　四库全书存目丛书补编影印康熙芝泉堂刻本

《万青阁全集》赵吉士著　　四库全书存目丛书影印康熙赵继扑等刻本

《万山楼诗集》许虬著　　四库全书存目丛书影印康熙四十九年刻本

《汪琬全集笺校》李圣华笺校　　人民文学出版社 2010 年版

《王士禛全集》袁世硕主编　　齐鲁书社 2007 年版

《王文靖公集》王熙著　　四库全书存目丛书影印康熙刻本

《威凤堂文集》陆圻著　　四库未收书辑刊影印康熙刻本

《微泉阁文集》《诗集》董文骥著　　康熙二十五年董元起刻本

《畏垒山人诗集》《乙未亭诗集》《畏垒山人文集》徐昂发著　　四库全书存目丛书影印康熙徐氏德有邻堂刻本、文钞本

《魏叔子文集》魏禧著，胡守仁、姚品文、王能宪校点　　中华书局 2003 年版

《未庵初集》曹禾著　　江阴丛书抄稿本

《文端集》张英著　　四库全书本

《问山全集》丁炜著　　咸丰四年重刻本

《问亭诗集》《也红词》博尔都著　　四库未收书辑刊影印康熙三十五年刻本

《卧龙山人集》葛芝著　　四库禁毁书丛刊影印康熙九年葛氏自刻本

《无异堂文集》姚文燮著　　四库未收书辑刊影印民国五石斋抄本

《吴嘉纪诗笺校》杨积庆笺校　　上海古籍出版社 1980 年版

《吴梅村全集》李学颖集评标校　　上海古籍出版社 1990 年版

《吴梅村诗集笺注》程穆衡原笺　　杨学沆补注　　上海古籍出版社 1983 年影印乾隆抄本

《五经堂文集》范鄗鼎著　　四库全书存目丛书影印康熙五经堂本

《午亭文编》陈敬亭著　　四库全书本

《西陂类稿》宋荦著　　四库全书本

《西北之文》毕坚毅著　　山右丛书初编本

《西河集》毛奇龄著　　四库全书本

《西湄草堂诗》宋炄著　　《白华堂诗》附，康熙三十年宋荦刻本

《西轩纪年集》丘象随著　　清稿本

《西斋集》王仲儒著　　康熙三十九年程道光梦华山房刻本

《溪山卧游录》盛大士著　　道光刻本

《皙次斋稿》梁熙著　　四库未收书辑刊影印康熙刻本

《隰西草堂文集》万寿祺著　　续修四库全书影印明国八年罗氏铅印明季三孝廉集本

《闲存堂文集》《诗集》张永铨著　　四库全书未收书辑刊影印康熙刻增修本

《孝思堂文集》《诗集》侯七乘著　　四库未收书辑刊影印康熙九年刻本

《笑门诗集》戚玾著　　四库存目丛书影印康熙四十五年林任刻本

《心远堂诗集》李霨著　　四库全书存目丛书影印康熙十六年刻本

《欣然堂集》陶孚尹著　　四库全书存目丛书补编影印康熙五十一年刻本

《杏村诗集》谢重辉著　　四库全书存目丛书影印康熙刻本

《修吉堂文稿》《道贵堂类稿》徐倬著　　四库全书存目丛书影印康熙刻乾隆续刻本

《虚直堂集》刘榛著　　康熙刻本

《璇玑碎锦》万树著　　四库全书存目丛书影印乾隆五年扬州江氏柏香堂刻本

《学箕初稿》黄百家著　　四库全书存目丛书影印康熙箭山铁灯轩刻本

《学文堂集》陈玉璂著　　四库全书存目丛书补编影印康熙刻本

《雪翁诗集》魏耕著　　丛书集成续编影印民国四明丛书本

《雪园诗赋》单隆周著　　四库未收书辑刊影印康熙刻本

《雪作须眉诗钞》刘谦吉著　　四库未收书辑刊影印康熙刻本

《寻壑外言》李绳远著　　四库全书存目丛书影印乾隆金氏刻本

《衍波词》王士禛著，李少雍编校　　广东人民出版社1986年版

《砚溪先生集》惠周惕著　　康熙惠氏红豆斋刻本

《杨氏诗文稿》杨孝敏、杨可岱辑录　　同治二年抄本

《药圃诗》李楠著　　康熙四十九年刻本

《野香亭集》李孚青著　　四库全书存目丛书影印康熙刻本

《叶文敏公集》叶方蔼著　　续修四库全书影印中科院图书馆藏抄本

《叶忠节公遗稿》叶映榴著　　清刻本

《一斋旧诗》魏学诚著　　四库未收书辑刊影印康熙刻本

《宜兴陈氏家言》　　清强善堂刻本

《艺风堂文集续集》缪荃孙著　　四库全书存目丛书影印宣统二年刻本

《亦乐堂诗》陶自悦著　　乾隆二十八年刻本

《亦山草堂遗稿》陈维崧　　康熙彊善堂刻本

《抱奎楼选稿》林云铭著　　四库全书存目丛书影印康熙三十五年陈一夔刻本

《逸德轩集》田兰芳著　　康熙二十六年刻本

《荫绿轩词》徐喈凤著　　光绪二十六年刻本

《饮水词》纳兰性德著,冯统编校　　广东人民出版社1984年版

《尤太史西堂全集》尤侗著　　四库禁毁书丛刊影印康熙刻本

《有怀堂笔》王永命著　　四库未收书影印康熙刻本

《有怀堂集》韩菼著　　四库全书存目丛书影印康熙四十二年刻本

《余怀集》余怀著　　广陵书社2006年影印清抄本

《愚庵小集》朱鹤龄著　　上海古籍出版社1979年影印康熙刻本

《玉岩诗集》林麟焻著　　四库全书存目丛书影印康熙刻本

《玉照亭诗钞》陈大章著　　四库未收书辑刊影印乾隆九年陈师晋刻本

《芋香诗钞》释宗渭著　　康熙四十三年刻本

《愿息斋文集》徐喈凤著　　康熙刻本

《载石堂尺牍》《柴雪年谱》宋之绳著　　四库未收书辑刊影印康熙十八年周肇刻本

《在陆草堂文集》储欣著　　四库全书影印雍正元年储掌文刻本

《在园杂志》刘廷玑著　　续修四库全书影印康熙五十四年刻本

《湛园集》姜宸英著　　四库全书本

《张秦亭诗集》张丹著　　四库全书存目丛书影印康熙石甋山房刻本

《柘西精舍诗馀》沈皞日著　　康熙三十九年刻本

《枕江堂诗》《文》魏宪著　　四库未收书辑刊影印康熙十二年有恒书屋刻本

《枕烟堂诗辑》冒丹书著，冒广生辑　　清宣统三年刻如皋冒氏丛书本

《征纬堂诗》顾贞观著　　四库未收书辑刊影印清抄本

《正谊堂文集》《诗集》董以宁著　　四库未收书辑刊影印康熙书林兰荪堂刻本

《直庐集》乔莱著　　康熙刻本

《直木斋全集》任绳隗著　　康熙十六年刻本

《志壑堂诗集》《文集》《诗后集》《文后集》《辛酉同游倡和诗馀后集》《阮亭选志壑堂诗》唐梦赉著　　四库全书存目丛书影印康熙刻本

《中山郝中丞集》郝浴著　　辽海出版社二〇〇八年影印康熙刻本

《朱柏庐诗文选》朱用纯著，陆林、吴家驹选注评析　　江苏古籍出版社 2002 年版

《朱秋厓诗文集》朱克生著　　光绪六年刻本

《竹香斋古文》茹敦和著　　四库未收书辑刊影印清刻本

《铸错轩诗辑》冒褒著，冒广生辑　　清宣统三年刻如皋冒氏丛书本

《紫竹山房文集》《诗集》陈兆仑著　　四库未收书辑刊影印嘉庆刻本

《自课堂集》程康庄著　　山右丛书初编本

《醉白堂诗文集》谢良琦著　　道光刻本

三、总集

《〈檇李文系〉选辑》《南湖文丛》编委会编　　上海辞书出版社 2007 年版

《八家诗选》吴之振辑　　康熙鉴古堂刻本

《八旗文经》杨钟羲辑，于景祥、刘海松点校　　辽海出版社 2009 年版

《百名家词钞》聂先、曾王孙编　　续修四库全书影印康熙绿荫堂刻本

《百名家诗选》魏宪辑　　续修四库全书影印康熙魏氏枕江堂刻本

《般阳诗钞十一种》孙锡嘏辑　　《山东文献集成》第三辑影印孙氏稿本,山东大学出版社 2009 年版

《尺牍兰言》黄容、王维翰辑　　四库禁毁书丛刊影印康熙二十年刻本

《尺牍新钞》周亮工辑　　民国二十五年商务印书馆"丛书集成初编"本

《崇川诗集》《补遗》孙翔辑　　四库全书存目丛书补编影印乾隆刻本

《东皋诗存》汪之珩辑　　四库全书存目丛书影印乾隆三十一年文园刻本

《东白堂词选初集》佟世南选　　四库存目丛书影印康熙十七年刻本

《董氏遗稿三种》鹿林松辑　　《山东文献集成》第三辑影印嘉庆十三年刻本,山东大学出版社 2009 年版

《妇人集》陈维崧著,冒襃注　　民国二十五年商务印书馆"丛书集成初编"本

《古今词统》卓人月汇选,徐士俊参评,谷辉之校点　　辽宁教育出版社 2000 年版

《贵池先哲遗书》刘世珩编　　光绪二十五年刻本

《国朝常州词录》缪荃孙辑　　光绪二十二年江阴缪氏云自在龛刻本

《国朝杭郡诗辑》吴颢原编,孙振栻重编　　同治十三年刊本

《国朝畿辅诗传》陶梁辑　　续修四库全书影印道光十九年红豆树馆刻本

《国朝昆山诗存》张潜之辑,潘道根同订　　清抄本　　道光二十八年读易楼刻本(按,该本为残本)

《国朝诗乘》刘然辑评、朱豫增辑　　四库禁毁书丛刊影印康熙玉毂堂刻本

《国朝诗的》陶煊、张璨辑　　四库禁毁书丛刊影印康熙六十一年刻本

《国朝松江诗钞》姜兆翀辑　　嘉庆十三年敬和堂刊本

《过日集》曾灿、曾炤撰辑　　康熙六年松草堂刻本

《和松庵存札》宋荦辑　　手稿本

《红桥唱和词》《红桥唱和第一集》王士禄等辑　　康熙刻本

《淮海英灵集》阮元辑　　续修四库全书影印嘉庆三年小琅嬛仙馆刻本

《皇清诗选》孙铉编选　　四库全书存目丛书影印康熙刻本

《迦陵先生填词图题辞附紫云图题诗》　　常熟市图书馆藏瞿氏抄本

《江西诗征》曾燠辑　　续修四库全书影印嘉庆九年刻本

《今词初集》顾贞观、纳兰性德辑　　续修四库全书影印康熙刻本

《今词苑》陈维崧、吴本嵩、吴逢原、潘眉辑　　康熙十年徐喈凤南涧山房刻本

《今文选》陈维崧、冒禾书、冒丹书辑　　清初刻本

《金陵诗征》朱绪曾辑　　光绪十三年刻本

《京江耆旧集》张学仁、王豫辑　　嘉庆二十三年刻本

《荆溪词初集》曹亮武编　　康熙刻本

《荆溪词初集》陈维崧、曹亮武、潘眉辑　　康熙十七年南耕草堂刻本

《赖古堂名贤尺牍新钞》《弆藏集》《结邻集》周在浚等辑　　四库禁毁书丛刊影印康熙刻本

《乐府补题》　　道光十二年抄本

《梁溪诗钞》顾光旭集　　宣统三年续刻本

《两浙輶轩录》阮元辑　　续修四库全书影印嘉庆刻本

《娄东诗派》汪学金辑　　四库未收书辑刊影印嘉庆九年诗志斋刻本

《明清临朐冯氏著作汇编》曹立会主编　　自编影印本

《毗陵诗录》赵少芬辑　　同治元年木活字本

《清八大名家词》钱仲联选编,陈铭校点　　岳麓书社1992年版

《清词珍本丛刊》张宏生编　　凤凰出版社2007年版

《清词综补》丁少仪辑　　中华书局1986年版

《清名家词》陈乃乾辑　　上海开明书店1937年排印本

《清诗别裁集》沈德潜编,袁世硕标点　　上海古籍出版社1984年版

《清诗初集》蒋钺、翁介眉辑　　四库禁毁书丛刊影印康熙二十年镜阁刻本

《曲阿诗综》《词综》刘会恩辑　　道光六年刻本

《全清词钞》叶恭绰编　　中华书局1982年版

《全浙诗话》陶元藻辑　　续修四库全书影印嘉庆元年怡云阁刻本

《日下倡和诗》赵士麟、陈维崧等著　　清初抄本

《如皋冒氏丛书》冒广生辑　　光绪刻本

《诗观》(初集、二集、三集、闺秀别卷)邓汉仪辑　　四库禁毁书丛刊影印康熙慎墨堂刻本

《十五家词》孙默编　　四库全书本

《淞南诗钞》侯承庆、朱孔阳合辑　　民国九年抄本

《溯洄集》魏裔介辑评　　四库全书存目丛书影印康熙元年刻本

《太仓十子诗选》吴伟业编　　顺治刻本

《天启崇祯两朝遗诗》陈济生辑　　中华书局1958年版

《听云阁雷琴篇》张衡编辑　　光绪二十年景州李氏刊本

《同人集》冒襄辑　　康熙冒氏水绘庵刻本
　　　　　　　　　　　　咸丰九年水绘庵木活字本

《晚晴簃诗汇》徐世昌辑　　中国书店1989年影印民国十七年退耕堂本

《魏塘诗存》　　光绪抄本

《文澂初编》钱肃润辑评　　四库禁毁书丛刊影印康熙钱氏十峰草堂刻本

《绣虎轩尺牍》曹煜撰　　四库禁毁书丛刊影印康熙刻本

《徐州诗征》桂中行辑　　光绪刻本

《续耆旧》全祖望辑　　清槎湖草堂抄本

《颜氏家藏尺牍》颜光敏辑　　民国二十四年商务印书馆"丛书集成初编"本

《杨氏诗文稿》杨孝敏、杨可岱辑录　　同治二年抄本

《瑶华集》蒋景祁编　　中华书局1982年影印康熙天黎阁刻本

《倚声初集》邹祗谟、王士禛辑　　顺治十七年大冶堂刊本

《云间棠溪诗选》陶愫、董黄等著　　清初刻本

《昭代丛书》张潮等编　　上海古籍出版社1990年影印本

《檇李诗系》沈季友辑　　四库全书本

四、地方志

《安徽通志》何绍基等纂　　光绪刻本

《安庆府桐城县志》 康熙抄本

《安庆府志》张楷等修 1961 年石印本

《安亭志》陈树德编纂,朱瑞熙标点 上海古籍出版社 2003 年版

《大清一统志》徐乾学等修 四库全书本

《丹徒县志》何绍章等修 光绪五年刻本

《当涂县志》成文运等修 上海辞书出版社 1981 年影印本

《当涂县志》陈鹏飞编纂 民国抄本

《道光休宁县志》何应松修 道光三年刊本

《福建通志》郝玉麟等修 四库全书本

《赣州府志》鲁琪光等修 同治十二年刻本

《光绪常昭合志稿》郑钟祥、张瀛修 光绪三十年活字本

《光绪贵池县志》陆延龄修 光绪九年刻本

《光绪宣城县志》李应泰等修 光绪十四年木活字本

《光宣宜荆续志》陈善谟等修 民国九年刊本

《归德府志》陈锡辂、永泰纂修,杨子建等校点 中州古籍出版社
1994 年版

《贵州通志》鄂尔泰等修 四库全书本

《海宁县志》金鳌等修 乾隆三十年刊本

《杭州府志》吴庆坻等修 1925 年铅印乾隆刻本

《河南通志》田文镜等修 四库全书本

《湖广通志》迈柱等修 四库全书本

《华亭县志》冯鼎高等修 乾隆五十六年刊本

《淮安府志》叶长扬等纂 乾隆刻本

《徽州府志》赵吉士等修 康熙刻本

《畿辅通志》唐执玉等修 四库全书本

《嘉庆宁国府志》鲁铨、钟英修 嘉庆二十年刻本

《嘉庆山阴县志》徐元梅等修 嘉庆八年修,民国二十五年铅印本

《嘉兴府志》许瑶光等修 光绪五年刊本

《江都县续志》谢延庚等修 光绪九年刊本

《江南通志》伊继善等修 四库全书本

《江宁府志》吕燕昭等修 嘉庆刻本

《江西通志》高其倬等修　　四库全书本

《江阴县志》卢思诚等修　　光绪四年刊本

《金坛县志》冯煦等修　　民国十年刊本

《靖江县志》叶滋森等修　　光绪五年刊本

《康熙常熟县志》高士䅶、杨振藻修　　康熙二十六年刻本

《昆新两县续补合志》连德英等修　　民国十二年刻本

《溧阳县志》李景峄等修　　嘉庆十八年修，光绪二十二年重刻本

《明一统志》李贤等修　　四库全书本

《南汇县志》金福曾等修　　民国十六年重印本

《青浦县志》陈其元等修　　光绪五年刊本

《如皋县志》扬受延等修　　嘉庆十三年刊本

《山东通志》岳浚等修　　四库全书本

《山阳县志》何绍基等修　　同治十二年刻本

《山阴县志》朱文翰等修　　嘉庆八年刻本

《陕西通志》刘于义等修　　四库全书本

《商丘县续志资料》　　民国抄本

《商丘县志》刘德昌修　　康熙四十四年刊本

《商丘县志》刘德昌修　　民国二十一年石印本

《绍兴府志》李亨特、平恕等修　　乾隆五十七年刊本

《歙县志》石国柱等修　　民国二十五年刊本

《石门县志》余丽元修　　光绪五年刊本

《松江府志》宋如林等修　　嘉庆二十二年刊本

《苏州府志》李明皖等修　　光绪九年刊本

《苏州府志》卢腾龙等修　　康熙三十年刻本

《遂安县志》罗柏麓修　　民国十九年铅印本

《桐城续修县志》廖大闻等修　　道光七年刊本

《桐乡县志》严辰等修　　光绪十三年刊本

《无锡金匮县志》裴大中等修　　光绪七年刊本

《吴江县志》陈荩缨等修　　乾隆十二年修，石印本

《夏邑县志》黎德芬等纂修　　民国九年石印本

《萧山县志稿》张宗海等修　　民国二十四年铅印本

《盱眙县志》崔秀春修　　同治十二年刊本

《徐州府志》朱忻等修　　同治十三年刻本

《宣城县志》陈受培等修　　嘉庆十三年刻本

《扬州府志》阿克当阿等修　　嘉庆十五年刊本

《宜兴荆溪县志》吴景墙修　　光绪八年刊本

《宜兴县志》阮升基等修　　嘉庆二年刊本

《浙江通志》李卫等修　　四库全书本

《镇江府志》张九征等纂　　乾隆刻本

《重刊续纂宜荆县志》顾名等修　　道光二十年刊本

《重修常昭合志》郑钟祥等修　　光绪三十年刊本

《重修山阳县志》文彬、孙云等纂修　　同治十二年刻本

《紫隄村志》沈葵撰，王孝俭等标点　　上海古籍出版社 2008 年版

五、家谱、年谱

《亳里陈氏家乘》　　乾隆三十三年续修本

《陈维崧年谱》陆勇强著　　中国社会科学出版社 2006 年版

《方文年谱》李圣华著　　人民文学出版社 2007 年版

《方以智年谱》任道斌著　　安徽教育出版社 1983 年版

《冯惟敏 冯溥 李之芳 田雯 张笃庆 郝懿行 王懿荣年谱》刘聿鑫主编
山东大学出版社 2002 年版

《龚芝麓年谱》董迁编　　《中和月刊》第三卷第一至三期

《顾亭林先生年谱》张穆编　　民国二十六年商务印书馆版

《花园朱氏宗谱》朱维行纂修　　光绪三十三年奕载堂刻本

《洪昇年谱》章培恒著　　上海古籍出版社 1979 年版

《黄宗羲年谱》黄炳垕著，王政宽点校　　中华书局 1993 年版

《即墨杨氏家乘》　　光绪三十年刊本

《姜贞毅先生自著年谱》姜埰撰、姜安节续撰　　光绪十五年刻本

《孔尚任年谱》袁世硕著　　齐鲁书社 1987 年版

《历代名人年谱》吴荣光编　　上海书店 1989 年影印本

《梁氏族谱》　　康熙十九年刻本

《冒巢民先生年谱》冒广生著　　如皋冒氏丛书本

《冒氏宗谱》冒志成续修　　道光二十八年刻本(1984年重刻油印本)

《蒲松龄年谱》路大荒著,李士钊编辑　　齐鲁书社1980年版

《清初名儒年谱》　　北京图书馆出版社2006年版

《万氏宗谱》民国五年木活字本

《王渔阳事迹征略》蒋寅著　　人民文学出版社2001年版

《魏贞庵先生年谱》魏荔彤撰　　中华书局丛书集成初编本

《吴次尾先生年谱》刘世珩撰　　贵池先哲遗书本

《吴梅村年谱》冯其庸、叶君远著　　江苏古籍出版社1990年版

《吴中叶氏族谱》叶德辉、叶庆藩等纂修　　宣统三年木活字本

《武进邹氏家乘》邹树滋修　　常州市图书馆藏民国三十七年武进邹氏三古堂铅印本

《先府君年谱》毛志锴撰　　道光二十五年刻本

《新编清人年谱稿三种》王逸明著　　学苑出版社2000年11月版

《新城王氏族谱》　　民国四年续修本

《秀水朱氏家谱》朱荣纂修　　咸丰三年刊本

《阎若璩年谱》张穆撰,邓瑞点校　　中华书局1994年版

《叶溪苏氏族谱》　　道光刻本

《张廷玉年谱》张廷玉撰,戴鸿义点校　　中华书局1992年版

《赵执信年谱》李森文著　　齐鲁书社1988年版

《忠节吴次尾先生年谱》夏燮撰　　清刻本

《淄川毕氏世谱》　　道光十二年刻本

六、笔记、文论

《白雨斋词话》陈廷焯著,杜维沫校点　　人民文学出版社1959年版

《北城烟水》徐崧、张大纯纂辑,薛正兴校点　　江苏古籍出版社1999年版

《茶馀客话》阮葵生撰　　江苏广陵古籍刻印社1984年版

《词话丛编》唐圭璋主编　　中华书局1986年版

《词源注　乐府指谜笺释》张炎、沈义父著,夏承涛注,蔡嵩云笺释　　人民文学出版社1963年版

《词苑丛谈》徐釚　　上海古籍出版社1981年版

《丹午笔记·吴城日记·五石脂》顾公燮、陈去病等著　　江苏古籍出版社 1985 年版

《东华录》蒋良骐撰，林树惠、傅贵九校点　　中华书局 1980 年版

《东林始末》蒋平阶等著　　神州国光社民国廿九年版

《复社纪略》陆世仪撰　　上海书店 1982 年版

《二楼纪略》佟赋伟著　　续修四库全书影印康熙刻本

《复社姓氏传略》吴山嘉撰　　中国书店 1990 年影印本

《广陵诗事·广陵览古》阮元、顾銮著，王明发点校　　广陵书社 2005 年版

《广阳杂记》刘献廷著，汪北平、夏志和标点　　中华书局 1957 年版

《国寿录》查继佐撰　　中华书局 1959 年版

《海国四说》梁廷枏撰，骆驿、刘骁点校　　中华书局 1993 年版

《槐厅载笔》法式善　　续修四库全书影印嘉庆刻本

《今世说》王晫撰，陈大康注　　东方出版中心 1996 年版

《金陵传记杂文抄》陈作霖编　　冶麓山房丛书本

《金陵前明杂文抄》陈作霖编　　冶麓山房丛书本

《金陵野抄》顾苓撰　　江苏古籍出版社 1999 年版

《救狂砭语·金陵览古·馀生记略》潘耒、余宾硕、陈孚益著　　上海古籍出版社 1983 年版

《爝火录》李天根著　　浙江古籍出版社 1986 年版

《历代诗话》何文焕辑　　中华书局 1981 年版

《历代诗话续编》丁福保辑　　中华书局 1983 年版

《柳南随笔》《续笔》王应奎撰　　中华书局 1983 年版

《明清上海稀见文献五种》李绍文、萧诗、侯岐曾、孙文川、毛祥麟著　　人民文学出版社 2006 年版

《南渡录》李清撰　　浙江古籍出版社 1988 年版

《清稗类钞》徐珂编撰　　中华书局 1984 年版

《清秘述闻三种》法式善等著　　中华书局 1959 年版

《清诗话》王夫之等撰　　上海古籍出版社 1978 年版

《清诗话续编》郭绍虞编选，富寿荪校点　　上海古籍出版社 1999 年版

《全唐五代诗格汇考》张伯伟撰　　凤凰出版社 2002 年版

《穰梨馆过眼录》陆心源著　　续修四库全书影印光绪十七年吴兴陆氏家刻本

《三朝野记》李逊之等著　　上海书店 1985 年影印神州国光社 1951 年初版本

《三垣笔记》李清著,顾思点校　　中华书局 1982 年版

《诗人玉屑》魏庆之编　　上海古籍出版社 1978 年版

《藤荫杂记》戴璐撰,施绍文点校　　上海古籍出版社 1985 年版

《听雨丛谈》福格著,汪北平点校　　中华书局 1984 年版

《桐城耆旧传》马其昶撰　　黄山书社 1990 年版

《桐桥倚棹录》顾禄著　　上海古籍出版社 1980 年版

《吴郡岁华纪丽》袁景澜撰,甘兰经、吴琴校点　　江苏古籍出版社 1998 年版

《梧门诗话合校》法式善著,张寅彭、强迪艺编校　　凤凰出版社 2005 年版

《稀见本宋人诗话四种》张伯伟编校　　江苏古籍出版社 2002 年版

《先拔志始》文秉撰　　上海书店 2008 年影印神州国光社刊本

《雪桥诗话》《续集》《三集》《四集》杨钟羲撰　　刘承干求恕斋丛刻本

《艺风堂杂钞》缪荃孙辑,杨璐整理　　中华书局 2010 年版

《阅世编》叶梦珠撰,来新夏点校　　上海古籍出版社 1981 年版

《渚山堂词话　词品》陈霆、杨慎著,王幼安校点　　人民文学出版社 1960 年版

《庄氏史案始末》节庵辑　　上海古籍出版社 1983 年影印清抄本

《罪惟录》查继佐撰　　浙江古籍出版社 1986 年版

七、今人论著、译著

《陈乃乾文集》虞坤林整理　　国家图书馆出版社 2009 年版

《傅山传》(附年谱)侯文正著　　山西古籍出版社 2002 年版

《洪承畴传》王宏志著　　人民文学出版社 2009 年版

《明末清初的学风》谢国桢著　　人民出版社 1982 年版

《明清时期上海地区的著姓望族》吴仁安著　　上海人民出版社

1997 年版

《明清史论著集刊正续编》孟森著　　河北教育出版社 2000 年版

《明清史探实》郑克晟著　　中国社会科学出版社 2001 年版

《明清浙籍曲家考》汪超宏著　　浙江大学出版社 2009 年版

《明清之际党社运动考》谢国桢著　　中华书局 1982 年版

《清初诗文与士人交游考》谢正光著　　南京大学出版社 2001 年版

《清初耶稣会士鲁日满常熟账本及灵修笔记研究》(比利时)高华士著,赵殿红译　　大象出版社 2007 年版

《清代地方官制考》刘子扬著　　北京紫禁城出版社 1994 年版

《清代翰林院制度》邸永君著　　社会科学文献出版社 2002 年版

《清代科举考试述录》商衍鎏　　三联书店 1958 年版

《晚明史》樊树志著　　复旦大学出版社 2003 年版

《晚明史论——重新认识末世衰变》刘志琴著　　江西高校出版社 2004 年版

《万历十五年》(美)黄仁宇　　中华书局 1982 年版

《阳羡词派研究》严迪昌　　齐鲁书社 1993 年版

《知非集》陆林著　　黄山书社 2006 年版

《中西交通史》阎宗临著　　广西师范大学出版社 2007 年版

《纂修四库全书档案》中国第一历史档案馆编　　上海古籍出版社 1997 年 7 月版

年谱人名字号综合索引

说　明：

　　一　本索引为《陈维崧年谱》中所有人物姓名字号的综合索引,所有条目均按首字的汉语拼音排序。

　　二　本索引以姓名为主条目,以字号为参见条目。索引页码均列在主条目后,参见条目后只标注应参见的主条目,不另出页码。

　　三　凡年谱中有姓无名者,均按主条目处理。

　　四　僧人法名或详或不详,如法名可考,则以"释"字为字头列主条目,如不可考,则以常见称呼为主条目。

293, 333, 334, 386

陈宗石　4, 24, 27, 93, 95, 98,
112, 131, 154, 155, 159,
247—249, 256, 269, 299,
311, 313, 330, 353, 399—
401, 409, 415, 476, 553, 561,
562, 566, 567, 569—572

成博-王云凤

成山-龚云起

成震皋　280, 281

成质次　280, 281

诚先-吴正心

诚斋-盛符升

程村-邹祗谟

程康庄　2, 177—179, 204, 207,
258, 344

程可则　3, 133

程谦　522, 533

程世英　76, 179, 204

程邃　121, 122, 144, 146, 151,
403

驰黄-毛先舒

尺木-萧云从

赤豹-史可程

赤方-顾景星

赤生-范帜

赤崖-孙旸

充庵-杨还吉

冲庵-顾养谦

畴三-宋德宏

初庵-邵点

初晴-毛奇龄

樗亭-董俞

锄菜翁-曹溶

雏隐-张梧

础日-钱肃润

储方庆　118, 295, 303, 410,
416, 438, 442, 464

储福宗　260

储欣　284, 410, 561—563, 569

储贞庆　295, 299, 320, 328,
337, 354, 375, 377, 412

楚白-魏耕

楚鸿-宋思玉

楚田-曾畹

楚畹-茆荐馨

褚宸宣　270—272

处实-陆寿名

川如-侯方至

传星-吴帝赉

船子和尚-释宗渭

纯瑕-陆介祉

纯一-杜立德

莼庵-潘眉

莼乡钓客-董俞

莼鲛-钱芳标

辍耕-杜世农

茨村-胡介祉

此度-费密

次耕-潘耒

次公-夏九叙

次功-夏九叙

旧樵-黄云

旧山-邓汉仪

鹭山-吴正心

居左-成震皋

鞠存-张新标

菊农-钱继章

菊裳-陈鹄

菊溪-许宸

菊岩-代乂

菊隐-陆元辅

矩斋-施闰章

拒石-陆繁弨

秬承-沈亿年

秬园-侯汸

惧闻-宋昱

据梧居士-李霨

据梧子-侯方岩

瞿庵-王熙

瞿山-梅清

瞿亭-阚选

瞿有仲　115，116

卷人-贺复征

倦圃-曹溶

君万-汪希汲

均范-潘廷选

均万-汪希汲

钧衡-郎廷相

筠庵-许承宣

筠士-释宗渭

俊公-路序

俊三-杨焯

峻伯-李荫蘖

峻度-刘师峻

骏公-吴伟业

骏孙-彭孙遹

K

恺似-孙致弥

楷人-孙模

康范生　49，63

栲岑-邓铨

柯崇朴　441，448

柯耸　448

柯亭-汪文柏

柯维桢　441，443，448

恪如-顾鳌

肯堂-邓林梓

孔伯-汤斌

孔博-冯溥

孔德-李因笃

孔集-刘大成

魁吾-蔡士英

愧庵-张拱乾

箕山-田兰芳

昆林-魏裔介

昆仑-程康庄

昆铜-沈士柱

廓明-金敞

L

来庵-许承家

来之-吴昌时

X

Y

肇一-钱肃图

柘西-沈皞日

贞庵-魏裔介

贞白-魏裔介

贞一-万言

珍百-黄锡朋

珍示-盛符升

桢柏-黄锡朋

真山-傅山

真山-王申荀

轸石-王猷定

振彝-罗秉伦

振仲-冯瑞振

震生-谢懋树

震修-刘雷恒

征鸿-吴任臣

正求-吴之颐

正叔-恽格

正子-曹广端

正子-王雅

之铉-李子金

芝麓-龚鼎孳

芝庭-陆寿名

芝坞居士-吴仪一

芝岩-顾泲

芝园-张茂枝

执玉-杨璥

直上-彭始抟

植斋-任绳隗

止祥-祁豸佳

止止居士-潘耒

志伊-吴任臣

质庵-毛升芳

质存-朱廷宋

质明-胡亦堂

致一-朱用纯

致中-毕忠吉

智修-胡介祉

稚恭-张恂

稚黄-毛先舒

稚曾-黄稼

中江-袁启旭

中郎-彭始奋

中南山人-李因笃

中阳子-蒋平阶

中湛-陈于廷

钟如-汪錞

钟山老人-萧云从

钟山遗老-纪映钟

仲超-王昆

仲醇-陈继儒

仲调-白梦鼐

仲光-顾炜

仲衡-侯方岳

仲来-贺复征

仲谋-彭孙贻

仲潜-姚潜

仲山-徐咸清

仲宣-徐时浚

仲驭-周镳

仲昭-王嗣槐

仲震-龚云起

后　记

2011 年,这本书曾入选"国家社科基金后期资助项目",次年由人民出版社出版。此后十年,我在工作之馀,对它不断做零星的修订。其中有些问题是自己在读书的过程中发现的,有些则是经热心的朋友提醒才注意到的。

在本年谱撰写的过程中,南京师范大学的陆林教授、浙江师范大学的李圣华教授和北京大学的张剑教授,都曾提供过无私的帮助。该书出版后,李圣华教授和中国社会科学院文学研究所副研究员张晖先生、贵州师范大学张明强博士等,曾先后撰文推介过。对此,我是不能忘怀的。遗憾的是,陆林、张晖均已不幸早逝,闻山阳之笛,孰能不动思旧之情?

以陈维崧作研究对象,是在山东大学读博士时,业师袁世硕先生帮我确定的。我拿以《陈维崧与迦陵词研究》为题的论文答辩毕业后,相关研究一直没有停止。这个年谱撰成以后,袁先生虽年事已高,却不辞辛苦地通读了全稿,并用心给它写了序言。这份恩情,永远让我感到很温暖。

复旦大学出版社要出版一套"江南历史名人年谱丛刊",承蒙胡春丽编审不弃,经她热情推荐,决定将本书收入其中,我非常感激。为了与丛书的体例一致,这次重版时,删去了第一版开头的《陈维崧传论》和末尾的四个附录——这些都是我博士论文的内容。胡春丽做事专业严谨,在审读稿件的过程中,就有些问题与我反复交流,纠正了我的一些疏误。中国社会科学院文学研究所的陈才智研究员,则不惜耽误自己的时间,帮我订正了几个人物的生卒年和字号问题。对此,我一并表示诚挚的感谢。

新的材料还会不断出现,修订工作并不能就此画上句号。书中的错误一定很难避免,敬请读者们批评。

周绚隆

2020 年 9 月 7 日

图书在版编目(CIP)数据

陈维崧年谱/周绚隆著. —上海：复旦大学出版社,2021.1
(江南历史名人年谱丛刊. 第一辑)
ISBN 978-7-309-15290-6

Ⅰ.①陈… Ⅱ.①周… Ⅲ.①陈维崧(1625-1682)-年谱 Ⅳ.①K825.6

中国版本图书馆 CIP 数据核字(2020)第 154550 号

陈维崧年谱
周绚隆 著
责任编辑/胡春丽

复旦大学出版社有限公司出版发行
上海市国权路 579 号 邮编：200433
网址：fupnet@ fudanpress.com http://www.fudanpress.com
门市零售：86-21-65102580 团体订购：86-21-65104505
外埠邮购：86-21-65642846 出版部电话：86-21-65642845
上海盛通时代印刷有限公司

开本 890×1240 1/32 印张 20.875 字数 642 千
2021 年 1 月第 1 版第 1 次印刷

ISBN 978-7-309-15290-6/K·738
定价：98.00 元